KB088543

문화의 해석

클리퍼드 기어츠

문옥표 옮김

까치

The Interpretation of Cultures

by Clifford Geertz

역자 문옥표(文玉杓)

서울대학교 인류학과와 대학원을 졸업하고 영국 옥스퍼드 대학교에서 일본 농촌사회
의 연구로 사회문화인류학 박사학위를 취득하였다. 현재 한국학중앙연구원(옛 한국정
신문화연구원) 한국학 대학원 교수로 재직 중이며, 한국문화인류학회 부회장, 미국
하버드 대학교 에드윈 라이샤워 초빙교수, 한국학중앙연구원 장서각 관장, 일본 오사
카 국립 민족학 박물관 객원교수 등을 역임하였다. 대표적인 저술로 *From Paddy Field
Ski Slope*(1989, Manchester University Press, U.K.), 「한국인의 소비와 여가생활」(공저,
1997, 한국정신문화연구원), 「동아시아 문화전통과 한국사회」(공저, 2001, 백산서당),
「신여성 : 한국과 일본의 근대여성상」(공저, 2003, 청년사), 「조선 양반의 생활세계」
(공저, 2004, 백산서당), 「우리 안의 외국문화」(공저, 2006, 소화), 「해외 한인의 민족
관계」(공저, 2006, 아카넷), *Japanese Tourism and Travel Culture*(Co-edit with Sylvie
Gichard-Anguis, London : Routledge, 2009) 등이 있다. 현재 "문화 실천으로의 음식
및 음식소비"에 관한 연구를 진행 중이며, 한국과 일본의 가족, 젠더 및 세대 간 문화변
동의 비교연구에 관심을 가지고 있다.

문화의 해석

저자 / 클리퍼드 기어츠
역자 / 문옥표
발행처 / 까치글방
발행인 / 박후영
주소 / 서울시 용산구 서빙고로 67, 파크타워 103동 1003호
전화 / 02 · 735 · 8998, 736 · 7768
팩시밀리 / 02 · 723 · 4591
홈페이지 / www.kachibooks.co.kr
전자우편 / kachibooks@gmail.com
등록번호 / 1-528
등록일 / 1977. 8. 5
초판 1쇄 발행일 / 1998. 9. 25
    11쇄 발행일 / 2023. 11. 30

값 / 뒤표지에 쓰여 있음

ISBN 978-89-7291-466-2 93300

차례

제5부

서문

    인류학자가 집요한 출판업자의 요구에 밀려 자기가 썼던 논문들 중에서 몇 가지를 자신이 대학원을 떠난 후 15년 정도 되는 기간 동안 무엇을 해왔는가를 혹은 무엇을 하려고 했었는가를 회고적으로 보여줄 수 있는 묶음으로 모으려고 한다면, 그는 대충 두 가지 고민에 빠지게 된다. 즉 어느 것을 포함시켜야 할 것인가와 포함시키겠다고 고른 논문들을 얼마만큼 존중해야 할 것인가의 문제이다. 사회과학 학술지에 논문을 발표하고 있는 우리 모두는 출판될 저술을 염두에 두고 있으며, 점점 더 많은 사람들이 실제로 책을 내고 있다. 그러나 또한 우리 모두는 자신이 과거에 무엇을 했더라도 현재에 그것을 더 잘할 수 있다고 생각하며, 자신의 작품에 대해서 만일 편집자의 요구에 의해서라면 결코 하지 않았을 수정(修正)도 스스로 할 준비가 되어 있다. 자신이 썼던 논문들의 융단에서 잘못된 것을 찾아내려고 하는 것은 자신의 인생에서 잘못된 것을 찾아내려고 하는 것만큼이나 두려운 일일 수 있다. 따라서 사후(事後)에 —— "이것이 내가 말하고자 했던 것이다"라는 식의 —— 문양을 짜넣는 일은 강한 유혹이 된다.

    나는 나의 논문들 중 직접적으로 그리고 명백하게 문화의 개념에 관련되고 있는 것들만을 이 논문집에 포함시킴으로써 앞의 첫번째 고민을 해결했다. 포함된 논문들의 대다수는 사실 이론적인 것이기보다 경험적인 연구들인데, 그것은 나 자신이 사회생활의 현장으로부터 지나치게 멀어지면 불안해지기 때문이다. 그러나 그 논문들은 모두가 기본적으로는 문화란 무엇인가, 그것은 사회생활에서 어떤 역할을 하는가 그리고 어떻게 하는 것이 그것을 제대로 연구하는 것인가에 대한 특정의, 특이하다고도 할 수 있는 관점을 하나하나의 사례를 통하여 보여주고자 하고 있다. 이러한 문화의 재정의의 문제가 인류학자로서 나의 가장 지속적인 관심사이기는 하지만, 그 이외에도 나는 경제발전, 사회조직, 비교역사학, 문화생태학 등의 영역에서 상당한 정도의 연구를 행했다. 그러나 그러한 나의 관심들은 부수적인 경우를 제외하고는 이 논문집에는 반영되지 않고 있다. 그러므로 나는 이 책이 비록 명목상으로는 논문집이겠지만, 결과적으로는 일련의 구체적 분석들을 통하여 발전시킨 문화이론으로서의 일정한 논고(論考)를 제시하는 것이 될 수 있기를 바란다. 즉 이 책은 단순히 "그 다음에 나는……을 썼다" 식의 잡다한 전문가의 경력 제시가 아니라 하나의 일관된 논점을 가지고 있는 것이다.

앞서 언급한 두번째의 고민은 좀더 다루기 어려웠다. 일반적으로 나는 출판된 논문들에 대하여 '선례(先例) 구속의 원리(stare decisis)'라는 관점을 가지고 있다. 그것은 만일 어떤 논문이 많은 수정을 필요로 한다면 처음부터 재판(再版)되어서는 안 되며, 이전의 잘못된 것들을 다 제거한 완전히 새로운 논문으로 대체되어야 한다는 점에서만 보더라도 그러하다. 뿐만 아니라, 이전의 논문에 변화된 관점을 써넣음에 의해서 자신의 잘못된 판단을 고치는 것은 나에게는 제대로 된 크리켓 게임으로 보이지 않는다. 그것은 애초에 논문집을 만들 때 제시하고자 했던 생각의 발전과정을 모호하게 하는 것이 되기 때문이다.

그러나 그럼에도 불구하고 논의의 본질에 크게 영향을 미치지 않는 한 나중에 어느 정도의 수정을 가하는 것이 정당화될 수 있는 경우가 있다고 생각된다. 그것은 만일 처음에 쓰인 것을 그대로 둘 경우 지금은 사라져버린 일련의 특정 현상에 대해서 지나치게 집착하고자 함으로써 시대에 뒤떨어진 정보를 전달하는 것이 되어버리거나 아니면 여전히 유효한 논의를 훼손하는 것이 되어버릴 경우이다.

이후에 게재될 논문들 중 두 군데 이러한 고려가 적절한 것으로 생각되는 곳이 있었으며, 따라서 나는 내가 본래 썼던 것에 몇 가지 수정을 가했다. 첫번째는 제2부의 문화와 생물학적 진화에 관한 두 편의 논문 내용으로, 본래의 논문에 언급된 화석인류의 연대가 명백하게 수정되었기 때문이다. 그 연대들은 시간적으로 모두 이전 시대로 올려졌으며, 그러한 수정은 기본적으로 나의 논의의 중심을 건드리지 않는 것인 까닭에 새로운 추정연대를 소개하는 것이 아무런 상관이 없다고 생각한다. 즉 고고학자들이 오늘날 400만 내지 500만 년으로 추정하는 오스트랄로피테쿠스계의 연대를 계속 100만 년이라고 말할 이유는 없는 것으로 보인다. 두번째는 제4부의 제10장, "통합을 위한 혁명"에서이다. 여기서는 1960년대에 이 논문이 쓰인 이후의 신생국 역사의 흐름 —— 만일 그렇게 불러야 하는 것이라면 —— 이 논문 내용 중의 일부를 이상하게 들리게 하기 때문이다. 나세르는 사망했고, 파키스탄은 분리되었으며, 나이지리아의 연방제는 해체되었고, 인도네시아의 정치에서 공산당은 사라진 까닭에, 마치 이러한 일들이 아직 일어나지 않은 듯이 기술하는 것은 전체의 논의를 비현실적인 것으로 보이게 하는 것이 된다. 그러나 논문에 제시된 논점 자체는 인도를 지배하고 있는 사람이 네루가 아니라 네루의 딸인 경우에도 그리고 말레이 공화국이 현재 말레이 연방으로 확대되었더라도 여전히 정당한 것이라고 믿는다. 따라서 나는 그 논문에 두 종류의 수정을 가했다. 첫번째는 과거 10년이 존재하지 않았던 것처럼 읽히는 것을 조금이라도 줄이기 위해서 논문내용의 시제(時制)를 바꾸고, 문단을 삽입하고, 한두 개의 각주를 첨가한 것이다. 그러나 나의 논의를 개선하기 위하여 논문내용 자체를 바꾸는 일은 하지 않았다. 두번째는 각각의 사례사(事例史)에 —— 그것들과 분명히 구분되게 —— 논문이 쓰인 이후의 관련 있는 전개상황에 관한 요약을 첨가한 것이다. 그렇게 함으로써 그 이전의 사건들에 기초하여 다루어진 쟁점들이 그 이후의 전개상황에도 여전히 적합성을 지닌다는 것을 보이고, 또한 립 반 윙클(워싱톤 어빙의 「스케치 북(*The Sketch Book*)」의 주인공으로 오랫동안 산 속에서 잠들어 있다가 밖으로 나온 인물임. 시대에 뒤떨어진 사람을 말함/역주)과 같이 시대에 뒤떨어진 감을 없애기 위한 것이기도 하다. 몇 개의 오자 및 문법적 수정(그리고 통일성을 살리기 위한 주석 양식의 변화)을 제외하고 이 책의 다른 부분들은 전혀 바뀐 것이 없다.

　　그러나 나는 나의 현재의 입장을 가능한 한 일반적으로 전달하기 위해서 새로운 장을 제1장으로 덧붙였다. 이 논문의 각 장들에서 논의되고 있는 사항들에 관한 나의 견해가 그 논문들이 쓰인 15년간에 걸쳐 발전된 것이기 때문에 특정의 사항들에 있어서 이 서론격의 장에서 다루어진 방식과 여기에 재수록된 다른 논문들에서 다루어진 방식 간에는 약간의 차이가 있는 것은 분명하다. 나의 초기의 관심사들 중 어떤 것 —— 예를 들면 기능주의와 관련된 것 —— 들은 지금의 나에게는 그다지 중요하지 않다. 반면 나의 후기의 관심사 중 어떤 것 —— 예를 들면 기호론에 관련된 것 —— 은 더욱 부각되고 있다. 그러나 이 논문들 —— 논문들은 연대적 순서가 아니라 논리적 흐름을 따라서 배열되었다 —— 에 나타난 사고(思考)의 경향은 비교적 일관성을 지니고 있는 것으로 생각된다. 서장(序章)은 그 사고의 경향이 무엇인가를 보다 명료하고 체계적으로 서술하고자 한 노력이며, 내가 말한 것을 간결하게 표현해보고자 한 시도이다.

　　나는 본래의 논문에 들어 있던 모든 감사의 말을 다 제거했다. 나에게 도움을 준 사람들은 자신들이 도움을 주었다는 것을 그리고 얼마나 많이 주었는가를 알고 있을 것이다. 이제는 그들이 나도 그 사실을 알고 있다는 것을 알기 바랄 뿐이다. 이

제 다시금 그들을 나 자신의 혼란에 끼어들게 하는 것보다는 차라리 세계의 어느 곳도 능가할 수 없는 훌륭한 연구조건을 제공했다고 나 자신이 확신하고 있는 세 개의 뛰어난 연구기관에 감사한다는 특이한 방법을 택하고자 한다. 그 세 기관은 나 자신이 훈련받은 하버드 대학교의 사회관계학부와 내가 수십 년 동안 가르쳐온 시카고 대학교의 인류학과 및 내가 현재 일하고 있는 프린스턴 대학교의 고등학문 연구소이다. 미국의 대학제도가 부적당하다던가 혹은 그보다 더한 비난을 받고 있을 때 그것은 나에게 구원의 선물이었다고 말할 수밖에 없다.

1973년
프린스턴에서
클리퍼드 기어츠

역자 서문

이 책은 Clifford Geertz, *The Interpretation of Cultures*, New York : Basic Books, 1973의 완역이다.

클리퍼드 기어츠(1926-2006)는 미국의 인류학자로, 오늘날 미국뿐 아니라 전세계에 걸쳐 가장 영향력 있는 인류학자 중의 하나이다. 1926년 미국의 샌프란시스코에서 태어난 그는 안티오크 칼리지와 하버드 대학교에서 수학하고, 인도네시아에서 행한 장기간의 현지조사를 바탕으로 한 논문 "자바의 종교(Religion of Java)"로 1956년 박사학위를 취득했다(1960년 「자바의 종교」로 출판됨). 그후 하버드 대학교 사회관계학부 강사, 매사추세츠 공과대학교 국제연구센터 연구원, 스탠퍼드 대학교 행동과학연구소 특별 연구원, 시카고 대학교 인류학과 조교수 및 교수를 역임하고, 1970년부터 프린스턴 대학교 고등학문연구소 사회과학교수로 재직했다. 그는 1953-1954년 및 1957-1958년 인도네시아의 현지조사 외에 모로코에서도 장기간 현지조사를 실시했으며(1964-1966년), 북아프리카, 인도 및 동남아시아의 다른 나라들에 대해서도 폭넓게 다루고 있다.

기어츠의 연구관심은 종교, 정치, 경제, 생태환경, 역사, 기술 수용과 사회변동, 근대화, 문화변동 등 광범한 주제에 이르며, 그의 수많은 저작은 인류학 내부에서뿐 아니라 철학, 역사학, 정치학, 사회학 등에도 큰 영향을 미치고 있다. 대표적 저술로는 「자바의 종교(*The Religion of Java*)」(1960), 「농업의 퇴보(*Agricultural Involution*)」(1963), 「행상인과 왕자들(*Peddlers and Princes*)」(1963), 「인도네시아의 사회사(*The Social History of Indonesia*)」(1965), 「이슬람의 관찰(*Islam Observed : Religious Development in Morocco and Indonesia*)」(1968), 힐드리드 기어츠와 공동 저술한 「발리의 친족조직(*Kinship in Bali*)」(1975), 힐드리드 기어츠, 로렌스 로젠과 공동 저술한 「모로코 사회에서의 의미와 질서(*Meaning and Order in Moroccan Society*)」(1979), 「네가라(*Negara : The Theatre State in Nineteenth Century Bali*)」(1980), 「지방적 지식(*Local Knowledge : Further Essays in Interpretive Anthropology*)」(1983), 「작품과 생애 : 작가로서의 인류학자(*Works and Lives : The Anthropologist as Author)*(1988) 등이 있다. 이러한 그의 저작들은 모두 사회생활에 있어서의 의미의 역할을 밝힘으로서 사회질서, 특히 근대화 과정의 사회질서를 이해하고 설명하려는 그의 일관된 관심을 반영하고 있다.

철학, 방법론, 이론 및 경험적 연구들이 하나의 전체로서 밀접히 연관되어 있는 기어츠의 연구들을 통하여 우리는 그의 일관된 사상적 흐름을 파악하는 것이 가능하다. 시기별로 기어츠의 연구내용의 특징을 살펴보면, 먼저 1950년대에 주로 이루어진 자바의 인류학 및 사회경제적인 연구물들에서는 의식적으로 학제적인 연구방법을 도입하고자 노력했음이 엿보인다. 특히 「농업의 퇴보」에서 그는 "자연과학, 사회과학, 역사과학 간의 결실 있는 상호 작용을 확립"하고자 했다고 명시하고 있다. 예를 들면 경제를 연구하기 위하여 기어츠는 경제행위에 영향을 미치는 종교, 문화, 사회구조의 역할을 중심적으로 분석하고 있다. 저개발 및 경제발전 문제에 관한 연구에서도 단순히 경제주의적인 접근법보다는 사회학, 심리학 및 인류학의 문화이론들을 폭넓게 적용하여 인간 행위에 영향을 미치는 요인들을 분석해 내고 있다. 근대화의 문제에도 관심을 가졌던 기어츠는 1960년대 많은 근대화론자들과 함께 활동했으나, 그들의 대다수가 공유했던 서구 중심적인 단순한 전통/현대의 이분법과 그와 연관된 발전이론들을 의식적으로 거부하고 보다 민족지적이고 원주민 중심주의적인 시각을 채택하고 있다. 1960년대 기어츠의 연구는 1957-1958년에 행해진 발리에서의 현지조사와 1964-1966년의 모로코에서의 현지조사의 결과들이다. 발리와 모로코에서의 현지조사 이후 기어츠의 연구는 보다 비교문화학적인 시각을 도입하게 된다. 예를 들면 「이슬람의 관찰」은 이슬람교가 인도네시아와 모로코라는 두 개의 매우 상이한 문화배경에 도입되어 발전하는 과정에 대하여 비교의 관점에서 분석한 것이다.

기어츠의 모든 연구들은 민족지적, 경험적 연구를 중시하고, 그의 모든 이론적 방법론적 논의들은 추상적 이론으로서가 아니라 구체적 인간 행위의 관찰에 뿌리를 두고 있다는 점이 특징이나, 그의 관심은 단순한 민족지적 사실의 기술이나 설명에 있었다기보다는 그러한 연구들을 통하여 인간의 본성이란 과연 무엇인가 그리고 인간 본성과 문화 및 사회와의 관계는 어떻게 이해되고 설명될 수 있는가 하는 보다 근본적 질문으로 환원된다. 그것이 그의 해석인류학적 방법론 및 문화해석학, 인간 및 사회에 대한 문화주의적 개념의 기초를 이루고 있으며, 여기에 번역된 「문화의 해석(*The Interpretation of Cultures*)」에 들어 있는 열다섯 편의 논문들의 중심주제라고 할 수 있다. 마지막으로 그는 서구의 사상과 그것의 타문화와의 관계 그리고 사회과학적 지식의 철학적 배경의 문제에 관심을 보인다. 주로 1970년대와 1980년대에 쓰인 기어츠의 논문 및 강연들을 모은 「지방적 지식」과 「작품과 생애」는 이러한 관심들을 반영하고 있다.

「문화의 해석」은 모두 열다섯 편의 논문으로 구성되어 있는 책으로, 제1장 "중층 기술 : 해석적 문화이론을 향하여"를 제외한 나머지 열네 편의 논문은 1957년부터 1972년에 걸쳐 이미 발표했던 것을 다시 옮긴 것이다. 저자 자신이 서문에서 밝히고 있듯이 15년에 걸쳐 발전시킨 기어츠의 문화이론을 축약하고 있는 이 열다섯 편의 논문에서 우리는 20세기 사회사상사의 몇 가지 흐름을 추적해낼 수 있다. 첫번째는 기능주의 사회학과 인류학으로부터의 영향으로, 그중에서도 특히 말리노프스키와 탈콧 파슨스의 영향이 두드러진다. 두번째는 막스 베버의 종교사회학으로부터의 영향을 들 수 있다. 세번째는 라일, 윈치, 에번스-프리처드 등의 저술에 나타나는 비트겐슈타인의 일상언어철학으로부터 영향을 받은 민족지적 연구들의 영향이다. 네번째는 케네스 버크 및 수잔 랑어의 기호이론의 영향이며, 마지막으로 리쾨르 등에 의해서 발전된 해석학 이론의 영향이다. 그러나 기어츠의 연구를 이중 어느 특정 학파에 속하는 것으로 분류하는 것은 매우 어렵다. 오히려 이들 다양한 이론들을 수용하면서도 그에 대한 부분적 비판을 통하여 사회과학의 새로운 이론적 종합을 이룩하려고 노력했다고 보아야 할 것이다.

번역작업 중에 많은 사람들의 도움을 받았으며, 중간중간 일부 완성된 원고를 장(章) 별로 읽고 윤문에 관한 조언을 해주신 분도 책의 분량만큼이나 많다. 그분들의 이름을 여기서 일일이 다 열거할 수 없으나 각자 자신이 기여해준 부분을 알고 있을 것이며, 그분들께 감사의 마음을 전한다. 그러한 도움들이 없었다면 이 책은 뒤늦게나마 빛을 보지 못했을 것이 분명하다. 그러나 그럼에도 불구하고 전체 번역원고의 최종적 검토와 윤문을 역자 자신이 수차례 거듭했으므로 만일 번역에 오류가 발견된다면 그것은 전적으로 역자 한 사람의 책임으로 남아야 할 것이다. 기어츠를 읽어본 사람이면 누구나 느끼는 바이겠지만, 본래의 문장 자체가 매우 난해한 곳이 많아 최선을 다했음에도 불구하고 오역(誤譯)이나 어색한 표현이 많이 발견되리라고 생각된다. 그러한 부분에 대해서는 후에라도 독자들의 조언을 받아 고칠 수 있는 기회가 있기를 바란다. 역자 자신에게도 지금의 상태가 썩 만족스러운 것은 아니어서 '완전한 번역'이란 과연 무엇인가 하는 문제로 많이 고뇌했

8

다. 원문대로 읽을 때의 뉘앙스와 분위기가 우리말로 바뀔 때 나타나는 미묘한 차이를 어떻게 처리할 것인가를 두고 수없이 망설여야 했기 때문이다. 결국에는 완전히 동일한 느낌과 맛의 재현은 불가능하지만 논리전개가 맞고 더 이상의 나은 대체어가 없을 정도로 우리말을 구사한다면 되지 않을까 스스로 자위하며 이 단계에서 마무리를 짓기로 결심했다.

마지막으로 힘든 번역작업의 과정 중에 언제나 개념이나 용어, 이론적 해석에 관하여 기꺼이 토론상대가 되어주었으며 많은 조언을 아끼지 않았던 반려자이자 동료인 김광억 교수에게 감사하며, 또한 책이 완성되기까지 끊임없는 인내를 가지고 꼼꼼히 좋은 책을 만들기에 힘써주신 까치글방의 박종만 사장님과 서정미 씨 그리고 몇 차례의 워드프로세싱 작업을 불평 없이 도와준 김지영 양과 그의 동료들에게 이 자리를 빌어 감사의 마음을 전한다.

1998년 8월 31일

한국정신문화연구원 연구실에서

문 옥 표

우리의 형편에서 학술적인 번역서가 그리 많이 읽히는 편이 아니지만, 그래도 지금으로부터 10여 년 전 「문화의 해석」이 출간된 이후 책이 절판되어 구할 수 없다는 연락을 수차례 받았다. 그러나 시간적 여유가 없어 본격적인 번역내용의 수정작업을 할 엄두를 내지 못하던 중, 오자, 탈자를 바로잡는 수준에서라도 3쇄를 내기로 까치글방과 합의가 되었다. 욕심 같아서는 좀더 많은 시간을 들여 번역을 다듬어보고 싶지만, 출판이 너무 오래 전이라 기술적으로 판을 전체로 바꾸는 것이 불가능하다는 출판사 측의 의견을 따르기로 한 것이다. 한국 출판계의 어려운 사정에도 불구하고, 소수의 독자들을 위하여 현재의 상태로나마 3쇄를 찍는 작업을 제안해주신 까치글방의 박종만 사장님께 이 자리를 빌려 감사드린다.

2009년 4월 20일

한국학중앙연구원(옛 한국정신문화연구원)

연구실에서 역자 문옥표

제1부

제1장　중층 기술 : 해석적 문화이론을 향하여

I

수잔 랑어는 그녀의 저서인 「철학의 새로운 경향(*Philosophy in a New Key*)」에서 어떤 개념들은 아주 엄청난 힘으로 우리의 지식세계 속으로 쏟아져 들어오곤 한다는 사실에 대해서 언급하고 있다. 그러한 개념들은 초기에는 그 새로운 개념이 등장함으로써 모든 근본적 문제들이 한꺼번에 해결되어버릴 듯이, 그때까지 불분명했던 모든 문제점들이 백일하에 밝혀질 듯이 생각되곤 한다는 것이다. 또한 하나의 새로운 개념이 등장하면 누구나가 마치 어떤 새로운 실증과학을 위한 "열려라 참깨!"식의 비방이나 되는 듯이 그 개념들을 중심으로 하여 보다 포괄적인 분석체계를 형성해보고자 열심히 노력하곤 하는데, 하나의 위대한 생각이 등장할 경우에 그것이 최소한 얼마 동안은 당시까지 존재했던 다른 모든 생각이나 개념들을 압도할 만큼 갑자기 유행하게 되는 이유는 바로 그 때문이라고 한다. 즉 모든 예민하고 활동적인 두뇌들이 갑자기 모두 함께 그 개념을 탐구하기 시작하며 그것을 생각할 수 있는 모든 관련성 속에서, 그것도 각자가 서로 다른 다양한 목적을 가지고 실험할 뿐 아니라, 그러한 작업의 과정에서 그 개념이 지녔던 본래의 의미를 가능한 한 모든 방면으로 확대시키고 일반화시키거나 또는 그것으로부터 다른 개념들을 유도하거나 하기 때문이라는 것이다.

그러나 사람들이 그 새로운 생각에 어느 정도 익숙해지고 난 후에는, 즉 그것이 일단 우리가 통상적으로 사용하는 일련의 이론적 개념들의 한 부분으로 편입되고 난 이후에는 실제로 그 개념을 사용하는 데에 보다 균형을 찾게 되며, 그렇게 되면 그것이 지녔던 초기의 지나친 인기는 끝나게 된다. 여전히 그것을 우주를 이해하는 열쇠로 보는 열성파들이 몇몇 존속하기는 하지만, 대부분의 사유가들은 그 개념이 실제로 창출한 문제점들을 해결하는 방향으로 정착하게 된다. 그들은 그 개념을 적용 또는 확대 적용할 수 있는 부분에 그것의 적용을 시도하지만, 그렇지 못한 부분에까지 그것을 확대하는 것은 삼가게 된다는 것이다. 이러한 과정을 거쳐서 초기에는 하나의 획기적 개념이었던 것이 보다 지속적이고 영구적인 우리의 지적(知的) 장비의 한 부분을 형성하게 되며, 그렇게 되면 그 개념이 초기에 지녔던 전능함은, 즉 아무 데나 다 적용될 수 있는 듯이 보였던 무한정한 가능성은 사라지게 된다. 그 다음에는 물론 그것이 제2차 열역학의 법칙이든, 적자생존의 법칙이든, 또는 무의식 동기의 개념이든, 생산양식의 조직이든 간에 상관없이 그것이 어떤 종류의 현상들을 설명할 수 있을는지는 몰라도 결코 모든 것을 설명할 수는 없다는 사실이 자명해진다. 따라서 우리의 관심은 점차 그 개념이 설명할 수 있는 것이 과연 무엇인가를 분별하는 방향으로 기울게 되며 그러한 과정에서 초기의 혼란으로부터 점차 벗어나게 된다.

　모든 중요한 과학적 개념들이 모두 이러한 방식으로 발전되어가는지의 여부는 물론 알 수 없다. 그러나 적어도 "문화"의 개념에만은 적용된다고 볼 수 있다. 그런데 인류학이라는 학문은 바로 이 문화 개념을 중심으로 생겼으며, 나아가 그 개념의 영역을 더욱더 제한하고, 특정화하고, 초점을 밝히고, 수용하는 것이 인류학의 관심사였다. 다음에 게재될 논문들이 각기 다른 각도에서 이루고자 하는 것은 문화의 개념을 이처럼 축소 조정하고, 그렇게 함으로써 그 개념을 손상시키기보다는 그 중요성이 지속되도록 하는 것이다. 이 논문들은 모두 때로는 명시적으로, 더 많은 경우에는 그들이 발전시킨 특정의 분석을 통하여 보다 축소되고 보다 전문화되어, 에드워드 타일러에 의해서 제시되었던 그 유명한 "복합적 총체"로서의 문화 개념을 대체할 만큼 이론적으로 보다 설득력 있는 문화 개념을 주장하고 있다. 타일러의 문화 개념은 그 독창성은 부정될 수 없겠으나, 실제 적용의 측면에서 볼 때에는 밝혀주는 것보다 혼란을 가져오는 면이 더 많은 단계에 이르렀다고 생각된다.

　타일러류의 문화이론화가 어떠한 개념적 혼란에 빠질 수 있는가는 지금까지도 훌륭한 인류학 개론서의 하나라고 볼 수 있는 클라이드 클룩혼의 「인간을 비추는 거울(*Mirror for Man*)」에서 명백히 드러난다. 이 저서에서 클룩혼은 약 27쪽 정도를 할애하여 문화 개념을 다음과 같이 정의하고 있다. 1) 한 민족의 총체적 생활양식, 2) 개인이 그의 집단으로부터 물려받는 사회적 유산, 3) 생각하고, 느끼고, 믿는 방식, 4) 행위로부터의 추상물, 5) 한 민족집단이 실제로 행동하는 방식에 대한 인류학자의 이론, 6) 모든 학습된 것의 저장소, 7) 재발하는 문제들에 대한 일련의 표준화된 대응 방향, 8) 학습된 행위, 9) 행위에 대한 규범적 규제를 위한 기제, 10) 외부 환경 및 타인에 대한 일련의 적응 기술, 11) 역사의 응결체 그리고 여기에 절망적으로 한 가지를 더 덧붙인다면 그것은 아마도 하나의 지도(map)로서, 모체로서, 그릇으로서 문화를 정의하는 것이 될 것이다. 이러한 종류의 이론적 산만성에 비추어 본다면, 반드시 표준화된 문화 개념은 아니라고 할지라도 최소한의 일관성을 보여주며 논의할 만한 범주가 정해져 있는 문화 개념이라도 제시된다면 그것은 하나의 진보라고 할 수 있을 것이다. 절충주의가 자기패배적인 것은 그것이 나아갈 수 있는 방향이 한 가지뿐이기 때문이 아니라 오히려 너무 많기 때문이다. 우리는 선택을 필요로 한다.

나 자신이 다음의 논문들을 통해서 그 유용성을 제시하고자 하는 문화 개념은 본질적으로 기호론적인 것이다. 인간을 자신이 뿜어낸 의미의 그물 가운데 고정되어 있는 거미와 같은 존재로 파악했던 막스 베버를 따라서 나는 문화를 그 그물로 보고자 하며, 따라서 문화의 분석은 법칙을 추구하는 실험적 과학이 되어서는 안 되며 의미를 추구하는 해석적 과학이 되어야 함을 주장하고자 한다. 내가 추구하는 것은 표면적으로는 불가해한 듯이 보이는 사회적 현상들을 밝히는 해석인 것이다. 그러나 내가 이처럼 한 구절로 나타낸 나의 학설은 그 자체가 좀더 설명을 필요로 한다.

II

사회과학에 관한 한 조작주의(操作主義)는 하나의 방법론적 정설로 자리 잡은 예가 없었으며, 스키너의 행동주의나 지능 측정 등 몇 개의 예를 제외하고는 오늘날 그러한 경향은 거의 찾아볼 수 없다. 그럼에도 불구하고 카리스마라든가 소외(疎外) 등을 조작적으로 정의하고자 하는 시도에 대해서 우리가 어떤 생각을 하든지 간에 조작주의는 무엇인가 효력이 있는 중요한 측면을 지니고 있다. 그것은 우리가 어떤 학문을 이해하기 위해서는 그것의 이론들이나 조사결과를 볼 것이 아니라 실제로 그 학문을 수행하는 사람들이 무엇을 하고 있는가를 보아야 한다는 것이다.

　인류학, 최소한 사회인류학의 경우, 사람들이 하는 작업은 민족지(民族誌)이다. 따라서 민족지라는 것이 무엇인가, 또는 보다 더 정확히 말해서 민족지적 연구조사라는 것이 무엇을 하는 것인가를 파악함으로써 우리는 비로소 지식의 한 형태로서 인류학적 분석이 의미하는 것이 무엇인가 하는 점을 이해할 수 있게 된다. 그러나 이것이 곧 인류학적 방법론에 관한 논의를 의미하는 것은 아니라는 점은 명백히 밝혀야겠다. 교과서적 관점에서 본다면 민족지 작업은 친화감 조성, 제보자의 선정, 기록 복사, 족보 작성, 지도 작성, 일기 쓰기 등이 될 것이다. 그러나 이러한 종류의 기술적 문제들이 민족지 작업의 전부는 아니다. 민족지란 하나의 지적인 노력이라고 볼 수 있는데, 길버트 라일의 개념을 빌리면 그것은 "중층 기술(thick description)"의 작업이라고도 할 수 있겠다.

　"중층 기술"에 관한 라일의 논의는 "생각하는 사람(Le Penseur)"은 과연 무엇을 하고 있는가에 관한 일반적인 문제를 논한 (그의 「전집(Collected Papers)」의 제2권에 재수록되어 있는) 그의 두 개의 최근 논문인 "사고와 내성(Thinking and Reflecting)" 및 "사고에 대한 생각(Thinking of Thoughts)"에 보인다. 라일이 말하는 오른쪽 눈의 눈꺼풀을 황급히 수축시키고 있는 두 명의 소년을 생각해보자. 한 명의 경우는 본인의 뜻과는 상관없이 일어난 것이었으며, 다른 한 명의 경우는 친구에게 보내는 음모의 신호였다고 하자. 이 경우, 두 개의 동작은 그 자체로 보았을 때는 완전히 동일한 것이다. 즉 카메라식의, 또는 "현상적" 관찰에만 의한다면, 이 두 개의 동작 중 어느 것이 윙크이고 어느 것이 눈의 경련인지 구분할 수 없다. 그러나 실제로 사진에는 나타나지 않을지 몰라도 눈의 경련과 윙크 사이에는 엄청난 차이가 있으며, 이러한 차이는 눈의 경련을 윙크로 착각해본 경험이 있는 사람이라면 쉽게 짐작이 갈 것이다. 우선 윙크라는 것은 의사전달 방법의 하나이며, 그것도 아주 정확하고 특별한 수단으로 의사를 전달하는 것이다. 다시 말하면 윙크를 한다는 것은 1) 의도적으로, 2) 특정인에게, 3) 특정 메시지를 전달하기 위하여, 4) 사회적으로 인정된 코드에 의하여, 5) 같이 있는 다른 사람들이 알아채지 못하도록 의사를 전달하는 것이다. 라일의 지적과 같이 윙크를 하는 사람은 눈꺼풀을 수축시키는 동시에 윙크를 하는 것이지만, 눈에 경련을 일으키는 사람은 단순히 눈꺼풀을 수축시킬 뿐인 것이다. 정의하자면, 눈꺼풀을 수축하는 것이 하나의 공모의 신호로 여겨지는 공적인 코드가 존재하는 곳에서 의도적으로 눈꺼풀을 수축시키는 행위를 하는 것이 곧 윙크이다. 이렇게 정의해볼 때 여기에는 모든 것이 다 포함된다. 즉 하나의 행위는 곧 그 문화의 일부가 되며, 그럴 경우 그것은 단순한 동작이 아니라 하나의 제스처라고 할 수 있다.

그러나 지금까지의 설명은 라일의 논의에서 아직도 시작에 불과하다. 가령, 여기에 세번째 소년이 있다고 가정해보자. 그리고 그는 친구들을 재미있게 해주기 위해서 일부러 서툴고 눈에 드러나도록 첫번째 소년의 윙크를 흉내낸다고 하자. 물론 이 소년도 눈의 경련을 일으켰던 첫번째 소년이나 실제로 윙크를 했던 두번째 소년과 동일한 동작, 즉 눈꺼풀을 수축시키는 동작을 할 것이다. 다만 이 소년은 윙크를 한 것도, 눈의 경련을 일으킨 것도 아니다. 그는 단지 자신이 본 대로 다른 소년의 동작을 흉내내었을 뿐이다. 여기에도 물론 하나의 사회적으로 인정된 코드는 존재하며, 그 소년도 그것에 따라서 마치 어릿광대역을 하는 배우처럼 억지로 서툴게 그리고 과장해서 윙크를 할 것이다. 그리고 그런 식으로 메시지도 전달된다. 다만 이 경우에는 음모의 분위기가 아니라 조롱의 분위기인 점만이 다를 뿐이다. 만일 그의 친구들이 이 세번째 소년의 행위를 장난이 아니라 실제로 윙크를 하는 것으로 받아들인다면 그 소년의 계획은 완전히 낭패를 보게 되며, 이러한 낭패는, 비록 결과는 조금 다르겠지만, 다른 친구들이 그 소년이 윙크 흉내내기를 하고 있는 것이 아니라 눈에 경련을 일으키고 있다고 생각할 경우에도 마찬가지이다. 그리고 거기에서 한 걸음 더 나아가 만일 이 세번째 소년이 자신의 흉내내는 능력에 자신이 없어 집에 가서 거울 앞에 서서 윙크를 연습해보고 있다고 가정해보자. 이 경우, 이 소년이 하는 행위는 눈의 경련도, 윙크도, 윙크 흉내도 아닌 다만 연습일 뿐이다. 그럼에도 불구하고 사진

기라든가 급진적인 행동주의자라면 이 소년이 하는 행위를 다른 모든 소년들과 마찬가지로 "빠르게 오른쪽 눈꺼풀을 수축시키고 있다"라고만 기록할 것이다. 또한 이 문제는 논리적으로 볼 때 보다 더 복잡해질 가능성을 내포한다. 예를 들면, 첫번째 윙크를 한 사람이 실은 정말 윙크를 한 것이 아니라 거짓 윙크를 한 것이고, 그렇게 함으로써 실제로 아무런 음모가 없음에도 불구하고 무엇인가 음모가 꾸며지고 있는 듯한 인상을 주고자 했다면 문제는 아주 달라진다. 만일 그렇다면 그후에 일어난 동작들, 즉 윙크 흉내내기나 윙크 연습을 한 사람들이 실제로 한 행위는 그것에 맞추어 다르게 묘사되어야 할 것이다. 그러나 여기에서 그러한 문제들보다 더 중요한 것은 민족지의 대상이 되는 것은 바로 라일이 말하는 "현상 기술(thin description)", 즉 연습하는 자들(흉내내는 자, 윙크하는 자, 경련을 일으키는 자……)이 하고 있는 것이 "급히 눈꺼풀을 수축하고 있는 것"이라고 묘사하는 것과, 그 사람들이 하고 있는 행위를 "한 친구가 거짓으로 무엇인가 음모가 있다는 듯이 보이기 위하여 윙크하는 척하는 행위를 연습하고 있는 것"으로 묘사하는 것, 즉 라일의 용어를 빌리면 그 행위의 "중층 기술" 사이에 위치한다는 점이다. 여기에서 말하는 현상 기술과 중층 기술 사이에는 위계적으로 연결된 여러 층위의 의미구조가 존재하며, 앞에서 말한 경련을 일으키는 자, 윙크하는 자, 거짓 윙크하는 자, 흉내내는 자, 흉내를 연습하는 자나 모두가 이 의미구조에 따라서 일정한 행위를 하고 의미를 부여받으며 해석되는 것이다. 그리고 그들이 자신의 눈꺼풀로 무엇을 하든지 간에 그것을 받아들이고 해석하게 해주는 의미구조 없이는 그들의 행위가 하나의 **문화적 범주**로 존재한다고 볼 수는 없다. 그리고 그것은 전혀 아무런 의미를 가지지 않는 듯이 보이는 눈의 경련의 경우도 마찬가지이다. 그것은 윙크가 눈의 경련만이 아닌 것을 인지하는 것과 마찬가지로 눈의 경련이 윙크가 아닌 것을 인지하도록 하는 것도 문화적 의미구조 속에 내포되어 있기 때문이다.

옥스퍼드 철학자들이 즐겨 만드는 이야기들에서와 마찬가지로 이 모든 것들, 즉 윙크, 거짓 윙크, 거짓 윙크의 흉내내기, 거짓 윙크의 흉내를 연습하는 것 등 이러한 것들이 모두 조금은 인위적인 듯이 보일지도 모르겠다. 그러므로 여기서 하나의 경험 자료로서 나의 현지조사 자료들 중에서 아주 전형적인 한 대목을 떼어내어 라일의 논의에 따라서 설명해보기로 하겠다.

앞서의 추상적 논의에 전혀 예고 없이 실제 경험 자료를 대비시키는 것은 의도적인 것이다. 그렇게 함으로써 우리는 라일의 논의가 비록 개별 독자들을 위해서 아주 단순화하여 표현한 것임에도 불구하고 실제로는 인류학자들이 그들의 조사지에서 끊임없이 부딪치고 해결해나가야 하는 유추과정의 중층적 구조를 아주 정확하게 제시하고 있음을 알 수 있기 때문이다.

　[나의 제보자에 의하면] 프랑스인들은 이제 막 도착했을 뿐이었다. 그들은 이곳 시 중심부로부터 멀리 산 중턱에 위치한 마무샤 지역에 이르는 요충지에 약 스무 개 정도의 요새를 설치하여 인근 촌락지역을 탐사할 수 있도록 조치했다. 그러나 이러한 조치에도 불구하고 프랑스인들이 아직은 이 지역에, 특히 야간에는 치안을 유지할 수 없었으며, 따라서 이미 법적으로는 폐지된 것으로 여겨지고 있던 메즈라그 제도(mezrag system : 외국인의 보호를 목적으로 한 제도/역주)로 불리는 교역협정은 사실상 전과 다름없이 행해지고 있었다.
　어느날 저녁 코헨(그는 베르베르어를 유창하게 한다)이 마무샤 지역에 있을 때 이웃 부족과 교역하는 두 명의 다른 유대인이 물건을 사려고 찾아왔다. 마침 그때 이웃의 또 다른 부족에 속하는 베르베르인 몇 명이 코헨의 가게에 침입하려고 했으나, 코헨이 공포를 쏘아 프랑스 경찰의 주의를 환기시킴으로써 강도들은 곧 도망치게 되었다(전통적으로 유대인들은 무기를 소지할 수 없었으나, 당시의 상황이 극도로 불안했으므로 많은 유대인들이 무기를 소지하고 있었다).
　그러나 다음날 저녁 이 베르베르인 약탈자들은 다시 코헨의 가게를 찾아왔다. 그리고 그들 중 한 명이 여자로 변장하여 가게 문을 노크하면서 무엇인가 이야기를 꾸며대기 시작했다. 코헨은 좀 의심스러운 생각이 들어서 그 "여자"를 들이지 않으려고 했으나, 같이 있던 유대인 친구가 "괜찮아, 겨우 여자를 갖고 뭘 그래?"라고 말했기 때문에 결국 문을 열어주게 되었고, 곧 약탈자들이 들이닥쳤다. 놀러 왔던 두 명의 유대인들은 그들 손에 죽었으나 코헨은 가까스로 옆방으로 도망침으로써 재난을 면했다. 그러나 두 강도들이 그의 물건을 다 빼낸 후 그를 가게와 함께 산 채로 태워 죽일 공론을 하므로 그는 하는 수 없이 방문을 열고 몽둥이 하나를 마구잡이로 휘둘러대며 창문을 통하여 도망쳐 나왔다.
　그는 곧 요새로 올라가서 상처를 대강 치료한 후, 지역 사령관인 뒤마리 대위를 찾아가 항의하고 자신의 "아르(ar)"를 받을 수 있도록 허락해줄 것을 요구했다. 아르란 이러한 경우 받게 되는 일종의 손해배상으로, 그는 도둑맞은 물건의 네댓 배에 해당되는 가치의 상품을 요구할 수 있었다. 마침 약탈자들은 아직 프랑스인들에게 투항하지 않고 있던 부족 중 하나였기 때문에 코헨은 또한 전통적으로 자신이 받게 되어 있는 아르, 즉 손해배상을 청구하러 갈 때 그 부족과 메즈라그, 즉 교역협정을 맺고 있는 마무샤 부족의 족장을 동행할 수 있도록 허락해줄 것을 뒤마리 대위에게 요청했다. 프랑스 정부가 법적으로 메즈라그 관계를 인정하지 않는 까닭에 뒤마리 대위는 공적으로 요청을 허가할 수는 없었으나, 그는 "당신이 가서 죽더라도 우리는 책임을 안 지겠다"라고 말함으로써 사실상의 구두 인가를 했다.

따라서 마무샤 부족의 족장과 유대인인 코헨 그리고 몇 명의 무장한 마무샤인들은 10-15킬로미터 정도 더 산을 올라가서 반란지역으로 들어갔다. 물론, 그 지역에는 프랑스인들은 없었다. 코헨 일행은 그 지역에 숨어들어 잠복해 있다가 약탈자 부족의 양치기를 사로잡고 그의 양들을 훔쳐서 산을 내려오기 시작했다. 그러자 곧 총을 메고 말을 탄 그 부족인들이 공격자세를 취한 채 코헨 일행을 추적해오기 시작했다. 그러나 양떼를 훔쳐가고 있는 자들이 누구인지를 안 추적자들은 금방 추적하기를 멈추고 협상을 제의해왔다. 그들은 지난 날 저녁에 일어났던 사건, 즉 그들 부족 중 몇 명이 코헨을 약탈하고 그의 두 친구를 죽인 사건을 부정할 수 없었으며, 또한 그들은 마무샤인들과 유혈투쟁에 들어가기를 원하지 않았기 때문이었다. 코헨 일행과 약탈자 부족의 대표들은 수천 마리의 양떼들이 있는 평원의 한가운데에서 협상을 진행했다. 그리고 최종적으로 양 500마리의 배상에 합의했다. 두 떼의 무장한 베르베르인들, 즉 마무샤 지역의 베르베르인들과 약탈 부족의 베르베르인들이 말을 타고 평원의 양편에 도열해 있고, 그 중간에 있는 양떼들 사이로 검은 옷에 둥근 모자를 쓰고 찍찍거리는 슬리퍼를 신은 코헨이 천천히 걸어다니며 자신의 마음에 드는 가장 좋은 양들로 500마리를 고르는 조건이었다.

코헨은 이렇게 받은 양떼를 몰고 마무샤로 돌아왔다. 자신들의 요새에 앉아 멀리서부터 양떼들을 몰고 오는 소리를 들은 프랑스인들은 (코헨은 당시를 회상하며 즐거이 "와, 와, 와" 외치고 있었다.) "이것들은 도대체 무엇이냐?"라고 물었다. 이에 코헨이 "이것들은 나의 아르이다"라고 대답했으나, 프랑스인들은 코헨의 말을 좀처럼 믿으려고 하지 않았다. 그리고 결국에는 코헨을 항거 중인 베르베르인 부족의 스파이로 몰아 옥에 가두고 양떼들을 빼앗아버렸다. 그의 가족들은 그가 너무도 오랫동안 돌아오지 않았으므로 죽은 줄 알고 있었으나, 얼마 후 그는 풀려나서 집으로 돌아갈 수 있었다. 그러나 양떼들은 되돌려받지 못했으므로 그는 시내에 있는 프랑스 지역 총사령관을 찾아가 항의했다. 그러나 그 사령관은 코헨의 일이 자신의 소관이 아니므로 어떻게 해줄 수 없다고 답변했다고 한다.

있는 그대로 인용된, 병 속의 기록(강가에 떠내려온 병 속의 쪽지처럼 맥락이 불분명한 기록의 의미일 것이다/역주)과 같은 앞의 자료에서 우리는 아무리 기본적인 것이라도 한 편의 민족지 기록이 얼마나 많은 것을 내포하는지, 즉 그 기록이 어느 정도 "중층적인가"를 짐작할 수 있다. 이 책에 포함되어 있는 것과 같은 완성된 인류학적 저서들에서는 그러한 사실, 즉 우리가 자료라고 일컫는 것들은 실은 조사 대상자인 그 사람들이 자신들 혹은 자신의 동족들이 하고 있다고 생각하는 것들을 우리가 새로 우리 나름대로 구성한 것뿐이라는 사실을 매우 모호하게 만들기 마련이다. 그것은 하나의 사건, 의례, 관습, 생각 등에 대하여 우리가 파악해야만 하는 것들의 대부분은 그것이 직접적으로 고찰되기 이전에 이미 배후정보로 밀려나버리기 때문이다(앞에 기술된 작은 드라마의 경우만 하더라도 그것이 중부 모로코의 고원지대에서 1912년에 일어난 사건이라는 사실 그리고 같은 지역에서 1968년에 나에게 전해졌다는 사실에 의해서 이미 그 사건이 어떤 방향으로 이해될 수 있는가 하는 것이 대부분 결정되어버린다고 할 수 있다). 그렇게 된다는 사실이 무엇인가 크게 잘못된 것은 아니며 또한 어차피 그렇게 될 수밖에 없는 것도 사실이다. 그러나 이것을 통해서 우리는 인류학적 조사라는 것이 실제에 비해서 훨씬 더 관찰적인 활동이며, 훨씬 덜 해석적인 활동이라는 생각을 가지게 된다. 그렇지만 아주 기본적인 사실들에서조차, 만일 그러한 것들이 있다면, 우리는 이미 설명을 하고 있는 것이며, 그것보다 더한 경우에는 설명들에 대한 설명, 즉 윙크에 대한 윙크에 대한 윙크를 하고 있는 셈이다.

따라서 분석이란 의미구조를 분류하는 것이며 거기에 사회적 근거와 중요성을 부여하는 작업이 된다. 라일은 이 의미구조를 "기존의 코드들"이라는 말로 표현했으나 이것은 좀 잘못된 듯하다. 왜냐하면 그 표현에 따르면 분석자의 작업은 마치 암호해독처럼 들리는데, 실은 그것은 문학비평가의 작업에 더 가까운 것이기 때문이다. 앞의 자료에서 우리는 의미구조를 분류하는 작업을 그 상황에 관여되어 있는 세 종류의 서로 다른 주역들, 즉 유대인, 베르베르인 및 프랑스인들의 상이한 해석틀을 구별하는 작업으로부터 시작해볼 수 있으며, 그것으로부터 더 나아가서 어떻게 (그리고 왜) 당시 그 상황에 그들이 공존했는가라는 사실로부터 하나의 전통적 관습을 한낱 웃음거리로 전환시켜버린 체계적 곡해 또는 오해가 야기되었는가를 제시해볼 수 있을 것이다. 코헨을 낭패시킨 것 그리고 그와 함께 그가 활동했던, 옛부터 전해오는 사회적, 경제적 관계 패턴의 전부를 낭패시킨 것은 전달상의 혼란이었다.

나의 이 지나치게 축약된 주장에 대해서는 뒤에서 자료의 세세한 내용들과 함께 다시 다룰 것이다. 다만 여기서 가장 중요한 점은 민족지라는 것은 중층적 기술이라는 것이다. 인류학자들이 아주 기계적인 자료 수집 작업(이 것도 물론 빼놓을 수 없는 것이다)을 하고 있을 때를 제외하고는 대부분의 경우에 그가 당면하게 되는 상황이란 여러 겹의 복합적인 의미구조이며, 이 개개의 의미구조들은 서로 중복되면서 복잡하게 얽혀 있다. 이러한 상황은 인류학자들에게 아주 생소하고 불규칙적이며 불분명한 까닭에 인류학자는 우선 그것이 어떤 종류의 상황인가를 파악해야 하며 그 상황에 대한 설명은 그 이후에라야 가능하게 된다. 그리고 이것은 인류학자가 행하게 되는 거의 모든 작업, 즉 면담, 의례의 관찰, 친족 용어의 기록, 재산상속 계통의 추적, 가구 조사 등 모든 작업에 마찬가지이다. 인류학적 조사작업은, 바꾸어 말하면 마치 외국어로 쓰인, 오래 되고 낡아 잘 해독하기 어려우며 일관성이 없고 여러 군데 수정이 가해지고 여러 주장이 엇갈리는 그러한 원고를 읽는 작업과 유사하다고 할 수 있다. 일반적인 원고 해독작업과 다른 점은 다만 인류학 조사의 경우, 그것은 문자로 쓰인 것이 아니라 일정한 형태를 갖춘 일회적인 행위들로 이루어졌다는 것뿐이다.

III

문화는 행위로 기록된 문서이며, 따라서 흉내낸 윙크나 모의의 양(洋) 약탈행위와 마찬가지로 공적인 것이다. 그것은 비록 관념적이긴 하지만, 그렇다고 해서 어느 누군가의 머릿속에 존재하는 것이 아니며, 또한 비록 실체로 존재하지 않는다고 하더라도 불가사의한 것도 아니다. 이렇게 볼 때 결코 해결될 수 없는 까닭에 끊임없이 지속되고 있는 인류학 내부의 논쟁, 즉 문화란 "주관적인" 것인가 혹은 "객관적인" 것인가에 대한 논의들과 그러한 논의에 수반되는 지적인 모욕들, 예를 들면 관념론자 대 유물론자, 유심론자 대 행동주의자, 인상주의자 대 실증주의자 등으로 볼 수 있다. 일단 우리가 인간의 행위(대부분의 경우 그것은 진정한 눈의 경련이다)를 상징적 행동, 즉 말의 경우 발음 내지 발성, 회화의 경우 색채, 글쓰기의 경우 획(劃), 음악의 경우 음(音) 등이 가지는 의미를 지니는 행동으로 본다면 앞의 문제, 다시 말해서, 문화라는 것이 패턴화된 행동인가 아니면 정신적인 틀인가 또는 그 두 가지가 혼합되어 있는 것인가 하는 의문은 의미를 상실하게 된다. 흉내낸 윙크나 모의의 양 약탈행위에 대하여 우리가 가져야 하는 의문은 그것의 존재론적 양태에 관한 것이 아니며, 이것은 바위나 꿈에 관해서도 마찬가지이다. 이것들은 모두 이 세상에 존재하고 있는 것이며, 우리가 가져야 하는 의문은 그것의 중요성이 무엇인가 하는 점이다. 다시 말해서, 그러한 행동 또는 매개물을 통하여 전달하고자 했던 것이 조소인가 도전인가, 아이러니인가 분노인가, 또는 교만인가 자존심인가 하는 문제들이다.

이렇게 말했을 때 이것은 아주 명백한 진리인 듯이 보일지도 모르나, 다음의 경우에서 보듯이 그것은 여러 가지로 모호해질 수도 있다. 그중 하나는 문화라는 것을 그 자체로의 추진력 내지 목적을 지니는 하나의 자기충족적이며 초유기체적인 실체로 상상함으로써 생긴 것이다. 이것은 문화라는 것을 지나치게 확대 해석하는 것이 될 것이다. 다른 하나는 그것을 우리가 어떤 특정의 공동체 속에서 직접적으로 관찰할 수 있는 일련의 행동화된 사건들의 유형들이라고 주장하는 것이다. 전자와 반대로 이렇게 보는 것은 문화라는 것을 지나치게 과소평가하는 것이 될 것이다. 이 두 가지 방향의 관념적 혼란은 여전히 존재하며 앞으로도 역시 계속 존재하리라고 예상되지만, 오늘날 인류학에서 그것보다 더 심각한 이론적 혼란은 바로 이 두 가지 관점에 대한 반작용으로 제기된 세번째 관점 때문이라고 볼 수 있다. 오늘날 이 세번째 입장은 아주 많은 사람들에게 받아들여지고 있는데, 그것은 바로 그러한 입장의 대변자격인 굿이너프의 말을 인용한다면, "문화는 인간의 마음과 정신 속에 [있다]"는 주장이다.

민족과학, 성분 분석, 또는 인지인류학 등의 세 가지 명칭으로 불리는(이러한 명칭의 변화는 보다 더 심각해지고 있는 불확실성을 반영한다고 믿어진다) 이 학파는 문화를 인간 또는 인간집단들의 행위를 인도하는 심리적 구조들로 구성되어 있는 것으로 파악한다. 굿이너프의 글 중에서 바로 이러한 움직임의 고전적 근거가 되었던 부분을 인용해보면, "한 사회의 문화란

한 인간이 자기 집단의 성원들에게 받아들여질 수 있는 방법으로 작용할 수 있기 위해서 마땅히 알고 있어야 하는 모든 것들로 구성된다"라고 한다. 그리고 문화에 대한 이러한 견해로부터 그것을 어떻게 기술할 것인가에 관한 의견이 이어진다. 이 견해도 매우 확신에 차 있는데, 그것은 체계적인 법칙을 기술함으로써 가능하다고 한다. 그것은 마치 민족지적 방정식과 같은 것으로 누구든지 그것을 그대로 따르기만 하면(비록 겉모양은 다를지라도) 원주민으로 받아들여질 수 있을 것이라고 한다. 이렇게 하여 극단적인 주관론이 극단적인 형식론과 결합했으며 그것에서 예상되는 결과는 자명하다. 즉 그것이 분류체계의 형태이든, 패러다임이든, 도표이든, 계통표이든 간에 특정의 분석결과가 나올 때마다 그것이 과연 원주민들이 생각하는 바를 반영하는 것인가 아니면 그들이 생각하는 것과 논리적으로 동일하지만 근본적으로는 상이한 유사체에 불과한 것인가에 대해서 열띤 논쟁들이 벌어지게 마련이다.

언뜻 보아서 이러한 접근법이 내가 이 책에서 발전시키려고 하는 문화에 대한 접근법과 아주 유사한 듯이 보이는 까닭에 우선 무엇이 그 두 접근법을 구분짓는가를 밝히려고 한다. 윙크라든가 양의 문제는 일단 접어두고 여기에서는 좀 특수하기는 하지만 그런 대로 베토벤의 4중주곡을 문화의 한 예로 들어보자. 이 경우 베토벤의 4중주곡이라는 것을 곧 그것의 악보나 그것을 연주하기 위하여 필요한 기술이나 지식, 또는 그것의 연주자나 청중들이 지니고 있는 그 음악에 대한 이해의 정도 등과 동일한 것으로 간주하는 사람은 아무도 없으리라고 생각된다. 뿐만 아니라 그것은 앞에서 언급된 축소론자들이나 확대론자들의 경우에서처럼 어느 특정의 연주 그 자체도 아니며 또한 물질적 존재를 뛰어넘는 신비한 그 무엇도 아니다. 세상에는 언제나 구제 불가능한 사람들이 있게 마련이므로 여기서 "아무도"라는 표현은 어쩌면 좀 지나칠지도 모르겠다. 그러나 베토벤의 4중주곡이라는 것이 일정한 형태로 발전시킨 음의 체계라는 점, 특정 음의 일관된 연속체라는 점, 즉 다시 말해서 하나의 음악이라는 점과 그것이 어느 특정 인물의 지식이나 신앙과는 무관한 것이라는 전제에는 아마도 대부분이 동의하리라고 생각된다.

바이올린을 연주하기 위해서는 특정의 습관과 기술, 지식, 재능이 있어야 하며, 바이올린을 연주할 기분이어야 하며, 또한 (옛 농담에서처럼) 바이올린이 있어야 한다. 그러나 바이올린 연주가 바로 그러한 습관, 기술, 지식,

분위기나 바이올린 그 자체는 아니다. 모로코에서 교역협정을 체결하기 위해서 당신은 몇 가지 정해진 관행을 따라야 하며(그중에는 신체적으로 온전한 당신네 부족의 모든 성원들이 모인 자리에서 코란을 암송하면서 양의 목을 짤라야 하는 의식도 포함된다), 또한 일정한 심리적 특질들을 지녀야 한다(그중에는 멀리 있는 물건에 대한 욕구도 포함된다). 그러나 교역협정은 절두(截頭), 즉 양의 목을 자르는 행위이거나 멀리 있는 물건에 대한 욕구 그 자체는 아니다. 그럼에도 불구하고 그것은 앞에서 언급한 마무샤의 족장이 코헨으로부터 아무 가치도 없는 낡고 때묻은 양가죽 한 장을 훔쳤다는 죄로 자기 친족 일곱 명을 처형했던 경우에서 드러나는 것처럼 그들에게는 아주 중요한 약속임에는 틀림없다.

이러한 사건들이 지니는 의미가 공적인 까닭에 문화도 공적인 것이다. 윙크라는 것이 무엇안가 또는 신체적으로 눈꺼풀을 수축한다는 것이 어떤 것인가를 알지 못하는 한, 당신은 윙크를 하거나 윙크 흉내를 낼 수 없다. 마찬가지로 양을 훔치는 것이 무엇인지 또는 실제로 양을 어떻게 훔치는지 알지 못하는 한, 당신은 양 약탈행위(또는 모의 약탈행위)를 할 수 없다. 그렇다고 해서 윙크할 줄 아는 것이 곧 윙크하는 것과 마찬가지라거나 양을 훔칠 줄 아는 것이 곧 양 약탈행위라고 결론짓는다면, 그것은 현상 기술과 중층 기술을 혼동하는 것이며, 눈꺼풀을 수축시키는 모든 행위를 윙크라고 여기거나 풀밭에서 털있는 짐승을 쫓아다니는 모든 행위를 양 약탈행위로 간주하는 것과 다름없는 오류이다. 이러한 인지론자들의 오류, 다시 말해서 문화란 (그러한 학파의 또 다른 대변자인 스티븐 타일러의 글을 인용하면) "수학이나 논리학과 유사한 형식적 방법들을 통해서 분석될 수 있는[또는 분석되어야만 하는] 정신적 현상들로 이루어져 있다"는 견해는 그것이 비록 행동주의나 관념주의의 오류를 수정하는 것을 표방함에도 불구하고, 그것들만큼이나 파괴적이라고 할 수 있다. 뿐만 아니라 그것은 행동주의나 관념주의보다 더욱 세련되고 미묘한 오류를 범하고 있는 만큼 그 영향도 더욱더 파괴적이라고 볼 수도 있다.

사적 의미론(私的 意味論)을 일반화시켜 공격하는 것은 초기의 후설 및 고(故) 비트겐슈타인 이래 아주 널리 행해져왔으므로 여기서 다시 그것을 반복할 필요는 없을 것이다. 여기서 필요한 것은 이제 인류학에도 그것을 적용할 때라는 점을 인식하는 것이다. 문화라는 것은 사회적으로 설정된 일련의 의미구조들로 이루어져 있으며 사람들은 그러한 의미체계에 의거하여 (윙크를 통하여) 남에게 어떠한 음모가 있다는 것을 암시할 수 있으며 또한 그러한 음모행위에 가담하기도 한다. 뿐만 아니라 그러한 사회적 의미체계가 있음으로써 사람들은 어떤 경우에 자신이 모욕당했다는 것을 감지하기도 하고 그것에 대처할 수도 있게 된다. 문화가 이러한 사회적으로 설정된 의미체계들로 이루어져 있다고 말하는 것이 곧 문화를 하나의 심리적 현상, 즉 어느 한 개인의 정신상태 또는 인성적 특질이나 인지구조 등으로 파악하는 것과 같은 것이라고 주장한다면(전자가 나의 견해라면 후자는 굿이너프나 타일러 등의 견해라고 볼 수 있으며, 여기서 내가 말하고자 하는 것은 이 두 입장이 분명히 구분된다는 점이다), 그것은 곧 탄트리즘(tantrism, 성력파[性力派]: 탄트라교의 철학 또는 교리 /역주)이나 유전학 또는 동사의 진행형, 포도주의 분류방식, 관습법 혹은 "조건부 저주"의 개념(웨스터마크는 이 개념에 의해서 코헨이 자신의 손해배상을 청구할 수 있었던 아르의 관습을 정의했다) 중 어느 하나가 곧 문화라고 말하는 것과 다름없는 억지일 것이다. 전혀 다른 종류의 윙크를 배웠고 또한 다른 방식으로 양을 돌보도록 가르침을 받으며 자라난 우리가 모로코와 같은 곳에 처음 갔을 때 그 사람들이 하고 있는 것이 무엇인가를 금방 파악할 수 없는 것은 단순히 인지체계라는 것이 어떻게 작용하는가에 관해서 우리가 무지하기 때문이라기보다는 오히려 그들의 행위 하나하나가 어떤 신호의 의미를 가지게 하는 그들만이 공유하고 있는 상상의 세계에 우리가 아직 익숙하지 못하기 때문이라고 볼 수 있다(물론 인지체계란 우리들 사이에서나 그들에게서나 동일한 방식으로 작용하겠으나, 이 경우 우리의 그것을 보다 더 적게 가지는 것이 그들을 이해하는 데에 도움이 될지도 모르겠다). 우리가 앞에서 이미 비트겐슈타인을 언급했으므로, 여기에서는 이 점에 관한 그의 글을 한번 인용해보기로 하겠다.

　우리는……어떤 사람들에 대해서 그들은 우리에게 투명하다고 말한다. 그러나 이와 관련하여 중요한 것은 한 인간이 다른 사람에게 전혀 불가해한 존재일 수도 있다는 점이다. 우리는 이러한 사실을 우리와 전혀 상이한 전통을 지닌 다른 나라에 갔을 때 곧 깨닫게 되며, 이러한 이해의 장벽은 우리가 그 나라의 언어를 완전히 구사할 수 있는 경우에도 마찬가지이다. 우리는 그들을 이해하지 못한다(그리고 이것은 그들이 서로 말하고 있는 내용을 모르기 때문이 아니다). 우리는 우리 자신을 그들 중에 위치 짓지 못하기 때문이다.

IV

여기서 이 자신을 위치짓게 한다는 것이 바로 하나의 개인적 경험으로서 민족지적 조사가 의미하는 것이며, 그것은 그다지 쉬운 일이 아니다. 하나의 학문적 노력으로서의 인류학적 저술도 우리가 실제로든 상상으로든 발견했다고 생각하는 그러한 공감대의 근거를 제시하는 작업이라고 볼 수 있다. 인류학적 조사작업을 할 때에 우리는(아니면 최소한 나는) 원주민이 되거나 그들의 흉내를 내려고 하는 것은 아니다. 낭만주의자나 스파이 노릇을 하는 자들이나 그러한 노력에서 어떤 의미를 찾을 수 있을 것이다. 우리는 단순히 말을 하는 것 이상의 진정한 의미에서 그들과 대화를 나누고자 하는 것이며, 이러한 진정한 대화란 대부분의 경우 우리가 일반적으로 생각하는 것보다 훨씬 힘든 작업이다. 스탠리 캐벨이 언급했듯이, "우리가 누군가를 위해서 말하는 것을 어려운 일로 여긴다면 그것은 아마도 우리가 일방적으로 누군가에게 이야기한다는 것 또한 얼마나 어려운 일인가를 충분히 깨닫지 못하기 때문일지도 모른다."

이렇게 볼 때 인류학의 목적은 곧 인간들간의 의사 소통의 세계를 넓히는 것이라고 볼 수 있다. 물론 이것만이 인류학의 목적은 아니다. 그 이외에도 교육, 흥미, 실용적 조언, 윤리적 진보, 인간 행위에 나타나는 자연적 질서의 발견 등이 다른 목적으로 열거될 수 있을 것이다. 또한 인류학만이 인간 이해의 폭을 넓히는 학문이라고 볼 수도 없다. 그러나 이 목적에 부합시킴으로써 우리는 기호론적인 문화 개념을 특별히 잘 파악할 수 있다. 해석 가능한 부호들(나 나름으로 상징이라고 칭하고자 한다)의 상호 연결된 체계로서의 문화는 어떤 사회적 사건이나 행위, 제도 내지 과정 등을 인과적으로 설명해주는 하나의 원동력은 아니다. 오히려 그것은 하나의 맥락이며 그러한 맥락 안에서 우리는 앞의 사회적 사건이나 행위, 제도, 과정 등을 이해할 수 있도록, 즉 중충적으로 설명할 수 있는 것이다.

유명한 인류학자들이 (우리에게는) 생소한 사람들 ── 말을 탄 베르베르인
이나 유대인 행상들 또는 프랑스 외인부대원들 ── 에게 몰두하는 이유는 바
로 그렇게 함으로써 우리가 일상의 친숙함으로부터 벗어날 수 있기 때문이다.
우리 가까이의 친숙함 속에서는 우리가 어느 정도 다른 사람들의 생각과 느낌
을 감지할 수 있는 능력을 지녔는지가 분명히 드러나지 않는다. 다른 지역에
가서 우리에게 익숙하지 않은 형태로 일어나는, 그러나 그들에게는 매우 일상
적인 일들을 관찰하는 것은 우리에게, 흔히 주장되는 것처럼, 인간의 행위가
얼마나 임의적인가를 밝혀주기보다는(모로코의 양 도둑질을 무례한 행위라
고 생각하는 것은 전혀 임의적이랄 수 없다) 오히려 생활 패턴의 차이에 따라
서 일상적인 것의 의미가 어느 정도 다양하게 나타날 수 있는가를 밝혀준다고
생각된다. 어떤 한 민족의 문화를 이해한다는 것은 그들 생활의 일상적이고
평범한 면을 밝히는 것이며, 그렇게 할 때 개개의 사건이나 행위가 지니는 특
수성을 감소시키지 않아야 하는 것이다(모로코인들에 대한 나의 이해가 깊어
짐에 따라서 그들의 행동은 더욱더 논리적인 것으로 보였으며 또한 어떠한 경
우에 유사한 다른 행위와 구별되는가가 보다 더 명확히 드러났다). 그들의 문
화를 이해함으로써 우리는 그러한 행동들이 지니는 모든 불투명함을 극복하
고 아주 일상적인 것으로 그것들을 이해할 수 있게 된다.

이러한 입장은 흔히 "행위자의 관점에서 사물을 바라보는 것" 또는 보다
전문적으로 "이해적 접근법(verstehen approach)" 혹은 "에믹 분석법(emic
analysis)" 등으로 일컬어진다. 그러나 한편으로는 이러한 용어들로 인해서 인
류학이라는 학문이 어떤 장거리 독심술의 일종이거나 아니면 식인 섬의 공상
물 정도로 여겨지게 된 이유도 없지 않다. 따라서 누구든지 바다 밑에 가라앉
아버린 옛 사상의 잔해를 찾아보고자 하는 사람들은 이러한 접근법을 취할 때
세심한 주의를 기울이지 않으면 안 된다. 인류학적 해석이란 과연 무엇인가
또는 어느 정도까지 그것을 해석이라고 할 수 있는가를 파악하기 위해서는 우
선적으로 타민족의 상징체계에 관한 설명이 반드시 행위자-지향적이어야 한
다는 것이 정확히 무엇을 말하는 것인가에 관한 이해가 선행되어야만 한다.[1]

---

1) 이것은 타민족에 대해서 뿐만이 아니다. 인류학은 자신의 문화에 대해서도 행해질 수 있으
   며, 또한 그것이 오늘날의 추세이므로 이러한 새로운 경향은 또 다른 미묘한 문제점을 제
   시한다. 그러나 이 문제에 관한 논의는 일단 보류하기로 하겠다.

그 말이 의미하는 것은 베르베르 문화, 유대 문화, 프랑스 문화들에 대한 설명은 베르베르인, 유대인, 프랑스인 자신들이 자기들에게 일어나고 있는 일들을 설명할 때 사용한다고 생각되는 공식들을 그 자체대로 구성해보는 방향으로 행해져야 한다는 것이다. 그러나 그러한 설명은 베르베르인, 유대인, 프랑스인들 자신들의 설명과는 구별된다. 전자는 인류학적 설명, 즉 학문적 분석의 일부인 반면에 후자는 생활 그 자체라는 점이 다른 것이다. 그러한 설명은 마치 어느 특정 교파의 사람이 자신의 경험에 대해서 일정 방향으로 해석을 내리는 것과 같은 방식으로 행해져야 한다. 인류학적 설명이란 바로 그러한 교인의 설명과 같은 것이며, 차이는 다만 인류학자가 그것을 설명한다는 것뿐이다. 학문의 대상이 무엇인가 하는 문제와 실제로 그 학문을 한다는 것은 별개의 문제라는 사실을 이처럼 장황히 설명할 필요는 없을지도 모른다. 물질세계와 물리학은 분명히 다른 것이며「피네건의 경야(經夜)에의 길잡이(*A Skeleton Key to Finnegan's Wake*)」는 명백히「피네건의 경야(*Finnegan's Wake*)」(제임스 조이스의 소설/역주)는 아니기 때문이다. 그러나 문화 연구에서 분석이란 곧 대상 그 자체를 파고드는 것인 까닭에 ―― 즉 우리는 우선 우리의 제보자들이 무엇을 하고 있는가 또는 자신들이 무엇을 하고 있다고 생각하는가에 관한 우리 나름의 해석을 내리고 그것으로부터 분석을 시작하고 체계화한다 ―― 하나의 자연적 사실로서의 (모로코) 문화와 이론적 실체로서의 (모로코) 문화를 구분짓는 경계선은 모호해지게 된다. 이러한 사실은 또한 이론적 실체로서의 문화라는 것이 행위자 자신들이 지니고 있는 모든 개념들, 즉 그것이 "폭력", "명예", "신", "정의"에서 "부족", "재산", "보호관계", "추장의 지위" 등에 이르기까지 모두 그들의 개념틀에 의해서 제시되기 때문에 더욱 그렇다.

간단히 말하면 인류학적 저서들은 그 자체가 이미 해석이며, 그것은 두번째 해석일 수도, 세번째 해석일 수도 있다(실상 첫번째 해석은 "원주민"만이 내릴 수 있는데, 그것은 그들의 문화이기 때문이다).[2] 인류학적 저서들이

---

2) 이 순서의 문제 역시 매우 복잡한 것이다. 다른 인류학적 저서들에 기초한 인류학적 저서들(예를 들면 레비-스트로스와 같은 경우)은 물론 네번째 또는 그 이상이 될 것이며, 제보자들도 흔히, 거의 습관적으로, 제2의 해석을 내린다. 그리고 이것은 "원주민 모델"로 알려져 있다. 문자를 지닌 사회에서는 "원주민"의 해석은 보다 더 상위의 수준으로 나아갈

란 이런 의미에서 하나의 허구라고 할 수 있다. 이 말은 그러한 이야기들이 사실이 아니라거나 틀린 것들이라거나 혹은 "만일 그렇다면"류의 실험적 사고라는 뜻이 아니라, "무엇인가 만들어진" 혹은 "무엇인가 형태지어진" 이라는 의미 —— 라틴어 픽티오(fictiō)의 원래 뜻 —— 에서 허구라는 것이다. 1912년 모로코에서 베르베르인 추장과 유대 상인 그리고 프랑스 군인 간에 무슨 일이 일어났었는가를 행위자의 입장에서 묘사해본다는 것은 분명히 상상력이 필요한 작업이다. 그리고 그것은 흡사한 상황, 예를 들면 19세기 프랑스에서 한 시골 의사와 그의 부정한 아내와 아내의 경솔한 연인, 이 세 사람 사이에 있었던 일을 구성해서 묘사해보는 것과 별반 다를 바 없는 작업이다. 후자의 경우, 등장인물들은 실제로 존재하지 않았던 사람들이며 묘사되는 사건도 실제로 일어났던 일은 아니지만, 전자의 경우는 등장인물이나 사건이 모두 실제로 존재했거나 아니면 현존하고 있다는 점만이 다를 뿐이다. 그러나 이 단순한 차이는 매우 중대한 의미를 지니는 것이다. 보바리 부인에게는 이해하기 어려운 문제였을지도 모르나, 이 차이의 중요성은 보바리 부인의 글이 창작된 것인 데 반해서 코헨의 이야기가 단지 관찰된 것이라는 점에만 있는 것은 아니다. 그 두 이야기는 형태나 질적인 측면에서 뿐 아니라 두 종류의 이야기가 창작된 조건 및 그것의 핵심이 어디에 있는가에 의해서 차이가 난다. 그러나 두 이야기는 모두 "구상된 것", 즉 픽티오라는 점에서는 동일하다.

인류학자들이 이 사실을 항상 깨닫고 있었다고는 볼 수 없다. 다시 말해서 문화라는 것은 실제로 어느 교역지나 항구에 혹은 양떼가 있는 들에나 언덕 위에 있는 요새에 존재하고 있는 데 반해서, 인류학은 저서 속에, 논문에, 강의에, 박물관 전시물 중에, 혹은 요즘처럼 영화 속에 존재하고 있다는 사실을 그들은 충분히 인식하지 않고 있었다는 말이다. 이 점을 깨닫는 것은 곧 문화 분석에서 표현의 양식과 실제의 대상 사이에 어떤 경계를 지어본다는 것이 회화의 경우에서만큼이나 어려운 일이라는 사실을 깨닫는 것이 될 것이다. 또한 그러한 사실은 인류학적 대상이 사회적 실체 그 자체가 아니라 일종의 학문적 인공물인지도 모른다는 암시를 함으로써 인류학적

수 있으며, 그럴 경우 문제는 정말로 복잡해진다(마그리브인에 대해서는 이븐 칼둔의 경우를 생각해보면 될 것이며, 미국에 대해서는 마거릿 미드가 있다).

지식의 객관성 자체를 위협하게 될 수도 있다.

실제로 그것은 인류학적 지식의 객관성을 위협해왔던 것이다. 그러나 그 위협은 대수로운 것이 아니다. 그것은 민족지적 설명에 대하여 우리가 주의를 기울여야 할 점은 그 저자가 얼마만큼 멀리 떨어진 곳으로부터 미개인에 관한 사실들을 잘 포착하여 마치 탈이나 조각물들을 집으로 옮겨오듯이 그 사실들을 있는 그대로 옮겨올 수 있었는가에 있는 것은 아니기 때문이다. 오히려 그것보다는 어느 정도까지 그가 그러한 장소에서 벌어지고 있는 일들의 숨은 의미들을 밝힐 수 있었는가 그리고 그렇게 함으로써 생소한 배경에서 행해지고 있는 전혀 낯선 행위들을 대할 때 우리가 느낄 수 있는 당혹감을 덜어줄 수 있었는가 하는 데에 있다. 그러나 한편 이러한 점은 심각한 증명의 문제를 제기한다(글쎄, "증명"이 인류학처럼 소프트한 학문에 좀 지나친 용어라면 "평가"라고 해도 좋겠다). 여기에서 증명의 문제란 무엇을 기준으로 우리가 어느 것이 보다 나은 설명인가를 가려낼 수 있겠는가의 문제이다. 그러나 이 점은 다른 측면에서 본다면 인류학적 설명의 장점이라고도 할 수 있다. 만일 민족지가 중층적 기술이며 인류학자가 그것을 담당하는 사람들이라면 그 한 편의 민족지가 저널리스트의 풍자이든 말리노프스키 규모의 논문이든 간에 중요한 것은 그 기록이 윙크와 눈의 경련을 제대로 구별했는가 또는 진짜 윙크와 윙크 흉내를 구분할 수 있었는가 하는 점에 있는 것이다. 우리는 지극히 현상적 기술인 해석이 되지 않은 상태의 자료에 대해서 그 설명의 설득력을 평가하는 것이 아니라 우리를 그 이방인들의 생활에 얼마나 근접시킬 수 있는가 하는 학문적 상상력의 정도에 의해서 그것을 평가해야만 한다. 소로(1817-1862 : 미국의 사상가, 수필가/역주)의 말과 같이 세계를 일주하며 잔지바르에 고양이가 몇 마리인가를 세어보는 것은 아무 의미도 없는 작업이기 때문이다.

V

이러한 전제, 즉 우리가 원하는 것은 인간 행위에서 그것에 대한 학문적 탐구를 시작하기 이전에 이미 그것이 지니는 모든 흥미로운 측면들을 제거해버리는 것이 아니라는 이 사실은 경우에 따라서 보다 과장되고 강조되기도 한다. 예를 들면, 우리에게 관심이 있는 것은 인간 행위를 구성하는 요소들뿐인 까닭에 행위 그 자체에는 주의를 기울일 필요가 없다는 등의 주장이 그것이다. 이 주장에 따르면 문화라는 것은 하나의 독립된 상징체계로서 그 구성요소들을 분류하고 그 요소들간의 내적 상관관계를 밝히고, 나아가서 그 전체 체계의 성격을 일반적인 방법으로 규정짓는 것으로 가장 효과적으로 연구될 수 있다고 한다. 그리고 여기서 전체 체계는 그 체계의 근간을 이루는 핵심적 상징들에 의해서, 아니면 체계의 밑에 깔려 있는 심층구조에 의해서 또는 그것의 기초가 되는 이념적 원리들에 의해서 성격이 결정될 수 있다고 한다. 이것은 "학습된 행위"나 "정신적 현상" 등의 문화 개념에 비하면 현저한 진보이며, 또한 이러한 입장이 현대 인류학에서 가장 설득력 있는 이론들에 기초를 마련해주고 있는 것도 사실이다. 그러나 한편으로 이러한 폐쇄적인 접근법은 문화 분석을 그것의 합당한 대상, 즉 실제 생활이 지니는 비형식적 논리로부터 유리시킬 수 있는 위험을 안고 있는 듯하다(그리고 요즘 들어 이 위험은 매우 커지고 있다). 하나의 개념을 심리학주의의 결점으로부터 해방시키기 위하여 형식주의에 빠뜨린다는 것은 하나도 이로울 것이 없는 일이다.

우리는 인간의 행동에도 주의를 기울여야만 하는데, 그것은 바로 그러한 행동들을 통해서 —— 보다 정확히 말하자면 사회적 행동들을 통해서—— 문화적 형태들이 (명료하게) 표현되기 때문이다. 물론 문화적 형태들은 단순히 인간 행동에서만이 아니라 여러 종류의 예술품들이나 인간의 의식상태에서도 표현된다. 그러나 예술품이나 의식상태 등이 가지는 의미는 그것들이 상호간에 가지고 있는 관계 속에 내재되어 있는 것이 아니라 일상적으로 행해지는 생활 속에서 그것들이 담당하는 역할(혹은 비트겐슈타인의 용어를 빌리자면 그것의 "용도")에 있는 것이다. 앞에서 이야기되었던 유대인 코헨, 족장, "뒤마리 대위" 등이 각기 서로 다른 목적들(즉 교역, 명예 수호, 권위의 확립)을 가지고 상호 연관하에 행했던 행동들이 바로 우리의 전원적 드라마를 창작해낸 것이며, 그 행동들의 의미를 이해하는 것은 곧 그 드라마가 무엇에 "관한" 것인지를 이해하는 것과 같다. "그 자체로서의" 상징체계가 무엇이든 또는 그것이 어디에 있든 간에, 우리가 그것에 접근할 수 있는 길은 추상화된 실체들을 일련의 통일된 패턴으로 정리해보는 방법에 의해서가 아니라 실생활의 사건들을 관찰함에 의해서이다.

이것이 또 한 가지 함축하는 것은 문화 기술(cultural description)의 경우 일관성 내지 통일성이라는 것이 그것의 정당성을 평가하는 하나의 주요 기준이 될 수 없다는 것이다. 문화체계라는 것은 물론 최소한의 일관성을 지녀야 한다. 그렇지 않으면 우리는 그것을 체계라고 칭하지 않을 것이다. 그러나 관찰되는 것이 항상 일관된 것만은 아니다. 사실 편집광의 환각이나 사기꾼의 속임수만큼 극히 통일되고 일관된 것도 없다. 인류학적 해석이 가지는 설득력은 오늘날 흔히 주장되는 것처럼 그것이 어느 정도로 치밀하게 잘 짜여져 있는가 혹은 그것이 어느 정도 확신 있게 제시되었는가에 의해서 좌우될 수는 없는 것이다. 내 생각에 문화분석 이론에 가장 치명적이었던 것은 그러한 것이 실제로 존재할 수 있다는 것을 아무도 믿을 수 없을 만큼 완전하고 전혀 흠이 없는 공식적 질서체계로 그려낸 데에 있는 듯하다.

만일 인류학적 해석이라는 것이 일어난 사건을 이해시키는 것이라면 그것을 실제 일어난 일들 ── 즉 특정의 시간, 특정의 장소에서 특정의 인물들이 말하고 행한 것과 그들에게 행해진 것, 다시 말하면 모든 세상만사 ── 로부터 유리시킨다는 것은 곧 그것이 해석하고자 하는 대상으로부터 유리시켜 그것을 무의미하게 만드는 것과 다름없다. 한 편의 시이든, 한 명의 인물이든, 하나의 역사이든, 하나의 의례이든, 하나의 제도이든, 혹은 하나의 사회이든 그것에 관한 훌륭한 해석이란 바로 대상의 실체에 보다 가까이 우리를 인도하는 것이다. 하나의 해석이 우리를 그 대상과는 다른 곳으로 이끌어간다면, 예를 들면, 그 시가 얼마나 우아한가, 그 시의 저자가 얼마나 영리한가, 또는 유클리드 정리가 얼마나 아름다운가를 찬양하는 데에만 그친다면, 그러한 작업 자체도 물론 어떤 매력이 있을는지는 모르지만 그것은 그 작품이나 대상에 대해서 해석하고 있는 것은 아니다 ── 여기서 해석은 양떼와 관련된 그 모든 사건들을 설명하는 것이다.

양떼와 관련된 일련의 사건들 ── 즉 그것을 거짓으로 도둑질한 것, 강제로 끌고 내려온 것 그리고 정치적으로 몰수당한 것 등 ── 모두는 비록 그것들이 앞에서 내가 말한 바와 같이 몇 개의 상이한 언어로 행해졌으며 또한 말 자체보다 주로 행동을 통해서 이루어져 있기는 하지만, 본질적으로는 일종의 사회적 담론이다.

코헨은 자신의 아르를 요구할 때 교역협정에 의거했으며, 한편 족장은 코헨의 요청을 인정함으로써 약탈자 부족에 도전했으며, 약탈자들의 부족은 손해배상을 지불함으로써 자신들의 책임을 받아들였고, 프랑스인들이 제국의 세력을 이용했던 것은 그들이 족장에게나 상인들에게나 그 지역의 책임자가 누구인가를 확실히 해보이고 싶었기 때문이었다. 어떤 담론에서도 코드가 행위를 결정하는 것은 아니며, 실제로 말해진 것이 행위로 모두 나타나는 것도 아니다. 예를 들면, 코헨은 교역협정이 이미 보호령에 의해서 불법화되어 있었던 까닭에 그런 상황에서 자신의 아르를 요구하지 않을 수도 있었으며, 마찬가지 이유로 족장도 그것을 거절할 수 있었을 것이다. 또한 여전히 프랑스인들의 권위에 저항하고 있던 약탈자 부족도 코헨의 약탈행위를 진정한 양 약탈행위로 간주하여 협상을 제의하는 대신 공격을 해왔을 수도 있다. 마지막으로 프랑스인들도 그들이 보다 능숙하고 좀 덜 거칠었다면(실제로 후에 리오테 육군원수의 신사적 보호령하에서 대부분 그렇게 되었다) 코헨이 양떼들을 그대로 차지하도록 함으로써 교역 패턴이, 그들 통치하에서 어느 정도 한계는 지니지만, 그대로 지속되는 점을 눈감아줄 수도 있었을 것이다. 물론 이것 이외에도 많은 다른 가능성들이 있다. 즉 마무샤인들이 프랑스인들의 행동을 그대로 참기에는 너무나 지나친 모독으로 간주하여 반란을 일으킬 수도 있었고, 프랑스인들도 또한 단순히 코헨만을 잡아가둘 것이 아니라 족장을 보다 엄격하게 단속할 수도 있었다. 뿐만 아니라 코헨 자신도 변절한 베르베르인들과 겉으로만 친절한 프랑스 병사들의 틈바구니에서 아틀라스 고원지대의 교역을 계속하는 것은 더 이상 무가치한 일이라고 여기고 좀더 치안이 잘 유지되는 도시의 다른 지역으로 옮겨갔을 수도 있다. 이 마지막 가능성은 얼마 후 보호령이 통치령으로 변함에 따라서 실제로 일어난 일이다. 그러나 여기서의 쟁점은 어떤 일이 일어나고 어떤 일이 일어나지 않았는가를 밝히는 것이 아니다(이 단순한 사건으로부터 우리는 사회적 경험이 지니는 무한한 복잡성의 세계로 넓혀갈 수 있다). 사회적 대화의 곡선들을 추적하여 그것들을 관찰할 수 있는 형태로 고정시켜봄으로써 우리는 한 편의 인류학적 해석이 어떠한 요소들로 구성되어 있는가를 알 수 있다.

민족지 작성자는 사회적 대화를 "명문화한다." 즉 그것을 적어놓는다. 그리고 그렇게 함으로써 그는 일순간 존재했다가 지나가버리는 사건들을 그 기록물 속에 존재하며 언제든지 재참고될 수 있는 하나의 이야기로 전환시킨다. 앞의 이야기에 나오는 족장은 이미 오래 전에, 프랑스인들의 표현을 빌리면, "반란을 진정시키는 과정에서" 살해되었으며, 그 반란의 진정을 담당했던 "뒤마리 대위"는 많은 훈장들을 받고 은퇴하여 프랑스 남부지방에 살고 있다. 한편 코헨은 지난 해에 일종의 난민으로서, 일종의 순례자로서, 또한 죽어가는 가부장으로서 고향인 이스라엘로 돌아갔다. 그러나 60여 년 전 아틀라스 고원에서 그들이 나의 확대된 의미로 이야기할 때의 "말한 것"은 —— 비록 완전치는 못하더라도 —— 현재 연구를 위하여 보존되어 있다. 앞에서 언급된 행동의 명문화, 즉 기록물에 대한 생각들은 폴 리쾨르로부터 빌려와서 약간 변형시킨 것인데, 리쾨르의 본래 의문은 "기록은 무엇을 고정시키는가?"에 관한 것이었다.

> 그것은 말하는 그 자체가 아니라 "말해진 것", 다시 말해서 대화의 목적을 의도적으로 외면화시킨 것이며, 그러한 목적이 있기 때문에 말하는 행위(sagen)가 말해진 내용(Aus-sage)이 된다. 간단히 말하면, 우리가 기록하는 것은 말하는 것의 "노에마"[noema : "사상", "내용", "요지"]인 것이다. 그것은 말하는 것의 의미이며, 일어난 일 그 자체의 의미는 아니다.

이것은 그 자체가 "말해진 내용"은 아니다 —— 옥스퍼드의 철학자들이 짧막한 이야기들을 즐긴다면 현상학자들은 장황한 문장을 즐긴다. 그러나 어쨌든 그것을 통해서 우리는 애초에 제기했던 문제, 즉 "민족지 작성자들은 무엇을 하는가?"라는 질문에 보다 더 명확한 답을 내릴 수가 있다. 그는 기록한다.[3] 이것도 그다지 놀란 만한 새로운 발견은 아닐지 모르겠다. 그리고 인류학의 최근의 저술들에 익숙해 있는 사람들에게는 별것이 아닐 수도 있다. 그러나 과거에 우리의 질문에 대한 정답은 일종의 갔다, 보았다, 말했다 식의 "그는 관찰하고, 기록하고, 분석한다"였으며, 민족지 작업을 이렇

---

3) 또는 보다 정확히 그는 "명문화한다." 대부분의 민족지는 사실 영화나 레코드, 박물관의 전시품, 혹은 기타 다른 매체들보다는 책이나 논문으로 되어 있다. 그러나 그러한 저술 안에도 사진, 그림, 도표, 통계표 등은 물론 들어 있다. 인류학에서 표현양식에 대한 자의식(그것에 대한 실험은 그만두더라도)은 매우 부족한 형편이었다.

게만 이해할 때 그 결과는 일견 드러나는 것보다 훨씬 더 클 수도 있다. 그리고 그것은 실제로 지식 추구의 3단계를 구분짓는 것은 불가능하다든가 또는 그러한 단계란 하나의 자동적인 작동과정으로 존재하지 않는다는 사실 때문만은 아니다.

상황은 훨씬 더 미묘한 것이다. 왜냐하면 이미 언급했듯이 우리가 기록하는 것(또는 기록하고자 하는 것)은 사회적 대화 그 자체가 아니기 때문이다. 그 사회적 대화에서 우리 자신들은 지극히 주변적이거나 특수한 경우를 제외하고는 주된 행위자가 아닌 까닭에 우리는 그 사회적 대화에 직접적으로 접근할 길이 없으며, 다만 제보자들이 우리를 이해시킬 수 있는 부분만큼만 이해할 뿐이다.[4] 이렇게 말하면 매우 치명적인 것처럼 들릴지 모르나 실상 그렇지는 않다. 왜냐하면 크레타인들이 모두 거짓말쟁이는 아니며, 또한 어떤 한 가지를 이해하기 위해서 모든 것을 다 알 필요는 없기 때문이다. 그러나 이로 인해서 인류학적 분석을 발견된 사실들의 개념 조작, 즉 실제 상황의 논리적 재구성으로 보는 관점이 불충분해 보이게 된다. 모든 현실세계의 복잡성으로부터 정제된 균형 잡힌 의미의 결정체를 상정하고 그 자체가 자생적인 질서를 지니고 있는 듯이, 보편적 인간 정신의 속성을 표현하는 것인 듯이, 또는 보다 광범하게 그들의 선험적 세계관의 표현인 듯이 간주하는 것은 곧 존재하지도 않는 학문 혹은 발견될 수도 없는 실체를 상상하는 것과 다름없다. 문화 분석은 의미의 대륙을 발견하여 거기에 형상도 없는 풍경화를 그려나가는 작업이 아니라, 의미를 추측하고 그 추측이 어느 정도 정확한가를 따져보고 보다 더 나은 추측으로부터 설명을 위한 결론을 끌어내는 것이다(또는 그래야만 한다).

---

4) "참여 관찰"의 개념은 그것이 인류학자들에게 그의 제보자들을 연구대상이 아니라 인간으로 대할 수 있도록 해주었다는 점에서 매우 가치 있는 것이었다. 그러나 그것에 의해서 자신의 위치를 잘못 파악하게 될 때, 즉 특별하고 문화적으로 중립적인 인류학자의 위치나 역할을 망각하고 자신을 관심을 가진 (흥미가 있다는 의미와 이해관계가 있다는 두 가지 의미 모두에서) 체재자 이상으로 생각하도록 하기까지 이르렀을 경우, 그것은 인류학에서 매우 엄청난 오류의 근원이 되어왔다.

VI

따라서 민족지 기술은 다음 세 가지 특성을 지닌다. 첫째로 그것은 해석적이며, 둘째로 그것이 해석하는 것은 사회적 대화의 흐름이며, 셋째로 여기서 해석이란 그러한 대화가 소멸되어버리지 않도록 그중 "말해진 부분"을 구출하여, 해독 가능한 형태로 고정시키는 것을 말한다. "쿨라(kula)"(멜라네시아의 섬들간에 행해지는 의례적 교환/역주)는 사라져버렸거나 변질되었는지도 모른다. 그러나 싫든 좋든 「서태평양의 항해사들(*Argonauts of the Western Pacific*)」(인류학자 말리노프스키[1884-1942]가 트로브리안드 섬의 조사에 기초하여 쓴 인류학의 고전적 민족지/역주)은 남아 있다. 그러나 이 세 가지뿐 아니라 민족지 기술에는, 적어도 나의 경우에 있어서는, 한 가지 특징을 더 첨가해야겠는데, 그것은 민족지는 미시적이라는 점이다.

이것은 전체 사회, 문명, 세기적 사건 등에 대한 대규모의 인류학적 해석이 존재하지 않는다는 의미는 아니다. 실상 인류학적 해석이 일반의 관심거리가 될 수 있고 또한 인류학자들이 행하는 작업에 정당성이 부여되는 것은 바로 우리의 분석을 그것처럼 보다 더 넓은 맥락으로 그리고 이론적으로도 보다 더 의미 있는 것으로 확장시켰을 때이다. 앞에서 살펴본 양떼에 대해서는 아무도, 심지어 코헨까지도(어쩌면 코헨은 다를지도 모르겠지만) 이제는 별다른 관심이 없을 것이다. 역사에는 아마도 "작은 방의 소란스러움"이랄 수 있는 소박한 전환점들이 있을 것이다. 그러나 코헨과 양떼의 이야기는 분명히 그중 하나라고 할 수는 없다.

민족지 기술이 미시적이라는 말은 다름 아니라 인류학자들은 자신이 지극히 밀접하게 파악하고 있는 작은 일들로부터 시작해서 점차 보다 더 넓은 해석으로, 보다 더 추상적인 분석으로 나아가는 특징이 있다는 의미일 뿐이다. 인류학자들도 다른 학문에 종사하는 사람들, 예를 들면, 역사가나 경제학자, 정치학자, 사회학자들이 보다 숙명적이고 중대하게 보이는 상황에서 부딪히게 되는 권력, 변동, 신앙, 억압, 노동, 정열, 권위, 아름다움, 폭력, 사랑, 위세 등과 같은 거창한 현실과 직면하게 된다. 그러나 인류학자들이 그러한 것들과 만나게 되는 상황은 그렇게 거창하다고 볼 수 없는, 즉 마무샤와 같은 장소나 코헨의 생애와 같은 애매모호한 상황에서이다. 우리 모두를 떨게 하는 그러한 거창한 낱말들도 이처럼 인간적이고 평범한 상황에서는 평범한 형태로 나타난다. 그러나 그것이 바로 인류학의 이점이다. 그것은 우리 주위에는 이미 너무나 많은 심원한 사상들이 있기 때문이다.

그러면 어떻게 민족지적 축소판으로부터, 즉 몇 마디의 말들과 이야기들로 구성된 우리의 양떼 이야기로부터 한 나라, 한 시대, 한 대륙, 혹은 하나의 문명을 망라하는 크기의 문화 풍경화를 그려낼 수 있겠는가? 이 문제는 구체성이나 현실적 마음가짐 등을 미덕으로 내세우는 애매한 암시 정도로 간단히 해결될 수 있는 것은 아니다. 인디언 부족들이나 태평양의 군도들 및 아프리카의 친족집단으로부터 시작하여 점차 보다 더 큰 야망을 가지게 된 학문에서 이 문제는 주된 방법론적 과제였으며 또한 대체로 서툴게 다루어져온 문제이기도 하다. 인류학자들 자신들이 이러한 이동, 즉 지엽적 사실들로부터 일반적 시각으로의 이동을 정당화하기 위해서 만들었던 모델들은 사실 그것들의 비판자들, 즉 표본 크기에 얽매여 있는 사회학자들이나, 측정치에 얽매여 있는 심리학자들 또는 총계(總計)에 얽매여 있는 경제학자들이 인류학을 헐뜯기 위해서 만든 모델들만큼이나 그러한 노력에 방해가 되는 것이었다.

그들 중에서 가장 주된 두 가지는 "존스빌은 곧 미국이다"식의 "소우주" 모델과 "이스터 섬이 바로 시험 케이스이다"식의 "자연 실험" 모델이었다. 이것은 한 알의 모래 속에 세계가 있다든가 혹은 어딘가 상륙 가능한 해안이 있다든가 하는 사고방식이다.

"존스빌은 미국의 축소판(또는 미국은 존스빌의 확대판)이다"라는 오류가 명백히 오류인 점은 어떻게 사람들이 그러한 주장을 믿을 수 있었는가 그리고 어떻게 다른 사람들이 그것을 믿기를 기대했을까 하는 것이 설명되어야 한다는 데에 있다. 한 국가 사회, 문명, 위대한 종교 등의 진수(眞髓)가 소위 "전형적인" 소도시나 촌락에서 압축되고 단순화된 형태로 발견될 것이라는 믿음은 분명한 넌센스이다. (유감스럽게도) 우리가 소도시나 촌락에서 발견하는 것은 소도시 생활 혹은 촌락생활이다. 만일 특정 지역에 한정된 미시적 연구들이 진정으로 그러한 전제, 즉 아주 작은 곳에서 큰 세계를 찾아내었다는 전제에 그들의 보다 더 큰 적합성을 의존하고 있었다면, 그들은 전혀 적합성을 지니지 못했을 것이다.

그러나 물론 그렇지는 않다. 연구의 위치가 곧 연구의 대상은 아니다. 인류학자들은 촌락(혹은 부족, 소도시, 근린집단……)을 연구하는 것이 아니다. 그들은 촌락에서 연구한다. 당신은 다른 것들을 다른 곳에서 연구할 수 있다. 그리고 어떤 문제, 예를 들면 도덕적 기대의 틀을 확립하기 위해서 식민지배 체제가 어떤 일들을 행했는가 같은 문제는 특정의 제한된 지역에서 가장 잘 연구될 수 있다. 그러나 이 사실로써 그 장소가 곧 당신이 연구하는 대상이 되는 것은 아니다. 모로코 및 인도네시아의 벽촌에서 나는 다른 사회과학자들이 보다 더 중심적인 장소에서 씨름했을 것과 같은 문제들, 예를 들면 어떻게 해서 인간이 인간성에 대해서 떠들썩하게 하는 주장들이 한 집단이 지니는 자존심의 특징들로 표현되는가 따위의 문제와 씨름했으며 또한 그들과 마찬가지의 확증을 가지고 그렇게 했다. 여기에 우리는 한 가지 차원을 덧붙일 수 있다. 그리고 그것은 오늘날과 같은 측정하여 해결하라는 식의 사회과학 풍토에서는 매우 필요한 것이다. 만일 당신이 자바의 소작인이 열대의 호우 속에서 땅을 가는 것을 보거나 모로코의 재단사들이 20촉의 희미한 불빛 아래서 카프탄(kaftan : 터키 사람들이 입는 긴 웃옷/역주)을 수놓고 있는 것을 보고 민중의 착취에 대해서 논하고자 한다면 그것도 그 나름의 가치는 있다. 그러나 그것이 곧 일의 전체를 보여주는 것(혹은 그것으로 인해서 도덕적으로 보다 더 유리한 입장에 서서 그렇지 못한 자들을 내려다볼 수 있을 것이다)이라는 생각은 아주 오랫동안 산 속에 묻혀 산 사람들이나 가질 수 있는 생각이다.

"자연 실험실"의 개념도 마찬가지로 유해한 것인데, 이것은 유추가 잘못되었기 때문만이 아니라 —— 단 한 가지 변수도 조작할 수 없는 곳을 어떻게 실험실이라고 할 수 있겠는가? —— , 이 개념은 민족지적 연구에 의해서 추출된 자료들이 다른 종류의 사회조사를 통해서 얻어진 것들에 비해서 보다 더 순수하고, 보다 더 근본적이고 탄탄하며, 덜 조건지어진 것(가장 선호되는 단어는 "기초적"이라는 말일 것이다)이라는 생각을 불러일으키기 때문이다. 물론 문화 형태의 광범한 다양성은 인류학의 위대한(그리고 소모적인) 자원이 될 뿐 아니라 동시에 인류학의 가장 심각한 이론적 딜레마의 근원이기도 하다. 그런데 그러한 다양성이 어떻게 모든 인류의 생물학적 단일성에 꿰어 맞추어질 수 있겠는가? 뿐만 아니라 문화 형태의 다양성은 비록 은유적으로라도 실험적 다양성으로는 볼 수 없다. 그것은 각기 다른 문화 형태가 나타나는 맥락도 그것과 함께 달라지기 때문이며, 또한 한 가지의 적절한 기능을 기록하기 위해서 X로부터 Y를 분리시키는 작업이 가능하지 않기 때문이다(그럼에도 불구하고 그것을 시도하는 사람들은 있다).

저 유명한 연구들, 즉 오이디푸스 컴플렉스는 트로브리안드 섬에서는 반대로 나타난다든가, 챔불리족에서는 성역할이 전환되어 나타난다든가 혹은 푸에블로 인디언들은 공격성을 결여하고 있다든가 하는 것 등을 주장했던 연구들은(이들은 모두 "그러나 남부에서는 아니다"처럼 부정적인 것이 특징이다) 그것들의 경험적 타당성이 무엇이든 간에 "과학적으로 검증되고 인정된" 가설들은 아니다. 그것들은 다른 모든 것들과 동일한 방법을 통해서 얻어진, 따라서 다른 모든 것들과 마찬가지로 확정적이지 못한 해석 또는 잘못된 해석들이다. 그러므로 그것들에 어떤 물리적 실험의 권위를 부여하고자 하는 것은 하나의 방법론적 손장난에 불과하다. 민족지적 발견들이란 어떤 특전이 있는 것은 아니며 단지 독특한 것, 즉 어느 다른 나라의 이야기이다. 그것을 그 이상(또는 그 이하)로 간주하려는 것은 그 내용 자체뿐 아니라 그것에 함축된 의미까지도 곡해시키는 것이 되며 그것은 사회이론에서 단순한 원시성보다 훨씬 더 근본적인 해가 되는 것이다.

어느 다른 나라의 이야기, 즉 먼 나라의 양떼 약탈(정말 훌륭한 민족지라면 어떤 종류의 양들이었는가까지도 기록할 것이다)에 대한 장황한 기록이 가지는 일반적인 적합성은 그것이 사회학적 연구에 활용될 수 있는 충분한 자료를 제공하기 때문이다. 인류학적 발견의 가장 중요한 점은 그것이 지니는 복합적인 특수성, 즉 그것의 상황성에 있는 것이다. 오늘날 사회과학을 고달프게 만드는 거창한 개념들 —— 합법성, 근대화, 통합, 갈등, 카리스마, 구조……의미 —— 이 어느 정도 현실성을 지니게 되고 그렇게 됨으로써 그러한 개념들에 대하여 실제적이고 구체적으로 생각해볼 수 있으며, 또한 더 나아가서 그 개념들을 활용하여 보다 더 창조적인 생각들을 계발할 수 있는 것은 바로 한정된 맥락에서 수집된 자료들이 있기 때문이다. 그런데 그러한 자료들은 장기간의 주로(전부는 아니더라도) 질적인 그리고 참여 관찰에 입각한 거의 강박에 가까울 정도로 세밀한 현장조사들에 의해서 수집된 자료들이다.

민족지 연구의 미시적 성격에서 야기되는 방법론적 문제는 실질적인 동시에 중요한 것이다. 그러나 이 문제는 산골짜기의 한 지역을 찻잔 속의 세계로 또는 안개상자(cloud chamber : 과포화 상태의 증기 속으로 원자나 원자적 미립자를 고속으로 통과시켜 그 지나간 흔적을 보는 장치 /역주)와 같은 사회학적 장치로 취급한다고 해결될 수 있는 문제는 아니다. 그것은 사회행위 그 자체일 뿐 아니라 그 이상의 무엇인가에 관한 의견이기도 하다는 사실을 아는 것에 의해서 해결될 수 있는(아니면 적어도 건드리지 않고 놓아둘 수 있는) 것이다. 다시 말하면, 해석이 어디로부터 왔는가가 곧 그것이 어디로 가야만 하는가를 결정해주는 것은 아니라는 의미이다. 작은 사실들도 큰 문제들에 관련될 수 있는 것인데, 예를 들면 윙크로부터 우리는 인식론의 문제를 거론할 수 있다거나 혹은 양떼 약탈로부터 혁명을 이해할 수 있다거나 하는 것 등이 그것이다.

VII

이제 우리는 마지막으로 이론의 문제에 이르렀다. 문학이나 꿈, 징후 그리고 문화들에 대한 해석적 접근들이 빠져들기 쉬운 잘못은 개념적 조작을 거부하거나(또는 그렇게 하도록 허용되거나) 그것으로 인해서 체계적인 평가방식을 회피하는 경향이 있다는 것이다. 사람들은 해석을 이해하거나 아니면 이해하지 못하며, 해석의 핵심을 포착하거나 아니면 포착하지 못하며, 또한 그것을 받아들이거나 아니면 받아들이지 않는다. 해석은 상세한 서술을 통하여 자기타당성이 보증되는 듯이 여겨지거나, 더욱 나쁜 경우 해석한 사람이 가지고 있을 것이라고 가정된 뛰어난 감각에 의해서 타당한 것으로 제시된다. 다른 식으로 해석하려는 어떠한 시도도 서투른 모방으로 —— 즉 인류학자에게 도덕적으로 가장 모욕적인 말인 자민족 중심적인 것으로—— 취급된다.

소심하게나마(나 자신은 그 문제에 결코 소심하지 않지만) 자신을 과학

(science)이라고 주장하는 학문 분야에서는 이러한 일은 일어날 수 없다. 문화 해석이라고 해서 소위 생물학적 관찰이나 물리적 실험보다 개념구조가 공식화되기가 더 어렵다거나 직접적 평가의 대상이 되기가 더 쉽지 않을 이유는 없다. 그러한 공식화를 위한 용어가 완전히 존재하지 않거나 아니면 거의 없다는 점을 제외하고는 문화 해석이 그래야 할 이유는 없다. 우리는 이론을 진술할 수 있는 힘을 결여하고 있기 때문에 우회적 이론에 머물 수밖에 없다.

동시에 이론화를 보통보다 훨씬 더 어렵게 만드는 문화 해석상의 여러 특징이 있다는 점은 인정해야만 한다. 첫번째는 상상을 통한 추상화에 보다 더 몰두할 수 있는 과학의 경우보다 훨씬 더 현실에 근접한 이론화를 요구한다는 점이다. 인류학에서는 약간의 추론만이 효과적인데, 지나친 추론은 논리적 환상에 빠지거나 형식적인 균형성에 학문적으로 도취되게 한다. 이미 언급한 대로 문화에 대한 기호론적 접근의 전반적 목적은 우리가 연구 대상이 되는 사람들이 살고 있는 개념 세계에 접근하여 보다 더 폭넓은 언어로 서로 대화할 수 있도록 도와주는 것이다. 익숙치 못한 상징행위의 세계에 침투하려는 욕구와 문화이론을 기술적으로 발전시키려는 욕구 사이의 긴장, 즉 이해와 분석 사이의 갈등은 결과적으로 심화되고 근본적으로 제거될 수 없는 것이다. 사실, 이론적으로 발전할수록 긴장은 더 깊어진다. 이것이 문화이론의 첫번째 조건이다. 즉 문화이론은 스스로 제약을 받는다. 문화이론은 중층적 기술이 제공하는 직접성과 분리될 수 없기 때문에 자체의 내부논리로서 이론화될 수 있는 자유는 다소 제한적이다. 문화이론이 이룩하려는 일반성은 미묘한 차별성으로부터 나오는 것이지 추상화로만 되는 것은 아니다.

그리고 이러한 점에서 단순한 사실로서, 문화……몇 개의 문화……혹은 한 문화에 대한 우리의 지식이 성장하는 방법의 특수성이 생긴다. 그것은 불규칙하다. 즉 문화 분석은 결과물이 축적되어 점진적으로 성장하는 것이 아니라, 더욱더 대담한 돌격을 반복하여 행하는 듯한, 서로 관련성은 없지만 일관된 시도로 분해된다. 문화 연구는 기존 연구들을 토대로 이루어지기도 한다. 이 말은 기존 연구들을 출발점으로 한다는 의미에서가 아니라, 보다 더 나은 정보와 개념을 가지고 동일한 문제에 대해서 더 깊이 천착한다는 의미에서 그렇다는 것이다. 모든 중요한 문화 분석은 완전히 새로 시작하여 자신의 지적 충동이 고갈되기 직전에 멈춘다. 이미 발견된 사실들이 동원되고 발전된 개념들이 사용되고 기존의 가설들이 검증되지만, 그 작업은 이미 증명된 법칙으로부터 새로운 법칙을 증명하는 방향으로 나아가는 것은 아니다. 그것보다는 가장 기초적인 이해를 위한 서투른 시도로부터 출발하여 이미 그것을 이루었고 또 넘어섰다는 주장을 인정받는 선에서 그친다. 하나의 연구가 이전의 연구보다 더 예리하다면 —— 이 말이 무엇을 의미하든 간에 —— 그것은 진보이다. 그러나 그렇다고 해서 그 연구가 이전의 연구들보다 더 나은 것은 아니며 도전받고 도전하는 가운데 그들과 나란히 경쟁한다고 하겠다.

　이러한 이유로 해서 그것이 30쪽이든 300쪽이든 길이에 상관없이 논문이라는 형태는 문화 해석과 그것을 지지하는 이론을 제시하기 위해서 자연스러운 장르로 보이게 되었다. 또한 같은 이유로 이 분야에서 체계적인 논의를 찾으려고 하면 실망하게 되며, 만일 찾았다고 할 경우 더욱 실망하게 된다. 여기서는 목록용 논문조차 드물며, 있다고 하더라도 문헌 목록적 관심 이상의 의미를 지니지 못한다. 중요한 이론적인 공헌들은 특정의 연구에 내재되어 있으나(이것은 어느 분야에서나 마찬가지이다), 그런 연구들로부터 추상화하여 "문화이론"으로 부를 수 있는 그 어떤 것으로 통합시키기는 어렵다. 이론의 구성은 그것에 의거한 해석 수준과 별 차이가 없기 때문에 해석과 떨어져서는 별 의미도 없고 관심을 끌지도 못한다. 이것은 이론이 일반적이지 않기 때문이 아니라(만약 일반적이지 않다면 이론이 아니다), 적용과는 별개로 진술되어 있어서 진부하거나 공허하게 보이기 때문이다. 연구자는 민족지적 해석에서 한 번 사용한 것과 관련하여 발전된 하나의 이론적 입장을 다른 곳에 적용함으로써 보다 더 엄밀하고 적절한 이론으로 발전시킬 수 있다. 실제로 이것이 학문이 개념적으로 발전하는 방법이다. 그러나 그것을 통하여 "문화 해석의 일반 이론"을 쓸 수는 없다. 어쩌면 그럴 수 있을지도 모르지만, 그다지 유익한 것은 아니다. 그것은 여기서 본질적으로 이론형성 작업이라는 추상적인 규칙들을 성문화하는 것이 아니라 중층 기술을 하는 것이며, 또 여러 사례들에 적용되도록 일반화시키는 것이 아니라 각 사례들의 내부에서 일반화시키는 것이기 때문이다.

　사례들의 내부에서 일반화시키는 작업은 적어도 의학과 심층심리학에서는 흔히 임상적 추론(clinical inference)이라고 불린다. 임상적 추론은 일련의 관찰로부터 시작하여 그것들을 하나의 지배적 법칙하에 포섭하려고 하기보다는 일련의 (추정적) 기표(記表, signifier)들로부터 출발하여 그것들을 이해 가능한 틀 속에 넣어보는 것이다. 측정은 이론적 예측에 따라서 이루어지지만, 증후는 (그것이 측정되었을 때조차도) 이론적 특수성에 맞는지 세밀히 조사된다 —— 즉 진단된다. 문화 연구에서 기표는 증후 또는 일군의 증후군이 아니라 상징행위 또는 일군의 상징행위이며, 문화 연구의 목적은 치료가 아니라 사회적 담론의 분석이다. 그러나 이론이 사용되는 방식—— 분명히 드러나지 않는 사물의 의미를 찾아내는 것 —— 은 문화 연구와 의학에서 동일하다.

　그렇다면 이제 문화이론의 두번째 조건에 이르게 된다. 즉 문화이론은 최소한 엄격한 의미에서 예측 가능하지 않다. 진단전문의는 홍역을 예측하는 것이 아니다. 단지 누가 홍역에 걸렸는지를 결정하거나 기껏해야 홍역에 쉽게 걸릴 것 같다고 예상할 뿐이다. 그러나 이러한 한계는, 사실이긴 하지만, 보통 오해되고 과장되어왔다. 왜냐하면 문화 해석은 단지 사후 해석적인 의미를 가지는 것으로 받아들여져왔기 때문이다. 즉 옛날 이야기에 나오는 농부처럼, 담장에 총을 쏴 구멍이 난 다음에 그 구멍의 둘레에 과녁의 흑점을 그려넣는 것과 같은 의미로 생각되어왔다. 주위에 이런 종류의 일이 많이 일어나고 어떤 것들은 그것도 눈에 잘 띄는 곳에서 찾아볼 수 있다는 점을 부인할 수 없다. 그러나 그것이 임상적인 접근에서 이론을 사용하는 방식의 불가피한 결과라는 것은 부인되어야 한다.

　임상적인 이론화 양식에서 개념화 작업은 이미 수중에 있는 자료에 대한 해석작업을 지향하는 것이지, 실험적 조작의 결과를 투사하거나 기존 체계의 미래의 상태를 연역하는 작업을 지향하는 것은 아니다. 그러나 이것이 곧 이론은 과거의 사실에만 들어맞아야 한다(또는 보다 조심스럽게 말하면, 설득력 있는 해석을 해야 한다)는 의미는 아니다. 그것은 동시에 미래의 사실들에 대해서도 —— 지적으로 —— 계속 적용될 수 있어야 한다. 비록 우리는 윙크나 양 약탈행위가 일어난 후에, 경우에 따라서는 오랜 후에 그것에 대한 해석을 하지만, 그러한 해석이 이루어지는 이론적 준거틀은 새로 등장하는 사회현상에 대해서도 계속 적절한 해석을 할 수 있는 것이어야 한다. 비록 우리가 도대체 무슨 일이 일어나고 있는지에 대해서 처음에는 당혹감을 느끼는 상태로부터 시작하여 현상적이고 피상적인 기술을 넘어선 중층기술을 하려고 노력하더라도 지적으로 완전히 빈손인 채로 출발하는 것은 아니다(혹은 출발해서는 안 된다). 이론적 개념은 연구마다 완전히 새롭게 만들어질 수 있는 것은 아니다. 즉 앞에서 말했듯이 이론적 개념들은 다른 관련된 연구들로부터 채택되어 세련화 과정을 거쳐서 새로운 해석적 문제들에 적용된다. 만약 그것들이 그런 새로운 문제들에 대해서 더 이상 쓸모가 없어진다면 사용되지 않다가 결국은 폐기되기 마련이다. 만약 그것들이 새로운 이해를 줌으로써 계속 유용한 경우라면 더한층 정교화되어 계속 사용될 것이다.[5]

해석적 과학에서 이론이 어떻게 작용하는지에 대한 이러한 견해는 실험과학이나 관찰과학에서의 "기술(description)"과 "설명(explanation)" 사이의 차이 —— 어떤 경우에서든 상대적이다 —— 를 여기에서는 "명문화(inscription)"("중층 기술")와 "특정화(specification)"("진단") 사이의 차이 —— 이것은 훨씬 더 상대적이다 —— 로 본다. 즉 특정한 사회적 행위가 그것을 행하는 행위자들에게 가지는 의미를 적어두는 것과 이렇게 얻어진 지식이 그러한 행위가 나타나는 사회에 대해서, 나아가 사회생활 자체에 대해서 무엇을 보여주는지를 가능한 한 분명하게 진술하는 것 사이의 차이로 본다. 우리의 두 가지 임무는 다음과 같다. 첫째로 우리의 연구대상이 되는 사람들의 행위, 즉 사회적 담화의 "말해진 부분"을 지시하는 개념구조를 밝히는 것이며, 둘째는 이 구조에 특이한 것은 무엇인가, 이 구조의 속성은 무

---

5) 이것이 이상적인 경우라는 것은 인정한다. 이론들은 임상적으로는 완전히 거부되는 경우가 드물고 단지 점차 어색해지고 비생산적이 되며 부자연스럽거나 공허하게 될 뿐이다. 따라서 그 이론들은 소수의 사람들(이들이 가장 열성적이기는 하지만)을 제외하고 대부분이 흥미를 잃은 후에도 오랫동안 존속된다. 사실 인류학에 관한 한, 쓸모없어진 개념들을 저술로부터 제거하는 것이 생산적인 개념을 새로 만들어내는 것보다 더 큰 문제이다. 그래서 많은 이론적 논의들이 건설적이라기보다는 비판적이고, 많은 학자들은 죽어가는 개념들의 수명을 더 단축시키는 데에 전력을 다해왔다. 학문이 발전할수록 이러한 종류의 지적인 잡초 제거가 학문활동의 보다 덜 중요한 부분이 되기를 희망하지만, 지금으로서는 이전의 이론들이 사라지기보다는 재등장하는 경향이 있는 것이 사실이다.

44

엇인가를 밝히기 위한 분석체계를 구성하는 것이다. 그것은 이 개념구조가 인간 행동의 다른 결정요인을 능가할 것이기 때문이다. 민족지에서 이론의 임무는 상징행위가 자신에 대해서 —— 즉 인간생활에서의 문화의 역할에 대해서 —— 말해야 하는 것을 표현할 수 있는 어휘를 제공하는 것이다.

보다 기초적인 문제들을 지향하는 몇 가지 부분들을 제외한다면, 이 책에 수록된 논문들에서 이론은 바로 이런 방식으로 작용한다. 즉 단순한 사건들을 과학적으로 설득력 있게 만들려는 희망에서, 학계에서 만든 아주 일반적인 개념과 개념체계의 목록 —— "통합", "합리화", "상징", "이데올로기", "에토스", "혁명", "정체성", "은유", "구조", "의례", "세계관", "행위자", "기능", "성(聖)" 그리고 물론 "문화" 자체 —— 으로 민족지를 중층적으로 기술한다.[6] 작지만 잘 짜여진 사실들로부터 커다란 결론을 유출하는 것이 목적이다. 즉 공동생활을 가능케 하는 문화의 역할에 대한 일반적인 주장들을 복잡한 구체적 사실들에 정확하게 관련시킴으로써 뒷받침하는 것이 목적이다.

따라서 해석만이 가장 직접적인 관찰 수준으로 내려가는 것은 아니며 그런 해석이 개념적으로 기초하고 있는 이론 역시 그러하다. 윙크에 대한 라일의 관심과 마찬가지로 코헨의 이야기에 대한 나의 관심은 사실 매우 일반적인 생각에서 나왔다. "언어의 혼란(confusion of tongues)" 모델 —— 사회적 갈등은 문화적 형식이 취약하거나 불명료하거나 시대에 뒤지거나 관심을 받지 못하여 더 이상 기능할 수 없을 때 일어나는 것이 아니라, 흉내낸 윙크의 경우처럼 문화적 형식들이 특별한 의도에 의해서 비일상적인 방법으로 작동하도록 압박이 가해질 때 일어나는 것이라는 견해 —— 은 내가 코헨의 이야기로부터 얻은 생각이 아니고 동료들과 학생들 그리고 선배학자들로부터 얻은 것이다.

우리의 순진해 보이는 "병 속의 기록"은 유대인 상인, 베르베르 전사들,

---

6) 뒤를 이을 대부분의 장들은 모로코보다는 인도네시아에 관련된 것이다. 왜냐하면 나의 북아프리카에 대한 자료는 대부분 최근에 수집된 것이어서 이제 막 분석을 시작했기 때문이다. 인도네시아에서의 현지조사는 1952-1954년, 1957-1958년 그리고 1971년에 이루어졌다. 반면 모로코에서의 현지조사는 1964년, 1965-1966년, 1968-1969년 그리고 1972년에 이루어졌다.

프랑스 총독의 의미의 틀, 나아가서 그들간의 상호 충돌하는 의미의 틀에
대한 묘사 이상의 것이다. 그것은 사회관계의 유형을 재생산하는 것은 경험
된 세계의 좌표들을 재배열하는 것이라는 주장이다. 사회의 형식은 문화의
내용이다.

VIII

인도 이야기가 하나 있는데 —— 최소한 나는 인도 이야기라고 들었
다 ——, 어떤 영국인에 대한 것이다. 그는 세계가 단상(壇上)에 놓여 있고
그 단상은 코끼리의 등 위에 있고 코끼리는 다시 거북의 등 위에 있다는 이
야기를 듣고는 그러면 그 거북은 무엇 위에 있느냐고 묻고 나서(아마도 그
는 민족지학자였을 것이다. 민족지학자들이란 그런 식으로 행동하기 마련이
다) 또 다른 거북이라는 답을 듣고는, 그러면 그 거북은 어디에 있느냐고 물
었다고 한다. 그러자 상대방은 "아, 나리, 그 다음도 계속 거북으로 내려가
지요"라고 말했다는 것이다.

사실, 이것이 현실의 상황이다. 나는 코헨과 족장 그리고 "뒤마리"의 만
남에 대해서 숙고하는 것이 얼마 동안이나 유익할지 알 수 없다(아마도 이
미 시간이 초과해버렸는지도 모른다). 그러나 나는 아무리 오래 생각한다고
하더라도 그 사건의 바닥 근처에도 가지 못할 것이라는 것을 알고 있다. 또
한 나는 뒤의 논문에서도, 또 다른 곳에서 내가 쓴 것들에서도 바닥 근처에
가본 적이 없다. 문화 분석은 본질적으로 불완전하다. 게다가 더 나쁜 것은
깊이 들어가면 갈수록 점점 더 불완전해진다는 점이다. 문화 분석은 그 가
장 유효한 주장이 가장 불안한 기초를 가진 기묘한 학문이다. 여기에서는
손에 있는 문제를 가지고 어딘가 도달하는 것이 자기 자신과 다른 사람들이
지니고 있는 의심, 즉 당신이 제대로 이해하지 못했다는 의심을 더욱 굳게
하는 것이다. 그러나 민감한 사람들을 우둔한 질문으로 괴롭히는 것과 함께,
그것이 바로 민족지학자가 행하는 것이다.

이것을 피하는 여러 가지 방법이 있다 —— 문화를 민속으로 바꾸어 수집
하거나, 특질들로 바꾸어 세거나, 제도로 바꾸어 분류하거나, 구조로 바꾸어

가지고 놀거나 할 수 있다. 그러나 그것들은 도피이다. 사실을 말하면 문화의 기호학적 개념을 적용하고 문화 연구에 대한 해석적 접근을 하고자 하는 것은, 갈리가 말한, 지금은 유명해진 문구를 빌리면, 민족지적 서술을 "본질적으로 논쟁의 여지가 있는" 것으로 보는 견해를 인정하는 것이다. 인류학 또는 최소한 해석적 인류학은 합의의 완성보다는 논의의 세련화에 의해서 진보하는 특성을 가진 학문이다. 더 좋아지는 것은 우리가 서로 논의할 때의 정밀도이다.

이것은 논의를 어느 한쪽 편이 독점하고 있을 때는 매우 보기 힘들다. 독백은 여기에서 별 가치가 없다. 왜냐하면 보고할 결론이란 없으며 단지 계속되어야 할 논의가 있을 뿐이기 때문이다. 여기에 수록된 논문들이 어떤 중요성을 가진다면 그것은 그 논문들이 말하는 것보다는 그것들이 제시하는 것이다. 즉 그것은 인류학뿐만 아니라 사회과학 일반에서 인간 생활에서의 상징적 형태의 역할에 대한 관심이 막대하게 커지고 있음을 말한다. 우리가 한때 철학자와 문학비평가들이 만지작거리도록 내버려두는 데에서 만족 이상의 기쁨을 느꼈던, 붙잡기 힘들고 분명하지 않은 가상 실체인 의미가 이제 우리 분야의 중심부로 되돌아왔다. 마르크스주의자들조차도 카시러를 인용하고 있고, 실증주의자들조차 케네스 버크를 인용하고 있다.

이 모든 것들 중에서 나 자신의 입장은 한편으로는 주관주의에, 다른 한편으로는 신비주의에 저항하려고 노력하는 것, 상징적 형태의 분석을 가능한 한 구체적인 사회적 사건과 경우들 및 일상생활의 공적 세계에 밀접하게 연결시키도록 노력하는 것 그리고 그것을 이론 구성과 기술적 해석 사이의 연결이 불명확한 학문의 매력에 흐려지지 않도록 하는 방식으로 조직하는 것이었다. 나는 이러한 문제에서 완전한 객관성은 불가능하기 때문에(물론 그렇다), 자신의 감정을 마음대로 놓아두는 것이 낫다는 주장에는 한번도 감명받은 적이 없다. 로버트 솔로가 말했듯이, 그것은 완전한 무균상태는 불가능하기 때문에 하수구에서 외과 수술을 하는 편이 낫다고 말하는 것과 같기 때문이다. 또한 다른 한편으로는, 구조언어학이나 컴퓨터 공학, 또는 그밖의 진보된 사유 형태가 우리가 인간을 알지 않고도 이해할 수 있게 해줄 것이라는 주장에도 결코 감명받은 적이 없다. 아무리 직관이 격조 있게 표현되더라도, 또는 아무리 연금술이 현대적인 것으로 보이게끔 만들어진다고

하더라도 문화에 대한 기호학적 접근이 직관론과 연금술의 혼합체로 빠져
버리도록 허용하는 것보다 더 빨리 (문화에 대한 기호학적 접근의) 명예를
실추시키는 것은 없을 것이다.

　너무나 깊숙이 있는 거북을 찾는 작업인 문화 분석이 삶의 견고한 껍
질 —— 즉 인간이 어디서나 접하게 되는 정치적, 경제적 그리고 계층적 실
체들 —— 과 이 껍질의 기초가 되는 생물학적이고 물리적인 필요조건들과
유리될 위험성은 항상 존재한다. 이렇게 되지 않기 위해서는, 혹은 문화 분
석이 일종의 사회학적 심미주의에 빠지지 않도록 하기 위해서는, 우선 그러
한 실체 및 그러한 필요조건과 관련지어 문화 분석을 행하는 것이다. 이것
이 바로 내가 민족주의에 대해서, 폭력에 대해서, 정체성에 대해서, 인간 본
성에 대해서, 합법성에 대해서, 혁명에 대해서, 민족성에 대해서, 도시화에
대해서, 지위에 대해서, 죽음에 대해서, 시간에 대해서 그리고 그중에서도
특히 이러한 것들을 어떤 종류의 이해 가능하고 의미 있는 틀 속에 집어넣
으려는 특정한 사람들의 특정한 노력에 대해서 서술한 이유이다.

　사회적 행위의 상징적 차원 —— 예술, 종교, 이데올로기, 과학, 법, 도덕
성, 상식 —— 을 고찰한다는 것은 삶의 실존적 딜레마를 외면하고 탈감정화
된 형태의 어떤 천상의 영역으로 돌아서는 것이 아니다. 그것은 오히려 그
속으로 뛰어들어가는 것이다. 해석인류학의 본질적 임무는 우리의 가장 심
오한 질문에 대답하는 것이 아니라 다른 (다른 계곡의 다른 양들을 돌보는)
사람들이 준 대답을 우리가 이용할 수 있도록 만드는 것이며, 나아가서 그
것들을 인간이 말한 것에 대한 참고 기록 속에 포함시키는 것이다.

제2부

제2장   문화 개념이 인간 개념에 미친 영향

I

프랑스의 인류학자인 레비-스트로스는 부족민이 사용하는 관념에 관한 최근의 연구인 「야생의 사고(*La Pensée Sauvage*)」의 끝부분에서 과학적 설명이란 우리가 생각해온 것처럼 복잡한 것을 단순한 것으로 환원하는 데에 있는 것이 아니라고 말한다. 그에 의하면, 과학적 설명은 잘 이해되지 않는 복잡성을 보다 더 알기 쉬운 복잡성으로 대체하는 데에 있다. 인간 연구에 관한 한 과학적 설명이란 단순함에 수반되는 설득력 있는 명료성을 보존하면서 복잡한 것을 단순한 것으로 대체하는 것이라고 할 수 있겠다.

고상함은 여전히 일반 과학의 이상(理想)으로 남아 있는 것 같다. 그럼에도 불구하고 사회과학에서 진정으로 창조적인 발전은 흔히 그러한 이상으로부터 벗어날 때 이루어지는 경우가 많다. 보통 과학의 진보는, 한때는 그 단순성이 아름다와 보일 정도였지만, 지금은 더 이상 감당할 수 없을 만큼 지나치게 단순화된 것으로 보이는 어떤 단순한 일련의 개념들이 점진적으로 복잡해지면서 이루어진다. 이러한 종류의 실망을 경험한 후에야 비로소 레비-스트로스가 언급한, 이해할 수 없는 복잡한 것을 복잡하지만 이해할 수 있는 것으로 대체하는 것이 가능해진다. 한때 화이트헤드는 자연과학에 대하여 "단순성을 찾으라. 그리고 그것을 의심하라"는 공리를 제시한 적이 있다. 사회과학에서라면 그는 마땅히 "복잡성을 찾으라. 그리고 그것을 정리하라"고 했을 것이다.

문화 연구가 마치 그러한 공리를 뒤따르는 것처럼 발전해온 것은 확실하다. 과학적인 문화 개념의 발전은 계몽주의에 지배적인 인간관(그것은 그에 대한 찬반에 관계없이 명쾌하고도 단순한 것이었다)을 버리는 데에 이르거나, 적어도 그에 관련지어 있었으며, 그것을 대체한 것은 그보다 더 복잡할 뿐 아니라 훨씬 덜 명료한 견해였다. 인간 본성에 대한 계몽주의적 관점을 명료하게 하려는 시도, 즉 인간이 무엇인가에 대한 이해 가능한 설명을 재구성하려는 노력은 줄곧 문화에 관한 과학적 사유의 기초가 되어왔다. 복잡성을 추구하고 또 상상했던 것보다 더 거대한 규모로 복잡성을 찾아내게 되자, 인류학자들은 고생스럽게 그것들을 정리해야 하는 수고에 빠지게 되었다. 그렇지만 그 결과는 아직 눈에 보이지 않고 있다.

계몽주의적 인간관은 말할 필요도 없이, 자연과학이 베이컨의 주장과 뉴턴의 지도하에 발견한 관점은 인간은 자연과 완전히 일치되며, 일반적으로 통일된 구성을 공유하고 있다는 견해였다. 간략히 말해서 뉴턴의 우주와 같이 규칙적으로 조직되어 있고, 전적으로 불변하며, 놀랍도록 단순한 인간의 본성이 있다는 것이다. 법칙 중 일부는 부분적으로 다를지 몰라도 중요한 점은 법칙들이 있다는 사실이다. 그것의 질적인 불변성은 지역적 유형에 따라서 다소 애매해지는 경우가 있겠지만, 결코 변하는 것은 아니다.

계몽주의 역사가인 마스쿠를 인용한 곳에서 러브조이(1873-1962, 미국의 철학자/역주)는 (나는 여기에서 그의 권위 있는 분석에 따르고 있다) 미숙한 저자에게서나 흔히 발견되는 거친 표현의 유효성을 보여준다.

> 사실, (시간과 장소가 바뀌면) 무대장치는 바뀌고, 배우들은 그들의 옷과 분장을 변화시킨다. 그러나 그들의 내면적 동작은 인간의 동일한 욕구와 정열로부터 나와서 왕국과 백성의 변천에 그 영향을 미친다.[1]

그런데 이러한 견해는 쉽사리 무시될 만한 것이 아니다. 또한 조금 전에 내가 "버린다"는 말을 가볍게 언급했지만, 현대 인류학적 사유 속에서 그것이 사라졌다고 말한 것은 아니다. 의상과 배경이 어떻게 바뀌어도 인간은 인간이라는 견해는 "습속(習俗)이 바뀌면 인간도 바뀐다"는 견해로 대체된 적이 없다.

---

1) A. O. Lovejoy, *Essays in the History of Ideas* (New York, 1960), p. 173.

그렇더라도 인간 본성에 대한 계몽주의적 개념은 받아들여질 수 없는 의미를 어느 정도 포함하고 있다. 그중 중요한 것 한 가지는, 이번에는 러브조이 자신의 글을 인용해보면, "특정의 연대, 인종, 기질, 전통, 조건을 가진 인간에게만 이해 가능하거나 입증 가능하거나 혹은 실증되는 것은 [그 자체로도, 그 자체에 대하여] 진실도 아니며 가치도 없는 것이며, 또한 이성적인 인간에게는 전혀 중요하지 않은 것이다."[2] 오랜 시간과 여러 장소에 걸친 사람들 사이의 신념과 가치 그리고 관습과 제도에 따르는 엄청나게 다양한 차이점들은 인간의 본성을 정의하는 데에 본질적으로 아무런 의미가 없다. 그것은 무엇인가 덧붙이거나 왜곡시키는 것으로 이루어져 있어 인간에게 내재된 진정으로 인간적인 것 —— 불변성, 총체성, 보편성 —— 을 은폐하거나, 불분명하게 만들 뿐이다.

따라서 존슨 박사는 지금은 널리 알려져 있는 한 구절에서 셰익스피어의 천재성이란 "그의 인물들이 세계의 다른 지역에서는 행해지지 않는 특정 지역의 관습에 의해서 그리고 소수에게만 작용하는 연구와 직업의 특수성 또는 일시적 유행이나 순간적 의견 등으로 인한 사건들에 의해서 개변되지 않는다는 사실에 있다"고 보았다.[3] 또한 라신도 고전적 주제에 관한 자신의 희곡이 성공한 사실을 "파리의 취향이 아테네의 취향에……일치하고, 나의 관객들은 다른 시대에 그리스의 가장 교양 있는 계급을 눈물짓게 한 것과 동일한 것에 의해서 감동받았다"[4]는 것의 증거로 간주했다.

존슨처럼 철두철미하게 영국적이거나 라신처럼 프랑스적인 사람으로부터 이러한 견해가 나온 것이 좀 우습게 들린다는 점은 제쳐두고라도, 이러한 관점의 문제점은 시간과 장소 및 환경이나 학문과 직업, 일시적 유행이나 순간적 의견과는 독립된, 일관성 있는 인간 본성이 존재한다는 이미지는 환상일 수 있다는 데에 있다. 인간 본성은 그가 어디에 존재하고 누구이며 무엇을 믿는가 등과 서로 깊숙이 얽혀 있는 것으로, 그러한 것들(시간, 장소, 환경, 직업, 학문 등)과 분리될 수 없기 때문이다. 바로 그러한 가능성에 대한 고찰이 문화 개념의 발생을 유도했으며, 획일적 인간관의 쇠퇴를 가져왔

---

2) 같은 책, p. 80.

3) "Preface to Shakespeare", *Johnson on Shakespeare* (London, 1931), pp. 11-12.

4) *Iphigénie*의 서문에서.

다. 근대 인류학이 그밖의 어떤 주장을 하더라도(때로는 거의 모든 것을 주장해온 것처럼 보이지만) 확고히 말할 수 있는 것은, 특정 지역의 관습에 의해서 달라지지 않는 인간은 실질적으로 존재하지 않으며, 또한 존재한 적도 없고, 무엇보다 중요한 것은 바로 인간의 본성상 존재할 수 없다는 점이다. 우리가 마스쿠의 배우들을, 평상복 차림으로 오가며 자신의 일을 떠나서 자유롭게 자발적 욕구와 정열을 꾸밈없이 솔직담백하게 나타내는 "진짜 인간"으로 만날 수 있는 무대의 뒷면이란 존재하지 않으며 또 존재할 수도 없다. 그들은 배역이나 연기방식, 심지어 그들이 하는 연극은 바꿀 수 있지만 (셰익스피어 자신이 당연하게 지적한 것처럼) 그들은 언제나 연기하고 있는 것이다.

이런 점으로 인하여 인간에게 있어서 본질적이고 보편적이며 불변하는 것과 관습적이고 국지적이며 변화하는 것 사이에 경계를 긋는 것은 극히 어려운 일이다. 사실, 그런 경계를 긋는 일은 인간 상황을 오도하거나 적어도 심각하게 잘못 표현하는 것일 수 있다.

인도네시아 발리 섬 사람들의 신들림을 살펴보자. 발리 사람들은 온갖 종류의 극적인 행동, 예를 들면 살아 있는 닭의 대가리를 물어뜯기, 자기 몸을 칼로 찌르기, 미친 듯이 날뛰기, 방언, 믿을 수 없을 정도의 줄타기 묘기, 성교 흉내, 배설물 먹기 등을 실제로 행하는 극도의 의식분열 상태에 빠지는데, 그것은 우리들 대부분이 잠드는 것보다 훨씬 더 수월하고 신속하게 일어난다. 신들림의 상태는 모든 의례의 결정적인 부분이다. 어떤 경우에는 50-60명의 사람들이 한 사람씩 차례로(어떤 한 관찰자가 말한 대로 "폭죽이 차례대로 터지는 것처럼") 신들림에 빠져들어 5분 후부터 수시간 후에야 의식이 돌아온다. 그들은 자신이 무엇을 하고 있는지 전혀 의식하지 못하나 그 의식불명에도 불구하고 인간이 가질 수 있는 특이하고도 대단히 만족스러운 경험을 했다고 확신한다. 인류학자들이 발견하고 탐구하여 묘사한 이와 같은 것과 그밖의 유사한 수천 가지의 특이한 일들로부터 우리는 인간 본성에 대해서 무엇을 배우는가? 발리 사람들이 특이한 종류의 존재라는 점, 즉 남양(南洋)의 화성인 같다는 사실을 배우는가? 또는 그들은 기본적으로 우리와 똑같으며, 단지 우리가 가지지 않은 특이한, 그러나 실제로는 부차적인 관습을 지닌 데에 불과한가? 그들은 선천적으로 어떤 능력을 부여받았는가? 아니면 특정한 방면에 본능적으로 충동을 받는가? 아니면 인간의 본성이란 것은 존재하지 않으며 인간은 백지상태이고 단지 문화가 그들을 만든다는 사실을 배우는가?

퍽 불만스럽기는 하지만, 바로 그러한 해석들 가운데에서 인류학은 보다 생생한 인간 개념에 도달하는 길을 찾으려고 시도해왔다. 그것은 문화 그리고 문화의 다양성이 변덕과 편견으로 무시되기보다는 오히려 설명되어야 하는 것이며 동시에 현장에서의 지배적인 원칙, 즉 "인류의 근본적인 통일성"이 공허한 문구로 탈바꿈하지 않을 수 있는 방법이기도 하다. 인간 본성에 대한 획일적 견해에서 크게 벗어나는 것은 인간과학에 있어서는 에덴 동산을 떠나는 것이다. 시대를 초월하고 장소를 뛰어넘는 관습의 다양성이 단순한 복장이나 외양, 무대장치나 희극용 가면과 같은 것이 아니라는 발상을 받아들인다는 것은 인간성이 그것의 표현에서와 마찬가지로 그 본질에서도 다양하다는 발상을 받아들이는 것이기도 하다. 그러한 반성적 사고를 통해서 어느 정도 단단히 묶여 있던 철학적 계류의 끈이 느슨해지고 위험한 바다 속으로의 힘든 표류가 시작된다.

여기에서 위험하다고 하는 것은, 만일 누가 (영어의) 대문자 "M"을 가진 인간(Man)이 그의 관습의 "배경에서", "그 아래에서" 또는 "그 위에서" 찾아져야 한다는 생각을 버리고 대문자가 아닌 인간(man)이 관습 "속에서" 찾아져야 한다는 생각으로 바뀌게 되면 그는 인간의 모습을 모두 잃어버릴 어떤 위험에 처하게 되기 때문이다. 인간은 자신의 시대와 장소의 영향 속으로 남김없이 용해되어버리거나 자신의 시대에 완전히 사로잡힌 어린아이가 되거나 혹은 거대한 톨스토이 군단에 징집된 병사가 되어, 헤겔 이후 계속 우리를 괴롭혀온 가공스러운 역사적 결정론 내지는 그것과 유사한 것에 휘말리게 된다. 우리는 사회과학에서 이와 같은 두 가지 궤도이탈을 모두 겪어왔으며 지금도 어느 정도 겪고 있는데, 하나는 문화적 상대주의의 기치 하에서, 다른 하나는 문화진화론의 기치하에서 행진해왔다. 그러나 우리는 또한 보다 일반적으로 문화 패턴 그 자체 안에서 비록 표현은 동일하지 않더라도 독특한 성격의 인간 존재를 결정하는 요소를 탐구함으로써 그 궤도이탈을 피하려고 노력해왔다.

II

인간을 그가 속한 관습의 실체 속에 위치지으려는 시도에는 몇 가지의 방향이 있으며 다양한 전략이 차용되고 있다. 그러나 그것들은 모두 혹은 거의 모두가 하나의 포괄적인 지적 전략 안에서 추진되어왔다. 나는 그것을 인간 생활의 생물학적, 심리적, 사회적, 문화적 요인 사이의 관계의 "층위적(stratigraphic)" 개념이라고 부를 것이다. 이 개념에서 인간은 몇 개의 "레벨"의 복합체가 되는데, 각 레벨은 하위 레벨에 덧붙여져서 상위 레벨을 받치고 있다. 인간을 분석하려면 그 층들을 한 층씩 벗겨야 하는데, 각 층들은 그 자체로 완전하여 환원할 수 없기 때문에 한 층을 벗기면 또 다른, 완전히 다른 종류의 하위 층위가 드러난다. 문화의 잡다한 형식들을 벗겨내게 되면 사회조직체의 구조적이고 기능적인 규칙성을 찾아낼 수 있다. 그 껍질을 차례대로 벗겨내면 그것을 지탱하고 가능하게 하는 기층의 심리적 요인——"기본적 욕구" 혹은 그것과 비슷한 것 —— 을 찾아낼 수 있다. 심리적 요인들을 벗겨내면 우리에게는 인간 삶의 전체적인 구성물인 생물학적 —— 해부학적, 생리학적, 신경학적 —— 기초들이 남겨진다.

이러한 종류의 개념화의 매력은 그 개념화가 기성 학문 분야에 독립성과 자주성을 보장한다는 사실은 제쳐두고라도 그것이 각자에게 자신의 먹거리를 가지는 것을 가능하게 해주는 듯이 보인다는 점에 있다. 우리는 문화가 인간성에서 본질적이고 환원 불가능한, 심지어 지고의 구성요소라는 주장을 하기 위해서 문화가 인간에게 존재하는 모든 것이라고 우길 필요는 없다. 문화적 사실은 그것을 비문화적 사실의 배경으로 용해시키거나 혹은 거꾸로 그러한 배경을 문화적 사실로 용해시키는 일 없이, 비문화적 사실을 배경으로 하여 해석될 수 있다. 인간은 일종의 진화적으로 누적된 산물로서 위계적으로 층화된 동물이었다. 그점에서 유기적, 심리적, 사회적, 문화적인 각각의 층은 정해진 명확한 위치를 가지고 있다. 정말 인간이 무엇인가를 알기 위해서 우리는 인류학, 사회학, 심리학, 생물학 등 다양한 인접 학문으로부터의 발견들을 마치 물결이 여러 겹으로 파장을 그리며 퍼져나가듯이 서로에게 부가시켜야 했다. 그렇게 된 연후에야 문화적 층위의 기본적 중요성, 즉 인간에게만 특징적인 성질이 자연스레 나타나서 인간이란 정말 무엇인가를 그 자체의 고유 권한으로 우리에게 가르쳐주게 될 것이다. 19세기 말과 20세기 초의 인류학은 문화라는 옷을 벗겼을 때 드러나는 발가벗은 이성적 존재로서의 인간에 대한 18세기적 이미지를, 그 문화적 의상을 입혔을 때 나타난 변형된 동물로 대체했다.

구체적인 탐구와 세밀한 분석의 수준에서 이 거대한 전략은 첫째, 전세계에 걸쳐 시대를 달리하는 관습의 다양성에 직면하여 같은 형태로 어디에서든 발견될 수 있는 문화의 보편성, 경험적 단일성을 탐색하게 되었다. 둘째, 일단 발견된 그러한 보편적 요소들을 인간의 생물학, 심리학, 사회조직상의 불변적 요소들과 연관시키려고 노력하게 되었다. 만일 관습들을 이미 확립되어 산만하게 흩어져 있는 세계 문화의 목록으로부터 각 지방적 변형들에 공통되는 것을 통해서 찾아낸다면 그리고 이들이 결정적인 방식으로 하위 문화 수준의 특정의 불변적 준거와 연결될 수 있다면, 적어도 어떠한 문화적 특징들이 인간 존재에 필수적인지 그리고 또한 어떤 것이 단순히 우연적이고 주변적이며 장식물에 불과한 것인지를 명확히 상술하는 데에 다소 진전이 있을 것이다. 인류학은 생물학, 심리학, 사회학이 유사한 방식으로 제시하는 차원들에 상응하는 인간 개념의 문화적 차원을 결정할 수 있을 것이다.

본질적으로 이는 전혀 새로운 발상이 아니다. 만인 합의론(consensus gentium : 전인류의 일치/역주)의 관념, 즉 모든 사람이 올바르고 진실되며 공정하고 매력적이라고 합의하게 되는 것들이 있으며, 그것들은 실제로 올바르고 진실되며 공정하고 매력적이라는 관념은 계몽주의 시대에 존재했으며, 또한 아마도 무엇인가의 형태로 모든 시대와 모든 지역에 존재했을 것이다. 그것은 거의 누구에게나 조만간 떠오를 수 있는 생각 중의 하나이다. 그렇지만 현대 인류학에서 그러한 생각의 전개는 1920년대에 자신이 "보편적 문화 패턴(the universal cultural pattern)"이라고 부른 것에 대해서 클라크 위슬러가 상세하게 설명한 것에서 시작되어 40년대 초반 브로니슬로우 말리노프스키가 "보편적 제도 유형(the universal institutional types)"의 항목을 제시한 것을 거쳐, 제2차 세계대전 중과 그 이후에 머독이 일련의 "문화적 공통분모(common-denominators of culture)"를 정교하게 다듬기까지 새로운 것을 첨가시키며 이루어졌다. 그후 여기에 아마도 가장 설득력 있는 만인 합의론자라고 할 수 있는 클라이드 클룩혼의 말대로 "문화의 몇 몇 측면들은 다만 역사적 사건의 결과로서 그 특별한 형태를 취하며 다른 측면들은 명백히 보편적인 것이라고 할 수 있는 힘에 의해서 만들어진다"[5] 는 인식이 첨가되었다. 이것으로 인간의 문화생활은 둘로 나누어진다. 한 부분은 마스쿠의 연극배우의 의상처럼 인간의 뉴턴적 "내향 운동(inward motions)"과 무관한 것이며, 다른 한 부분은 그러한 운동 자체의 발현이다. 그럴 때 생기는 문제는 곧 "18세기와 20세기 사이의 이러한 짓다만 집이 과연 서 있을 수 있는가?"이다.

그것이 가능한지 혹은 불가능한지는 문화 심층의 실재에 근거하는 문화의 경험적으로 보편적인 측면과 그것에 근거하지 않는 경험적으로 가변적인 측면 사이의 이원론이 성립되어 지탱될 수 있느냐에 달려 있다. 그리고 이는 다음으로 (1) 제시된 보편성이 실질적인 것이어서 공허한 범주가 아닐 것, (2) 그냥 애매하게 "심층 실재"와 연관된 것이 아니라 특정의 생물학적, 심리학적, 사회학적 과정에 상세히 기초할 것 그리고 (3) 수적으로 훨씬 많은 문화적 특수성이 명백히 부차적 중요성을 지니는 것에 비하여, 보편성이 인간성의 정의에서 핵심적 요소로 설득력 있게 옹호될 수 있는 것이어야 함을 요구한다. 나에게는 이 세 가지 모두에서 "만인 합의론적" 접근은 실패한 것 같다. 그것은 인간 상황의 본질에 다가가기보다는 그것으로부터 멀어지기 때문이다.

이들 중 첫째 요구, 즉 제시된 보편성은 실질적이어서 아주 공허하거나 거의 공허한 범주가 아닐 것이라는 요구가 충족되지 않았던 까닭은 그럴 수가 없기 때문이다. "종교", "결혼", "재산" 등이 경험적 보편성이라고 주장하는 것과 그것들에 구체적인 내용을 부여하는 것 사이에는 논리적인 모순이 있다. 왜냐하면 그것들이 경험적으로 보편적인 것이라고 말하는 것은 그것들이 동일한 내용을 가지고 있다고 말하는 것이며, 그것들이 동일한 내용을 가지고 있다고 말하는 것은 그것들이 그렇지 않다는 부인할 수 없는 사실과 정면으로 반대되는 것이기 때문이다. 만일 누가 종교를 일반적으로 막연하게 —— 예를 들면 실재에 대한 인간의 가장 기본적인 지향성과 같은 것으로 —— 정의한다고 해도 그 지향성에 고도의 상황적 내용을 동시에 부여

---

5) A. L. Kroeber 편, *Anthropology Today* (Chicago, 1953), p. 516.

하는 것은 불가능하다. 왜냐하면 분명히 제물로 바쳐진 인간의 가슴에서 꺼
낸, 살아서 고동치는 심장을 하늘을 향해서 들어올리는 신들린 아스텍족들
에게 있어서 실재의 가장 기본적인 지향성을 구성하고 있는 것은 은혜로운
비의 신에게 바치는 집단적 기원의 춤을 추는 절제된 주니족의 지향성을 구
성하고 있는 것과 다르기 때문이다. 힌두교의 지나친 의식주의(儀式主義)와
무절제한 다신주의는 "진실로 실재적인 것"이 무엇인가에 대해서, 이슬람
의 순니파의 비타협적인 유일신 관념 및 금욕적 율법주의와는 상당히 다른
견해를 나타낸다. 만일 덜 추상적인 수준으로 끌어내려서 클룩혼처럼 사후
생명의 개념이 보편적이라거나, 말리노프스키처럼 신의 섭리에 대한 느낌이
보편적이라고 주장할지라도 동일한 모순이 따르게 된다. 유생(儒生)과 칼뱅
주의자, 선(禪)불교도, 티베트 불교도 모두에게 적용되는 사후 생명 개념의
일반화를 확립하기 위해서는 일반적인 —— 사실 너무나 일반적이어서 그것
에 대한 어떤 힘도 실제에서는 증발되어버릴 만큼의 가장 일반적인 —— 용
어로 그것을 정의해야만 한다. 또한 인간과 신의 관계에 관한 나바호족의
관념과 트로브리안드인의 관념을 함께 포용해야 하는 신의 섭리자라는 관
념에 대해서도 마찬가지이다. "결혼", "교역" 그리고 크로버가 "날조된 보
편성"이라고 적절히 부른 나머지 모든 것들과 "가옥"과 같이 손으로 만질
수 있는 물건에 이르기까지도 마찬가지이다. 어디에서든지 사람들이 결혼하
고 자녀를 가지고 내 것과 네 것을 구별하고 비와 햇볕으로부터 어떤 방법으
로든지 자신들을 보호한다는 것은 틀린 것이 아니며 어떤 면에서는 중요하지
않은 것이라고 할 수도 없는 것들이다. 그러나 그것은 "존 Q. 퍼블릭"(대중적
인 인간상/역자)과 같은 만화의 등장인물이라면 몰라도 참되고 진실된 인간
의 모습을 그리는 데에는 그다지 도움이 되지 않는다.

이미 명백해졌고 또 더욱 명백해질 것으로 바라지만, 내 입장은 인간이
가장 가변적인 동물이라는 점을 제외하고는 인간에 관해서 어떤 일반화도
가능하지 않다거나, 문화 연구는 그러한 일반화를 드러내는 데에 기여하는
바가 없다는 것은 아니다. 그러한 일반화는 사실상 존재하지 않는 만인 합
의점을 찾기 위한 일종의 세계 민족에 대한 여론조사와 같이 문화적 보편성
을 찾으려는 베이컨식의 탐구를 통해서는 발견되지 않으며, 나아가서 그러
한 시도는 바로 그 접근법이 피하고자 했던 일종의 상대주의로 이어지게 된

다는 것이 나의 입장이다. 클룩혼은 "주니족의 문화는 절제를 존중한다. 콰키우틀족의 문화는 개인의 자기과시를 고무한다. 이것들은 대조적인 가치이다. 그러나 주니족과 콰키우틀족은 그러한 가치들에 집착한다는 점에서 보편적인 가치에의 충실함을 보인다. 즉 자기 문화의 특이한 규범을 중시하는 것이다"[6]라고 했다. 이는 명백한 회피이지만, 일반적인 문화적 보편성에 대한 논의보다는 훨씬 더 명확하고 덜 회피적이다. 결국 헤스코비츠가 한 것처럼 "도덕성은 보편적이고, 아름다움에 대한 향유도 그러하며, 진리에 대한 기준도 마찬가지이다"라고 말하고, 바로 다음의 문장에서 "이들 개념이 취하는 여러 형태는 그것을 드러내는 사회의 특정한 역사적 경험의 소산일 뿐이다"라고 덧붙일 수밖에 없다면, 처음에 한 말이 과연 우리에게 무슨 도움이 될 것인가?[7] 만인 합의론자들의 예에서처럼 부분적이고 불확실한 형태로나마 인간 동일성론을 포기한다면 상대주의는 정말로 위험한 것이 된다. 그러나 모호한 동어 반복과 무력하고 진부한 말로 슬그머니 빠져나가지 말고 주니족의 절제와 콰키우틀족의 자기과시 등과 같은 인간 개념의 구체성 속에 그것들을 포용하는 인간 문화의 다양성을 직접적이고 충분하게 대면한다면, 그러한 상대주의로부터 벗어날 수 있을 것이다.

물론 동시에 실체적이기도 한 문화적 보편성을 기술하는 어려움은 만인 합의론적 접근이 직면하는 두번째 요구, 즉 그런 보편성이 특정의 생물학적, 심리학적, 사회학적 과정에 근거해야 한다는 요구의 실현을 방해한다. 그렇지만 여기에는 그 이상의 의미가 있다. 즉 문화적 요소와 비문화적 요소 사이의 관계를 "층위론적"으로 개념화함으로써 그렇게 근거짓는 것을 훨씬 효과적으로 방해할 수 있다. 일단 문화, 정신, 사회, 유기체가 완전하고 자율적인 과학적 "레벨들"로 분리된 후에는 그들을 다시 원위치로 돌려놓기가 매우 힘들다.

그러한 시도에서 가장 비근하게 사용되는 방법은 소위 "불변의 준거점"을 도입하는 것이다. 이러한 전략에 대한 가장 유명한 언급의 하나 —— 탈콧 파슨스, 클룩혼, O. H. 테일러 등이 1940년대 초반에 작성한 기록인 "사회과학의 영역에서 사용하기 위한 공통 언어를 위하여(Toward a Common

---

6) C. Kluckhohn, *Culture and Behavior* (New York, 1962), p. 280.

7) M. J. Herskovits, *Cultural Anthropology* (New York, 1955), p. 364.

Language for the Areas of the Social Sciences)" —— 를 인용하면, 그 준거
점은

> 사회체계의 본질에서, 그것을 구성하고 있는 개인들의 생물학적, 심리학적 본질에
> 서, 그들이 생활하고 행동하는 외적 상황에서, 사회체계에 있어서의 조정의 필요성에
> 서 찾아질 수 있다. [문화]에서……이와 같은 구조의 "초점들"은 결코 무시되지 않는
> 다. 그것들은 어떤 방식으로든 "적응되고 설명되어야" 한다.

문화의 보편적 요소들은 이들 피할 수 없는 현실에 대한 결정화된 반응으
로, 즉 그 현실과 대응하는 제도화된 방법으로 인식된다.

그러므로 분석은 가정된 보편적 요소를 자명한 것으로 기본적 필수성들
과 접맥시키고 양자 사이에 어느 정도의 유용한 일치점이 있음을 보여주려
는 시도로 이루어진다. 사회의 수준에서는 모든 사회가 존속하기 위해서 반
드시 그들 사회의 성원을 재생산해야 하며 재화와 서비스를 배분해야만 한
다는 사실, 따라서 특정한 형태의 가족이나 교역이 보편적으로 존재한다는
부정할 수 없는 사실들이 지적된다. 심리학적 수준에서는 개인적 성장과 같
은 기본적 욕구 —— 따라서 교육제도는 어디에나 있다는 사실 —— 또는 오
이디푸스의 고뇌와 같은 범인간적 문제 —— 따라서 벌을 내리는 신과 풍요
를 가져다주는 여신은 어디에나 있다는 사실 —— 에 의존하지 않을 수 없
다. 생물학적으로는 신진대사와 건강이 있으며, 문화적으로는 식사의 매너
와 질병 치료법이 있다. 그밖의 것도 모두 그런 식이다. 그러한 방책은 이런
저런 기본적 인간 욕구의 종류를 살피고 보편적인 문화의 측면들이, 다시
클룩혼의 표현을 빌리면, 이들 욕구들에 의해서 "재단된다(tailored)"는 사
실을 보여주려고 노력하는 것이다.

여기에서의 또 다른 문제는 이런 종류의 일치가 일반적인 방식으로 존재
하느냐보다는 그 일치가 엉성하고도 막연한 것 이상의 어떤 것이냐 하는 것
이다. 어떤 인간 제도에 대해서 과학(혹은 상식)이 우리에게 말해주는 것이
인간 존재에게 필수적인 것이라는 사실과 관련시키는 일은 어려운 일이 아
니다. 그러나 그 관련성을 뚜렷한 형태로 명시하는 일은 대단히 어렵다. 제
도들은 대부분 사회적, 심리적, 유기체적 욕구의 다중성에 기여하고 있으며
(그래서 결혼은 재생산을 위한 사회적 욕구의 단순한 반영이라거나, 또는

식사 관습도 신진대사의 필요성의 반영이라고 말하는 것은 우스꽝스러운 것이다), 층위들간에 존재한다고 생각되는 상관관계를 엄밀하고도 검증 가능한 방법으로 진술할 만한 방도는 없다. 처음에는 그렇게 보일지 몰라도 여기에는 생물학, 심리학, 심지어 사회학의 개념과 이론들을 문화 분석에 적용해보려는 어떠한 심도 있는 시도도 없으며(물론 그 반대방향의 적용에 대한 어떠한 제안도 없다), 다만 그것들 사이에 어떤 종류의 관계가 있을 것 —— "재단한다"는 식의 애매한 종류 —— 이라는 막연한 인식을 도출하기 위해서 문화 및 하위 문화의 층위들로부터 끌어낸 가정적 사실들을 나란히 배열할 수 있을 뿐이다. 여기에는 이론적 종합이란 전혀 존재하지 않고 다만 개별적 발견들에 대한 단순하고도 직관적인 상호 연결만이 있을 뿐이다. 층위에 대한 접근으로는, 심지어 "불변의 준거점"에 호소하더라도, 우리는 결코 문화적 요소와 비문화적 요소 사이의 순전히 기능적인 상호 연관을 구성할 수 없다. 단지 다소 설득력 있는 유추나 비교, 암시 그리고 유사점만을 구성할 수 있을 따름이다.

그렇지만 내가 (분명히 많은 인류학자가 그렇게 생각하겠지만) 만인 합의론적 접근이 문화적 현상 및 비문화적 현상을 설명하기 위해서 그것들 사이의 근거 있는 보편성도 특정한 연결성도 밝혀내지 못한다고 주장한다는 점에서 틀렸다고 하더라도, 그러한 보편성이 인간을 정의하는 데에 중심적 요소로 수용되어야 하는지, 우리가 원하는 것이 인간성에 대한 최소한의 공통분모적 견해인지의 여부에 대해서는 여전히 의문이 남는다. 물론 이것은 이제 철학적인 문제이지 과학적인 것만은 아니다. 그러나 인간적인 것이 의미하는 본질은 특정 민족에게만 독특한 특질들이 아니라 인간 문화의 보편적인 특질 안에서 가장 분명히 드러난다는 견해는 우리가 반드시 공유하지 않아도 되는 편견이다. 우리가 인간의 본질을 파악하는 것은 인간은 어느 곳에서나 어떤 식으로든 "종교"를 가진다는 식의 일반적인 사실을 파악하는 데에 있는가, 아니면 이 종교적 현상의 풍부함, 예를 들면 발리 섬 주민들의 신들림, 인도인의 의례주의, 아스텍족의 인신공양(人身供養), 주니족의 기우춤과 같은 것들을 파악하는 데에 있는가? "결혼"이 보편적이라는 사실을 통해서 (만일 그렇다면) 히말라야의 일처다부제나 호주 원주민의 강력한 결혼 규제 또는 반투계 아프리카인들의 정교한 신부대(新婦貸) 제도에 관한 사실

만큼 우리는 무엇인가에 대한 예리한 해석을 제공하는가? 크롬웰은 가장 별난 인물이었다는 바로 그점에서 자기 시대의 가장 전형적인 영국인이었다고 보는 견해도 여기에 적용될 것이다. 즉 인간이라는 것이 발생학적으로 과연 무엇인가에 관하여 증명할 수 있는 가장 유익한 사실을 몇 가지 발견한다면, 그것은 아마도 민족의 문화적 특수성, 즉 그들의 특이한 점들에 있을 것이다. 따라서 인간에 대한 개념의 구성 —— 또는 재구성 —— 에 인류학이라는 과학이 기여한 주요한 공헌은 그것들을 어떻게 발견할 것인가를 우리에게 보여준 데에 있을 것이다.

III

인간 개념을 정의하는 문제가 발생할 때, 인류학자들이 문화의 특수성을 피하여 그 대신 피가 통하지 않는 보편성으로 도망치게 되는 중요한 이유는 인간 행동의 그 어마어마한 다양성에 직면하여 역사주의, 또는 어떤 확고한 기반도 완전히 제거시킬 만큼 강력한 문화 상대주의의 소용돌이에 빠져들어버릴지도 모른다는 공포에 사로잡혀 있기 때문이다. 그러한 두려움을 불러일으킨 경우가 실제 없었던 것은 아니다. 루스 베니딕트의 「문화의 패턴(*Patterns of Culture*)」은 아마 미국에서 출판된 인류학 분야의 책 가운데 가장 인기 있는 책일 것이다. 그런데 이 책은 인간집단의 행위 지향은 어떤 것이라도 다른 집단에 의해서 존중될 가치가 있다고 하는 이상한 결론을 이끌어냄으로써, 마르크 블로크가 말한 "색다른 것을 배우는 전율"에 완전히 빠져버릴 때 이르게 되는 어색한 입장의 가장 뚜렷한 예를 보여주고 있다. 그러나 그런 두려움은 허깨비일 뿐이다. 만일 문화현상이 경험적으로 보편적인 것이 아니라면 인간의 본성에 관한 어떠한 것도 반영할 수 없다는 발상은, 겸상(鎌狀) 적혈구 빈혈증이 다행히도 보편적인 것이 아니기 때문에 인간의 유전과정에 대해서 아무것도 알려주는 것이 없다는 것과 논리적으로 거의 유사하다. 과학에서 결정적인 것은 현상들이 경험적으로 공통적이냐 아니냐가 아니라 —— 그렇지 않다면 왜 베크렐(1852-1908, 프랑스의 물리학자/역주)이 우라늄의 특이한 작용에 그토록 깊은 관심을 가졌겠는가? —— 그 밑에 숨겨져 있는 지속적인 자연의 과정을 밝힐 수 있느냐 없느냐이다. 한 알의 모래에서 우주를 보는 것은 시인(윌리엄 블레이크/역주)만이 할 수 있는 묘기가 아니다.

간단히 말해서 우리는 유사한 현상들 사이의 실질적인 동일성이 아닌, 다양한 현상들 사이의 체계적인 관계를 찾을 필요가 있다. 그 일을 효과적으로 수행하기 위해서, 우리는 인간 존재의 다양한 측면들 사이의 관계에 대한 "층위론적" 개념을 종합적 개념으로 대체할 필요가 있다. 즉 생물학적, 심리학적, 사회학적, 문화적 요소들이 단일한 분석체계 속에서 변수들로 처리될 수 있게 하려는 구상이다. 사회과학에서 공통어의 확립은 단순히 용어 통일의 문제이거나 그것보다 더 나쁘게 인위적으로 새 용어를 고안하는 문제가 아니다. 또한 전반적인 영역에 단일한 범주체계를 설정하는 문제도 아니다. 그것은 각각 상이한 유형의 이론과 개념을, 지금은 별개의 학문 분과들에서 버려져 있는 발견들을 구체화해주는 유의미한 명제로 구성하는 방향으로 통합하는 문제이다.

인류학적 입장에서 그러한 통합을 추진하고 그것에 의해서 더 정확한 인간상에 도달하기 위하여, 나는 두 가지 방안을 제시하려고 한다. 그중 첫번째 생각은, 문화는 이제까지 대부분이 그렇게 해왔던 것처럼 구체적인 행동 양식 —— 관습, 관례, 전통, 습관의 덩어리 —— 의 복합체로서가 아니라, 행동을 지배하는 일단의 제어 기제들 —— 계획, 처방, 규칙, 지침, 즉 컴퓨터 엔지니어들이 "프로그램"이라고 부르는 것 —— 에 의해서 가장 잘 보인다는 것이다. 두번째 생각은, 인간은 자신의 행동에 질서를 주기 위해서 초유전적인, 신체 외적인 제어 기제, 즉 문화적인 프로그램과 같은 것에 절대적으로 의존하고 있는 동물이라는 점이다.

이들 방안 중 어떤 것도 전적으로 새로운 것은 아니다. 그러나 인류학 내부에서와 그밖의 다른 분야의 과학(인공두뇌학, 정보이론, 신경학, 분자유전학) 모두에서 있었던 수많은 최근의 발전들로 전에는 가져보지 못했던 경험적 기반이 제공되었을 뿐 아니라, 보다 더 엄밀한 진술이 가능하게 되었다. 문화 개념 및 문화 역할에 대한 그러한 재구성으로부터, 이번에는 인간의 삶에서 시공을 막론한 인간 행동의 경험적 공통성보다는 타고난 능력의 폭넓음과 비결정성을 실제로 달성된 편협성과 구체성으로 환원시키는 작용을 하는 기제를 강조하는 인간에 대한 정의가 등장하게 되었다. 우리에 관한 가장 중요한 사실 가운데 하나는 결국 우리 모두가 수천 종류의 삶을 영위할 수 있게 해주는 개개인의 타고난 소양을 가지고 출발하지만 결과적으로는 단 한 가지의 삶을 사는 것으로 끝난다는 사실이다.

문화의 "제어 기제(control mechanism)"라는 관점은 인간 사고가 기본적으로 사회적이고 공적이라는 가정, 즉 인간의 자연스런 거주지가 마당, 시장, 도심의 광장이라는 가정에서 출발한다. 사고는 "머릿속에서 일어나는 것"으로 이루어져 있는 것이 아니고(사고가 이루어지기 위해서는 이곳 저곳의 사건들이 필요하기는 하지만), G. H. 미드와 그밖의 사람들이 "유의미한 상징"이라고 불렀던 것들 —— 그 대부분은 단어들이지만, 몸짓, 그림, 음악 소리, 시계 같은 기계장치, 보석과 같은 자연물, 즉 사실상의 일차적 실재성을 떠나서 경험에 의미를 부여하는 데에 사용되는 것 —— 의 교류로 구성되어 있다. 어떤 특정한 개인의 견지에서 보면, 그러한 상징들은 대부분이 대개 주어진 것들이다. 그는 그가 태어났을 때 이미 그것들이 공동체 속에 통용되고 있음을 알게 되며, 그가 죽은 뒤라도 그런 상징들은 남아서 그가 알든 모르든 간에 어느 정도 더해지거나 감해지고 부분적으로 변화된 형태로 계속 통용될 것이다. 살아 있는 동안에 그는 그것들 또는 그중 얼마를 가끔은 신중하고 조심스럽게 사용하기도 하겠지만, 대부분은 자발적이고도 쉽게 사용한다. 그러나 언제나 같은 목적, 즉 그의 삶을 통해서 일어난 사건들을 구성하고, 존 듀이의 생생한 문구를 인용해보면, "경험된 사실들의 진행과정" 속에 자신을 방향지으려는 목적에서 사용한다.

몸 속에 체질적으로 타고난 비상징적인 것들이 너무 분산된 빛만을 발하기 때문에, 인간은 세계에서 자신의 의미를 발견할 수 있도록 조명해줄 빛의 상징적 근원을 절실히 요구하고 있다. 하등동물의 행동 패턴들은 적어도 훨씬 광범위하게 육체적 구조에 의해서 결정된다. 즉 정보의 유전적 근원은 그들의 행동을 훨씬 더 변화가 작은 범위 안에서 질서지으며, 하등동물일수록 행동의 범위는 더 협소하고 그 규칙성도 더 철저하다. 인간의 경우, 선천적으로 타고난 것은 극히 일반적인 반응능력뿐인데, 그것은 비록 행동의 보다 큰 유연성과 복합성을 가능하게 하고 간혹 그것이 원칙대로 작용할 때는 행동의 효율성을 가능하게 해주기도 하지만, 그것에 의한 규제는 훨씬 덜 정확하다. 따라서 이는 우리 논의의 두번째 논점이 된다. 문화 패턴들——유의미한 상징으로 조직된 체계 —— 에 의해서 방향이 결정되지 않은 인간 행동은 실제로 통제할 수 없는 맹목적 행동과 감정 폭발로 인한 대혼돈일 뿐이며, 그것으로 인해서 인간의 경험은 거의 형태가 없어져버리게 된다. 문화는 그러한 패턴들의 축적된 총체로서, 인간 존재의 단순한 장식물이 아니라 그 특수성의 기초이자 본질적 조건이다.

인류학에서 그런 입장을 지지해주는 가장 설득력 있는 증거는 소위 인간의 일반 영장류적 바탕으로부터 호모 사피엔스가 출현했다는 인간의 계통 발생에 대한 최근의 진전된 이해에서 어느 정도 찾아낼 수 있다. 이러한 진전 가운데 세 가지가 결정적으로 중요하다. 즉 (1) 인간의 육체적 진화와 문화적 발전 사이의 관계가 연속적이라는 견해를 버리고 중첩적 또는 상호 작용적이라는 견해로 대신한 것, (2) 인간의 가장 직접적인 조상으로부터 현대인을 배출한 거대한 생물학적 변화가 중추신경계, 특히 뇌에서 발생했다는 발견, (3) 인간은 육체적으로 불완전하고 완성되지 않은 동물이며, 가장 전형적인 인간을 비인간과 구분하는 것은 순수한 학습능력보다는(그것도 크지만) 그가 인간으로서 기능하기 위해서 어떤 특정한 종류의 것들을 배우지 않으면 안 된다는 사실에 대한 인식이 그것이다. 이제 이들 각각을 차례로 살펴보자.

인간의 생물학적 진화와 문화적 발전 사이의 관계에 대한 전통적인 견해는 후자가 시작되기 전에 전자가 사실상 완성되었다는 것이다. 이 또한 소위 층위론적인 것이라고 말할 수 있다. 즉 유전적 변이와 자연선택의 일상적 기제를 통해서 인간의 육체적 존재는 그 해부학적 구조가 오늘날 우리에게서 찾아볼 수 있는 정도까지 진화했으며, 그후에 문화적 발전이 시작되었다는 것이다. 인류의 계통 발생사의 특정 단계에 이르러 어떤 주변적인 유전상의 변화로 인간은 문화를 생산 및 전승할 수 있게 되었고, 그때부터 환경의 압력에 적응하는 반응의 형태는 유전적이기보다는 오히려 거의 전적으로 문화적인 것이 되었다. 지구 위에 퍼져 살게 됨으로써 추운 기후에서는 모피를 입고, 더운 지방에서는 허리에 걸치기만 하는 간단한 옷을 입게 되었다(혹은 전혀 아무것도 걸치지 않게 되었다). 인간은 기후에 대한 본래의 고유한 반응양식을 바꾸지 않았다. 그는 전수받은 약탈능력을 키우려고 무기를 만들었고, 훨씬 잘 소화시킬 수 있도록 음식물을 조리했다. 이야기는 계속된다. 정신적으로 결정적 단계를 거쳐 (에드워드 타일러 경의 고전적인 문화 정의 항목을 인용하면) "지식, 신념, 법제, 도덕, 관습"을 교육을 통해서 후손과 이웃에게 전파하고, 학습을 통해서 그의 조상과 이웃으로부터 그런 것들을 획득하게 되었을 때, 인간은 다시 한번 인간이 된 것이다. 그 경이로운 순간을 거친 뒤, 사람과(人科)의 발전은 과거 수 세대에서처럼 신체의 유기체적 변화가 아니라 거의 전적으로 문화적 축적과 관습적 행위들의 점진적 성장에 의존하게 되었다.

유일하게 문제가 되는 것은 그러한 순간이 존재했던 것 같지 않다는 점이다. 가장 최근의 추정에 의하면, 삶의 문화적 양식으로의 이행은 수백만 년에 걸쳐 이룩된 것이다. 그런 방식으로 이행이 이루어지면서 한 개 혹은 한 줌의 주변적인 유전 변화가 아니라 장기간의 복잡하고 긴밀하게 상호 연결된 변화가 있었다.

현재의 시점에서, 인류의 직접적인 조상인 전(前) 사피엔스 단계로부터 호모 사피엔스(현대인)로의 진화는 이제는 잘 알려진 오스트랄로피테쿠스 계(系) —— 남부 및 동부 아프리카의 유인원 —— 의 출현과 더불어 거의 400만 년 전에 시작되었으며, 사피엔스의 출현은 불과 10만-30만 년 전의 일이었다. 따라서 적어도 문화적 활동 또는 원한다면 원(原)문화 활동(단순한 연장 제작이나 사냥 등)을 포함하여 그것의 기초 형태가 오스트랄로피테쿠스계(系) 사이에서 어느 정도 나타났다고 한다면, 문화의 출발과 우리가 아는 현대인의 출현 사이에는 100만 년 이상의 기간이 중첩된다고 볼 수 있다. 정확한 날짜는 —— 그것은 가설적이며 앞으로의 연구에 따라서 어떤 특정한 방향으로 변경될 수 있을 것이다 —— 중요한 것이 아니다. 중요한 것은 시간의 중첩이 있었으며 그것도 상당히 장기간이었다는 사실이다. 인간 계통 발생사의 최종 단계(어쨌든 현재로서는)는 문화사의 초기 단계와 같은 시대로 이른바 빙하기라고 불리는 거대한 지질학적 시기에 일어났다. 개개의 인간에게는 출생일이 있지만, 인류에게는 그런 것이 없다.

이것이 의미하는 것은, 문화는 소위 완성된 혹은 거의 완성된 동물에게 부가되는 것이라기보다는 그 동물 자체를 만드는 요소이며, 그것도 중심적인 요소라는 것이다. 빙하기를 지나며 마치 빙하의 작용과도 같이 느리고 점진적으로 꾸준하게 진행된 문화의 성장은 인간 진화의 방향을 설정함으로써 자연도태 압력의 균형을 인간계가 등장할 수 있도록 하는 방향으로 바꾸었다. 숙달된 도구 사용이나 조직적인 사냥 및 채집활동의 채택, 진정한 가족제의 시작, 불의 발견 그리고 어떤 구체적인 모습을 추적하기가 아직 매우 어렵지만 가장 결정적으로는 지향성, 의사 소통, 자기 조절을 위한 유의미한 상징체계(언어, 예술, 신화, 의례)에 더욱 의존해가는 일 등 모두는 인간에게 그들 스스로가 적응하지 않으면 안 될 새로운 환경을 창출했다. 문화가 극히 조금씩 축적되고 발전함으로써 도태의 이점은 그것에 의해서 가장 많은 이익을 볼 수 있었던 집단 —— 유능한 사냥꾼, 꾸준한 채집가, 숙련된 도구 제작자, 지모가 뛰어난 지도자 —— 에 속한 개인들에게 돌아가게 되었고, 그 결과 작은 두뇌의 원인(原人) 오스트랄로피테쿠스가 큰 뇌를 가진 완전한 인간인 호모 사피엔스가 되었다. 문화양식, 신체, 두뇌 사이에 서로가 다른 것의 진보에 영향을 주는 적극적인 피드백 체계가 창출되었다. 도구 사용의 증가와 손의 해부학적 구조 변화, 엄지손가락 기능의 확대 사이의 상호 작용은 보다 생생한 예의 하나일 뿐이다. 인간은 가공품을 생산하거나 사회생활을 조직하기 위하여, 혹은 감정을 표현하기 위하여 상징적으로 매개된 프로그램의 통제에 따름으로써, 부지불식간에 자기 자신의 생물학적 운명의 최고 단계를 결정하게 되었다. 비록 대단히 우연한 것이기는 했지만, 정말 문자 그대로 스스로를 창조했다.

앞에서 언급했듯이, 인간계가 구체적으로 결정되는 이 기간에 그의 해부학적 구조에 중대한 변화 —— 두개골의 형태, 치아의 형성, 엄지손가락의 크기 등 —— 가 많이 일어났지만, 가장 중요하고 극적인 변화는 분명히 중추신경계에서 일어났다. 왜냐하면 이 기간에 인간의 두뇌, 특히 전두엽이 커져서 현재처럼 상부쪽의 비중이 큰 모습으로 되었기 때문이다. 여기서 기술적인 문제는 복잡하며 논쟁의 여지가 있다. 그러나 중요한 점은 비록 오스트랄로피테쿠스계가 우리와 별로 다르지 않은 몸체에 팔이 달린 모습과 우리와 상당히 근접한 골반 및 다리 모습을 갖추었더라도, 그들의 두개골 용적은 현존하는 원숭이의 것보다 별로 더 크지 않았다는 사실이다. 말하자면 그것은 우리의 3분의 1에서 2분의 1 가량의 것이었다. 진정한 의미에서의 인간을 원인(原人)과 명확하게 구별시키는 것은 전반적인 신체적 형태가 아니라 신경조직의 복잡성인 것이 분명하다. 문화적 변화와 생물학적 변화가 중첩되던 기간에 신경의 발달 및 그것과 관련된 손이나 두 발로 걷기 등 여러 가지 정교한 행동의 발달이 집중적으로 일어난 것으로 보인다. 그리고 그것을 위한 기본적 해부학적 기초, 즉 유연하게 움직이는 어깨와 손목, 확대된 장골 등은 이미 확고히 마련되어 있었다. 그 자체만 보면, 이는 아마 전혀 놀랄 만한 일이 아닐 것이다. 그러나 내가 앞에서 언급했던 것과 관련시켜보면, 그것은 인간이란 어떤 종류의 동물인가에 대한 어떤 결론을 시사하며, 내 생각에 그 결론은 18세기뿐 아니라 불과 10년 내지 15년 전의 인류학이 내린 결론과도 크게 다른 것이다.

단도직입적으로 말해서, 그 결론은 문화와 독립된 인간 본성 같은 것이란 존재하지 않는다는 점을 시사한다. 문화가 없는 인간이란 골딩(1911-, 영국의 소설가, 1983년 노벨 문학상 수상자/역주)의 「파리 대왕(*Lord of the Flies*)」에 나오는 동물적 본능에 기초한 잔혹한 지혜로 전락한 영악한 야만인도 아니고, 계몽주의적 원시주의의 고귀한 야만인, 또는 고전적 인류학 이론에서처럼 자신을 찾는 데에 실패한 본성적으로는 재능이 있는 원숭이의 일종도 아니다. 문화가 없는 인간은, 쓸모있는 본능이란 거의 없고 인지 가능한 감성은 더욱 부족하며 지능도 결여된 손댈 수 없는 괴물, 즉 정신의 빈 바구니에 지나지 않는다. 우리의 중추신경계 —— 무엇보다도 특히 저주이자 영광으로 뒤덮인 신피질 —— 는 상당한 부분에서 문화와의 상호 작용을 통해서 성장하기 때문에, 우리는 유의미한 상징체계가 제공하는 지침이 없이는 행동의 방향을 잡거나 경험을 체계화할 수 없다. 빙하기 때 우리에게 일어났던 일은 우리의 행동에 대한 세부적인 유전적 통제의 규칙성과 엄격성을 버리고, 보다 더 일반화되었으나 그렇다고 덜 실제적인 것도 아닌 유전적 통제의 탄력과 적응력을 가지게 되었다는 것이다. 행동을 가능하게 하는 데에 필요한 부가적인 정보를 공급하기 위하여, 우리는 대신 문화적 원천 —— 유의미한 상징의 축적 —— 에 점점 많이 의존하지 않을 수 없게 되었다. 그러므로 그러한 상징들은 우리의 생물학적, 심리학적, 사회적 존재의 단순한 표현도, 수단도, 상관물도 아니다. 그러한 존재의 전제조건인 것이다. 인간이 없으면 분명히 문화도 없다. 그러나 더욱 중요한 것은 문화가 없으면 인간도 있을 수 없다는 사실이다.

요점을 말하면, 우리는 불완전하고 미완성된 동물로서 문화를 통해서 스스로를 완전하게 하고 완성해나가는데, 그것은 문화 일반을 통해서가 아니라 고도의 특정한 문화 형태들, 즉 도부 섬 문화와 자바 문화, 호피족의 문화와 이탈리아 문화, 상류계급의 문화와 하류계급의 문화, 학술 문화와 상업 문화 등을 통해서 이루어진다. 인간의 위대한 학습능력이나 유연성이 흔히 지적되지만, 더욱 결정적인 것은 일정한 학습의 종류, 곧 개념의 획득과 구체적인 상징적 의미체계의 이해 및 적용에서의 능력이다. 비버는 제방을 쌓고, 새는 둥지를 짓고, 꿀벌은 양식을 찾아내고, 비비(baboon : 긴꼬리원숭이과 개코원숭이속에 속하는 다섯 종의 몸집이 크고 우람한 원숭이/역주)는 사회집단을 조직하고, 쥐는 유전자에 코드화되어 그것에 해당하는 형태의 외부 자극에 의해서 환기되는 지시에 전적으로 좌우되는 학습 형식에 기반하여 짝을 짓는다. 신체적인 열쇠가 유기체라는 자물쇠에 끼워진 것이다. 그러나 인간은 제방이나 주택을 축조하고 식량을 찾아내고 사회집단을 조직하고 또는 배우자를 찾는 데에 수로도(水路圖)와 청사진, 사냥 지식, 도덕체계, 미적 판단 등으로 코드화된 지시들의 인도에 따른다. 즉 무정형의 재능들을 형상화하는 개념적 구조에 따르는 것이다.

어떤 작가가 예리하게 말했던 바와 같이 우리는 "정보의 틈" 속에서 살고 있다. 신체가 우리에게 말해주는 것과 우리가 기능하기 위해서 알아야 하는 것 사이에는 우리 자신이 채워넣어야 할 공백이 있으며, 우리는 그것을 우리의 문화가 제공하는 정보(또는 잘못된 정보)로 채운다. 인간 행동에서 본능에 의해서 통제를 받는 것과 문화적으로 통제를 받는 것 사이의 경계는 분명하지 않으며 유동적이다. 사실 어떤 것들은 고의적으로 완전히 본능에 의해서 통제된다. 가령 물고기가 헤엄치는 법을 배울 필요가 없는 것처럼 우리는 숨쉬는 법을 알기 위해서 문화의 가르침을 필요로 하지 않는다. 다른 것들은 거의 다 확실하게 문화적이다. 우리는 왜 어떤 사람들은 중앙집권적 계획에 믿음을 가지고 또 어떤 사람들은 자유시장에 믿음을 가지는지를, 비록 재미있는 일이긴 하겠지만, 유전에 기초하여 설명하려고 하지는 않는다. 거의 모든 복합적인 인간 행동들이 그 둘의 상호 작용의 결과이며, 덧붙여지는 결과가 아닌 것은 물론이다. 우리의 발화능력은 틀림없이 타고난 것이다. 반면 우리가 영어를 말하는 능력은 분명히 문화적이다. 유쾌한 자극에 대해서 웃고 불쾌한 자극에는 찡그리는 것은 똑같이 어느 정도 유전적으로 결정되는 것이 분명하다(원숭이라도 독한 냄새에는 찡그린다). 그러나 냉소나 익살에 찡그리는 것은 모두 전적으로 문화적임에 틀림없다. 이것은 아마도 발리 사람들이, 미국 사람과 마찬가지로, 전혀 웃을 일이 없는데도 웃는 사람을 미친 사람이라고 정의하는 데에서 증명될 것이다. 우리의 유전자가 규정하는 우리 삶의 근본 계획 —— 말을 하고 웃는 능력 —— 과 실제로 우리가 실행하는 세세한 행동들 —— 목소리의 어떤 톤으로 영어를 말한다든지, 미묘한 사회적 상황에서의 수수께끼 같은 웃음 등 —— 사이에는 유의미한 상징들의 복잡한 조합이 있을 것이다. 그것의 지침하에서 우리는 전자를 후자로 변형시키고 근본 계획을 행동으로 옮긴다.

우리의 관념, 가치, 행위, 심지어 우리의 감정까지도 우리의 신경계처럼 문화의 산물이다. 샤르트르 대성당은 돌과 유리로 지어졌다. 그러나 그것은 단순한 돌과 유리가 아니다. 그것은 성당이지만 단순히 성당만은 아니고, 특정 시기에 특정 사회의 구성원들이 지은 특정한 성당이다. 그것이 의미하는 것을 이해하기 위해서, 그것이 무엇인가를 인식하기 위해서 돌과 유리의 일반적 속성 이상의 것, 모든 성당에 공통된 것 이상의 것을 알 필요가 있다. 나는 가장 중요한 판단을 위해서는 하느님, 인간, 건축물 사이의 관계에 대한 특수한 개념들을 또한 이해할 필요가 있다고 생각하는데, 그것은 그 개념들이 성당의 창조를 규정하고 또 그 결과 성당이 형체를 갖추게 되었기 때문이다. 그것은 인간에게도 전혀 다르지 않다. 인간 역시 한 사람도 예외 없이 문화의 가공물인 것이다.

IV

인간의 본성을 정의할 때에 계몽주의와 고전적 인류학의 접근에는, 다소 차이점을 서로 보이기는 하지만, 하나의 공통점이 있다. 즉 둘 다 기본적으로 유형론적이다. 그것들은 인간에 관한 이미지를 모델이나 원형, 플라톤의 이데아 또는 아리스토텔레스의 형상(form)으로 구성하고자 한다. 그것에 의하면 실제의 사람들 —— 당신이나 나, 처칠, 히틀러, 보르네오의 머리 사냥

꾼 등 —— 은 단지 반영, 왜곡, 근사치일 뿐이다. 계몽주의의 경우, 이 기본적 유형의 구성요소는 실제의 인간들로부터 문화라는 장신구를 벗겨내고 나서 남는 것 —— 자연인 —— 을 바라봄으로써 드러나게 된다. 고전적 인류학에서는 문화 속의 공통 성분을 인수분해하고 나서 나타나는 평균적 인간을 살펴봄으로써 드러나게 된다. 이들 모두에게 그 결과는 과학적인 문제에 대한 모든 유형론적 접근에 일반적으로 나타나는 경향과 동일한 것들이다. 즉 개인들 사이의 차이와 개개인이 모인 집단들 사이의 차이는 부차적인 것으로 제쳐진다는 점이다. 개별성이란 진짜 과학자에게는 단 하나의 합법적 연구대상인 기본적이고 불변하며 규범적인 것으로부터 우연히 파생되어나온 기이함 내지 독특함 등으로 보이게 된다. 그러한 접근에서는 아무리 정교하게 공식화하고 풍부한 자료로 뒷받침하더라도 살아 있는 세부적인 것은 죽어 있는 전형성 속에 익사해버리고 만다. 우리는 형이상학적 실체, 즉 대문자 "M"으로 된 인간(Man)을 찾기 위하여 우리가 사실상 직면하고 있는 경험적 실체, 즉 소문자 "m"으로 된 인간(man)을 희생시켜버리는 것이다.

그렇지만 그 희생은 쓸모없는 것일 뿐 아니라 필요 없는 것이다. 일반 이론적 이해와 상황적 이해 사이에 그리고 개괄적인 조망과 세부에 대한 정밀한 파악 사이에 상반성이 있는 것은 아니다. 사실, 과학적 이론, 아니 과학 그 자체가 심판을 받게 되는 것은 바로 특정 현상으로부터 일반 명제를 도출하는 힘에 의해서이다. 만일 우리가 인간이 결국 무엇인가를 알아내고자 한다면, 그것은 개개의 인간이 무엇인지를 아는 데에서만 찾을 수 있다. 그리고 또한 인간의 본성은 무엇보다도 다양하다는 것이다. 우리가 통계적 환영 이상의 그리고 원시주의적 꿈 이하의, 실체와 진실을 겸비한 인간 본성에 대한 개념을 구성하게 되는 것은 곧 그러한 다양성 —— 그 범위, 본성, 기초, 의미 등에서의 다양성 —— 을 이해하면서이다.

여기에서, 결국 나의 주제로 돌아오면, 문화 개념은 인간 개념에 영향을 미친다는 것이다. 문화를 행동을 통제하기 위한 일단의 상징적 장치, 즉 신체 외부적인 정보의 원천으로 볼 때, 그것은 인간이 본래 무엇이 될 수 있는가와 그들 하나하나가 실제로 무엇이 되는가 사이의 연결점을 제공한다. 인간이 된다는 것은 개인이 된다는 것이다. 즉 우리 생활에 형식, 질서, 초점, 지향성을 부여하는 역사적으로 창조된 의미체계인 문화 패턴들에 의해서 개인이 되는 것이다. 그리고 여기에서의 문화 패턴들이란 일반적인 것이 아니고 특정한 것이다. 단순히 "결혼"이라는 일반 개념이 아니라, 남자와 여자가 어떤 사람인지, 배우자들은 서로 어떻게 대해야 하는지, 또는 누가 누구와 결혼해야 어울리는지 등에 관한 특정한 인식들과 관계된다. 또 그냥 "종교"가 아니라 업(業)의 윤회에 대한 믿음, 한 달 동안의 금식 내지 소를 희생제물로 삼는 의례 등에 대한 믿음을 뜻한다. 인간은 계몽주의가 추구했던 것처럼 선천적인 능력에 의해서만도, 또는 현대 사회과학이 추구하듯이 인간의 실제 행동에 의해서만도 정의될 수 없다. 오히려 그것들 사이의 연관성, 즉 전자가 후자로 변형되고, 인류로서의 유전적 잠재력이 특정 행동으로 집약되는 방식에 의해서 정의되어야 한다. 우리가 인간의 본성을 비록 어슴푸레하게나마 분별할 수 있는 것은 인간의 생애와 그것의 독특한 진행 경로에 의해서이다. 그리고 비록 문화가 그 경로를 결정하는 하나의 요소일 뿐이라도 그 중요성은 결코 간과될 수 없다. 문화는 그것이 우리를 하나의 종(種)으로 구현시켰던 것과 마찬가지로 ── 틀림없이 현재도 우리를 구현시키고 있는 중이다 ── 우리를 각각의 개개인으로도 구현시킨다. 이는 불변하는 문화 심층의 자아도 아니고 그렇다고 기존의 통문화적(cross-cultural) 공통점도 아니지만, 우리가 실제 공유하고 있는 것이다.

아주 이상하게도 ── 다시 생각해보면 그렇게까지 이상하지는 않겠으나 ── 우리의 많은 조사대상들은 인류학자인 우리들 자신보다 더욱 명백하게 그러한 사실을 실현하는 것처럼 보인다. 예를 들면 내가 많은 연구작업을 했던 자바에서는 사람들이 단호하게 "인간이 된다는 것은 자바인이 된다는 것이다"라고 말한다. 어린 아이들, 야인(野人), 바보, 미친 사람, 악명 높은 부도덕한 사람들은 "은두룽 자와(ndurung djawa)"라고 하는데, 이는 "미완의 자바인"이라는 뜻이다. "정상적인 성인"이란 고도로 정교한 예절 체계 속에서 행동하고, 음악, 무용, 연극, 직물 도안 등과 관련된 섬세한 미적 감각을 가지고 있으며, 각 개인의 내향적 의식의 정적 속에 자리잡은 신의 미묘한 계시에 반응한다. 그러한 정상적인 성인을 "삼푼 자와(sampun djawa)"라고 하는데, 이는 "완성된 자바인", 즉 "완성된 인간"이라는 뜻이다. 인간이 된다는 것은 단지 숨을 쉰다는 것이 아니다. 그것은 요가와 같은 기법으로 호흡을 조절하며 숨을 들이쉬고 내쉬는 가운데 신이 자신의 이름을 부르는 "후 알라(hu Allah)"라는 문자 그대로의 소리를 듣는 것이다. 단순히 말하는 것이 아니라 적절한 단어와 어구를, 적절한 톤의 음성으로, 적절한 사회 상황에서 그리고 아주 완곡한 투로 발언하는 것이다. 그냥 단순히 먹는 것이 아니라, 정해진 조리방식으로 만들어진 특정한 요리를 선호하며 그것을 먹을 때도 엄격한 식사예절을 지킨다는 것을 뜻한다. 그것은 그냥 단순히 느끼는 것이 아니며, 자바인에게만 독특한 (그리고 본질적으로 번역 불가능한) 어떤 감정들 —— "인내", "초연", "단념", "존경심" —— 을 느끼는 것이다.

여기서 인간이 된다는 것은 따라서 모든 인간(Everyman)이 되는 것이 아니다. 그것은 특정한 종류의 인간이 되는 것이며, 물론 사람마다 다르다. "다른 평원에는 다른 메뚜기가 있다"고 자바인들은 말한다. 사회에서도 상이성들이 인식된다. 농부가 인간으로서 자바인이 되는 길은 공무원이 그렇게 되는 것과 상이하다. 이것이 관용이나 윤리적 상대주의의 문제를 뜻하지는 않는데, 그것은 인간이 되는 모든 길이 똑같이 바람직하다고 간주되지는 않기 때문이다. 예를 들면, 어떤 지방의 중국인이 인간이 되는 방식은 지독하게 비난받는다. 문제는 상이한 방식들이 있다는 사실이다. 그리고 현대 인류학자의 시각으로 옮겨보면, 인간이 된다는 것이 무엇이며, 무엇일 수 있는지를 발견하는 것은 이들 —— 평원 인디언의 장엄함, 힌두 교도의 집착성, 프랑스인의 합리주의, 베르베르인의 무정부주의, 미국인의 낙관주의(일련의 목록을 든다고 해서 내가 이들을 옹호하자는 것은 아니다) —— 에 대한 체계적인 검토와 분석에 달려 있다.

간단히 말해서, 우리가 인간성을 정면으로 마주하고자 한다면, 다양한 문화뿐 아니라 각각의 문화의 다양한 종류의 개인들의 본질적 속성을 확고히 파악하지 않으면 안 된다. 그러한 파악을 오도하는 상투적인 어구와 형이상학적인 형태, 공허한 유사성들을 넘어서서 구체성(세부적인 것)으로 하강하여 이 영역에서 과학의 일반적이며 계시적인 단순성에 이르는 길은 특정한 것, 상황적인 것, 구체적인 것에 놓여 있는 것이지, 내가 다루었던 일종의 이론적 분석 —— 신체적 진화, 신경계의 기능, 사회조직, 심리학적 과정, 문화 패턴화 등의 분석 —— 이나 더욱이 그들 사이의 상호 작용으로 조직되고 방향지어진 관계에 놓여 있는 것은 아니다. 말하자면, 그러한 데에 이르는 길은 진정한 탐구와 같이 가공할 정도의 복잡성 안에 놓인다.

로버트 로웰이 "잠시 그를 혼자 있게 하라"고 쓴 것은 우리가 의심하는 것처럼 인류학자에 대해서가 아니라 인간 본성에 대한 집요한 탐구자인 너새니얼 호손에 대해서였다.

> 잠시 그를 혼자 있게 하라.
> 그러면 너는 머리를 수그리고
> 생각에 생각을 더하고 있는,
> 시선을 고정시켜 나뭇조각,
> 돌맹이, 잡초 등
> 가장 흔해빠진 것을
> 마치 그것이 어떤 실마리라도 되는 듯이
> 바라보고 있는 그를 보게 된다.
> 참된 것과 무의미한 것에 대한 명상으로부터,
> 남모르게 좌절하고 만족하지 못하여
> 어지러워진 눈을 든다.[8]

인류학자들 또한 몸을 구부려 나뭇조각이나 돌맹이, 잡초들을 바라보며 참된 것과 무의미한 것들에 대한 상념에 젖으며, 그 안에서 순간적으로 그리고 불안한 마음으로 어지럽고 변덕스러운 자신의 이미지를 훔쳐본다. 아니면 적어도 그 자신은 그렇게 한다고 생각한다.

---

8) Robert Lowell, "Hawthorne", *For the Union Dead*, p. 39. 1964년 판, Farrar, Straus & Giroux, Inc., 및 Faber & Faber, Ltd.의 허락을 얻고 재수록.

제3장 문화의 성장과 정신의 진화

이론가들은 "정신(mind)이란 바로 그것 자체의 장소이다"라고 생각할지 모르지만, 이는 사실이 아니다. 왜냐하면 정신은 은유적으로라도 "장소"가 아니기 때문이다. 반면 장기판, 플랫폼, 학자의 책상, 판사의 의자, 트럭 운전사의 좌석, 작업장, 축구장 등은 그 자리가 있다. 그러한 자리들은 바로 사람들이 어리석게 혹은 현명하게 일하거나 놀거나 하는 자리이다. "정신"은 안을 들여다볼 수 없는 장막 뒤에서 일하거나 놀고 있는 어떤 사람의 이름이 아니다. 그것은 그곳에서 일을 하거나 놀이를 하고 있는 어떤 장소의 이름도 아니다. 그리고 그것은 일할 때 사용되는 연장이나 놀이에 사용되는 어떤 소도구의 이름도 아니다.

—— 길버트 라일

I

행동과학의 지적 역사에서, "정신"의 개념은 두 가지의 이상한 역할을 해왔다. 과학의 발달을 물리학적 방법을 유기체 영역으로 연장하여 확대시키는 것이라는 의미로 파악해온 사람들은, 정신이라는 개념을 "객관주의"라는 다소 영웅적인 이상(理想)에 도달하는 데에 실패한 온갖 방법과 이론들을 가르키는 악마의 말로 사용해왔다. 통찰, 이해, 개념적 사고, 이미지, 관념, 감정, 성찰, 공상 등의 용어는 정신주의적인 것이라고 낙인찍혔던 것이다. "즉 의식의 주관성에 오염되어 있다"는 것이다. 그리고 그러한 용어에 호소하는 것은 과학 정신의 통탄스러운 실패라고 혹평했다.[1] 그러나 이에 반하여, 물리적인 것에서 유기체적인 것, 특히 인간으로 연구주제를 옮길 경우, 이론적 접근과 연구절차에서 광범한 수정을 포함하게 된다고 생각하는

---

1) M. Scheerer, "Cognitive Theory", *Handbook of Social Psychology* (Reading, Mass., 1954).

사람들은 "정신"을 주의 깊게 다루어야 할 개념으로 사용하는 경향이 있었다. 즉 그것을 사용하는 경우, 이해상의 결함을 고치려고 하기보다는 그 결함을 지적하고, 실증과학의 한계를 확대하기보다는 그것의 한계를 더욱 강조하고자 했다. 그렇게 생각하는 사람들에게는 "정신"의 주된 기능이란, 인간 경험에는 물리학 이론(동시에 물리학 이론에 기초하여 모형화된 심리학 이론과 사회이론)이 생각지 못했던 질서의 중요 차원이 있다는 확신에 대해 막연하기는 하지만 직관적으로는 타당한 표현을 부여하는 것이다. 셰링턴의 "벌거벗은 정신(naked mind)"의 이미지, 즉 인생의 모든 것, "욕망, 열정, 진리, 사랑, 지식, 가치는 진짜 유령보다도 더 유령같이 우리의 공간적 세계에서 활동하고 있다"는 말은 이 입장을 압축적으로 보여준다. 마찬가지로 실험실에서 정신주의적인 용어를 사용하는 학생들에게 벌금을 물게까지 했다는 파블로프의 경우는 그것과 정반대의 입장을 단적으로 보여준다.[2]

사실, 다소 예외는 있지만, "정신"이라는 용어는 그것의 사용이 금지되었을 때조차 과학적 개념으로서는 전혀 기능하지 않았으며, 단지 수사학적 도구로 사용되었을 뿐이었다. 보다 정확히 말해서 "정신"이라는 용어는 어떤 과정을 한정짓기보다는 오히려 일종의 두려움을 전달하는 —— 때로는 두려움을 이용하는 —— 역할을 해왔다. 그것은 한편으로는 주관주의에 대한 두려움이고, 다른 한편으로는 기계론에 대한 두려움이었다. 클라크 헐은 "가장 주의 깊고 숙달된 학자라도, 의인법적 주관주의의 본질과 그 위험성을 충분히 숙지하고 있을 때조차 그것의 유혹에 희생되기 쉽다"고 엄숙하게 경고하면서 모든 행동들을 마치 개나 흰쥐, 혹은 가장 무난하게 로봇에 의해서 행해진 것으로 간주하는 전략을 "예방책"으로 권하고 있다.[3] 반면에, 고든 올포트는 그러한 방책에서 인간의 존엄성에 대한 위협을 감지하고, "지금까지 추구해온 모델은 도덕의 본질인 장기적인 태도 지향성을 결여하고 있다.……기계와 쥐 혹은 어린아이에의 탐닉은 주변적이고 신호 지향적이며 유전적인 인간 행동의 특징을 과대평가하고, 중심적이고 미래 지향적

2) C. Sherrington, *Man on His Nature*, 제2판 (New York, 1953), p. 161 ; L. S. Kubie, "Psychiatric and Psychoanalytic Considerations of the Problem of Consciousness", E. Adrian 외 편, *Brain Mechanisms and Consciousness* (Oxford, England, 1954), pp. 444-467.

3) C. L. Hull, *Principles of Behavior* (New York, 1943).

이며 상징적인 특징을 과소평가하게 만든다"고 평한다.[4] 인간 연구에 유령처럼 꼭 따라다니는 이러한 모순된 서술에 직면하여, 최근 인간 행동의 정향적 측면들에 대해서 설득력 있는 분석을 제시하려는 바람과 과학적 객관성의 기준을 만족시키려던 바람 사이에서 고민하던 일군의 심리학자들이 스스로를 "주관적 행동주의자"라고 칭하게 되는 다소 절망적인 전략에 이끌리게 된 것은 놀라울 것도 아니다.[5]

정신의 개념에 관한 한, 이러한 사태는 극히 불행한 것이다. 왜냐하면 정신과 같이 대단히 유효한, 아마도 고대의 "프시케(Psyche : 영혼)"개념을 빼놓고는 대용품이 없을 정도의 개념이 자기들끼리만 통하는 일종의 암호가 되어버리기 때문이다. 이러한 사태는 이 용어를 쓸모없는 것으로 만들었던 두려움이란 대개가 근거가 없는 것이며, 뉴턴 혁명에 의한 유물론과 이원론 사이의 모의 내란의 메아리는 꺼져가고 있기 때문에 더욱 불행한 것이다. 라일이 말한 바와 같이 기계론은 유령이다. 왜냐하면 기계론에 대한 두려움은, 골프를 치는 사람이 공의 탄력법칙에 맞추면서 골프 규칙에 따라서 우아하게 경기를 하는 것이 불가능한 것처럼, 동일한 사건이 기계적인 법칙과 도덕적인 원리에 의해서 동시에 지배된다는 것은 모순이라는 전제에 기초했기 때문이다.[6] 그러나 주관주의 역시 일종의 유령이다. 왜냐하면 주관주의에 대한 두려움 역시 마찬가지로 이상한 전제에 근거하고 있기 때문이다. 즉 그것은 당신이 지난 밤에 무슨 꿈을 꾸었는지, 넌센스 말장난을 암기하며 무슨 생각을 했는지, 혹은 영아에 대한 신의 저주에 대해서 어떻게 느끼는지 등에 관해서, 당신이 나에게 말해주지 않는 한 나는 알 수 없기 때문에, 그러한 정신적 사실들이 당신의 행동 속에서 수행하는 역할에 대한 이론화는, 내가 알고 있거나 안다고 생각하는 내 자신 속에서 그것들이 수행하는 역할로부터의 그릇된 "의인법적" 유추에 근거해 있을 것이라고 보는 전제이다. "형이상학자와 신학자는 너무나 오랜 세월을 [정신]에 관한 동

---

4) G. W. Allport, "Scientific Models and Human Morals", *Psychol. Rev.* 54 (1947) : 182–
   192.

5) G. A. Miller, E. H. Galanter와 K. H. Pribram, *Plans and the Structure of Behavior* (New
   York, 1960).

6) G. Ryle, *The Concept of Mind* (New York, 1949).

화를 꾸며내는 데에 보냈기 때문에, 그들은 서로의 환상을 믿게 되었다"라고 한 래슐리(1890-1958, 미국의 심리학자/역주)의 신랄한 비판은, 수많은 행동과학자들도 똑같은 종류의 집단적 자폐증에 걸려 있다는 사실에 주목하지 못했다는 점에서만 부정확하다.[7]

정신을 과학적으로 유용한 개념으로 복귀시키기 위하여 가장 자주 제시되는 방법 가운데 하나는 그것을 동사나 분사로 변형시키는 것이다. 즉 "정신이란 정신활동을 하는 것, 전체로서 일관성 있는 하나의 단위로 행하는 유기체의 반응이며……, 이 관점은 우리를 불모의 무력한 형이상학적인 언어의 굴레로부터 해방시켜 자유롭게 밭에 씨를 뿌리고 열매를 거둬들일 수 있게 해준다"는 것이다.[8] 그러나 이러한 "치료"는 "명사(名詞)란 인물, 장소, 사물에 이름을 붙인 단어이다"라는 학교에서 주워들은 것을 그대로 믿는 것이 되며, 그것들은 애초부터 정확하지 않은 것이다. 명사를 성질을 나타내는 말 —— 곧 실체나 활동보다는 오히려 능력과 성향을 의미하는 단어 —— 로 사용하는 것은 자연 언어에서건 과학 언어에서건 영어에서는 실제로 표준적이고도 불가결한 방법이다.[9] "정신"이 인정된다면, "신앙", "희망", "자비심"뿐만 아니라 "원인", "힘", "인력(引力)", "동기", "역할", "문화"도 마찬가지일 것이다. "정신이란 정신활동을 하는 것이다(Mind is minding)"도 괜찮고, "과학은 과학을 하는 것이다(science is sciencing)"도 마지못해 들어줄 만하다.[10] 그러나 "초자아는 초자아적인 활동을 하는 것이다(Superego is superegoing)"는 약간 어색하다. 정신이라고 하는 개념을 안개처럼 둘러싸고 있는 혼란은 부분적으로 인물, 장소, 사물을 지칭하는 명사와의 그릇된 유추에서 나온 결과라는 점이 사실이라고 하더라도, 더욱 중요한 것은 그것이 단순히 언어적인 것 이상으로 깊은 데에 있다는 점이다. 따라서 명사를 동사로 변형시키는 것이 "쓸모없고 무력한 형이상학"에 대한 참된 방어는 될 수 없다. 기계론자와 마찬가지로 주관주의자도 무한한 자원

---

7) K. S. Lashley, "Cerebral Organization and Behavior", H. Solomon 외 편, *The Brain and Human Behavior* (Baltimore, 1958).

8) L. A. White, *The Science of Culture* (New York, 1949).

9) Ryle, *The Concept of Mind*.

10) White, *The Science of Culture*.

을 가지고 있으며, "내성(內省, introspecting)"과 같은 경우에서처럼 신비스러운 활동은 단지 신비스러운 실체를 대체할 뿐이다.

과학의 관점에서 보면, 정신을 행동으로 보는 것, 즉 "전체로서의 유기체의 반응"과 동일시하는 것은 정신을 "유령보다 더 유령 같은" 실체로 돌리는 쓸데없는 짓이다. 현실을 비현실로 변형시키는 것보다 현실을 다른 현실로 변형시키는 편이 더 낫다고 하는 사고방식은 옳지 않다. 토끼가 마술에 걸려 말로 변하는 경우에도 켄타우로스(사람의 머리에 몸은 말의 형상을 한 신화적 동물/역주)로 변했을 때와 같이 토끼의 모습은 완전히 사라지게 된다. "정신"이란 일종의 재주, 성향, 능력, 취향, 습관 등을 나타내는 말이며, 듀이의 글에서도 쓰였듯이, "앞에 무슨 일이 닥치더라도 그것을 가만히 기다렸다가 포용하는 능동적이고 열정적인 소양이다."[11] 그러한 정신은 행위나 사물이 아니라 어떤 행위나 사물 속에서 스스로를 표현하는 조직된 성향의 체계이다. 라일의 지적대로, 어떤 둔한 사람이 우연히 다리가 걸려 넘어지는 경우 그 행위를 정신의 작용이라고 보지는 않지만, 광대가 일부러 넘어진다면 다음과 같이 말하는 것이 옳다고 생각된다.

광대는 넘어지기도 하고 구르기도 하면서 자기의 똑똑함을 나타낸다. 그는 얼빠진 사람과 똑같이 넘어지고 구르지만, 그는 의도적으로 사전에 연습을 쌓은 후 결정적인 순간에 아이들이 보는 곳에서 그렇게 하되 몸이 다치지 않도록 한다. 관객은 언뜻 보기에는 얼빠진 것 같은 광대의 연기에 박수를 보내지만, 그것은 "광대의 머릿속에서" 행해진 연기에 대해서 보내는 것이 아니다. 관객이 눈에 보이는 연기에 감탄하더라도, 그것은 숨겨진 내적 요인의 효과에 대해서가 아니라 재주를 부리는 것에 대해서이다. 그런데 재주는 행위가 아니다. 따라서 그것은 목격할 수 있는 행동도, 목격할 수 없는 행동도 아니다. 연기가 재주 부림이라는 점을 인식하기 위해서는 그것의 카메라로 녹화될 수 없는 면을 이해해야 한다. 그러나 연기에 녹아들어 있는 재주를 따로 분리하여 녹화할 수 없는 이유는 그것이 신비스럽고 유령 같은 사건이기 때문이 아니라, 그것이 결코 사건이 아니기 때문이다. 그것은 성향이며, 또는 그 복합체이다. 성향은 논리적으로 보이거나 보이지 않거나, 혹은 기록되거나 기록되지 않거나 하는 것이 아니다. 큰 소리로 이야기하는 버릇 자체는 시끄럽지도 조용하지도 않은 것과 마찬가지로, 버릇은 "시끄럽다"든가 "조용하다"든가의 말로 형용될 수 있는 따위의 용어가 아니다. 또한 두통에 대한 느낌도 같은 이유에 의해서 그 자체로서는 참을 수

11) J. Dewey, *Art as Experience* (New York, 1934).

있는 것도 참을 수 없는 것도 아니며, 그와 마찬가지로 현시적 혹은 잠재적으로 행사되는 재주나 취향 그리고 경향도 그 자체로서는 현시적인 것도 잠재적인 것도 아니며, 목격될 수 있는 것도 목격될 수 없는 것도 아니다.[12]

유사한 논의가 사물에도 적용된다. 중국인들의 전설에 나오는, 자기 집에 잘못해서 불을 내어 만들어진 불에 탄 돼지에 대해서는 설령 그것을 먹었다고 하더라도, 은유적으로 사용될 때를 제외하고는, "요리되었다"고 말하지 않을 것이다. 왜냐하면 그것은 "요리 지식"으로 불리는 정신적인 능력을 행사한 결과가 아니기 때문이다. 그러나 이제 그것을 알게 된 중국인들이 자기 집에 일부러 다시 불을 질러 제2의 불탄 돼지를 만들었다면, 그것이 아무리 솜씨 없는 것일지라도 그러한 심적 능력에 의한 것이기 때문에 "요리된 것"이라고 말할 수 있다. 이러한 판단은 경험적인 것이며 틀린 것일 수도 있다. 즉 어떤 사람이 단지 광대 노릇을 하고 있다고 생각했었는데, 실제로 넘어진 것일 수도 있으며, 혹은 단지 불탔다고 생각한 돼지가 실은 요리된 것일 수도 있기 때문이다. 그러나 요점은, 우리가 정신을 유기체적인 것으로 돌릴 때, 우리는 유기체의 행위나 그것의 결과 자체에 대해서 말하는 것이 아니라, 어떤 종류의 행위를 행하고 어떤 종류의 사물을 생산할 수 있는 유기체의 능력과 경향 및 기질에 대해서 말하고 있다는 점이다. 그러한 능력이나 성향은 그가 때때로 그러한 행위를 하고 그러한 사물을 생산한다는 사실로부터 유추해낸 것이다. 이 점에 관해서 불가사의한 것은 아무것도 없다. 성질에 관한 용어가 부족한 언어는 인간 행동에 관한 과학적 묘사 및 분석을 극히 어렵게 하며, 그것의 개념적인 발전을 심히 저해한다는 점을 나타낼 뿐이다. 예를 들면, 수를 셀 때 "하나, 둘, 둘과 하나, 개 한 마리(즉 넷), 개 한 마리와 하나, 개 한 마리와 둘, 개 한 마리와 둘과 하나, 개 두 마리, ……"와 같이 말해야 하는 아라페시어와 같은 언어에서는 개 두 마리와 개 두 마리와 개 두 마리(즉 "스물넷") 이상을 헤아릴 경우 너무 힘들어서 그냥 모두 "많다"라고 말해버리는데, 이러한 것은 수학의 발전을 저해하게 된다.[13]

---

12) Ryle, *The Concept of Mind*, p. 33. Barnes & Noble Books 및 Hutchinson Publishing Groups Ltd.의 허락을 얻어 인용.

13) M. Mead, "Comment", J. Tanner와 B. Inhelder 편, *Discussions in Child Development* (New York, 출판년도 미상) 1 : 480–503.

더 나아가서 그러한 일반 개념적 틀 속에서는 인간의 정신생활에 대한 생물학적, 심리학적, 사회학적, 문화적 결정인자들을, 환원론적 가설을 세우지 않고서도 논의하는 것이 가능해진다. 왜냐하면 어떤 사물에 대한 능력이나 어떤 것을 행하는 경향은 그 자체로서는 실제로 수행되는 것도 아니므로 환원이 가능하지 않기 때문이다. 라일의 광대의 경우에, 물론 부정확하기는 하지만, 광대가 넘어지는 것은 일련의 조건반사로 환원된다고 말할 수 있어도 광대의 재주가 그와 같이 환원될 수 있다고 말할 수는 없다. 왜냐하면 그의 재주란 단순히 재주 넘기를 할 수 있다는 것을 의미하는 데에 지나지 않기 때문이다. "광대는 재주 넘기를 할 수 있다(The clown can tumble)"는 문장에 대해서는 단순히 "(이 유기체[This organism])는 (일련의 반사작용을 할[produce the described reflex series]) 수 있다(can)"라고 말할 수 있다. 그러나 이 "수 있다"를 문장에서 빼내어 "가능하다(is able to)"라든가 "능력이 있다(has the capacity to)" 등의 표현으로 바꾸어버리는 것도 가능하다. 이는 환원이 아니고 동사적인 형태에서 형용사적인 혹은 명사적인 형태로의 실체를 수반하지 않는 형식적인 이행일 뿐이다. 재주에 대한 분석에서 가능한 것은 그것이 복잡한 신경계나 억압된 표현욕구나 곡예단 같은 사회제도의 존재, 혹은 풍자를 위한 얼빠진 행동을 흉내내는 문화적 전통의 존재 등과 같은 다양한 요인에 의존하고(또는 의존하지 않고) 있는 방식을 나타내는 것이다. 일단 성향에 대한 서술이 과학적 기술(記述)의 영역으로 들어오면, 그 서술은 기술 "레벨"의 이행에 의해서 제거되지는 않는다. 그리고 이 사실을 인정함으로써 유사 문제들, 잘못된 문제들 또는 비현실적인 두려움은 모두 간단하게 불식될 수 있다.

아마 정신적 진화의 연구보다 더 그러한 인위적인 역설의 기피가 효과를 거둔 분야는 없을 것이다. 인간 심성의 기원에 대한 탐구는 과거에는 고전적 인류학의 오류 —— 자민족 중심주의, 인류의 특수성에 대한 과도한 관심, 상상에 의한 역사의 재구성, 문화에 대한 초유기체적인 개념, 선험적인 진화 변동의 단계 —— 를 안고 있었기 때문에, 악평을 받거나, 아무튼 무시되는 경향이 있었다. 그러나 정당한 질문 —— 인간이 어떻게 정신을 가지게 되었을까 하는 것은 정당한 질문이다 —— 이 잘못된 해답에 의해서 타당성을 상실한 것은 아니다. 적어도 인류학에 관한 한 "정신이란 무엇인가?"라

는 의문에 대하여 성향에 의한 해답을 강구하는 것의 가장 큰 이점의 하나
는, 고전적 논쟁을 되풀이하지 않으면서 고전적인 문제를 다시 살펴보는 것
을 가능하게 한다는 점이다.

II

지난 반세기 이상 동안, 인간 정신의 진화에 관해서 두 가지 견해 —— 모두
부적절하지만 —— 가 널리 퍼져 있었다. 첫째는, 프로이트가 "일차적"이라
고 부른 인간의 사고과정 —— 치환, 역전, 압축 등 —— 이 그가 "이차적"이
라고 부른 사고과정 —— 방향성이 있고 논리적으로 질서 있는 사고 등——
에 계통적으로 선행한다는 명제이다.[14] 이 명제는 인류학에만 국한시켜보면,
문화의 패턴들을 사고양식과 일치시키는 것이 가능하다고 하는 가정에 기
초해왔다.[15] 그러한 가정하에서는, 적어도 어떤 맥락에서는, 서양인들의 지
배적인 사고에서 효과적으로 받아들여져왔던 현대 과학이라는 문화적 자원
을 가지지 못한 사람들은 이들 자원이 제공하는 지적인 능력 자체를 사실상
결여하고 있는 것으로 간주된다. 마치 아라페시어에서 "하나", "둘", "개
[犬]"의 결합이 그들의 수학적 능력이 결여된 원인으로서가 아니라 그 결과
로 보여온 것과 같다. 만일 부족민들이 사고하기 위해서 어떠한 빈약한 문
화적 자원을 가지고 있든지, 그것의 빈도와 지속성 그리고 용의주도함에서
서양인보다 열등한 사고방식밖에 가지고 있지 못하다는 부당한 경험적 일
반화를 이 논의에 덧붙인다면, 일차적 사고과정이 이차적 사고과정에 계통
발생적으로 선행한다는 명제는 부족사회 사람들을 인류의 원시적 형태, 즉
"살아 있는 화석"으로 보는 결정적인 오류를 범하게 한다.[16]

---

14) S. Freud, "The Interpretation of Dreams", A. A. Brill 편, *The Basic Writings of Sigmund Freud* (New York, 1983), pp. 179-548에 번역됨 ; S. Freud, "Formulations Regarding Two Principles in Mental Functioning", *Collected Papers of Sigmund Freud* (London, 1946), 4 : 13-27.

15) L. Levy-Bruhl, *Primitive Mentality* (London, 1923).

16) 덧붙인다면 Hallowell이 (A. I. Hallowell, "The Recapitulation Theory and Culture", *Culture and Experience*에 전재[Philadelphia,1939], pp. 14-31에서) 지적한 대로, 이

이러한 일련의 오류에 대한 반작용으로, 인간의 정신적 진화에 관한 제2의 관점이 제기되었다. 즉 근본적으로 현대적인 형태를 갖춘 인간 정신의 존재는 단지 문화를 획득하기 위한 선결요인이 될 뿐, 문화의 성장은 그 자체로는 정신의 진화에 아무런 의의도 지니지 못한다는 견해이다.

> 새는 날개를 얻기 위해서 한 쌍의 다리를 포기했다. 옛것을 부분적으로 변형시켜 새로운 능력을 얻은 것이다.……이에 비해서 비행기는 예전에 지녔던 것을 아무것도 소멸시키거나 손상시키지 않고 새로운 능력을 인간에게 부여했다. 그것은 인간의 신체에 아무런 가시적인 변화를 일으키지 않았으며, 정신적 능력도 변화시키지 않았다.[17]

그러나 한편, 이 논의는 두 가지 복수 명제를 함축하고 있다. 그 하나는 인간의 심적 통일성의 원리로, 이는 인류학적 연구의 진전에 따라서 경험적으로 뒷받침되고 있다. 그러나 다른 한 가지의 명제, 즉 문화의 출현에 관한 "임계점" 이론(theory of "critical point" : 문화를 어느 순간 갑자기 나타난 변화로 보는 이론/역주)은 논거가 더욱 취약해지고 있다. 내가 알기로는, 인간의 심적 통일성의 원리는 오늘날에는 어떤 고명한 인류학자도 심각하게 의심하고 있지 않으나, 이것이야말로 원시적 심성론과 정면으로 대립되는 것이다. 왜냐하면 그것은 다양한 종류의 현존하는 인종들 사이에는 사고 과정에 근본적 차이가 없다는 것을 주장하는 것이기 때문이다. 만일 현대적 심성의 존재가 문화 획득을 위한 선결요인으로 지적된다면, 현대의 인간집단이 보편적으로 문화를 가지고 있다는 것은, 심적 통일성의 원리를 단순한 동어 반복으로 만드는 것이 된다. 그러나 그것이 정말로 동어 반복이든 아

___

명제는 현재는 받아들여지고 있지 않은 Haeckel의 "반복의 법칙"의 무비판적 적용에 의해서 지지되어왔다. 이 법칙에서는 어린아이들, 정신병 환자 및 미개인의 사고에 유사성이 존재한다고 가정되며, 그것은 또한 자폐증이 계통 발생론적으로 선행되는 것이라는 증거로 사용되고 있다. 일차적 과정이 이차적 과정에 개체 발생적으로조차 선행하지 않는다는 것에 대해서는 다음을 참조할 것. H. Hartmann, "Ego Psychology and the problem of Adaptation", D. Rappaport 편, *Organization and Pathology of Thought*에 번역 및 초록 됨 (New York, 1951), pp. 362-396 ; H. Hartmann, E. Kris와 R. Lowenstein, "Comments on the Formation of Psychic Structure", *The Psychoanalytic Study of the Child* (New York, 1946), 2 : 11-38.

17) A. L. Kroeber, *Anthropology* (New York, 1948).

니든 상관없이, 심적 통일성의 원리는 그 경험적 타당성이 압도적인 민족지적, 심리학적 증거들로 뒷받침되고 있는 명제의 하나이다.[18]

문화의 발생에 대한 임계점 이론은 문화획득 능력의 발전이 영장류의 계통 발생에서 돌발적으로, 즉 한꺼번에 이루어졌거나 아니면 전혀 이루어지지 않았다는 가정에 입각하고 있다.[19] 인간화를 향한 돌이킬 수 없는 새로운 역사의 특수한 시점에서, 유전적 내지 해부학적 의미에서는 매우 하찮은 것일지 몰라도, 유기체적으로는 놀랄 만한 변이 —— 아마 뇌피질 구조에서 —— 가 일어났고, 그러한 변이를 통해서 조상대에서는 의사 소통이 가능하고 학습하거나 가르칠 수 있으며 또한 "개체적인 감정과 태도의 무한한 고리로부터 일반화할 수 있는" 능력을 지니지 않았던 동물이 자신의 세대에서는 그것이 가능하게 되어 "그 동물은 수신자 또는 송신자로서 행동할 수 있게 되었고, 또한 문화의 축적을 시작하게" 되었다는 것이다.[20] 그와 함께 문화가 탄생했으며, 일단 태어난 문화는 그후에 인간의 유기체적 진화와는 완전히 독립하여 성장하기 위한 자신만의 고유한 길을 정했다. 현대인에게 가장 특징적인 정신적 특질인 문화를 창조하고 향유하는 능력이 발생하는 전체 과정은 양적인 면에서의 한계 변화에 의해서 근본적인 질적 변화가 일어나게 된 것이라고 개념화되고 있다. 그것은 마치 물이 서서히 온도가 내려가다가 섭씨 0도에서 갑자기 액성을 잃고 얼게 되는 경우, 혹은 비행기가 활주로에서 달리다가 충분한 속도에 이르면 이륙하는 경우와 같다.[21]

그러나 우리는 물이나 비행기를 주제로 이야기하고 있는 것이 아니다. 문제는 그러한 견해가 사실상 의미하는 것, 즉 문화화된 인간과 문화화되지 않은 비인간 사이에 명확한 선을 그을 수 있는가 하는 것이다. 만일 유추를 적용해야 된다면 역사적인 유추, 즉 근대 영국은 중세 영국으로부터 단절되지 않은 점진적인 과정을 거쳐 등장하게 되었다는 식의 유추가 보다 적절할 것 같다. 형질인류학에서는 원래 남아프리카에 있었던 오스트랄로피테쿠스

---

18) C. Kluckhohn, "Universal Categories of Culture", A. L. Kroeber 편, *Anthropology Today* (Chicago, 1953), pp. 507-523 ; Kroeber, *Anthropology*, p. 573도 참조.

19) Kroeber, *Anthropology*, pp. 71-72.

20) 같은 책.

21) 같은 책 ; White, *The Science of Culture*, p. 33.

계의 화석이 다른 지역에서도 광범하게 발견되어 인간으로의 진화 단계에서 점점 더 비중있는 위치를 차지하게 됨으로써, 과연 우리가 인류의 출현을 "마치 한 인간이 대령에서 장군으로 벼락 승진했을 때도 정해진 승진 날짜가 있는 것처럼" 말할 수 있는가에 대한 의문이 점점 더 급속하게 퍼지게 되었다.[22] 이 화석들은 300만-400만 년 전의 선신세(鮮新世) 상부와 홍적세(洪積世) 하부에 이르는 것인데, 원시적인 형태의 특징과 진보된 형태의 특징들의 놀라운 조합을 나타내고 있다. 그 가운데 가장 눈에 띄는 특징은 현대인과 대단히 유사한 골반 및 다리의 구조를 가지고 있으면서도 두개골의 용량은 현존하는 원숭이의 것과 별로 다르지 않다는 점이다.[23] 이 "인간과 같이" 두 발로 걷는 것과 "원숭이와 같은" 두뇌의 조합에 대해서 당초에는 오스트랄로피테쿠스계를 사람과나 유인원과(類人猿科)와는 구분되는 파행적이고 잘못 운명지어진 발달 경로를 노정하는 것으로 보려는 경향이 컸으나, 요즘에는 하우얼스의 결론이 일반적으로 받아들여지고 있다. 즉 "최초의 사람과는 뇌가 작고 두 발로 보행을 시작했을 뿐인 원(原)오스트랄로피테쿠스 단계의 존재였으며, 우리가 '인간'이라는 용어로서 의미했던 것은 오스트랄로피테쿠스와 형태는 같으나 개조된 골격을 향하여 이차적인 적응을 한 후기 형태의 오스트랄로피테쿠스였다"는 것이다.[24]

이제 어느 정도 직립할 수 있는 작은 뇌의 사람과 동물은 보행으로부터 해방된 손을 사용하여 도구를 만들고 작은 동물을 사냥했을 것이다. 그렇지

22) W. W. Howells, "Concluding Remarks of the Chairman", *Cold Spring Harbor Symposia on Quantitative Biology* 15 (1950) : 79-86.

23) 오스트랄로피테쿠스계의 최근 발견에 대해서는 다음의 글을 참조하라. R. A. Dart, *Adventures with the Missing Link* (New York, 1959) ; 최근의 성과에 관해서는 P. V. Tobias, "The Taxonomy and Phylogeny of the Australopithecines", B. Chiarelli 편, *Taxonomy and Phylogeny of Old World Primates with Reference to the Origin of Man* (Turin, 1968), pp. 277-315을 참조.

24) 유인원과는 인간도, 원인류(고릴라, 오랑우탄, 침팬치, 긴팔 원숭이)도 포함하고, 현존하든가 멸종한 동물의 과(科)이며, 사람과 동물에는 인간이 속하고, 현존 혹은 멸종된 과이지만, 이에 원숭이는 포함되지 않는다. "파행"이라는 견해에 대하여는 다음을 참조. E. Hooton, *Up From the Ape*, 재판 (New York, 1949) ; 정설에 대해서는 다음을 참조. Howells, "Concluding Remarks of the Chairman." 오스트랄로피테쿠스가 "최초의 사람과 동물"이라는 견해는 오늘날 수정될 필요가 있다.

만 오늘날의 오스트레일리아 원주민과 비교될 만큼 발달된 문화를 소유했
는지 그리고 500cc의 뇌를 가지고 현대적 의미에서의 언어를 소유했는지는
의심스럽다.[25] 오스트랄로피테쿠스계 가운데 약간의 문화요소를 획득할 수
있었던 기묘한 종류의 "인간"이 있었던 듯하다. 그들은 단순한 도구의 제작
과 단속적인 "수렵" 그리고 아마도 현대의 유인원보다는 앞섰으나, 진정한
언어로까지는 발전하지 못한 어떤 의사소통 체계를 가지고 있었을지 모른
다. 그러나 그밖의 능력은 소유하지 못했으며, 따라서 "임계점" 이론의 타
당성에 매우 심각한 의구심이 생기고 있는 상태이다.[26] 사실 호모 사피엔스
의 뇌는 오스트랄로피테쿠스계의 뇌보다 세 배나 더 크기 때문에, 인간의
뇌피질의 확대가 문화의 "시작"에 선행된 것이 아니라 그 이후에 나타났으
며, 따라서 만일 문화획득 능력을 얼음이 얼 듯이 양적으로는 미미하지만
질적으로는 급격한 변화의 결과로 본다면, 오히려 설명이 불가능해진다.[27]
인간의 출현을 마치 승진하는 것과 같은 이미지로 표현하는 것은 이제 오해
를 불러일으키게 되었을 뿐 아니라, "'문화의 출현'이라는 표현을 사용함으
로써 문화도 역시 '인간'과 함께 갑작스레 나타난 듯이 말하는 것에 대해서
도 마찬가지 의문이 제기된다."[28]

　　역설은 선행하는 것이 오류임을 나타내므로, 서로 상관되는 추론들 중 하

25) 일반적인 견해는, A. I. Hallowell, "Self, Society and Culture in Phylogenetic Perspec-
tive", S. Tax 편, *The Evolution of Man* (Chicago, 1960), pp. 309–372를 참조하라. 거의
20년간 이들 논의는 더욱 가속되고 엄밀해졌다. 이에 대한 일련의 언급은 B. J. Siegel 편,
Biennial Review of Anthropology, 1971(Stanford, 1972) pp. 83–166에 기고된 R. L.
Holloway와 Elizabeth Szinyei-Merse의 참고목록 논문인 "Human Biology : a Catholic
Review"를 참조하라.

26) 최근 인구학의 성과에 비추어진 "임계점" 이론에 관한 일반 이론은 다음을 참조할 것. C.
Geertz, "The Transition to Humanity", S. Tax 편, *Horizons of Anthropology* (Chicago,
1964), pp. 37–48.

27) S. L. Washburn, "Speculations on the Interrelations of Tools and Biological Evolution",
J. M. Spuhler 편, *The Evolution of Man's Capacity for Culture* (Detroit, 1959), pp. 21–
31.

28) A. I. Hallowell, "Culture, Personality and Society", A. L. Kroeber 편, *Anthropology
Today* (Chicago, 1953), pp. 597–620. A. I. Hallowell, "Behavioral Evolution and the
Emergence of the Self", B. J. Meggers 편, *Evolution and Anthropology : A Centennial
Appraisal* (Washington, D. C., 1959), pp. 36–60을 참조.

나만 타당하게 보인다는 사실은 정신의 진화와 문화적 축적이 전적으로 별개인 두 개의 과정이며, 전자는 후자가 시작되기 전에 근본적으로 완성되었다는 명제가 잘못되었다는 점을 보여준다. 만일 그렇다면, 심적 통일성의 원리를 전복시키는 일 없이, 동시에 이와 같은 모순된 명제를 제거할 수 있는 길을 찾아야만 한다. 심적 통일성의 원리가 없다면, "우리는 역사학, 인류학, 사회학의 대부분을 쓰레기더미로 만든 후, 인간과 그 변종(變種)에 대해서 다시금 정신 신체학적, 유전학적 해석으로부터 시작하지 않을 수 없다."[29] 우리는 현재에 대해서는 (집단의) 문화적 성과와 내적인 정신적 능력 간의 의미 있는 관련성을 부정하면서 동시에 과거에 대해서는 그러한 관련성을 확인할 수 있어야 한다.

이러한 기묘하게도 양면적인 과제를 완수하는 길은, 단순한 기술적인 조작으로 보이는 것 안에 놓여 있지만, 실제로는 중요한 방법론적인 방향 전환이며, 시신세(始新世)의 원(原)인류로부터 호모 사피엔스가 발생되어 나온 진화적 변동의 단계들을 분별해내는 보다 정교한 시간 척도를 선택하는 것이다. 문화능력의 출현을 조금이라도 급작스럽고 순간적인 사건으로 볼 것인가, 아니면 완만하게 진행되는 연속적인 발전으로 볼 것인가는 최소한 부분적으로는 시간 척도의 기본 단위의 크기에 달려 있음이 분명하다. 지질학자는 누대(累代, eon)를 기본 단위로 측정하기 때문에 영장류의 전체 진화과정이 미분화된 질적인 돌변처럼 보일 것이다. 사실 임계점 이론에 반대하는 논의는 부적절한 시간 척도에서 파생된 것이라고 풀이하는 것이 훨씬 정확하다. 왜냐하면 지질학의 기본적인 시간 단위는 최근의 진화사를 세밀하게 분석하기에는 간격이 지나치게 크며, 이것은 마치 생물학자가 인간의 성장을 10년 단위의 간격으로 연구하게 되면 성인을 어린이의 갑작스런 변형으로 보고 사춘기를 완전히 빠뜨려버리는 어리석음을 저지르게 되는 것과 같기 때문이다.

시간 문제에 대한 이와 같은 무모한 접근법의 좋은 예는 아마 인간의 문화를 "정도의 차이보다 종류의 차이"로 보는 견해가 가장 흔히 근거로 삼는 과학적 자료 속에서 찾아볼 수 있다. 인간을 가장 가까운 친척인 유인원, 특히 침팬지와 비교한 것이 그런 예이다. 인간은 말을 할 수 있고 상징을 사용

---

29) Kroeber, *Anthropology*, p. 573.

하며 문화를 획득할 수 있지만, 침팬지(또는 하등동물 모두)는 그럴 수 없다. 따라서 인간은 이 점에서 특수하며, 심성에 관한 한 "우리가 직면하게 되는 것은 지속적 상승의 연결이 아니라 일련의 비약이다"라는 것이다.[30] 그러나 이는 다음의 사실을 경시하는 것이다. 즉 유인원은 인간의 가장 가까운 친척임에는 틀림없지만, 여기에서 "가깝다"는 말은 신축적인 용어이며, 진화론적인 관점에서의 현실적인 시간 척도에 의한다면, 마지막 공통의 선조는 선신세 상부(鮮新世 上部 : 홍적세의 최상부)의 원숭이였고, 그후에는 종(種)의 분화가 가속적으로 진행되었기 때문에, 현실에서는 그렇게 가까운 것이 전혀 아니다. 침팬지가 말을 하지 않는다는 것은 흥미롭고 중요한 점이다. 그러나 그 사실로부터 언어라는 것이 전부가 아니면 아무것도 아닌 현상이라는 결론을 도출하는 것은, 어쨌든 100만-4,000만 년의 시간을 단순히 한순간의 시간으로 격하시키고, 예의 생물학자가 사춘기를 잃어버린 것처럼, 전(前) 사피엔스적 사람과의 계열을 잃게 되는 것이다. 현존하는 동물들을 종의 내부에서 상호 비교하는 것은 신중하게 행해질 경우 정당한 작업이다. 사실 그것은 일반적 진화의 추세를 연역하기 위하여 불가결한 방법이다. 그러나 빛의 파장이 지닌 유한성이 물리적 측정에서의 구분을 제한하는 것과 마찬가지로 인류에 가장 가까운 현존의 친척이 기껏해야 멀리 떨어져 나간 사촌(조상이 아니라)이라는 사실은, 외연적 형태를 대조하는 데에 국한해서 볼 때, 유인 계열(類人系列)에서의 진화적 변동을 측정할 때의 정밀도를 제한한다.[31]

반대로 만일 우리가 상위(上位) 사람과의 분기 이후, 특히 오스트랄로피테쿠스계의 출현 이후부터 선신세 말기에 이르기까지, "인간"계에 발생한 것으로 보이는 것에 우리의 관심을 집중함으로써 사람과의 계통 발생론을 보다 적절한 시간 척도에 따라서 전개시킨다면, 정신의 진화적 성장에 관한 좀더 섬세한 분석이 가능하게 된다. 가장 결정적인 것은 그렇게 할 경우 문

---

30) L. A. White, "Four Stages in the Evolution of Minding", S. Tax 편, *The Evolution of Man* (Chicago, 1960) pp. 239-253. 이와 같은 논의는 흔히 볼 수 있다.

31) 역사적 가설을 구축하기 위해서 동시대적인 것을 무비판적으로 비교하는 위험성에 관한 일반적 논의는 G. Simpson, "Some Principles of Historical Biology Bearing on Human Organisms", *Cold Spring Harbor Symposia on Quantitative Biology* 15 (1950) : 55-66을 참조하라.

화의 축적은 유기체적 발전이 종료되기 이전에 이미 충분히 진행되고 있었을 뿐 아니라, 그러한 축적은 유기체 발전이 최종 단계에 이르는 데에 중요한 역할을 담당했다는 것이 분명해진다는 점이다. 비행기의 발명은 인간의 신체 변화를 유발하지 않았고 (내면적인) 정신적 능력에도 어떠한 변이를 일으키지 않았다는 것이 분명한 사실이라고 할지라도, 자갈돌 석기와 거칠게 깎은 돌도끼의 경우에는 꼭 그렇지 않다. 왜냐하면 그 결과 더욱 곧은 직립 자세와 치열(齒列)의 축소 그리고 엄지손가락이 보다 중요해진 손이 생겼을 뿐 아니라 뇌가 현대인과 같은 크기로 확대된 것같이 보이기 때문이다.[32] 도구의 제작은 손놀림과 시야의 발달을 촉진시켰기 때문에, 그것의 시작은 사회조직과 의사 소통 및 도덕적 규제의 발전에도 작용했을 가능성이 매우 크며, 따라서 전두엽의 급속한 성장에 유리하도록 도태과정의 방향을 바꾸었을 것임에 틀림없다. 또한 이 과정이 문화적 변동과 생물학적 변동이 중첩되는 기간에 발생했다고 믿을 만한 이유가 있다. 신경계의 변화 역시 단순히 양적인 것만은 아니었다. 신경단위의 상호 연결과 그 기능방식에서의 변이는 단순한 수적인 증가 이상의 중요성을 가졌을 것이다. 세부적인 설명은 제쳐두더라도 —— 또 해결되어야 할 많은 문제가 남아 있지만 —— 요점을 말하면, 현대인의 생득적인 일반적 체질(과거, 즉 지금보다 단순하던 시절에 "인간의 본질"이라고 불리던 것)이 이제 문화적, 생물학적 변화의 결과로 보인다는 점이며, 그것은 "해부학적으로 우리와 같은 인간이 서서히 문화를 발견해나갔다고 생각하기보다는 우리의 신체구조의 많은 부분이 문화적 결과라고 생각하는 편이 아마 한층 더 정확할 것"이라는 점에서 그러하다.[33]

선신세 기간은 기후와 지형 또는 식물에 급격한 변이가 있었기 때문에, 오랫동안 인간이 급속하고 효율적으로 진화하고 발전하는 데에 이상적인 조건이 갖추어진 시대로 생각되어왔다. 뿐만 아니라 지금은 이 시대가 도태과정에서 문화적 환경이 자연적 환경을 보완하여 사람과의 진화를 미증유의 속도로 가속화시킨 시기였다고도 생각되고 있다. 빙하기는 단지 튀어나왔던 이마가 들어가고 턱이 축소된 시대일 뿐 아니라, 뇌신경계의 완성, 근친상간의 금기에 기초한 사회구조, 상징을 만들어 사용하는 능력 등 가장

---

32) Washburn, "Speculations on the Interrelations."
33) 같은 책.

인간다운 인간 존재의 생생한 특징들이 생겼던 시대이기도 하다. 이러한 독특한 인간성의 측면들은 오랫동안 가정된 것처럼 연속적으로 나타났다기보다, 서로 복잡한 상호 작용에서 함께 출현했으며, 이 사실은 인간의 정신에 대한 해석에서 중요성을 지닌다. 그것은 인간의 신경계 자체가 인간으로 하여금 문화의 획득을 가능하게 할 뿐 아니라, 신경계 자체도 인간이 기능하려면 문화를 획득해야 함을 적극적으로 요구하기 때문이다. 문화는 논리적인 면에서 뿐 아니라 유전학적으로도 문화에 선행하는 유기체에 기초한 능력을 보충하고 발달시키며 확대하는 방향으로만 작용하는 것이기보다는, 오히려 이들 능력 자체의 구성요소로 볼 수 있다. 문화가 결여된 인간은 아마 생태적으로는 재능이 있지만 완성되지 않은 원숭이가 아니라, 전혀 정신을 가지지 않은, 따라서 아무 일도 일어날 수 없는 괴물일 것이다. 양배추와 매우 흡사한 호모 사피엔스의 뇌는 인간 문화의 테두리 안에서 생겼으며, 문화의 테두리 밖에서는 생존할 수 없는 것이다.[34]

사실 이러한 신체적인 현상과 신체 외적인 현상 간의 상호 창조적인 관계 유형은 영장류의 진보 전반에 걸쳐서 결정적인 의의를 가졌던 듯하다. 즉 (살아 있는지 멸종되었는지는 접어두고) 하위(下位) 사람과에 속하는 어떠한 영장류라도 참된 문화 —— "세계를 규정하고, 감정을 표현하고, 판단을 내리는……등의 일을 가능하게 하는 질서 있는 의미 및 상징체계"라는 협의의 문화 —— 를 가지고 있다는 것은 물론 극히 의심스럽다.[35] 그러나 원숭이류는 철두철미하게 사회적인 동물이기 때문에, 격리되어서는 정서적으로 성숙할 수 없으며, 모방학습을 통해서 가장 중요한 행위수행 능력의 대부분을 획득하고, 또한 세대간의 비생물학적인 유산으로 전승되는, 독특하고도 종(種) 내부적으로 가변적인 집단적 사회전통을 발전시킨다는 사실들은 요즘 널리 인정되고 있다.[36] 드보어는 지금까지 제시된 자료들을 요약하여

34) "wolf-children" 등에 관해서는 K. Lorenz, "Comment", J. Tanner와 B. Inhelder 편, *Discussions on Child Development* (New York, 출판년도 미상) 1 : 95-96을 참조하라.

35) 이 책 제6장 p. 178쪽을 참조하라.

36) 격리에 대해서는 H. Harlow, "Basic Social Capacity of Primates", J. Spuhler 편, *The Evolution of Man's Capacity for Culture* (Detroit, 1959), pp. 40-52 ; 모방학습에 대해서는 H. W. Nissen, "Problems of Mental Evolution in the Primates", J. Gavan 편, *The Non-Human Primates and Human Evolution* (Detroit, 1955), pp. 99-109를 참조하라.

"영장류는 문자 그대로 '사회적 두뇌'를 가지고 있다"고 한다.[37] 즉 문화적 힘에 의해서 영향을 받기 훨씬 이전에, 사회적 힘에 의해서 궁극적으로 인간의 신경계로 발전한 것의 진화가 이미 형태지어져 있었다.[38]

그러나 반면, 호모 사피엔스 이전 단계의 인간의 사회문화적 과정과 생물학적 과정의 단순한 독립성을 부정하는 것이 곧 심적 통일성의 원리에 대한 거부를 의미하지는 않는다. 왜냐하면 사람과 계열 안에서의 종의 분화는, 호모 사피엔스가 지구 전체를 거의 뒤덮게 되었던 홍적세 말기에 그리고 당시 존재했던 다른 사람과 계열의 종들은 아마도 멸종된 후에 종료되었기 때문이다. 이처럼 현대인의 출현 이후에도 약간의 부차적인 변화가 분명히 일어나기는 했지만, 현존하는 모든 민족들은 유형은 다양하지만 계통 발생론적으로 단일한 종을 이루며, 그 때문에 극히 좁은 범위 안에서의 해부학적, 생리학적 차이가 있을 뿐이다.[39] 생식적 격리의 메커니즘이 약화되었다는 사실, 개체의 성적(性的) 성숙 기간이 연장되었다는 사실 그리고 문화가 적응보다 도태에 비중을 두게 될 정도로 문화의 축적이 진행되었다는 사실 등이 합하여 사람과의 진화속도를 극심하게 감속시켰으며, 결국 사람과의 하위 집단들간에 생태적인 정신능력에 있어서의 의미 있는 다양성이 발전할 가능성은 배제되어온 듯하다. 호모 사피엔스의 비할 데 없는 승리 및 빙하 작용의 종결과 더불어, 유기체적 변동과 문화적 변동의 연계는, 비록 단절되지는 않았다고 할지라도, 크게 약화되었다. 그 이후 인간 계열의 유기체적 진화는 감속되고, 문화의 성장은 계속 가속적으로 급격히 진행되었다. 따라서 "문화를 학습하고, 보존하고, 전승시키고, 변형시키는 [타고난] 능력에 관한 한, 호모 사피엔스의 상이한 집단은 동등한 능력을 가지고 있다고 보아야 한다"는 경험적으로 확립된 일반론을 옹호하기 위해서, 인간 진화에 대하여 비연속적이고 "상이한 종류에 속한" 형태를 가정하거나 사

---

37) B. I. DeVore, "Primate Behavior and Social Evolution"(미간행).

38) 영장류보다 하등인 일부 포유류 또한 분명히 사회질서에 따라서 생활하고 있다. 따라서 이 과정은 아마 영장류에 선행하는 것일 것이다. 그러나 일부 새와 곤충의 사회적 행위와의 직접적 관련은 없다. 왜냐하면 이것들의 수준은 인류 진화의 과정과는 거의 무관하기 때문이다.

39) M. F. A. Montagu, "A Consideration of the Concept of Race", *Cold Spring Harbor Symposia on Quantitative Biology* 15 (1950) : 315-334.

람과 발전의 모든 국면들에서 자연도태와 무관한 문화의 역할을 가정할 필요는 없다.[40] 심적 통일성은 더 이상 동어 반복은 아닐지 몰라도 여전히 하나의 사실이다.

III

행동과학에서 한층 고무적인 —— 이상할 정도로 지체되기는 했지만—— 발전의 하나는 최근에 생리심리학이 오랫동안 사로잡혀 있던 반사궁(反射弓: 반사작용이 일어날 때 작용하는 신경의 전체 행로/역주)에 대한 경이에서 깨어나려는 시도를 하고 있다는 것이다. 감각적 충동이 신경자극 전도부의 미로를 통해서 운동신경의 끝까지 전달되는 과정에 대한 통념은, 그것에 대한 가장 유명한 지지자가 그것이 참새나 양치기 개, 하물며 인간 행동의 통합적 측면들을 설명하는 데에 부적절하다고 지적한 지 사반세기가 지난 후에야 비로소 수정되기에 이르렀다.[41] 셰링턴은 사물들을 끌어모으는 스펙트럼적 정신으로 해결했다(마치 헐이 그에 못지 않게 신비스러운 자동 스위치 판이라는 해답을 제시한 것과 같다).[42] 그러나 오늘날에는 보다 더 입증 가능한 개념 구성이 강조되고 있다. 즉 주변적 자극의 형상들이 리듬감 있고 자발적이며 중심을 향하는 신경활동의 유형에 부과되고, 그것으로부터 권위 있는 명령이 나온다는 것이다. "활동 유기체"의 기치 아래 제시되고, 카얄과 드 노[43]의 폐쇄회로의 해부에 의해서 지지된, 이러한 새로운 설명은

---

40) M. Mead, "Cultural Determinants of Behavior", A. Roe와 G. Simpson 편, *Culture and Behavior* (New Haven, 1958).

41) C. Sherrington, *Man*.

42) C. L. Hull, *Principles*.

43) L. de Nó, "Cerebral Cortex Architecture", J. F. Fulton 편, *The Physiology of the Nervous System* (New York, 1943) ; J. S. Bruner, "Neural Mechanisms in Perception", H. Solomon 외 편, *The Brain and Human Behavior* (Baltimore, 1958), pp. 118–143 ; R. W. Gerard, "Becoming : The Residue of Change", S. Tax 편, *The Evolution of Man* (Chicago, 1960), pp. 255–268 ; K. S. Lashley, "The Problem of Serial Order in Behavior", L. Jeffress 편, *Cerebral Mechanisms and Behavior* (New York, 1951), pp. 112–136.

두뇌와 그것에 딸린 신경세포 전체가 지침을 선택하고, 경험을 고정시키며, 반응을 명령함으로써 섬세하게 조정된 행동 패턴을 낳게 되는 과정을 강조한다.

> 중추신경계의 작용은 상위의 기능들이 신경세포나 운동신경과 같은 말단의 구조적 단위를 직접적으로 취급하지는 않는 반면, 상대적으로 자율적이며 자체의 고유한 구조적 통일성을 지닌 하위 유형을 활성화함으로써 작동하게 되는 위계적인 성격을 지닌다. 감각적 투입물에서도 동일하다. 즉 자극은 운동신경의 최종 단계에 바로 투영되는 것이 아니라, 중추의 기존 패턴에 그것을 왜곡 수정함으로써 작동하며, 다음에 중추신경은 왜곡된 정보를 하위 유형에 전달하는 것이다. 그리하여 최종 산출물은 자극 내부적으로 일어난 패턴의 왜곡과 수정을 위계에 따라서 아래로 내려보낸 결과이며, 그것은 결코 투입물의 복제는 아니다. 투입물의 구조가 산출물의 구조를 가져오는 것이 아니라, 그것은 자체의 구조적 조직체계를 지닌 내재적인 신경활동을 수정할 따름이다.[44]

자율적으로 자극받고 위계적으로 조직된 자율신경계에 대한 이러한 이론의 앞으로의 발전은 다음 두 가지를 약속한다. 즉 언덕에 흩어져 있는 양떼를 모으는 셰링턴의 양치기 개의 훌륭한 능력이 생리학적 신비로 여겨지지 않게 되는 것을 가능하게 해주며, 또한 인간 정신을 구성하는 기술과 성향들의 복합체에 대한 신빙성 있는 신경학적 토대를 제공하는 데에도 유용하다. 논리적으로 증명하는 능력이나, 사람들 앞에서 이야기할 때 얼굴이 붉어지는 것과 같은 경향은, 조건지어지든 그렇지 않든 간에, 단순한 반사궁 이상의 생물학적 설명을 필요로 한다. 또한 헵이 지적한 대로, 정신의 "상위" 및 "하위" 진화 수준에 대한 개념 바로 그 자체가 중추신경계의 자율성의 정도에 비교 가능한 등급화를 함축하는 것으로 보인다.

나는 계통 발생적 발전의 한 측면이 어떤 집단에서는 자유의지라고 알려진 것에 대한 증거를 확충시켜준다고 말함으로써 생물학자들에게 충격을 주고 싶지는 않다. 그것은 내가 아직 학생이던 시절에 하버드 법이라고 일컬어졌던 것으로, 잘 훈련된 실험용 동물은 통제된 자극에 대해서 무엇이든 자신이 원하는 대로 행동할 것이라는 주장이었다. 좀더 학술적으로 말하면, 고등동물일수록 자극에 매이는 정도가 약하다

---

44) P. Weiss, "Comment on Dr. Lashley's Paper", L. A. Jeffress 편, *Cerebral Mechanisms in Behavior* (New York, 1951), pp. 140-142.

는 말이다. 즉 두뇌활동은 중추적인 투입물의 통제를 받는 것이 적으며, 따라서 행동은 동물이 처해 있는 상황으로부터는 예측하기 어렵다. 관념적 활동의 역할이 보다 크다는 것은 어떤 동물이 다양한 자극에 대해서 행동하기 이전에 그것을 잠시 "그대로 둘" 수 있는 능력과 목적 지향적 행동에서 인지될 수 있다. 고등동물의 두뇌일수록 보다 자율적인 활동과 중추신경의 활동, 즉 행동 통제에 결정적으로 작용하는 활동이 "사고의 흐름"에 통합될 수 있는 더 많은 선택성이 있다. 전통적으로 우리는 주체는 환경의 이 부분에 "관심이 있으며", 저 부분에는 관심이 없다고 말한다. 이렇게 보면, 고등동물일수록 관심의 폭이 보다 다양하며, 순간의 관심이 행동에서 보다 더 중대한 역할을 한다. 이는 어떤 자극에 대해서 반응할 것인가 그리고 어떤 형태의 반응을 할 것인가에 대한 예측이 더욱 불가능하다는 사실을 의미한다.[45]

이러한 총체적 진화의 흐름은 —— 관심을 집중시키고, 반응을 늦추고, 흥미를 다양화시키고, 목표를 유지하고, 일반적으로 주어진 자극들의 복잡성에 적극적으로 대처하는 능력을 증가시켜오면서 —— 활동 유기체들 가운데에서 가장 예측할 수 없을 뿐 아니라 가장 활동적인 인간의 모습에서 절정을 이루었다. 이러한 능력들을 물리적으로 가능하게 만드는 과정, 즉 클룩혼과 머레이가 적절하게 인간 두뇌의 지배과정이라고 지칭한 과정이 지니는 극도의 복잡함과 유연성 및 총체성은 최소한 강장동물까지 거슬러 추적될 수 있는 명백히 계통 발생적인 발달의 산물일 뿐이다.[46] 비록 강장동물은 중추신경 조직, 즉 두뇌를 가지고 있지 않으며, 따라서 각 부분이 상대적으로 독립하여 작용하고 그 각각은 독자적인 감각적, 신경적, 운동적 요소들을 지니고 있음에도 불구하고, 이 해파리와 말미잘 같은 것들은 놀라운 정도로 신경활동의 내적 조정을 보여주고 있다. 예를 들면 낮 시간에 받았던 강한 자극은 밤에 운동을 일으키는 원인이 되기도 하며, 어떤 산호들은 실험적으로 과도한 빛의 자극에 몇 분간 노출되면 "격노한 상태"라고 말할 수 있는 자발적 발광을 한다. 또 규칙적인 자극은 미약하기는 하지만 "기억"이라고 할 수 있는 기제를 통하여 다양한 근육 속에서 활동을 조정하게 만들고, 어

45) D. O. Hebb, "The Problem of Consciousness and Introspection", E. Adrain 외 편, *Brain Mechanics and Consciousness* (Oxford, 1954), pp. 402-417. 참고 문헌 생략.

46) C. Kluckhohn과 H. Murray 편, *Personality in Nature, Society and Culture* (New York, 1948) ; T. H. Bullock, "Evoltion of Neurophysiological Mechanisms", A. Roe와 G. Simpson 편, *Behavior and Evolution* (New Haven, 1958), pp. 165-177.

느 정도 기간에 걸쳐서 패턴 행동의 반복을 일으킨다.[47] 고등 무척추동물들(갑각류 등)에서는 다양한 경로, 등급화된 신경 자극 전도부의 잠재성, 촉발에 의한 반응들이 나타나서 가재의 심장처럼 내부 기능을 통제할 수 있는 정밀한 속도 조정 통제를 허용하게 되며, 하등 척추동물에 와서 비로소 말초 감각신경과 운동신경 및 그것들 사이의 신경전달 체계 —— 유명한 반사궁 —— 가 기본적으로 완성된다.[48] 그리고 마침내 신경회로 —— 폐쇄 고리들, 낮은 수준의 고리와 더 높은 수준의 고리의 중첩 등 —— 구도의 근본적인 혁신들이 포유동물에 이르러 완성되었을 것이며, 적어도 그때 전뇌부의 기초적인 분화도 발생했을 것이다.[49] 기능적 측면에서 보면, 이 전체 과정은 내적인 신경활동이 상대적으로 꾸준히 확장되고 다양화되어온 과정이며, 그 결과로 전에는 고립되어 독립적으로 작용하던 부분 과정들이 점점 더 중앙집중화되는 과정인 것으로 보인다.

그러나 포유동물이 진화선상에서 분화하는 동안 —— 특히 영장류와 사람과 동물이 진화하는 동안 —— 에, 어떤 종류의 신경계 진화가 있었는지는 분명히 보다 덜 명확하며, 더욱 논쟁의 여지가 있다. 한편에서는 제라드가 그 변화들은 두뇌 크기의 빠른 확장 속에서 볼 수 있듯이 신경 수의 증가에 그친 거의 전적으로 양적인 것이었다고 주장했다.

> 영장류에서 가장 두드러지게 나타나며 인간에 이르러 그 절정을 이루는 보다 고등의 능력들은 조직이나 패턴이 질적으로 향상되었기 때문이 아니라, 단순히 그 수가 증가되었기 때문에 나타난다. 두뇌 크기의 확장이 곧 보다 풍부한 행위를 가능하게 한다는 사실은, 비록 그것이 특정의 신체와 기능에 한정된 것일지라도(예를 들면, 혀 근육 부분과 말하기가 그것이다), 아주 상식적인 것이다. 이것이 어떻게 작용하는지는 분명하지 않다. 이차적인 특화(이것도 일어난다)가 따르지 않는 단순한 숫자의 증가는 새로운 능력을 만들기보다는 단지 본래의 능력들을 강화시키기만 하는 것처럼 생각될 수도 있다. 그러나 그렇지 않다.……두뇌 안에서 해부학적 신경 수의 증가는 생리학적 신경 축적의 한계점을 높이며, 그럼으로써 수정 가능하며 통찰력

---

47) Bullock, "Evolution."
48) 같은 책 ; Gerard, "Becoming."
49) Bullock, "Evolution" ; K. H. Pribram, "Comparative Neurology and the Evolution of Behavior", A. Roe와 G. Simpson 편, *Behavior and Evolution* (New Haven, 1958), pp. 140-164.

있는 행위로 나타나는, 보다 다양한 선택 및 보다 풍부한 분석과 결합하는 것을 가능
하게 해준다.[50]

그러나 불록은, 비록 고등동물과 인간의 신경체계가 현재 알려진 신경생
리학적 기제 혹은 구조의 면에서 중요한 차이를 보이지 않는다는 데에는 동
의하면서도, 앞의 관점에 대해서는 날카로운 의문을 제기한다. 그의 주장은
고등동물의 행동에 있어서의 미묘함을 설명하기 위해서는 아직 발견되지
않은 신경 기능의 매개변수, 즉 "대량의 신경들 사이의 생리학적 관계들간
에 새로이 발생하는 여러 수준들"을 찾는 것이 매우 필요하다는 것이다.

비록 고등동물들의 신경 기제 속에서 근본적으로 새로운 요소들이 무엇인지 지적
할 수는 없을지라도, 그렇다고 해서 그들의 크게 확장된 능력들은, 새로운 속성이나
새로운 메커니즘이 수반되지 않는 한, 오직 수적인 증가와 그것들 사이의 상호 작용
에 의한 것으로 생각할 수만은 없다. 많은 사람들이 진화과정에서 나타나는 행동상의
복잡성 증가의 중요한 요소가 신경의 수라고 가정할 것은 명백하며, 심지어는 새로운
수준의 행위를 가능하게 하는 일종의 결정적인 양적 증가를 상정하기도 한다.……
[그러나] 만일 우리가 정말 필수적인 부분으로서, 현재로서는 정의 불가능한 어떤 종
류의 신경들 혹은 —— 같은 이야기이겠지만 —— 어떤 종류의 새로운 신경구조상의
자질들이 진보의 중요한 기층이라는 점을 덧붙이지 않는 한, 신경의 수와 행동상의
복잡성 사이의 상관관계는 매우 빈약하여 설명할 것이 거의 없다는 것은 분명해 보인
다.……나는 현단계의 신경생리학이 행동을 설명할 수 있다고는 생각하지 않는다. 진
화의 주된 요인은 세포의 증가와 그것들 사이의 관계에 있지 않다.……우리가 바라
는 것은 신경체계 속의 새로운 매개변수를 발견하는 것이다.[51]

외부인으로서 볼 때 아마도 이 논쟁에서 가장 눈에 띄는 면은, 쌍방이 모
두 무엇인가 불편하고 그들 자신의 주장의 핵심내용에 대하여 막연히 불만
인 것처럼 보이는 정도, 다시 말해서 그들 자신들조차도 완전히 납득하지
못하는 정도이다. 한편에는 뇌의 크기와 행동의 복잡성 사이에 존재하는 관
계의 정확한 성격이 불분명하다는 점에 대한 용인과 조그만 소리로나마 "이
차적인 특화"에 대해서 유보하는 태도가 있다. 다른 한편에는 발달한 신경

---

50) Gerard, "Becoming" ; R. W. Gerard, "Brains and Behavior", J. Spuhler 편, *The Evolu-
tion of Man's Capacity for Culture* (Detroit, 1959), pp. 14~20도 참조.
51) Bullock, "Evolution."

체계에 새로운 메커니즘이 분명히 존재하지 않는다는 데에 대한 솔직한 당황스러움과 "새로 출현하는 속성"에 대한 희망에 찬 속삭임이 있다. 실제로 서서히 장기간에 이르는 포유류의 지능 용량의 증가를 유일하게 그리고 단순하게 신경 수의 총증가에 돌리는 것은 경솔한 생각이라는 데에 대한 어느 정도의 합의가 있다. 차이는 한편에서는 뇌의 크기의 증대와 더 풍부한 행위능력 사이에 평행관계가 존재한다는 사실을 강조함으로써 의혹을 잠재웠다는 것이며, 다른 한편에서는 이 평행관계를 만족스럽게 설명할 수 있도록 하기에는 무언가 부족하다는 점을 강조함으로써 그 의혹을 심화시켰다는 점이다.

이 문제는 제라드의 제안에서처럼, 동일한 단위의 단순한 증가와 더불어 수행능력이 개선되는 컴퓨터 회로작업의 발달로 결국 밝혀질 수 있을 것이다. 아니면 불록의 제안에서와 같이 신경세포의 화학적인 차이의 분석이 보다 정교해짐으로써 분명해질 수 있다.[52] 그러나 해결을 향한 보다 가능성 있는 방법은 양쪽의 접근들이 모두 함축하고 있는 것처럼 보이는 생각, 즉 고등 포유동물의 신경기능이 완전히 생득적이라는 개념을 포기하는 데에 있다. 영장류의 경우, 전뇌의 확대, 사회조직의 발전된 형태, 적어도 오스트랄로피테쿠스계가 도구를 사용하기 시작한 후에 제도화된 문화의 패턴들이 공시적으로 출현했다는 사실은, 생물학적, 사회적 그리고 문화적 매개변수들을 차례차례, 즉 두번째 것보다 첫번째 것이 더 중요하며, 세번째 것보다 두번째 것이 더 중요하다는 듯이 다루는 표준화된 과정이 잘못된 것임을 보여준다. 그것과 반대로 이러한 소위 레벨들은 호혜적으로 상호 관계를 맺고 있는 것처럼 보여야 하며, 서로 관련 속에서 고려되어야 한다. 그리고 만일 그렇게 한다면, 영장류 일반, 특히 인간에게 반복적으로 나타나는 신경 자극의 자치적 영역들의 현저한 발달을 위한 신체적인 기초로 작용하는 중추신경계 안에서 우리가 찾아내야 할 새로운 속성들의 종류는, 우리가 그러한 영역들을 "논리적이고 유전적으로" 사회와 문화에 선행하는 것으로 간주하고, 그래서 내재적인 생리학적 매개변수들만으로 완전히 결정되는 것을 필요로 하게 된다면, 우리가 찾는 속성들과는 근본적으로 달라질 것이다. 어쩌면 우리는 신경에 대해서 너무 많

---

52) R. W. Gerard, "Brains and Behavior" ; Bullock, "Evolution."

은 요구를 해왔거나, 너무 많지 않다면, 적어도 잘못된 것을 요구해왔는지
도 모르겠다.

실제로 인간에 관한 한, 중추신경계의 가장 눈에 띄는 특징의 하나는 자
생의 매개변수만의 범위 속에서 활동함으로써 행위를 구체화할 수 있는 능
력이 상대적으로 불완전하다는 점이다. 전체적으로 볼 때, 하등동물일수록
"위협적인" 자극에 대하여 본질적으로 상호 관련된 일련의 수행활동에 의
해서 반응하는 경향이 강하며, 그러한 수행활동들은 전체로 볼 때 비교적
정형화된 —— 학습되지 않았다고 말할 수 없는 —— "도주" 혹은 "투쟁"과
같은 반응을 구성한다.[53] 그렇지만 그런 자극에 대한 인간 본래의 반응은 분
산된 다양한 강도의 "공포"나 "분노" 같은 흥분성으로 이루어지는 경향이
있으며, 자동적으로 미리 정해지고 정확하게 정의된 행동의 연속은 있다고
하더라도 드물다.[54] 무엇인가에 겁을 먹은 동물처럼, 겁을 먹은 사람은 뛰거
나 숨거나 고함치고 속이고 회유하거나 공포에 질려 공격한다. 그러나 인간
의 경우 드러난 행동의 정확한 패턴화는 유전형(遺傳型)보다 오히려 문화형
에 의해서 주로 유도된다. 행위에 대한 통제가 계통 발생적으로 생식선에서
뇌하수체 그리고 중추신경계의 우월성으로 나아가는 증상을 나타내는 성
(性)의 영역에서는, 고정된 일련의 활동으로부터 일반적 흥분과 "성적 유형
의 유연성과 변용성의 증가"로 진화하는 유사한 경향이 명백하며, 잘 알려
진 인간의 성행위에 나타나는 문화적 차이는 이 경향의 논리적 연장의 하나

---

53) K. Lorenz, *King Solomon's Ring* (London, 1952).

54) D. O. Hebb과 W. R. Thompson, "The Social Significance of Animal Studies", *Hand-book of Psychology* (Reading, Mass., 1954), pp. 532–561. "본능"이라는 용어의 무비판적
인 사용은 세 개의 다른 대비 —— 즉 학습에 의존하는 행위 패턴과 그렇지 않은 것, 타고
난 행위 패턴(즉 유전적으로 프로그램된 신체적 과정의 결과)과 그렇지 않은 것들(즉 유전
외적으로 프로그램된 신체적 과정의 결과) 그리고 유연성이 없는(정형화된) 행위 패턴과
유연성이 있는(다양한) 행위 패턴 간의 대비를 혼란시키며, 이러한 혼란은 행위 패턴이 타
고났다는 말이 그것이 표현될 때 유연성이 없다는 것과 같은 말이 되어버리는 잘못된 추
론을 이끌었다(K. H. Pribram, "Comparative Neurology and Evolution"; F. A. Beach,
"The De-scent of Instinct", *Psychol. Rev.* 62 [1955] : 401–410을 참조). 여기에서 "비본
질적인"이라는 것에 비해서 "본질적인"이라는 용어는, "외래적"이라는 용어에 대해서 다
음과 같은 행동을 특징짓기 위해서 사용되고 있다. 즉 그것은 비교론의 관점에서 볼 때,
학습이나 유연성의 문제와는 독립적으로 내재적 성질에 대부분 혹은 적어도 압도적으로
근거하는 것으로 보이는 행동이다.

라고 생각하게 될 수 있을 듯하다.[55] 따라서 명백한 역설이 될 수 있기도 하겠지만, 증가하고 있는 자율성, 위계적인 복잡성, 그리고 지속적인 중추신경 조직의 우위(優位)라는 특질은 그러한 활동이 중추신경조직 자체의 그리고 그와 관련된 구조에 의해서 덜 엄밀하게 규정되고 있다는 사실과 함께 나타나는 것으로 보인다. 이러한 모든 사실들은 생물학적 변화와 사회문화적 변화가 중첩되는 시기에 일어난 신경계 진화상의 보다 중요한 발달들이 중추신경계의 수행능력을 향상시키기는 하지만, 한편으로 그것의 자기충족적 기능을 감소시키는 속성들을 등장시키게 되었다는 사실을 시사하고 있다.

이러한 관점에서 보면, 정신적인 기능이 본질적으로 뇌 내부의 과정이며, 그 과정은 바로 그 과정 자체가 인간으로 하여금 발명을 가능케 해준 다양한 인공적 수단에 의해서만 부차적으로 지원되고 증폭될 수 있다는 종래의 견해는 틀린 것으로 보인다. 반대로 이것은 내적 요인에 의한 우세한 신경 과정의 특정의, 적응하기 충분한 정의는 불가능하기 때문에, 인간의 뇌가 작동하기 위해서 문화자원에 철저히 종속한다는 것이 된다. 따라서 문화자원은 정신활동의 부가물이 아니라 구성요소이다. 사실 객관적 소재(素材)의 목적을 가진 조작을 포함하는 현재적(顯在的)이며, 공적인 행위로서의 사고(思考)는 아마도 인간에게 기본적인 것일 것이다. 그런 객관적 소재에 의존하지 않은 잠재적이며, 사적인 행위로서의 사고는 유용하지 않은 것은 아니

---

55) F. A. Beach, "Evolutionary Aspects of Psycho-Endocrinology", A. Roe와 G. Simpson 편, *Culture and Behavior* (New Haven, 1958), pp. 81-102 ; C. S. Ford와 F. A. Beach, *Patterns of Sexual Behavior* (New York, 1951). 그러나 다시 이러한 일반적 추세는 유인원 단계에서도 이미 충분히 확립되어 있는 것으로 보인다. "(수컷) 침팬지 중에는 교미하는 것을 배워야 하는 것들도 있다. 성적으로 성숙했으나 성 경험이 없는 수컷들은 받아들일 준비가 되어 있는 암컷들과 함께 놓아두면 뚜렷한 성적 흥분을 나타내지만, 그 결과로 나타나는 교미의 시도는 대개 성공적이지 못하다. 순진한 수컷은 교미행위에 대한 수컷의 역할을 제대로 행하지 못하는 듯하며, 침팬지들 사이의 생물학적으로 효과적인 교미를 위해서는 상당한 양의 연습과 학습이 필요하다는 제안이 있었다. 격리시켜 키운 다 자란 수컷의 설치동물(齧齒動物)들은 발정한 암컷을 만나게 하면 바로 정상적으로 교미한다." [F. A. Beach, "Evolutionary Changes in the Physiological Control of Mating Behavior in Mammals", *Psychol. Rev.* 54 (1947) : 293-315] 침팬지의 일반적인 공포와 격분에 대한 생생한 설명은 Hebb과 Thompson의 "Social Significance"를 참조하라.

라고 할지라도 파생된 능력이라고 할 것이다. 학교에서 아동들이 어떻게 계산하는 것을 배우는가를 보면 알 수 있듯이 암산에 의해서 수를 더하는 것은 연필과 종이를 사용하거나, 부신(符信 : tally stick)을 배열하거나, 손가락과 발가락을 가지고 셈하는 것보다 훨씬 더 복잡한 정신적인 성취이다. 낭독하는 것은 묵독하는 것보다 더 기초적인 성취이다. 후자의 능력은 사실 중세에 생긴 것일 뿐이다.[56] 말하는 것에 대해서도 흔히 유사한 점이 지적되어 왔다. 특별한 경우를 제외하고, 우리들도 모두 포리스터의 작은 노부인과 같아서 무엇을 말하는가를 알 때까지는 무엇을 생각하는지 알지 못한다.

이 마지막 점에 대해서는 때때로 "비교연구에 의한 증거는 실어증에 대한 문헌과 함께 명백히 언어 이전의 사고를 가능하게 하는 것으로, 사고는 언어를 조건으로 하는 것은 아니다"[57]라는 반대의 주장이 있었다. 그러나 그 자체가 진실이라고 하더라도 몇 가지 이유에서 여기에서 취한 일반적인 입장 —— 즉 인간의 문화는 인간의 사고에 보충적인 것이 아니라 본질적인 것이라는 입장 —— 을 약화시키는 것은 아니다. 첫번째로, 인간 이하의 동물이 말하는 것을 배우지 않고도, 때때로 놀랍게 효율적으로 생각하는 것을 배운다는 사실은 인간에게도 그것이 가능하다는 것을 증명하지 않는다. 그것은 마치 쥐가 모방학습이나 연습에 의하지 않고도 교미할 수 있다는 사실이 침팬지도 그렇게 할 수 있다는 것을 증명하지 못하는 것과 마찬가지이다. 두번째로, 실어증 환자는 말하는 것을 배우고 언어를 습득한 후에 그 기존의 능력을 잃어버린 (혹은 보통 부분적으로 잃어버린) 사람들로, 전혀 말하는 것을 배우지 못한 사람들은 아니다. 세번째로, 가장 중요한 것은 발성을 동반하는 언어능력은 이전부터 존재한 문화적 환경에 투사된 개인들이 사용할 수 있는 유일한 공적인 도구는 결코 아니라는 점이다. 예를 들면 헬렌 켈러가 찻잔과 수도꼭지와 같은 문화적 물체의 조작 및 조합과 (설리번 양에 의한) 그녀의 손에 대한 촉감의 의도적인 패턴화를 통하여 생각하는 것을 배운 현상이나 말하기 전에 어린아이가 한 쌍의 블록을 두 줄의 평행선으로 쌓아서 서수(序數)의 개념을 발달시키는 것과 같은 현상은, 본질적인 것은 어떤 종류든지 명백한 상징체계의 존재임을 보여준

---

56) Ryle, *The Concept of Mind*, p. 27.
57) Hebb, "Problem of Consciousness and Introspection."

다.[58] 특히 인간의 경우, 사고를 본질적으로 사적인 과정으로 인지하는 것은 사람들이 생각할 때 실제로 무엇을 하는지를 거의 완전히 간과하는 것이 된다.

이미지에 의한 사고는 환경에 대한 이미지를 구성하고, 환경보다 더 빠르게 모델을 운영하며 그리고 환경이 모델처럼 작용할 것이라고 예측하는 것 이상도 이하도 아니다.……문제 해결의 첫번째 단계는 [환경의] "관련되는 특징"에 대한 모델이나 이미지를 구성하는 데에 있다. 이러한 모델들은 인간, 종이와 연필, 혹은 실제 인공물에 의해서 몸의 유기적 조직의 일부를 포함하는 많은 사물로부터 구성될 수 있다. 일단 모델이 구성되면, 그것은 다양한 가정적(假定的) 조건과 제약하에서 조작될 수 있다. 그러면 유기체는 이러한 조작의 결과를 "관찰할" 수 있고, 예측이 가능하도록 이들을 환경에 투사하는 것이 가능하다. 이런 견해에 따르면, 항공 기관사는 풍동(風洞 : 인공적으로 빠르고 고른 공기의 흐름을 일으키는 터널형의 장치. 비행기 등에 공기의 흐름이 미치는 영향이나 작용을 실험하는 데에 쓰인다/역주) 안에서 새로운 비행기 모델을 조작하면서 생각한다. 자동차 운전사는 지도 위의 선에 손가락을 움직이면서 생각한다. 이때 손가락은 자동차의 대응하는 측면의 모델로서 작용하고, 지도는 길의 모델로서 기능하는 것이다. 이런 종류의 외재적인 모델은 자주 복잡한 [환경]에 대한 사고에 이용되었다. 잠재적 사고에 이용되는 이미지는 모델을 형성하는 데에 이용되어야만 하는 유기체의 물리-화학적 사상(事象)의 이용 가능성에 달려 있다.[59]

더 나아가서 반성적 사고는 머릿속에서 일어나는 것이 아니라 더 넓은 세상의 상태와 과정에 대해서 상징적인 모델의 상태와 과정을 조화시킴으로써 성립된다는 견해가 의미하는 것에서 본다면, 정신활동을 시작하는 것은 자극의 부족이고 그것을 끝내는 것은 자극의 "발견"이라고 말할 수 있다.[60] 운전사가 지도 위에서 손가락을 움직이는 것은 가려고 하는 곳에 가는 방법에 대한 정보가 없기 때문에 그렇게 하는 것이며, 그 정보를 얻으면 그 작업을

---

58) 서수에 대해서는 K. S. Lashley, "Persistent Problems in the Evolution of Mind", *Quart. Rev.* 24 (1949) : 28-42를 참조하라. 인간은 보통 자기 자신에게 소리 없이 "말하는" 것을 배우기 전에 소리를 내어 다른 사람과 함께 지적으로 말하는 것을 배운다는 견해는 사고의 운동이론이나 모든 잠재적 정신작용은 상상의 단어를 통해서 발생한다는 사실도 의미하지 않는다는 점을 명백히 지적해두는 것이 좋을 듯하다.

59) E. Galanter와 M. Gerstenhaber, "On Thought : The Extrinsic Theory", *Psychol. Rev.* 63 (1956) : 218-227.

60) J. A. Deutsch, "A New Type of Behavior Theory", *British Journal of Psychology* 44 (1953) : 304-317.

멈출 것이다. 비행사는 그의 모형 비행기가 다양한 인공적 항공 역학 조건 아래에서 어떻게 날 것인가를 알기 위해서 풍동에서 실험하는 것이며, 그것을 확실히 알게 되면 실험을 중지할 것이다. 주머니에서 동전을 찾는 사람은 손에 동전이 없어서 그러는 것으로, 하나를 잡았을 때 찾는 것을 멈춘다 —— 또는, 물론 주머니에 동전이 없거나 혹은 그러한 노력이 "원래보다 더 비싼" 찾기이어서 비경제적이기 때문에 전체 계획이 쓸모없는 것이라는 결론에 도달할 때 찾는 것을 멈춘다.[61] (또 다른 "이유들"이 따르게 되는) 동기적 문제들을 제외하고, 지시적인 사고는 당황에서 시작하여 탐구의 포기 혹은 당황의 해결로 끝난다. 즉 "반성적 사고의 기능은……경험된 모호성의 상황을 일종의 명백하고, 일관되고, 해결되고, 조화로운 상황으로 바꾸는 것이다."[62]

요약하면, 지시적 사고라는 특정한 의미에서 인간의 지능은 유기체가 어떤 목적을 위해서건 필요로 하는 환경적 자극을 생산(발견, 선택)하는 것과 같은 방법에 의해서 어떤 종류의 문화적 자원을 조작하는 데에 달려 있다. 이것은 정보에 대한 탐구이다. 그리고 이 탐구는 더욱 절박한 것인데, 그것은 그 정보가 유전적 자질에 의해서 유기체가 손에 넣을 수 있는 고도의 일반성을 지니는 정보이기 때문이다. 하등동물일수록 행동을 수행하기에 앞서 환경으로부터 상세히 배울 필요가 적다. 새들은 나는 것을 배우기 전에 풍동을 만들어 항공 역학의 원리를 실험할 필요가 없다. 이미 "알고 있기" 때문이다. 인간의 "특이성"은 흔히 인간이 얼마나 많이 그리고 얼마나 많은 종류의 것들을 배울 수 있는가로 나타내어졌다. 원숭이, 비둘기 그리고 심지어 문어까지도 간혹 "인간과 같은 종류의" 사실들을 배우는 것이 가능하다는 점이 때때로 우리를 당황하게 하지만, 일반적으로 이것은 사실임이 분명하다. 그러나 인간이 얼마나 많이 그리고 얼마나 다양한 것들을 배워야만 하는지를 강조하는 것은 한층 더 근본적인 이론적 중요성을 가질 것이다. "태아화되고", "사육(飼育)되어" 전반적으로 약체인 인간은 문화 없이는 신체적으로 생존 불가능한 동물이라고 흔히 지적되어왔다.[63] 그러나 인간이 정신적으로도 생존 불가능하다는 것은 그다지 주목되지 않았다.[64]

---

61) 같은 책.

62) J. Dewey, *Intelligence and the Modern World*, J. Ratner 편 (New York, 1939), p. 851.

63) 예를 들면, W. La Barre, *The Human Animal* (Chicago, 1954).

이 모든 것은 인간 사고의 지적인 측면뿐 아니라 정서적 측면에 대해서도 마찬가지로 적용된다. 헵은 일련의 저작과 논문을 통해서 인간의 신경조직은 (하등동물에서는 상대적으로 좁은 범위에서) 적절한 행동을 가능하게 하는 전제조건으로, 환경으로부터 나오는 최적(最適)의 자극의 흐름이 비교적 지속적으로 요구된다는, 흥미를 자아내는 이론을 전개시켜왔다.[65] 한편으로, 인간의 두뇌는 "전기 모터에 의해서 작동되는 계산기와 같이 입력이 없으면 언제까지나 작동하지 않고 있는 것이 아니라, 효과적으로 기능하려면 적어도 깨어 있는 동안에는 끊임없이 다양한 입력에 의해서 가열되고 작동되는 상태가 유지되어야만 하는 것이다."[66] 다른 한편으로, 인간이 가지는 엄청난 본질적 감수성을 고려할 때 그러한 입력은 지나치게 강도가 높거나, 너무 다양하거나, 너무 혼란을 불러일으키는 것이어서는 안 된다. 왜냐하면 그럴 경우 감정의 파괴와 사고과정의 완전한 붕괴가 따르기 때문이다. 권태도 히스테리도 모두 이성(理性)의 적인 것이다.[67]

이처럼 "인간은 가장 이성적이며 또한 가장 감정적 동물인" 까닭에, 감정의 극단적 동요가 따르는 지속적 정서불안을 방지하기 위해서는 금기(禁忌), 행동의 균일화(均一化), 익숙한 개념에 의한 낯선 자극의 빠른 "합리화" 등의 방법을 통하여 공포, 격분, 암시적 자극 등에 대하여 매우 신중하게 문화적으로 제어하는 것이 필요하다.[68] 그러나 인간은 상당히 고도의, 비교적 지속적인 정서 활동 없이는 효율적으로 행동할 수 없는 까닭에, 그러한 활동을 유지시킬 수 있는 다양한 감각적 체험을 항상 확보해주는 문화적

64) 그러나 J. Dewey, "The Need for a Social Psychology", *Psychol. Rev.* 24 (1917) : 266–277과 A. I. Hallowell, "Culture, Personality and Society"를 참조하라.

65) D. O. Hebb, "Emotion in Man and Animal : An Analysis of the Intuitive Process of Recognition", *Psychol. Rev.* 53 (1946) : 88–106 ; D. O. Hebb, *The Organization of Behavior* (New York, 1949) ; D. O. Hebb, "Problem of Consciousness and Introspection" ; D. O. Hebb과 W. R. Thompson, "Social Significance of Animal Studies."

66) D. O. Hebb, "Problem of Consciousness and Introspection."

67) P. Solomon 외, "Sensory Deprivation : A Review", *American Journal of Psychiatry*, 114 (1957) : 357–363 ; L. F. Chapman, "Highest Integrative Functions of Man During Stress", H. Solomon 편, *The Brain and Human Behavior* (Baltimore, 1958), pp. 491–534).

68) D. O. Hebb과 W. R. Thompson, "Social Significance of Animal Studies."

장치 또한 필수적이다. 정해진 범위 밖으로 시신(屍身)을 공개해서는 안 된다는 제도적 규제는 (장례식 등) 죽음 및 신체적 파괴로 야기되는 공포에 유달리 민감한 동물을 보호해준다. (항상 트랙을 따라서만 진행되는 것은 아닌) 자동차 경주를 보거나 그것에 참가하는 것은 같은 종류의 공포를 살며시 자극하는 것이다. 상(賞)을 둘러싼 경쟁은 적대감을 일으키지만, 견고히 제도화된 개인들간의 상냥함이 그것을 완화시킨다. 성욕은 일련의 우회적인 방법에 의해서 자극되지만(이것에는 끝이 없음이 분명하다), 성행위는 사적으로 행해져야 하는 것이라는 주장이 성욕이 제멋대로 폭발하지 않도록 방지해준다.

그러나, 이런 차라리 단순하다고 할 수 있는 예들이 시사하는 것과는 반대로, 활동 가능하고, 질서정연하며, 분명하게 표현되는 인간의 감정생활의 성취는 일종의 정교한 감정의 수력학(水力學)과 같은 교묘한 도구적 통제처럼 단순한 것이 아니다. 오히려 그것은 신체적 감각의 일반적이고, 산만하며, 유동적인 흐름에 특정의 명확한 결정적 형태를 부여하는 문제이다. 그것은 우리가 느낄 뿐만 아니라 무엇을 느끼는가를 알고 그것에 따라서 행동하기 위해서, 우리에게 항상 일어나게 되어 있는 감각의 연속적인 변화에 인식 가능하고 의미 있는 질서를 부과하는 문제이다.

사람이 그의 주변 세계와 만나는 방식을 주로 결정하는 것은 바로……정신활동이다. 순수한 감각 —— 고통이든 즐거움이든 —— 은 통일성이 없으며, 단지 초보적인 방식에서만 미래의 고통과 즐거움에 대한 몸의 수용성을 변화시키는 듯하다. 인간의 삶에서 중요한 것은 바로 기억되고 예측되며, 두려움의 대상이 되거나 추구되는, 혹은 심지어 상상되거나 회피되거나 하는 감각이다. 우리에게 우리가 알고 있는 외부 세계를 부여하는 것은 바로 상상력에 의해서 틀지어진 지각(知覺)이다. 그리고 우리의 정서적 반응을 구별되는 느낌의 톤을 지닌 태도로 체계화시키고, 개인의 열정의 범위를 설정하는 것은 바로 사고의 연속성이다. 다른 말로 하면, 사고와 상상력 덕분에 우리들은 감정뿐만 아니라 감정생활 또한 지니게 되는 것이다.[69]

이런 맥락에서 우리의 정신적 작업은 외부 세계 그 자체에서의 사건의 패턴에 대한 정보 수집으로부터 정서적인 의미의 결정으로, 즉 사건들의 패턴

---

69) S. Langer, *Feeling and Form* (New York, 1953), p. 372 ; 고딕체는 원서에서는 이탤릭체임.

의 정서적 수용으로 옮겨간다. 우리는 문제를 해결하는 데에 연관되어 있는 것이 아니라, 느낌을 명확히 하는 데에 연관되어 있다. 그럼에도 불구하고 문화적 자원과 적절한 공적 상징체계의 존재는 지시적인 사고에서와 마찬가지로 이러한 종류의 과정에도 필수적이다. 또한 그러한 까닭에 "분위기", "태도", "감성" 등 —— 이것은 감각이나 동기로서가 아니라 상태나 조건의 의미에서의 "느낌"이다 —— 의 발전, 유지 및 소멸은 지시적 "사고"와 마찬가지로 인간에 있어서 기본적으로 사적인 활동을 구성하지 않는다. 도로 지도의 사용은 우리로 하여금 샌프란시스코에서 뉴욕까지 정확하게 갈 수 있도록 해준다. 카프카의 소설을 읽는 것은 우리로 하여금 근대 관료제에 대한 독특하고도 잘 정의된 태도를 형성할 수 있도록 해준다. 우리는 풍동에서 비행기를 설계할 수 있는 능력을 습득한다. 교회에서 참된 경외감을 느끼는 능력을 발전시킨다. 아이들은 "머릿속으로" 셈하기 전에 손가락으로 셈하며, "마음으로" 사랑을 느끼기 전에 피부로 느낀다. 인간에게는 관념뿐만 아니라 감정도 문화적 산물이다.[70]

인간에게 타고난 정서의 특성이 없다고 해도, 신경계로 향하는 최적의 자극 흐름의 성취는 "과다"와 "과소"의 양 극단 사이에서 신중하게 균형을 잡는 것보다 훨씬 더 복잡한 작동이다. 그것은 오히려 감각기관을 통해서 오는 자극에 대한 아주 미세한 질적 통제이다. 여기에서도 문제는 단순히 필요한 자극을 조심스럽게 기다리는 것보다 그것을 활기차게 추구하는 것이다. 신경학적으로는 이 통제는 감각기관의 활동을 수정하는 중추신경계로부터 나오는 원심적 충동에 의해서 성취된다.[71] 심리학적으로는 동일한 과정이 태도에 의한 지각의 통제로 표현될지도 모르겠다.[72] 그러나 요점은 인간은 지각이나 정신 모두 감정의 상징 모델에 이끌림이 없이는 충분히 정밀

---

70) 인간 정신의 지적인 면과 정서적인 면을 도와주는 문화 상징들은 나뉘는 경향이 있다. 한 편에는 논증적인 언어, 실험 절차, 수학 등이 있으며, 다른 한편에는 신화, 의례 그리고 예술 등이 있다. 그러나 이러한 대비는 너무 극명하게 묘사되어서는 안 될 것이다. 수학은 그것의 정서적인 용도를 가지고 있고, 시는 그것의 지적인 용도를 가지고 있다. 어떤 경우든지 차이는 단지 기능적인 것이지 본질적인 것은 아니다.

71) R. Granit, *Receptors and Sensory Perception* (New Haven, 1955).

72) J. S. Bruner와 L. Postman, "Emotional Selectivity in Perception and Reaction", *J. Personality* 16 (1947) : 69-77.

하게 형성될 수 없다는 것이다. 결심을 하려면, 우리는 사물에 대해서 우리가 어떻게 느끼는지를 알아야만 한다. 그리고 우리가 사물에 대해서 어떻게 느끼는지를 알려면, 우리는 단지 의례와 신화 그리고 예술만이 제공할 수 있는 감성의 공적 이미지를 필요로 한다.

IV

"정신"이라는 용어는 유기체의 특정한 성향들이 어떤 종류로 조합되어 있는 것을 말한다. 계산능력은 일종의 정신적 특성이며, 항상 쾌활한 것도, 탐욕도 —— 여기에서는 동기의 문제를 검토할 수 없었지만 —— 또한 마찬가지이다. 따라서 정신의 진화 문제는 잘못 인식된 형이상학에 의하여 생긴 그릇된 문제도 아니고, 생명의 어느 단계에서 비가시적인 영혼이 유기체에 부가되었는가를 발견하는 것도 아니다. 그것은 유기체에서 특정한 종류의 능력과 기능, 취향 및 성향 등의 발전을 추적해나가서 그러한 특성들의 존재가 의존하고 있는 요인 내지 요인의 패턴들을 그려내는 문제이다.

인류학에서의 최근 연구는 종래의 견해, 즉 인간의 정신적 성향들은 문화에 유전적으로 선행(先行)하며, 인간의 실제적인 능력은 문화적 수단에 의해서 그 기존의 성향들이 확장되거나 확대된 것을 나타낸다고 보는 견해가 오류라는 사실을 시사한다.[73] 생물학적 인간 진화의 최종 단계가 문화 성장의 초기 단계 이후에 있었다는 분명한 사실은 "기초적인", "순수한" 내지는 "조건지어지지 않은" 인간 본성이란 인간의 생득적 성질상 너무나도 기능

----

73) "정신"과 "문화"와 같이 가변적으로 사용되는 용어를 쓸 경우, 어느 정도까지 계통 발생학적 사다리를 타고 내려갈 것인가, 즉 얼마나 광범하게 그들을 정의한 것인가를 결정하는 일은 대부분이 관습, 정책 그리고 기호에 달린 문제이다. 여기에서 다소 일관성은 없겠지만 보편적인 용법으로 보이는 것에 따르면, 정신과 문화에 대한 상반된 용법이 채택된다. 정신은 원숭이의 의사 소통과 생쥐의 T자 미로 탈출 같은 학습된 능력을 포함하는 광범한 의미로 정의된다. 문화는 도구 제작 이후의 상징 패턴만을 일컫는 좁은 의미로 정의되어왔다. 문화는 "신호나 기호와 같은 학습된 의미 유형"으로 정의되어야 하며, 모든 생명 유기체의 영역으로 확대되어야 하는 것이라고 하는 논의에 대해서는 다음을 참조하라. T. Parsons, "An Approach to Psychological Theory in Terms of the Theory of Action", S. Koch 편, *Psychology : A Study of a Science* (New York, 1959), 3 : 612-711.

적으로 불완전하여 아무런 쓸모가 없다는 의미를 함축한다. 도구, 수렵, 가족조직과 보다 후기의 예술, 종교 및 과학은 인간을 신체적으로 형태지었으며, 그리하여 그것들은 인간의 생존뿐 아니라 인간 존재의 실현에 대해서도 필수적인 것이 되었다.

인간 진화에 대한 이와 같은 수정된 견해에 따라서 문화 자원은 인간 사고에 단순한 부가물이 아니라 바로 구성요소라는 가정이 도출된다. 계통 발생적으로 하등동물에서 고등동물로 이행함에 따라서, 행동은 주어진 자극에 대해서 점점 더 현실적으로 예측할 수 없는 성격을 띠게 되는데, 이것은 생리학적으로 신경활동의 중추적 유형의 복잡성과 우위성에 의해서 지탱되는 것으로 보이는 경향을 말한다. 하등 포유류의 수준까지는 최소한 이러한 자율적인 중추 부위의 성장은 새로운 신경 기제의 발전으로 그 주요 부분이 설명될 수 있다. 그러나 고등 포유류에서는 그러한 기제가 아직 발견되고 있지 않다. 비록 신경세포 숫자의 단순한 증가가 그 자체로 충분히 인간 정신능력의 개화(開花)를 입증할 수 있는 것이라고 볼 수 있다고 하더라도, 커다란 인간의 두뇌와 인간의 문화가 전후가 아니라 동시적으로 등장했다는 사실은 신경구조의 진화에 있어서 가장 최근의 발전이 다음과 같은 메커니즘의 출현으로부터 성립되고 있다는 사실을 보여준다. 즉 보다 복잡한 지각 영역의 유지를 가능하게 함과 동시에 본질적(생득적) 변수에 의한 이러한 영역의 결정을 더욱 불가능하게 하는 메커니즘이다. 인간의 신경조직은 자율적인 활동의 유형을 구축하기 위하여 공적인 상징구조에의 접근 가능성에 의존하는 것이 불가피하다.

나아가 이것은 인간의 사고가 일차적으로는 공통 문화의 객관적 소재에 의해서 행해진 공공연한 행동이며, 단지 부차적으로만 사적인 것이라는 의미를 내포한다. 지시적 사고와 감정의 형성 그리고 이들의 동기로의 통합이라는 의미에서 인간 정신의 과정은 학자의 책상이나 축구장, 스튜디오나 화물차 운전사의 좌석, 플랫폼이나 장기판 내지 재판석 등에서 진행된다. 격리론자들은 문화, 사회조직, 개인 행동 또는 신경생리학의 폐쇄체계의 실재를 주장한다. 그러나 인간 정신에 대한 과학적 분석이 진보하려면 거의 모든 행동과학들로부터의 합동 공격이 요구된다. 그 행동과학들 각각의 분야에서의 발견은 다른 분야에서의 모든 발견에 대한 지속적인 이론적 재평가를 요구하게 될 것이다.

제3부

제4장   문화체계로서의 종교

> 특정의 언어를 말하지 않고 말을 하려는 어떠한 시도도 특정의 종교가 아닌 종교를 가지려는 시도만큼 절망적인 것이다.……따라서 모든 현존하는 건전한 종교는 현저하게 특유한 표현법을 가지고 있다. 그것의 힘은 그것이 주는 특별하고 놀라운 메시지에 있으며, 또한 그러한 계시가 생명에 부여하는 경향에 있다. 종교가 열어주는 전망과 그것이 제시하는 신비는 살아야 하는 또 다른 세상이다. 살아야 하는 또 다른 세상이 있다는 것은 —— 우리가 그 속으로 완전히 들어갈 것을 기대하든 그렇지 않든 —— 우리가 종교를 가지고 있음을 의미하는 것이다.
>
> —— 산타야나, 「종교에서의 이성(*Reasons in Religion*)」

I

　제2차 세계대전 이후에 이루어진 종교에 대한 인류학적 작업이 가지는 두 가지 특징은 제1차 세계대전 직전 및 직후에 수행된 작업들과 비교할 때 이상하게 보인다. 첫째는 이론상의 중요한 진보가 없었다는 점이다. 약간의 경험적 풍부함을 덧붙인 것을 제외하고는 선배들의 개념적 자산으로 살아가고 있다. 둘째는 매우 좁게 정의된 지적 전통에서 도출된 개념만을 사용하고 있다는 점이다. 어떤 특정한 연구에서도 뒤르켐, 베버, 프로이트 또는 말리노프스키 등의 탁월한 인물들의 한두 가지 접근을 따르고 있다. 다만 이 뛰어난 이론가들을 능가해보려는 자연스런 경향에 의해서, 또는 신뢰할 만한 기술적(記述的) 자료가 증가함에 따라서 약간의 지엽적 수정만이 있었을 뿐이다. 그러나 그러한 이론가들이 했던 것처럼 다른 학문 —— 철학, 역사, 법학, 문학 또는 "자연과학" —— 안에서 분석 개념을 구하려는 생각을 한 사람은 거의 아무도 없었다. 그리고 이러한 두 가지 이상한 점은 연관되지 않을 리가 없다는 생각이 든다.

만약 종교에 대한 인류학적 연구가 사실상 일반적인 침체상태에 있다면, 고전적인 이론적 주제에 보다 미세한 변이를 산출함으로써 연구가 다시 진전되리라고는 생각하지 않는다. 그러나 예를 들면 조상 숭배는 연장자들의 법적 권위를 지지한다, 성인식은 성의 정체성과 성인의 지위를 성립시키는 수단이다, 의례집단들은 정치적 대립을 반영하고 있다, 혹은 신화는 사회적 제도들의 헌장과 사회적 특권의 합리화를 제공한다와 같은 잘 정립된 명제에 더욱 정교한 또 하나의 예증을 제시한다면, 많은 사람들에게, 학문 내부이거나 학문 외부이거나 관계없이, 인류학자라는 것은 신학자들과 같이 의심할 여지없는 사실을 검증하는 데에 확고히 헌신하고 있는 사람들이라는 확신을 줄 것이다. 예술에서는, 저명한 대가의 업적을 진지하게 재현하는 것을 아카데미즘이라고 부른다. 그리고 나는 이것이 우리의 병폐에도 적합한 명칭이라고 생각한다. 레오 스타인버그의 말에서처럼, 습관화된 기교를 답습하는 데에서 오는 달콤한 성취감을 포기함으로써 그리고 분명하지 않는 문제에 발견이 가능할 만큼 충분히 힘을 쏟음으로써만, 우리는 20세기 초 사반세기의 위대한 인물들의 업적을 재현하는 데에 그치지 않고 그것에 견줄 만한 업적을 달성할 것을 바랄 수 있다.[1]

이것을 이루는 방법은 이 분야에서 사회인류학이 성취한 전통을 버리는 것이 아니라, 그것들을 확장하는 것이다. 우리의 사고를 편협하게 했다고 해도 좋을 만큼 우리 사고를 지배하고 있는 최소한 네 사람의 공헌 —— 뒤르켐의 성(聖)의 본질에 관한 논의, 베버의 이해 방법론, 프로이트의 개인 의례와 집단 의례의 병행관계 그리고 말리노프스키의 종교와 상식의 차이에 대한 탐구 —— 은 나에게는 종교에 대한 어떤 유용한 인류학적 연구에도 필수 불가결한 출발점으로 보인다. 그러나 그것은 다만 출발점일 뿐이다. 그 이상으로 넘어서기 위해서는 이론들이 자체 내에 안고 있으며 또한 그것들이 포함되어 있는, 훨씬 더 광범한 현대적 사고의 맥락 속에 그것들을 자리매김해야 한다. 이 과정의 위험은 분명하다. 자의적인 절충주의, 피상적인 이론 팔기 그리고 순전한 지적 혼돈이 그것들이다. 그러나 적어도 나는 보다 일반적으로 인류학을 언급하면서 재너위츠가 능력의 영구 양도라고 부

---

1) L. Steinberg, "The Eye Is Part of the Mind", *Partisan Review* 70 (1953) : 194~212.

른 것에서 탈출할 수 있는 다른 방법을 알 수가 없다.[2]

그 안에서 우리의 연구들이 행해지는 개념의 덮개를 확장시키는 작업에서 우리는 물론 여러 방향으로 나아갈 수 있다. 그리고 아마 가장 중요한 초기의 문제는, 스티븐 리콕의 기마 경찰처럼, 이들 모두를 한꺼번에 착수하는 것을 피하는 일일 것이다. 나로서는, 내가 파슨스와 실즈를 따라서 종교 분석의 문화적 차원이라고 일컫는 것을 발전시키는 데에 나의 노력을 제한할 것이다.[3] 오늘날 "문화"라는 용어에 대해서 사회인류학계 안에서는 어떤 좋지 않은 평가의 분위기가 있는데, 이는 지칭 대상의 다양성과 이 단어가 너무 자주 유발시키는 연구대상의 막연성 때문이다(하지만 이러한 이유 때문에 왜 이 단어가 "사회구조"나 "인성"보다 더 시달려야 하는지는 나로서는 전적으로 이해할 수 없는 것 중 하나이다). 하여튼, 내가 신봉하는 문화 개념은 여러 가지를 지칭하는 것도 아니고, 내가 이해하는 한, 어떤 별난 모호성도 가지고 있지 않다. 그것은 상징으로 나타나는 역사적으로 전승된 의미의 유형, 즉 인간이 그것을 통하여 생활에 관한 지식과 태도를 서로 전달하고, 영속화하고, 발전시키는 상징의 형태로 표현되는 전승된 개념의 체계를 뜻한다. 물론 "의미", "상징", "개념"과 같은 용어는 설명을 필요로 한다. 그러나 그것은 바로 확대, 확장, 팽창이 가능해지는 곳이다. 만약 랑어가 "의미의 개념은, 그 다양성에도 불구하고, 우리 시대의 중요한 철학적 개념이다"라고 한 것, "기호, 상징, 표시, 의미 부여, 의사 소통……은 우리의 [지적] 재산이다"라고 한 것이 옳다면, 지금은 아마도 사회인류학 그리고 특히 종교의 연구와 연관된 분야의 사회인류학이 그 사실을 알아야 될 시기이다.[4]

II

의미를 다룰 것이므로 패러다임에서 시작하자. 즉 성스러운 상징은 사람

---

2) M. Janowitz, "Anthropology and the Social Sciences", *Current Anthropology* 4 (1963) : 139, 146–154.

3) T. Parsons와 E. Shils, *Toward a General Theory of Action* (Cambridge, Mass., 1951).

4) S. Langer, *Philosophical Sketches* (Baltimore, 1962).

들의 에토스와 세계관을 통합하는 기능을 한다. 에토스란 사람들의 삶의 색조, 성격, 질, 도덕적이고 심미적인 형식과 분위기이며, 그들의 세계관은 실제 현실 속에서 사물이 존재하고 있는 방식에 대해서 사람들이 가지고 있는 그림, 즉 가장 포괄적인 질서의 개념이다. 종교적 신앙과 실천에서 한 집단의 에토스는 세계관이 묘사한 현실적 상태에 이상적으로 적응한 삶의 방식을 표상하는 것으로 제시됨에 의해서 지적으로 근거 있는 것으로 여겨지게 된다. 반면 세계관은 그러한 삶의 방식을 수용하기에 각별히 잘 배열된 현실적 상태의 이미지로 제시됨으로써 정서적으로 확신할 수 있는 것으로 여겨진다. 이런 에토스와 세계관의 대립과 상호 확인은 두 가지 근본적인 효과를 지닌다. 한편으로 이것은 도덕적, 미적 선호를 객관화한다. 즉 특정의 구조를 가지는 세계에 내재하는 부과된 생명의 조건으로, 불변의 실재 형상에 대한 단순한 상식으로 제시한다. 다른 한편으로 그것은 세계가 존재하는 방식에 관하여 받아들여진 신앙에 도덕적, 미적 감정을 끌어들여서 그것들의 진실성에 대한 경험적 증거로 작용한다. 종교적 상징은 특별한 삶의 양식과 특정한 (비록, 흔히 잠재적인 것일지라도) 형이상학 사이의 근본적 일치점을 공식화하고, 이렇게 함으로써 각자를 다른 것에서 차용한 권위를 통해서 유지한다.

어떤 말로 표현하든, 여기까지는 받아들여질 것이다. 종교가 인간의 행위를 마음속에 그리던 우주 질서에 일치시키고, 우주 질서의 상(像)을 인간 경험의 국면에 투사한다는 개념은 전혀 새로운 것이 아니다. 그러나 이는 또한 거의 조사되지도 않아서, 우리는 경험적인 측면에서 이런 특별한 기적이 어떻게 성취되는지에 대해서 거의 알지 못한다. 우리는 다만 이것이 해마다, 주마다, 날마다, 어떤 사람에게는 거의 매시간 행해짐을 알고 있을 뿐이다. 그리고 우리는 이것을 보여주는 엄청난 양의 민족지학적 문헌들을 가지고 있다. 그러나 그것에 대해서 우리가 종족 분파, 정치적 계승, 노동 교환, 또는 유아의 사회화에 대해서 제공할 수 있는 것과 같은 종류의 분석적 설명을 제공하는 것을 가능하게 하는 이론적 준거의 틀은 존재하지 않는다.

그러므로 우리의 패러다임을 정의(定意)로 환원해보도록 하자. 비록 정의란 그 자체로는 아무것도 성립시키지 못하는 것으로 악명 높지만, 충분히 주의 깊게 구성되어, 우리의 생각을 유용하게 방향 짓거나 혹은 재방향 짓게 되면, 그것의 폭넓은 전개는 탐구의 새로운 길을 발전시키고 통제하는 효과적인 방식이 될 수 있다. 정의는 명시성이라는 유용한 장점을 가지고 있다. 즉 그것들은 특히 이 분야에서는 언제나 논쟁 대신 수사학을 사용하기 쉬운 추론적인 문장과는 달리 명확하게 자신을 밝힌다. 따라서 더 이상의 왈가왈부는 피하고 종교를 정의해본다면 종교란

(1) 작용하는 상징의 체계로, (2) 인간에게 강력하고, 널리 미치며, 오래 지속되는 분위기와 동기를 성립시키고, (3) 일반적인 존재의 질서 개념을 형성하며, (4) 그러한 개념에 사실성의 층을 씌워, (5) 분위기와 동기가 특이하게 현실적인 것으로 보이게 한다.

작용하는 상징의 체계로……

여기에서 엄청난 비중이 "상징"이라는 용어에 부여되어 있으므로, 우리의 첫번째 작업은 그것을 통해서 우리가 의미하고자 하는 것을 어느 정도 엄밀하게 결정하는 것이 되어야만 한다. 이것은 쉬운 작업이 아닌데, 왜냐하면 "문화"와 마찬가지로, "상징"은 엄청나게 다양한 사물을 언급하기 위하여 쓰이며, 종종 몇 가지 양상을 동시에 가리키는 경우도 있기 때문이다.

어떤 입장에서 상징은 누군가에게 다른 어떤 것을 의미하는 어떤 것을 나타내는 데에 이용된다. 예를 들면 짙은 구름은 다가올 비의 상징적 전조이다. 다른 입장에서는 분명히 관습적인 기호만으로 사용된다. 예를 들면 붉은 깃발은 위험의 상징이며, 흰 깃발은 항복의 상징이다. 또 다른 입장에서는 직접적이고 정확하게 언급될 수 없는, 완곡하고 비유적인 방식으로 표현된 것에 한정되기도 한다. 따라서 상징은 시에는 있으나 과학에는 없으며, 상징적 논리는 잘못 명명되었다. 그러나 또 다른 입장에서 상징은 개념 —— 개념은 상징의 "의미"를 말한다 —— 을 운반하여 전달하는 모든 종류의 대상물, 행위, 사건, 성질 혹은 관계를 말하며, 이것이 여기서 내가 따를 접근법이다.[5] 6이라는 숫자는 쓰였건, 상상되었건, 돌로 배열되었건, 또는 심지어 컴퓨터의 프로그램 테이프에 찍혀 있건 간에, 하나의 상징이다. 또한 십자가도 그것에 관해서 말하건, 마음속에 떠올리건, 근심스럽게 허공에 그리건, 또는 목에서 만지작거리건 간에 모두 상징이다. "게르니카(Guernica)"라고 불리

---

5) S. Langer, *Philosophy in a New Key*, 제4판 (Cambridge, Mass., 1960).

는 그림이 그려진 캔버스의 공간 또는 추룽가라고 불리는 그림이 그려진 돌 조각, "실재"라는 단어, 또는 "-ing"라는 형태소 또한 상징이다. 이들은 모두 상징이거나 최소한 상징적 요소이다. 왜냐하면 이들은 관념의 이해될 수 있는 형상화, 지각될 수 있는 형태로 고정된 경험으로부터의 추상, 아이디어, 태도, 판단, 희망 또는 신념의 구체적 표현이기 때문이다. 따라서 문화적 활동 —— 상징활동이 주된 내용이 되는 활동 —— 의 연구를 시작하는 것은 플라톤적인 그림자의 동굴(이데아론을 설명하는 동굴의 비유/역주)에 대한 사회적 분석을 포기하는 것은 아니다. 그것은 내성심리학이나 혹은 보다 나쁘게, 사변적인 철학의 정신적 세계에 들어가서 "인지", "감정", "의욕"과 그밖의 포착하기 어려운 실체들의 안개에서 영원히 방황하는 것이 아니다. 문화적 활동, 구성, 이해 그리고 상징적 형태의 이용은 다른 것과 마찬가지로 사회적 사건이다. 그것들은 결혼과 마찬가지로 공적이며, 농업과 마찬가지로 관찰 가능하다.

그러나 그것들은 정확하게 동일한 것은 아니다. 또는 보다 엄밀하게, 사회적 사건들의 상징적 차원은, 심리학적 차원과 마찬가지로, 그 자체가 경험적 총체로서의 사건들로부터 이론적으로 추상화되는 것이 가능하다. 그러나 여전히, 케네스 버크의 말을 인용하면, 집을 짓는 것과 집을 짓기 위한 계획을 세우는 것 사이의 차이는 존재하며, 결혼을 통해서 아이를 가지는 것에 관한 시를 읽는 것과 결혼을 통해서 아이를 가지는 것은 동일한 것이 아니다.[6] 주택의 건축이 설계의 지침하에 진행될 수 있고 또는 —— 흔히 일어날 수 있는 일은 아니지만 —— 시를 읽은 것이 동기가 되어 아이를 가지게 되었다고 하더라도, 우리와 상징과의 교류와, 우리와 사물 또는 인간과의 관계를 혼돈하지 않도록 무엇인가 해야 할 말이 있다. 왜냐하면 후자는 그것이 자주 상징으로 기능하더라도 그 자체로는 상징이 아니기 때문이다.[7] 문화적

6) K. Burke, *The Philosophy of Literary Form* (Baton Rouge, La. : Louisiana State University Press, 1941), p. 9.

7) 상징을 그 지시대상과 동일시하거나, 그 구성요소로 보는 반대의 실수(특히 카시러와 같은 신[新]칸트주의자 사이에서 보편적인)도 마찬가지로 유해하다[E. Cassirer, *The Philosophy of Symbolic Forms* (New Haven : 1953~1957), 제3권 참조]. 아마도 그럴 듯하게 지어낸 이야기이겠지만, 어떤 선불교의 도사는 다음과 같이 말했다고 한다. "자신의 손가락으로 달을 가리킬 수 있지만, 자신의 손가락을 달로 착각하는 것은 바보이다."

인 것, 사회적인 것, 심리학적인 것이 집, 농장, 시, 결혼의 일상생활에서 아무리 깊이 혼합되어 있다고 하더라도, 분석에서는 그것들을 구분하고 각각의 일반적인 특질을 다른 두 가지의 규범화된 배경에 대하여 분리하는 것이 유용하다.

상징체계이건 상징의 복합이건 간에, 문화 패턴에 관한 한, 여기에서 우리에게 가장 중요한 일반적 특성은 그것이 정보의 외재적 원천이라는 점이다. "외재적"이라는 단어를 통해서, 나는 오직 —— 예컨대, 유전자와는 달리 —— 개별 유기체의 경계 밖에, 즉 공통적 이해의 간주관적 세계에 그것들이 놓여 있다는 것을 의미하려고 했다. 모든 인간은 그 세계 속으로 태어나고, 그 속에서 각자의 개별적 경력을 쌓고, 그들이 죽고 난 뒤에도 존속한다. "정보의 원천"이라는 말을 통해서, 나는 오직 —— 유전자와 마찬가지로 —— 그것들이 그것들 외부의 과정과 관련하여 제한된 형식을 부여할 수 있는 청사진 또는 형판(型板)을 제공한다는 것을 의미하려고 했다. DNA의 한 가닥에서 기부(基部)의 순서가 유기체의 기능을 형성하는 구조적으로 복잡한 단백질의 합성을 위한 코드화된 프로그램, 일련의 지시, 또는 수단을 구성하듯이, 문화 패턴도 공적 행위를 형성하는 사회적이고 심리적인 과정의 제도에 프로그램을 제공한다. 정보의 종류와 그 전달양식이 두 경우에 엄청나게 다르다고 하더라도, 이 유전자와 상징의 비교는 흔히 듣는 "사회적 유전"과 같은 종류의 억지 유추와는 차원이 다르다. 이는 실제로 실질적인 관계이다. 그 말은 인간에게 유전적으로 프로그램된 과정이 하등동물과 비교하여 매우 고도로 일반화되어 있기 때문에, 문화적으로 프로그램된 것이 매우 중요하다는 바로 그 사실 때문이다. 인간의 행위는 내부로부터 나오는 정보에 의해서는 너무 느슨하게 결정되는 까닭에 외래적 원천이 결정적인 것이 된다. 비버는 댐을 건설하기 위해서 적당한 장소와 적당한 재료만을 필요로 한다 —— 비버의 진행방식은 생리학에 의해서 결정된다. 그러나 유전자가 건축작업에 대하여 아무것도 알려주지 않는 인간은 댐을 건설한다는 것이 무엇인가에 대한 개념, 즉 무엇인가 상징적인 원천 —— 청사진, 교과서, 혹은 댐을 어떻게 세우는지 이미 알고 있는 사람이 하는 일련의 말 —— 으로부터 얻을 수 있는 개념, 또는 물론, 도표 혹은 언어적 요소를 조작하는 것을 통해서만 얻을 수 있는 개념을 필요로 한다. 그러한 방법으

118

로 댐이 무엇이고, 그것이 어떻게 세워지는가에 대한 개념을 스스로 획득하게 된다.

이 점은 때때로 다음과 같은 형태의 주장으로 표현된다. 즉 문화 패턴이란 "모델"이며, 모델이란 일련의 상징들인데, 이 상징들간의 상호 관계는 물리적, 유기적, 사회적, 심리적 체계 안에 있는 실체, 과정 등 사이의 관계를 "병행시키거나", "모방하거나", "흉내내거나" 함으로써 모델을 만든다.[8] "모델"이라는 용어는 두 가지 의미 ── "에 대하여"의 의미와 "를 위하여"의 의미 ── 가 있으며, 이 두 가지 의미는 동일한 기초적 개념의 상이한 측면에 불과하지만, 분석을 위해서는 둘을 구분하는 것이 매우 가치가 있다. 첫번째 의미에서는, 수리학(水理學) 이론을 발전시키거나 유수도(流水圖)를 작성하여 댐의 작동방식을 이해하는 것과 마찬가지로, 상징구조를 조작하여 그것들을 기존의 비상징적 체계와 어느 정도 밀접하게 병행시킬 수 있도록 하는 작업이 강조된다. 이론이나 유수도는 물리적 관계를 이런 식으로 ── 즉 그 구조를 개요의 형식으로 표현함으로써 ── 이해 가능하도록 모델을 만든다. 이것이 "실재"에 대한 모델이다. 두번째 의미에서는, 상징적 체계로 표현되는 관계로서 비상징적 체계를 조작할 것이 강조된다. 그것은 우리가 수리학 이론에 내포되어 있는 설계도나 유수도에서 얻어낸 결론에 따라서 댐을 건설할 때와 마찬가지이며, 여기에서 이론은 그 지시에 따라서 물리적 관계가 조직되는 모델이다. 그것은 "실재"를 위한 모델이다. 심리체계와 사회체계 그리고 우리가 보통 "이론"이라고 하지 않고 "교설(敎說)", "멜로디" 또는 "의례"라고 부르는 문화적 모델에 있어서도 상황은 마찬가지이다. 무엇에 대한 모델이 아니라 무엇을 위한 모델일 뿐인 유전자와 그밖의 비상징적 정보의 근원과는 달리, 문화 패턴은 내재하는 이중적 측면을 가지고 있다. 즉 문화 패턴은 그 자신을 사회적, 심리적 실재에 맞게 만드는 동시에 사회적, 심리적 실재를 자신들에게 맞게 만드는 과정을 통하여 사회적, 심리적 실재에 의미, 즉 객관적 개념 형식을 부여한다.

실제로 이러한 이중적 측면이 바로 진정한 상징과 다른 종류의 의미 표현의 형식을 구분하는 것이다. 유전자의 예가 보여주듯이, 무엇을 위한 모델은

8) K. Craik, *The Nature of Explanation* (Cambridge, 1952).

자연의 전체 질서 모두에서 나타난다. 왜냐하면 패턴화된 의사 소통이 있는 곳이면 어디에서나 단순한 논리에서 그러한 프로그램이 요구되기 때문이다. 동물들에게는 인상학습(印象學習)이 아마도 가장 두드러진 예일 것이다. 왜냐하면 이러한 학습이란 모델이 되는 동물이 학습하는 동물 앞에서 적절한 일련의 행위를 자동적으로 표현함으로써 학습하는 동물에게 유전적으로 새겨져 있는 일련의 특정한 반응들을 똑같이 자동적으로 불러내어 고정시키도록 하는 것이기 때문이다.[9] 두 마리의 꿀벌 중 한 마리는 꿀을 발견했고, 다른 한 마리는 꿀을 구할 때 둘 사이에서 일어나는 의사 소통을 위한 춤은 다소 다르긴 하지만 또 하나의 보다 복잡하게 코드화된 예이다.[10] 크레이크는 심지어 실개천의 물도 먼저 산 속의 샘에서 바다로 흘러가는 길을 발견하고는 그 뒤를 따르는 다량의 물을 위해서 작은 수로를 만든다는 점에서 일종의 기능을 위한 모델의 역할을 한다고 말했다.[11] 그러나 다른 과정들을 패턴화시킬 수 있는 정보의 근원을 제공하는 것이 아니라, 그런 패턴화된 과정들을 그대로 표현하는 것, 즉 대안적 매체를 써서 그 구조를 표현하도록 기능하는 언어적, 그래픽적, 기계적, 자연적 등의 과정들에 대한 모델들은 훨씬 드물며, 아마도 살아 있는 동물 중에서는 인간에게만 한정되어 있는 것인지도 모른다. 한 세트의 과정, 활동, 관계, 실체 등과 하나의 프로그램으로 작용하는 또 다른 세트와의 사이에 존재하는 구조적 일치를 인식하는 것이 인간 사고의 본질이다. 그것을 통하여 프로그램이 프로그램된 것의 표상 또는 개념 —— 상징 —— 으로 간주될 수 있다. 상징적 형성을 통해서 가능하게 되는 무엇을 위한 모델과 무엇에 관한 모델의 상호 치환 가능성은 우리 정신의 독특한 특성이다.

······인간에게 강력하고, 널리 미치며, 오래 지속되는 분위기와 동기를 성립시키고······

종교적 상징과 상징체계에 관한 한, 이러한 상호 치환 가능성은 분명하다. 평원 인디언이 행하는 환영 추구(vision quest)에서 볼 수 있는 참을성, 용기, 독립심, 인내 그리고 열정적인 고집 등은 바로 그들의 삶의 지침이 되

---

9) K. Lorenz, *King Solomon's Ring* (London, 1952).
10) K. von Frisch, "Dialects in the Language of Bees", *Scientific American*, 1962년 8월.
11) Craik, *Nature of Explanation*.

는 찬란한 미덕과 동일한 것이다. 즉 그들은 계시의 감각을 얻는 한편, 방향 감각을 안정시킨다.[12] 의무 불이행의 강령이 그에게 일러주는 공적인 수치 감들은 모두 소유의식이 강한 그들의 사회를 유지시키는 일종의 의무 윤리 의 기초가 되는 감정과 동일한 것이다. 즉 사면을 받는 것은 양심의 단조(鍛 造)를 포함한다.[13] 그리고 동일한 자기 훈련은 동요 없이 등잔불을 응시하는 자바의 신비가들에게 그가 신성의 암시라고 믿는 것을 느끼도록 해주며, 그 는 그러한 훈련을 통하여 정적인 생활방식을 추종하려는 사람에게 필요한 감정 표현의 엄격한 통제에 단련된다.[14] 개인의 수호신, 가족의 수호신, 또는 보편적 신의 개념을 현실의 속성에 대한 개괄적 공식화로 간주하느냐 또는 그러한 속성을 지닌 현실을 창출하는 형판으로 간주하느냐는 대체로 자의 적인 것으로서, 무엇에 대한 모델 또는 무엇을 위한 모델 중 그때그때 어느 측면에 초점을 맞추기를 원하는가의 문제이다. 관련된 구체적인 상징 들 —— 황야에서 실체화하는 어떤 신화적 인물, 서까래에 검열관같이 걸려 있는 죽은 가장의 두개골, 또는 수수께끼 같은 고전 시를 소리 없이 노래하 는, 모습이 보이지 않는 사람의 "정적의 소리" —— 은 두 방향 모두를 가리 키고 있다. 그러한 상징들은 세계의 존재양식을 표현하는 동시에 그것을 만 드는 것이기도 하다.

그것들은 숭배자들에게 그의 활동의 흐름과 그 경험의 질에 영속적인 성 격을 부여하는 어떤 명백한 성향(경향, 능력, 성격, 숙련, 습관, 책임, 방향) 을 유발함으로써 세계의 존재양식을 형태짓는다. 성향이라는 것은 행위나 일어난 일을 말하는 것이 아니라 어떤 행위가 행해질 가능성 또는 어떤 상 황에서 어떤 일이 일어날 개연성을 말하는 것이다. "소를 반추동물이라고 할 때, 혹은 어떤 사람을 흡연가라고 할 때, 이것은 소가 지금 반추하고 있 다거나, 그 사람이 지금 담배를 피고 있다는 것이 아니다. 반추동물이라는 것은 때때로 반추하는 경향이 있다는 것이며, 흡연가라는 것은 담배를 피우 는 버릇이 있다는 것이다."[15] 마찬가지로 경건하다는 것은 우리가 경건한 행

---

12) R. H. Lowie, *Primitive Religion* (New York, 1924).

13) R. F. Fortune, *Manus Religion* (Philadelphia, 1935).

14) C. Geertz, *The Religion of Java* (Glencoe, Ill. , 1960).

15) G. Ryle, *The Concept of Mind* (London and New York, 1949).

동이라고 부르는 무엇인가를 하고 있는 중이라는 것이 아니라, 그런 행동을 할 경향이 있음을 말하는 것이다. 이러한 점은 평원 인디언의 용맹함, 마누스 섬 사람들의 양심의 가책, 혹은 자바인의 정적주의(靜寂主義) —— 이것들은 모두 각자의 맥락에서 경건의 실체를 구성하고 있다 —— 에 관해서도 마찬가지이다. 흔히 "정신적 특질" 또는 데카르트주의가 인정되지 않는다면, "심리학적 힘"(양자 모두 그 자체로는 부정되지 않기에 충분한 용어)이라고 불리는 이러한 종류의 관점이 지니는 장점은, 그것들을 어떤 희미하고 접근 불가능한 사적 감정의 영역에서 끌어내어서, 유리의 깨지기 쉬움, 종이의 타버리기 쉬움 그리고 은유로 돌아가면, 영국의 습기와 같은 관찰 가능한 것들이 존재하는 불 밝혀진 세계로 들어가게 한다는 점이다.

종교적 활동에 관한 한(신화를 암기하는 것도 손가락 관절을 잘라내는 것과 마찬가지로 종교적 활동이다), 두 가지의 다소 상이한 종류의 성향이 그것들에 의해서 유발된다. 즉 분위기와 동기이다.

동기라는 것은 어떤 종류의 행위를 하고 어떤 종류의 상황에서, 어떤 종류의 감정을 느끼도록 하는 지속적인 성향이다. 그런데 그 "종류"는 공통적으로 매우 이질적이고, 세 가지 경우에서 모두 그다지 잘 정의되지 않는다.

어떤 사람이 허영심이 많다[즉 허영심에 의해서 동기화되어 있다]는 것을 듣게 되면 우리는 그가 어떤 방식으로 행동할지를 기대한다. 즉 자신에 관해서 많이 말하고, 저명한 사람들의 사회에 집착하며, 비판을 거부하며, 각광받기를 원하고, 다른 사람의 장점에 대해서 말하는 것을 피할 것을 기대한다. 우리는 그가 자신의 성공에 관한 장밋빛 백일몽에 빠져 있고, 과거의 실패를 회상하기를 꺼리고, 자신의 진보를 위해서 계획할 것이라고 예상한다. 허영심이 강하다는 것은 이러한 방식들 그리고 무수히 많은 다른 유사한 종류의 방식으로 행동하는 경향이 있다는 것이다. 물론 우리는 또한 허영심이 강한 사람이 어떤 상황에서는 고통이나 낭패를 느낀다는 것을 예측할 수 있다. 즉 그러한 사람은 저명한 사람이 그의 이름을 잊었을 때 심한 좌절감을 느낄 것이고, 그의 경쟁자의 불행을 들었을 때 심장이 후련하고 발끝이 가벼워짐을 느낄 것이라고 우리는 기대한다. 그러나 불쾌함과 즐거운 감정은 공공연히 잘난 체하는 행동이나 사적으로 백일몽을 꾸는 것보다는 허영심의 직접적인 지표는 아니다.[16]

---

16) 앞의 책, p. 86. Barnes & Noble Books와 Hutchinson Publishing Group Ltd.의 허락하에 인용.

이러한 점들은 동기에서도 마찬가지이다. 하나의 동기로, "타오르는 용기"는 광야에서 단식하는 것, 적진에 홀로 뛰어드는 것 그리고 일격을 가할 것을 생각하고 스릴을 느끼는 것과 같은 지속적인 성향으로 구성된다. "도덕적 신중성"은 성가신 약속을 존중하고, 엄한 군중의 비난 속에서 비밀스러운 죄를 고백하고, 강령회(降靈會)에서 모호하고 일반화된 비난이 가해질 때 죄의식을 느끼는 것과 같은 마음 깊이 새겨진 경향으로 구성된다. 그리고 "냉정한 평온"은 어떤 장애가 있더라도 자신의 평정을 유지하고, 아주 약간의 감정 표현 앞에서도 혐오를 느끼고, 무형의 대상에 대한 내용 없는 명상에 몰두할 수 있는 것과 같은 지속적 성향으로 구성된다. 이와 같이 동기는 행위 (즉 의도적 행동)나 감정이 아니며, 특정 종류의 행위를 하거나 특정 종류의 감정을 지니는 경향을 말하는 것이다. 그래서 우리가 어떤 사람이 종교적이라고 할 때, 즉 종교에 의해서 동기화되어 있다고 할 때, 이것은 우리가 의미하려는 것의 적어도 일부분 —— 일부분에 지나지 않지만 —— 이다.

우리가 의미하는 것의 또 다른 부분은 적절한 자극을 받았을 때 그가 어떤 분위기에 빠져들 가능성이 있다는 것이다. 그 분위기란 우리가 종종 "공손한", "엄숙한" 또는 "신앙심 깊은"과 같은 용어로 묶어버리는 것이다. 그러나 이러한 일반화된 용어들은 그 속에 포함되어 있는 성향의 엄청난 경험적 다양성을 은폐하며, 실제로 그 다양성을 우리 자신의 종교생활의 대부분을 이루고 있는 엄숙한 분위기에 동화시켜버리는 경향이 있다. 성스러운 상징에 의해서 촉발되는 분위기는 세계의 많은 신화와 의례의 성욕을 자극하는 힘은 말하지 않더라도, 상이한 시기와 상이한 장소에서, 환희에서 우울까지, 자기 확신에서 자기 연민까지, 어쩔 수 없는 장난스러움에서 조용한 나른함까지 다양하다. 경건이라고 부를 수 있는 단일한 종류의 동기가 존재하지 않듯이, 신앙심이 깊다고 부를 수 있는 단일한 종류의 분위기도 존재하지 않는다.

분위기와 동기 사이의 주된 차이는, 이를테면 후자가 방향적 자질을 가지고 있다면, 전자는 단지 단계가 있는 것일 뿐이라는 것이다. 동기는 방향을 부여하며, 어떤 전체적인 진로를 보여주고, 특정의, 대개는 일시적인 행위의 완성을 향해서 이끌린다. 그러나 분위기는 강도에 관해서만 다양하다. 그것은 어느 곳으로도 가지 않는다. 그것은 어떤 상황에서 유발되지만, 어떤 목적에도 반응하지 않는다. 안개와 같이 단지 깔렸다가 걷히는 것이다. 향기와 같이 퍼졌다가 증발한다. 존재할 때, 그것은 총체적인 것이다. 누군가가 슬프다면 모든 사물과 모든 사람이 울적해 보인다. 누군가가 즐겁다면 모든 사물과 모든 사람이 찬란해 보인다. 따라서 한 사람이 동시에 허영심에 차있고, 용감하고, 고집 세고, 독립심이 강할 수는 있으나, 동시에 유쾌하면서 나른하다거나, 혹은 들떠 있으면서 우울하다거나 할 수는 없다.[17] 더욱이, 동기는 어느 정도 긴 시간 동안 지속되지만, 분위기는 단지 다양한 빈도로 재발하며, 때로는 정확히 알 수 없는 이유 때문에 나타나거나 사라지거나 한다. 그러나 아마 분위기와 동기 사이의 가장 큰 차이는, 우리에 관한 한, 동기가 그것이 성취하려고 하는 목적과 연관하여 "의미 있게 되는 것"이라면, 분위기는 그것이 유발되었다고 생각되는 조건과 관련하여 "의미 있게 되는 것"이다. 우리는 동기를 그것의 달성이라는 맥락에서 해석한다. 그러나 분위기는 그 근원에 의해서 해석한다. 우리는 어떤 사람이 근면한 것은 그가 성공하기를 원하기 때문이라고 말한다. 우리는 어떤 사람이 걱정하는 것은 그가 핵전쟁에 의한 몰살의 위협을 의식하기 때문이라고 말한다. 그리고 이것은 그 해석이 궁극적일 때는 바로 그대로이다. 자선은 신의 목적에 대한 개념 안에 포함될 때만 기독교적 자선이 된다. 낙천주의는 신의 본질에 대한 특별한 개념에 기초할 때만 기독교적 낙천주의가 된다. 나바호족의 근면성은 "실재"가 기계적으로 작용하기 때문에, 그것은 강제할 수 있는 힘을 가졌다는 신념에 그 논리적 근거를 두고 있다. 그들의 만성적인 공포는 "실재"가 어떻게 작용하건 간에, 그것이 엄청나게 강력하고, 무섭게 위험하다는 확신에 그 논리적 근거를 두고 있다.[18]

······일반적인 존재의 질서 개념을 형성하며······

우리가 종교적이라고 구분하는 성향을 만들고 규정하는 상징 또는 상징 체계와 그러한 성향을 우주적 틀 안에 위치짓는 상징이 동일한 상징이라는 사실은 아무런 놀라움도 야기시키지 않아야 한다. 왜냐하면 어떤 특별한 경

---

17) 앞의 책, p. 99.

18) C. Kluckhohn, "The Philosophy of the Navaho Indians", F. S. C. Northrop 편, *Ideological Differences and World Order* (New Haven, 1949), pp. 356–384.

외의 분위기가 종교적인 것이며 세속적인 것이 아니라고 말하는 것은, 그것이 마나(mana : 멜라네시아와 폴리네시아 사람들의 종교에서 인간, 영혼, 무생물 등을 창조했다는 초자연적인 힘/역주)와 같은, 모든 것에 미치는 생명력의 관념을 마음속에 가지게 됨으로써 나오는 것으로, 그랜드 캐니언을 방문하는 데서 오는 것은 아니라는 사실 이외에 무엇을 의미하겠는가? 혹은 금욕주의라고 하는 특수한 사례가 종교적 동기에서 나오는 한 예라고 말하는 것은 니르바나(열반)와 같은 무조건의 목적을 달성하기 위한 것으로, 체중 감량과 같은 조건화된 목적의 달성을 위한 것은 아니라는 사실 이외에 무엇을 의미하겠는가? 만약 성스러운 상징이 동시에 인간에게 성향을 유발시키지도 않고, 또한 비록 모호하고 부정확하며 비체계적으로나마 질서의 일반 개념을 형성하지도 못한다면, 종교적 행위 또는 종교적 체험의 경험적 차이는 존재하지 않을 것이다. 진정으로 어떤 사람이 골프에 관해서 "종교적"이라고 할 수는 있으나, 단지 그가 열정을 가지고 그것을 추구하며 일요일마다 경기를 한다고 해서 그렇게 말할 수는 없다. 그는 또한 그것을 어떤 초월적 진리의 상징으로 간주해야만 한다. 그리고 윌리엄 스테이그의 만화에서 사춘기 소년이 감정에 넘쳐서 사춘기 소녀의 눈을 응시하면서 "에텔, 너에겐 무엇인가가 있어. 그것이 내게 일종의 종교적 감정을 줘"라고 속삭일 때 그는 대부분의 젊은이와 마찬가지로, (종교라고 하는 말을/역자) 혼동하고 있는 것이다. 특정의 종교가 실재의 근본적 본질에 관해서 확인하는 것은 애매하고, 천박하며, 또는 너무나 자주 도착(倒錯)된 것일 수 있다. 그러나 만일 이것이 단지 우리가 보통 도덕주의라고 부르는 용인된 관행과 습관적 감정의 혼합으로 구성된 것에 불과하지 않다면, 이는 무엇인가를 확인하고 있음에 틀림없다. 누군가가 오늘날 종교의 최소한의 정의에 대한 글을 쓰고자 한다면, 이는 아마도 이론적인 세밀성에 싫증난 구디가 최근 우리에게 그것으로 돌아가기를 재촉했던 "영적 존재에 대한 믿음(belief in spiritual beings)"이라는 타일러의 유명한 정의가 아니라, 아마도 살바도르 드 마다리아가가 말한 "신은 미치지 않았다(God is not mad)고 하는 비교적 온건한 교리(the relatively modest dogma)"가 될 것이다.[19)]

19) J. Goody, "Religion and Ritual : The Definition Problem", *British Journal of Psychology* 12 (1961) : 143-164.

물론, 대개 종교는 이보다 훨씬 많은 것을 확인한다. 제임스가 말했듯이, 우리는 믿을 수 있는 것은 전부 믿으며, 또한 우리가 할 수만 있다면 모든 것을 믿으려고 할 것이다.[20] 우리가 제일 참을 수 없는 것은 우리의 개념의 힘에 대한 위협이다. 즉 상징을 창조하고, 파악하고, 사용할 수 있는 우리의 능력이 불가능해질지도 모른다는 제안이 그것이다. 왜냐하면 이것이 일단 발생하면, 우리는, 내가 이미 앞에서 지적했듯이, 비버보다도 무기력해질 것이기 때문이다. 인간의 선천적인(즉 유전자적으로 프로그램된) 반응능력의 극단적인 일반성, 확산성 그리고 다양성은 인간이 문화 패턴의 도움 없이는 기능적으로 불완전하다는 것을 의미한다. 즉 불행하게도 그는 지능이 뒤떨어진 어린아이와 같이 그의 모든 잠재력을 발휘할 수 있기를 금지당했던 재능 있는 유인원에 불과할 뿐 아니라, 방향감이나 자기 통제력이 결여되어 발작적인 충동과 모호한 감정의 혼돈상태에 있는 일종의 무정형의 괴물일 뿐이라는 것을 의미한다. 인간이 상징과 상징체계에 의존하는 정도는 매우 커서 그것은 인간의 생물로서의 생존능력에 결정적이라고 할 정도이다. 그 결과, 경험의 어떤 면에 대처할 수 없을지도 모른다고 하는 일이 아주 조금이라도 암시되는 것을 느끼는 것만으로도 인간은 매우 심각한 종류의 불안에 휩싸이게 된다.

[인간은] 그의 상상력이 처리할 수 있는 것이라면 무엇에나 어떻게 해서든지 적응할 수 있다. 그러나 혼돈을 다룰 수는 없다. 왜냐하면 그의 특징적인 기능과 고귀한 자산은 개념이며, 그의 최대의 공포는 그가 해석할 수 없는 —— 흔히 "섬뜩하다"라고 일컬어지는 —— 것과 마주치는 것이다. 그것은 반드시 새로운 대상일 필요는 없다. 우리는 새로운 사물과 마주치더라도 정신이 자유로이 기능할 때, 가장 가까운 것과의 유추에 의해서 즉각적으로, 비록 잠정적으로나마, 그것들을 "이해한다." 그러나 정신적인 스트레스가 있을 때는 완벽하게 친숙한 사물조차도 갑자기 해체되어 우리에게 공포를 준다. 따라서 우리의 가장 중요한 자산은 항상 자연에서, 지상(地上)에서, 사회에서 그리고 우리가 하고 있는 것에서 우리에게 일반적인 지향성을 주는 상징, 즉 우리의 세계관(Weltanschauung)과 인생관(Lebensanschauung)에 관한 상징이다. 따라서 원시사회에서 일상의 의례는 순수한 의식(儀式)만이 아니라, 먹고, 씻고, 불을 피우는 일상의 활동에 병합되어 있다. 왜냐하면 부족의 사기를 재확인하고

---

20) W. James, *The Principles of Psychology*, 제2권 (New York, 1904).

126

그 우주적 조건을 인식할 필요가 끊임없이 느껴지기 때문이다. 기독교 중심의 유럽에서, 교회는 인간을 매일 (어떤 교파에서는 매시간) 꿇어앉혀 인간의 궁극적인 개념에 대한 동의를, 비록 심사숙고하지는 않더라도, 행동으로 표현하도록 만들었다.[21]

혼돈 —— 해석만이 아니라 해석 가능성이 결여된 사건의 혼란 —— 은 적어도 세 가지 문제에서 인간에게 끼여들려고 위협한다. 그것은 인간의 분석능력의 한계에서, 인내력의 한계에서 그리고 그의 도덕적 통찰력의 한계에서이다. 당황, 고통 그리고 손댈 수 없는 윤리적인 역설의 느낌은 만일 그것들이 지나치게 심해지거나, 길게 지속되거나 하면, 모든 인생은 이해 가능하며 우리는 사고를 통해서 그 안에서 효율적으로 우리 자신을 위치짓게 할 수 있다는 명제에 대한 근본적인 도전이 된다. 존속하기를 바라는 모든 종교는 그것이 아무리 "원시적이라도" 그것과 같은 도전에 어떻게 해서든 대처하도록 시도하지 않으면 안 된다.

세 가지 사안 중에서, 현대의 사회인류학자들에 의해서 가장 조사되지 않은 것이 첫번째 것이다(왜 곡물창고가 어떤 아잔데족에게 내려앉고, 다른 아잔데족에게는 내려앉지 않았는가라는 에번스-프리처드의 고전적인 논의는 주목할 만한 예외이다).[22] 인간의 종교적인 신앙을 변칙적인 사건 또는 경험 —— 죽음, 꿈, 기억 상실, 화산 폭발, 또는 부부간의 불륜 —— 을 최소한 잠재적으로라도 설명 가능한 것의 범주에 넣으려는 시도로 간주하는 것은 타일러주의(영국의 인류학자 E.B. 타일러의 견해. 정령숭배, 다신교, 일신교로의 종교진화의 3단계설을 주장함/역주)이거나 또는 그것보다 못한 것으로 보인다. 그러나 다음은 사실인 것으로 생각된다. 즉 적어도 어떤 사람들 —— 필시 대부분의 사람들 —— 은 밝혀지지 않은 분석의 문제를 밝혀지지 않은 상태로 놔둘 수 없으며, 세계적 풍경의 기묘한 특질을 보고 말문이 막힌 놀라움에만 빠져 있거나 냉정한 무관심으로 그저 바라볼 수만은 없다. 사람들은 아무리 환상적이거나 일관성이 없거나 단순한 생각으로라도, 어떻게 그러한 특질이 보다 일상적인 경험이 전달하는 바와 조화될 수 있을 것인가에 대하여 어떠한 생각을 발전시키고자 시도하지 않은 채 그저 바라볼 수만은 없다. 경험의 세계를 그려내고 설명하기를 호소하는 사물을 설명

21) Langer, *Philosophy in a New Key*, p. 287. 고딕체는 원문에서 이틸릭체임.

22) E. Evans-Pritchard, *Witchcraft, Oracles and Magic Among the Azande* (Oxford, 1937).

하기 위한 인간의 설명장치, 즉 수용된 문화 패턴(상식, 과학, 철학적 사색, 신화)의 복합이 되풀이하여 작용하지 않게 되면 인간은 깊은 근심에 빠지게 되는 경향이 있다 —— 그것은 종교적 신앙에 대한 유사 과학적 관점이 정당하게 폐지된 이래 우리가 때때로 생각했던 것보다 훨씬 광범한 경향이며, 보다 깊은 불안이다. 결국 영웅적 무신론의 대가인 러셀 경조차, 신이 존재하는가라는 문제가 결코 그를 난처하게 한 적이 없었음에도 불구하고, 어떤 수학적 공리의 모호성이 그를 정신 없도록 위협했다고 말했다. 그리고 아인슈타인의 양자역학에 대한 깊은 불만은 그가 말한 바와 같이 신이 우주와 주사위 놀이를 하고 있다는 —— 종교적임에 분명한 —— 믿음을 가질 수 없었다는 사실에 기초하고 있다.

그러나 이 명료성에 대한 추구와 경험적 현상이 막무가내로 불투명한 채로 남아 있으려고 할 때 발생하는 형이상학적 불안의 대두는 보다 낮은 지적 수준에서 발견된다. 확실히 나는 예상했던 것보다 훨씬 강하게 나의 조사에서 충격을 받았는데, 그것은 정령 숭배적 경향을 강하게 지닌 나의 정보 제공자들이 마치 진정한 타일러주의자와 같이 행동하는 것을 보았기 때문이다. 그들은 현상을 "설명하는"데에 끊임없이 그들의 신앙을 이용하는 것으로 보였다. 혹은 보다 정확하게 말한다면, 용인된 사물의 준거틀 속에서 현상이 설명 가능하다고 자기 자신들에게 확인시키려는 것처럼 보였다. 왜냐하면 그들은 보통 특정의 신들림, 정서적 불안정, 금기 위배, 또는 그들의 주술에 대한 가설 등에 대해서 최소한의 애착만을 지니고 있었으며, 언제든지 그것들을 같은 장르의 보다 그럴 듯하게 보이는 다른 것으로 대체할 준비가 되어 있었기 때문이다. 그들에게 준비되어 있지 않은 것은 대체할 가설이 없이 자신의 가설을 버리는 것, 다시 말해서 사건들을 그 자체로 놓아두는 것이었다.

뿐만 아니라, 그들은 그들 자신의 생활에나 다른 사람의 생활에나 아무런 직접적인 실제 결실이 없는 현상에 대해서도 이러한 신경질적인 인지(認知) 자세를 택했다. 며칠(또는 어떤 사람들에 따르면 몇 시간)이라는 짧은 기간에 목수의 집에서 이상하게 생긴 큰 버섯이 자랐을 때, 아주 먼 곳에서도 사람들이 그것을 보러 왔는데, 모든 사람이 그것에 대해서 다양한 설명을 했다. 어떤 설명은 애니미즘적이었고, 또 어떤 설명은 애니마티즘적이었으며, 그 어느 쪽이라고 할 수 없는 것들도 있었다. 그러나 그 버섯이 래드클리프-브라운이 말하는 의미에서 어떤 사회적 가치를 가지고 있다거나, 혹은 안다만 섬의 매미와 같이 그러한 가치를 지닌 무엇인가와 연결되어 있으며, 그것의 대리였을 수도 있다고 논하기는 어렵다.[23] 버섯은 자바인의 생활에서 그것이 우리 생활에서 하는 것과 동일한 역할을 하고 있으며, 따라서 자바인들은 그것들에 대해서 우리들이 가지는 것과 동일한 관심을 가지고 있다. 그것은 단지 하나의 "기묘한", "이상한", "섬뜩한 것"── 아네 (aneh) ── 이었을 뿐이었다. 그리고 기묘하고, 이상하고, 섬뜩한 것은 설명되어야만 한다 ── 혹은 그것이 설명될 수 있다는 확신은 인정되어야만 한다. 사람들은 보통의 성장속도보다 다섯 배나 빨리 자란 버섯을 보고 그냥 지나쳐버리지는 않는다. 가장 광범한 의미에서 "이상한" 버섯은 무엇인가 의미를 가지고 있는 것이며 그것에 대해서 들은 사람에게는 중요한 것이다. 이는 그들의 세계를 이해할 수 있는 가장 일반적인 능력을 위협하는 것이며, 그들이 자연에 관해서 가지고 있는 신념이 통용될 것인가와 그들이 이용하는 진리의 기준이 타당한 것인가 하는 불편한 문제를 제기한다.

인간의 인지능력이 쓸모없어진다거나 혹은 이 직관이 예리한 형태로만 나타난다는 불안감을 인간에게 야기시키는 것이 단지, 또는 주로, 이상한 사건의 갑작스러운 분출일 뿐이라는 것을 주장하려는 것은 아니다. 보다 일반적으로 그것은 자연, 자아 그리고 사회의 특정 측면을 파악하는 것, 즉 파악하기 어려운 현상들을 문화적으로 형성된 사실의 범주로 끌어들이려고 할 때 인간이 항시적이고 지속적으로 재경험하는 어려움이다. 그러한 어려움은 인간을 항상 불안하게 하며, 따라서 그 어려움 쪽으로 징후적 상징의 보다 균등한 흐름을 향하도록 만들게 된다. 일상의 실제 생활의 배경으로 어렴풋이 나타나면서, 보통의 인간 경험을 형이상학적 관심의 영원한 맥락에 위치 짓고, 자신이 불합리한 세상에서 떠돌게 될지도 모른다는 희미한 의심을 마음 한구석에 유발시키는 것은 용인된 지식의 비교적 고정되어 있는 첨단 영역을 넘어서 존재하는 것이다.

[이아트물족에서] 이 특징적인 지적 탐구의 대상이 되고 있는 또 다른 주제는 물의 표면에 발생하는 파문과 파도의 본질에 관한 것이다. 인간, 돼지, 나무, 풀── 세상

---

23) A. R. Radcliffe-Brown, *Structure and Function in Primitive Society* (Glencoe, Ill., 1952).

의 모든 물체 —— 은 파도의 패턴에 불과하다고 비밀스럽게 말해지고 있다. 정말로 이에 관해서는, 비록 그것이 죽은 자의 영혼이 안개처럼 동풍(東風)에 의해서 강으로 날려져서 고인의 며느리의 자궁으로 들어간다는 환생의 이론과는 갈등을 일으킬지도 모르지만, 어느 정도의 동의가 이루어진 것으로 보인다. 그렇더라도 어떻게 파도나 파문이 일어나는지에 관한 의문이 여전히 남는다. 동풍을 토템으로 가진 씨족은 이에 관해서 충분히 명쾌한 설명을 해준다. 즉 바람이 모기 부채로 파도를 일으킨다는 것 이다. 그러나 다른 씨족은 파도를 인격화하여 그것은 바람과 별개로 존재하는 사람 (콘툼-말리)이라고 말한다. 다른 씨족은 또 다른 이론을 가지고 있다. 한번은 내가 몇 명의 이아트물족 원주민을 데리고 해안에 나갔는데, 그중 한 명이 혼자 앉아서 넋을 잃은 듯이 바다를 바라보는 것을 발견했다. 바람 한 점 없는 날이었으나 큰 느린 파도가 해변에 부서지고 있었다. 그는 그의 씨족의 토템 조상 중에 강을 따라서 흘러 내려가서 바다에 이르러 파도를 일으킨다는, 인격화된 종(鍾)이 있었다는 사실을 생 각하고 있었다. 그는 바람이 불지 않는데도 물결치다가 부서지면서 그의 씨족신화의 진실성을 보여주고 있는 파도를 응시하고 있었다.[24]

삶의 특정한 패턴의 의미가 대상 없는 명칭과 명칭 없는 대상의 혼돈으로 분해되는 위협과 대면하는 두번째 경험적 도전, 다시 말해서 고통의 문제는 더 많이 조사되었으며, 최소한 더 자주 기술되었다. 그것은 주로 부족 종교 의 연구에서 아마도 그것의 두 가지 중요한 초점인 질병과 애도에 많은 주 의가 기울여졌기 때문일 것이다. 이러한 극한상황을 둘러싼 감정적 분위기 에 대한 모든 매혹적인 관심에도 불구하고, 린하트의 딩카족의 점술에 관한 최근의 논의와 같은 몇몇 예외를 제외하고는, 말리노프스키에 의해서 시작 된 조야하고 대담한 이론을 넘어서는 개념적 진보는 거의 없었다. 즉 종교 는 "의례와 신앙에 의하지 않고는 달리 벗어날 경험적 방식이 없는 상황과

24) G. Bateson, *Naven*, 제2판 (Stanford, 1958). 그러나 이런 종류의 인지적 관심이 가지는 만성적이며, 예리한 형태들이 밀접하게 상호 연결되어 있다는 사실, 그리고 특별한 상황에 대한 반응은 보다 일상적 상황에 대처해가는 중에 확립되는 반응에 기초하여 유형화된다 는 사실은 Bateson의 다음과 같은 기술에서 분명해진다. "또 다른 때에 나는 사진 원판의 인화과정을 보여주기 위해서 나의 정보 제공자 중 한 명을 초대했다. 나는 우선 원판의 감 광도를 줄이고 인화용 쟁반에 적당한 빛을 주어 그것들을 인화하여, 나의 정보 제공자가 형상이 점진적으로 나타나는 것을 볼 수 있게 했다. 그는 몹시 흥미로와했고, 며칠 후에 나로 하여금 다른 씨족의 구성원에게 그 과정을 보여주지 않기를 약속하게 했다. 콘툼-말 리는 그의 조상 중 하나였고, 그는 사진의 인화과정에서 파문이 형상으로 실제로 구현되 는 것을 보았으며, 이것을 씨족의 비밀을 드러내는 것으로 간주했다."

곤경으로부터 초자연적인 것의 영역으로 탈출할 배출구를 제공함으로써"
"감정적 긴장의 상황"을 견딜 수 있도록 도와준다는 것이다.[25] 나델이 비꼬
아서 부른 이 "낙관주의의 신학(theology of optimism)"의 불충분성은 물론
근본적이다.[26] 그 역사를 통해서 종교는 아마도 그것이 인간들을 기운 나게
한 만큼이나 인간들을 불안하게 했을 것이다. 즉 종교는 사람들을 "희망이
실패하지 않고 소망이 기만당하지 않는" —— 다시 말리노프스키가 등장한
다 —— 일종의 천진난만한 동화의 세계로 투사함으로써 그러한 대결을 피
할 수 있게 하는 만큼이나 자주 인간을 괴롭히기 위해서 생긴 사실들과의
정면대결을 강요한다.[27] 크리스천 사이언스(Christian Science : 1879년 메리
베이커 에디가 미국에 세운 교단. 미국 기독교의 한 파로 죄, 병, 악의 허망
함을 깨달으면 만병을 고칠 수 있다는 정신요법을 주장했다/역주)가 예외
가 될 수 있겠지만, 삶은 고통스러운 것이라는 전제가 힘들여서 긍정되지
않는 종교적 전통은 그것이 "대종교"이던 "소종교(기독교, 불교, 이슬람교
등을 대종교라고 일컬으며, 토착종교, 민속종교를 흔히 소종교라고 일컬음/
역주)"이던 매우 드물며, 어떤 종교에서는 그 전제가 거의 예찬된다.

그녀는 [일라족의] 오랜 가계(家系)의 한 노파였다. 레자(Leza), 즉 "고통을 주는
영혼"이 가족에게 손을 뻗쳤다. 그는 그녀가 아직 아이였을 때, 그녀의 어머니와 아
버지를 죽였으며, 시간이 흐르면서 그녀와 관계된 모든 것을 파멸시켰다. 그녀는 자
신에게 말했다. "틀림없이 난 내 무릎 위에 앉은 사람들을 지킬 것이다." 그러나 소
용없었다. 그녀의 손자까지도 빼앗겼다. 그러자 신을 찾아가서 이 모든 것의 의미를
물어야겠다는 절망적인 결심이 마음에 떠올랐다.……그래서 그녀는 여행을 시작하
여, 이 나라 저 나라를 떠돌아다니면서, 항상 다음과 같은 생각을 마음에 품고 있었
다. "나는 지구가 끝나는 곳까지 갈 것이며, 거기에서 신에게 도달하는 길을 발견할
것이고, 나는 '제가 당신에게 무슨 짓을 했기에 당신은 저를 이런 식으로 괴롭히십니
까?'라고 그에게 물을 것이다." 그녀는 결코 지구가 끝나는 곳을 발견할 수 없었으며,
실망했지만 그녀의 탐색을 중단하지 않았다. 그녀가 또 다른 나라를 지나갈 때 사

25) G. Lienhardt, *Divinity and Experience* (Oxford, 1961), p. 151 이하 ; B. Malinowski,
    Magic, Science and Religion (Boston, 1948), p. 67.
26) S. F. Nadel, "Malinowski on Magic and Religion", R. Firth 편, *Man and Culture*
    (London, 1957), pp. 189-208.
27) Malinowski, *Magic, Science and Religion* (Boston, 1948), p. 67.

람들이 그녀에게 물었다. "무엇을 찾아오셨습니까? 할머니." 그녀는 다음과 같이 대
답했다. "나는 레자를 찾고 있는 중입니다." "레자를 찾아요! 무엇 때문에?" "형제
여, 그걸 나에게 묻나요! 이 나라에서는 내가 당한 것과 같은 고통을 겪은 사람이 없
나요?" 그들이 다시 물었다. "당신은 어떤 고통을 당했습니까?" "이런 식이죠. 나는
혼자예요. 당신들이 보듯이, 나는 고독한 늙은이입니다. 이것이 내가 어떻다는 것을
충분히 보여주고 있습니다!" 그들이 대답했다. "알겠습니다. 당신이 얼마나 비참한지
를! 친구와 남편을 잃었죠? 어떤 점에서 당신이 다른 사람들과 다르다는 것입니까?
고통을 주는 영혼은 우리들 모두의 등에 얹혀 있으며 우리는 그것을 떼어버릴 수 없
습니다." 그녀는 결코 자신의 소원을 이루지 못한 채 비탄에 잠겨 죽었다.[28]

역설적으로, 종교적 문제로서 고통의 문제는 어떻게 고통을 회피하느냐
가 아니라, 어떻게 고통을 당하느냐, 어떻게 육체적 고통, 개인적 상실, 세속
적 패배, 또는 타인의 고뇌를 무기력하게 바라볼 수밖에 없는 것을 참을 만
하고, 견딜 만한 것 —— 우리가 흔히 말하는 고통 당할 만한 것 —— 으로 만
드느냐이다. 이러한 노력을 하는 중에 일라족의 노파는 —— 아마도 필연적
으로 혹은 그렇지 않을지도 모르지만 —— 실패했으며, 자신에게 일어난 일
들을 어떻게 느끼고, 어떻게 고통 당해야 하는지를 알지 못한 채, 혼란과 절
망 속에서 죽어갔다. 베버가 말한 '의미의 문제(Problem of Meaning)'에서
보다 더 지적인 측면은 경험에 대한 궁극적인 설명 가능성을 긍정하는가의
문제이며, 보다 더 감정적인 측면은 궁극적인 인내 가능성을 긍정하는가의
문제이다. 종교의 한 측면이 현실의 전반적 형태에 대한 권위 있는 개념을
분석적으로 형성하는 우리의 상징적 자원의 힘에 닻을 내리고 있다면, 또
다른 측면은 그것의 퍼져나가는 성향과 내재된 느낌 및 성질에 대한 유사한
개념을 감정 —— 분위기, 감성, 정열, 애정, 느낌 —— 으로 표현할 수 있는,
역시 상징적인 우리의 자원의 힘에 닻을 내리고 있다. 그것을 포용할 수 있
는 사람들에게 그리고 그들이 그것을 포용할 수 있는 한, 종교적 상징들은
세계를 이해할 능력뿐 아니라 그것을 이해함에 의해서 그들의 느낌에 정확
성을 부여하여, 침울하게 또는 즐겁게, 엄격하게 또는 호탕하게, 그것을 견

---

28) C. W. Smith와 A. M. Dale, *The Ila-Speaking Peoples of Northern Rhodesia* (London,
1920), p. 197 이하 ; P. Radin, *Primitive Man as a Philosopher* (New York, 1957), pp.
100-101에서 인용.

딜 수 있게 하는 정서에 정해진 형태를 부여한다.

 이런 시각에서, 유명한 나바호족의 치료 의례들 —— 보통 "노래하는 것"으로 일컬어진다 —— 을 고려해보자.[29] 나바호족은 상이한 목적에 따라서 60개 정도의 상이한 노래를 가지고 있으며, 그것들은 거의 모두 어떤 종류든지 신체적이거나 정신적인 질병을 퇴치하는 데에 이용된다. 여기에서 노래는 주인공이 등장하는 일종의 종교적 심리극이다. 이들은 "가수" 또는 치료자, 환자 그리고 일종의 교창(交昌) 합창단으로서 환자의 가족과 친구들이다. 모든 노래들의 구조, 즉 연극의 줄거리는 거의 유사하다. 세 개의 중심된 막이 있다. 제1막은 환자와 청중에 대한 정화(淨化)이며, 제2막은 반복적인 성가와 의례적 조작에 의해서 환자의 건강("조화")이 회복되기를 기원하는 진술이고, 제3막은 성자(聖者)들과 환자의 동일화와, 그것의 결과로서의 "치유"이다. 정화 의례에는 강요된 땀 흘리기와 구토를 유도하는 것 등이 포함되는데, 환자로부터 질병을 물리적으로 추방하는 것이다. 수없이 많은 성가들은 주로 단순한 기원을 나타내는 구문("환자가 잘 회복하기를", "나는 벌써 회복되고 있다" 등)으로 구성된다. 그리고 마지막으로 성자들과 환자와의 동일화와, 그것으로 인한 우주 질서 일반과의 동일화는 몇 가지 적절한 신화적 상황에서 성자들을 묘사하는 모래그림을 매개로 하여 이루어진다. 가수는 환자를 그림 위에 놓고, 성자들의 발, 손, 무릎, 어깨, 가슴, 등, 머리를 만지고 나서 환자의 같은 부분을 만짐으로서, 본질적으로 인간과 신의 신체적 동일화를 수행한다.[30] 이것이 노래의 절정이다. 전체의 치유과정은, 레이처드가 말했듯이, 인간의 병과 신의 힘이 의례를 통하여 양 방향에서 침투하여 전자가 후자에 의해서 중화되는 영적 삼투압 현상에 비유될 수 있다. 질병은 땀과 구토 그리고 다른 정화 의식에 의하여 빠져나온다. 건강은 나바호족 환자가 가수를 매개로, 신성한 모래그림을 만짐으로써 몸 안으로 들어간다. 분명히, 노래의 상징은 인간 고통의 문제에 초점을 맞추고 있으며, 이를 의미 있는 맥락에 배치하여, 그것이 표현될 수 있고, 표현된 것이 이해될 수 있고, 이해된 것을 견딜 수 있게 하는 행동양식을 제공함으로써

---

29) C. Kluckhohn과 D. Leighton, *The Navaho* (Cambridge, Mass., 1946) : G. Reichard, *Navaho Religion*, 2권 (New York, 1950).

30) Reichard, *Navaho Religion*.

그것에 대처하려고 시도한다. 노래가 가지는 견디게 하는 효과는(가장 보편적인 질병이 폐결핵이기 때문에, 대부분의 경우 단지 견딜 수 있게 할 뿐이다) 병든 사람에게 그의 절망의 본질을 파악하고, 그것을 보다 넓은 세계와 연결시킬 수 있도록 하는 어휘를 제공하는 능력에 궁극적으로 의존한다. 그리스도의 수난상이나, 부처의 아버지의 왕궁으로부터의 출가에 대한 암송이나, 또는 다른 종교적 전통에서의 「오이디푸스 왕(Oedipus Tyrannos)」(고대 그리스의 극작가인 소포클레스의 비극의 하나/역주)의 연행(演行)에서처럼, 노래는 특정의, 구체적인, 진실로 인간적인 이미지를 제시하는 일에 관여함으로써, 심하고, 제거될 수 없는 잔인한 고통의 존재에 의해서 제기되는 감정적인 무의미함의 도전에 저항할 수 있는 충분한 힘을 부여한다.

고통의 문제는 쉽게 악의 문제로 넘어간다. 그것은 고통이 너무 심하면, 반드시 항상은 아니더라도 보통은 적어도, 고통을 받는 사람들에게는 도덕적으로도 역시 부당한 것으로 보이기 때문이다. 그러나 이 두 가지는 반드시 같은 것은 아니다. 이것은 일신교 전통의 편견에 영향받은 베버도 동방 기독교의 신정론(神正論 : 신의 옳음을 인정하는 설로, 신의 선함과 옳음을 현세의 악과 고통에 관한 관찰 가능한 사실과 조화시키려고 한다/역주)의 딜레마에 관한 일반화에서 충분히 인정하지 않았다고 생각된다. 일신교의 전통에서는 인간 경험의 다양한 측면이 단일한, 자발적 원천에서 유래되는 것으로 생각되어야만 하는데, 인간의 고통은 직접적으로 신의 선의(善意)를 반영한다고 본다. 고통의 문제가 우리의 "훈련되지 않은 소대와 같은 감정"에 일종의 군대적 질서를 갖추게 하는 우리의 능력에 대한 위협과 관련된다면, 악의 문제는 건전한 도덕적 판단을 내리는 우리의 능력에 대한 위협과 관련되기 때문이다. 악의 문제에 관련되는 것은 우리의 감정적 생활을 지배하는 상징적 자원의 충분함이 아니라, 우리의 행동을 통제하는 일련의 작용 가능한 윤리적 기준과 규범적 지침을 제공하는 상징적 자원의 충분함이다. 옳고 그름에 대한 우리의 개념이 의미 있는 것이라면, 여기에서의 곤란한 점은 있는 것과 있어야 하는 것 사이의 간격이며, 우리가 각 개인들이 받을 가치가 있다고 생각하는 것과 우리가 보는 그들이 얻는 것 사이의 간격이며, 심오한 4행시에 요약되어 있는 현상이다.

비는 옳은 사람에게도
옳지 못한 사람에게도 내린다.
그러나 주로 옳은 사람에게 내린다.
옳지 못한 사람은 옳은 사람의 우산을 가지고 있기 때문에.

이것이 약간 다른 형태로, 욥기와 「바가바드기타(*Bhagavadgitā*)」에 활기를 불어넣는 주제의 표현으로 너무 경망스러워 보인다면 다음의 고전적인 자바인들의 시는 문제의 핵심을 보다 더 품위 있게 표현하고 있다. 이 시는 여섯 살 이상의 거의 모든 사람들이 알고 있고, 노래로 불리며, 반복적으로 인용되는 것으로서 도덕적 처방과 물질적 보상 사이의 불일치 —— "있음"과 "있어야 함" 사이의 표면적인 불일치 —— 를 보여준다.

우리는 살아서 질서 없는 시대를 보게 되었다.
그 안에서는 누구든지 마음이 혼란하다.
미치는 것은 견딜 수 없다.
그러나 미치지 않는다면
먹이를 나누어 가질 수 없을 것이다.
그리고 결국은 굶어 죽을 것이다.
그렇습니다. 신이시여. 그른 것은 그른 것입니다
잊어버리는 사람들은 행복하다.
그러나 잊지 않고 깊은 지혜를 가진 사람들은 더 행복하다.

종교적으로 세련되기 위하여 반드시 신학적 자의식을 가질 필요가 있는 것은 아니다. 다루기 힘든 윤리적 역설에 대한 관심, 즉 개인의 도덕적 통찰력이 그의 도덕적 경험의 설명에 충분하지 못하다는 불안한 느낌은 문명화된 종교에서처럼 소위 미개종교의 차원에서도 존재한다. 린하르트가 딩카족에 관하여 기술한 "세계의 분리(division in the world)"에 관한 일련의 개념들은 그점에서 유용한 사례이다.[31] 다른 많은 민족들과 마찬가지로, 딩카족은 신이 존재하는 하늘과 인간이 살고 있는 땅이 한때는 서로 이어져서 하늘이 땅의 바로 위에 밧줄로 연결되어 있어서 인간이 마음대로 두 영역 사이를 이동할 수 있었던 것으로 믿는다. 죽음이 존재하지 않았고, 최초의 남자와

---

31) 같은 책, pp. 28-55.

여자에게는 하루에 수수 한 알만이 허용되었는데, 당시에는 이것만이 그들이 필요로 한 전부였다. 어느 날 —— 물론 —— 여자가 음식 때문에 허용된 수수보다 더 많은 양을 심기로 했으며, 그녀의 탐욕스러운 서두름으로 일하던 중에 우연히 괭이 손잡이로 신을 때렸다. 신은 화가 나서 밧줄을 끊고, 오늘날의 높은 하늘로 돌아갔으며, 인간을 그의 생계를 해결하기 위해서 노동하고, 질병과 죽음으로 고통 당하며, 그의 존재의 근원인 그의 창조자로부터의 분리를 경험하도록 남겨두었다. 그러나 이 이상스럽게 친밀한 이야기가 딩카족에게 주는 의미는, 유대인과 기독교도에게 있어서 창세기와 마찬가지로, 교훈적이 아니라 서술적이다 :

이 이야기를 해준 [딩카족] 사람들은 때때로 비참한 상태에 놓인 인간을 동정한다는 것을 분명히 했으며, 너무 작은 일로 인간 가까이 신이 있는 데에서 오는 이점을 철회해버린 것에 주의를 돌린다. 괭이로 신을 때리는 이미지는……흔히 웃음을 자아내며, 마치 사람들은 그것이 가져온 결과를 설명하기에는 그 이야기가 너무 어린애 같은 것이었다고 여기는 듯하다. 그러나 신이 인간으로부터 멀어진 이야기의 초점이 인간 행위에 대한 도덕적 판단을 개선해야 한다는 것을 제안하는 것이 아니라는 점은 분명하다. 이것은 오늘날 딩카족에게 알려져 있는 총체적 상황을 나타낸다. 현재의 인간들은 —— 최초의 남자와 여자가 그렇게 되었던 것처럼 —— 활발하고, 자기주장이 강하며, 캐묻기 좋아하며, 욕심이 많다. 그러나 그들은 또한 고통과 죽음에 종속되어 있으며, 무기력하고, 무지하고, 가난하다. 인생은 불안정하다. 인간의 계산은 때때로 틀린 것으로 판명되며, 인간은 때때로 경험을 통해서 그들 행동의 결과가 그들이 기대하거나 정당하다고 생각하는 것과 다르다는 것을 배워야만 한다. 인간의 기준으로 볼 때 상대적으로 사소한 범죄의 결과로 인간에게서 신이 멀어졌다는 것은 공평한 인간의 판단과 궁극적으로 딩카족 생활에서 일어나는 것을 통제하는 신의 힘의 행사 사이의 대조를 나타내는 것이다.……딩카족에게 도덕적 질서는 궁극적으로 인간을 자주 곤혹스럽게 하며, 경험과 전통을 통하여 부분적으로 드러나고, 인간의 행동으로 변화시킬 수 없는 원칙에 따라서 구성된다.……따라서 신의 철회에 대한 신화는 그들이 알고 있는 실존의 사실을 반영한다. 딩카족은 주로 그들의 통제를 넘어서서 존재하며, 인간사가 가장 합리적인 인간의 기대에 모순되는 알 수 없는 세계에 살고 있다.[32]

따라서 악의 문제는, 또는 아마도 악에 관한 문제라고 해야겠지만, 본질적

---

32) 같은 책.

으로 당혹 또는 당혹에 관한 문제나 고통 또는 고통에 관한 문제와 동일한 종류에 속한다. 어떤 경험적 사건이 지니는 이상한 불투명성, 강하거나 사정 없는 고통의 말 못할 무의미함, 커다란 부정(不正)의 영문 모를 불가사의는 모두 세상에는 그리고 세상에서의 인간의 생활에는 아무런 진정한 질서가 존재하지 않는다는, 즉 경험적 규칙성도 없으며, 감정적 형식도 없고, 도덕적 일관성도 없다는 불편한 의심을 일으킨다. 그리고 이러한 의심에 대한 종교적 반응은 각각의 경우에 동일하다. 상징을 통해서 세계의 진정한 질서의 이미지를 형성하며, 그렇게 형성된 이미지는 인생의 경험 속에서 지각되는 애매함, 수수께끼, 역설을 설명하며, 심지어 축복하기까지 할 것이다. 설명되지 않는 사건이 존재한다는 것, 인생은 고통스럽다는 것, 또는 비는 올바른 사람에게 내린다는 부인할 수 없는 사실들을 부인하는 것이 아니라, 설명 불가능한 사건이 존재한다는 것, 인생은 견딜 수 없는 것이라는 것 그리고 정의는 환상이라는 것을 부인하는 것이다. 린하트가 설명한 것처럼, 이 례적인 사건의 충분히 만족스러운 설명이나 감정의 표현을 위한 효과적인 형식이 때때로 인간을 피해가는 것과 마찬가지로, 도덕적 질서를 구성하는 원칙도 실제로 자주 인간을 피해갈 것이다. 적어도 종교적인 사람에게 중요한 것은 이러한 알 수 없는 것이 설명되어야 한다는 것, 그것은 원칙, 설명 또는 형식이 존재하지 않는다는 사실의 결과가 아니어야 한다는 것, 인생은 불합리한 것이며, 경험으로부터 도덕적, 지적, 감정적 의미를 만들려는 시도는 무익한 것이라는 사실의 결과가 아니라는 점이다. 딩카족은 그들이 사는 삶의 도덕적 모호성과 모순을 받아들이며, 실제로 강조하기까지 할 수 있다. 왜냐하면 이러한 모호성이나 모순을 궁극적인 것으로서가 아니라, 실재(實在)로서, 즉 멀어진 (인간으로부터 떨어져나간) 신의 신화가 묘사하는, 혹은 린하트의 표현을 빌면, 그 신화가 이미지화하는 실재의 도덕적 구조의 "합리적인", "자연스러운", "논리적인"(그 어느 것도 정말로 적절한 것은 아니기 때문에 여기서 각자가 자신의 형용사를 선택해도 된다) 결과로 보기 때문이다.

그 단계적으로 변화하는 면에 있어서의 의미의 문제는 (어떻게 이러한 면들이 실재로 개개의 특정한 경우에서 단계적으로 변화하는가, 분석적, 감정적, 도덕적 무력감 사이에 어떤 종류의 상호 관계가 존재하는가의 문제는 베버

외에는 아무도 손대지 않은 문제로 나에게는 이 전체 영역에서 비교연구를
위한 중요한 문제의 하나로 보인다) 인간의 수준에서 무지, 고통, 불의로부
터 도피 불가능성을 확인하거나 최소한 인정하는 문제이며, 동시에 이러한
불합리성이 세계 전체의 특징이라는 것을 부정하는 문제이다. 그리고 긍정
과 부정은 모두 종교적 상징을 통하여 이루어지는데, 여기에서 상징은 인간
의 존재 영역을 그것이 기초하고 있다고 생각되는 보다 넓은 영역과 연결시
킨다.[33]

……그러한 개념에 사실성의 층을 씌워……

그러나 여기에서 훨씬 근본적인 문제가 제기된다. 그것은 어떻게 이러한
부정을 믿게 되는가이다. 어떻게 종교적인 사람이 불편한 마음으로 경험 세
계의 무질서를 인지하는 것으로부터 근본적인 질서에 대한 어느 정도 안정
된 확신으로 넘어갈 수 있을까? "신앙"은 종교의 맥락에서 과연 무엇을 의
미하는가? 이것은 종교에 대한 인류학적 분석을 하려는 시도를 둘러싼 모든
문제 중에서 가장 어려운, 따라서 흔히 심리학에 전가함으로써 회피되는 문
제이다. 심리학은 버림받은 저속한 학문으로, 사회인류학자들은 변질된 뒤
르켐류의 준거틀 속에서는 다룰 수 없는 현상을 이 학문에 영구히 넘겨버리
고 있다. 그러나 문제는 사라지지 않으며, 이는 (사회적인 것이 전혀 없는)
"단지" 심리학적인 것은 아니다. 이 문제를 다루는 데에 실패한 종교의 인
류학적 이론은 이론이라고 할 가치도 없는 것이다. 우리는 너무도 오랫동안
왕자 없이 햄릿을 공연하려고 노력해왔다.

---

33) 그러나 이것은 모든 사회의 모든 사람이 이렇게 한다고 말하는 것은 아니다. 왜냐하면, 불
멸의 돈 마퀴스가 말했듯이, 진정으로 원하지 않는 한 영혼을 꼭 가질 필요는 없기 때문이
다. 종교는 인간에게 보편적인 것이라는, 우리가 흔히 듣는 일반론은 다음 두 가지의 사실
을 혼동한 결과이다. 즉 우리가 현재의 정의, 혹은 그것과 유사한 것에 의해서 종교적이라
고 부를 수 있는 문화 패턴이 완전히 결여되어 있는 사회는 없다는 사실일 듯한(현재의 증
거로는 증명할 수는 없으나) 명제와 모든 사회의 모든 인간은 어떤 의미로든지 종교적이
라고 하는 분명히 사실이 아닌 명제를 혼동하고 있는 것이다. 그러나 만일 종교적 관여에
관한 인류학적 연구가 발달하지 않았다면, 종교적 비(非)관여에 관한 인류학적 연구는 존
재하지 않았을 것이다. 종교인류학은 이제 말리노프스키보다 좀더 섬세한 누군가가 "미개
사회에 있어서의 신앙과 불신앙(혹은 신앙과 위선)"이라는 책을 쓸 때를 맞게 될 것이다.

이 문제에 관한 어떤 접근도, 종교적 신앙은 베이컨류의 일상의 경험으로
부터의 귀납이 아니라 —— 그러면 우리 모두는 불가지론자가 되어야 한
다 ——, 경험을 변형시키는 권위에 대한 선험적 수용을 포함한다는 것에
대해서 솔직하게 인정하는 것에서부터 시작하는 것이 나에게는 최선으로
보인다. 좌절, 고통, 도덕적 역설 —— '의미의 문제' —— 의 존재는 인간을
신, 악마, 영혼, 토템의 원칙, 또는 식인풍속의 영적인 효험 등을 믿도록 유
도하는 한 요인이 된다(포괄적인 미의 감지 또는 현혹적인 권력의 지각은
다른 요인들이다). 그러나 이는 그러한 신앙이 의지하는 기초가 아니라, 그
것들이 적용되는 가장 중요한 영역이다 :

> 우리는 세계의 상태를 교리의 예증으로 제시하는 것이지, 그것에 대한 증거로 제시
> 하는 것은 아니다. 따라서 벨젠(Belsen : 독일 나치의 집단수용소/역주)은 원죄의 세
> 계를 예시하는 것이지, 원죄가 벨젠과 같은 사건을 설명하기 위한 가설인 것은 아니
> 다. 우리는 전체의 종교적 개념 속에서 그것의 위치를 보여줌으로써 특정한 종교적
> 신념을 정당화한다. 우리는 전체로서의 종교적 신념을 권위와 관계지음으로써 정당
> 화한다. 우리는 우리가 숭배하고, 우리 자신이 아닌 어떤 것의 통치권을 용인하는 어
> 떤 점에서 세계 안의 권위를 발견하기 때문에 그 권위를 받아들인다. 우리는 권위
> 를 숭배하지 않지만, 숭배할 만한 것을 규정함으로써 권위를 받아들인다. 따라서
> 어떤 사람은 개신교 교회의 생활에서 숭배의 가능성을 발견하고, 성경을 권위 있는
> 것으로 인정한다. 어떤 사람은 성당에서 숭배의 가능성을 발견하여 교황의 권위를 인
> 정한다.[34]

이는 물론 그 문제에 대한 기독교적 진술이다. 그러나 그점 때문에 경시
되어서는 안 된다. 부족 종교에서 권위는 전통적인 심상(心像)의 설득력에
있다. 신비적인 종교에서 권위는 초감각적인 경험의 필연적인 힘에 있다. 카
리스마적인 종교에서 권위는 비범한 성격의 최면적인 매력에 있다. 그러나
종교적 문제에서 권위 있는 기준을 받아들인다는 것이 그러한 기준의 수용
으로부터 오는 것으로 생각되는 계시에 대해서 가지는 우선권은 경전에 관
한 혹은 성직자에 관한 문제에서 보다 덜 완전한 것은 아니다. 우리가 "종교
적인 관점"이라고 부를 수 있는 것에 내재된 기본적 공리는 어디에서나 동

---

34) A. MacIntyre, "The Logical Status of Religious Belief", A. MacIntyre 편, *Metaphysical
Beliefs* (London, 1957), pp. 167-211.

일하다. 알고자 하는 자는 먼저 믿어야만 한다.

그러나 "종교적 관점"에 관해서 말하는 것은 다른 것 중 하나의 관점에 관해서 말하는 것을 함축하고 있다. 관점이란 보는 방식의 하나이며, 본다는 것은 "식별하다", "파악하다", "이해하다" 또는 "납득하다"의 확장된 의미에서이다. 이는 우리가 역사적 관점, 과학적 관점, 미학적 관점, 상식적 관점 또는 심지어 꿈이나 환각에서 구현된 괴이한 관점에 관해서 말할 때처럼, 인생을 보는 독특한 방식이며, 세상을 해석하는 독특한 태도이다.[35] 따라서 문제는 다음으로 집약된다. 첫째, 다른 관점과 구분되는 것으로서, 일반적으로 생각되는 "종교적 관점"이란 무엇인가, 둘째, 어떻게 인간이 그것을 채택하게 되는가이다.

만약 우리가 종교적 관점을 인간이 세계를 해석하는 세 가지 다른 중요한 관점 —— 일반 상식적, 과학적, 미학적 —— 을 배경으로 대비한다면, 그것의 독특한 성격이 보다 더 현저하게 나타날 것이다. "보는"방식의 하나로 상식을 구분하는 것은, 슈츠가 지적했듯이, 세계, 그것의 대상, 그것의 과정을 그것의 있는 그대로 단순하게 수용하는 것 —— 간혹 소박한 사실주의라고 불리는 것 —— 에 있으며, 그것은 실용적 동기, 즉 세계를 자신의 실질적 목적에 맞도록 바꾸어, 그것을 지배하고, 혹은 만일 그것이 불가능하다면 그것에 적응하고자 하는 바람이다.[36] 일상생활의 세계, 그 자체는 물론 세대를

---

35) "미적 태도", "자연적 태도"라고 할 때의 "태도"라는 용어는 내가 여기에서 "관점"이라고 부른 것보다 보편적인 다른 예가 될 것이다[미적 태도에 대해서는 C. Bell, *Art* (London, 1914) ; 자연적 태도에 대해서는, 본래 그것은 Husserl의 용어이기는 하나, A. Schutz, *The Problem of Social Reality, Collected Papers*의 제1권 (The Hague, 1962)을 보라]. 그러나 내가 그 용어를 피한 것은 그것이 강한 주관적 의미를 지닌다는 점과 강조점을 행위자와 상황 간의 어떤 종류의 관계 —— 상징적으로 매개되는 관계 —— 에 두기보다는 행위자에게 있다고 가정되는 내면상태에 두는 경향이 있다는 점 때문이었다. 이것은 물론 종교적 경험의 현상학적 분석은 간주관적이며, 비초월적인, 순수하게 과학적인 용어[예를 들면, W. Percy, "Symbol, Consciousness and Intersubjectivity", *Journal of Philosophy* 15 (1958) : 631-641]가 종교적 신앙의 완전한 이해를 위해서 필수적이 아니라는 것을 말하는 것은 아니며, 그점이 여기에서 나의 관심의 초점이 아니라는 것을 말할 뿐이다. "시야", "준거틀", "기질", "지향성", "입장", "정신적 틀" 등 다른 용어들도 간혹 사용되는데, 그것은 분석자가 그 문제의 사회적인, 심리적인, 문화적인 면 중 어느 것을 강조하는가에 달린 것이다.

36) Schutz, *The Problem of Social Reality.*

통하여 전승된 "엄연한 사실"의 상징적 개념을 통해서 형성된 것이므로 문화적 산물이며, 우리 행동의 고정된 배경이며, 주어진 대상이다. 에베레스트산과 같이 그것은 그저 거기에 있는 것이며, 그것에 대해서 무엇인가를 할 필요가 느껴진다면, 그것에 대해서 해야 할 일은 그것에 오르는 것이다. 과학적 관점에서는 바로 이러한 "주어진 것"이 사라져버린다.[37] 신중한 의문과 체계적 조사, 공평한 관측을 위하여 실용적 동기를 정지시키고, 세계의 공식적 개념, 즉 상식의 비공식적 개념과의 관계가 점차 문제시되고 있는 공식적 개념을 통해서 세계를 분석하려는 시도 —— 이것들이 세계를 과학적으로 파악하려는 시도 —— 의 특징이다. "미학적 태도"라는 제목하에서 아마도 가장 정교하게 검토되어온 미학적 관점에 대해서 말하자면, 이는 다른 종류의 소박한 사실주의와 실용적 관심의 중지를 포함하는 것으로 일상 경험의 신뢰성에 의문을 제기하는 대신에 그 경험을 단지 무시하고, 외양을 강조하려는 열망, 외면에 대한 열중, 우리가 말하는 "그 자체 안에서"에 몰두하는 쪽을 택하는 것이다. "예술적 환상의 기능은 '믿도록 만드는 것'이 아니다.……전혀 그 반대로 믿음으로부터의 해방 —— '여기에 그 책상이 있다', '그것이 내 전화기이다' 등의 일상적 의미를 제거한 감각적 자질이라는 것을 생각하는 것이다. 우리 앞에 있는 것은 이 세계에서는 아무런 실질적 중요성을 지니지 않는다는 인식이 우리로 하여금 그렇게 그것의 외양에 관심을 기울이게 하는 것이다."[38] 그리고 상식적, 과학적 (또는 역사적, 철학적, 미학적) 관점과 마찬가지로, 이 관점, 즉 이 "보는 방식"도 어떤 신비적인 데카르트식 화학의 산물이 아니라, 진기한 유사 대상 —— 시, 연극, 조각, 교향곡 —— 에 의해서 유인되고, 매개되고, 사실상 창조되는 것이다. 그것들은 단단한 상식이 세계로부터 스스로를 분리하여, 오직 외양만이 성취할 수 있는 특별한 종류의 웅변술을 얻은 것들이다.

종교적 관점이 상식적 관점과 구분되는 것은, 이미 지적했듯이, 그것이 일상생활의 현실을 넘어서서 그것을 정정하고, 완성시키는 보다 넓은 현실로 옮겨간다는 데에 있으며, 또한 그것의 분명한 관심은 그러한 보다 넓은 현실에서의 행동이 아니라, 그것을 수용하고, 그것을 믿는 것에 있다는 점이

---

37) 같은 책.
38) S. Langer, *Feeling and Form* (New York, 1953), p. 49.

다. 과학적 관점과의 차이는 종교적 관점은 세계의 주어진 상태를 해체하여
확률적 가설의 소용돌이로 만들어버리는 제도화된 회의주의에서가 아니라,
보다 넓고, 비가설적인 진리라고 생각되는 것에 의하여 일상생활의 현실에
의문을 제기한다는 점이다. 종교적 관점의 표어는 심리적 분리보다는 그것
에의 개입이다. 분석보다는 만남이다. 또한 종교적 관점이 예술과 다른 것은
예술적 사실의 문제에서 벗어나 의도적으로 유사성과 환상의 분위기를 만
드는 데에 대해서 종교적 관점은 사실에 대한 관심을 심화하고, 철저한 현
실성의 분위기를 만들고자 한다는 점이다. 종교적 관점이 기초하고 있는 것
은 이러한 의미의 "정말로 정말"이며, 문화체계로서 종교의 상징적 활동이
만들고, 강화하고, 가능한 한 세속적 경험의 잡다한 계시에 의해서 침해될
수 없는 것으로 만들고자 하는 것도 이러한 의미의 "정말로 정말"이다. 그
것은 또한 특정한 상징의 복합 —— 사람들이 만든 형이상학, 사람들이 추천
하는 삶의 양식 —— 에 설득력 있는 권위를 불어넣는 것이다. 그 권위는 분
석적 관점에서 볼 때 종교활동의 본질이다.

　여기에서 우리는 겨우 의례로 인도된다. 그것은 종교적 개념이 진실이
며, 종교적 지시가 옳은 것이라는 확신이 어떤 식으로든 발생하는 것은 의
례 —— 즉 신성화된 행위 —— 에서이기 때문이다. 신성한 상징이 인간에게
일으키는 분위기와 동기, 그것들이 인간을 위해서 형성하는 존재의 질서에
대한 일반 개념이 서로 만나 강화하는 것은 어떤 종류의 의식(儀式)의 형
식 —— 비록 그것이 신화의 낭송, 신탁(神託)에 묻는 것, 또는 무덤의 장식
에 지나지 않는다고 하더라도 —— 에서이다. 의례 안에서는 사는 세계와 상
상된 세계가 일련의 상징 형식을 매개로 융합되어 동일한 세계가 되며, 결
과적으로 인간의 실재감에 이 논문의 제사(題詞 : 첫머리의 인용문 / 역주)에
서 산타야나가 언급한 특유의 변형을 일으킨다. 신의 개입이 신앙의 창조에
서 어떤 역할을 하건 하지 않건 간에 —— 그것이 어느 쪽이라고 말하는 것
은 학자의 일이 아니다 —— 인간의 차원에 종교적 확신이 나타나는 것은 적
어도 일차적으로는 종교적 관행의 구체적 행위의 맥락으로부터이다.

　그러나, 어떤 종교적 의례라도, 그것이 분명히 자동적이거나 습관적이라
고 하더라도(만일 그것이 정말 자동적이거나 단지 습관적인 것이라면 그것
은 종교적인 것이 아니다), 에토스와 세계관의 이러한 상징적 융합을 포함

하는데, 사람들의 영적인 의식을 형성하는 것은 보다 정교하고, 보다 공적인 의례들이다. 그러한 의례들 안에는, 한편에서는 광범한 분위기와 동기가, 다른 한편에서는 광범한 형이상학적 개념이 결합된다. 싱어에 의해서 소개된 유용한 용어를 이용하면, 우리는 이들 성숙한 의식들을 "문화적 연기(cultural performance)"라고 부를 수 있다. 그리고 그것과 같은 의식은 종교생활의 성향적 측면과 개념적 측면이 신자들을 위하여 수렴되고 있는 점을 나타낼 뿐 아니라, 그 두 측면 사이의 상호 작용을 외부의 관찰자가 보다 용이하게 조사하는 것이 가능한 지점임을 나타내고 있다는 점을 말할 수 있다.

> 마드라시 브라만들(이 문제에서는 비(非)브라만 역시)이 힌두교의 어떤 특징을 나에게 보여주기를 원할 때마다 어떤 특정 의례나 의식을 언급하거나, 와서 보도록 나를 초청하곤 했다. 그것들은 생애 의례나, 사원의 축제, 혹은 일반적인 종교적, 문화적 연행의 분야에서의 의례였다. 나의 면접과 관찰과정에서 이를 돌이켜볼 때, 나는 힌두교에 관한 보다 추상적인 일반화(내가 들은 것뿐 아니라 내 자신의 것도)가 이러한 관측 가능한 연행들과 대비시킴으로써 직접적 혹은 간접적으로 확인될 수 있음을 알았다.[39]

물론, 모든 문화적 연기가 종교적 연기는 아니다. 그리고 종교적 연기와 예술적 혹은 정치적 연기 사이의 구분이 실제로 분명히 이루어지는 것은 아니다. 사회적 형태처럼, 상징적 형태도 다면적 목적을 위해서 이용되기 때문이다. 그러나 요점은, 다소 알기 쉽게 말하면, 인도인들은 ── "그리고 아마도 모든 민족들은" ── 그들의 종교를 "그들이 방문자나 그들 스스로에게 보여주는 [것이 가능한] 이러한 명확한 연기에 포함되어 있는 것"으로 생각하는 것처럼 보인다는 점이다.[40] 그러나 보여주는 방식은 두 종류의 증인(방문자와 참가자/역주)에게 근본적으로 다른데, 이 사실은 "종교는 인간 예술의 한 형태이다"라고 주장하는 사람들에 의해서 간과되어온 것으로 생각된다.[41] "방문자"에게 종교적 연기는, 방문이라는 것의 성질상, 단지 특정한

---

39) M. Singer, "The Cultural Pattern of Indian Civilization", *Far Eastern Quarterly* 15 (1955) : 23-26.

40) M. Singer, "The Great Tradition in a Metropolitan Center : Madras", M. Singer 편, *Traditional India* (Philadelphia, 1958), pp. 140-182.

41) R. Firth, *Elements of Social Organization* (London and New York, 1951), p. 250.

종교적 관점의 표명에 지나지 않으며, 따라서 미학적으로 감상되거나 과학
적으로 해체되는 것이지만, 참여자들에게 그것은 부가적인 종교적 관점의
설정, 구체화, 실현이다 —— 그들이 믿는 것에 관한 모델일 뿐 아니라 그것
을 믿는 것을 위한 모델이다. 이러한 유연한 연극 속에서 사람들은 그것을
그려냄에 의해서 그들의 신앙을 얻는다.

적절한 사례로, 발리 섬의 화려하게 극적인 문화적 연기를 들어보자. 그
중에서는 랑다(Rangda)라고 불리는 무서운 마녀가 바롱(Barong)이라고 불
리는 사랑스러운 괴물과 벌이는 의례적 싸움이 있다.[42] 반드시 그런 것은 아
니지만, 대부분은 죽음의 사원의 제사에서 행해진다. 연극은 탈춤의 형식으
로 이루어지며, 마녀 —— 노쇠한 과부, 매춘부, 유아 식인종으로 묘사되
는 —— 가 땅 위에 역병과 죽음을 퍼뜨리고, 괴물 —— 서투른 곰, 어리석은
강아지, 점잔 빼며 걷는 중국의 용을 합쳐 놓은 것으로 묘사되는 —— 이 이
에 대항하는 내용이다. 한 남자가 춤을 추는 랑다는 무시무시한 배역이다.
그녀의 눈은 부어오른 종기처럼 이마에서부터 부풀어 있다. 이빨은 뻐드렁
니가 되어 뺨 위로 휘어졌고, 송곳니를 턱 아래로 내밀고 있다. 그녀의 노랗
게 변색된 머리는 뒤얽혀서 흘러내린다. 그녀의 가슴은 말라비틀어져 있고
매달린 유방 주위에 머리카락이 휘감겨 있으며, 그 사이에는 소시지처럼 물
든 내장 묶음들이 매달려 있다. 그녀의 길고 붉은 혀는 화염과 같다. 그리고
랑다는 춤을 출 때, 죽은 사람같이 창백한 손을 펴는데, 거기에서는 10인치
의 짐승의 발톱 같은 손톱이 내밀어지며, 정신을 잃게 하는 금속성 웃음소
리를 낸다. 희가극의 말의 분장과 같이 두 남자가 앞뒤로 서서 춤을 추는 바
롱은 또 다른 문제이다. 그가 입은, 털로 덮인 양치기 개 가죽으로 만든 외
투는 금과 운모 장식이 매달려 희미한 빛 속에 반짝거린다. 그는 꽃, 장식띠,
깃털, 거울 그리고 인간의 머리털로 만든 우스꽝스러운 수염으로 장식된다.

---

42) 랑다-바롱 콤플렉스는 일련의 유달리 재능 있는 민족지학자들에 의해서 널리 기술되고,
  분석되었으며, 여기서 나는 도식적 형태 이상의 지시를 시도하지 않을 것이다[예를 들면
  J. Belo, *Bali : Rangda and Barong* (New York, 1949) ; J. Belo, *Trance in Bali* (New York,
  1960) ; B. DeZoete와 W. Spies, *Dance and Drama in Bali* (London, 1938) ; G. Bateson과
  M. Mead, *Balinese Character* (New York, 1942) ; M. Covarrubias, *The Island of Bali*
  (New York, 1937)를 보라]. 이 콤플렉스에 관한 나의 해석의 대부분은 1957-1958년에 내
  가 발리에서 행한 개인적 관찰에 의거하고 있다.

역시 괴물이지만, 그의 눈 또한 튀어나와 있으며, 랑다나 그밖에 그의 위엄에 모욕이 되는 것과 마주칠 때, 적당히 사납게 그의 어금니가 달린 턱을 마주쳐서 소리를 낸다. 기묘하게 구부러진 그의 꼬리에 달려 딸랑거리는 몇 개의 종들은 그의 무시무시함을 어떻게든 무디게 하고자 한다. 랑다가 악마 같은 이미지라면, 바롱은 익살스러운 이미지이며, 그들의 충돌은 해로운 것과 익살스러운 것 사이의 (결말이 없는) 충돌이다.

다스리기 어려운 악의와 저속한 희극의 이러한 이상한 대위법이 전체의 연기에 가득 차 있다. 주술적인 흰 천을 꼭 쥐고 있는 랑다는 천천히 비틀거리면서 주위를 돌아다니다가, 가끔 생각에 잠기거나 의심에 차서 움직임을 멈추고 서 있다가 갑자기 비틀거리면서 앞으로 간다. 그녀가 입장하는 순간(짧은 돌 층계의 꼭대기에 갈라진 문을 통해서 그녀가 나타날 때, 그 무섭게 긴 손톱을 지닌 손이 제일 먼저 보인다)은, 최소한 방문객에게는, 모든 사람이 공포에 휩싸여 도망쳐야 하는 순간처럼 보이는 무서운 긴장의 하나이다. 그녀가 가믈란(gamelan : 주로 타악기로 연주하는 인도네시아의 기악합주 / 역주)의 거친 종소리 가운데에서 바롱에게 비난의 비명 소리를 지를 때, 그녀 자신이 공포와 증오로 제정신이 아닌 것처럼 보인다. 그녀는 정말로 미쳐서 날뛰는 것인지도 모른다. 나는 랑다가 가믈란 쪽으로 곤두박질치거나, 완전히 혼돈에 빠져서 미친 듯이 날뛰는 것을 여러 명의 관객이 힘을 합쳐서야 겨우 진정시켜 정신을 차리게 한 것을 본 적이 있다. 미쳐서 날뛰는 랑다가 마을 전체를 수시간 동안 공포에 몰아넣었다거나, 랑다로 분장했던 사람들이 그 연기 후에 영원히 미쳐버렸다는 이야기들은 많이 들을 수 있다. 그러나 바롱은, 랑다와 동일한 마나 같은 신성한 힘(발리어로는 삭티[sakti])을 지니고 있고, 그것으로 분장한 사람 역시 망아(忘我) 상태에 빠지지만, 진지해지기가 몹시 힘든 것처럼 보인다. 그는 그의 악마 수행원들과 장난치며 떠들고(그들 자신의 음탕한 농담으로 즐거움을 더한다), 메탈로폰(metalophone : 일련의 금속 막대로 이루어진 타악기. 가믈란 합주악기인 사론[saron], 군데르[gĕnder]가 여기에 포함된다. 금속 막대 울림악기라고 한다 / 역주)이 연주되는 도중에 그 위에 누워버리거나, 다리로 북을 치거나 한다. 그는 몸의 앞부분과 뒷부분을 서로 다른 방향으로 움직이거나, 몸을 구부려 이상하게 비틀거나 한다. 또한 몸에서 파리를 털어내거나 킁킁거리면서 냄새를 맡고, 대

개 자기도취적 허영이 발작하여 활개치며 걷는다. 이 대비가 절대적인 것은
아니다. 때때로 랑다도 바롱의 외투에 있는 거울에서 겉모양을 다듬는 척할
때처럼 순간적으로 우스꽝스러워질 때가 있으며, 바롱도 랑다가 나타난 후
에는 오히려 더욱 진지해져서, 그녀에게 신경질적으로 턱을 부딪쳐서 소리
를 내고, 결국 그녀를 직접 공격하기도 하기 때문이다. 또한 익살스러운 것
과 무서운 것이 항상 엄격히 구분되는 것도 아니다. 춤의 한 부분에는 여러
명의 작은 마녀들(랑다의 제자들)이 사산한 아이의 시체를 서로 던짐으로써
관중의 거친 즐거움을 불러일으키는 이상한 장면이 있다. 마찬가지로, 임신
한 여자가 무덤 파는 일단의 인부들에 의해서 연속적으로 이리저리 넘어뜨
려지면서 히스테리컬하게 울다가 웃다가 하는 이상한 장면이 있는데, 이 장
면은 무슨 이유에서인지 견딜 수 없게 재미있는 듯하다. 공포와 환희라는
한 쌍의 주제는 두 사람의 주인공에 의해서 그리고 그들 사이의 끝없는, 결
말이 나지 않은 투쟁에서 그 순수한 형태로 표현되지만, 이것들은 연극의
전체적인 구성을 통하여 미묘한 복잡성 속으로 엮어진다. 이들 —— 또는 이
들 사이의 관계 —— 이 바로 그 내용이다.

   여기에서 랑다-바롱의 연기를 상세히 기술하고자 할 필요는 없다. 그러
한 연기는 세부적으로는 매우 다양하며, 별로 밀접히 연관되지 않는 여러
개의 부분으로 구성되고, 어느 경우에나 쉽게 요약하는 것이 불가능할 정도
로 구조적으로 복잡하다. 우리의 목적을 위해서 강조되어야 할 주안점은 발
리인들에게 연극은 단순히 볼 만한 구경거리가 아니라, 공연되는 의례라는
것이다. 여기에서는 연기자와 관객을 분리하고, 묘사되는 사건을 이해할 수
없는 환상의 세계에 두는 미학적 거리가 없다. 전반적인 랑다-바롱의 대결
이 결론지어질 때가 되면, 이를 후원하는 집단의 구성원 대부분이, 때때로
거의 모두가, 상상적으로만이 아니라 육체적으로 그 속에 휘말려들게 된다.
벨로의 실례 중 하나에서, 어떤 점에서건 활동 중의 역할에 참가한 사람을
75명 —— 남자, 여자, 아이들 —— 까지 헤아릴 수 있었으며, 30-40명의 사
람이 참가하는 것은 결코 이상한 일이 아니다. 연기로서의 이 연극은 미사
와 같은 것으로 「대사원의 살인(*Murder in Cathedral*)」(영국의 시인, 극작
가, 비평가인 T. S. 엘리엇[1888-1965]의 희곡/역주)의 상연과 같은 것은
아니다. 그것은 뒤에 서 있는 것이 아니라, 가까이 다가가는 것이다.

　부분적으로, 이러한 의례의 과정 속으로의 참여는, 선택된 마을 사람들에 의해서 연기되는, 의례 안에 포함된 다양한 조역 —— 중요하지 않은 마녀, 악마, 다양한 종류의 전설적 인물과 신화적 인물 —— 의 매개를 통하여 일어난다. 그러나 대부분 그것은 인구의 대다수가 지니고 있는 비상하게 발달한 비정상적인 심리적 분리(신들림과 유사한, 현실로부터 분리된 심리상태/역주) 능력을 매개로 하여 일어난다. 랑다-바롱의 투쟁은 어디서든 서너 명에서 수십 명의 관객이 차례차례로 여러 악마에게 홀려서, "폭죽이 차례대로 터지는 것처럼,"[43] 격한 신들림 상태에 빠지고, 단검을 낚아채어 싸움에 가담하기 위해서 달려드는 것으로 나타난다. 공포처럼 번지는 집단의 신들림은 개개의 발리인들을 그가 보통 생활하는 평범한 세계에서 벗어나 랑다와 바롱이 살고 있는 가장 비일상적인 세계로 투사한다. 신들린 상태가 되는 것은, 발리인들에게는, 다른 존재의 질서로 경계를 넘어서는 것이다. 신들림을 의미하는 말로는 다디(dadi)로부터 나온 나디(nadi)가 있으며, 이는 흔히 "되다"로 번역되었는데, 보다 단순하게 "이다"로 번역될 수 있다. 무슨 이유에서건, 영적인 경계를 넘지 못하는 사람들이라도 이 과정에 들어간다. 즉 그들이 보통 사람인 경우에는 물리적인 제재를 통해서 그리고 사제(司祭)라면 성수를 뿌리고 주문을 외우는 것을 통해서 신들린 사람들의 광란적 활동이 손을 벗어나는 것을 막아야 하기 때문이다. 그 절정에서 랑다-바롱 의례는 대중의 광란상태의 언저리를 맴돌거나 최소한 그런 것처럼 나타난다. 이 상태에서 서서히 줄어드는 신들리지 않은 사람들의 집단이 점점 늘어나는 신들린 사람들의 집단을 통제하기 위해서 결사적으로 투쟁한다(그리고 이는 거의 항상 성공적인 것으로 보인다).

　그 표준적 형식 —— 표준적 형식이 있다고 말할 수 있다면 —— 에서 연기는 바롱의 출현으로 시작된다. 그는 그 다음에 나오는 것에 대한 일반적인 예방으로, 활개치며 걷고 의기양양하게 등장한다. 이어서 연기의 기초가 되고 있는 이야기 —— 항상 정확히 같은 것은 아니다 —— 와 관련된 여러 신화의 장면이 등장하고, 마지막으로 바롱과 랑다가 나타난다. 그들의 전투가 시작된다. 바롱은 랑다를 죽음의 사원의 문을 향하여 몰아부친다. 그러나 그는 그녀를 완전히 내몰 힘이 없으며, 반대로 그가 마을 쪽으로 몰린다. 결

---

43) Belo, *Trance in Bali.*

국 랑다가 제압하는 듯이 보일 때, 몇 명의 신들린 남자들이 일어나, 손에 단검을 들고, 바롱을 돕기 위해서 달려든다. 그러나 그들이 (명상에 빠져 등을 돌리고 있는) 랑다에게 다가가면, 그녀는 그들을 향하여 돌아서서, 삭티라는 흰 천을 흔들어, 그들을 혼수상태에 빠뜨려 땅 위에 쓰러지게 한다. 그런 뒤 랑다는 얼른 사원으로 후퇴한다(혹은 운반된다). 그곳에서 그녀는 스스로 쓰러져서 분노한 군중들로부터 숨는다. 나의 정보 제공자가 말하기로는 군중이 만일 무력한 상태의 랑다를 보면 그녀를 죽여버렸을 것이라고 한다. 바롱은 검을 든 춤꾼들 사이를 돌아다니며 턱을 갑자기 디밀거나, 수염을 부벼대서 혼수상태의 그들을 깨운다. 아직 신들린 상태에서, "의식"이 돌아오며, 그들은 랑다가 사라져서 그녀를 공격할 수 없게 된 것에 격분하여 욕구불만으로 단검을 그들 자신의 가슴으로 향하게 한다(신들린 상태이기 때문에 해가 없다). 진짜 대혼란은 대개 이 순간에 일어난다. 남녀 군중이 모두 마당의 이곳저곳에서 신들린 상태에 빠져, 그들 자신을 찌르려고 뛰어다니거나, 서로 뒤엉켜 싸우고, 살아 있는 병아리나 배설물을 먹고, 진흙에서 발작적으로 뒹굴거나 한다. 그동안 신들리지 않은 사람들은 신들린 사람에게서 단검을 빼앗으려고 하거나, 최소한으로라도 그들을 진정시키려고 한다. 시간이 흐르면서 신들린 사람들은 하나씩 혼수상태에 빠지고, 사제의 성수에 의해서 정신을 차린다. 거대한 전투는 끝난다 —— 재차 완전한 분리를 끝낸다. 랑다는 정복되지 않았고, 정복하지도 못했다.

이 의례의 의미를 밝힐 수 있는 한 가지 방법은 이 의례가 연기하는 것으로 되어 있는 신화, 이야기 그리고 명백한 신앙을 수집하는 것이다. 그러나 이들에는 여러 종류의 것이 있다. 어떤 사람들에게 랑다는 시바의 악독한 배우자인 두르가가 나타난 것이며, 다른 사람들에게는 11세기의 자바를 배경으로 하는 왕궁 전설의 인물인 마헨드라다타 여왕이며, 또 다른 사람들에게는, 브라마나의 사제가 인간의 영적 지도자인 것처럼, 마녀의 지도자가 된다. 바롱이 누구(또는 "무엇")냐는 개념은 마찬가지로 다양하고, 보다 더 모호하다 —— 그러나 랑다와 바롱은 발리인의 연극에 대한 인식에서 이차적인 역할을 연기하는 것으로 보인다. 마을 사람이 그 자신에 관해서 그것들을 진정한 실재로 알게 되는 것은 실제 공연의 맥락에서 두 인물과의 직접 대면을 통해서이다. 그때 그것들은 무엇의 대표물이 아니라, 현존하는 것이다. 그리고 마을 사람들이 신들린 상태에 들어가면, 그들은 그들 스스로가 그러한 실재가 존재하는 영역의 한 부분이 되는 것 —— 나디 —— 이다. 내가 전에 했던 것, 랑다 역을 했던 사람에게 그녀가 존재하는 것 같느냐고 묻는 것은 바보가 아닌가 하는 의심을 받기에 알맞다.

따라서 의례가 구현하는 종교적 관점에 깔려 있는 권위는 의례 그 자체를 연기함에 의해서 받아들여진다. 일련의 상징에 의해서, 몇 가지의 분위기와 동기 —— 에토스 —— 를 유도함으로써 그리고 우주 질서의 이미지 —— 세계관 —— 를 정의함으로써, 의례의 실행은 종교적 신념을 위한 모델의 측면과 그것에 의한 모델의 측면을 상호 대치 가능한 것이 되도록 만든다. 랑다는 공포(증오, 혐오, 잔인함, 전율 그리고 여기에서 공연의 성적인 측면을 다룰 수는 없었지만, 색정뿐 아니라 두려움도)를 유발시킨다. 그러나 그녀는 또한 그것을 묘사한다.

> 마녀라는 인물이 발리인들의 상상에서 지니는 매력은 마녀가 공포를 유발시키는 인물일 뿐 아니라, 그녀가 공포 그 자체라는 것을 인식할 때만 설명될 수 있다. 마녀 놀이를 하는 어린이들이 마녀처럼 그들의 손을 구부리지만, 길고 위협적인 손톱을 지닌 그녀의 손은 희생물을 할퀴어 상처를 내지 않는다. 마녀 자신은 손을 벌리고 손바닥을 펴서 손가락을 뒤로 제친다. 발리인들은 이 제스처를 카파르(kapar)라고 하는데, 이는 나무에서 떨어진 사람이 보이는, 깜짝 놀라는 반응을 일컬을 때 쓰이는 용어이다.……마녀가 무서울 뿐 아니라, 우리가 무서워한다는 것을 볼 때 비로소 그녀의 호소력을 설명하는 것이 가능하다. 털이 숭숭 나 있고, 접근하기 어려우며, 어금니가 튀어나와 있고, 외로이 춤추며, 때때로 높고 무시무시한 웃음소리를 낼 때 그녀를 둘러싸고 있는 비애를 설명할 수 있을 것이다.[44]

그리고 바롱의 경우는 웃음을 자아낼 뿐 아니라, 발리인들의 희극적 정신의 측면을 구현하고 있다. 그것은 놀기 좋아하고, 나서기 좋아하고, 우아함에 대한 과도한 애착을 보이는 것 등이 뚜렷이 결합된 것으로, 공포와 함께 발리인들 생활의 지배적인 주제일 것이다. 무승부로 끝날 수밖에 없는 랑다와 바롱의 끊임없이 재발하는 싸움은 따라서 —— 그것을 믿는 발리인들에게는 —— 일반적인 종교적 개념의 공식화이며, 이의 수용을 정당화하고 강요까지 하는 권위적 경험인 것이다.

---

44) G. Bateson과 M. Mead, *Balinese Character*, p. 36.

……분위기와 동기가 특이하게 현실적인 것으로 보이게 한다……

그러나 누구도, 심지어 성인조차도, 항상 종교적 상징이 공식화되는 세계에서 살고 있는 것은 아니다. 대부분의 사람은 순간적으로만 거기에서 산다. 상식적인 사물과 실제적인 행위로 이루어진 일상의 세계는, 슈츠가 말한 것처럼, 인간 경험에서 최고의 실재이다 —— 우리가 가장 견고하게 근거를 두고 있고, 그 내재적 현실성에 대해서 거의 의문을 제기할 수 없으며(그것의 특정 부분에 대해서 얼마든지 의문을 가질 수 있다고 해도), 그것의 압력과 요구로부터 우리가 거의 회피할 수 없는 세계라는 의미에서 최고라는 것이다.[45] 인간은, 대규모 집단의 경우에도, 미학적으로 무감각하고, 종교적으로 무관심하고, 형식적인 과학적 분석을 행할 능력을 갖추지 못했을 경우라도, 상식을 완전히 결여할 수는 없으며, 그렇게 하고는 생존할 수도 없다. 따라서 종교적 의례가 유발시키는 성향들은 그 가장 중요한 영향을 —— 인간의 관점에서 볼 때 —— 의례 그 자체의 경계 밖으로 미치는 경우가 많으며, 동시에 적나라한 사실에 의해서 성립되는 세계에 대한 개인의 개념을 채색하는 결과를 가져온다. 평원의 환영 추구, 마누스 섬 사람들의 고백, 자바인들의 신비주의적 수련(修練)을 특징짓는 독특한 색조는 직접적으로 종교적인 것을 훨씬 넘어서서 이 사람들의 생활 영역에 충만되어, 지배적인 분위기와 특징적인 운동이라는 의미 모두에서 뚜렷한 스타일을 새겨놓는다. 랑다-바롱의 싸움에서 묘사된, 사악한 것과 희극적인 것의 뒤섞임은 일상적인 발리인들의 아주 넓은 범위의 행동에 살아 있으며, 그들의 행동의 대부분은, 의례 그 자체와 마찬가지로, 강박관념적인 유희성(遊戲性)을 어느 정도 포함하고 있는 솔직한 공포의 분위기를 가지고 있다. 종교가 사회학적으로 흥미 있는 것은, 천박한 실증주의에서처럼, 이것이 사회적 질서를 보여주기 때문이 아니라(보여준다고 하더라도 그것은 심히 왜곡된 형태로 보여줄 뿐 아니라, 매우 불완전하게 보여준다), 환경, 정치적 권력, 부(富), 법적 의무, 개인적 애정, 미의 감각처럼 사회적 질서를 형성하기 때문이다.

종교적 관점과 상식적 관점 사이를 왕래하는 것은 현실적으로 사회적 장면에서 보다 분명하게 경험적으로 발생하는 것 중의 하나이지만, 이것은 또

---

45) Schutz, *The Problem of Social Reality*, p. 226 이하.

한 사회인류학자 거의 모두가 셀 수 없이 자주 그것이 발생하는 것을 보았음에도 불구하고, 그들에 의해서 가장 무시되어온 것 중의 하나이다. 종교적 신앙은 보통 그의 거주지, 그의 직업적 역할, 그의 친족 지위 등과 같이, 개인의 변하지 않는 속성으로 표현되어왔다. 그러나 사람의 전인격을 몰두시키는 의례 안에서, 그에 관한 한 그를 다른 존재양식으로 전환시키는 종교적 신앙과, 그러한 경험을 기억하여 반영하는 일상생활 속에서의 종교적 신앙은 정확하게 동일한 것이 아니며, 이를 깨닫지 못하면 어떤 혼란, 무엇보다 특히 소위 원시심성(原始心性) 문제와 관련된 혼란에 빠지게 된다. 예컨대 "원주민의 사고(思考)"의 본질에 대한 레비-브륄과 말리노프스키 사이의 난점(難點)의 대부분은 이러한 구분을 충분히 인식하지 못한 데서 야기되는 것이다. 프랑스인 철학자(레비-브륄을 말한다/역자)는 원주민이 특히 종교적 관점을 취하고 있을 때의 실재관(實在觀)에 관심을 둔 반면, 폴란드계 영국인 민족지학자(말리노프스키를 말한다/역자)는 엄격하게 상식적 관점을 취하고 있을 때의 실재관에 관심이 있었기 때문이다.[46] 아마도 양자 모두 그들이 정확하게 동일한 것에 관해서 말하는 것이 아니라는 것을 막연하게 느꼈을 것이다. 그러나 그들이 길을 잃은 것은 상호 작용하는 이러한 두 가지 형태의 "사고"방식 —— 또는, 이것보다는 이 두 가지 상징적 공식화의 양식이라고 말하고 싶다 —— 에 구체적인 설명을 부여하지 못했기 때문이다. 그 결과 레비-브륄의 미개인은, 그의 추후의 부인에도 불구하고, 전체적으로 신화적인 만남만으로 구성된 세계에서 사는 경향이 있으며, 말리노프스키의 미개인은, 그의 종교의 기능적 중요성에 대한 강조에도 불구하고, 전적으로 실질적인 행동만으로 구성된 세계에서 사는 경향이 있다. 그들은 자신도 모르는 사이에 환원주의자가 되어버렸다(관념론자도 유물론자와 마찬가지로 환원주의자이다). 그것은 인간이 어느 정도 수월하게 그리고 매우 빈번히, 세계를 보는 근본적으로 대조되는 방식, 서로 연결된 것이 아니라 문화적 간격에 의해서 구분되어 양 방향에서 키에르케고르적 도약이 만들어져야만 가로지를 수 있는 방식 사이를 움직인다는 것을 파악하지 못했기 때문이다.

---

46) Malinowski, *Magic, Science and Religion*; L. Lévy-Bruhl, *How Natives Think* (New York, 1926).

내가 실재로서 강조점을 부여할 수 있는 상이한 한정된 의미의 영역이 존재하듯이, 무한히 많은 종류의 상이한 충격적 체험이 존재한다. 몇 개의 예를 들어보자. 잠에 빠져 꿈의 세계로 비약할 때의 충격, 극장의 막이 올라 무대의 연극 세계가 시작되려고 할 때 우리가 경험하는 내적 변신(變身), 그림 앞에서 그림의 세계로 들어가는 것과 함께 자신의 시계(視界)가 화폭 안으로 제한되어갈 때 일어나는 우리의 태도의 근본적 변화, 농담을 들으면서 잠깐 동안 농담의 허구 세계가 실재이며, 그것에 비해 우리의 일상 세계는 어리석은 성격을 지니고 있다는 사실을 인정하면서 느껴지는 곤혹을 웃어버려 완화시키는 것, 어린아이가 장난감을 가지고 놀이의 세계로 들어가는 경우 등. 그러나 종교적 경험 또한 다양한 양상에 있어서 —— 예컨대, 키에르케고르의 종교적 영역으로의 도약으로서 "순간"의 체험 —— 이러한 충격의 예가 된다. "이 세상"의 사건에 대한 모든 열정적 참여를 무관심한[분석적] 태도로 대체하려는 과학자의 결정 또한 이와 마찬가지이다.[47]

순수한 종교와 응용된 종교 사이에 존재하는, 또는 "정말로 정말"이라고 생각되는 것과의 만남과 그 만남이 밝혀주는 것처럼 보이는 것을 감안하여 일상적인 경험을 조망하는 것 사이에 존재하는 질적 차이 —— 경험적 차이이며, 초월적 차이는 아닌 —— 를 인식하고 그것을 탐구함으로써, 보로로족이 "나는 작은 잉꼬이다"라고 말할 때 의미하는 것이나, 기독교도가 "나는 죄인이다"라고 말할 때 그들이 의미하는 것을 보다 잘 이해할 수 있게 될 것이다. 그 이해는 일상적인 세계가 모호한 개념의 구름으로 사라져버리는 원시 신비주의 이론이나, 종교는 유용하지만 허구의 집합으로 분해되어버리는 원시 실용주의 이론, 어느 것에 의한 이해보다 진전된 것이다. 퍼시의 저서에서 뽑은 잉꼬의 예는 훌륭한 것이다.[48] 그가 지적했듯이, 보로로족은 자신을 문자 그대로 잉꼬라고 생각한다고 말하는 것은 만족스럽지 않으며(왜냐하면 보로로족은 다른 잉꼬와는 짝지으려고 하지 않기 때문에), 혹은 그들의 진술이 거짓이거나 무의미한 것이라고 말하는 것도 만족스럽지 않다 (그것은 예를 들면 그가 "나는 보로로족이다"라고 하는 말이 긍정되거나 부인될 수 있는 것처럼, 긍정되거나 부인될 수 있는 씨족 구성원의 자격과 같은 종류의 논의를 제안하고 있는 것은 —— 또는 최소한 그것만을 제안하고

---

47) Schutz, *The Problem of Social Reality*, p. 231.

48) W. Percy, "The Symbolic Structure of Interpersonal Process", *Psychiatry* 24 (1961) : 39–52.

있는 것은 —— 아니기 때문이다). 또한 마찬가지로 과학적으로는 거짓이지만, 신화적으로는 진실이라고 말하는 것도 만족스럽지 않다(이는 즉각적으로, "신화"에 진실이 있음을 인정하면서 동시에 그것을 부정한다는, 스스로 모순되는 실용적 허구 개념으로 연결되기 때문이다). 보다 일관되기 위해서는, 문장이 종교적 관점을 구성하는 "제한된 의미의 영역"의 맥락과, 상식적 관점을 구성하는 "제한된 의미의 영역"의 맥락에서 다른 의미를 가지는 것으로 볼 필요가 있는 것처럼 보인다. 종교적인 관점에서, 우리의 보로로족은 "정말로" "잉꼬"이며, 적절한 의례적 맥락이 부여되면, 다른 "잉꼬" —— 보통 나무에서 직접 날라다니는 것과 같은 일상적인 잉꼬가 아니라, 그 자신과 같은 형이상학적인 잉꼬 —— 와 짝지어질 수 있다. 상식적인 관점에서, 그는 —— 내 생각에 —— 잉꼬를 그들의 토템으로 간주하는 씨족에 소속되어 있다는 의미에서 그는 잉꼬이며 또 종교적 관점이 보여주는 현실의 근본적인 본질에 의해서 그 씨족에 속한다는 사실에서 일정한 도덕적이고 실질적인 결과가 발생한다는 의미에서 그는 잉꼬이다. 자신이 잉꼬라고 말하는 사람은, 정상적인 대화에서 그렇게 말한다면, 신화와 의례에서 명시되는 것처럼 그에게는 잉꼬다움이 스며들어 있으며, 이러한 종교적 사실은 매우 중요한 사회적 의미를 지닌다. 즉 우리 잉꼬들은 서로 뭉쳐야만 하며, 서로 결혼하지 않고, 보통의 잉꼬를 먹지 않는다 등을 말하는 것이며, 그렇게 하지 않는 것은 전우주의 섭리에 어긋나게 행동하는 것이기 때문이다. 종교를 사회적으로 그렇게 강력하게 만드는 것은 종교가 우리 가까이의 행위를 근원적 맥락 속에 이런 식으로 배열하기 때문이다. 그것은 때때로 상식에 의해서 제시된 전체적인 조망을 근본적으로 변화시키며, 종교적 실행에 의해서 유발된 분위기와 동기 그 자체가 가장 실제적이고, 사물이 "정말로" 존재하는 방식을 받아들이기 위하여 유일하게 분별 있는 방식으로 보일 때까지 그것을 변형시킨다.

종교적 개념이 정의하는 의미의 준거틀로 의례를 통하여 "도약한"(이 말이 주는 이미지는 실제 사실에 비해서 좀 지나칠지도 모르겠다 —— "미끄러진"이 보다 더 정확할 것이다) 뒤에, 의례가 끝나고, 상식적인 세계로 다시 돌아오면, 인간은 —— 때때로 발생하듯이, 경험이 기억에서 지워지지 않는다면 —— 변한다. 그리고 그가 변한 것처럼, 상식의 세계도 변한다. 이제 상식의 세계는 그것을 수정하고 완성시키는, 보다 넓은 실재의 부분적 형태로만 보이기 때문이다.

그러나 이러한 수정과 완성이, 일부 "비교 종교(comparatire religion)" 연구자들이 주장하는 것처럼, 어디에서나 그 내용 면에서 동일한 것은 아니다. 일상생활에 대해서 종교가 부여하는 편견의 본질은 그 종교에 따라서, 신자가 받아들이게 된 우주적 질서에 대한 구체적 개념에 의해서 그에게 생기는 특별한 성질에 따라서 다양하다. "대(大)"종교의 차원에서, 유기체의 특수성은 대체로 인정되며, 때로는 열광적으로까지 주장된다. 그러나 가장 단순한 민속 종교 및 부족 종교의 차원에서조차 —— 종교적 전통의 개성이 너무 흔히 "애니미즘", "애니머티즘", "토테미즘", "샤머니즘", "조상 숭배", 기타 특색 없는 범주와 같은 무미건조한 형태 분류로 분해되어버린 경우가 많았으며, 그러한 진부한 범주에 의해서 종교 민족지학자들은 그들 자료의 생기를 빼앗기고 있다 —— 개개의 집단이 그들이 경험한 것으로 믿는 것에 따라서 행동하는 고유의 성격은 명백하다. 활동적인 크로족이 정열이 없는 자바에서 편안할 수 없는 것처럼, 평온한 자바인은 죄의식에 사로잡힌 마누스에서 편안할 수 없다. 그리고 세계의 모든 마녀와 의례적 광대 중에, 랑다와 바롱은 일반화되지 않는, 다른 예가 전혀 없는 공포와 즐거움의 형태이다. 인간이 믿는 것은 인간이 존재하는 만큼 다양하다 —— 그것이 도치되었을 때에도 명제는 동일한 힘을 지닌다.

도덕적이거나 기능적인 측면에서 종교의 가치에 대한 일반적인 평가를 내리는 것을 불가능하게 하는 것은 이처럼 종교체계가 사회체계(및 인성체계)에 미치는 영향이 경우에 따라서 다르기 때문이다. 아스텍의 인신공회로부터 지금 막 돌아온 사람을 특징짓는 분위기와 동기의 종류는 방금 카치나(Kachina : 푸에블로 인디언들의 종교의식에서 사람과 신 사이의 중재자 역할을 하는 조상들의 영[靈]/역주)의 가면을 벗은 사람의 그것과는 다르다. 동일한 사회 안에서조차, 사람이 주술 의례나 공식(公食)에서 인생의 본질에 관해서 "배우는"것은 사회적, 심리적 기능에 상당히 다른 영향을 줄 것이다. 종교에 관해서 과학적으로 기술할 때 발생하는 중요한 방법론적 문제 중 하나는 마을의 무신론자나 설교자의 말을 보다 세련된 그러한 사람들의 어조와 마찬가지로 배제해버림으로써, 특정 종교적 신앙이 지닌 사회적, 심리적 의미가 분명하고 중립적인 조명하에서 드러나게 해버리는 것이다. 이 것이 이루어지면, 종교가 "선"이냐, "악"이냐, "기능적"이냐, "역기능적" 이냐, "자아 강화"냐, "근심의 산출"이냐에 관한 전반적인 질문은 망상처럼 사라지고, 특정 사례에 대한 특정 평가, 감정(鑑定), 진단이 남을 것이다. 물론 이 종교적 주장과 저 종교적 주장 중 어느 것이 맞는가, 이 종교적 경험과 저 종교적 경험 중 어느 것이 진짜인가, 또는 참된 종교적 주장과 진정한 종교적 경험이 과연 가능한가와 같은 거의 중요하지 않은 의문도 남을 것이다. 그러나 이러한 의문은 과학적 관점이 스스로 부과한 한계 때문에 답해질 수 없음은 물론이고 질문조차 될 수 없다.

III

인류학자에게 종교의 중요성은 그것이 개인이나 집단에게, 한편으로는 세계, 자아 및 그 양자간의 관계에 대해서 일반적이고 명확한 개념의 원천——어떤 것에 대한 모델 —— 으로, 다른 한편으로는 뿌리깊으며 마찬가지로 명확한 "정신적" 성향의 원천 —— 어떤 것을 위한 모델 —— 으로 작용할 수 있는 능력에 있다. 이러한 문화적 기능에서부터 차례대로 종교의 사회적, 심리적 기능으로 흘러간다.

종교적 개념은 지극히 형이상학적인 그 자체의 맥락을 넘어서 퍼져나가, 광범한 —— 지적, 감정적, 도덕적 —— 경험에 의미 있는 형태를 부여할 수 있는 일반적 개념의 준거틀을 제공한다. 기독교도들은 나치 운동을 인류의 타락이라는 배경에서 파악하여, 인과적 의미에서는 그것을 설명하지 못한다고 하더라도, 도덕적, 인지적, 심지어 감정적 의미에서 그것을 설명한다. 아잔데족은 곡물 창고가 친구나 친척에게 무너져내린 것을 마술(witchcraft)이라는 구체적이고, 다소 특수한 관념을 배경으로 파악하여, 비결정론의 심리적 긴장뿐 아니라 철학적인 딜레마를 회피한다. 자바인들은 라사("감각-미각-감정-의미")라고 하는 외부로부터 빌려와 수정한 개념 안에서 안무적, 미각적, 감정적, 정치적 현상을 새롭게 "보는" 수단을 발견한다. 우주 질서의 개요, 일련의 종교적 신앙은 또한 세속적 세계의 사회적 관계와 심리적 사건에 대한 해석이기도 하다. 즉 그것들을 이해 가능하도록 해주는 것이다.

그러나 이러한 종교적 신앙은 단순한 해석 이상으로, 형판이기도 하다. 그것들은 단지 사회적, 심리적 과정을 우주적 언어로 해석하는 것만이 아니라 —— 이 경우에는 종교적이 아니라 철학적이다 ——, 그러한 과정을 형성한다. 원죄의 교리에는 또한 인생에 대한 바람직한 태도, 되풀이되는 분위기, 일련의 영속적 동기가 깔려 있다. 아잔데족은 마술의 관념으로부터 명백한 "사고(事故)"를 전혀 사고가 아닌 것으로 이해하는 것을 배우는 것만이 아니라, 이 사고처럼 보이는 것에 대해서 그것을 유발시킨 인간에 대해서 증오심을 가지고 반응하고 그것에 상응하는 해결책을 가지고 그것에 대항해나가는 것을 배운다. 라사는 진(眞), 선(善), 미(美)의 개념이 될 뿐 아니라, 선호되는 경험양식, 일종의 감정 없는 초월, 다양한 형태의 예사로운 무관심, 흔들리지 않는 평온이기도 하다. 종교적 정향이 산출하는 분위기와 동기는 한 민족의 세속적인 생활의 견고한 특질들에 온화한 빛을 던진다.

종교의 사회적, 심리적 역할을 추적하는 것은 이처럼 특정의 의례 행동과 특정의 세속적인 사회적 유대 사이의 상관관계를 발견하는 문제는 아니다 —— 물론 이러한 상관관계가 존재하고, 특히 우리가 그것에 관해서 어떤 새로운 것을 말할 수 있게 된다면, 탐구를 계속할 가치는 충분하다. 그러나 보다 중요한 것은, "정말로 정말"인 것에 대한 관념과 그 관념에 의해서 사람들의 내부에 생기는 성향이, 비록 표면에 나타나지는 않는다고 해도, 합리적인 것, 실제적인 것, 인간적인 것, 도덕적인 것에 대한 그들의 감각을 어떻게 채색했는지를 이해하는 문제이다. 얼마나 멀리 종교들이 그렇게 했는가(어떤 사회에서는 종교의 영향은 제한된 범위 안에 있으며, 다른 사회에서는 전체에 미치고 있기 때문이다). 얼마나 깊이 종교들이 그렇게 했는가(한편에는 세속 세계가 잘 되고 있는 한, 종교를 가볍게 보는 사람이나 집단이 있다. 다른 한편에는 아무리 사소한 경우라도 반드시 모든 사건에 그들의 신앙을 적용하고자 하는 사람들이 있다). 얼마나 효율적으로 종교들이 그렇게 했는가(종교가 요구하는 것과 사람들이 실제로 하는 것 사이의 간격의 폭은 비교문화적으로 매우 다양한 것이기 때문이다) —— 이 모든 것이 비교사회학과 종교심리학에서 가장 결정적인 쟁점이다. 종교체계 그 자체가 발전된 정도조차 변이의 폭이 매우 넓으며, 단순히 진화의 원리에만 기초하고 있는 것은 아니다. 한 사회에서는, 궁극적인 실재를 상징적으로 체계화하는 것이 놀라울 정도의 복잡성과 체계적인 조작의 수준에 이르는 경우가 있는데에 비해서, 다른 사회에서는, 사회적으로는 덜 발달하지 않았지만, 이러한체계화는 정말 미개한 상태로, 단편적인 부차적 신앙과 각사 제각각인 이미지들 및 성스러운 반영(反映)과 영적 그림문자를 모은 덩어리에 지나지 않을 수도 있다. 오스트레일리아의 원주민과 부시맨, 토라자족과 알로르 섬 사람들, 호피족과 아파치족, 힌두인과 로마인, 심지어 이탈리아인과 폴란드인을 생각해보는 것만으로, 종교의 체계적 명확성의 정도는 유사하게 복잡한사회들 사이에서조차 항상 같은 것은 아니라는 사실을 알 수 있다.

따라서 종교에 대한 인류학적 연구는 두 단계의 작업이다. 첫째, 종교의핵심을 구성하는 상징에 구현되어 있는 의미체계의 분석이며, 둘째, 이러한체계를 사회-구조적, 심리적 과정에 연결시키는 것이다. 내가 종교에 대한현대의 사회인류학적 작업에 대해서 그렇게 불만스러워하는 것은 그것이두번째 단계에 관심을 가지고 있어서가 아니라, 그것이 첫번째 단계를 무시하고, 그렇게 함으로써 가장 규명될 필요가 있는 것을 이미 주어져 있는 것으로 받아들인다는 점에서이다. 조상 숭배가 정치적 계승의 조정에 미치는역할, 공희의 향연이 친족 의무의 규정에 미치는 역할, 정령신앙이 농사력(農事曆)의 결정에 미치는 역할, 신탁이 사회통제의 재강화에 미치는 역할, 성인식이 인격 성숙의 추진에 미치는 역할을 논한다는 것이 결코 중요하지않은 노력이라는 것은 아니다. 또한 나는 그렇게 하는 것을 그만두고 이국적 신앙의 상징 분석이 쉽게 빠질 수 있는 조잡한 카발라(kabbala : 유대교의 비의적 신비주의/역주)의 교리의 일종을 택할 것을 권하는 것도 아니다.다만 조상 숭배, 동물 희생 제의, 정령 숭배, 신탁, 성인 의례가 종교의 유형으로서 무엇인가를 매우 일반적이고 상식적인 관점만으로 시도해보려는 것이 나에게는 특별히 장래성 있는 것으로 보이지 않는다. 우리가 현재 사회적, 심리적 행위를 위해서 가지고 있는 것과 정교함에서 비교될 만한 상징적 행동에 대한 이론적 분석을 가지고 있을 때만, 우리는 종교(또는 예술, 또는 과학, 또는 이념)가 결정적 역할을 하는 사회적, 심리적 생활의 양상을효과적으로 다루는 것이 가능할 것이다.

제5장 에토스, 세계관 그리고 성스러운 상징의 분석

I

종교는 결코 단순한 형이상학이 아니다. 모든 민족들에게 숭배의 형태, 매체, 대상은 깊은 도덕적 진지함의 분위기로 가득 채워져 있다. 성스러운 것은 어디에서나 본질적인 의무감을 내부에 지니고 있다. 이는 헌신을 고무할 뿐만 아니라 그것을 요구한다. 이는 지적인 동의를 유발시킬 뿐 아니라 감정적인 개입을 강요한다. 이것이 마나나 브라마 또는 삼위일체로 형성되는가 아닌가는 별도로 하더라도, 세속을 뛰어넘어 격리되어 있는 것은 인간 행동의 방향에 대하여 광범한 의미를 지니고 있는 것으로 간주된다. 종교는 결코 단순한 형이상학이 아니듯이, 결코 단순한 윤리학도 아니다. 종교의 도덕적 생명력의 근원은 그것이 표현하는 근본적인 실재의 본질에 대한 충실함에 놓여 있는 것으로 생각된다. 매우 강제적인 "해야만 하는 것(ought)"은 포괄적 사실에 관한 "이다(is)"에서 생기는 것으로 느껴지며, 그러한 방식으로 종교는 인간 행동의 가장 특수한 요구를 인간 존재의 가장 일반적인 맥락에 기초하게 하는 것이다.

최근의 인류학적 논의에서, 어떤 문화의 도덕적 (그리고 미적) 측면이나 평가적 요소는 보통 "에토스(ethos)"라는 용어로 요약되어왔다. 반면에 인지적, 존재론적 측면은 "세계관(world view)"이라는 용어로 표현되어왔다. 한 민족의 에토스는 그들 생활의 색조, 성격, 성질이고, 그것의 도덕적, 미적 양식이며 분위기이다. 그것은 그들 자신에 대한 그리고 생활이 반영하는 그들의 세계에 대한 근본적 태도이다. 그들의 세계관은 사물이 실제로 존재하는 방식에 대한 그들의 그림이며, 자연, 자신, 사회에 관한 그들의 개념이다. 그것은 질서에 대한 그들의 가장 포괄적 관념을 포함하고 있다. 종교적 신앙과 의례는 대립함으로써 서로가 서로를 강화한다. 에토스는 세계관이 기술하는 실제의 상황이 의미하는 생활양식을 표현하고 있다는 것을 보여줌으로써 지적으로 이해할 수 있게 되는 것이다. 세계관은 그러한 생활양식이 진정한 표현이 되는 실제의 상황에 관한 이미지로 제시됨으로써 감정적으로 수용할 수 있게 된다. 이처럼 사람들이 지니고 있는 가치관과 그 안에서 스스로를 발견하는 존재의 일반적 질서 사이의 의미 있는 관계를 제시하는 것은 그러한 가치나 질서가 어떻게 생각되든 간에 모든 종교에서 본질적인 요소이다. 종교가 무엇이든 간에, 그것은 부분적으로는 그것을 통해서 각각의 개인이 그의 경험을 해석하고 그의 행동을 조직화하는 일반적 의미의 축적을 보존하려는 (현재적이고, 의식적으로 생각된 종류이기보다는 잠재적이고 직접적으로 느껴지는 종류의) 시도이다.

  그러나 의미라는 것은 십자가, 초승달 또는 깃털을 가진 뱀(고대 멕시코의 중요한 신인 케트살코아틀로, 땅 위의 뱀과 하늘의 새가 결합된 것을 나타낸다 / 역주)과 같은 상징으로만 "축적되는"것이다. 이러한 종교적 상징은 의례에서 극적으로 표현되거나, 신화에서 이야기되지만, 그것을 믿는 사람에게는 세계가 존재하는 방식에 관해서 알려진 것, 그것이 지지하는 감정적 생활의 질, 그 안에 있을 때 행동해야만 하는 방식들을 집약하는 것으로 느껴진다. 따라서 성스러운 상징은 존재론과 우주론을 미학과 도덕에 연결시킨다. 그것들의 독특한 힘은 가장 기본적인 수준에서 사실을 가치에 결합시킨다고 생각되는 능력, 즉 단지 실제의 것에 불과한 포괄적인 규범적 의미를 부여하는 능력에서 유래하고 있다. 그러한 통합적 상징의 수는 어느 문화에서나 제한되어 있으며, 비록 이론적으로는 한 민족이 어떠한 형이상학적 지시대상으로부터도 독립적인, 전적으로 자율적인 가치체계, 존재론을 결여한 윤리학을 구축할 수 있을 것으로 생각될 수 있겠지만, 사실상 그러한 민족이 발견되지는 않은 듯하다. 어떤 수준에서 세계관과 에토스를 통합하려는 경향은 논리적으로 필연적인 것은 아닐지라도 최소한 경험적으로는 존재할 수밖에 없으며, 철학적으로 정당화될 수 없다고 하더라도 최소한 실제로는 보편적이다.

실재하는 것과 규범적인 것의 결합의 예로 제임스 워커의 오글랄라족(수족)의 정보 제공자 중 한 명의 말을 인용해보기로 하자. 이것은 내가 일반적으로 무시되고 있는 폴 래딘의 고전적 명저인 「철학자로서의 원시인(*Primitive Man as a Philosopher*)」에서 찾아낸 것이다.

> 오글랄라족은 원을 신성한 것으로 믿는다. 위대한 영혼이 돌을 제외한 모든 것을 본질적으로 둥근 것으로 하였기 때문이다. 돌은 파괴의 도구이다. 하늘은 사발처럼 깊지만, 태양과 하늘, 땅과 달은 방패처럼 둥글다. 모든 숨쉬는 것은 식물의 줄기처럼 둥글다. 위대한 영혼이 모든 것을 둥글게 했기 때문에, 인류는 원을 신성한 것으로 숭배해야 한다. 원은 돌을 제외한 모든 사물의 본질적인 상징이기 때문이다. 세계의 가장자리와 그곳에 부는 네 개의 바람의 끝을 이루고 있는 것 또한 원의 상징이다. 따라서 그것은 또한 한 해의 상징이기도 하다. 낮, 밤, 달은 하늘 위에서 원을 그리며 돈다. 따라서 원은 이러한 시간의 구분의 상징이며, 그러므로 모든 시간의 상징이다.
> 이러한 이유로 오글랄라족은 그들의 티피(tipi : 천막집)를 원형으로 만들고 그들의 거주지도 원형으로 만들며 모든 의식에서 원형으로 앉는다. 원은 또한 티피의 상징이며, 피난처의 상징이기도 하다. 어떤 사람이 장신구로 원을 만들었는데 이것이 어떤 식으로도 분할되어 있지 않다면, 이는 세계와 시간의 상징으로 이해되어야만 한다.[1]

여기에는 선과 악 사이의 관계와 현실의 본질 속에 그것들을 기초짓는 데에 대한 정교한 공식화가 존재한다. 원과 기묘한 형태, 태양과 돌, 피난처와 전쟁이 미학적이고 도덕적이며 존재론적인 의미를 가지는 분리된 종류의 쌍으로 나누어졌다. 이러한 진술의 논리적인 명료함은 전형적인 것이 아니다. 대부분의 오글랄라족에게 원은 자연에서 발견된 것이든 들소 가죽에 그려진 것이든 태양무(太陽舞)에서 공연된 것이든 간에, 그 의미가 의식적으로 해석되는 것이 아니라 직관적으로 감지되는 명료한 상징일 뿐이기 때문이다. 그러나 상징의 힘은 분석되든 그렇지 않든 분명히 그것의 이해 가능성에 의거하며, 경험을 정리하는 데에 있어서 그것이 지니는 효율성에 의존하는 것이다. 도덕적 의미를 지니는 자연의 형태인 신성한 원의 관념은 오글랄라족이 생활하는 세계에 적용될 때 새로운 의미를 산출한다. 지속적으로 그것은 그들의 경험 안에서 요소들을 서로 연결시킨다. 그렇지 않으면 그것들은 완전히 서로 괴리가 되고, 그래서 전혀 이해할 수 없게 된다.

---

1) P. Radin, *Primitive Man as a Philosopher* (New York, 1957), p. 227.

인간의 신체와 식물의 줄기, 달과 방패, 티피와 원형 캠프에 공통적인 원형은 막연히 지각되면서도 강렬하게 느껴지는 의미를 그것들에 부여한다. 이러한 의미 있는 공통 요소들은 일단 추상화되면 의례적 목적을 위해서 활용될 수 있다. 예를 들면 평화 의식에서 사회적 유대의 상징인 담뱃대를 한 흡연자에게서 다른 흡연자에게로 완전하게 원을 이루며 이동시킬 때처럼, 형태의 순수성은 정령의 자비를 유발한다 —— 또는 어떤 사람이 둥근 돌에서 악에 대한 선의 구현력을 보았을 때처럼, 도덕적 경험의 독특한 역설이나 변형을 신화적으로 해석하는 데에 이용될 수도 있다.

II

하나의 종교체계를 구성하는 것은 어떤 질서 있는 전체로 엮어진 성스러운 상징의 군(群)이다. 이를 행하는 사람들에게 그러한 종교체계는 진정한 지식, 그것에 의거하여 인생을 살아야만 하는 본질적 조건에 대한 지식을 매개하는 것처럼 보인다. 특히 이러한 상징들이 역사적으로 혹은 철학적으로 비판되지 않는 곳에서는 —— 세계 문화의 대부분의 경우에 그렇다—— 그 상징들이 형성한 도덕적-미학적 규범을 무시하고 부조화된 생활양식을 영위하는 사람들은 악한 사람이라고 여겨지기보다는 어리석고 무감각하고 무식한 사람, 극단적인 경우에는 미친 사람이라고 간주된다. 내가 현지조사를 한 자바에서는 어린아이, 바보, 시골뜨기, 흉악하게 비도덕적인 사람 모두를 "미완의 자바인"이라고 하는데, 아직 자바인이 되지 않았다는 것은 아직 인간이 아니라는 의미이다. 비윤리적인 행동은 "비관습적인 것"으로 지칭되는데, 보다 더 중요한 범죄(근친상간, 주술, 살인)는 보통 이성의 일탈로 설명되며, 덜 중요한 범죄는 죄인은 "질서를 모른다"는 해설에 의해서 설명된다. 게다가 "종교"를 뜻하는 단어와 "과학"을 뜻하는 단어가 동일하다. 따라서 도덕성은 단순한 현실주의 혹은 실용적 지혜의 분위기를 지닌다. 종교는 바른 행동이 상식에 불과한 세계를 묘사함으로써 그러한 행동을 지지한다.

그것이 단지 상식에 불과한 이유는 에토스와 세계관, 용인된 생활양식과 가정된 현실의 구조 사이에는 서로를 완성시키고 서로에게 의미를 대여하는 단순하고 근본적인 일치가 존재한다고 생각되기 때문이다. 예컨대 자바에서 이러한 관점은 지속적으로 들을 수 있는 죠쪽(tjotjog)이라는 개념에 요약되어 있다. 죠쪽이란 열쇠가 자물쇠에 대해서, 유효한 약이 질병에 대해서, 해답이 산수 문제에 대해서, 남자가 자신과 결혼한 여자에 대해서 그런 것처럼(그렇지 않으면 이혼할 것이다) 꼭 맞는 것을 의미한다. 만약 당신의 의견이 나의 의견과 일치하면 우리는 죠쪽이다. 만약 내 이름의 의미와 나의 성격이 잘 부합하면(그리고 그것이 나에게 행운을 준다면) 이는 죠쪽이라고 불린다. 맛있는 음식, 맞는 이론, 좋은 태도, 편안한 환경, 만족스러운 결과 모두가 죠쪽이다. 가장 광범하고 추상적인 의미에서 두 항목이 합치되는 형태가 서로에게 그 자체로는 가지고 있지 않은 의미와 가치를 각각에게 부여하는 일관되는 유형을 형성할 때 이들은 죠쪽이다. 여기에는 분리된 요소들이 서로 지녀야 하는 자연스러운 관계는 무엇이며, 화음을 이루고 불협화음을 없애기 위해서 이것들이 어떻게 배열되어야 하느냐가 중시되는 우주의 대위법적 관점이 함축되어 있다. 그리고 화음에서처럼 궁극적으로 적절한 관계는 고정되어 있고, 결정되어 있으며, 알 수 있는 것이다. 따라서 화음처럼, 종교는 일종의 실용적 학문이며 소리에서 음악이 산출되듯이 사실에서 가치를 산출한다. 그 특수성에서, 죠쪽은 독특한 자바인의 개념이지만, 인간 행동이 우주 조건과 조화될 때 인생은 그 진정한 의미를 지닌다는 생각은 널리 퍼져 있다.

성스러운 상징이 형성하는 생활양식과 근본적 실재 사이의 대위법의 종류는 문화에 따라서 다양하다. 나바호족에게 침착한 신중성, 끝없는 인내, 위엄 있는 조심성을 고무하는 윤리는, 엄청나게 강력하고 기계처럼 규칙적이며 몹시 위험한 것으로 여겨지는 자연에 대한 이미지를 보완하는 것이다. 프랑스인들에게 있어서 논리적 형식주의는 현실이 합리적으로 구성되어 제1원리가 분명하고 엄밀하며 변하지 않는 것이어서, 식별되고 기억되고 연역적으로 구체적 사례에 적응하기만 하면 된다는 사고방식에 대응하는 것이다. 힌두 교도의 경우, 내세에서의 인간의 사회적, 영적 지위를 현세에서 그의 행위의 본질에 따르는 자동적 결과로 보는 초월적, 도덕적 결정론은 카스트에 의해서 구속되는 의례적 의무, 곧 윤리에 의해서 완성된다. 규범적인 것이나 형이상학적인 것은 그 자체로는 어느 경우에도 자의적이다. 그러나 그것들은 전체로서는 독특한 종류의 필연성에 의해서 하나의 상(像, gestalt)을 형성한다. 나바호족 세계에서의 프랑스적 윤리, 혹은 프랑스인의 세계에서의 힌두 윤리는 괴상한 것으로 보일 수밖에 없다. 그것은 그 자신의 고유한 맥락 속에서 지니고 있던 자연스러운 분위기와 단순한 사실성을 결여했기 때문이다. 결국 그러한 윤리가 지니는 권위의 일차적 근원은 바로 이러한 현실성이나 진정으로 합리적인 생활방식을 서술하는 분위기이다. 모든 성스러운 상징이 주장하는 것은 인간에게 선이 되는 것은 현실 세계에 사는 것이라는 점이다. 다만 상징이 차이를 보이는 것은 그것들이 구축하고 있는 현실의 비전에 있다.

그러나 성스러운 상징은 긍정적인 가치뿐 아니라 부정적인 가치까지도 극화한다. 그것들은 선이 되는 것뿐 아니라 악이 되는 것의 존재를 향해서 그리고 이 둘 사이의 갈등을 향해서도 가리킨다. 소위 악의 문제란 자신의 내부와 외부에 있는 파괴적인 힘의 현실적 본질을 세계관의 용어로 도식화하는 문제이며, 살인, 농사의 실패, 질병, 지진, 빈곤, 억압을 어떤 방법으로든 그것들에 대처하는 것이 가능해지도록 해석하는 문제이다. 악을 근본적으로 실재하지 않는 것으로 보는 견해는 인도 종교와 일부 기독교 교파처럼 악의 문제에 대한 하나의 예외적 해결방식일 뿐이다. 대부분의 경우, 악의 존재는 인정되고 긍정적으로 특징지어진다. 악에 대한 태도는 포기, 능동적 대항, 쾌락적 도피, 자기 비탄과 참회, 자비를 원하는 겸허한 기원 등 악의 본질을 인정하는 합리적이고 적절한 것이어야 할 것이 요구된다. 아프리카의 아잔데족 사이에서 모든 자연적 재난(죽음, 질병, 농사의 실패)은 마법을 통해서 기계적으로 작용하는, 한 사람의 다른 사람에 대한 증오에 기인하는 것으로 파악되며, 악에 대한 태도는 직접적이고 실제적이다. 마법사를 발견하기 위해서 신뢰할 수 있게 설립된 신탁이 이용되며, 또한 마법사에게 사회적 압력을 가하여 그 공격을 포기하도록 하기 위해서 검증된 방법이 강요된다. 이것이 실패할 경우, 그를 죽이기 위한 복수 주술이 사용된다. 멜라네시아의 마누스 섬 사람들 사이에서, 병, 죽음, 파산은 가구 수호신의 도덕적 감각을 침해하는 비밀스러운 죄(간통, 도둑질, 거짓말)의 결과라고 생각되며, 그것은 악에 대항하는 합리적 방식으로서 공개 고백과 회개에 대한 강

조와 결합되어 있다. 자바인에게 악은 통제되지 않은 열정에서 비롯되는 것
이며, 그것에 대한 대항수단은 초연함과 자제이다. 따라서 한 민족이 찬양하
는 것과 두려워하고 증오하는 것은 그의 세계관에 묘사되고 그 종교에 상징
화되며 나아가 그 생활 전반의 질로 표현된다. 그들의 에토스는 단지 그들
이 찬양하는 고상함에서만이 아니라 그것이 비난하는 비천함에서도 현저히
드러난다. 즉 악덕은 미덕과 더불어 양식화되는 것이다.

   따라서 사회적 가치를 지지하는 종교의 힘은 그러한 가치가 그것의 실현
에 대립하는 힘들과 마찬가지로 근본적인 구성요소가 되어 있는 세계를 형
성하는 것이 가능한 종교적 상징의 능력에 달려 있다. 그것은, 막스 베버를
인용하면, "사건들이 그저 존재하고 일어나는 것이 아니라 그것은 의미를
지니며 그 의미 때문에 일어나는 것이다"라는 말처럼 현실의 이미지를 만들
기 위한 상상력을 나타내고 있다. 가치에 대한 이러한 형이상학적 기초에의
요구는 문화와 개인에 따라서 그 강도에서 매우 광범한 차이를 보이는 것
같지만, 자신이 하고자 하는 일에 대해서 무엇인가 사실적 기초를 원하는
경향은 거의 보편적인 것처럼 보인다. 어떤 문화에서도 단순한 인습주의는
사람들을 거의 만족시키지 못한다. 종교의 역할이 시대, 개인, 문화에 따라
서 다르다고 하더라도, 종교는 에토스와 세계관을 융합시킴으로써 일련의
사회적 가치에 대하여 그것들이 강제력을 지니기 위하여 가장 필요로 하는
것, 즉 객관적인 것으로 보이게 하는 측면을 제공한다. 성스러운 의례와 신
화에서, 가치는 주관적인 기호로서가 아니라 특유의 구조를 지니는 세상에
내재되어 있는 생존을 위하여 강요된 조건으로 묘사된다.

III

   한 민족에 의해서 성스러운 것으로 간주되는 상징(또는 상징 복합)의 종
류는 매우 다양하다. 오스트레일리아 원주민들에게서 볼 수 있는 정교한 성
년식, 마오리족에게서 보이는 복잡한 철학적 이야기들, 에스키모에게서 볼
수 있는 샤먼들의 극적인 표현과 연행(演行), 아스텍족에게서 보이는 잔인
한 인신공희, 나바호족에게서 보이는 강박적 치유 의례, 폴리네시아의 여러

부족들에게서 볼 수 있는 대규모의 마을 잔치들. 이러한 모든 유형들과 그 밖의 많은 유형들은 사람들에게 그들이 삶에 관해서 알고 있는 것을 가장 강력하게 요약하고 있는 것처럼 보인다. 그러나 그러한 복합은 보통 하나에 한정되는 것은 아니다. 말리노프스키의 유명한 트로브리안드인들은 농경 의례와 마찬가지로 교역 의례에도 관심이 있는 것처럼 보인다. 힌두적, 이슬람적, 이교적(異敎的) 영향이 강하게 남아 있는 자바인의 것과 같은 복잡한 문명에서는 에토스와 세계관의 통합의 어느 측면인가를 나타내고 있는 여러 상징복합 중에서 어떤 것을 선택할 수 있다. 그러나 아마 자바인의 가치와 자바인의 형이상학 사이의 관계에 대한 가장 분명하고 직접적인 통찰은 가장 깊이 뿌리박고 있으며 고도로 개발된 그들의 예술 형태 중 하나로 동시에 종교적 의식이기도 한 그림자 인형극인 와양(wajang)의 간단한 분석을 통하여 얻어질 수 있다.

그림자 극이라고 불리는 이유는 가죽을 평면으로 잘라내어 황금색, 붉은색, 푸른색, 검은색을 채색하여 만든 인형이 흰 스크린에 커다란 그림자를 만들기 때문이다. "달랑(dalang)"이라고 불리는 인형 곡예사는 스크린 앞의 돗자리에 앉으며, 그의 뒤에는 "가믈란"이라는 타악기 위주의 오케스트라가 자리하고, 그의 머리 위에는 기름 램프가 걸려 있다. 그의 정면에는 바나나 나무 줄기가 가로로 걸려 있고, 거북 등껍질 손잡이에 고정된 인형들이 거기에 꽂혀 있다. "와양"은 밤새도록 공연된다. 달랑은 연극의 진행에 따라서 필요할 때마다 나무 줄기에서 등장인물을 뽑아내고, 바꾸며, 그것들을 그의 머리 위로 한 손으로 잡아올려서 스크린과 빛 사이에 비치게 한다. 달랑이 앉은 쪽 —— 전통적으로 남자만이 앉을 수 있도록 허용되었다 —— 에서는 인형 그 자체와 스크린에 비추어진 그림자가 커져가는 것을 볼 수 있다. 그 반대쪽 —— 여자와 아이들이 앉는다 —— 에서는 인형들의 그림자만 볼 수 있다.

극화되는 이야기는 대부분 인도의 서사시 「마하바라타(*Mahabarata*)」에서 얻어진 이야기들로 다소 자바풍으로 각색된 것이다(「라마야나(*Ramayana*)」에서 얻어진 이야기도 극화되기는 하지만 「마하바라타」만큼 인기는 없다). 와양에는 세 가지 주요 등장인물 집단이 존재한다. 첫째, 시바와 그의 부인 드루가에 의해서 이끌어지는 남신과 여신들이 있다. 신들은 그리스의 서사시처럼 모두 선신(善神)만은 아니며, 인간의 허약성과 열정에 의해서 특징지어지고, 특히 세속의 일에 관심이 많은 것처럼 보인다. 둘째, 왕족이나 귀족으로, 이론적으로는 현재의 자바인들의 조상에 해당한다. 이 귀족들 중 가장 중요한 두 집단은 판다바와 카우라바이다. 판다바는 유명한 다섯 명의 영웅적 형제들, 즉 유디슈티라, 비마, 아르주나 그리고 일란성 쌍둥이인 나쿨라와 사하데바이다. 그들에게는 조언자 겸 수호자로 보통 비슈누의 화신(化身)인 크리슈나가 따라붙는다. 카우라바는 판다바의 사촌들로, 그 수는 100명에 달한다. 판다바는 카우라바로부터 가스티나 왕국을 빼앗았는데, 이 왕국을 둘러싼 투쟁이 와양의 주요 테마가 되었다. 이 동족간의 투쟁은 「바가바드기타」에서 이야기된 브라타유다 대전쟁에서 최고조에 달하며 여기서 카우라바는 판다바에 패퇴한다. 그리고 원래의 힌두 주연 인물에 더하여 제3의 자바인들, 즉 세마르, 페트루크, 가렝이라는 낮은 신분의 광대들이 있는데, 이들은 판다바의 친구들이며, 그들의 하인인 동시에 보호자이기도 하다. 다른 두 광대의 아버지인 세마르는 아주 인간적인 신들의 왕이 되는 시바 신의 형제이다. 모든 자바인의 수호신인, 이 조야하고 서툰 어릿광대는 아마도 처음부터 끝까지 와양 신화 전체에서 가장 중요한 인물일 것이다.

와양에서 특징적으로 나타나는 연기의 유형 또한 세 가지이다. 대립하는 두 개의 귀족집단이 서로 대항하며 그들 사이의 쟁점에 대해서 토론하는(달랑은 모든 목소리를 흉내낸다) "말하기"의 장면이 있다. 다음에 투쟁장면이 있는데, 여기에서 외교에 실패한 두 귀족집단이 싸운다(달랑은 인형을 서로 맞부딪치고 전쟁의 소리를 상징하기 위해서 발로 딱딱이를 찬다). 그리고 소란스러운 희극이 있는데, 어릿광대는 귀족들을 차례차례 조롱하며, 똑똑한 달랑이라면 청중이나 지역 유지까지도 조롱할 것이다. 이 세 가지 종류의 장면은 저녁 시간의 경과에 맞추어 다르게 배치된다. 연설투의 장면은 대개 초반에, 희극 장면은 중반에 삽입되며, 전쟁은 끝부분을 장식한다. 9시에서 자정까지 여러 왕국의 정치 지도자들이 마주 앉아서 이야기의 줄거리에 대해서 말한다. 예를 들면 어떤 와양의 영웅이 이웃 나라의 공주와 결혼하기를 원한다거나 정복된 나라가 독립을 원한다거나 하는 등의 이야기를 한다. 자정에서 3시 정도까지 무엇인가 난국이 시작된다. 누군가 다른 사람이 공주에게 청혼하거나 제국주의 국가가 그 식민지의 자유를 거부한다. 결국 동틀 녘에 이르면 이러한 난국들은 필연적인 전쟁으로 이어지고, 영웅들이 승리하게 되는 최후의 장면으로 끝난다. 이어서 결혼이나 자유 획득에 대한 간단한 축하연이 있다. 서양식 교육을 받은 자바의 지식인들은 때때로 와양을 소나타에 비유한다. 테마의 제시로 시작하여, 그것이 복잡하게 전개된 후 마지막에 해결과 회복으로 끝나기 때문이다.

즉석에서 서양 관객에게 떠오르는 또 다른 비교는 셰익스피어의 역사극과의 대비이다. 숲에서, 또는 길을 따라서 짧고 숨막힐 듯한 장면 전환이 삽입된, 심부름꾼이 오가는 궁중에서의 긴 형식적 장면, 이중 구성, 조야한 언어로 세상살이의 지혜에서 얻어진 윤리를 말하면서 명예, 정의, 의무에 대한 강조로 가득 찬, 고상한 언어로 말하는 고귀한 귀족들의 행동양식을 풍자하는 어릿광대, 슈루즈버리 전투나 아쟁쿠르의 전투에서처럼 여전히 고귀함을 지닌 정복당한 패배자를 남겨놓는 최후의 전쟁 —— 이 모두가 셰익스피어의 역사극을 연상시킨다. 그러나 두 봉건제도의 표면적 유사성에도 불구하고 와양이 나타내는 세계관은 엘리자베스 시대의 그것과는 근본에서 다르다. 와양에서 인간 행동의 주요 배경을 제공하는 것은 공국(共國)이나 국가 등의 외적인 세계가 아니라 감정과 욕망의 내적인 세계이다. 실재는 자신의 외부가 아닌 내부에서 구해진다. 결과적으로 와양이 극화하는 것은 철학적인 정치가 아니라 형이상학적인 심리이다.

자바인들에게는(또는 최소한 사고방식에 있어서 2세기에서 15세기에 이르는 자바의 힌두-불교적 시대의 영향이 여전히 우세한 사람들에게는) 현상학적 직접성을 모두 지니고 있는 주관적 경험의 흐름이 일반적으로 우주의 소우주를 제시한다. 그들은 사고와 감정이 흐르는 내적 세계의 심연(深淵)에서 궁극적 실재 그 자체가 반영되어 있음을 본다. 이러한 내향적 세계관은 자바인들이 역시 인도에서 빌어와서 그들 특유의 방식으로 재해석한 라사(rasa)라는 개념에 가장 잘 나타나 있다. 라사는 두 가지의 기본적 의미를 가진다. 즉 "감각"과 "의미"가 그것이다. 감각이란 자바인의 전통적인 오감(五感) —— 시각, 청각, 발성, 후각 그리고 감각 —— 중의 하나이다. 이는 그 안에 우리가 구별하는 오감과 같은 세 가지의 측면을 포함하고 있다. 즉 혀에 의한 미각, 신체에 의한 촉각, 슬픔과 행복 같은 "마음"의 정서적

"감각"이다. 바나나의 맛은 그것의 라사이며, 육감도 라사이며, 고통도 라사
이며, 열정 또한 마찬가지이다. "의미"로서의 라사는 편지나 시나 일상 회
화에서 행간(行間)을 읽는 것과 같은 완곡하고 암시적인 지시를 나타내는
말로 사용되며, 자바인의 의사 소통이나 사회관계에서 매우 중요한 것이다.
이는 또한 일반적으로 행동에도 동일하게 적용된다. 예를 들면 춤동작이나
정중한 몸짓 등의 암시적 내용이나 미묘한 "느낌"을 가리킨다. 그러나 이
두번째의 의미론적 의미에서 그것은 또한 "궁극적인 의의(意義)"를 의미하
고 있다 —— 이는 가장 심층의 의미로서 신비적 노력에 의해서만 도달할 수
있으며, 그것을 명료화함으로써 세속적 존재의 모든 모호성이 해소된다. 나
의 가장 유능한 정보 제공자 중 한 사람은 라사는 생명과 같은 것이라고 한
다. 살아 있는 모든 것은 라사를 가지고 있고, 라사를 가지고 있는 모든 것
은 살아 있다. 이러한 문장을 번역하려면 그것을 두 번 반복하는 수밖에 없
다. 살아 있는 모든 것은 느끼고, 느끼는 모든 것은 살아 있다. 또는 살아 있
는 모든 것은 의미를 가지고 있으며, 의미를 가지고 있는 모든 것은 살아 있
다는 식이다.

　라사에 "감각"과 "의미"라는 두 가지 의미를 모두 부여함으로써 자바인
들 가운데에서 보다 더 사색적인 경향을 가진 사람들은 그밖의 모든 것을
연결시킬 수 있는 주관적 경험에 대한 고도로 세련된 현상학적 분석을 발전
시킬 수 있었다. 근본적으로 "감각"과 "의미"는 하나이므로 **주관적으로** 얻어
진 궁극적인 종교적 경험은 또한 **객관적으로** 얻어진 궁극적인 종교적 진실이
며, 내적 지각의 경험적 분석은 동시에 외적 실재의 형이상학적 분석을 산
출한다. 이것이 받아들여지면 —— 현실에 행해지는 구분, 범주화, 연결이
섬세해지고 자세해지면 —— 인간 행동을 도덕적 혹은 미학적 관점에서 고
찰하는 특수한 방식은 그것을 체험하는 개인의 정서적 생활에 의한 것이 된
다. 이 사실은 행위를 자기 자신의 행동에서 보려고 하건 다른 사람의 행동
으로 밖으로부터 보려고 하건 변함이 없다. 자신의 감성이 보다 더 세련되
면 자신의 이해가 보다 더 깊어지고, 자신의 도덕성이 보다 더 고양되며, 자
신의 외적인 측면, 즉 의복, 품행, 말씨 등도 더욱 아름다와진다. 그러므로
개인의 정서의 안정을 유지하는 것이 주요 관심사가 되며 그밖의 모든 것은
그것에 의해서 궁극적으로 합리화된다. 영적으로 고양된 사람은 자신의 심

리적 평형을 잘 지키며, 그것의 평온한 안정을 유지하기 위하여 끊임없이
노력한다. 그의 내적 생활은 반복적으로 이야기되는 비유에서처럼, 바닥까
지 쉽게 볼 수 있는 맑은 물이 고여 있는 고요한 연못처럼 되어야만 한다.
따라서 개인의 우신직 목적은 감정적 평온이다. 왜냐하면 격정은 어린아이
나 동물이나 미친 사람이나 미개인이나 이방인에게나 어울리는 조야한 감
정이기 때문이다. 그러나 이러한 평온을 가능하게 하는 그의 궁극적 목적은
영적 인식, 즉 궁극적인 라사에 대한 직접적 이해이다.

따라서 자바의 종교(최소한 이러한 종류의 종교)는 신비주의적이다. 즉
신은 영적 수련을 통하여 순수한 라사로서 자아의 심층 속에서 발견되는 것
이다. 이와 더불어서 자바인의 윤리(와 미학)는 쾌락적이지 않으면서 감정
중심적이다. 정서적 안정, 굴곡 없는 감정, 이상한 내적 평정은 찬양되는 심
리적 상태이며 진정으로 고귀한 성격의 표시이다. 인간은 일상생활의 감정
을 넘어서서 우리 모두의 내부에 존재하는 진정한 감각-의미를 얻도록 노
력해야 한다. 결국 행복과 불행은 동일한 것이다. 웃을 때에도 눈물을 흘리
지만, 울 때에도 눈물을 흘린다. 더욱이 지금의 행복이 앞으로의 불행을, 지
금의 불행이 앞으로의 행복을 의미하듯이 한쪽은 다른 쪽을 암시하는 것이
다. 합리적이고 분별 있고 "현명한" 사람은 행복을 얻기 위해서가 아니라
그의 만족과 좌절 사이의 끊임없는 반복적 왕래로부터 자신을 자유롭게 하
는 평온한 초연함을 얻기 위해서 노력한다. 마찬가지로 이 도덕의 전체를
거의 포함하는 자바의 예법은 갑작스러운 행동, 큰 소리로 말하는 것, 또는
무엇인가 놀랄 만한 엉뚱한 행동에 의해서 타인의 평형을 방해하지 않도록
하는 명령에 초점이 맞추어져 있다. 주로 이러한 행동은 타인을 엉뚱하게
행동하도록 하여 그 자신의 평정을 동요시키기 때문이다. 세계관의 측면에
서는 요가와 같은 신비주의적 기술(명상, 촛불의 응시, 정해진 단어나 구문
의 반복)과 고도로 복잡한 감정에 대한 추론적인 이론 및 그것과 질병, 자연
적 대상, 사회제도 등의 관계에 대한 이론들이 있다. 에토스의 측면에서는
억제된 복장, 말, 행동, 자신과 타인의 감정적 상태에서 일어난 작은 변화에
대한 세련된 감수성 그리고 고도로 규범화되고 안정된 행동의 예측 가능성
이 도덕으로서 강조된다. 자바의 속담에 "북쪽으로 출발했으면 북쪽으로
가라. 동쪽, 서쪽 또는 남쪽으로 방향을 바꾸지 말라"는 것이 있다. 결국

종교와 윤리도, 신비주의와 예절 바름도 모두 동일한 목표를 가리키고 있다. 그것은 자신의 내부로부터도, 외부로부터도 흐트러지지 않는 초연한 평정상태이다.

그러나 인도와는 달리, 이러한 평온은 속세나 사회로부터의 은둔에 의해서 얻어지는 것이 아니라 그 안에 있으면서 얻어져야만 한다. 그것은 세속적인, 심지어 실용적인 신비주의로서 신비주의 결사의 회원인 자바의 두 영세 상인들이 말한 다음의 인용문에 나타난 것과 같다.

> 그에 따르면, 그 결사는 사람들에게 세속적인 것에 지나치게 관심을 두지 말고 일상적인 사물에 너무 개의치 말라고 가르치는 데에 관심이 있다고 했다. 그는 이것이 실천하기 매우 어렵다고 했다. 그가 말하기를 그의 부인은 아직 이것을 잘 행할 수 없으며, 그녀도 그에게 동의한다고 했다. 예를 들면, 그녀는 여전히 자동차를 타는 것을 좋아하는 반면, 그는 관심이 없다. 그는 차를 탈 수도 있고, 그대로 둘 수도 있다. 그것은 매우 오랜 학습과 명상을 필요로 한다. 예컨대, 누군가가 옷을 사러 와도, 그가 그것을 사건, 사지 않건 당신은 관심을 가지지 않아야만 한다.……당신은 당신의 감정이 정말로 장사 문제에 관계되지 않도록 해야만 하며 신만을 생각해야 한다. 그 결사는 사람들이 신을 향하고 일상생활에 대한 강한 집착에서 벗어나기를 원한다.
>
> ……그는 왜 명상을 했는가? 그는 단지 마음을 평화롭게 하기 위해서라고 말했다. 내면이 평온해져서 쉽게 흥분되지 않기 위해서라고 한다. 예컨대, 만약 당신이 옷감을 파는데, 60루피아를 주고 산 옷감을 40루피아에 팔게 되면 흥분할 것이다. 만일 누군가가 왔을 때 내 마음이 평온하지 않다면, 아무것도 팔 수 없을 것이다.……내가 물었다. 그렇다면 왜 당신은 회합을 합니까? 왜 집에서 명상하지 않습니까? 그가 대답했다. 우선 사회로부터 물러나서 평화를 얻고자 해서는 안 됩니다. 오직 당신의 마음속에만 평화를 지니고 사회에 머물고 사람들과 뒤섞여야 한다고 생각합니다.

신비적-현상학적 세계관과 예절 중심적 에토스 사이의 이러한 융합은 와양에 다양한 방식으로 표현된다. 첫째, 그것은 뚜렷한 도상(圖像)에 의해서 가장 직접적으로 나타난다. 다섯 명의 판다바는 보통 오감을 의미하는 것으로 해석되며, 사람은 영적 인식(gnosis)을 얻기 위해서 이 오감을 쪼개지지 않는 하나의 심리적 힘으로 결합해야만 한다. 명상은 그들이 하는 모든 것에서 하나로 행동하는 영웅적 형제들의 협동과 같이 감각들 사이의 밀접한 "협동"을 요구한다. 또는 인형의 그림자는 인간의 외부적 행동과 동일시되

고, 인형 그 자체는 인간의 내적 자아와 동일시되어, 인형에서처럼 인간에게
도 행위의 가시적 유형은 기저의 심리학적 실재의 직접적 산물이다. 인형의
디자인 그 자체도 분명한 상징적 의미를 지닌다. 비마의 붉은색, 흰색 그리
고 검은색 사롱(sarong : 허리천)에서 붉은색은 주로 용기를, 흰색은 순결을,
검은색은 불변의 의지를 나타낼 때 사용된다. 반주하는 가믈란 오케스트라
에 의해서 연주되는 다양한 음(音)들은 각기 어떤 감정을 상징화하는 것이
다. 달랑이 와양의 여러 곳에서 노래하는 시도 마찬가지이다. 둘째, 융합은
"깨끗한 물"을 찾는 비마의 이야기에서처럼, 흔히 우화로서 나타난다. 비마
는 그를 불사신으로 만들 것이라는 이 물을 찾기 위해서 헤매다니는 중에
많은 괴물을 죽이고 나서 마지막으로 그의 새끼손가락만한 크기의 신을 만
나는데, 그 신은 그 자신의 정확한 복사체이다. 그는 그와 똑같이 생긴 이
소인의 입을 통해서 들어가, 신의 몸 안에서 모든 면에서 완전한 전체 세계
를 본다. 그곳에서 나왔을 때 그는 신으로부터 그런 "깨끗한 물"은 존재하
지 않으며, 그 자신의 힘의 원천은 그 자신 안에 존재한다는 것을 듣고, 명
상을 하기 위해서 떠난다. 셋째, 와양의 도덕적 내용은 때때로 비유적으로
해석된다. 인형에 대한 달랑의 절대적 통제는 인간에 대한 신의 통제와 같
은 것으로 이야기된다. 정중한 대화와 격렬한 전쟁의 뒤섞임은 외교관이 협
상을 진행하는 동안에는 평화가 유지되지만, 협상이 결렬되면 전쟁이 따르
는 현대의 국제관계를 나타내는 것이라고 한다.

그러나 도상도, 우화도, 도덕적 비유도 와양에서 표현되는 자바적 통합의
주요 수단은 아니다. 와양 전체가 도덕적인 동시에 사실적인 개인의 주관적
경험의 극화에 불과한 것으로 일반적으로 받아들여지기 때문이다.

그[어떤 초등학교 교사]는 와양의 주요 목적은 내면의 사고와 감각의 그림을 그리
는 것, 즉 내적 감각에 외적 형태를 부여하는 것이라고 말했다. 보다 더 구체적으로는
하고 싶은 것과 해야만 한다고 느끼는 것 사이의 영원한 갈등을 묘사한 것이라고 말
했다. 당신이 무엇인가를 훔치고 싶어한다고 가정하자. 그러면 동시에 당신 내부의
무엇인가가 그것을 하지 않아야 한다고 말할 것이고, 당신을 구속하고 통제할 것이
다. 하고 싶다고 원하는 것이 의지라고 불린다면, 그것을 억제하는 것은 자아라고 불
린다. 이러한 경향은 고다(goda)라고 불리며, 그것은 어떤 사람이나 어떤 사물을 괴
롭히거나 조롱하는 어떤 것을 뜻한다. 예컨대, 당신이 사람들이 식사중인 커피숍에

들어갔다고 하자. 그들이 당신에게 합석할 것을 청한다. 그러면 당신은 내적인 갈등을 하게 된다 —— 내가 그들과 함께 먹어야 하나……아니, 나는 벌써 먹었고, 또 먹으면 과식하게 될 거야……그러나 음식은 맛있어 보이는데……등……등.

와양에서 다양한 전염병, 욕망 등 —— 고다 —— 은 100명의 카우라바에 의해서, 자신을 통제할 수 있는 능력은 크리슈나와 카우라바의 사촌인 다섯 명의 판다바에 의해서 표현되고 있다. 이야기는 표면상으로는 토지를 둘러싼 투쟁이다. 그 이유는 그래야 관객들에게 이야기가 현실로 보일 것이고, 그럼으로써 라사의 추상적 요소가 눈에 보이는 구체적 요소로 드러나서 청중을 매료시키면서 동시에 그 내적 메시지를 전달할 수 있기 때문이다. 예컨대 와양은 전쟁으로 가득 차 있는데, 끊임없이 재발하는 이 전쟁은 사실상 모든 개인의 주관적 생활 속에서 지속적으로 진행되는 저속한 충동과 세련된 충동 사이의 내적 전쟁을 나타내고 있는 것이다.

이 견해 또한 다른 대부분의 견해보다 자의식이 강한 것이다. 보통 사람들은 그 의미를 명확하게 해석하지 않고 와양을 "즐긴다." 그러나 수족의 어떤 개인이 그 의미를 명확히 할 수 있든 없든, 또는 정말로 그렇게 하는 것에 어떤 관심을 가지고 있든 없든 간에 관계없이 원형(圓形)이 오글랄라족의 경험을 조직화하는 것과 마찬가지로 와양의 성스러운 상징 —— 음악, 등장인물, 행동 그 자체 —— 은 일반적인 자바인의 경험에 형태를 부여한다.

예컨대, 세 명의 판다바의 노인은 보통 자바인의 중심적 덕이 어느 것인가를 둘러싼 상이한 종류의 감정적-도덕적 딜레마를 보여준다고 생각된다. 가장 연장자인 유디슈티라는 너무 인정이 많다. 누군가가 그에게 그의 영토, 재산, 음식을 요구하면, 그는 동정심에서 쉽게 그것을 주어버림으로써 자신을 무력하고 가난하고 배고프게 만들기 때문에 그는 그의 국가를 효율적으로 통치할 수 없다. 그의 적들은 그의 자비를 이용하여 끊임없이 그를 속이고 그의 처벌을 피한다. 반면 비마는 외골수이고 집요하다. 한번 마음을 정하면 그는 그것에 따라서 결과를 향하여 똑바로 나아간다. 그는 한눈팔거나, 방향을 바꾸거나, 길에서 빈들거리는 일 없이 "북쪽으로 간다." 그 결과 그는 종종 무모하고, 피할 수도 있었던 어려움에 봉착하는 일이 많다. 형제 중 세번째인 아르주나는 완벽하게 공정하다. 그의 선량함은 악에 대항하고 사람들을 불의에서 구하고 정의를 위한 싸움에서 침착하고 용감하다는 사실에서 오는 것이다. 그러나 그는 죄인에 대한 동정심이나 자비심이 부족하다.

그는 신의 도덕적 율법을 인간의 행위에 적용하며, 따라서 그는 종종 정의라는 이름하에 냉정하고 무자비하거나 잔인하다. 덕을 둘러싼 이러한 세 가지의 딜레마는 신비적 통찰력에 의해서 모두 해결된다. 인간이 놓여진 현실적 상황에 대한 정확한 파악, 즉 궁극적인 라사에 대한 진정한 이해에 의해서 유디슈티라의 자비와 비마의 행동에 대한 의지와 아르주나의 정의감을 결합시켜 진정으로 도덕적인 관점, 즉 불안정한 세계 가운데에서 감정적인 초연함과 내적 평화를 주지만, 그러한 세계 속에서 질서와 정의를 위한 투쟁을 허용하고 요구하는 관점을 형성할 수 있는 능력을 지니게 된다. 그리고 와양에서 그들이 지닌 덕의 결함으로부터 끊임없이 서로를 구출하는 판다바 형제들 사이의 변함없는 유대가 분명히 나타내는 것은 이러한 통일이다.

그러나 마지막으로 그렇게 많은 대립이 마주치는 것으로 보이는 세마르의 경우 —— 신이면서 광대이고, 인간의 보호 정령이면서 인간의 종이고, 내면에서는 가장 영적으로 세련되었으면서 외면으로는 가장 추악한 모습을 하고 있는 인물 —— 는 어떨까? 여기에서 다시 역사극을, 이 경우에는 팔스타프(셰익스피어의 「헨리 4세(*Henry IV*)」 중의 한 인물/역주)를 상기해보자. 세마르는 팔스타프처럼 극의 주인공들의 상징적 아버지로, 팔스타프처럼 뚱뚱하고, 재미있으며, 처세술에 능하다. 그리고 팔스타프처럼, 그의 활기 있는 비도덕성은 연극이 확인하려는 가치 그 자체에 대한 일반적 비판을 제기하는 것처럼 보인다. 아마도 이 두 인물을 상기시키는 것은 종교적 광신자와 도덕적 절대주의자가 그 반대의 것을 자신만만하게 주장함에도 불구하고, 완벽하고 포괄적인 세계관은 불가능하며, 절대적이고 궁극적인 지식을 가장하는 모든 것의 이면에는 인간 생활의 불합리성이나 그 무한성의 사실에 대한 감각이 남는다는 점일 것이다. 세마르는 고상하고 세련된 판다바에게 그들의 미천하고 동물적인 기원을 상기시킨다. 그는 절대적 질서를 지닌 신의 세계로 도피하여, 즉 영원한 심리학적-형이상학적 투쟁을 최후로 종결시킴에 의해서 인간을 신으로 만들고, 자연스러운 우연성의 세계를 종말시키려는 어떠한 시도에도 저항한다.

와양 이야기 중 하나에서 시바는 판다바와 카우라바를 화해시킴으로써 그들 사이에 평화를 가져다주기 위해서 신비스러운 선생으로 현현(顯現)하여 지상으로 내려온다. 그 일은 잘 진행되고 있었으나, 단지 세마르만이 반대했다. 그래서 시바는 아르주나에게 세마르를 죽여서 판다바와 카우라바가 서로 잘 지낼 수 있도록 하고 그들 사이의 영원한 투쟁을 중지시키라고 지시한다. 아르주나는 사랑하는 세마르를 죽이고 싶지 않았지만, 두 사촌집단 사이의 차이를 바로잡고 싶어서 세마르를 죽이러 간다. 세마르가 말한다. "나는 어디나 당신을 따라다녔고, 충실하게 봉사했고, 사랑했는데, 어떻게 나를 이런 식으로 대할 수 있습니까?" 이곳이 연극의 가장 신랄한 장면으로, 아르주나는 매우 부끄러워한다. 그러나 그는 정의감에 불타서 그의 의무를 고집한다. 세마르가 말한다. "좋아요. 분신자살하지요." 그는 모닥불을 피우고 그 안에 선다. 그러나 죽는 대신 신의 형태로 변화되어 전투에서 시바를 패배시킨다. 거기에서 카우라바와 판다바 사이의 전쟁은 다시 시작된다.

　모든 사람이 그들의 세계관 안에 비합리성이 필요함을 인정하는 감각, 따라서 악의 문제에 대한 근본적인 해결 불가능성에 대한 감각을 이처럼 잘 개발한 것은 아닐 것이다. 그러나 장난꾸러기 요정, 광대, 혹은 마술에 대한 믿음이나 원죄(原罪) 관념 등 어느 형태로든 간에, 종교적 혹은 도덕적 절대 확신의 공허함을 그처럼 상징적으로 상기시킨다는 것은 아마도 정신적 성숙의 가장 확실한 표시일 것이다.

IV

　과거 수년 간 사회과학과 철학 모두에서 각광받고 있는 인간관, 즉 상징화하고, 개념화하고, 의미를 구하는 동물로서의 인간이라는 관점은 종교뿐만 아니라 종교와 가치관 사이의 관계를 이해하는 전혀 새로운 접근법을 가능하게 했다. 경험에서 의미를 찾고 그것에 형태와 질서를 부여하려는 요구는 보다 친밀한 생물학적 욕구만큼이나 현실적이고 긴급한 것임은 분명하다. 그렇다면 종교, 예술, 이데올로기 등 상징적 행위를 무엇인가 별개의 얄팍하게 위장된 표현에 지나지 않는다고 계속 해석할 필요는 없다. 즉 이해할 수 없는 세계에서는 살 수 없는 유기체에 방향을 제시하려는 시도로서 그것을 해석할 필요는 없다는 것이다. 케네스 버크의 말을 인용하면, 만일 상징이 상황을 끌어안는 전략이라면 사람들이 상황을 어떻게 규정하고, 그것을 어떻게 다루는가에 대해서 보다 주목할 필요가 있다. 이 사실을 강조하는 것은 신앙이나 가치를 생물심리학적, 사회적 맥락에서 떼어내어 "순수한 의미"의 영역으로 이동시키는 것을 뜻하는 것은 아니지만, 상징에 관한 자료를 다루기 위해서 명백하게 고안된 개념에 의해서 그러한 신앙이나 가치를 분석해야 함을 한층 강조하는 것을 뜻한다.

여기에서 사용된 에토스와 세계관이라는 개념은 모호하고 부정확하다. 그것들은 보다 적절한 분석틀을 향한 일종의 원초적, 선구자적 이론일 것으로 기대된다. 그러나 인류학자들은 이들 개념을 가지고 규범적인 행동 규제를 둘러싼 본질적 과정을 모호하게 하기보다는 분명히 할 수 있는 가치 연구에 대한 접근법을 개발하기 시작했다. 이처럼 경험주의적 지향성을 지니고, 이론적으로 세련되며, 상징을 강조하는 가치연구 접근법의 필연적 결과 중 하나는 도덕적이고 미학적인 그밖의 다른 규범적 활동을 그런 활동에 대한 관찰에 의해서가 아니라 논리적 고찰에만 기초한 이론에 의해서 묘사하고자 시도하는 분석을 쇠퇴시킨 것이다. 항공학의 이론에 의해서 날 수 있는 권리를 부정당한 벌이 공중을 날아다니는 것처럼, 세련되고 그 자체로는 전혀 결점이 없는 전문 철학자에 의한 "자연주의의 오류"에 대한 성찰에도 불구하고, 아마도 압도적 다수의 인류는 끊임없이 사실적 전제에서 규범적 결론을 (또한 에토스와 세계관의 관계는 순환적이기 때문에 규범에 관한 전제에서 사실에 관한 결론도 역시) 끌어내고 있는 것이다. 현실의 사회에서 현실의 사람들이 현실의 문화에 따라서 생활하는 행동을 자극과 확인의 양면에서 보고자 하는 가치론의 접근법은, 새로이 제기되는 것은 거의 없이 제한된 수의 고전적 입장만이 반복하여 진술되는 추상적이고 보다 현학적인 논쟁에서 우리를 벗어나게 하여, 가치가 무엇이고 그것이 어떻게 작용하느냐에 대한 통찰력을 더욱 깊게 하는 방향으로 우리를 인도할 것이다. 가치에 대한 과학적 분석에서 한번 이러한 작업이 잘 시작되면 윤리를 둘러싼 철학적 논쟁은 보다 진전될 것이다. 이 연구의 과정은 도덕철학을 기술적(記述的) 윤리학으로 대체하는 것이 아니라, 도덕철학에 아리스토텔레스나 스피노자나 G. E. 무어에서보다도 다소 진보된 경험적인 토대와 개념적 준거틀을 제공하는 것이다. 가치의 분석에서 인류학과 같은 특수한 학문의 역할은 철학적 탐구를 대체하는 것이 아니라 그것을 적절한 것으로 만드는 것이다.

제6장 의례와 사회변화 : 자바의 예

I

인류학이 다루는 대부분의 영역이 그런 것처럼 래드클리프-브라운의 이름과 연결되는 사회학적인 것이든, 말리노프스키와 연결되는 사회심리학적인 것이든 간에, 기능주의가 종교의 사회적 역할에 대한 최근의 이론적 논의를 지배해온 경향이 있다. 원래 뒤르켐의「종교생활의 원초적 형태(*The Elementary Forms of Religious Life*)」와 로버트슨-스미스의「셈족의 종교(*Lectures on the Religion of the semites*)」에서 시작된 사회학적 접근법(또는 영국 인류학자들이 부르기 좋아하는 것처럼 사회인류학적 접근법)은 신앙, 특히 의례를 사람들의 전통적인 사회적 유대를 강화하는 방법으로서 강조한다. 즉 한 집단의 사회구조가 그것을 지탱하는 사회적 가치관이 의례나 신화에 의해서 상징적으로 표현되는 것을 통해서 강화 및 유지되는 방식을 강조한다.[1] 반면, 프레이저와 타일러가 아마도 그 선구자가 되겠지만, 말리노프스키의 고전적 저작인「주술, 과학, 종교(*Magic, Science and Religion*)」에서 가장 명료한 형태로 나타나는 사회심리학적 접근법은 종교는 사람들에게 무엇을 하는가를, 즉 종교가 세계를 안정적이고 이해할 수 있고 통제 가능한 것으로 만들고자 하는 인간의 인지적이고 감정적인 요구를 어떻게 만족시키는가와, 자연의 우연성 속에서 종교가 어떻게 인간으로 하

---

1) E. Durkheim, *The Elementary Forms of the Religious Life* (Glencoe, Ill., 1947) ; W. Robertson-Smith, *Lectures on the Religion of the Semites* (Edinburgh, 1894).

여금 내적 안정을 유지할 수 있도록 하는가를 강조한다.[2] 두 접근법을 통해서 우리는 여러 사회들에 나타나는 종교의 사회적, 심리적 "기능"에 대해서 보다 상세하게 이해할 수 있게 되었다.

그러나 기능적 접근이 가장 취약한 영역은 사회변동의 문제이다. 여러 저자들에 의해서 지적된 바와 같이, 균형을 유지하고 있는 체계, 사회적 평형 혹은 시간을 초월한 것으로 구조를 묘사하는 것 등에 대한 강조는 안정된 균형상태에 있는 "잘 통합된" 사회를 선호하게 하고, 사람들의 사회적 관례와 관습이 지닌 역기능적 요소보다는 그것의 기능적 측면을 강조하는 경향을 유도했다.[3] 종교 분석에서 이러한 정적이고 비역사적인 접근법은 사회생활에서 의례와 신앙의 역할을 다소 지나치게 보수적으로 보는 관점을 유도했다. 마술(魔術, witchcraft)과 같은 다양한 종교적 실천의 "이득과 손실"에 대해서 클룩혼[4]과 다른 사람들이 경고 섞인 논평을 했음에도 불구하고, 언제나 종교 패턴이 가지는 파괴적이고 분열적이며 심리적으로 혼란시키는 측면보다는 조화하고 통합하며 심리적으로 후원하는 측면을 강조하는 것이었다. 즉 종교가 사회적, 심리적 구조를 파괴하거나 변형시키는 방식보다는 종교가 그것을 보존하는 방식을 보여주는 것이었다. 레드필드의 유카탄에 관한 연구에서처럼, 변화를 다룰 경우에도 그것은 주로 진보적인 해체라는 측면이었다. 즉 "유카탄에서 고립성 및 동질성의 감소와 '더불어' 나타난 문화의 변화는 세 가지로 보인다. 즉 문화의 해체, 세속화, 개별화이다."[5] 그러나 우리 자신의 종교사에 대한 단편적 지식조차 종교에 대해서 일반적으로, 이처럼 단순하게 "긍정적" 역할을 인정하는 것을 주저하게 만든다.

이 장의 논제는 기능주의적 이론이 변화를 다루지 못한 주요 이유 중의 하나는 사회학적 과정과 문화적 과정을 동등하게 다루지 못한 점에 있다는 것이다. 거의 필연적으로 둘 중에 하나는 무시되거나 희생되어 다른 것의 단순한 반영, 즉 "거울에 비친 모습"에 지나지 않는 것으로 여겨져버린다.

---

2) B. Malinowski, *Magic, Science and Religion* (Boston, 1948).

3) 예를 들면, E. R. Leach, *Political Systems of Highland Burma* (Cambridge, Mass., 1954);
   R. Merton, *Social Theory and Social Structure* (Glencoe, Ill., 1949)를 참고하라.

4) C. Kluckhohn, *Navaho Witchcraft*, Peabody Museum Papers, No. 22 (Cambridge, Mass., 1944) 참조.

5) R. Redfield, *The Folk Culture of Yucatan* (Chicago, 1941), p. 339.

문화는 전적으로 사회조직의 형태에서 파생된 것 ── 많은 미국의 사회학자뿐 아니라 영국의 구조주의자에게 특정적인 접근법 ── 으로 간주되거나, 또는 사회조직의 형태가 문화 패턴의 행태적 구현 ── 말리노프스키와 많은 미국의 인류학자들의 접근법 ── 으로 간주되거나, 둘 중의 하나이다. 어느 경우이든 종속적 항목은 역동적 요소에서 제외되며, 우리에게 남는 것은 문화의 총괄적 개념("……의 복합적 총체")이거나 아니면 사회구조라고 하는 아주 포괄적 개념("사회구조는 문화의 한 측면이 아니라 특별한 이론 틀 속에서 조정되는 주어진 인간 문화의 전체")이다.[6] 이러한 상황에서 문화 패턴이 사회조직의 형태와 완벽하게 일치되지 못함으로써 야기되는 사회변화의 역동적 요소들은 거의 공식화될 수 없다. 리치는 최근 다음과 같이 말했다. "우리 기능주의자들은 하나의 주의로 '반역사적인' 것은 아니다. 단지 우리 개념의 준거틀에 어떻게 역사적 자료들을 적용시킬지 모를 뿐이다."[7]

보다 효율적으로 "역사적 자료들"을 다룰 수 있도록 기능주의 이론의 개념을 수정하기 위해서는 먼저 인간 생활의 문화적 측면과 사회적 측면을 분석상 구분하고 독립변수이기는 하지만 상호 종속적이기도 한 요인으로 양자를 취급하려는 시도에서 출발해야 할 것이다. 비록 개념상으로는 구분될 수 있더라도, 앞과 같이 볼 때 문화와 사회구조가 상호간에 여러 다양한 방식으로 통합되는 것이 가능한 것으로 보이게 된다. 그중에서 양자를 완전히 같은 것으로 보는 양식은 제한된 경우, 즉 사회적 측면과 문화적 측면 사이의 밀접한 적응이 가능할 정도로 오랜 기간 동안 안정을 유지해온 사회에서만 나타나는 경우에 불과하다. 변화가 비정상적 사건이라기보다는 특징적 사건인 대부분의 사회에서는 양자간에 어느 정도 근본적인 불일치가 발견될 것을 예견할 수 있다. 내가 주장하고 싶은 것은 변화의 주요 유인력 중 일부를 이 불일치 속에서 발견할 수 있다는 점이다.

문화와 사회체계를 구분하는 보다 유용한 방식 중 하나 ── 그러나 결코 유일한 것은 아니다 ── 는 전자가 의미와 상징의 규칙화된 체계이며 그 체

---

6) M. Fortes, "The Structure of Unilineal Descent Groups", *American Anthropologist*, 55 (1953) ; 17–41.

7) Leach, *Political Systems of Highland Burma*, p. 282.

계를 준거로 사회적 상호 작용이 발생한다고 보고, 후자를 사회적 상호 작용의 유형 그 자체로 보는 것이다.[8] 한편에는 사람들이 세계를 정의하고 감정을 표현하고 판단을 내리기 위한 신앙과, 표현적 상징 및 가치의 준거들이 존재한다. 다른 한편에는 연속되는 상호 작용적 행위의 과정이 존재하는데, 우리는 그것의 지속적 형태를 사회구조라고 부른다. 문화는 인간이 자신의 경험을 해석하고, 행동의 지침으로 삼기 위한 의미의 틀이다. 사회구조는 행위의 형태이며, 실제로 존재하는 사회관계의 네트워크이다. 따라서 문화와 사회구조는 동일한 현상에서 얻어진 상이한 추상화에 지나지 않는다. 전자는 사회적 행동을 그것을 수행하는 사람들이 가지는 의미의 관점에서 고려하며, 후자는 어떤 사회체계의 작동에 대한 기여라는 점에서 고려한다.

문화와 사회체계 사이의 본질적 차이는 그들 각각의 특징적이고 대조적인 통합의 형태를 생각해보면 보다 분명하게 나타난다. 이는 소로킨이 "논리-의미적 통합(logico-meaningful integration)"이라고 부른 것과 "인과-기능적 통합(causal-functional integration)"이라고 부른 것 사이의 대조이다.[9] 문화의 특징인 논리-의미적 통합은 바흐의 푸가, 천주교의 교리 혹은 일반 상대성이론에서 발견할 수 있는 것과 같은 종류의 통합을 뜻한다. 즉 양식의 통일, 논리적 함의의 통일, 의미와 가치의 통일이다. 사회체계에 특징적인 인과-기능적 통합은 모든 부분들이 단일한 원인 및 결과의 그물에 결합되어 있는 유기체에서 발견할 수 있는 것과 같은 종류의 통합을 뜻한다. 각 부분은 "체계의 유지"에 작용하는 상호 인과관계의 수레바퀴를 이루는 한 요소가 된다. 두 통합의 유형은 동일한 것이 아니고 그것들 중 하나가 취하는 특별한 형태가 다른 것이 취할 형태를 직접적으로 내포하지는 않기 때문에, 둘 사이 그리고 그것들과 세번째 요소 사이, 즉 우리가 흔히 인성구조라고 부르는 각 개인 안의 동기 부여적 통합의 유형 사이에는 내재적 불일치와 긴장이 존재한다.

이렇게 보면 사회체계라는 것은 아주 구체적인 사회적 행위체계를 구조화하는 세 가지 측면 중 하나에 불과한 것이다. 다른 두 가지는 개별 행위자의 인성체계와 그

---

8) T. Parsons와 E. Shils, *Toward a General Theory of Action* (Cambridge, Mass., 1951).

9) P. Sorokin, *Social and Cultural Dynamics*, 제3권 (New York, 1937).

들의 행위에 들어 있는 문화체계이다. 이 세 가지는 각각, 그것들 중 어느 것도 다른 어느 것 또는 나머지 둘을 합친 개념에 이론적으로 환원될 수 없다는 의미에서 행위 체계의 요소를 조직화할 때 독립적으로 고려되어야 하는 것이다. 또한 인성과 문화가 없다면 사회체계도 있을 수 없고, 다른 경우에 대해서도 모두 같은 말을 할 수 있기 때문에, 하나하나가 나머지 둘에 불가결한 것이 된다. 그러나 이러한 상호 의존과 상호 침투는 한 종류의 체계의 중요한 속성과 과정이 다른 하나 또는 둘에 대한 우리의 이론적 지식으로부터 이론상으로 유도해내는 것이 가능하다는 것을 의미하는 환원 가능성과는 전혀 별개의 문제이다. 행위의 준거들은 이 세 가지 모두에 대해서 공통이며, 이 사실이 이들 사이의 어떤 "변환"을 가능하게 만든다. 그러나 무엇인가 다른 이론적 수준에서는 그렇게 될 수 있을지 모르겠지만, 여기에서 시도되는 이론의 수준에서는 그것들이 하나의 단일한 체계를 구성하지 않는다.[10]

나는 보다 역동적인 이러한 기능주의적 접근을 제대로 기능하지 못했던 어떤 의례의 사례에 적용해봄으로써 그 유효성을 실증해보고자 한다. 나는 의례 패턴의 "논리-의미적인" 문화적 측면과 "인과-기능적인" 사회구조적 측면을 구분하지 않은 접근법은 이 의례의 실패를 적절하게 설명할 수 없다는 점과 그것들을 구분한 접근법이 문제의 원인을 보다 명쾌하게 분석해낼 수 있다는 사실을 보여줄 것이다. 나아가서 이러한 접근법을 취함으로써 사회에서 종교의 기능적 역할을 단지 구조의 유지로 보는 단순한 관점을 피할 수 있고, 그것이 신앙 및 종교적 행위와 세속적 사회생활과의 관계를 다루는 보다 복잡한 개념으로 대체될 수 있다는 점이 논의될 것이다. 그러한 개념에는 역사적 자료가 적용될 수 있으며, 따라서 종교에 대한 기능 분석은 변화의 과정을 보다 적절히 다룰 수 있도록 확장될 수 있다.

배경

지금부터 기술하게 될 사례는 중부 자바 동부에 있는 작은 도시 모조쿠토에서 행해진 장례식이다. 삼촌과 숙모와 함께 살던 열 살쯤 된 어린 소년이 갑자기 죽었다. 보통 때와 같이 재빨리, 조용하게 그러나 효과적으로 치러지

---

10) T. Parsons, *The Social System* (Glencoe, Ill., 1951), p. 6.

는 자바의 장례식과 매장 절차가 뒤따르는 대신, 그의 죽음은 오랜 기간에 걸친 현저한 사회적 긴장과 심한 심리적 긴장을 유발시켰다. 여러 세대 동안 무수한 자바인들로 하여금 어려운 장례 기간을 무사히 지낼 수 있도록 해주었던 신앙과 의례의 복합이 갑자기 그때까지의 효력을 상실했다. 왜 실패했는가를 이해하기 위해서는 20세기 첫 10년 이후 자바에서 발생한 사회적, 문화적 변동의 전체를 알고 이해해야 한다. 이 엉망이 된 장례식은 사실상 광범한 갈등, 구조적 해체 그리고 어떤 형태로든 현대 인도네시아 사회를 특징짓는 재통합의 시도들 중 작은 한 예에 불과하다.

자바인들, 특히 자바 농민의 종교적 전통은 인도와 이슬람 그리고 동남아시아의 토착적 요소들의 복합물이다. 기원후 처음 몇 세기 동안에 내륙의 벼농사 지역에 거대한 군사왕국이 일어난 것은 힌두 문화와 불교 문화가 자바 섬에 전파된 것과 연결된다. 반면 15, 16세기 북부 해안도시에 나타난 국제 해상무역의 확장은 이슬람 문화의 전파와 연결된다. 농민 대중에게 침투한 이 두 세계종교는 말레이 문화 전역의 특징적인 애니미즘적 전통과 융합되었다. 그 결과는 힌두교의 신들, 이슬람교의 예언자와 성인(聖人)들, 토착의 정령과 악마들, 이 모두가 적당한 위치를 차지하는 잘 조화된 신화와 의례의 혼합이었다.

이 종교혼합의 중심적인 의례 형태는 슬라메탄(slametan)이라고 불리는 공식의례(共食儀禮)이다. 슬라메탄은 형태와 내용은 조금씩 다르지만, 종교적으로 중요한 의미를 지니는 거의 모든 경우 —— 인생에서의 통과 시점, 달력의 축일, 농작물 주기의 특정 단계, 이사 등 —— 에 행해진다. 슬라메탄은 정령에 대한 공물(供物)의 의미와 음식을 나눔으로써 살아 있는 사람들 간의 사회 통합을 꾀하는 기제라는 의미 모두를 의도하고 있다. 식사는 특별히 조리된 몇 가지 음식으로 구성되는데, 이들은 각각 특정의 종교적 개념을 상징하고 있으며, 각 핵가족 가구의 여성들에 의해서 요리되며, 거실 가운데 있는 돗자리에 진설(陳設)된다. 가구주인 남성은 이웃의 가구주 8-10명을 초청한다. 멀리 있는 사람을 초청하기 위해서 가까운 이웃이 무시되는 법은 없다. 주인이 제사의 종교적 목적을 설명하는 간단한 연설과 아랍어로 부르는 짧막한 영창(詠唱)을 끝내면, 각자 서둘러 먹는 둥 마는 둥 소량의 음식을 먹은 후, 남은 음식은 바나나 잎으로 싸서 집으로 가지고 가서 가족과 나누어 먹는다. 정령은 음식의 냄새, 태우는 향, 무슬림의 기도에서 그들의 영양을 얻는다고 한다. 반면 이 의례에 참가한 사람들은 음식의 물질적 부분과 그들간의 사회적 상호 작용에서 영양을 얻는다. 이 조용하고 드라마틱하지 않은 작은 의례의 결과는 두 가지이다. 하나는 영혼을 달래는 것이고 또 하나는 이웃간의 유대를 강화하는 것이다.

기능주의 이론의 일반적 법칙은 이러한 패턴의 분석에 매우 적절하다. 슬라메탄이 지연(地緣)에 기초한 사회구조의 효율적 통합에 필수적인 "궁극적인 가치관의 조율"을 행하고 동시에 농민사회의 특징인 지적 일관성과 정서적 안정성의 심리적 욕구를 충족시키도록 잘 고안되었다는 것을 보여주는 것은 어렵지 않다. 자바인들의 마을(마을 규모의 슬라메탄은 1년에 한두 번 열린다)은 본래 지리적으로는 인접해 있으나, 각자 의식적으로 자율성을 지니고 있는 핵가족 가구의 집합이며, 그들간의 경제적, 정치적 상호 의존은 슬라메탄에서 나타난 것처럼 일정하게 틀지어지고 명백히 정의된 것이다. 노동집약적인 쌀과 밭작물의 농경과정은 특별한 양식의 기술적 협동을 지속시킬 것을 필요로 하며, 다른 면에서는 자기 충족적인 가족들에게 공동체 의식 —— 슬라메탄에서 분명히 강화되는 공동체 의식 —— 을 부여한다. 그리고 힌두-불교, 이슬람교, "애니미즘"에서 나온 다양한 개념적, 행태적 요소들이 재해석되고 균형이 맞추어져, 분명하고 거의 동질적인 종교양식을 형성하는 방식을 생각해보면, 공동의 축제 패턴과 자바 농촌의 생활환경 사이에 있는 밀접한 기능적 조정관계는 더욱 분명해진다.

그러나 가장 고립된 일부 지역을 제외한 자바의 거의 모든 지역에서는 과거 50년간 마을의 사회적 통합을 지지하는 단순한 지역적 기반과 마을의 문화적 동질성을 지지하는 종교혼합적 기반 모두가 서서히 손상되어온 것이 사실이다. 인구 성장, 도시화, 화폐 경제의 침투, 직업 분화 등이 결합하여 농민사회 구조의 전통적 유대를 약화시켰다. 이러한 구조적 변화를 일으킨 주의(主義) 및 사상(思想)의 바람은 다시 그때까지의 특징인 종교적 신앙과 실천의 균일성(均一性)을 파괴했다. 부분적으로는 자바 사회의 증가된 복잡성의 결과인 민족주의, 마르크스 주의, 이념으로서 이슬람교 개혁운동의 출현은 그러한 믿음의 발상지로 언제나 가장 강력하게 그 힘이 나타나는 대도시뿐 아니라 소도시와 마을에도 큰 영향을 미쳤다. 사실상, 최근 자바의 사회변동의 대부분은 아마도 개인(또는 가족)들간의 일차적인 통합 유대가 지리적 근접성에 의거하여 표현되던 상황으로부터 이념적 동지관계에 의해서 표현되는 상황으로 변했다는 것으로 가장 적절하게 특징지어질 수 있을 것이다.

　마을이나 소도시에서의 이러한 주요 이념적 변화는 주로 토착의 종교혼합에서 이슬람적 측면을 강조하는 사람들과 힌두교와 애니미즘적 요소를 강조하는 사람들 사이의 분열의 확장이라는 형태로 나타난다. 이슬람교의 전래 이후에 이러한 상이한 하위 전통들 사이에 어느 정도 차이가 있어왔던 것은 사실이다. 어떤 사람들은 아랍어의 영창에 특히 숙련되거나, 이슬람 율법에 박식한가 하면, 다른 사람들은 힌두교의 신비적 수행(修行)에 능통하거나 민간 의료술의 전문가였다. 그러나 기본적 의례 패턴 —— 즉 슬라메탄 —— 이 충실히 지켜지는 한, 광범한 종교 개념을 쉽게 수용하는 자바인들의 관대함으로 인해서 이러한 대립은 완화되었다. 즉 이러한 대립을 유발하는 어떤 사회적 분열도 촌락이나 소도시 사회가 지닌 압도적 공동체적 성격에 의해서 대개는 모호해졌다.

　그러나 1910년 이후 비교적 큰 도시에 거주하는 경제적, 정치적으로 세련된 상인계급들 간에 나타난 이슬람식 근대화(또한 이에 대한 맹렬한 보수주의적 반동)와 종교적 민족주의의 출현은 전통적 종교관이 강한 일반 대중들 사이에 이슬람교는 배타적이며 반혼합적이라는 생각을 강화시켰다. 마찬가지로, 공무원과 도시지역에서 증가하던 프롤레타리아 사이에서 나타난 세속적 민족주의와 마르크스 주의는 종교혼합의 전(前) 이슬람적(즉 힌두–애니미즘적) 요소를 강화했다. 그들은 이러한 요소들을 이슬람 순수주의에 대한 평형추로 찬양하는 경향이 있었으며, 그중에는 자신들의 보다 특수한 정치사상을 실현하기 위한 일반 종교적 준거틀로 이용한 사람들도 있었다. 한편으로는 그의 신앙과 종교활동의 기초를 보다 분명하게 국제적이고 보편적인 무함마드(마호메트)의 교리에 두려는, 보다 자의식이 강한 무슬림이 등장했다. 다른 한편으로는 그가 물려받은 종교적 전통으로부터 —— 보다 더 이슬람적인 요소는 지워버리고 —— 일반화된 종교체계를 이끌어내려고 시도하는, 보다 자의식이 강한 "토착주의자"가 등장했다. 산트리(santri)라고 불리는 첫번째 종류의 사람과 아방간(abangan)이라고 불리는 두번째 종류의 사람 사이의 대립은 점차 첨예해졌고, 오늘날까지 이것은 모조쿠토 지역

전체에서 주요한 문화적 구분을 형성한다.

　이러한 차이가 결정적 역할을 한 것은 특히 도시에서이다. 벼농사 기술상
의 필요에 의해서 행해졌던 가족간의 협동의 의무가 사라졌고, 또한 도시생
활이 복잡해짐에 따라서 전통적 형태의 마을 통치가 효율성을 잃어가면서
습합적 마을 유형을 지지하는 사회적 기반이 심하게 약화되었다. 이웃들이
어떻게 생계를 유지하느냐와는 별 관계없이 각각의 사람들이 ―― 자가용
운전사, 상인, 사무원, 노동자로 ―― 그들의 생계를 유지하게 되면, 이웃 공
동체의 중요성에 대한 감각은 자연적으로 감소한다. 보다 분화된 계급체계,
보다 관료적이고 비인격적인 정부 형태, 사회적 배경의 보다 더 큰 이질성,
이 모두가 동일한 결과, 즉 이데올로기적 결합이 보다 확산되는 것에 따라
서 엄밀하게 지연적인 결합의 중요성이 감소하는 결과를 유도하는 경향이
있다. 도시 사람에게 산트리와 아방간의 구분은 그것이 그들의 사회적 준거
의 일차적 기준이 되었기 때문에 보다 첨예해졌다. 그것은 이제 단순한 신
앙의 차이가 아니라, 사회적 정체성의 상징이 된다. 사귈 친구의 종류, 가입
할 조직의 종류, 따를 정치적 지도력의 종류, 자신이나 아들이 결혼할 사람
의 종류, 이것들 모두가 이 이데올로기상의 2대 구분 중 어느 것을 택하는가
에 의해서 강하게 영향받는다.

　따라서 도시에서는 ―― 도시에서만은 아니지만 ―― 변화된 문화적 분류
틀에 의해서 조직된 새로운 유형의 사회생활 양식이 등장한다. 상층계급의
경우, 이 새로운 유형은 이미 상당히 고도로 전개되었지만, 도시 대중들 사
이에서는 아직 형성과정에 있다. 특히 자바의 일반 도시서민들이 사는 대나
무로 된 작은 가옥들이 빽빽이 들어서 있는 캄퐁(kampong)이라고 불리는
뒷골목들에서는 농촌의 전통적 생활양식의 해체와 새로운 생활양식의 재형
성이 진행되고 있는 전환기의 사회를 발견할 수 있다. 도시로 이주한 농민
(또는 그들의 아들과 손자)들이 사는 이들 지역에서는 레드필드가 말하는
민속 문화로부터 도시 문화로의 변화가 끊임없이 진행되지만, 후자가 반드
시 "세속화", "개별화", "문화적 해체"와 같은 부정적이고 잉여적인 용어에
의해서 정확하게 특징지어지는 것은 아니다. 캄퐁에서 실제로 일어나고 있
는 것은 전통적 생활양식의 파괴라기보다는 오히려 새로운 생활양식의 창
조인 면이 강하다. 이들 하층계급의 근린사회의 특징인 첨예한 사회적 갈등

은 단순히 문화적 동일성의 상실을 나타내는 것이 아니라 오히려 아직 충분히 성공하지는 않았으나 보다 더 일반적이고 유연성 있는 새로운 신앙과 가치의 패턴을 탐색하고 있음을 의미하고 있는 것이다.

인도네시아 대부분의 지역에서처럼, 모조쿠토에서도 이러한 탐색은 대개 여성 클럽, 청년 조직, 노동조합, 그외에 이것들과 공식적 및 비공식적으로 연계된 협회에서 뿐 아니라 대중정당이라는 사회적 맥락 속에서 널리 행해지고 있다. 이러한 정당은 여러 개 존재하며(최근 [1955] 총선거로 그 수는 현격히 감소했지만), 각 당은 교양 있는 도시 엘리트 —— 공무원, 교사, 상인, 학생 등 —— 에 의해서 지도되고, 다른 정당들과 반(半)농촌적이고 반(半)도시적인 캄퐁 거주민들과 농민 대중 모두의 정치적 지지를 얻기 위해서 경쟁한다. 그리고 이 정당들은 거의 예외없이 산트리-아방간의 구분 중 어느 한 편에 대한 지지를 호소한다. 복잡한 정당과 협회들 가운데 여기에서 우리에게 직접적 관련이 있는 것은 이슬람교에 기초한 대정당 마슈미와, 격렬하게 반(反)이슬람적인 종교-정치적 종파인 페르마이 두 개뿐이다.

마슈미는 전쟁 전 이슬람 개혁운동의 거의 직접적 계승자이다. 마슈미는, 최소한 모조쿠토에서는, 근대주의적인 산트리 지식인에 의해서 지도되며, 사회적으로 깨어 있으며, 반교리주의적이고, 다소 엄격한 코란 회귀주의의 이슬람교의 입장을 대변한다. 또한 다른 이슬람 정당과 연합하여 현재의 세속적 공화국을 대신하여 인도네시아에 "이슬람 국가"를 세울 것을 지지한다. 그러나 이러한 이상(理想)의 의미가 완전히 분명한 것은 아니다. 마슈미의 적들은 이것이 편협한 중세적 제정일치를 강요하는 것으로, 아방간이나 비무슬림을 박해하고 이슬람 율법의 규정을 그대로 따를 것을 그들에게 강제하게 될 것이라고 비난한다. 반면 마슈미의 지도자들은 이슬람은 본질적으로 관대하며 자신들은 다만 코란과 하디스(Hadith : 무함마드의 언행록/역주)의 가르침과 일치하는 법을 지닌 정부, 즉 명백히 이슬람 교리에 기초한 정부를 희망할 뿐이라고 주장한다. 하여튼 최대의 이슬람 정당인 마슈미는 국가와 지역 수준 모두에서 산트리 사회의 가치와 희망에 대한 주요 대변자들 중 하나이다.

페르마이는 국가 규모에서는 그렇게 인상적인 단체는 아니다. 국가 규모의 정당이기는 하지만, 상당히 작은 것이며 오직 몇 개의 매우 제한된 지역

에서만 영향력을 가지고 있다. 그러나 모조쿠토 지역에서는 중요한 존재인
데, 전국 규모에서 결여하고 있는 것을 지역적 긴밀성 속에서 보충받고 있
기 때문이다. 본질적으로, 페르마이는 마르크스주의 정치학과 아방간 종교
의 패턴을 혼합한 것이다. 즉 그것은 명백한 반(反)서양주의, 반(反)자본주
의, 반(反)제국주의와 농민 종교혼합에 포함되어 있는 다양한 주제의 일부
를 공식화하고 일반화하려는 시도를 결합시킨 것이다. 페르마이 회합은 향
과 상징적 음식이 갖추어진(그러나 이슬람 영창은 제외된) 슬라메탄 패턴과
근대적 의회의 절차를 모두 따른다. 페르마이의 소개 책자에는 계급 갈등의
분석뿐 아니라, 달력이나 수에 관한 길흉(吉凶)의 체계와 신비적 교리가 포
함되어 있다. 그리고 페르마이 연설은 종교적 개념과 정치적 개념 모두의
정교화에 관심을 가지고 있다. 모조쿠토에서 페르마이는 또한 특별한 의술
(醫術)과 주문을 가진 치료 의식이며, 비밀의 암호를 가지고 있으며, 지도자
들의 사회적, 정치적 저술에 들어 있는 말들에 관한 신비적 해석을 행한다.

그러나 페르마이의 가장 주목할 만한 특징은 이 강한 반(反)이슬람주의이
다. 그들은 이슬람교는 외래 종교이기 때문에 자바인들의 요구와 가치에 적
합하지 않다고 비난하며, "순수하고" "고유한" 자바의 신앙으로 돌아가야
한다고 주장한다. 여기에서 그들이 의미하는 것은 이슬람적 요소들을 배제
한 토착적 종교혼합을 의미하는 것처럼 보인다. 이와 병행하여, 이 종파-정
당은 국가와 지역 수준 모두에서 세속적(즉 비이슬람적) 결혼식 및 장례식
추진운동을 전개하고 있다. 현재의 상황에서는, 기독교도와 발리 섬의 힌두
교도 외에는 전부 이슬람 의례에 의해서 결혼의 정당성을 얻지 않으면 안
된다.[11] 장례식은 개인적 문제이기는 하지만 오랜 종교혼합의 역사 때문에
매우 깊게 이슬람 관습에 말려들어 있어, 정말 비이슬람적 장례식은 실제로
는 거의 불가능한 것이다.

지역 수준에서 비이슬람적 혼인과 장례식을 수행하는 페르마이의 활동은

---

11) 현실적으로 자바의 혼인 의례에는 두 부분이 존재한다. 하나는 일반적인 종교혼합의 부분
으로 신부의 집에서 거행되며 슬라메탄과 신부와 신랑 사이의 정교화된 의례적 "만남"이
포함된다. 또 하나는 정부의 시각에서 행해지는 공적(公的) 의식으로 이슬람 율법에 따라
서 나이브(Naib)라고 불리는 지구(地區)의 종교담당 관리의 사무실에서 거행된다. C.
Geertz, *The Religion of Java* (Glencoe, Ill., 1960), pp. 51-61, 203 참조.

두 가지 형태로 나타난다. 한 가지는 지역의 정부 관리에게 그러한 실행을 받아들이도록 강하게 압력을 가하는 것이고, 다른 한 가지는 그 구성원들에게 자발적으로 이슬람적 요소가 제거된 의례를 따르도록 압력을 가하는 것이다. 결혼의 경우 성공은 거의 불가능하다. 그것은 지방 관리는 중앙정부의 법령에 따라야 하며, 종파의 성원 중에서 가장 이념화된 사람들조차 감히 공개적으로 "불법적" 결혼을 하려고 들지 않기 때문이다. 법이 바뀌기 전에는 페르마이가 결혼의 형태를 바꿀 가능성은 거의 없다. 친(親)아방간파와 촌장들의 후원하에 비이슬람적 결혼식을 행하려는 시도가 몇 번 있었으나, 실패했다.

장례식의 경우, 관련되는 것은 법이 아니라 관습의 문제이기 때문에 조금 다르다. 나의 조사기간(1952-1954) 중, 페르마이와 마슈미 사이의 긴장은 매우 심하게 고조되었다. 이는 한편으로는 인도네시아의 첫번째 총선거가 임박했기 때문이며, 또한 부분적으로는 냉전도 영향을 미쳤다. 또한 몇 가지 특별한 사건들이 영향을 미쳤다 —— 예를 들면 페르마이의 총재가 공개적으로 무함마드를 가짜 예언자라고 불렀다는 보도, 마슈미의 지도자 중 한 명이 인근 도시에서 페르마이는 인도네시아에 사생아의 세대를 증식시키려고 한다고 비난한 연설, 산트리파와 아방간파로 나뉘어 격렬하게 전개된 촌장선거 같은 것들이었다. 그 결과, 가운데에 끼어서 곤혹스러웠던 지방 관리들은 모딘(Modin)이라고 불리는 종교 담당관 전원을 소집했다. 모딘은 다른 많은 의무를 지고 있으나, 그중에서도 특히 장례식을 집행하는 데에 관한 전통적 책임을 지고 있다. 그는 전체 의례를 주관하며, 상주들에게 매장법을 상세히 지도하고, 코란 영창을 인도하며, 묘소에서는 죽은 사람에 대한 지정된 조사를 읽는다. 지방 관리는 모딘들 —— 그들 대다수는 마을의 마슈미 지도자이다 —— 에게 페르마이 당원이 죽을 경우, 죽은 사람의 이름과 나이만을 기록하고 집으로 올 것, 즉 의례에 참가하지 말 것을 지시했다. 그의 충고에 따르지 않을 경우, 문제가 일어나면 그들의 책임이며, 그는 그들을 지지하지 않을 것임을 경고했다.

다음은 내가 살고 있던 모조쿠토 캄퐁에서, 카르만의 조카로서 적극적이고 열성적인 페르마이의 당원이던 파이잔이 갑자기 죽었던 1954년 7월 17일에 일어난 상황이다.

장례

　자바 장례식의 분위기는 흥분상태의 이별이나 자제되지 않은 흐느낌, 또
는 고인의 죽음을 애도하는 형식적인 통곡 같은 것이 아니다. 그것보다는
조용하고, 감정을 나타내지 않으며, 담담하게 진행되는 것이며, 돌이킬 수
없는 관계를 간결히 의례적으로 포기하는 것이다. 눈물은 용납되지 않으며
장려되는 것은 더더욱 아니다. 즉 일을 잘 마치려는 노력이지, 비탄에 잠겨
서 질질 끄는 것이 아니다. 장례식의 세밀한 바쁜 작업, 모든 곳에서 오는
이웃들과의 정중하고 의례적인 교제, 약 3년 동안 몇 차례나 개최되는 죽은
사람을 위한 슬라메탄 ── 이 모든 자바의 의례체계의 전체적 동력(動力)은
사람들로 하여금 심한 감정적 혼란 없이 슬픔을 이겨낼 수 있도록 하는 것
이다. 유족들에게 장례식과 그 이후의 의식은 이클라스(iklas)의 감정, 즉 일
종의 의도적 무감정, 초연하고 안정된 “무관심”의 상태를 만들어준다고 한
다. 이웃 집단에게는 루쿤(rukun), 즉 “지역 공동체의 조화”를 가져다준다
고 한다.
　실제 의례는 매장의 특별한 요구조건에 적응된 것이기는 하나, 본질적으
로는 슬라메탄의 또 다른 행태일 뿐이다. 죽음의 소식이 지역에 퍼지면, 이
웃에 사는 모든 사람들은 하던 일을 멈추고 곧 유가족의 집으로 가야만 한
다. 여자들은 쌀 몇 공기를 가져가서 슬라메탄용으로 요리를 하고, 남자들은
나무로 묘표(墓標)를 만들고 무덤을 파기 시작한다. 모딘이 도착하여 일을
지시하기 시작한다. 시신은 친척들에 의해서 의례적으로 준비된 물로 씻겨
진다(친척들은 자제심을 지키며 동시에 죽은 사람에 대한 애정을 증명하기
위해서 시신을 그들의 무릎 위에 올려놓고 단호히 끌어안는다). 그리고 모
슬린 천으로 시체를 싼다. 모딘의 지휘에 따라서 열두 명 정도의 산트리가
5분에서 10분 정도 시신을 향하여 아랍어로 기도를 영창한다. 이것이 끝나
면 시신은 여러 의례가 행해지는 가운데, 의식적 행렬을 따라서 묘지로 옮
겨지고, 그곳에서 정해진 방식대로 매장된다. 모딘은 죽은 사람에게 경건한
무슬림으로서의 의무를 잊지 않도록 묘소에서의 송별사를 읽는다. 장례는
대개 죽은 지 두세 시간 만에 끝난다. 이 장례식에 이어서 사후(死後) 3일째,

7일째, 40일째, 100일째 되는 날에 추도의 슬라메탄이 유족의 집에서 행해지며, 또 1주기와 2주기의 슬라메탄이 이루어지고, 마지막으로 1,000일째 되는 날의 슬라메탄이 끝나면 사람들은 시체는 먼지가 되고, 산 사람과 죽은 사람 사이의 긴격은 절대적인 것이 된다고 생각한다.

파이잔이 죽었을 때도 이러한 의례 패턴이 취해질 것이었다. 동이 트자마자(사망 시각은 이른 아침이었다) 삼촌인 카르만은 인근 도시에 사는 소년의 부모에게 아들이 아프다고 하는 자바의 독특한 표현방식으로 전보를 쳤다. 이렇게 돌려서 말하는 것은 그들이 사망을 보다 천천히 알도록 해서 충격을 완화시키려는 의도였다. 자바 사람들은 감정적 손상이 좌절의 격렬함이 아니라, 그것이 올 때의 갑작스러움, 즉 마음의 준비가 안 되어 있는 사람을 어느 정도 "놀래는가"에 달려 있다고 느끼고 있다. 두려운 것은 고통 그 자체가 아니라, "충격"이다. 그 다음, 부모가 수 시간 내에 당도하리라는 예상하에, 카르만은 의식을 시작하려고 모딘을 불렀다. 이는 부모가 당도했을 때, 시체를 매장하는 것 외에는 거의 할 일을 남기지 않음으로써 또 한 번의 불필요한 긴장을 줄이려는 생각에서였다. 아무리 늦어도 10시까지는 모든 것이 끝날 것이었다. 슬픈 사고이지만, 의례에 의해서 다스려진 것이었다.

그러나 모딘이 나중에 나에게 말한 바에 의하면, 그는 카르만의 집에 도착해서 페르마이의 정치적 상징을 나타내는 벽보를 보고, 카르만에게 의례를 수행할 수 없다고 말했다. 결국 카르만은 "다른 종교"에 속해 있었으며, 그 모딘은 그 종교의 정확한 매장 의례를 몰랐다. 그가 아는 것은 모두 이슬람교의 방식이었다. "나는 당신의 종교를 모독하고 싶지 않습니다"라고 그는 경건하게 말했다. "오히려 나는 최대한의 경의를 가지고 있습니다. 이슬람교는 편협하지 않기 때문입니다. 그러나 나는 당신의 의례를 모릅니다. 기독교도들은 그들 고유의 의례와 그들 고유의 전문가(지방 전도사)가 있지만, 페르마이는 어떻습니까? 시신을 화장합니까? 아니면 다른 방법입니까?" (이는 힌두교의 매장 관행에 대한 교활한 풍자이며 모딘은 이러한 대화를 매우 즐겼다). 모딘이 나에게 말한 바에 의하면, 카르만은 이 모든 것에 몹시 당황했고, 분명히 충격을 받았다. 그는 적극적인 페르마이 당원이기는 하지만, (신념이) 그다지 정교한 당원은 아니었기 때문이다. 페르마이의 이슬람식 장례 반대운동이 현실 문제로 나타나거나 모딘이 실제로 의식 집행을 거부하거나 하는 일은 지금껏 카르만에게 한번도 일어난 적이 없었다. 카르만은 정말 나쁜 사람은 아니며, 단지 지도자에게 속았을 뿐이라고 모딘은 결론을 내렸다.

이제 몹시 흥분된 카르만을 남겨두고, 모딘은 그가 적절히 행동했는지를 묻기 위해서 바로 지방 관리를 찾았다. 관리는 도의상 모딘에게 그의 조치는 잘한 것이라고 말해야 했으며, 이에 확신을 얻은 모딘이 집으로 돌아가자, 카르만과 그가 절망해서 찾아간 마을 경찰관이 모딘이 돌아오기를 기다리고 있었다. 카르만의 개인적 친구인 경찰관은 모딘이 죽은 사람의 정치적 입장에 동의하는가 아닌가에 상관없이 옛부터의 관습에 따라서 공정하게 모든 사람을 매장해야 한다고 말했다. 그러나 지방 관리의 지지를 직접 얻은 모딘은 그것은 더 이상 그의 책임이 아니라고 주장했다. 그러나 만약 카르만이 매장을 원한다면, 촌장의 사무실에 가서 카르만은 진실하고 신앙심이 깊은 무슬림이며, 그는 모딘이 이슬람교의 관습에 따라서 소년을 묻어줄 것을 희망한다고 선언하는 공개 진술서에 정부 공인(公印)을 받고, 두 명의 증인 앞에서 촌장의 확인을 받아서 서명할 것을 제안했다. 공식적으로 그의 신앙을 포기하라는 이 제안에, 카르만은 분노가 폭발하여 집에서 뛰쳐나갔다. 이는 자바인들에게서 거의 볼 수 없는 행동이다. 카르만이 다음에 무엇을 할지 몰라서 다시 집으로 돌아왔을 때 당황스럽게도 소년의 죽음에 대한 소식이 퍼져 모든 이웃들이 벌써 의식을 위해서 모여 있었다.

모조쿠토의 도시에 있는 대부분의 캄퐁에서처럼, 내가 살던 마을도 경건한 산트리와 열렬한 아방간(또한 양쪽에 그다지 적극적이지 않은 많은 사람들) 모두로 구성되었고, 어느 정도 자유로운 방식으로 섞여 있었다. 근린지역 전체, 때에 따라서는 마을 전체가 거의 아방간이나 산트리 어느 한쪽만으로 구성되는 경향이 있는 농촌지역과는 대조적으로, 도시에서는 살 수 있는 곳에서 살 수밖에 없으며, 누가 이웃이 되든 그대로 받아들일 수밖에 없다. 캄퐁에 사는 산트리의 대부분이 마슈미의 성원이고, 아방간의 대다수는 페르마이의 추종자이지만, 일상생활에서 두 집단 사이의 상호 작용은 최소한이다. 대부분이 영세 기술자이거나 육체 노동인 아방간들은 매일 늦은 오후에 카르만이 경영하는 길가 커피숍에 모여, 자바의 소도시나 마을 생활의 전형인 여유 있는 황혼의 대화를 나눈다. 반면 산트리들 —— 대부분이 재단사, 상인, 가게 주인 —— 은 동일한 목적으로 산트리가 경영하는 가게 중 하나에 모인다. 그러나 이처럼 산트리와 아방간 사이에 밀접한 사회적 유대가 결여되어 있음에도 불구하고, 장례에서의 지역적 결속의 과시는 여전히 두 집단 모두에서 회피할 수 없는 의무라고 느껴지고 있다. 모든 자바의 의례 중 장례는 아마도 가장 강하게 참석 의무를 수반하는 것일 것이다. 유가족의 집에서 어떤 대충 규정된 범위 안에 사는 모든 사람이 의식에 참가할 것이 기대된다. 카르만의 조카의 경우에도 그러한 이웃 모두가 참가했다.

이러한 배경이 있었기 때문에, 8시쯤 내가 카르만의 집에 도착했을 때, 그 늘진 얼굴을 한 남자들이 두 패로 나뉘어 마당 한구석에 울적하게 쭈그리고 앉아 있고, 여자들은 집안에서 아직 옷을 입힌 채인 시체 주변에 할 일 없이 둘러앉아 불안하게 소근거리고 있으며, 또한 전체적 분위기로 슬라메탄의 준비, 시체 목욕, 손님 접대 등 항상 있는 조용함 속에서의 분주함 대신에 의심과 불안을 발견하게 된 것은 놀라운 일이 아니다. 아방간들은 집 근처에 모여 있었으며, 그곳에는 카르만이 멍하게 허공을 쳐다보며 웅크리고 있었고, 또한 페르마이의 모조쿠토 시 의장과 서기인 수조코와 사스트로(출석자 중 이들만이 이 캄퐁에 거주하지 않는 사람들이다)가 의자에 앉아, 망연히 아무 곳이나 바라보고 있었다. 산트리들은 약 30야드쯤 떨어진 코코넛 나무의 좁은 그늘 아래에 모여서 조용하게 여러 이야기를 나누고 있었으나, 당면한 문제만은 논의하지 않았다. 거의 움직임이 없는 이러한 광경은 영화가 상영 도중에 정지되었을 때처럼 친숙한 연극의 바라지도 않았던 휴식시간과 같은 느낌이었다.

30분쯤 지난 뒤, 한두 명의 아방간이 마지못해 묘표(墓標)를 만들려고 나무를 쪼개기 시작했고, 몇 명의 여자들은 해야 할 더 나은 일을 찾지 못해서 작은 헌화용 꽃다발을 만들기 시작했다. 그러나 장례식은 중단되었으며, 다음에 무엇을 해야 할지 아무도 모른다는 것은 분명했다. 서서히 긴장이 야기되었다. 사람들은 신경질적으로 해가 점점 하늘 높이 떠오르는 것을 바라보거나, 정신나간 듯한 카르만을 힐끗 쳐다보았다. 사건의 유감스러운 상태에 대한 불평이 나타나기 시작했다("요즘에는 모든 것이 정치적 문제야"라

고 여든 살쯤 된 구식으로 보이는 노인이 나에게 투덜거렸다. "죽는 것까지
정치문제가 되니, 이젠 죽지도 못하겠어"). 결국 9시 30분쯤, 아부라는 이름
의 젊은 산트리의 재단사가 최악의 상태에 이르기 전에 이 상황에 대해서
무엇인가를 해보기로 결심했다. 그는 일어나서 아침 내내 발생했던 것 중
첫번째로 진지하고 유용한 행동을 카르만에게 취했다. 카르만은 명상에서
깨어나 그와 말을 하기 위해서 아무도 없는 땅을 가로질러 갔다.

사실상, 아부는 이 캄퐁에서 무엇인가 특별한 위치를 차지하고 있었다.
그는 비록 경건한 산트리이고 충실한 마슈미 당원이지만, 그의 양복점이 카
르만의 커피숍 바로 뒤에 있기 때문에 페르마이파 사람들과 더 많은 접촉을
하고 있었다. 밤낮으로 재봉틀에 붙어 있어야 하는 아부는 이 집단의 적절
한 구성원은 아니었지만, 그는 20피트쯤 떨어져 있는 그의 작업대에서 종종
그들과 의견을 교환했다. 사실, 종교적 문제에 대해서는 그와 페르마이 사람
들 사이에 어느 정도의 긴장이 존재했다. 한번은 내가 페르마이 사람들에게
그들의 종말론적 신앙에 대해서 물었을 때, 그들은 나에게 조소하듯이 아부
를 언급하며 그가 전문가라고 했으며, 또한 그들이 전적으로 어이없는 것으
로 여기는 내세에 대한 이슬람 교리에 대해서 거의 공개적으로 그를 조롱했
다. 그럼에도 불구하고 그는 페르마이 사람들과 어느 정도의 사회적 유대를
가지고 있었으므로, 그가 교착상태를 타개하고자 했던 것은 어쩌면 당연한
것이었다.

"벌써 정오가 다 돼가요." 아부가 말했다. "이렇게는 일이 제대로 될 수가
없어요." 그는 이제는 모딘을 데려올 수 있는지 알아보기 위해서 또 다른 산
트리인 우마르를 보내겠다고 제안했다. 모딘은 아마 지금쯤은 기분이 가라
앉았을 수도 있다는 것이었다. 그동안 자신은 시체를 씻고 싸는 일을 시작
하도록 할 수 있을 것이라는 것이다. 카르만은 그것에 관해서 생각해보겠다
고 대답했고, 두 명의 페르마이 지도자와 상의하기 위하여 마당의 다른 쪽
으로 돌아갔다. 몇 분 동안의 격렬한 몸짓과 고갯짓이 있은 후, 카르만이 돌
아와서 "좋아요. 그럽시다"라고 간단하게 대답했다. 그러자 아부는 "나는
당신 기분이 어떤지 알아요. 그러니 꼭 필요한 것만 하고, 이슬람적인 것은
가능한 한 배제하겠습니다"라고 말하고, 산트리를 모아 집으로 들어갔다.

제일 처음 해야 하는 일은 시체의 옷을 벗기는 것이었다(시체는 아무도

움직이려고 들지 않았기 때문에 여전히 마루에 눕혀 있었다). 그러나 이미 시체가 굳어 칼로 옷을 잘라내야만 했고, 이러한 비정상적 절차는 모든 사람, 특히 주위에 모여 있던 여자들을 매우 당혹스럽게 했다. 결국 산트리는 간신히 시체를 밖으로 끌고 나와서 목욕시키기 위하여 울타리를 쳤다. 아부는 신이 그러한 행동을 선행(善行)으로 여길 것이라고 말하면서 목욕시키는 것을 자원할 사람을 요청했다. 그러나 보통 때라면 이 일을 할 친척들은 이미 너무 깊이 동요되고 혼란스러워서 관습적인 형식으로 소년을 그들의 무릎 위에 올려놓을 수가 없었다. 사람들이 절망적으로 서로를 바라보는 동안에 또다시 어느 정도의 시간이 흘렀다. 결국 카르만과 같은 파이기는 하지만, 친척은 아닌 파크 수라가 소년을 그의 무릎 위에 올렸다. 하지만 그는 분명히 두려워하고 있었으며 보호하는 주문을 끊임없이 중얼거렸다. 자바인들이 급하게 매장하는 원인 중 하나는 죽은 사람의 영혼이 집 주위를 배회하게 하는 것이 위험하기 때문이었다.

그러나 목욕이 시작되기 전에, 누군가가 한 사람으로 충분한지 —— 대개 세 명이 아닌지 —— 에 대한 문제를 제기했다. 아부를 포함한 누구도 분명히 확신할 수 없었다. 세 사람이 관례이기는 하지만, 반드시 그래야 하는 것은 아니라고 생각하는 사람이 있는가 하면, 반드시 세 명이어야 한다는 사람도 있었다. 10분 정도의 근심스러운 토론 끝에, 소년의 남자 사촌과, 친척 관계는 아니지만 한 목수가 겨우 용기를 내어 파크 수라와 함께 했다. 그가 할 수 있는 한 최선을 다하여 모딘의 역할을 하고자 했던 아부는 몇 방울의 물을 시체에 뿌렸고, 그런 뒤 시체는 거의 되는 대로 정화되지 않은 물로 씻겨졌다. 그러나 이것이 끝났을 때 절차는 다시 중지되었다. 아무도 이슬람 율법하에서 시체의 구멍을 막아야 하는 작은 솜뭉치들을 어떻게 해야 하는지 정확히 몰랐기 때문이다. 고인의 이모가 되는 카르만의 부인은 더 이상 참을 수 없는 것이 분명했으며, 심하게 통곡하기 시작했다. 그런 모습은 내가 참가한 열두 번 정도의 자바의 장례에서 처음 목격하는 것이었다. 일이 이렇게 되자, 모든 사람들은 더욱 당황했으며, 같은 캄퐁의 여자들이 그녀를 진정시키기 위해서 열심이었지만 소용없었다. 대부분의 남자들은 표면상 조용하고 무표정하게 마당에 앉아 있었지만, 처음부터 깔려 있던 난처한 불편함이 두려운 절망감으로 변해가는 것처럼 보였다. "저런 식으로 우는 것은 좋지 않아요", "옳지 않은 것이에요"라고 몇몇 남자들이 나에게 말했다. 이때 모딘이 도착했다.

그러나 그는 여전히 고집스러웠다. 더욱이 그는 아부에게 그가 한 일 때문에 영원한 저주를 당할 것이라고 경고했다. "만일 이 의식에 잘못이 있었다면 당신은 심판의 날에 신에게 대답해야 할 것이오. 책임은 당신이 져야 해요. 무슬림에게 매장은 중요한 문제요, 이슬람의 법을 따라서, 법이 무엇인지 아는 사람에 의해서 집행되어야지 개인의 마음대로 해서는 안 되는 것이오." 그런 뒤, 그는 페르마이파의 지도자인 수조코와 사스트로가 장례를 주관할 것을 제의했다. 정당의 "지식인"으로서 그들은 페르마이가 어떤 장례 관습을 따라야 하는지를 분명히 알 것이기 때문이었다. 의자에서 움직이지 않던 두 지도자는 모두가 기대를 가지고 주시하는 가운데 이 제안을 고려해보았지만, 결국에는 다소 구차하게 자신들은 어떻게 해야 하는지 정말로 모른다고 말했다. 모딘은 어깨를 움짓하고 가버렸다. 그런 뒤 카르만의 친구인 구경꾼 중의 한 사람이 시체를 끌고 나가 묻어버리고 의례에 관한 모든 것을 잊자고 제안했다. 이 상태로 일을 더 끄는 것은 너무 위험하다는 것이었다. (사람들이 그때) 이 주목할 만한 제안을 받아들이고자 했는지 아닌지 나는 모른다. 왜냐하면 바로 그때 죽은 소년의 부모가 캄퐁에 도착했기 때문이다.

그들은 매우 침착한 것처럼 보였다. 후에 아버지가 전보를 받았을 때 죽지 않았을까 의심했다고 말했기 때문에 그들이 죽음을 모르고 있었던 것은 아니었다. 그와 그의 부인은 최악의 상태를 각오하고 있었으며, 도착했을 때는 거의 포기한 상태였다. 그들은 캄퐁에 도착해서 모든 이웃이 모여 있는 것을 보고 자신들의 두려움이 맞았다는 것을 알았다. 울음이 다소 진정되었던 카르만의 부인은 죽은 소년의 어머니가 마당으로 들어서는 것을 보자, 그녀를 달래던 사람들을 갑자기 뿌리치고 비명을 지르며 달려가서 자매를 끌어안았다. 두 여자가 넋을 놓고 통곡하기 시작하고, 사람들이 달려들어 그들을 떼어 따로따로 캄퐁 반대 편에 있는 집들로 끌고 갈 때까지 정말 1초도 걸리지 않은 듯했다. 두 여자의 곡소리는 조금도 줄지 않고 계속되었다. 따라서 소년의 영혼이 누군가에게 들어가기 전에 어떤 형태로든 매장이 진행되어야만 한다는 흥분된 소리들이 들리기 시작했다.

그러나 이제 소년의 어머니는 시체를 싸기 전에 자식을 보아야겠다고 주장했다. 아버지는 화가 나서 그녀에게 울지말라 —— 그런 행동이 자식의 저승길을 방해할 뿐이라는 것을 당신은 모르는가 —— 고 야단을 치면서 처음에는 아들을 보는 것을 허락하지 않았다. 그러나 그녀는 고집을 부렸고, 그래서 그들은 비틀거리는 그녀를 카르만의 집, 즉 소년이 누워 있는 곳으로 데려갔다. 여인들은 그녀가 너무 가까이 다가가지 못하게 하려고 했으나, 그녀는 그들을 피해서 소년의 하복부에 입을 맞추기 시작했다. 곧 남편과 다른 여자들이 더 하겠다고 소리치는 그녀를 끌어내었다. 그들은 그녀를 뒷방으로 끌고 갔고, 그곳에서 그녀는 멍한 상태로 진정되었다. 잠시 후 —— 모딘이 어디를 솜으로 막아야 하는지 가르쳐줄 만큼 마음을 돌려 시체가 싸여지고 있을때 —— 어머니는 어찌할 바를 모르는 듯한 모습으로 마당으로 나가서 얼굴도 모르는 모든 사람들과 악수를 하며 "저의 잘못을 용서해주세요. 저의 잘못을 용서해주세요"라고 말하기 시작했다. 다시 한번 그녀는 강하게 제지되었다. 사람들이 말했다. "진정하세요. 당신의 다른 자녀들을 생각하세요 —— 무덤까지 아들을 따라가고 싶으세요?"

이제 시체는 다 싸였고, 무덤으로 곧 옮기자는 새로운 제안이 있었다. 이때 아부가 아버지에게 다가갔다. 그의 생각에 이제는 분명히 아버지가 카르만을 대신하여 절차에 대해서 법적으로 책임이 있는 사람이라고 느꼈기 때문이었다. 아부는 모딘이 정부 관리이기 때문에 아버지 본인에게 말을 거는 것은 어렵지만, 아버지가 아들을 어떤 식으로 매장하기를 원하는지, 이슬람방식인가 아니면 다른 방식인가를 알고 싶어한다고 말했다. 아버지는 약간 놀라면서 대답했다. "물론, 이슬람 방식이지요. 나는 종교에 대해서는 잘 모르지만, 기독교도는 아니니까 죽었을 때는 이슬람식으로 매장해야지요. 전적으로 이슬람식이어야 합니다." 아부는 모딘은 아버지에게 직접 접근할 수는 없지만, 자신은 "자유로운" 입장이라서 하고 싶은 대로 할 수 있다고 다시 설명했다. 그는 또 자신은 할 수 있는 한 최선을 다해서 도우려고 했지만 아버지가 도착하기까지는 이슬람적인 것은 아무것도 하지 않도록 배려했다고 말했다. 다만 그는 주위를 둘러싼 모든 긴장과 정치적 차이가 이렇게 많은 문제를 만들어낸 것은 지나쳤다는 점을 사과했다. 그러나 결국 장례에 관한 모든 것은 "깨끗하고 합법적인" 것이어야 했다. 이것은 소년의 영혼을 위해서 중요한 것이다. 이제 산트리들은 어느 정도 즐겁게 시체를 향하여 기도를 영창했고, 시체는 무덤으로 옮겨져서 보통 때와 같은 방식으로 매장되었다. 모딘은 언제나와 같은 묘지 연설을 어린이용으로 고쳐서 했으며, 그것으로 장례는 끝이 났다. 친척들이나 여인들은 아무도 묘지에 가지 않았지만, 우리가 집으로 돌아왔을 때 —— 이제 정오가 꽤 지나 있었다 —— 드디어 슬라메탄이 올려졌고, 이것으로 파이잔의 영혼은 어쨌든 캄퐁을 떠나서 저승으로의 여행을 시작했을 것이다.

3일 후, 저녁에 첫번째 추모 슬라메탄이 열렸지만, 산트리들은 아무도 참석하지 않았으며, 그것은 상례라기보다는 페르마이의 정치적, 종교적 집회 같은 것이었다. 카르만이 전통적 양식에 따라서 고상한 자바어로 이것이 파이잔의 죽음을 기억하기 위한 슬라메탄이라고 소개하면서 시작했다. 그러자 곧 페르마이의 지도자인 수조코가 "아니에요, 아니에요. 그것은 틀렸어요. 3일째 슬라메탄에서는 단지 먹는 것과 죽은 사람을 위해서 긴 이슬람어의 영창을 부르는 것만을 해야 하는데 우리는 전혀 그렇게 할 생각이 아니군요"라고 말했다. 그런 뒤, 그는 두서없이 긴 연설을 시작했다. 그는 모든 사람이 국가의 철학적, 종교적 기초를 알아야만 한다고 말했다. "만약 이 미국인이 [말하며 나를 가르켰다. 그는 나의 존재를 결코 마음에 들지 않아했다] 우리들에게 와서 '이 나라의 정신적 토대는 무엇입니까?'라고 물었는데 당신이 알지 못했다면 —— 부끄럽지 않겠읍니까?"

그는 이런 식으로 신생 공화국의 공적인 이념의 기초인 수카르노 대통령의 "5원칙"(일신교, 사회정의, 인도주의, 민주주의, 민족주의)의 신비적 해석을 기초로 현재 국가의 정치구조의 전반에 대한 논리적 근거를 계속 선전했다. 수조코는 카르만과 그밖의 사람들의 도움을 받아가며 개인은 국가의 작은 복사물에 불과한 것이며, 반대로 국가는 개인의 확대된 영상에 지나지 않는다는 소우주-대우주 일치이론을 전개했다. 국가에 질서가 있으려면, 개인에게도 질서가 있어야만 한다. 개인과 국가는 서로 의미를 찾기 때문이다. 대통령의 5대 지침이 국가의 기초인 것처럼, 오감(五感)은 개인의 기초이다. 양자를 조화시키는 과정은 동일하며, 이것이 우리가 알아야만 하는 것이다. 토론은 거의 반 시간 동안 광범하게 종교, 철학, 경제적 쟁점들(나를 위한 것이 분명한 로젠버그의 사형 집행에 대한 토론도 포함되어 있었다)을 다루며 계속되었다.

커피를 마시기 위해서 잠시 중단했다가, 수조코가 막 다시 시작하려고 할 때, 조용히 무표정하게 앉아 있던 파이잔의 아버지가 부드럽고 이상할 정도로 기계적이고 억양 없는 말투로, 성공할 희망은 별로 없지만 스스로를 설득하는 것처럼 갑자기 말하기 시작했다. "거친 도시 억양이라서 죄송합니다만, 꼭 말씀드리고 싶은 것이 있습니다." 그는 모두에게 자신을 용서해주기를 희망했고, 그들은 곧 그들의 토론을 계속할 수 있었다. "저는 파이잔의 죽음에 대해서 이클라스['초연', '체념']하려고 노력했습니다. 저는 그를 위해서 해줄 수 있었던 모든 것을 해주었다고 확신하며, 그의 죽음은 그저 우연히 일어난 사건에 불과하다고 믿습니다." 그는 그가 아직 모조쿠토에 있는 것은 이 상태로는 그가 살고 있는 곳의 사람들의 얼굴을 볼 수 없기 때문이며, 그들 모두에게 여기에서 일어난 일을 얘기할 수 없기 때문이라고 말했다. 그는 그의 부인도 이제는 어느 정도 초연해졌다고 말했다. 그렇게 말하기는 하지만, 그것은 여전히 어려운 일이라고 했다. 자신은 이것은 단지 신의 뜻이라고 자기 자신에게 계속 말하지만, 요즘은 한 사람이 이렇다고 하면 다른 사람은 다른 것을 말해서 서로의 의견들이 더 이상 일치하지 않기 때문에 그것도 어렵다는 것이다. 어느 것이 옳고 무엇을 믿어야 하는지를 아는 것은 어렵다. 그는 모조쿠토의 모든 사람들이 장례에 참석한 것을 감사하고 있으며, 일이 이처럼 뒤죽박죽 되어버려서 죄송하다고 말했다. "제 자신은 신앙심이 깊지 않습니다. 마슈미도 아니고, 페르마이도 아닙니다. 그러나 저는 아들이 전통적 방식으로 매장되기를 원했습니다. 누구의 감정도 상하게 하고 싶지 않습니다." 그는 다시 자신은 초연해지려고 노력하는 중이며 자신에게 이는 단지 신의 뜻이라고 설득하고 있지만, 요즘에는 사물들이 너무 혼란스러워 그것이 어렵다고 말했다. 아들이 왜 죽어야만 했는지 납득하기 어렵다는 것이었다.

자바인들 사이에서 이처럼 자신의 감정을 공개적으로 표현하는 일은 극히 드문 일이며 —— 내 경험으로는 유일하다 ——, 공식화된 전통적 슬라메탄의 패턴에서는 그렇게 할(철학적 또는 정치적 토론도 포함하여) 여지가 전혀 없다. 그 자리에 있던 모든 사람은 아버지의 말에 마음이 흔들렸으며, 고통스러운 침묵이 흘렀다. 결국 수조코가 다시 말하기 시작했지만, 이번에는 소년의 죽음을 상세히 묘사했다. 처음에는 파이잔이 열이 오르기 시작했고, 카르만이 그, 즉 수조코를 불러서 페르마이의 주문을 외우도록 했다. 그러나 소년은 응답이 없었다. 그들은 마지막으로 아이를 병원의 간호사에게 데려가서 주사를 맞도록 했다. 그러나 소년의 상태는 악화되기만 했다. 그는 피를 토하고 경련을 일으키기 시작했으며(수조코는 그 모습을 눈에 보이듯이 묘사했다) 그리고 죽었다. "나는 왜 페르마이 주문이 듣지 않았는지 모르겠어"라고 그가 말했다. "지금까지 들었는데, 이번에는 듣지 않았어. 나는 왜 그런지 모르겠어. 이런 종류의 문제는 여러분이 아무리 많이 생각해도 설명될 수 없지. 때때로 들었다가 안 들었다가 하니까." 또 다른 침묵이 흐른 뒤, 약 10분 정도의 정치적 토론 후에 우리는 해산했다. 아버지는 다음 날 그의 집으로 돌아갔고, 나는 그 이후의 슬라메탄에는 초대받지 못했다. 넉 달쯤 지나서 조사지를 떠날 때, 카르만의 부인은 아직도 그때의 경험에서 완전히 회복되지 못했고, 캄퐁에서의 산트리들과 아방간들 사이의 긴장은 고조되었으며, 모든 사람들이 다음 번에 페르마이의 가족에서 초상이 날 때는 어찌될 것인지를 궁금해했다.

분석

말리노프스키는 "종교의 모든 근원 중에서 인생 최대의 그리고 최후의 위기 —— 죽음 —— 가 가장 중요한 의미를 지닌다"라고 썼다.[12] 그는 죽음은 유족들에게 사랑과 미움이라는 이중의 반응, 즉 인간 존재의 심리적, 사회적 기초 모두를 위협하는 매혹과 공포라고 하는 상반된 양면적 심층심리를 유발시킨다고 주장했다. 산 사람은 죽은 사람에 대한 그들의 애정에 의해서 그를 향하여 끌려들어가는 동시에 죽음이 가져오는 무서운 육체적 변형에 의해서 죽은 사람으로부터 멀어진다. 장례식과 그것에 뒤따르는 상중(喪中)의 관행들은 이 역설적인 욕망, 즉 죽음에 직면하여 연계를 유지시키고자 하는 욕망과 즉각적이고 완벽하게 관계를 단절하고자 하는 욕망 그리고 삶에 대한 의지가 절망하려는 경향보다 우세하도록 보장하겠다는 바

12) Malinowski, *Magic, Science and Religion*, p. 29.

람에 초점이 맞추어져 있다. 매장 의례는 유족들이 당황하여 그 자리로부터 도망치고자 하는 충동, 혹은 그 반대로 무덤으로 죽은 사람을 따라가고자 하는 충동 모두를 방지함으로써 인간 생활의 연속성을 유지시켜준다.

　　그리고 여기 이러한 감정적 힘의 활동 속으로, 이러한 삶과 죽음이라는 최대의 딜레마 속으로 종교가 발을 들여놓으면, 그때 종교는 긍정적인 가르침, 위안이 되는 견해, 즉 생명의 영원성, 육체로부터 독립한 영혼의 존재, 죽음 이후에 지속되는 삶에 대한 문화적으로 가치 있는 신앙을 선택한다. 죽음을 맞아서 행해지는 다양한 의식, 추도식과 성찬식 그리고 조상의 혼령에 대한 숭배를 통해서 종교는 구원 신앙에 구체적 형태를 부여한다. 전체 집단과의 관계에서도 종교는 또한 똑같은 기능을 수행한다. 유족들을 시신에 연계시키고, 그들을 죽음의 장소에 고정시키는 죽음의 의식, 영혼의 존재와 그것이 미치는 은혜와 사악한 의도에 관한 신앙, 일련의 추도식과 희생 제의를 행할 의무에 대한 신앙──이 모든 것에서 종교는 공포, 당황, 타락의 원심력을 약화시키고, 집단의 동요된 유대를 재통합시키고, 그것의 사기를 회복할 가장 강력한 수단을 제공한다. 간단히 말해서, 여기에서 종교는 좌절된 본능의 부정적인 반응에 대한 전통의 승리를 보장하는 것이다.[13]

　이런 종류의 이론에 대해서 앞에서 기술한 사례는 분명히 몇 가지 의문을 제기한다. "좌절된 본능"에 대한 전통과 문화라는 것도 기껏해야 지극히 제한된 범위일뿐 아니라, 의례가 사회를 통합시키기보다는 분열시키고, 인성을 치유하기보다는 해체시키는 것처럼 보인다. 이에 대해서 기능주의자는 준비된 대답을 가지고 있는데, 그것은 그가 뒤르켐의 전통을 따르느냐, 말리노프스키의 전통을 따르느냐에 따라서 사회적 분열 또는 문화적 타락의 두 형태 중 하나를 취한다. 급격한 사회변동은 자바 사회를 분열시켰으며, 이는 문화의 해체라는 형태로 나타난다. 즉 전통적 촌락사회가 잘 통합되어 있을 때는 그 통합성이 슬라메탄에 그대로 반영되었는데, 마찬가지로 캄퐁 사회의 붕괴는 우리가 방금 살펴본 장례식의 실례에서처럼 슬라메탄의 붕괴라는 형태로 반영된다. 바꾸어 말한다면, 문화의 쇠퇴가 사회의 분열을 유도했으며, 활력 있는 민속 전통의 상실은 사람들간의 도덕적 유대를 약화시켰다.

　두 방식 중 어느 방식으로 진술되느냐에 상관없이 이러한 논의에는 두 가지 잘못된 점이 있는 것처럼 보인다. 하나는 사회적(또는 문화적) 갈등과 사

---

13) 같은 책, pp. 33-35.

회적(또는 문화적) 해체를 동일시하는 점이며, 다른 한 가지는 둘 중에 하나를 단순히 다른 것의 종속현상으로 봄으로써 문화의 구조와 사회구조의 독립된 역할을 부정하는 점이다.

우선, 캄퐁의 생활은 단순하게 아노미 상태에 있는 것은 아니다. 우리들의 사회에서처럼 심한 사회적 갈등이 두드러지지만, 그럼에도 불구하고 대부분의 영역에서는 매우 효율적으로 진행되고 있다. 만약 정치, 경제, 가족, 계층, 사회통제 등의 모든 제도가 파이잔의 장례에서처럼 형편없이 기능한다면, 캄퐁은 정말 살기 힘든 곳일 것이다. 도시적 격변의 일부 전형적 증후들 —— 도박, 절도, 매춘의 증가 등 —— 이 어느 정도 존재하지만, 캄퐁의 사회생활은 분명히 붕괴 직전에 있는 것은 아니다. 일상의 사회적 상호 작용이 앞에서 살펴본 장례식에서처럼, 억압된 갈등과 심각한 불확실성으로 흔들리고 있는 것은 아니다. 대부분의 모조쿠토 사람들에게 반(半)도시적 근린관계는 그 물질적 불편함과 과도기적 성격에도 불구하고, 적절한 생활 기반을 제공하고 있다. 자바의 농촌생활에 대해서 기술할 때 많은 감상주의가 적용되어 왔음에도 불구하고, 사실 이 점에 있어서 농촌생활에 대해서도 같은 이야기를 할 수 있을 것이다. 실제로 보다 심각하게 파괴적인 사건들은 종교적 신앙과 행사 —— 슬라메탄, 축일, 치료, 요술, 의례 집단 등 —— 를 둘러싸고 주로 일어나는 것으로 보인다. 여기에서 종교는 단순히 사회의 다른 곳에서 발생하는 긴장의 반영이 아니라, 오히려 긴장의 중심이고 근원이다.

그러나 신앙과 의례의 전통적 패턴에 대한 구속이 약화되었기 때문에 종교가 긴장의 근원이 되는 것은 아니다. 파이잔의 죽음을 둘러싼 갈등은 단순히 모든 캄퐁 거주민들이 장례에 대해서 공통적이고 고도로 통합된 문화적 전통을 공유하고 있었기 때문에 발생한 것이다. 슬라메탄 패턴이 올바른 의례인가, 이웃 사람들이 참가해야만 하는가, 또는 의례가 기초하고 있는 초자연적 개념이 타당한 것인가에 대한 논의는 없었다. 캄퐁에서 슬라메탄은 산트리들이나 아방간들 모두에게 정말로 신성한 상징으로서의 힘을 유지한다. 이것은 여전히 죽음과 대면하는 의미 있는 준거틀을 제공한다 —— 대부분의 사람들에게 유일하게 의미 있는 준거틀이다. 우리는 의례의 실패를 세속화, 회의론의 증가, 또는 전통적인 "구원 신앙"에 대한 무관심의 탓으로 돌릴 수는 없으며, 더우기 아노미의 탓으로 돌릴 수도 없다.

내가 생각하기에는 이것은 사회구조("인과-기능적") 차원의 통합 형태와 문화("논리-의미적") 차원의 통합 형태 사이의 불연속성 ── 사회적, 문화적 해체가 아니라, 사회적, 문화적 갈등을 유도하는 불연속성 ── 의 탓으로 보아야만 한다. 다소 격언 투의 표현을 써서 보다 더 구체적으로 얘기한다면, 캄퐁 주민들이 사회적으로는 도시인이지만, 문화적으로는 여전히 민속적이라는 데에 문제가 있는 것이다.

나는 이미, 자바의 캄퐁은 과도기 사회의 한 종류이며, 그 구성원들은 거의 완전히 도시화된 엘리트 계층과 거의 전통적으로 조직화된 농민층 사이의 "중간 위치"에 서 있다는 것을 지적했다. 그들이 참가하고 있는 사회구조의 형태들은 대부분 도시적인 것이다. 농촌의 거의 전적으로 농업적인 구조 대신 고도로 분화된 직업구조의 출현, 개인과 합리화된 중앙정부의 관료 제도 사이의 인격적 완충장치였던 반(半)세습적이고 전통적인 촌락 통치기구의 실질적 소멸, 그것에 대신하는 보다 더 유연한 형태의 현대적 의회 민주제의 등장 그리고 촌락과는 달리, 캄퐁이 이미 자급자족적 실체가 아니며 단지 종속적 일부분에 불과한 다계급 사회로 발전하고 있다는 이 모든 것은 캄퐁의 사람들이 매우 도시적인 세계에서 살고 있다는 것을 뜻한다. 사회적으로, 그들은 게젤샤프트(Gesellschaft)적 존재인 것이다.

그러나 문화의 레벨 ── 의미의 레벨 ── 에서 캄퐁의 거주민과 촌락 주민들 사이에는 별 차이가 없다. 오히려 그들과 도시 엘리트층 사이의 차이가 훨씬 크다. 캄퐁 사람들이 따르는 신앙 형태, 표현양식, 가치관 ── 그들의 세계관, 에토스, 윤리 등 ── 은 촌락 주민이 따르는 것과 별로 차이가 없다. 그들은 한층 복잡한 사회 환경 속에 있으면서 농촌 사회에서 그들이나 그들의 부모를 인도했던 상징들에 눈에 띄게 집착하고 있는 것이다. 바로 이 사실이 파이잔의 장례를 둘러싼 심리적, 사회적 긴장을 야기시킨 것이다.

장례식이 혼란상태에 빠졌던 것은 참가자들에게 그 의례의 의미가 근본적으로 모호했다는 사실에 기인하는 것이다. 가장 간단히 말하면, 이러한 모호성은 슬라메탄을 구성하는 상징들이 종교적 의미와 정치적 의미 모두를 지니며, 성스러운 의미와 세속적인 의미 모두를 포함하고 있다는 사실에 있다. 카르만 자신을 비롯하여, 카르만의 마당에 모였던 사람들은 그들이 하고

있는 것이 처음과 마지막에 관련되는 성스러운 일인지, 세속적 권력투쟁인
지 확실히 알지 못했던 것이다. 이것이 앞의 노인(사실, 그는 묘지 관리인이
었다)이 요즘에는 죽음도 정치적인 문제라고 불평한 이유이며, 마을 경찰관
이 모딘이 종교적인 편견이 아니라, 정치적인 편견에서 파이잔의 매장을 거
부했다고 비난한 이유이며, 단순한 카르만이 그의 이념적 견해가 갑자기 그
의 종교의례 수행의 장애물로 등장했을 때 놀랐던 이유였다. 또한 이것은
조화로운 장례식을 위해서 정치적 차이를 숨기고 싶은 마음과 자신의 구원
을 위해서 그의 종교적 신앙을 함부로 하고 싶지 않은 마음 사이에서 아부
가 괴로워한 이유이며, 추도식이 정치적 비난과 일어난 일에 대한 충분한
설명을 추구하는 격렬한 탐색 사이를 오고간 이유이다 —— 요약하면 슬라
메탄의 종교적 패턴이 "긍정적인 신조"와 "문화적으로 가치 있는 신앙"을
가지고 "개입하고자" 시도했을 때, 비틀거린 이유이다.

  앞에서도 강조한 것처럼 산트리와 아방간 사이에 존재하는 현재의 심한
대립은 상당 부분이 20세기 인도네시아의 민족주의적 사회운동의 등장에
기인한다. 대도시에서 시작된 이 운동에는 여러 종류가 있다. 화교에 대항하
기 위한 상인들의 조직, 착취에 대항하는 플랜테이션 노동자들의 조합, 궁극
적인 개념들을 재정의하려는 종교집단들, 인도네시아의 형이상학적, 도덕적
개념을 분명히하려는 철학 토론회, 인도네시아의 교육을 재활성화하려고 애
쓰는 학교 연합, 새로운 형태의 경제조직을 운영하려는 협동조합, 인도네시
아 예술생활의 부흥을 위해서 활동하는 문화집단들 그리고 물론, 네덜란드
의 지배에 효율적으로 대항하기 위해서 활동하는 정당들이 있다. 그러나 시
간이 지나면서 본질적으로는 엘리트적인 이들 집단의 에너지는 더욱더 독
립을 위한 투쟁에 흡수되었다. 그들 각각의 특별한 목적이 무엇 —— 경제
재건, 종교 개혁, 예술 부흥 —— 이든 간에, 그것들은 막연한 정치 이데올로
기에 흡수되었다. 모든 집단들은 다른 모든 사회적, 문화적 진보의 전제조
건, 즉 점차 자유라는 하나의 목적을 향하게 되었다. 1945년 혁명이 시작될
때까지, 정치 영역 이외의 개념의 재구성은 현저하게 뜸해졌으며, 생활의 대
부분의 측면은 고도로 이념화되었고, 이러한 경향은 제2차 세계대전 후에도
계속되었다.

  촌락과 소도시의 캄퐁에서는 초기의 특정 단계의 민족주의는 미미한 영

향만을 미쳤다. 그러나 운동이 통일되고 최후의 승리를 향해서 나아가면서, 일반 민중도 이미 지적한 바와 같이, 주로 종교적 상징을 매개로 하여 그 영향을 받기 시작했다. 고도로 도시화된 엘리트들은 농촌의 맥락에서는 거의 의미가 없는 복잡한 정치적, 경제적 이론을 통해서가 아니라, 기존의 토착 개념 및 가치관을 통하여 농민들과의 연대를 형성했다. 그리고 그 엘리트들 사이에는 대중 호소의 전반적 기초로 이슬람 교리를 선택한 사람들과, 토착의 혼합적 전통을 일반화시키고 철학적으로 세련화하는 데에 그러한 기초를 두는 사람들 사이에 주된 구분이 형성되었다. 농촌에서도 산트리와 아방간이라는 것이 단순한 종교적 범주가 아닌 정치적 범주가 되었으며, 다가오는 독립 후의 사회에서의 조직에 대한 두 개의 포괄적 접근법의 추종자들을 각각 지칭하게 되었다. 정치적 독립의 성취는 의회 정부에서 파당적 정치의 중요성을 강화했고, 적어도 지역 수준에서는 산트리-아방간의 구분은 정당들의 당략(黨略)이 형성되는 주요한 이념적 축 중 하나가 되었다.

이러한 전개의 결과로 정치적 논쟁과 종교적 설교가 동일한 어휘로 수행되게 되었다. 코란의 영창은 신에 대한 감사의 노래일뿐 아니라 정치적 충성의 확인이 된다. 향을 태우는 것은 개인의 성스러운 신앙뿐 아니라 세속적 이념을 표현한다. 오늘날 슬라메탄은 의례의 다양한 요소에 대해서 그것들이 지닌 "진정한" 의미가 무엇인가에 대해서 근심스럽게 토론하거나 어느 부분이 필수적인가 아니면 해도 되고 안 해도 되는 것인가에 대해서 논하거나, 혹은 산트리가 눈을 들어 기도할 때 아방간이 불편해하거나, 아방간이 보호 주문을 암송할 때 산트리가 불편해하거나 하는 일들로 특징지어지는 경향이 있다. 앞에서 살펴본 바와 같이 죽음에 임했을 때, 전통적 상징들은 사회적 손실에 직면한 사람들을 결속시킴과 동시에 그들에게 그들의 차이를 상기시키는 경향이 있다. 넓게는 죽음과 부당한 고통이라는 인간적 주제를 강조하고, 좁게는 당파 대립과 정당 투쟁이라는 사회적 주제를 강조하며, 나아가 참여자들이 공통으로 지니고 있는 가치관을 재확인하는 한편, 그들의 증오심과 의심을 "조율한다." 의례 그 자체가 정치적 갈등의 문제가 된다. 혼인 의례와 장례의 형태가 당의 중요한 쟁점이 되는 것이다. 이러한 애매한 문화적 배경 속에서 보통의 캄퐁의 자바인은 개개의 사건에 대해서 적절한 태도를 결정하기 점점 어려워지며, 점차 하나의 상징이 주어진 사회

안에서 가지는 의미를 바르게 이해하기 어려워진다.

이처럼 정치적 의미가 종교적 의미를 간섭하는 데에 따른 필연적 결과로서 종교적 의미에 의한 정치적 의미의 간섭이 발생한다. 동일한 상징이 정치적, 종교적 맥락 모두에 사용되기 때문에, 사람들은 정당간의 투쟁을 단순히 의회 안에 흔히 있는 술수, 세력 다툼이나, 민주 정부의 필연적인 분파적 타협만이 아니라, 기본적 가치관과 기본 원리의 문제까지 포함하는 것으로 간주한다. 특히 캄퐁 사람들은 새로운 공화국 정부 형태에서 분명하게 제도화시킨 공개적 권력투쟁을 본래 종교적인 원리의 여러 갈래를 공적인 것으로 확립시키는 권리를 둘러싼 투쟁으로 보는 경향이 있다. "만약 아방간이 당선되면, 코란 교사들이 수업하는 것이 금지된다", "만약 산트리가 당선되면, 하루에 다섯 번씩 기도해야만 한다"라고 한다. 공직을 둘러싼 선거전에 수반되는 정상적 갈등도 사실상 모든 것이 그것에 달렸다는 생각에 의해서 더욱 고조된다. 어떤 사람이 말했듯이, 권력을 장악한 집단은 "그 기반을 둘" 권리를 가지게 되는, "이기면 우리 세상"이라는 생각을 한다. 따라서 정치는 일종의 신성화된 괴로움이 된다. 그리고 도시 근교의 모조쿠토 마을에서는 실제 이와 같이 생긴 압박의 분위기로, 마을의 선거를 두 번 실시하지 않으면 안 되었다.

이를테면, 캄퐁의 남자는 자신으로부터 먼 개념과 가까운 개념 사이에 갇혀 있는 것이다. 본래 형이상학적인 관념이나 운명, 고통, 악과 같은 근본적 "문제"에 대한 응답을 세속적 권력의 요구와 정치적 권리나 포부를 말할 때와 같은 말로 표현하지 않으면 안 되기 때문에, 사회적으로나 심리적으로 효과적인 장례식을 행하는 것, 또는 원활히 행해지는 선거를 치르는 것에 대한 어려움을 경험한다.

그러나 의례는 단지 의미의 패턴만은 아니다. 그것은 또한 사회적 상호작용의 형태이기도 하다. 따라서 상대적으로 덜 분화된 농촌의 배경에서 도시적 맥락으로 종교적 패턴을 옮기려는 시도는 문화적 모호성을 생성시킬 뿐 아니라 사회적 갈등도 야기시킨다. 그것은 그 종교적 유형에 의해서 표현되는 사회 통합의 종류와 사회 일반에서의 주된 통합의 유형이 일치하지 않기 때문이다. 캄퐁 사람들이 일상생활에서 통합을 유지하는 방식은 슬라메탄에서 강조되는 통합 유지의 방식과는 전혀 다르다.

앞에서 강조한 것처럼, 슬라메탄은 본래 지역에 기초하고 있는 의례이다. 따라서 가족간의 일차적 연계는 거주의 인접성이다. 하나의 근린집단은 다른 근린집단에 대하여 중요한 사회적 단위(정치적, 종교적, 경제적)로 간주된다. 마찬가지로 한 미을은 다른 마을에 대하여 그리고 몇 개의 마을로 이루어진 단위는 그것과 같은 다른 단위에 대립한다. 도시에서 이런 패턴은 크게 변화되었다. 중요한 사회 단위들은 여러 가지의 요소 —— 거주뿐만 아니라 계급, 정치적 견해, 직업, 민족, 출신지, 종교적 선호, 연령, 성별—— 에 의해서 규정된다. 새로운 도시형 사회조직은 다양한 맥락에서 발생하는 충돌하는 힘들의 미묘한 균형으로 구성된다. 계급 차이는 이념적 유사성에 의해서 약화된다. 윤리적 갈등은 경제적 이해의 일치에 의해서 약화된다. 정치적 대립은, 우리가 그렇듯이, 이웃간의 친밀성에 의해서 완화된다. 그러나 이 모든 복수적인 점검과 조정 속에서, 슬라메탄만은 변하지 않고 남아, 도시생활의 사회적, 문화적 분화의 주요 경계선에 상관하지 않는다. 그 때문에 개인을 분류하는 일차적 지표는 그가 어디에 사는가이다.

따라서 신성화를 요구하는 사건 —— 생애 주기상의 이행, 축일, 심각한 질병 —— 이 발생할 때 채택되어야만 하는 종교적 형태는 사회적 평형을 보장하는 방향이 아니라 그것을 깨뜨리는 방향으로 작용한다. 슬라메탄은 일상생활에서 집단간의 갈등을 일정한 범위로 가두어버리는, 최근에 고안된 사회적 격리의 기제를 무시하고 있으며, 또한 마찬가지로 상당히 효과적인 방식으로 대립하는 집단들 사이에 균형을 잡아주고 있는 새로이 발전된 사회 통합의 패턴 역시 무시하고 있다. 사람들은 차라리 피하고 싶은 친밀함을 강요당하고 있다. 의례에서의 사회적 가정("우리 모두는 문화적으로 동질적인 농민들이다")과 실제("우리는 심각한 가치의 불일치에도 불구하고 필연적으로 함께 살아야만 하는 여러 가지 상이한 종류의 사람들이다") 사이의 부조화는 극단적인 예인 파이잔의 장례에서처럼, 심한 불편함을 유도한다. 캄퐁에서 슬라메탄을 여는 것은 사람들에게 점차 극적 연출을 통해서 강화되는 이웃간의 유대가 더 이상 그들을 가장 강하게 묶어주는 유대가 아니라는 것을 상기시키는 데에 기여한다. 그들을 가장 강하게 묶어주는 유대는 이념적, 계급적, 직업적, 정치적 유대이며, 이러한 다양한 연계는 더 이상 지리적 관계에 의해서 하나로 묶일 수 없는 것이다.

　결국, 파이잔의 장례의 실패는 단일한 원인에 의해서 추적될 수 있을 것
이다. 그것은 의미의 문화적 준거틀과 사회적 상호 작용의 패턴화 사이의
부조화, 도시적 환경에서 농민적 사회구조에 적응된 종교적 상징체계를 지
속한 데에서 기인하는 부조화이다. 사회학적 종류이든 사회심리학적 종류이
든 간에, 정태론적 기능주의는 이런 종류의 부조화를 추출할 수 없다. 논리-
의미적 통합과 인과-기능적 통합을 식별할 수 없기 때문이다. 문화의 구조
와 사회구조가 단순한 서로의 반영물이 아니라, 상호 의존적이지만 독립변
수라는 사실을 자각할 수 없기 때문이다. 사회변화의 동인(動因)은 자신이
무엇인가의 의미를 부여할 수 있는 세상, 그 본질적 의의를 파악할 수 있다
고 느끼는 세상에 살고 싶다고 하는 인간의 욕구와 기능하는 사회유기체를
유지시키려는 욕구가 일치하지 않는 일이 흔하다는 사실이 고려되는, 보다
역동적인 형태의 기능주의 이론에 의해서만 분명하게 도식화될 수 있다.
"학습된 행위"라는 산만한 문화 개념은 균형잡힌 상호 작용의 패턴으로 사
회구조를 보는 정태론적 견해이며, 또한 문화의 구조와 사회구조는 ("해체"
상태를 제외하고) 결국 서로의 단순한 투사상에 불과하다는 공언된, 혹은
무언의 가정은 파이잔의 불행하지만 교훈적인 장례에 의해서 제기된 것과
같은 문제들을 다루기에는 너무도 유치한 개념장치이다.

제7장 현대 발리에서의 "내적 개종"

주술적 신앙과 관행은 그 어떤 민족의 문화에서도 발견된다. 잔존물로서 존재하는 주술적 신앙과 관행의 대부분은 우아하고 아름다우며 문명을 지속시키는 원동력이다. 우리는 근대의 유물론이 주술적 신앙과 관행을 말살시키고 말레이 문화를 무미건조한 문화로 만들어버리지 않기를 바라야 할 것이다.

—— 리처드 윈스테트, 「말레이의 주술사 *The Malay Magician*」

I

요즘 우리는 아시아와 아프리카의 신생국에서 일어나는 정치적, 경제적 근대화에 관한 많은 논의를 접할 수 있다. 그러나 이들 지역에서 일어나고 있는 종교적 근대화에 대한 논의는 전혀 접할 기회가 없다. 종교는 전적으로 주목을 받고 있지 못하다. 그렇지 않은 경우라고 할지라도 종교는 그저 바람직한 진보를 방해하는 골치 아픈 장애물이거나 급격한 변동에 의해서 언젠가는 없어지게 될 문화적 가치를 보존하는 역할을 담당하는 것쯤으로 여겨진다. 혁명이라고 할 수 있을 정도의 급격한 변동을 겪고 있는 사회의 의례나 신념체계에서 벌어지고 있는 종교적 발달이나 변형은 거의 주목을 받지 못하고 있다. 기껏해야 우리는 정치나 경제에 미치는 종교의 역할 정도에 주목했을 뿐이다. 그러나 아시아와 아프리카 종교에 관한 이러한 관심은 종교의 정태적인 측면에 한정되었다. 지금까지 우리는 이들 종교가 계속 존속할 것인가 아니면 없어질 것인가에만 관심을 보였고 이들 종교가 어떻게 변하는가에는 관심을 보이지 않았다.

아마도 동남 아시아에서 가장 우아하고 아름다운 주술적 신앙과 관행을 지니고 있다고 할 수 있는 발리의 경우도 예외는 아니다. 지금까지 발리의 종교는 공상을 즐기는 골동품 애호가들이나 척박한 사고력을 지니고 있는 문화 유물론자들에 의해서 주로 연구되어왔을 뿐이다. 나는 이 글에서 이러한 관점이 완전히 잘못된 것이라는 지적을 하게 될 것이며, 비록 발리인들의 종교적 삶이 급격히 변화하더라도 발리 문화의 지속성은 유지될 것이라는 점을 지적할 것이다. 그리고 나아가서 발리인들의 종교적 삶이 이미 서서히 변화하고 있는 증후들도 지적하게 될 것이다.

종교의 합리화

독일의 사회학자 막스 베버는 종교학에 관한 유명한 저서에서 세계종교를 "전통적인(traditional)" 종교와 "합리적인(rationalized)" 종교라는 두 이념형으로 구분했다. 비록 이 두 이념형은 극도로 일반화되고 덜 체계적인 개념이기는 하지만 종교의 변동과정을 추적할 수 있는 여전히 유용한 개념이다.[1]

이 두 이념형은 종교와 사회가 어떤 관계를 지니고 있는지에 따라서 결정된다. 전통적 종교(베버는 "주술적"이라는 용어도 사용했다)는 기존의 사회적 관행들을 엄격하게 전형화시킨다. 전통적 종교는 거의 하나하나가 연결되는 방식으로 세속적 관습과 밀접하게 관련을 맺고 "모든 인간 활동을……상징적 주술의 범주로" 끌어들이고, 그렇게 해서 일상적 삶이 끊임없이 고정되고 확고하게 계획된 과정을 거치도록 해준다.[2] 그러나 합리적 종교는 일상생활의 구체적 실상과 그렇게 전적으로 얽혀 있지 않다. 합리적 종교는 일상생활과 "떨어져서", "그 위에" 또는 "그 외부에" 존재한다. 그리고 의례

1) 종교에 대한 베버의 주요 이론적 논의는 *Wirtschaft and Gesellschaft* (Tübingen, 1925), pp. 225-356을 참조하라. 그리고 이론의 적용은 *Religionssoziologie*의 번역본인 *The Religion of China* (Glencoe, Ill., 1958), *Ancient Judaism* (Glencoe, Ill., 1952), *The Religion of India* (Glencoe, Ill., 1958) 그리고 *The Protestant Ethic and the Spirit of Capitalism* (New York, 1958)을 참조하라. 베버의 종교이론에 관한 논의는 T. Parsons, *The Structure of Social Action* (Glencoe, Ill., 1949)과 R. Bendix, *Max Weber : An Intellectual Portrait* (New York, 1960)를 참조하라.
2) Parsons, *Social Action*, p. 566에서 인용.

208

와 신앙의 체계와 세속적 사회와의 관계는 밀접하거나 확실하지 않고 거리 감이 있다. 합리적 종교는 그것이 합리화되었다는 정도에서 자의식이 강하 고 세상일에 능란하다. 세속적 삶에 대한 합리적 종교의 태도는 유교의 체 념적 순응에서부디 개신교의 적극적 금욕에 이르기까지 다양하다. 그러나 합리적 종교가 세속적 삶을 등한시하는 것은 물론 아니다.[3]

종교적 영역과 세속적 영역 사이의 관계가 이와 같이 차이를 보이고 있는 것과 마찬가지로, 종교적 영역 그 자체의 구조 또한 차이를 보이고 있다. 전 통적 종교는 매우 구체적으로 규정되고 단지 느슨하게 규칙지어진 다수의 성스러운 실체, 거의 모든 종류의 현실적 사건에 대해서 독립적이고 분절적 이며 즉각적인 방식으로 스스로를 포함시킬 수 있는 상세한 의례적 활동과 생생한 애니미즘적인 이미지의 정돈되지 않은 덩어리로 존재한다. 이러한 체계(형식적 규칙성의 결여에도 불구하고 이것들은 체계이다)는 종교의 영 원한 관심, 즉 베버가 "의미의 문제"라고 일컬은 악, 고통, 욕구불만, 좌절 등과 단편적으로 마주친다. 전통적 종교들은 누군가의 죽음이나 흉작, 자연 계나 사회에 무엇인가 불운한 사건이 때도 없이 발생할 때, 그 각각의 경우 에 상징적으로 적합한가에 따라서 신화와 주술이 뒤섞여 있는 속에서 무엇 인가 무기를 골라 대응한다(종교의 보다 덜 방어적인 활동, 예를 들면 인간 의 연속성, 번영, 유대감과 관련해서도 동일한 전략이 채용된다). 전통적 종 교가 취하는 근본적인 영적 문제에 대한 접근법이 불연속적이고 불규칙적 인 것처럼 그것들의 특징적 형태도 마찬가지이다.

반면, 합리적인 종교는 보다 추상적이고 보다 논리적으로 일관적이며 보 다 일반적으로 표현된다. 전통적 체계에서 내재적이고 분절적으로 표현되던 의미의 문제가, 여기에서는 포괄적으로 도식화되어 종합적인 태도로 접근된 다. 의미의 문제는 특정의 사건과 분리될 수 없는 면보다는 보편적인 것으 로, 인간 존재의 내재적 본질로 개념화된다. 합리적 종교에서는 이제 다음과 같이 질문의 내용이 바뀐다. 영국의 인류학자 에번스-프리처드의 고전적 예 를 이용하면, "왜 곡물 창고가 다른 사람의 형제가 아닌 내 형제에게 무너졌 는가?"라기보다는 "왜 착한 사람은 젊어서 죽고 악한 사람은 푸른 월

3) Weber, *Religion of China*, pp. 226-249.

계수처럼 번성하는가?"[4] 혹은 기독교 신정론의 관습에서 벗어난다면 "어떻게 나의 형제에게 마술을 걸어서 그에게 창고가 무너지게 한 사람을 찾을수 있을까?"가 아니라, "어떻게 진리를 알 수 있을까?"이다. "마녀에게 복수하기 위해서 나는 구체적으로 어떤 행동을 할 수 있을까?"가 아니라, "악인에 대한 징벌이 정당화될 수 있는 근거는 무엇인가?"이다. 물론 보다 세밀하고 구체적인 질문도 있을 수 있다. 그러나 이러한 질문들은 보다 포괄적인 질문에 포함되기 때문에, 보다 근본적으로 혼란스러운 문제들은 포괄적인 질문에서 다루어진다. 이러한 단호하고 완전한 형태의 보다 광범한 질문은 마찬가지로 포괄적이고 보편적이고 결정적인 방식의 응답을 필요로하기 마련이다.

베버는 바로 이런 포괄적인 질문에 대한 응답으로 소위 세계종교(world religions)가 출현하게 되었다고 논했다. 유대교, 유교, 철학적 브라만교 그리고 표면적으로는 전혀 종교처럼 보이지 않는 그리스의 합리주의는 다양한 지역적 의식(儀式), 신화 그리고 사회에서 어떤 결정적 집단과 관련하여그 영향력이 약화되기 시작한, 특별한 부수적 신앙으로부터 출현했다.[5] 전통적인 의례와 신앙의 복합체가 더 이상 충분하지 않게 되었다는 사실이 주로 종교적 지식인들의 입장에서 인식되었다는 것과 분명한 형태로 의미의문제가 의식되게 되었다는 것은 각각의 경우에서, 전통적 생활 패턴에서 일어난 보다 광범한 혼란의 일부분이었던 것으로 보인다. 이러한 혼란(또는그 가운데에서, 처음의 4대 종교에서 유래한 이후의 세계종교가 출현한 그혼란)의 상세한 부분에 대해서 집착할 필요는 없다. 중요한 것은 종교적합리화의 과정이 모든 곳에서 사회적 질서의 기초에 대한 전적인 동요에의해서 자극된 것처럼 보인다는 점이다.

결정된 것이 아니라 자극된 것이라는 점을 강조할 필요가 있다. 심각한사회적 위기가 항상 강한 종교적 창조력을 산출하는 것은 아니라는 사실은

---

4) E. E. Evans-Pritchard, *Witchcraft, Oracles and Magic Among the Azande* (Oxford, 1932).
5) 종교변동에서의 신분집단의 역할에 대한 베버의 분석에 관한 논의는 Bendix, *Max Weber*, pp. 103-111을 참조하라. 이 논의 중에서의 이 점이나 다른 점에 관한 나의 생각은 많은 부분이 미발행 논문인 Robert Bellah, "Religion in the Process of Cultural Differentiation"의 도움을 받았다. 그의 *Tokugawa Religion* (Glencoe, Ill., 1957)도 참조하라.

별도로 하더라도, 그것이 나타났을 때 이러한 창조력이 이동해나가는 선은 상당히 다양하다. 중국, 인도, 이스라엘, 서양의 종교에 대한 베버의 전체적이고 거대한 비교는 그것들이 합리화의 다양한 방향을 나타내고 있다는 생각에 기초하고 있으며, 주술적 사실주의(magical realism)로부터 분리된 일련의 가능한 발전 가운데 대조적인 선택을 나타낸다는 개념에 의거하고 있다. 이러한 다양한 체계가 공유하고 있는 것은 그 영역이 확장되어감에 따라서 그 독특성이 심화된 메시지의 구체적인 내용이 아니라 그것이 전달되는 형식적 패턴과 일반적 양식이다. 그 종교들 모두에서 신성함의 감각은 그 안에 신성함이 모호하게 펴져 있던 셀 수 없이 많은 나무의 정령과 농경주문으로부터 그렇게 많이 흩어져 있던 광선이 렌즈의 초점에 모이는 것처럼 모여지고 성스러운 관념(반드시 유일신적일 필요는 없다)에 집중된다. 베버의 유명한 문장에서처럼, 세계는 마법으로부터 해방된 것이다(The world was disenchanted). 신성함의 위치는 지붕, 묘지, 일상생활에서 길을 건너는 일에서 떠나 어떤 의미에서 야훼, 로고스, 도(道), 또는 브라만이 사는 다른 영역으로 옮겨진다.[6]

　　인간과 신성함 사이의 이러한 엄청난 "거리"의 증가로, 훨씬 더 정교하고 비판적인 방식으로 그것들 사이를 유지시켜주는 끈이 필요해진다. 신성함이 일반적인 생활주기 전체에 전략적으로 흩어져 있는 무한하고 구체적이며 거의 반사적인 의례행위를 통해서 더 이상 자연스럽게 이해될 수 없을 때, 그것에 대한 관심 전부를 포기하지 않으려면 그것에 대해서 보다 일반적이고 포괄적인 관계를 설정하는 것이 필요하다. 베버는 이것이 성취될 수 있는 두 가지 방식을 제시했다. 한 가지 방식은 예언자, 경전, 기적 등을 통하여 신에 의해서 인간에게 주어진 것으로 생각되는 윤리적 명령으로 구성된, 의식적으로 체계화되고 형식적인 법적-윤리적 코드를 만듦에 의해서이다. 또 다른 방식은 신비주의, 통찰력, 미적 직관 등에 의해서 요가와 같은 다양한 종류의 고도로 조직화된 영적, 지적 수련의 도움을 받아 신과 직접적이고 개인적인 경험을 통하여 접하는 방식이다. 물론 첫번째 방식은 배타적이지는 않지만, 전형적으로 서아시아적이다. 두번째 방식은 역시 배타적이지는 않지만, 전형적으로 동아시아적이다. 그러나 불가능한 것처럼 보이지만,

6) Bellah, "Differentiation."

이것들이 유일한 두 가지 가능성이건 그렇지 않건 간에, 이 두 방식은 모두 자의식이 강하고 조직적이고 분명히 일관된 방식으로 세속적인 것과 성스러운 것 사이의 엄청나게 넓어진 간격을 연결시키거나 연결시키려고 한다. 이 두 방식은 모두 각각의 방식을 채택하는 사람들에게 인간과 멀리 떨어진 신 사이의 의미 있는 관계를 유지시킨다.

베버의 모든 양극적 대비의 경우에서와 마찬가지로 전통적 종교와 합리적(이것의 반대는 불합리가 아니라 합리화되지 않은 것이다) 종교의 대비는 이론상으로는 가능하나 실제적으로는 그 차이가 명백하지 못하다. 특히, 문자를 가지지 않은 민족들의 종교는 전적으로 합리적인 요소를 결여하고 있고 문자를 가지고 있는 민족들의 종교는 완벽하게 합리화되었다고 가정되어서는 안 된다. 이른바 원시종교라고 불리는 많은 종교들도 자의식이 강한 비판을 보여주고 있으며, 종교적 사고가 고도의 철학적 정교함에 도달한 사회에서도 전통적인 종류의 민간신앙이 끈질기게 지속된다.[7] 그러나 상대적으로 말한다면, 세계종교가 씨족, 부족, 촌락의 종교나 민간신앙에 비해서 보다 뛰어난 개념적 일반화, 보다 단단한 형식적 통합, 보다 명쾌한 교리를 지니고 있다는 것은 의심할 여지가 없다. 종교적 합리화는 전체 아니면 무(無)의 과정이 아니며, 역행할 수 없고 피할 수 없는 과정도 아니다. 그것은 경험적으로 나타나는 현실의 과정이다.

발리의 전통 종교

넓은 의미에서 발리인들은 힌두 교도이다. 따라서 적어도 그들의 종교생활의 중요한 부분들은 적어도 상당히 합리화되어 있으며, 또한 일반 사람들의 일상적 종교생활의 위에는 윤리적이거나 신비적인 신학의 발달한 체계가 존재할 것이라고 예상해볼 수 있겠다. 그러나 사실은 그렇지 않다. 그것에 대한 지나치게 지성화된 많은 기술에도 불구하고 사제들 사이에서조차

---

7) "원시종교"의 합리화된 요소에 대해서는 P. Radin, *Primitive Man as a Philosopher* (New York, 1957)를 참조하라. 발전된 문명권의 민간신앙에 대해서는 Bendix, *Weber*, 112-116을 참조하라.

발리의 종교는 구체적이며 행위 지향적이고 일상생활의 상세한 부분들과 완전히 결합되어 있으며, 고전적인 브라만교의 철학적 정교함이나 그것에서 파생된 불교와의 관계는 있다고 하더라도 아주 적다.[8] 의미의 문제에 대한 발리 종교의 접근방식은 잠재적이고 제한되어 있으며, 분절적인 것으로 남아 있다. 세상은 여전히 주술로 가득 차 있으며(일부 최근의 동요는 당분간 별도로 하고) 주술적 사실주의의 뒤얽힌 그물은 거의 완전하게 보존되어 있다. 단지 개인적 의심이나 반성에 의해서 약간 건드려질 뿐이다.

발리에 발전된 교리가 부재하다는 사실이 어느 정도 토착적(즉 힌두 이전의) 요소가 존속하고 있는 결과인가, 혹은 15세기경부터 외부 세계로부터 발리가 상대적으로 고립되어 그 문화가 지역화된 결과인가, 또는 발리의 사회구조가 예외적인 정도로 전통적 형태를 충실히 유지해올 수 있었던 결과인가는 아직 해결되지 않은 문제이다. 외부의 영향에 의한 압력이 가혹했고 전통적 사회구조가 그 힘의 상당 부분을 상실했던 자바에서는 하나가 아니라 여러 가지의 비교적 합리화된 신앙과 숭배의 체계가 발달했고, 그것은 발리인들에게는 생소한 종교적 다양성, 갈등, 혼란을 의식하도록 했다.[9] 따라서 내가 했던 것처럼 자바에서 연구를 한 후에 발리에 오게 되면, 곧바로 느껴지는 것은 발리에서의 회의와 교조주의의 부재현상과 형이상학적 무관심이다. 그리고 동시에 의례활동이 놀랄 정도로 활발하다는 사실도 깨닫게 된다. 끊임없이 직물을 짜고 정교한 의례 음식을 준비하고 모든 종류의 사원을 치장하고 거대한 행진을 하고 갑작스럽게 신들린 상태에 빠지는 발리인들은 그들의 종교에 대해서 많이 생각하거나 걱정하기보다는 그들의 종교를 실행하기에 너무 바쁜 것처럼 보인다.

그러나 발리 종교가 이와 같이 조직적으로 질서가 잡혀 있지 않다고 해서 발리 종교가 전혀 질서가 없다고 말하는 것은 아니다. 발리 종교는 일관되고 고도로 특색 있는 경향(보다 상세한 기술에 의해서만 환기될 수 있는 일

---

8) 이에 대한 매우 부분적인 속성의 하나의 작은 예외를 다음의 사제의 지적 훈련에 관한 간단한 기술에서 볼 수 있다. V. E. Korn, "The Consecration of a Priest", J. L. Swellengrebel 외, *Bali : Studies in Life, Thought and Ritual* (The Hague and Bandung, 1960), pp. 133-153.

9) 자바에 대해서는 C. Geertz, *The Religion of Java* (Glencoe, Ill., 1960)를 참조하라.

종의 정교한 연극성)으로 충만되어 있을 뿐 아니라, 이 종교를 구성하고 있는 요소들이 비교적 잘 정의된 의례적 복합체에 결집되어 있다. 이 복합체는 한편 정당하게 종교적인 쟁점에 대한 한정된 접근법을 나타내고 있으며 그 접근이 잠재적인 데는 나름의 이유가 있다. 아마도 이것들 가운데 다음 세 가지, 즉 (1) 사원체계, (2) 사회적 불평등의 신성화, (3) 죽음과 마술사에 관한 신앙이 가장 중요할 것이다. 이와 관련된 상세한 민족지적 자료는 이미 문헌자료에 있으므로 여기에서는 이들 세 가지에 대해서 개략적으로 살펴보도록 하자.[10]

1. 사원체계는 전통적 종교의 다양한 요소들이 그것들이 배치된 사회구조를 통하여 얽혀 있는 포괄적인 양식의 전형적 예이다. 사실상 수천에 달하는 모든 사원들이 일반적으로 유사한 양식으로 지어져 있지만, 각각은 매우 구체적으로 정의된 여러 관심 가운데의 어떤 것, 예를 들면 죽음, 이웃에 대한 봉사, 친족집단의 유대, 농경의 풍요, 계급적 우월, 정치적 충성 등에 전적으로 초점이 맞추어져 있다. 모든 발리인들은 두세 개에서 열두 개에 이르는 이러한 사원들에 소속되어 있다. 각 사원의 신도집단은 우연히 같은 묘지를 사용하거나, 같은 근린집단에 살거나, 같은 농지를 경작하거나, 그밖의 유대를 가진 가족들로 구성되어 있다. 따라서 성원이라는 사실과 그들이 지게 되는 무거운 의례적 의무는 발리인들의 일상생활의 기초가 되는 사회관계를 오히려 직접적으로 지탱하고 있다.

다양한 사원들이 연결된 종교적 형태는, 사원간에 광범하게 유사한 건축양식처럼, 본질적으로는 거의 전적으로 의식적이다. 최소한의 수준을 넘어서는 교리나 무엇이 진행되고 있는가에 대한 일반화된 해석에 대해서는 거의 전혀 관심이 없다. 정확한 교리보다는 올바른 실천이 강조된다. 중요한 것은 각각의 의례들이 올바르게 그리고 적절한 장소에서 치루어져야 한다는 것이다. 그렇지 못한 경우에는 의례의 참석자들 가운데 한 사람이 자기도 모르게 신들림의 상태에 빠지게 되는데, 이는 그가 신들의 의사를 전달하는 사람이 되는 것이다. 그리고는 그 상태에서 의례의 어떤 부분이 잘못

---

10) 일반적인 정보에 관심을 가지고 있는 사람은 M. Covarrubias, *Islands of Bali* (New York, 1956)를 참조하라.

되었는지를 알려주며, 그것이 고쳐지기 전에는 제정신으로 돌아오기를 거부한다. 그러나 관념적 측면은 그다지 중요하지 않다. 신자들은 대개 사원에서 모시는 신들이 누구인지조차 모르며 풍부한 상징의 의미에 대해서 관심이 없고 다른 사람들이 무엇을 믿고 믿지 않는지에 대해서도 무관심하다. 사람들은 실제 믿고 싶은 것은 무엇이든 믿을 수 있다. 의례의 전부가 지겹더라도 상관없으며, 실제로 그렇다고 말해도 괜찮다. 그러나 반드시 수행해야 할 의례와 관련된 의무를 수행하지 않는 경우에는 사원 공동체뿐만 아니라 전체 공동체로부터도 배척된다.

의식의 거행에 대해서도 극도로 외형을 중시하는 성격을 지니고 있다. 이러한 주요 의식은 210일마다 각 사원의 축성 기념일에 거행된다. 이때 섬 가운데에 있는 거대한 화산의 꼭대기 집에서부터 내려온 신들이 사원의 제단 위에 있는 신상(神像)으로 들어가서 3일간 머무르다가 돌아간다. 신이 강림(降臨)하는 날, 신도집단은 떠들썩한 행렬을 하는데, 마을 어귀에 신들을 맞이하러 나가 음악과 춤으로 그들을 환영하여 사원으로 안내한다. 사원에서 신들은 한층 더 대접받게 된다. 그들이 출발하는 날, 그들은 유사하지만 보다 슬프고 억제된 행렬과 함께 전송된다. 그러나 첫날과 마지막 날 사이의 대부분의 의례는 사원의 사제들이 단독으로 거행하며, 신도들의 주요 의무는 매우 섬세하게 준비된 제물을 사원에 가져다가 바치는 것이다. 첫째 날에는 고전적인 힌두교의 신들에 대한 복종의 표시인 손바닥을 이마에 대는 동작을 취할 때 신도들에게 성수를 뿌리는 중요한 공동 의례가 거행된다. 그러나 겉보기에 성스러운 의식에서조차 단지 가족의 구성원 중 한 명만이 참가하게 되며, 참가자는 대개 여자 또는 청소년이다. 이때 참가자들의 가족 구성원들을 위해서 몇 방울의 성수가 참가자들에게 뿌려지는데, 참가자들은 이러한 행위에 대해서 일반적으로 무관심한 태도를 보인다.

2. 사회적 불평등의 신성화는 한편으로는 브라만교의 사제들을 중심으로 그리고 다른 한편으로는 수많은 발리의 왕, 왕자, 소군주들에게 그들의 지배권을 표현하고 강화하도록 하는 성대한 의식들을 중심으로 행해진다. 발리에서 사회적 불평등, 서열의 상징화는 항상 마을의 경계를 넘어서는 정치조직의 쐐기였다. 매우 초기의 단계에서부터 국가의 형성과정에서의 일차적 추

진력은 정치적인 것이라기보다는 계층적인 것이었으며, 국가 그 자체보다는 신분에 관계되어 있었다. 발리의 정체(政體) 형성에서 근본적인 역동적 요소로 작용한 것은 높은 수준의 행정적, 재정적 또는 군사적 능력이라기보다는 사회적 신분의 세밀한 구별에 대한 의례적 표현의 지나칠 정도의 강조였다. 정부의 권위는 보다 높은 가치가 부여된 사회계층 사이의 위세 차이에 부수적으로 그리고 매우 불안정하게 의존하도록 되어 있었다. 그리고 실제로 그것을 통하여 권위주의적 과두정치가 그 힘을 행사하는 정치적 통제의 기제는 전통적인 문화적 엘리트가 그의 영적 우월성을 과시하던 기제, 즉 국가 의례, 궁중 예술, 귀족의 예절보다 정교하게 발전되지 못했다.

따라서 사원들이 주로 평등성이 강한 마을집단들과 연결되어 있다고 하더라도 —— 아마 사원을 조직하는 기본적 구조원리는 사원의 맥락 내에서 신도간의 모든 사회적 지위에서의 차이는 무관하다는 점일 것이다 —— 성직과 상위 카스트의 호화로운 의식은 귀족과 농민을 솔직히 비대칭적인 관계로 함께 연결시킨다.

브라만 카스트의 남자라면 누구나 사제가 될 수 있지만, 실제로 일부만이 사제직에 필요한 오랜 기간에 걸친 수업과 정화의식을 받는다.[11] 사제들은 각자 독립하여 활동하며, 사제들의 조직이라는 것은 없지만, 전체로서의 성직은 귀족과 매우 밀접하게 동일시된다. 지배자와 사제는 "완전한 형제"로 나란히 서 있다고 말해진다. 각각은 상대가 없으면 무너지는데, 지배자는 카리스마적인 능력을 잃기 때문이며, 사제들은 무장된 방어력을 잃어버리기 때문이다. 오늘날에도 각각의 귀족 집안은 그것의 영적 상대라고 생각되는 특정의 사제 집안과 공생적 유대를 맺고 있다. 식민지가 되기 이전에는 궁정의 많은 사람들이 사제에 의해서 임명되었으며, 사제는 지역 지배자의 허락 없이는 성직에 오를 수 없었고, 또한 사제의 동의 없이는 어떤 지배자도 합법적으로 임명되지 못했다.

평민이나 하층 카스트의 경우, 사제는 많은 신자를 "소유하고" 신자들은 여러 귀족가문에 의해서 사제의 집안에 무엇인가의 목적을 위해서 배치되었으며, 세대를 거쳐 상속된다. 이러한 신자들은 완전히 제멋대로 흩어져 있

---

11) 사제는 대개 신성화되기 위하여 브라만 부인을 얻어야만 하며, 그의 아내는 그가 죽은 뒤에 충분한 자격이 있는 사제로서 그의 역할을 이행해야 한다.

는 것은 아니더라도 매우 광범하게 —— 말하자면 한 마을에 셋, 다음 마을에 넷, 세번째 마을에 그 이상 여럿 등 —— 흩어져 있다. 이렇게 분산시키는 이유는 분명히 귀족들이 사제를 정치적으로 약한 존재로 두기를 바랐기 때문이다. 따라서 한 마을에서도 사람들은 종교의례를 행하기 위해서 그의 이웃과는 다른 사제에게 부탁해야만 한다. 사제에게 부탁하는 가장 중요한 일은 성수의 확보이다. 신성한 물은 사원의 의식에 필요할 뿐 아니라, 실질적으로 모든 중요한 의례에서 필수적인 요소이다. 브라만 사제만이 물을 신성하게 하기 위해서 신에게 직접 원하는 것이 가능하다. 그것은 그들만이 금욕적인 수업과 카스트의 청정함에 의해서 무서운 주술적 힘과 안전하게 소통할 수 있는 영적 힘을 가지고 있기 때문이다. 따라서 사제는 진정한 사제라기보다는 오히려 전문적인 주술사이다. 그들은 신에게 봉사하거나 신을 설명하지 않고 잘못 이해되어 있는 범어(梵語)를 음송(吟誦)하고 화려하게 양식화된 몸짓에 의해서 신적 존재를 이용하고 있는 것이다.

사제의 신자들은 그의 의식이 황홀상태에 빠진 동안 그를 빙의(憑依)하게 한 신의 이름을 따라서 사제를 그들의 시와(siwa)라고 부르며, 그는 그들의 추종자들을 "의뢰인"이라는 뜻을 가진 말인 시시자(sisija)라고 부른다. 이처럼 상층 카스트와 하층 카스트 사이의 계층적인 구분은 사제와 보통 사람이라는 영적인 대비에 상징적으로 동화된다. 서열이 종교적으로 표현되고 지지되는 또 다른 수단, 즉 거대한 귀족의 의식은 근본적인 사회적 불평등의 합법성을 강조하기 위해서 의례상의 의뢰자라기보다는 정치적 가신(家臣) —— 코르베(corvée : 봉건시대의 강제적인 노역, 부역/역주) —— 이라는 제도를 취한다. 여기에서 중요한 것은 의식적(儀式的) 활동의 내용이 아니라 인적 자원을 동원하여 그처럼 거창한 의례를 거행할 수 있는 지위에 있다는 사실이다.

대개 삶의 주기적 사건들(삭치[削齒 : 일종의 성인식으로 앞니와 송곳니를 줄로 깎아 가지런히 하는 의식/역주], 화장)을 중심으로 행해지는 이러한 의식들은 오랜 시간에 걸친 상당히 많은 신하들, 하인들 등의 집단적 노력을 포함하며, 따라서 그것은 정치적 충성과 통합의 단순한 상징이 아니라 그것들의 실체 그 자체를 형성한다. 식민지 시대 이전에는 이런 거대한 장관을 준비하고 수행하는 데에 전쟁을 포함한 다른 모든 국가활동을 합친 것보다 많은 시간과 에너지를 소비했던 것으로 보인다. 따라서 어떤 의미에서는 종교체계가 정치체계를 유지하기 위해서 존재한다기보다는 정치체계가 종교체계를 유지하기 위해서 존재했다고도 말할 수 있다. 식민 통치, 점령, 전쟁, 독립을 겪었음에도 불구하고, 이러한 상황은 거의 그대로 유지되고 있다. 코라 뒤 부아의 멋진 문장에서처럼, 귀족은 여전히 "농민의 위대함의 상징적 표현"이고, 농민은 지금도 귀족들의 야심의 원천이다.[12]

3. 죽음 숭배와 마녀는 발리 종교의 "어두운" 측면이다. 그리고 이것은 일상 생활의 거의 모든 구석까지 침투하여, 이것이 없었다면 평온했을 생활에 일종의 불안의 그림자를 던져준다. 그러나 그것은 두 개의 기묘한 신화적 존재인 랑다와 바롱의 신들린 싸움에서 가장 직접적이고 생생하게 표현된다. 마녀들을 지배하는 무서운 여왕이며 고대의 과부, 퇴물 매춘부, 어린이를 살해하는 죽음의 여신의 화신(化身) 그리고 마거릿 미드가 옳다면, 자식을 거부하는 어머니의 상징적 투사이기도 한 랑다에게서, 발리인들은 절대적인 악의 강력한 이미지를 형성한다.[13] 눈치 없는 곰, 어리석은 강아지, 점잖빼고 걷는 중국 용 모두의 중간적인 존재로 보이며, 또한 그렇게 행동하는, 분명하지는 않으나 선량하며 다소 우스꽝스러운 신인 바롱에서 그들은 인간의 강함과 연약함의 패러디적이라고 할 수 있는 형상을 구축했다. 이 두 악마의 저돌적인 대결에서 발리인들이 삭티(sakti)라고 부르는 마나(mana : 초자연적인 힘/역주)와 같은 힘을 지니고 있는 양자가 최후에 완전한 무승부에 도달하는 것은 이 모든 주술적 구체성에 대한 어떤 궁극적 함축이 없이는 있을 수 없다.

랑다와 바롱 사이의 싸움이 실제로 연기되는 것은, 비록 반드시 그런 것은 아니지만, 대체로 사자(死者)의 사원의 "축성 기념일"의 제의기간이다. 마을 사람(남자) 한 명이 무시무시한 가면을 쓰고 기분 나쁜 복장을 하고 랑다 역의 춤을 춘다. 다른 두 명은 보드빌(vaudeville : 춤, 노래 등을 곁들인 가볍고 풍자적인 통속 희극/역주)에 나오는 말처럼 앞뒤로 배열되어 우아한 바롱의 춤을 춘다. 신들린 여자 마술사와 용은 욕설, 협박, 점증하는 긴장

---

12) C. Du Bois, *Social Forces in Southeast Asia* (Cambridge, Mass., 1959), p. 31.
13) G. Bateson과 M. Mead, *Balinese Character ; A Photographic Analysis* (New York, 1942).

속에서 사원 마당의 반대쪽으로부터 조심스럽게 나아간다. 처음에는 바롱 혼자 싸우지만 곧 관객들이 자신도 모르게 신들려 비수를 들고 그를 도우려고 달려든다. 랑다는 바롱과 그의 협조자들을 향하여 그녀의 마술의 천을 흔들며 나아간다. 그녀는 무시무시하고 공포스러우며, 그들은 엄청난 분노로 그녀를 싫어하고 그녀를 파멸시키고 싶어하지만 그들이 물러난다. 그녀가 바롱의 삭티(신비한 힘)에 의해서 궁지에 몰려 쫓겨날 때 그녀는 갑자기 어쩔 수 없도록 매력적이 된다(최소한 나의 정보 제공자가 보고한 바에 따르면). 그들은 뒤에서부터 그녀를 맹렬히 쫓고 때로는 심지어 뒤에서부터 그녀에게 뛰어오르려고 한다. 그러나 그녀가 머리를 돌리고 그녀의 천을 만지면 그들은 힘없이 쓰러져 혼수상태에 빠진다. 최후에 랑다는 시야에서 사라진다. 싸움에 패한 것이 아니라 단순이 제지당했을 뿐이다. 절망적 좌절감을 느낀 바롱의 협조자들은 비수를 자신의 가슴을 향하여 겨누고(그들은 신들린 상태에 있기 때문에 무해하다), 미친듯이 자신을 해치려 든다. 살아 있는 병아리를 게걸스럽게 먹는 등 거친 자기 파괴적 분노를 폭발시킨다. 랑다가 처음 출현하기 이전, 오랜 순간의 전율하는 기대에서부터 무익한 난폭함과 자기비하의 잔치로의 종말에 이르기까지, 전체 공연은 어느 순간에라도 순수한 공포와 거친 파괴로 곧 떨어져버릴 것 같다는 매우 불편한 분위기를 지닌다. 분명히 그렇게 되지는 않지만, 절망적으로 최소한이라도 사태를 제어하려고 시도하는 신들린 사람들이 줄어들기만 하는 까닭에 단순한 관찰자에게조차 일촉즉발의 불안감이 압도한다. 이성의 결여에서 이성을, 죽음에서 사랑을, 악마적인 것에서 신성을 구분하는 종이 한 장의 차이를 이보다 더 효과적으로 극화할 수는 없을 것이다.

발리 종교의 합리화

바하이교(이라크의 근대 종교/역주)나 몰몬교와 같은 영향력이 제한된 몇몇 종교들을 제외하고는(또한 마찬가지로, 공산주의나 파시즘과 같은 소위 정치적 종교로 불리는 모호한 경우는 별도로 하고), 무함마드 이래 합리화된 새로운 세계종교는 등장하지 않았다. 결과적으로 그때 이후, 어느 정도든 그들의 전통적 신앙의 껍질을 벗어버린 세계의 거의 모든 부족민들과 농민들의 대부분은 기독교, 이슬람교 또는 불교와 같은 거대한 선교 종교들 가운데 하나로 개종함에 의해서 합리화를 실천했다. 그러나 발리에서는 이러한 과정이 일어나지 않았다. 기독교 선교사들은 이 섬에서는 거의 성공하지 못했고 불신받는 식민 정권과 관련되어 그들의 기회는 이제 어느 때보다도 열악해진 것으로 보인다. 인도네시아는 일반적으로 이슬람교이지만, 발리인들 대다수가 이슬람 교도가 될 것 같지도 않다. 그들은 한 민족으로서 이슬람교권 내의 힌두 교도라는 사실을 강하게 의식하고 있으며, 그에 대해서 비록 힘이 들기는 하지만 강한 자부심을 지니고 있다. 그들의 이슬람교에 대한 태도는 마치 공작부인이 벌레를 대하는 태도를 연상시킬 정도이다. 그들에게 기독교도나 무슬림이 되는 것은 발리인이 되기를 포기하는 것과 마찬가지이다. 이런 종교로 개종한 사람은 가장 온화하고 교양 있는 사람에게조차도 발리 종교만이 아니라 발리까지 포기한 것으로 생각되며 아마도 이성 그 자체까지 포기한 것으로 간주될 것이다. 기독교와 이슬람교 모두는 발리 섬의 종교적 삶에 많은 영향을 미쳤다. 그러나 이들 종교는 발리인들을 실질적으로 통제할 기회는 얻지 못했다.[14]

그럼에도 불구하고 발리 사회질서의 기초를 전체적으로 뒤흔들 것이 이미 시작하지는 않았다고 하더라도 매우 임박했다는 것은 모든 면에서 분명하다. 통일된 공화국의 출현과 그 안의 한 구성요소로서의 발리의 통합은 섬에 현대적 교육, 현대적 정부 형태, 현대적 정치의식을 가져왔다. 근본적으로 개선된 통신 시설은 외부 세계에 대한 증가된 인식과 접촉을 유발했고 그들 자신의 문화와 타인의 문화 모두를 평가하는 새로운 기준을 제공했다. 그리고 도시화와 인구증가 등 어쩔 수 없이 생기는 내적 변화는 변화되지 않은 형태로 전통적인 사회조직의 체계를 유지시키는 것을 보다 더 어렵게 만들었다. 그리스와 중국에서 기원전 5세기 이후 발생했던 것 —— 세계를 주술로부터 해방시킨 것 —— 이 전혀 다른 역사적 맥락 속에서 전혀 다른

---

14) 선교 언어학자에 의해서 내려진 유사한 판단에 대해서 J. L. Swellengrebel 외, *Bali*, pp. 68-76, Swellengrebel의 서론 참조. Swellengrebel의 책이 출판되기 전에 조사지에서 현재 논문이 초안되었기 때문에 그가 제시한 자료와 나의 것이 어느 정도 수렴하는 것은 여기에서 요약된 과정의 현실에 대해서 별도의 지지를 부여할 것이다.

역사적 의미로 20세기 중엽의 발리에서 막 일어나려는 것처럼 보인다.

만약 상황이 그들에게 문화적 유산을 전혀 유지시킬 수 없을 정도로 빨리 변할 경우, 발리인들이 "내적 개종(internal conversion)"의 과정을 통해서 그들의 종교체계를 합리화할 실제적 가능성은 존재한다. 일반적으로 무비판적인 것은 아닌 인도의 종교 —— 그들이 그렇게 오랫동안 명목상 소속되어 있었다고는 하지만, 그 교의(敎義)의 정신이 거의 완전하게 단절되어버린 —— 의 기준을 따라서 그들은 자신들을 의식한 "발리-이즘(Bali-ism)"이라는 것을 만들고자 하고 있는 듯이 보인다. 이 "발리-이즘"은 그 철학적 차원에서 제기하는 문제의 일반성과 그에 대한 답의 포괄성 모두에서 세계 종교에 접근해 있는 듯하다.

그 질문은 적어도 젊은이들에 의해서 이미 제기되고 있다. 혁명의 이념적 전위를 형성하는 18세에서 30세에 이르는, 교육받았거나 중간 정도의 교육을 받은 젊은이들 사이에서는 그들보다 연장자이거나 그들만큼 분명한 태도를 지니고 있지 않은 동시대 사람들에게는 거의 의미 없는 것처럼 보이는 종류의 문제에 대한 의식적 관심이 서서히 고조되고 있다는 조짐을 찾아볼 수 있다.

예컨대 어느날 밤 내가 살았던 마을에서 장례식이 있었을 때 안뜰 주변에 앉아 시체를 "지키고" 있던 여덟 명인가 열 명의 젊은이들 사이에서 그런 주제에 대한 전면적인 철학적 토론이 시작되었다. 전술(前述)한 전통적 발리 종교의 다른 측면과 마찬가지로 장례식도 주로 많은 자질구레하고 바쁜 일정한 판에 박힌 일로 구성되며, 죽음에 관계되는 모든 것이 떠들썩한 의례주의에 잘 포함되어 있다. 그러나 필요한 일의 대부분은 그들의 연장자들에 의해서 행해지는 까닭에, 이들 젊은이들은 이러한 장례의 일에 아주 조금밖에 관여하지 않았다. 따라서 그들은 저절로 종교의 성격 그 자체를 탐구하는 토론을 시작하게 된다.

처음에 그들은 종교를 믿는 사람들과 종교를 연구하는 사람들이 모두 고민했던 다음의 문제들에 대해서 관심을 보였다. 어디에서 세속적 관습이 끝나고 진정으로 성스러운 종교가 시작한다고 말할 수 있는가? 상세한 장례식의 모든 항목들이 정말로 신들에게 존경을 표하기 위해서 필수적이며 정말로 성스러운 일인가? 아니면 맹목적 습관과 전통에 의해서 행해지는 단순한 인간의 관습들인가? 그리고 만약 그렇다면 후자에서 전자를 어떻게 구분할 것인가?

한 사람이 다음과 같은 의견을 제시했다. 사람들을 함께 모으고 그들 상호간의 유대를 강화시키는 일에 분명하게 관련된 실행들 —— 예컨대 전체 마을 사람들이 공동으로 상여를 만드는 것이나 친족들이 시체를 처리하는 것 —— 은 관습이고, 따라서 신성한 것은 아니다. 이에 대해서, 직접적으로 신과 연결된 것들 —— 죽은 사람의 영혼에 대한 가족들의 예배, 시체를 성수(聖水)로 정화하는 것 등 —— 은 틀림없이 종교적인 것이라는 것이다. 또 다른 사람은 다음과 같이 말했다. 인간이 태어나서 죽을 때까지 행해지는 거의 모든 곳에서 볼 수 있는 의례, 또는 사원에서, 랑다의 연극에서(여기서도 성수는 좋은 예이다) 찾아볼 수 있는 광범하게 발견되는 요소들은 종교적이며, 여기저기에서만 행해지고, 한두 개의 의식에만 한정되어 있는 요소는 종교적이지 않다는 것이다.

이런 토론이 흔히 방향을 바꾸는 것처럼, 그들의 토론도 방향을 바꾸어 종교의 신빙성 그 자체의 근거를 문제삼기 시작했다. 다소 마르크스주의자들의 영향을 받은 한 남자가 사회적 상대주의를 제안했다. 로마에서는 로마 사람들이 하는 것처럼 하라는 문장을 그것의 인도네시아식 형태로 인용했다. 종교는 인간이 만든 것이다. 인간은 신을 생각해내고 그에게 이름을 붙였다. 종교는 유용하고 가치 있는 것이지만 초자연적 타당성은 없다. 한 사람의 신앙은 다른 사람에게는 미신일 수 있다. 근저(根底)에서는 모든 것이 단지 관습에 지나지 않는다고 말한다.

이 의견에는 모두가 반대하고, 불찬성을 표명했으며, 놀라고 당황했다. 그러자 촌장의 아들은 간단하고 비합리적인 신앙의 입장을 제안했다. 지적 논의는 부정당하다. 그는 그의 마음으로부터 신이 존재하는 것을 안다. 믿음이 우선이며 사고는 부수적인 것이다. 그처럼 정말로 종교적인 사람은 신이 정말로 사원에 들어왔다는 것을 틀림없이 안다. 그는 신의 존재를 느낄 수 있다. 보다 지적으로 치우친 또 다른 사람이 거의 즉석에서 문제를 풀기 위해서 우화적인 상징론을 말했다. 성년식에서 치아를 빼는 행위는 인간이 송곳니를 가진 동물로부터 보다 더 멀어지고 신에게 보다 더 가까와지는 것을 상징한다. 이 의식은 이것을 의미하고 저 의식은 저것을 의미한다. 그리고 이 색은 정의를 나타내고 저 색은 용기를 나타낸다. 무의미한 것처럼 보이는 것도 실은 숨겨진 의미로 가득 차 있다는 것을 알 수 있다고 말한다. 그는 발리의 신비주의자이다. 또 다른 남자는 아무것도 믿지 않는 것은 아니지만 보다 불가지론자에 가깝게 온건한 중용의 견혜를 제시했다. 이러한 것들에 대해서는 정말로 알 수 없는데, 그것들이 인간의 이해력 안에 있지 않기 때문이다. 우리는 전혀 알 수가 없다. 최선의 정책은 보수적인 것이다. 우리가 듣는 모든 것의 반쯤만 믿는 것이다. 그렇게 하면 극단으로 나가는 일은 없을 것이다.

이렇게 토론은 밤이 깊도록 계속되었다. 분명히 이들 젊은이들은 모두가 (인근 도시에서 정부 서기로 일하는 촌장의 아들을 제외하고는) 농민이나 대장장이지만 그들이 알고 있는 것보다 훨씬 베버주의자들이었다. 그들은 한편으로는 사회생활 일반에서 종교를 분리해내고, 다른 한편으로는 어떤 종류의 정교하게 체계화된 태도, 어떤 일반적인 전념(專念)에 의해서 열려진 이 세상과 저 세상과의 세속적인 것과 성스러운 것 사이의 간격을 좁히려고 시도하고 있었다. 바로 이 점에 신앙의 위기가, 신화의 붕괴가, 꾸밈없는 형태로의 토대의 동요가 존재한다.

마찬가지로 새로운 중요한 일들이 여러 곳에서 일어나고 있으며, 그것은 예배에서도 보인다. 많은 사원 의식에서, 특히 브라만의 사제가 하위 카스트의 사제가 사용하기 위한 성수(聖水)를 지금까지의 습관과 같이 단순히 넘겨주는 것이 아니라 브라만의 사제 자신이 의례를 직접 행하는 —— 이러한 경우가 증가하고 있다 —— 그러한 의식에서 신도 중의 일부 젊은 남자(그리고 소수의 젊은 여자) 구성원들 편에서 경건하다고까지 할 수 있는 열정이 나타나고 있다. 신에게 예배를 하기 위해서 모두를 대표하여 가족 중 한 사람만이 참가하는 것을 허용하기보다는 그들 모두가 참여하여 보다 많은 성수가 그들에게 뿌려지게 하기 위해서 사제를 향하여 모인다. 이러한 부정을 씻는 행사를 위해서 청년들은 전과 같이 애들이 울어대고 어른들이 한가하게 잡담하고 있는 분위기보다는 고요하고 경건한 분위기를 요구한다. 이후에 그들은 성수에 대하여 주술적 언어가 아닌 정서적 언어로 이야기한다. 그들은 성수가 그들에게 뿌려졌을 때 그것에 의해서 그들의 내적 불안과 불확실성이 "식었다"고 말하며, 직접적이고 즉각적으로 신의 존재가 느껴졌다고 말한다. 이 모든 것에 대해서 나이 든, 보다 전통적인 사람들은 거의 아무것도 할 수 있는 일이 없다. 그들 연장자들 스스로가 말하는 바에 의하면 이해하지 못하고 넋을 잃은(그러나 결코 적대적이지는 않은) 놀라움 속에서 소가 가믈란 오케스트라의 연주를 보듯이 그저 그것을 방관할 뿐이다.

그러나 이와 같은 보다 더 개인적 수준에서의 합리화의 전개는 그것이 유지되기 위해서는 교리와 신조의 수준에서 이에 필적할 수준의 합리화를 요구한다. 그리고 이것은 제한된 범위이기는 하지만 계속 일어나고 있다. 이것은 몇 개의 최근 설립된 출판사를 통해서 일어나고 있다. 이들 출판자는 브라만의 사제들이 그들의 지식의 근본이라고 말하는 옛부터 전해져온 종려잎에 쓰인 문서들을 학문적으로 정리하고, 이것을 현대 발리어나 인도네시아어로 번역하고, 이것을 도덕적-상징적 언어로 해석하여 늘어나고 있는 식자층을 대상으로 싼 값에 간행하고자 시도하고 있다. 이들 출판사들은 또한 힌두교 및 불교의 인도 문헌의 번역물을 발행하며, 자바에서부터 신지학(神智學)의 저서를 수입하고, 그들 종교의 역사와 의미에 대해서 발리 저자들이 쓴 여러 원저들을 배포하기도 한다.[15]

대체로 이러한 책들을 사는 것은 교육받은 젊은이들이지만, 그들은 흔히 집에서 가족들에게 큰 소리로 그것을 읽어준다. 그것들에 대한 관심, 특히 오래 된 발리의 저술에 대한 관심은 매우 전통적인 사람들에게서조차도 대단하다. 내가 이런 종류의 책을 몇 권 사서 그것들을 마을에 있는 우리집 근처에 두었을 때 우리집 현관이 있는 곳은 연구회의 중심이 되어버렸다. 마을 사람들이 무리지어 와서 수 시간 동안 계속 앉아서, 서로 읽고 이따금 그것들의 의미에 대해서 의견을 말하거나, 이런 저술들을 보는 것이 허용되는 것은 혁명 이래의 일이라던가, 식민지 시대에는 상위 카스트의 사람들이 그것들의 보급을 완전히 금지했다거나 하는 이야기들을 거의 언제나 했다. 따라서 이 전체의 과정은 전통적인 사제의 카스트 —— 그들에게 저서들은 어쨌든 경전보다 주술적 비전(秘傳)으로서의 의미를 지닌다 —— 를 넘어서서 대중들에게 종교적 교육 수준이 확산되는 것과 근본적 의미에서 종교적 지식과 이론이 대중화되는 것을 나타낸다. 우선 최소한 소수의 보통 발리인들이 그들도 그들의 종교가 무엇인지 어느 정도 이해할 수 있다는 느낌을 가

---

15) 이런 작품 중 일부의 기술에 대해서는 Swellengrebel, *Bali*, 서론, pp. 70-71을 보라.

지게 된다. 그리고 보다 중요한 것은 그들이 그러한 이해를 필요로 하고 요구할 권리를 가진다는 것이다.

이와 같은 배경에서 보면, 이러한 종교적 교육과 철학적, 도덕적 해석운동의 배후에 있는 주요 세력이 귀족계급이거나 적어도 그중의 일부라는 사실 그리고 옛 문서를 수집하고, 번역하고, 인쇄하여 배포하는 회사를 세우는 것도 역시 일반적으로 귀족계급의 청년층이라는 사실은 역설적인 것처럼 보인다.

그러나 이러한 역설은 피상적인 것에 불과하다. 내가 주목했던 것처럼 귀족의 전통적 지위의 대부분은 종교의식과 관련이 있다. 전통적인 의식적 활동의 상당 부분은 그들의 고귀함과 통치권을 반영하기 위해서 고안되었다. 그러나 오늘날에는 이렇게 단순한 고귀함에 대한 가정은 점차 어렵게 되었다. 이는 인도네시아 공화국의 경제적, 정치적 변동과 이러한 변동에 수반된 급진적 전체주의 이념에 의해서 손상되었다. 발리에서는 많은 대규모의 종교의식이 여전히 지속되고, 의례적 낭비를 통해서 지배계급은 그들의 우월성에 대한 주장을 계속 표현하고 있지만, 거대한 장례식과 화려한 성년식은 이제 더 이상 거행되지 않을 날이 올 것으로 보인다.

따라서 보다 더 지각이 예민한 귀족들에게 재앙의 전조는 분명하다. 그들이 계속 그들의 지배권을 전적으로 전통적인 토대에 의존한다면 그들은 곧 그것을 잃을 것이다. 이제 권위는 그것을 정당화하기 위해서 궁정의 의례주의 그 이상을 요구한다. 그것은 "이성" —— 즉 교리 —— 을 요구한다. 그리고 그들이 고전적인 발리의 문서들을 재해석하고 인도와의 지적 접촉을 회부하여 제공하고자 하는 것은 바로 교리이다. 의례적 관습에 의존해왔던 것이 이제는 합리화된 교리적 신앙에 의존한다. "새로운" 작품의 내용이 초점을 맞추는 주요 관심 —— 다신교와 일신교의 조화, "힌두-발리의" 종교에서 "힌두적" 요소와 "발리적" 요소의 상대적 중요성에 대한 평가, 숭배에서 외적 형태와 내적 내용 사이의 관계, 카스트 서열의 역사적, 신화적 기원의 추적 등 —— 모두는 분명하게 지적인 맥락에 전통적인 서열적 사회체계를 배치하는 데에 이용된다. 귀족(또는 그들의 일부)은 그들의 보다 일반적 지위에서의 사회적 우세를 유지하기 위해서 새로운 발리이즘의 지도자의 역할을 짊어졌다.

그러나 이 모든 것을 단순한 마키아벨리주의로 보는 것은 젊은 귀족들을 지나치게 과대평가하는 동시에 과소평가하는 것이다. 기껏해야 그들은 그들이 하고 있는 것을 부분적으로 의식하고 있을 뿐 아니라, 나의 마을의 신학자처럼, 그들 또한 정치적으로 동기화되었다기보다는 최소한 부분적으로는 종교적으로 동기화되었다. "새로운 인도네시아"가 일으킨 변형은, 발리 사회의 다른 집단에 대해서와 같은 정도로 구(舊)엘리트 층에게도 충격을 가했다. 이 충격은 그들 엘리트 층 자신의 직업에 대한 신앙의 기초와 그 직업이 근거하고 있는 현실의 본질 자체에 대한 그들의 견해에 의문을 제기하는 것으로 나타났다. 권력으로부터 배제될지 모른다는 공포는 그들에게 단지 사회적 문제가 아니라 종교적 문제로 보인다. 따라서 교리에 대한 그들의 갑작스러운 관심은 부분적으로는 대중의 시각뿐 아니라, 그들 자신의 시각에서 자신들을 도덕적, 형이상학적으로 정당화하려는 관심과 최소한 근본적으로 변화하는 사회적 환경에서 기존의 발리 세계관과 가치체계의 본질만이라도 유지시키려는 관심이다. 많은 다른 종교 혁신자와 마찬가지로 그들은 개혁가인 동시에 복고주의자이다.

종교적 관심의 집약화와 교리의 체계화 이외에 이 합리화의 과정에는 세 번째 측면이 있으며, 그것은 사회적-조직적 측면이다. 만약 새로운 "발리-이즘"이 번성하려면 일반인의 마음의 변화와 분명한 성문화(成文化)가 필요할 뿐 아니라, 그것이 사회적으로 구현될 수 있는 보다 형식적으로 조직화된 제도적 구조가 필요하다. 이 필요성은 본질적으로 성직자에 관계되는 것이지만, 발리 종교와 국가와의 관계에 대한 문제 ── 특히 인도네시아 공화국 종교청에서의 발리 종교의 위치 또는 그것의 결여 ── 를 중심으로 하고 있다.

정식 내각 구성원에 의해서 인솔되는 종교청은 자카르타에 중심을 두고 있으나 그 지부(支部)들은 나라 전체에 산재해 있다. 이는 전적으로 무슬림에 의해서 지배되고 있으며, 이것의 주요 활동은 회교 사원을 건축하고, 코란과 주석서를 인도네시아어로 번역하여 출판하고, 무슬림 결혼중매자를 임명하고, 코란 학교를 지원하고, 이슬람교에 관한 정보를 보급하는 일 등이다. 이것은 정교한 관료제를 가지고 있는데, 여기에는 구분되는 종교로서 개신교와 천주교(대개 양쪽 모두 분리주의적 기초에서 종교청을 거부한다)를 위한 특별한 부서가 있다. 그러나 발리 종교는 아마도 "야생(野生)의"라는 번역이 가장 타당할 나머지 범주에 들어 있다. 이것은 이교(異敎), 미개(未開) 등으로 종교청 안에서 아무런 권리도 없고 아무런 도움도 받지 못하는 사람들의 신앙이다. 이러한 "야생의" 종교들은 "성전(聖典)을 가진 사람들"과 "무지몽매한 종교" 사이의 고전적 이슬람의 구분에서 진정한 신심(信心)에 위협을 주는 것이며, 개종의 대상이 되는 것으로 간주되었다.[16)]

자연적으로 발리인들은 이런 상황을 비판적으로 보았으며 끊임없이 4대 주요 종교로 개신교, 천주교, 이슬람교와 함께 발리의 종교를 인식해줄 것을 자카르타에 청원했다. 그 자신도 반은 발리인인 수카르노 대통령과 많은 다른 국가적 지도자들이 공감은 했으나, 아직까지 그들은 정치적으로 영향력이 있는 정통파 무슬림들을 배제할 수 없었기 때문에 효과적인 지원을 해주지 못하고 망설이고 있었다. 무슬림은 발리의 힌두교 신자들은 인도네시아 전역에 퍼져 있는 기독교인과는 달리 모두가 한곳에 있다고 말한다. 그러나 발리인들은 남부 수마트라(이주민들)에서와 마찬가지로 자카르타와 자바의 다른 지역들에도 발리 마을들이 있으며, 동부 자바에서 최근 발리 사원이 세워진 예를 지적한다. 무슬림들은 경전이 없는데 어떻게 세계종교가 될 수 있느냐고 묻는다. 이에 대해서 발리인들은 무함마드 이전부터 존재하는 문서와 비문(碑文)을 가지고 있다고 대답한다. 무슬림들은 당신들은 많은 신을 믿고 돌을 숭배한다고 말한다. 발리인들은 신은 유일하지만 많은 이름을 가지고 있으며, "돌"은 신의 매개물이지 신 그 자체는 아니라고 말한다. 소수의 보다 더 교양 있는 발리인들은 다음과 같이 주장하기까지 한다. 즉 무슬림들이 종교청에 그들이 들어오는 것을 허용하지 않으려는 진정한 이유는 "발리-이즘"이 공식적으로 인정된 종교가 되면, 명목상으로만 무슬림이며 정신적으로는 여전히 힌두-불교적인 많은 자바인들이 개종해버리게 되어 "발리-이즘"이 이슬람교를 희생으로 하여 급속히 성장하게 될 것이라는 공포 때문이라고 주장한다.

어쨌든 난국에 처했다. 그리고 그 결과로 발리인들은 그들 자신의 독자적인, 지역적으로 재원을 부담한 또 다른 "종교청"을 세웠으며, 그것을 통하

---

16) 이 주제에 대한 일부 의회에서의 의견 교환은 Swellengrebel, *Bali*, 서론, pp. 72-73을 참고하라.

여 그들의 가장 중심적인 종교제도의 일부를 재조직하려고 한다. 지금까지
는 브라만 사제들의 자격에 대한 규칙을 만드는 데에 주된 노력을 기울였다
(그러나 관심을 가질 만한 결과는 얻지 못했다). 이 "종교청"은 사제의 역할
을 주로 세습적인 것 —— 물론 그 자체에 문제를 제기하는 것은 아니지
만 —— 에 의존하거나 또는 의례집행의 기교에 의존하는 대신에 종교적 지
식과 지혜에 의존하기를 원한다. 발리의 "종교청"은 사제라는 것은 비문의
의미를 알아서 그것들을 현재의 생활과 연결시킬 수 있고, 좋은 도덕적 성
품을 가지고 있으며, 최소한 어느 정도의 학문을 닦은 사람일 것 등을 원한
다. 젊은 사람들은 더 이상 단지 그가 브라만이라는 것 때문에 추종하지는
않을 것이라고 관리는 말한다. 우리는 사제들을 도덕적이고, 지적으로 존경
받는 인물, 진정한 영적 지도자로 만들어야만 한다고 그들은 말한다. 이 목
적을 위해서 그들은 사제의 임명을 어느 정도 통제하고자 시도하고 있다.
자격 시험을 친다던가, 한 지역에 있는 모든 사제들의 회합을 개최하여 성
직을 보다 단체적인 실체로 만들고자 시도한다. 또한 발리 "종교청"의 대표
들은 마을들을 돌아다니며 발리 종교의 도덕적 의미와 유일신교의 장점 그
리고 우상 숭배의 위험 등에 대해서 강연을 행하기도 한다. 그들은 심지어 사
원체계에 어떤 규칙을 부여하고 사원의 체계적 분류를 만들고 결국 마을 수준
의 사원(마을의 창설자의 영혼을 모시는 퓨라 퓨세[Pura Puse]를 말함/역주)
과 같은 것들을 회교사원이나 교회에 해당하는 보편적 양식을 지닌 탁월한
사원으로 높여가고자 시도한다.

그러나 아직은 이 모든 것이 대체로 계획 단계이며 발리 종교의 제도적
구조의 실질적 재조직의 대부분이 실제로 일어날 것이라고 말할 수는 없다.
그렇기는 하지만 이제 각각의 발리인 지구에는 보수를 받는 브라만의 사제
(정기적으로 월급을 받는 "관리"로서의 사제라고 말하는 것만으로도 혁명
적 변화이다)가 있으며, 대부분이 또한 브라만 카스트의 구성원인 서너 명
의 서기들로부터 도움을 받고 있다. "종교청"으로부터는 독립되어 있지만
"종교청"에 의해서 장려되는 종교 학교가 설립되었으며, 서열이 높은 귀족
을 중심으로 만들어져 이러한 변화를 촉진시키고자 하는 작은 종교 정당까
지 결성되었으므로, 최소한 종교적 관료화의 싹이 텄다고는 말할 수 있는
것들이 나타나고 있다.

228

이 모든 것 —— 종교에 관한 의문의 증대, 종교 교육의 보급, 종교제도의 재조직화 —— 이 어떻게 될지는 아직 지켜볼 수밖에 없다. 여러 면에서 현대 세계의 전반적 추세는 이러한 종교 발전이 보여주는 바와 같은 종교적 합리화를 향한 이동으로 보이며, 아마 발리의 문화도 결국에는 리처드 윈스테트 경이 두려워했던 것처럼 일종의 "현대 유물론적 관념"에 짓눌려 무미건조한 것으로 변해버릴지도 모른다. 그러나 그러한 전반적 추세는 —— 그것들이 완전히 환상이라고 밝혀지지 않았을 때 —— 때때로 우리가 가능하다고 생각했던 것에 비해서 깊이 뿌리박힌 문화적 특성에 훨씬 덜 영향을 미치고 넘어가기도 할 뿐 아니라, 현재 그것이 지닌 모든 취약성에도 불구하고 고민하는 젊은이들, 위협받는 귀족들, 각성한 사제들의 삼각 연합이 지닌 재생의 잠재력을 과소평가해서는 안 된다. 오늘날 발리에서는 세계사의 근본적 종교변동에서 야기되었던 것과 동일한 사회적, 지적 과정의 일부가 최소한 상당히 시작된 것으로 보인다. 그러한 변화나 최종적인 결과가 무엇이든 간에, 그 과정은 교훈적인 것일 수밖에 없다. 이 독특하고 작은 섬에서 다음 수십 년 동안 무엇이 일어나는지 주의 깊게 지켜보면, 이미 발생했던 역사가 우리에게 줄 수 없는 종교변동의 역학이 지닌 구체성과 직접성에 대한 통찰력을 얻을 수 있을 것이다.[17]

---

17) 1962년 "발리 종교"는 결국 인도네시아에서 공식적인 "세계종교"로 인정되었다. 그 이후, 특히 1965년의 대학살 이후 자바에서는 이슬람교로부터 "발리-이즘"으로의 개종은 정말로 현저하게 증가했다. 그리고 발리 자체에서는 힌두 개혁운동이 주요한 세력으로 성장했다. 이 모든 것에 대해서는 C. Geertz, "Religious Change and Social Order in Soeharto's Indonesia", *Asia* 27(1972년 가을: 62-84를 참조하라.

제4부

제8장 문화체계로서의 이데올로기

I

"이데올로기"라는 말 자체가 완벽하게 이데올로기화되어버린 것은 근대 지성사의 작은 모순의 하나이다. 다분히 주지주의적(主知主義的)이며 비실 용적이지만 어쨌든 이상주의적인 정치적 제안에 불과하던 개념 —— 나폴레 옹 같은 사람은 이것을 "사회적 연가(戀歌)"라고 불렀지만 —— 이 오늘날 「웹스터(*Webster*)」 사전에는 "정치적-사회적 프로그램을 구성하는 통합된 주장, 이론, 목표로 흔히 허구적 선전의 의미가 함축되어 있는 것. 예를 들 면, 파시즘이 독일에서는 나치 이데올로기에 맞게 변용된 것이다"라고 정의 되어 있다. 즉 훨씬 더 강력한 의미를 지니게 된 것이다. 과학이라는 이름하 에 그 용어를 중립적인 의미에서 사용하고 있다고 주장하는 책에서조차, 그 용어 사용에 따르는 파급효과는 명백한 논쟁거리가 되는 경향이 있다. 예를 들면, 여러 방면에서 뛰어난 저작인 「미국의 기업강령(*The American Business Creed*)」에서 서턴, 해리스, 케이즌, 토빈은 "자신이 평생 산문만 이야 기했다는 사실을 발견한 몰리에르의 연극에서의 유명한 등장인물만큼 자신 의 견해가 '이데올로기'로 묘사되는 것에 대해서 당황해하거나 실망할 필요 는 없다"고 확언한 후, 이어서 이데올로기의 주요 특징을 편견, 극도의 단순 화, 감정적인 언어의 사용, 대중적 편견에의 영합 등으로 열거하고 있다.[1] 사회 내부의 사상의 역할에 대한 다소 특별한 개념이 제도화되어 있는 공산

---

1) F. X. Sutton, S. E. Harris, C. Kaysen과 J. Tobin, *The American Business Creed* (Cambridge, Mass., 1956), pp. 3-6.

진영의 사람들을 제외하고는 누구도 자기 자신을 이데올로기론자라고 부르지 않을 것이며, 남들이 그렇게 부르는 것에 대해서 아무런 비판 없이 동의하지도 않을 것이다. 오늘날에는 일반적으로 우리에게 친숙한 우의적(寓意的)인 표현들이 사용된다. "내가 하는 것은 사회철학이고, 당신은 정치적 견해를 펴는 것이며, 그는 이데올로기를 주장하고 있는 것이다."

만하임은 이데올로기 개념이 스스로 언급하고 있는 대상의 일부로 변해온 역사적 과정에 대해서 추적해왔다. 사회-정치적 사상이 초탈적 성찰에서 파생되는 것이 아니라, "생각하는 사람의 생활환경과 항상 긴밀히 관련되어 있다"는 것을 깨닫는 것(혹은 인정하는 것에 불과할지 모르지만)은 그러한 사상이 넘어서고자 하는 천박한 이익투쟁에 물들어 있는 듯이 보이는 것이다.[2] 그러나 그것보다도 직접적으로 중요한 것은 이처럼 대상 자체에 함몰되어버림으로써 이데올로기의 과학적 유용성까지도 모두 파괴해버렸는지의 문제이며, 지금은 비난의 대상이 되었더라도 여전히 분석적 개념으로 남아 있을 수 있을 것인지의 문제이다. 만하임에게 이 문제는 그의 전(全)저작의 목표였다. 즉 그의 표현으로는 "이데올로기를 가치중립적 개념"으로 구성해내는 것이었다. 그러나 이 문제를 해결하려고 하면 할수록 그는 이 개념의 애매모호함에 더욱 깊이 빠져들게 되어 그의 초기 가설들의 논리에 따라서 그 자신의 관점까지도 사회학적 분석의 대상으로 삼게 되었으며, 결국에는 잘 알려진 것처럼, 스스로조차 불편하게 생각했던 윤리적-인식론적 상대주의에 빠지고 말았다. 이 영역의 그후의 연구들은 지나치게 편파적이거나 아니면 부주의한 경험주의라고 할 수 있으며, 그러한 연구들은 (아킬레스와 거북의 역설[그리스의 철학자 제논(BC 500-BC 430)의 역설의 하나. 거북이 아킬레스보다 한 걸음이라도 앞서서 출발하면 아킬레스는 끝없이 달리기를 계속하더라도 거북을 따라잡을 수 없게 되어 있다/역주]과 마찬가지로 합리적 지성의 근저를 건드리는 것이기 때문에) 만하임의 역설이라고 불러야 마땅한 것을 벗어나고자 다소 교묘한 방법론적 틀을 사용해왔던 것이다.

---

2) K. Mannheim, *Ideology and Utopia*, Harvest 편 (New York, 출판년도 미상), pp. 59-83 ; 또한 R. Merton, *Social Theory and Social Structure* (New York, 1949), pp. 217-220도 참조하라.

제논의 역설이 수학적 논리의 유효성에 대해서 풀리지 않는 문제를 제기 (혹은 적어도 표출)했던 것과 같이 만하임의 역설은 사회학적 분석의 객관성 에 대해서 문제를 제기했다. 이데올로기가 어디선가 그친다면, 그것이 어디서 그치고 과학이 시작하는가 하는 의문은 많은 근대 사회학 사상에 있어서 스핑 크스의 수수께끼였고 그러한 사상을 적대시하는 사람에게는 녹슬지 않은 무 기였다. 개인성을 없애는 연구방법을 고수하도록 하고, 학자를 일상의 관심사 로부터 제도적으로 격리시켜 중립적으로 직업적인 임무를 수행하도록 하거나 자신의 편견이나 이해(利害)를 의식적으로 성찰하여 그것을 바로잡도록 한다 는 명목으로 연구의 공평성이 주장되어왔다. 그러한 주장은 그 연구방법의 비 개인성(과 유효성)에 대한 부인, 고립의 견고함에 대한 부인 그리고 자아 성 찰의 깊이와 진실성에 대한 부인이라는 문제와 맞부딪쳐왔다. 미국 지식인의 이데올로기적 성향을 분석한 최근의 한 연구자는 약간 불안하게, 다음과 같이 결론을 짓는다. "나는 많은 독자들이 나의 입장 그 자체가 이데올로기적인 것 이라고 주장하리라는 것을 알고 있다."[3] 그의 다른 예측들이 어떻든 간에 이 구절만큼은 확실히 타당하다. 과학적 사회학의 도래에 대해서 거듭 선언되 어왔지만 이의 존재에 대한 인식은 사회과학자 사이에서조차 보편화되지 못했다. 이데올로기 연구만큼 객관성의 주장에 저항이 많은 분야는 없다.

저항이 일어나는 몇 가지 이유는 사회과학적 문헌에서 변명적으로 반복 되고 있다. 가장 흔히 제기되는 것은 연구대상이 가치를 싣고 있다는 사실 일지 모른다. 사람은 그 목적이 아무리 순수하다고 하더라도 자신들이 큰 도덕적 가치를 부여하고 있는 것이 냉정하게 심사된다는 것을 좋아하지 않 을 것이다. 그리고 그들 자신이 대단히 이데올로기화되어 있는 경우에는 사 회적이고 정치적인 신념에서 중요하기 짝이 없는 부분들에 대한 이해관계 를 배제한 접근이 학문적 속임수 그 이상의 무엇이 될 수 있다는 것에 대해 서도 믿으려고 하지 않는 것이다. 이데올로기적 사고가 뒤얽힌 상징의 그물 에 의해서 모호하게 규정되고 감정을 싣고 있어서 파악하기 어려운 고유성 을 가진 점, 이데올로기의 특별한 주장은 마르크스 이후로 "과학적 사회학" 이라는 말로 치장되어왔다는 기정의 사실 그리고 사상의 사회적 발생 근원 에 대한 과학적 탐구가 자신들의 지위를 위협하는 것으로 간주하는 기존 지

---

3) W. White, *Beyond Conformity* (New York, 1961), p. 211.

식계급의 방어적 자세 등이 종종 지적되어왔다. 그리고 모든 변명이 실패할 때에도 사회학이 젊은 학문, 즉 너무 최근에 형성되어 미묘한 영역에서 연구의 자유에 대한 주장이 유지될 만큼 제도가 견고하게 확립될 시간이 없었던 학문이라는 주장은 항상 가능하다. 이러한 논의들이 어느 정도의 유효성이 있다는 것은 의심의 여지가 없다. 그러나 많은 경우에 고려되지 않았던 것 —— 이런 면을 고려해본 적이 없는 몰인정한 사람들은 이를 이데올로기적이라고 말할지도 모른다 —— 은 사회과학 자체의 개념이 아직 덜 세련되어 있는 것이 문제의 핵심이 아닐까 하는 가능성이다. 즉 사회학적 분석에 대한 이데올로기의 저항이 그토록 대단했던 것은 그러한 분석이 사실은 근본적으로 부적절하기 때문이었고, 특히 그들이 사용하고 있는 이론적 틀이 불완전했기 때문이었다.

나는 이 글에서 앞의 논의가 사실이라는 것을 밝히려고 한다. 즉 사회과학은 진정으로 가치판단을 포함하지 않은 이데올로기의 개념을 아직은 개발하지 못했다. 이러한 실패는 방법론적인 엄밀성의 결여보다는 이론적 미숙에서 연유한다. 그리고 이러한 미숙함은 주로 이데올로기를 사회적, 심리적 맥락에서 식별하기보다는(이 점에 관해서는 우리의 분석장치가 훨씬 세련되어 있다) 문화적 상징들의 질서정연한 체계로 다루는 데에서 분명해진다. 그러므로 만하임의 역설을 벗어나는 길은 의미라고 하는 것을 더 능란하게 다룰 수 있는 개념장치를 완성시켜야 가능하다. 노골적으로 말해서 우리의 연구대상을 더 정확하게 이해하지 않으면 조용한 아내를 구하라는 어머니의 충고를 듣고 시체를 데리고 오는 자바의 민간설화에 나오는 "멍청이"가 되어버리는 것이다.

II

오늘날의 사회과학에서 보편화된 이데올로기 개념이 전적으로 가치판단적인(즉 경멸적인) 개념이라는 것은 이미 충분히 예시되어왔다. "[이데올로기 연구는] 올바른 방향을 이탈한 사고방식을 다룬다"라고 워너 스타크는 지적하고 있다. "이데올로기적 사고는……수상쩍은 것이며, 우리의 마음으로부터 극복되고 제거되어야만 하는 어떤 것이다." 이데올로기는 거짓말과 완전히 같지는 않은데, 왜냐하면 거짓말쟁이는 최소한 냉소주의에라도 이를 수 있지만 이데올로기론자는 단지 바보로 남게 될 뿐이기 때문이다. 즉 "(거짓말쟁이와 이데올로기론자) 모두 거짓과 관련되어 있다. 그러나 거짓말쟁이는 그의 개인적인 사고도 올바르고, 무엇이 진실인지도 잘 알고 있으면서 타인의 사고를 왜곡하는 것이며, 이데올로기에 빠진 사람은 자신의 사고에 스스로 미혹당하여, 본의가 아닌 무의식중에 타인을 잘못 인도하는 것이다."[4] 만하임의 추종자로서 스타크는 다음과 같은 입장을 견지하고 있다. 즉 모든 유형의 사고는 본질상 사회적인 제약을 받지만, 이데올로기는 이에 덧붙여서 증오, 욕망, 근심 또는 두려움과 같은 개인적 감정의 압력에 의해서 심리적으로 "기형화"("비뚤어짐", "오염", "기만", "왜곡", "은폐")되는 불행한 속성을 지닌다는 것이다. 지식사회학이 다루는 것은 진리의 추구와 인식에서의 사회적 요소이며, 진리가 개별적 존재의 전망에 의해서 불가피하게 제약을 받는 것을 다룬다. 그러나 이와 완전히 상이한 기획인 이데올로기의 연구는 지적 오류의 원인을 다룬다.

　우리가 설명하고자 한 것은 관념과 신앙은 두 가지 방식으로 현실과 관련될 수 있다는 것이다. 즉 현실의 사실에 관계하거나, 아니면 현실이 야기하는, 혹은 그것보다 현실에 대한 반응이 야기하는 힘에 관계한다. 전자의 관계가 존재하는 곳에서는 원칙적으로 진실된 사고를 발견하게 되고, 후자의 관계에서는 우연에 의해서만 진실에 이르는 관념이거나, 가장 넓은 의미에서의 편견에 의해서 쉽게 손상을 받는 관념이 된다. 전자와 같은 부류의 사고를 이론적이라고 부를 만하다면, 후자와 같은 부류의 사고는 초이론(超理論)으로서 특징지어야만 한다. 사람들은 전자를 합리적인 것으로, 후자를 감정적 색채를 띤 것으로 묘사할지도 모른다. 즉 전자를 순수하게 인식적으로, 후자를 가치판단적인 것으로 기술할 수도 있다. 테오도르 가이거의 비유를 빌면, ……사회적 사실에 의해서 결정된 사고는 맑은 시내와 같고 수정처럼 투명한 것이며, 이데올로기적 관념은 흘러든 불순물에 의해서 진흙투성이가 되고 오염되어버린 더러운 강이다. 전자는 마실 수 있는 건강한 것이며, 후자는 피해야 할 독약인 것이다.[5]

---

4) W. Stark, *The Sociology of Knowledge* (London, 1958), p. 48.

5) 같은 책, pp. 90-91. 고딕체는 원문에서는 이탤릭체임. Mannheim은 동일한 논의의 접근으로 "전체적" 이데올로기와 "특수한" 이데올로기를 구별했다. *Ideology and Utopia*, pp. 55-59 참조.

이는 아주 소박한 예이나, 이와 마찬가지로 "이데올로기"라는 용어를 근본적인 지적 퇴폐의 형태로 제한하는 것은 정치적, 과학적 논의가 앞의 예보다 훨씬 세련되고 극히 예리하게 통찰되는 경우에서도 나타난다. 예를 들면 "이데올로기와 교양(Ideology and Civility)"이라는 강연 논문에서, 에드워드 실즈는 "이데올로기적 전망"을 스타크보다 훨씬 더 완강하게 묘사했다.[6] "각자가 독자적이라고 주장하여 다양한 형태로 표출되는" —— 이탈리아의 파시즘, 독일의 국가 사회주의, 러시아의 볼셰비즘, 프랑스와 이탈리아의 공산주의, 악시옹 프랑세즈, 영국의 파시스트 동맹, "그리고 자라지 않고 사라진, 같은 유(類)의 미국의 햇병아리 '매카시즘' 등" —— 이러한 전망들은 "19세기와 20세기 동안 서양 사회의 공공생활을 석권했으며……전세계를 지배하겠다고 위협해왔다." 이것은 기본적으로 "일체의 다른 사상을 압도하는 일관적이고 포괄적인 신념집단의 관점에서 정치가 행해져야 한다는 가정"으로 이루어져 있다. 그것이 지지하는 정치에서처럼 그것은 이분법적으로 순수한 "우리"를 사악한 "그들"과 대립시키며 나에게 동조하지 않는 사람은 나를 반대하는 사람으로 선언한다. 이는 기존의 정치제도를 불신하고, 공격하며, 파괴시키려고 한다는 점에서 소외적이다. 또한 정치적 진실을 완전히 독점적으로 소유하려고 하고, 타협을 혐오한다는 점에서 교조적이다. 또한 그것은 그것이 이상(理想)으로 하는 이미지에 의해서 일체의 사회적, 문화적 생활을 질서짓는 것을 목표로 삼는다는 점에서 전체주의적이며, 그러한 질서가 구현되는 역사의 유토피아적인 절정을 추구한다는 점에서 미래지향적이다. 간단히 말해서 그것은 훌륭한 부르주아 신사(또는 훌륭한 민주당원)들이 즐겨 말하는 것과는 다른 종류의 산문인 것이다.

이보다 순수한 개념만을 문제로 삼는, 보다 추상적이고 이론적인 차원에서조차 "완고하고 항상 잘못된" 사람들에게 "이데올로기"라는 용어가 적용되는 관점은 사라지지 않았다. 예를 들면, 만하임의 역설에 관한 탈콧 파슨스의 최근 고찰에서 "[사회]과학적 객관성으로부터의 일탈"은 "이데올로기의 본질적 지표"로 나타난다. "이데올로기 문제는 믿어지고 있는 것과 과학적으로 타당한 것[으로 증명될 수 있는 것] 사이에 괴리가 생길 때 발생한

---

6) E. Shils, "Ideology and Civility : On the Politics of the Intellectual", *The Sewanee Review* 66 (1958) : 450-480.

다."⁷⁾ "일탈"과 "괴리"에는 일반적으로 두 종류가 있다. 첫째, 모든 사상이 그것이 내포되어 있는 사회의 전반적 가치에 의해서 형성되는 사회과학에는 제기하는 의문의 종류나 해결하고자 하는 특별한 문제 등에 선택성이 있으나, 이데올로기에는 그것에 더하여 사회적 현실의 어떤 측면 ── 현재의 사회과학적 지식에 의해서 밝혀져 있는 현실 ── 을 강조하는 것과 더불어 다른 면은 무시하고 억압하기까지 해야 한다는 점에서 인식론적으로는 더 유해한 "이차적" 선택성이 있다. "그리하여 예를 들면 상업적 이데올로기는 본질적으로 국익에 대한 기업가의 기여는 과장하고 과학자와 전문직의 공헌은 과소평가한다. 또한 현재 '지식인'의 이데올로기에서는 '화합을 위한 사회적 압력'의 중요성은 강조되지만 개인의 자유를 위한 제도적 요인들은 무시되거나 경시된다." 둘째, 단지 과도하게 선택적인 데에 그치지 않고 이데올로기적 사상은 스스로 인정하고 있는 사회적 현실조차도 적극적으로 왜곡한다. 그러한 왜곡은 해당되는 주장들을 사회과학의 권위 있는 발견들을 배경으로 비추어보기 전에는 명백히 드러나지 않는다. 왜곡의 지표가 사회-과학적 방법에 의해서 명백하게 오류인 것으로 보이는 사회에 관한 진술인 반면, 선택성은 어느 차원에서는 "진리"와 관련되지만, 이미 알려진 진리에 관하여 균형 있게 설명할 수는 없는 진술이다. 그러나 세상의 눈에는 명백하게 오류인 것과 이미 알려진 진리에 대한 균형 있는 설명이 아닌 것 사이에서 어느 것을 취할 것인가에 관해서는 그다지 선택의 여지가 많지 않은 듯하다. 여기서도 이데올로기는 매우 더러운 강이기 때문이다.

이외에도 더 많은 예들을 쉽사리 열거할 수 있겠지만 그럴 필요는 없다. 보다 중요한 것은 냉정한 객관성에 대한 주장에 기초하여 "왜곡되지 않은", 따라서 사회현실에 대해서 규범적인 전망으로서 그 이론적 해석을 발전시키는 사회과학의 분석적 도구 가운데에서 이 정도의 엄청난 문제를 내포하고 있는 개념이 도대체 무엇을 하고 있느냐는 것이다. 만약 사회과학의 비판력이 이해관계에 대한 무관심에서 유래되는 것이라면, 정치사상의 분석이 이와 같은 개념에 의해서 지배되고 있다는 사실은 종교사상의 분석이 "미

7) T. Parsons, "An Approach to the Sociology of Knowledge", *Transactions of the Fourth World Congress of Sociology* (Milan and Stressa, 1959), pp. 25-49. 고딕체는 원문에서는 이탤릭체임.

신" 연구라는 관점에서 행해지면 (때때로 그래왔는데) 타협한 것이 되는 것과 같은 의미에서 사회과학의 비판력이 타협하는 것이 되는 것이라고 할 수 있는 것은 아닌가?

이러한 유추는 무리한 것이 아니다. 예를 들면 레이몽 아롱의 「지식인의 마약(*The Opium of the Intellectuals*)」은 그 제목 ── 모순적이게도 마르크스의 신랄한 우상파괴의 반향으로 보이는 ── 뿐만 아니라 논의에서 사용되고 있는 문체(文體) 전체("정치적 신화", "역사의 우상 숭배", "목사와 신도", "세속적 교권주의" 등)에서도 호전적 무신론 문학을 상기시킨다.[8] 실즈가 이데올로기적 사고의 극단적 병리학적 현상의 대표적 유형으로 나치즘과 볼셰비즘 등을 거론하는 것은 마치 종교재판, 르네상스 시대의 교황의 사적인 부정행위, 종교전쟁의 야만스러운 전통, 혹은 바이블-벨트(Bible-belt : 미국 남서부의 신앙이 두터운 지역 / 역주)의 정통파 기독교의 미개성이 종교적 신념과 행동의 원형으로 제시되었던 전통을 생각나게 한다. 그리고 이데올로기를 과학과 비교하여 인식론적으로 불충분하다고 규정하는 파슨스의 견해는 무비판적 비유에 의해서 현실을 관념화하는 종교가 은유를 배제하는 냉철한 사회학에 의해서 곧 쓸모없이 된다는 콩트식의 관점과 다를 바 없다. 실증주의자들이 종교의 종말을 기다렸던 것처럼 우리도 오랫동안 "이데올로기의 종말"을 기다려야 할지도 모른다. 계몽 시기와 그 이후의 호전적 무신론이 종교적 편견, 박해, 갈등의 분출이라는 사실상의 두려움(그리고 자연계에 대한 지식의 확대)에 대한 반응이었던 것처럼, 이데올로기에 대한 호전적이고 적대적인 접근도 지난 반세기 동안의 정치적 대학살에 대한(그리고 사회적 세계에 관한 지식의 확대에 대한) 비슷한 반응이라고 말할 수도 있다. 그리고 만약 이러한 시사가 유효하다면, 이데올로기의 운명 또한 이처럼 사회사상의 주류로부터 소외되고 말 것이다.[9]

---

8) R. Aron, *The Opium of the Intellectuals* (New York, 1962).

9) 여기서 잘못 해석될 위험이 크므로, 나는 나 자신의 일반적인 이데올로기적(나 자신이 솔직하게 그것을 그렇게 칭하고자 한다) 입장이 대체로 Aron, Shils, Parsons 등의 입장과 같다는 점과 시민적이고 온건하고 비영웅적인 정치에 대한 그들의 호소에 동의한다는 점을 밝힘으로써, 나의 비판을 정치적인 것이 아닌 기술적인 것으로 받아들이기를 바란다. 또한 종교에 대해서 가치판단을 포함하지 않는 개념이 종교적 상대주의를 의미하는 것이 아닌 것과 마찬가지로, 이데올로기에 대해서 가치판단을 포함하지 않는 개념을 요구하는 것이

이러한 문제를 단지 의미론상의 문제로만 대강 처리할 수도 없다. 원하기만 한다면 당연히 "이데올로기"라는 용어가 지칭하는 바를 "무엇인가 의심스러운 것"으로 한정시킬 수도 있으며, 그렇게 하는 사례를 역사에서 찾아볼 수도 있다. 그러나 만일 이데올로기를 그것으로 한정시킨다면, 우리는 더 이상 미국 기업가의 이데올로기라든지, 뉴욕의 "문학적" 지식인의 이데올로기, 영국 의학협회, 산업노조 지도자, 또는 유명한 경제학자의 이데올로기에 관하여 글을 쓸 수 없게 되며, 또한 그 사람들이나 관심을 가진 제3자가 그들의 이데올로기가 중립적이라고 믿을 것을 기대할 수도 없게 된다.[10] 사회정치적 관념에 관한 토론에서 어떤 관념을 처음부터, 즉 어떤 관념에 이름을 붙이기 위해서 사용한 단어에서부터 그것이 변형되고 열등한 것이라고 고발하는 것은 문제를 제기하는 것처럼 하면서 논점을 교묘히 회피하는 것에 불과하다. 물론 "이데올로기"라는 용어를 과학적 언설(言說)에서 간단히 빼어버림으로써 그것을 논쟁의 대상으로 남게 할 수도 있다 —— 실제로 "미신"이 그렇게 되었다. 그러나 지금으로서는 "이데올로기"를 대체할 만한 용어가 없는 것 같고, 그것이 사회과학의 기술적 용어로서 적어도 부분적이나마 확립되어 있기 때문에, 그것의 위험한 측면을 제거하고자 노력하는 것이 보다 현명한 일일 것이다.[11]

이데올로기에 대한 가치판단을 하지 말라는 것은 아니라는 점을 강조하고 싶다.

10) Sutton 외, *American Business Creed* ; White, *Beyond Conformity* ; H. Eckstein, *Pressure Group Politics : The Case of the British Medical Association* (Stanford, 1960) ; C. Wright Mills, *The New Men of Power* (New York, 1948) ; J. Schumpeter, "Science and Ideology", *American Economic Review* 39 (1949) : 345-359.

11) 사실, Plato의 "고상한 거짓말(noble lies)"에서부터 Sorel의 "신화(myths)"를 거쳐서 Pareto의 "파생(derivations)"에 이르기까지 다른 많은 용어들이 "이데올로기"가 의미하는 일반적인 현상에 대한 저술에서 사용되어왔다. 그러나 이것들 중 그 어떤 것도 "이데올로기"보다 더 나은 수준의 기술적 중립성에 도달하지 못했다. H. D. Lasswell, "The Language of Power", Lasswell, N. Leites와 Associates, *Language of Politics* (New York, 1949), pp. 3-19.

240

III

기계의 결함은 사용해봄으로써 드러나듯이, 가치판단적인 이데올로기 개념에 내재하는 취약성도 그것이 사용될 때 드러난다. 그 취약성은 특히 이데올로기의 사회적 원천 및 결과에 관한 연구에서 잘 드러나는데, 왜냐하면 그러한 연구에서는 이데올로기 개념이 사회체계와 인성체계를 분석하는 고도로 발달된 장치와 결합되어 있으며 그 장치의 강력함이 문화(즉 상징-체계)의 분석 쪽에서는 그러한 힘이 없다는 것을 강조할 뿐이기 때문이다. 이데올로기적 사상(혹은 적어도 "바람직한" 이데올로기적 사상)의 사회적, 심리적 맥락에 관한 연구에서는 그러한 맥락을 다루는 경우의 섬세함이 그 사상이 다루어지는 데에서의 어색함을 드러내게 되고, 또한 부정확의 그림자가 논의 전체를 덮어서 아무리 엄격한 방법론에 의해서도 그 그림자를 떨쳐버릴 수 없다.

이데올로기의 사회적 결정요인에 관한 연구에는 현재 두 가지 주요한 접근법이 있다. 그것은 이익이론(interest theory)과 긴장이론(strain theory)인데,[12] 전자에 의하면 이데올로기는 하나의 가면이자 무기이고, 후자에 의하면 이데올로기는 징후이자 치료이다. 이익이론에서 이데올로기적 견해는 이익을 얻기 위한 보편적인 투쟁을 배경으로 하고, 긴장이론에서는 사회심리적 불균형을 바로잡기 위한 만성적인 노력을 배경으로 하는 것으로 드러난다. 인간은 전자에서는 권력을 추구하며, 후자에서는 불안으로부터 도피하려고 한다. 물론 인간은 동시에 양쪽 측면을 지닐 수 있기 때문에 —— 혹은 한쪽을 이용해서 다른 쪽을 취할 수도 있고 ——, 두 이론이 반드시 모순되는 것은 아니다. 그러나 (이익이론이 가지는 경험적 난점에 대응하여 등장한) 긴장이론이 덜 단순하고, 더 날카로우며, 덜 구체적이며, 더 포괄적인 것이라고 할 수 있다.

이익이론의 원칙은 너무나 잘 알려져 있어서 되새겨볼 필요조차 없을 것이다. 이익이론은 마르크스주의 전통에 의해서 완성되고 지금은 보통 사람들의 표준적인 지적 도구가 되었는데, 정치적 논쟁은 결국 누구의 황소가

12) Sutton 외, *American Business Creed*, pp. 11-12, 303-310.

쓰러졌느냐의 문제로 귀착된다는 것을 누구라도 너무나 잘 알고 있다. 예나 지금이나 이익이론의 최대 강점은 문화적 관념체계의 뿌리를 공고한 사회구조의 토대 속에 두고 있다는 점인데, 이는 그러한 체계를 표방하는 사람들의 동기를 강조하고 그러한 동기가 사회적 지위, 특히 사회계급에 의해서 결정된다는 점을 강조한다. 더 나아가서 관념은 무기이고, 어떤 집단, 계급, 정당의 현실에 대한 특정한 시각을 제도화하기 위한 가장 좋은 방법이 정치권력을 획득하여 그것을 강요하는 것이라고 지적함으로써, 이익이론은 정치이론을 정치투쟁과 결합시켰다. 이러한 공헌은 영속적인 것이었고, 만일 이익이론이 기존의 주도권을 지금에 와서 상실했다고 한다면 그것은 이익이론의 잘못이 입증되었기 때문이라기보다는 자신이 발견한 사회적, 심리적, 문화적 요인간의 복잡한 상호 작용에 대처하기에 이론적 장치가 너무나 원초적이었기 때문이다. 뉴턴 역학의 경우와 마찬가지로, 그것은 추후에 발전된 연구에 의해서 대체되었다기보다는 오히려 흡수되었다.

이익이론의 주된 약점은 그것의 심리학적 측면은 너무 빈혈인데 반해서 그것의 사회학적 측면은 너무나 근육질이라는 것이다. 동기에 대한 분석을 발전시키지 못함으로써, 이익이론은 다음의 두 가지 입장 사이에서 끊임없이 동요하고 있다. 그 두 입장은 개인적 이익을 분명히 인식하는 합리적 계산에 의해서 움직이는 존재로서 인간을 보는 편협하고 피상적인 공리주의와, 인간의 관념은 어떠한 형태로든 인간의 사회참여를 "반영하고", "표현하며", 그것에 "상응하고", 이로부터 "파생되며", "조건지어지는" 것이라고 고의로 모호하게 말해버리는, 보다 포괄적이기는 하지만 피상적이기는 마찬가지인 역사주의이다. 이러한 구성틀 속에서, 분석가들은 전혀 받아들이기 어려운 정도로 세부를 상세하게 설명하여 그들의 심리학의 천박함을 폭로해버리거나, 판에 박힌 문구를 일반화시켜서 자신이 심리학 이론을 전혀 가지고 있지 않다는 사실을 은폐하는 양자택일의 기로에 서게 된다. "국내의 [정부]정책은 군사조직을 유지하고 확장하는 수단으로서 매우 중요한데, 왜냐하면 그것이 그들의 직업[이기 때문]이고 훈련받는 목표이기 때문이다"라는 직업군인에 대한 이론은 군인기질이 아무리 단순하다고 하더라도 그것을 제대로 평가하지 않은 것처럼 보인다. 반면, 미국의 석유 사업가들은 "순수하고 단순한 석유 사업가일 수만은 없다." 왜냐하면 "그들의 이익을 위해서 그들은 정치적 인간이기도 하기 때문이다"라는 주장은 아편으로 잠이 오는 것은 아편이 최면작용이 있기 때문이라는 이론(M. 주르댕의 풍부한 상상력에서처럼)만큼 계몽적이다.[13]

한편 사회적 행위는 본질적으로 끊임없는 권력에의 투쟁이라는 관점은 이데올로기를 고도의 기만으로 간주하는 과도한 마키아벨리즘에 이르게 함으로써 결국 이데올로기의 보다 포괄적이면서 덜 극적인 사회적 기능을 무시하게 한다. 주의(主義)간의 충돌로 엷게 가장한 이해관계의 충돌이라는 사회에 대한 전쟁터의 이미지는 사회적 범주의 규정(또는 모호화), 사회적 기대의 안정화(또는 불안정화), 사회규범의 유지(또는 파괴), 사회적 합의의 강화(또는 약화), 사회적 긴장의 해소(또는 고조)라는 이데올로기의 역할에 주의하지 않게 한다. 이데올로기를 필전(筆戰)에 놓여 있는 무기로 축소시키는 것은 이데올로기 분석에 호전성을 고양시키는 것이 되겠지만, 그러한 분석은 전략과 전술의 협소한 현실주의로 지적 활동을 위축시킨다는 것을 의미한다. 이익이론의 강도는 —— 화이트헤드의 표현을 빌면 —— 그 자체의 편협성에 대한 보답일 뿐인 것이다.

"이익"이라는 말도 그 자체의 애매함이 어떻든 간에 개인이나 집단이 느끼는 이익 및 개인이나 집단이 그 속에서 행동하는 객관적 기회의 구조를 의미한다는 점에서 심리학적 개념이자 사회학적 개념이다. 마찬가지로 "긴장"의 개념도 개인적으로 긴장된 상태와 사회적으로 분열된 상황을 의미하므로 이것도 심리학적이며 사회학적인 개념이다. 차이점은 "긴장"의 경우가 동기적 배경과 사회구조적 맥락, 또 서로간의 상관관계가 보다 더 체계적으로 묘사된다는 점이다. 사실상 프로이트류의 인성체계에 대해서 진보된 개념을 더하고, 한편으로는 뒤르켐류의 사회체계에 대한 개념을 더하고, 파슨스류의 상호 침투양식에 관한 개념을 더하면 이익이론은 긴장이론으로 변환한다.[14]

---

13) 인용구는 최근의 가장 유력한 이익론자인 C. Wright Mills, *The Causes of World War Three* (New York, 1958), pp. 54, 65에서 따온 것이다.

14) 일반적인 윤곽을 알려면, Parsons의 *The Social System* (New York, 1951), 특히 제1장과 제7장을 참조하라. 긴장이론에 관한 확실한 설명은 Sutton 외, *American Business Creed*, 특히 제15장을 참조하라.

긴장이론이 출발하는 분명하고 독특한 개념은 사회의 만성적인 불통합 (不統合) 상태이다. 어떠한 사회적 질서도 그것이 필연적으로 직면하는 기능적 문제를 처리할 때 완전히 성공하지는 않으며 또한 그럴 수도 없다. 자유와 정치질서, 안정과 변화, 효율과 인도주의적인 것, 엄격함과 융통성 등 모두가 해결되지 않는 이율배반으로 되어 있다. 경제, 정치, 가족 등 사회 각 부문의 규범들 사이에는 불연속성이 존재한다. 각기 다른 부문 안의 목표들 사이에도 불일치가 있다. 예를 들면, 기업의 경우에는 이윤의 강조와 생산의 강조 사이에, 대학교의 경우에는 지식의 확대와 지식의 보급 사이에 불일치가 있다. 그리고 최근의 많은 미국의 사회학 문헌들이 공장장, 일하는 주부, 예술가, 정치가를 다루며 보여주는 역할 기대의 모순들도 있다. 사회적 알력은 기계적인 알력만큼이나 널리 퍼져 있으며 또 그만큼 제거하기 어렵다.

나아가 이러한 알력 또는 사회적 긴장은 개인 인성의 차원 —— 그 자체가 갈등하는 욕구, 과거에 기인하는 감정 그리고 즉흥적 방어의 필연적인 불통합 체제이다 —— 에서는 심리적 긴장으로 나타난다. 집합적으로 구조적 부조화로 보이는 것이 개별적으로는 개인들에게 불안감을 야기시키는데, 왜냐하면 사회의 불완전함과 인격의 모순이 서로 부딪쳐서 악화시킨 것을 사회적 행위자가 경험했기 때문이다. 그러나 동시에, 사회와 인성은 그들의 약점이 무엇이건 간에 단순한 제도의 모임이나 동기의 집단이 아닌 조직화된 체계라는 사실은 이로 인해서 야기되는 사회심리적 긴장 또한 체계적인 것임을 의미하며 사회적 상호 작용에서 파생되는 불안 역시 자체의 형태와 질서를 갖추고 있다는 것을 의미한다. 최소한 현대 사회에서, 대부분의 사람들은 패턴화된 절망의 삶을 살고 있다.

그러므로 이데올로기적 사상은 이러한 절망에 대한 (일종의) 반응으로 간주된다. "이데올로기라는 것은 사회적 역할이 초래하는 패턴화된 긴장에 대한 패턴화된 반응이다."[15] 그것은 사회적 불균형으로 야기된 감정적 혼란을 해소하기 위한 "상징적 배출구"가 된다. 이러한 혼란이 어떤 역할이나 사회적 지위를 점유한 사람 전부 혹은 대부분에게 적어도 대체로는 공통된 것이라고 가정할 수 있는 것처럼, 혼란에 대한 이데올로기적 반응도 유사하다. 이러한 유사성은 특정 문화, 계급, 직업적 범주에 속하는 구성원의 "기본적

15) Sutton 외, *American Business Creed*, pp. 307–308.

인성구조"에 있을 수 있는 공통성에 의해서 강화될 수 있는 그런 것이다. 여기서 제시되는 모델은 전투적인 것이 아니라 의학적인 것이다. 즉 이데올로기는 질병이며(서턴 등은 이데올로기 대신 나타날 수 있는 것들로 손톱 물어뜯기, 알코올 중독, 정신병리학적 증상이나 "괴팍성"을 들고 있다), 이에는 진단이 요구된다. "긴장이라는 개념은 그 자체가 이데올로기적 패턴의 설명은 아니지만 설명을 산출하기 위해서 고려해야 할 요소에 대한 일반적 명칭이라고는 할 수 있다."[16]

그러나 의학에서든 사회학에서든 간에, 진단은 타당한 긴장의 확인으로 끝난 것이 아니다. 징후는 병인론적(病因論的)으로 뿐 아니라 목적론적으로도 이해된다. 즉 어떤 징후가 그 원인이 된 문제에 대처하는 기구로서 무력하게나마 어떤 작용을 하는가를 이해하는 것이다. 이에 대해서 가장 자주 사용되어온 것은 정화(淨化), 의욕, 연대 그리고 변론의 네 종류의 설명이다. "정화론적 설명"은 유서 깊은 안전판 혹은 속죄양 이론을 의미한다. 감정적 긴장은 상징적인 적(예를 들면 "유대인", "대기업", "붉은 군대" 등)으로 대체됨으로써 해소된다. 이러한 설명은 그 방법만큼 단순하다. 그러나 적의 감(혹은 사랑)에 대한 합법적 대상을 만들어줌으로써 이데올로기가 하급 관료나 일용직 노동자 또는 소도시 상인으로서 느끼는 고통을 어느 정도 감해준다는 것은 부인할 수 없다. "의욕론적 설명"은 만성적 긴장에 당면한 개인(이나 집단)에 대해서 이데올로기가 그런 상태의 긴장을 즉시 거부하거나 더 높은 가치관으로 긴장상태를 정당화시킴으로써 그들을 유지시키는 능력이 있음을 말한다. 미국의 체제의 필연적인 공정성에 대해서 가지는 자기의 무한한 확신을 복창하며 고군분투하는 소상인이나 자신의 실패를 속된 세상에서 자신이 품위 수준을 유지하려는 탓으로 돌리는 소외당한 예술가 모두는 이에 의해서 자신의 직업을 영위해가고 있는 것이다. 이데올로기는 있는 그대로의 현실과 사람들이 그렇게 되기를 바라는 상황 간의 감정적 차이를 메워준다. 이렇게 함으로써 그렇지 않으면 절망이나 반감으로 포기되었을 역할을 수행하도록 보장해준다. "연대적 설명"은 이데올로기의 힘이 사회집단이나 계급을 하나로 결속시켜준다고 본다. 노동운동, 재계, 의료 관계자가 일단의 통합을 보여주는 것은 상당한 정도로 공통적인 이데올로기적

---

16) Parsons, "An Approach."

성향이 존재하기 때문이다. 또한 미국의 남부는 사회적으로 불리한 입장에 서 있다는 광범한 감정적 유대로 점철된 대중적 상징 없이는 결코 남부일 수가 없는 것이다. 마지막으로 "변론적 설명"에서 이데올로기(그리고 이데올로기론자)는 배후로부터 돌출하는 긴장을 편파적이고 불분명하나마 표현하고, 그렇게 함으로써 그것이 일반의 주의를 끌게끔 하는 것이다. "이데올로기론자는 더 넓은 사회의 문제를 언급함으로써 쟁점에 관해서 명확한 입장을 취하고 이를 이데올로기 시장이라는 '법정에 제시한다.'"[17] 이데올로기적 변론(법적 변호인과 닮지 않았을 것도 없는)은 비록 다루고 있는 문제의 본질을 명확하게 하는 만큼 모호하게 하는 경향도 있기는 하지만, 이러한 변론들은 최소한 문제가 있는 것을 환기시키고 쟁점을 극단화시킴으로써 방치상태로 두는 것을 어렵게 만든다. 마르크스주의자의 공격이 없었더라면 노동혁명은 없었을 것이며, 흑인 민족주의자(Black Nationalist : 미국의 급진적 흑인해방운동, 흑인의 자결권을 요구하고 백인으로부터의 분리에 의한 흑인들의 사회 건설을 목표로 한다는 점에서 공민권운동과 대비됨/역주)들이 없었더라면 관련된 심의에 속도가 붙지 않았을 것이다.

그러나 긴장이론 자체가 삐걱거리기 시작하고, 이익이론에 비해서 긴장이론이 가지는 극도의 예리함이 사라져버리는 곳이 바로 그 결정요인과 대비되는 이데올로기의 사회적, 심리적 역할에 대한 연구이다. 이데올로기적 관심의 근원에 대한 것은 상당히 정확하게 맞는 데에 비해서, 이데올로기가 야기하는 결과를 식별하고자 하면 정체되고 애매모호한 분석으로 빠지고 만다. 드러나는 결과 그 자체는 의심할 여지없는 진짜일지 몰라도 겉으로는 거의 우연적인 것처럼 보이며, 처음에는 다른 방향을 향하여 있던 본질적으로 불합리하고 반(半)자동적인 표현과정에서 태어난 우발적 부산물이라고 할 수 있는 것이다. 즉 이는 마치 돌부리에 발이 채인 사람이 무의식적으로 "아야"하고 소리치면서 그의 분노를 표출하고, 그의 재난을 알려서 자신의 목소리로 스스로를 위로하는 것이나, 지하철 사고를 당한 사람이 욕구불만에 대한 자발적 반응으로 "제기랄"하고 내뱉고 동시에 다른 사람들로부터 똑같은 소리를 들으면서 확연히 동료의식 비슷한 친근감을 느끼게 되는 것과 같은 것이다.

---

17) White, *Beyond Conformity*, p. 204.

물론 이러한 결점은 사회과학의 기능주의적 분석에서 많이 발견된다. 일련의 힘에 의해서 형성된 행동 패턴은 그럴 듯하지만, 역시 신비로운 우연의 일치를 통해서만 그러한 힘과 겨우 연관을 맺고 목적이 달성되는 것이다. 한 미개인 집단은 정성을 다하여 기우제를 지내고 그 결과로 사회적 유대가 강화된다. 시의원은 저변의 민중에 가까이 가려고, 혹은 가까이 머물러 있으려고 하고 그 결과로 동화되지 않은 이민집단과 냉정한 정부 관료체제 사이를 중개하게 된다. 이데올로기론자는 불평을 늘어놓는 것에서 자신의 환상이 파생한 의외의 효과를 통하여 스스로를 불만스럽게 하는 그 체제를 계속적으로 유지하는 데에 기여하고 있는 자신을 발견하게 된다.

잠재적 기능이라는 개념이 이런 이례적인 상황을 설명하는 데에 흔히 적용되어왔지만, 그것은 이러한 상황(그것이 실재하는가는 질문되지 않는)에 대한 해석이라기보다는 명칭 부여에 지나지 않는다. 그 결과, 기능주의적 분석 자체 —— 이데올로기의 기능주의적 분석뿐만 아니라 —— 도 여전히 모호한 상태로 남게 된다. 하급 관료의 반(反)유대 성향은 자신이 지적 열등자로 여기는 사람에게 끊임없이 아첨하지 않으면 안 되었던 그의 가득 찬 분노에 작용하여 다소 이를 해소시키기도 한다. 그러나 이는 또한 그에게 무력한 쓰라림을 안겨줌으로써 분노를 더 크게 할지도 모른다. 무시당하는 예술가는 자신의 예술분야의 고전적 원칙을 상기함으로써 자신의 대중적 실패를 견디기 쉬워질지 모르지만, 그것을 상기하게 되면 자신을 둘러싸고 있는 상황의 가능성과 그가 생각하고 있는 요구가 넘을 수 없을 만큼 동떨어져 있다는 것이 극적으로 드러나는 까닭에 아무 소용도 없는 노력을 포기하게 될지도 모른다. 이데올로기적 인식에서의 공통성은 사람들을 상호 결합시켜주기도 하지만, 마르크스주의의 종파주의에서 볼 수 있듯이 그들 사이의 견해차를 보다 치밀하게 검토할 수 있는 어휘를 제공하기도 한다. 이데올로기론자간의 충돌은 사회적 문제에 대한 대중의 관심을 증가시키기도 하지만 동시에 이들을 흥분시킴으로써 그것을 이성적으로 다룰 가능성의 기회를 박탈한다. 물론 긴장이론가들은 모든 이러한 가능성에 대해서 매우 잘 알고 있다. 사실 그들은 긍정적인 측면보다는 부정적인 결과나 가능성을 강조하는 경향이 있다. 그러나 이들은 또한 이데올로기를 손톱 물어뜯기 같은 부득이한 임시변통 이상으로는 거의 생각하지 않는다. 그러나 중요한 것은 이데올로기적 관심의 동기를 규명하는 데에 있어서의 모든 섬세함에도 불구하고, 그러한 관심의 결과에 대한 긴장이론의 분석이 여전히 미숙하고, 불안정하며, 회피적이라는 점이다. 진단으로서의 긴장이론에는 설득력이 있지만, 기능론으로서는 그렇치 못한 것이다.

이러한 약점은 긴장이론에서는(이익이론에서도 마찬가지이지만) 상징의 형식화 과정에서의 가장 초보적인 개념 이상의 그 어느 것도 사실상 찾아볼 수 없다는 데에 있다. 감정이 "상징적 배출구를 찾거나", "마땅한 상징과 결부된" 것에 대해서는 많은 언급이 있었지만, 실제로 그것이 어떻게 이루어지는가에 대한 고려는 거의 없었다. 이데올로기의 원인과 그것의 효과 사이의 관계가 우연적인 듯이 보이는 이유는 그 연결요소 —— 상징의 형식화라는 자율적인 과정 —— 를 거의 침묵 속에서 언급하지 않고 지나쳐버리기 때문이다. 이익이론과 긴장이론 모두 상징의 상호 작용의 체계로서, 또는 의미의 상호 교환의 양식으로서 이데올로기를 진지하게 검토하지 못한 채 원인분석에서 곧바로 결과분석으로 나아가고 말았다. 물론 주제에 대한 윤곽은 잡혀 있고 내용분석에서는 중시되기도 한다. 그러나 이러한 주제들은 다른 주제나 의미론에 비추어 설명된 것이 아니라, 그 주제가 비추려고 하는 효력으로 돌아가거나 이들이 왜곡하여 보여주려고 하는 사회적 현실로 나아가서 설명하는 것이다. 이데올로기가 도대체 어떻게 정서를 의미로 변화시켜서 사회적 존재로 만드는가 하는 문제가 짧고 단순히 다루어지게 된 것은, 특정의 상징과 특정의 긴장(또는 이익)을 나란히 배열해놓고 전자가 후자의 파생물인 것을 단지 상식 —— 적어도 후기 프로이트주의자들이나, 후기 마르크스주의자들의 상식 —— 처럼 보이도록 한 조잡한 고안물 때문이다. 그것은 분석가가 손재주를 부린다면 실제로 그렇게 보일 것이다.[18] 결국 연결과정은 설명되지 않고 단지 추론될 뿐이다. 이데올로기적 태도를 자극하는 사회심리적 긴장과 그러한 태도가 공적으로 존재하고 있는 정교한 상징적 구조간의 관계의 본질은 너무나 복잡해서 감정적 공명이라는 막연하고도 검토되지 않은 개념으로는 이해할 수가 없다.

---

18) 이러한 일련의 장르에서 아마도 가장 감명 깊은 역작은 Nathan Leites, *A Study of Bolshevism* (New York, 1953)일 것이다.

IV

이와 관련하여 특별히 흥미있는 것은 비록 사회과학 이론의 일반적 경향이 마르크스주의, 진화론, 공리주의, 관념론, 프로이트 학설, 행동주의, 실증주의, 조작주의 등 지난 150여 년 간의 모든 주요한 지적 활동으로부터 지대한 영향을 받았고, 생태학, 동물행동학, 비교심리학으로부터 게임 이론, 인공두뇌학, 통계학에 이르는 거의 모든 중요한 방법론적 혁신을 활용하고자 해왔음에도 불구하고, 아주 적은 예외를 제외하고는 현대 사상의 가장 주요한 흐름의 하나는 실질적으로 접하지 않았다는 사실이다. 이 흐름이란 케네스 버크가 "상징적 행위"라고 부른 것에 관하여 독립적인 과학을 구축하고자 하는 시도이다.[19] 퍼스, 비트겐슈타인, 카시러, 랑어, 라일, 모리스 등의 철학자들의 연구나, 콜리지, 엘리엇, 버크, 엠프슨, 블랙머, 브룩스, 아우어바흐와 같은 문학비평가들의 작품 모두가 사회과학적 분석의 일반적 패턴에 별다른 영향을 끼치지 못한 것 같다.[20] 워프나 사피어와 같은 몇몇 대담한(충분히 예비적 연구를 한) 언어학자들을 제외하고는, 어떻게 상징들이 상징화되며, 어떻게 상징들이 의미를 매개하는 기능을 하는가에 대한 질문은 빠트려왔다. 내과의사이면서 소설가인 워커 퍼시는 다음과 같이 설파했다. "당혹스럽게도 오늘날 상징적 행동 바로 그것에 대한 경험적 자연과학이

---

19) K. Burke, *The Philosophy of Literary Form, Studies in Symbolic Action* (Baton Rouge, 1941). 다음의 논의에서 나는 개념을 전달하는 수단으로 작동하는 모든 물리적, 사회적, 또는 문화적 행동이나 대상이라는 의미로 "상징"을 광범하게 사용하고 있다. "5"와 "십자가"를 똑같이 상징으로 보는 이러한 견해에 대한 설명으로는 S. Langer, *Philosophy in a New Key*, 제4판 (Cambridge, Mass., 1960), pp. 60–66을 참조하라.

20) 문학비평의 전통에 대한 일반적인 개요는 S. E. Hyman, *The Armed Vision* (New York, 1948)과 R. Welleck과 A. Warren의 *Theory of Literature*, 재판 (New York, 1958)에서 찾아볼 수 있다. 이와 비슷한 개요는 보다 다양하게 철학적으로 발전시킨 것을 구할 수 없을 것이 분명하지만, 발전성이 있는 연구로는 C. S. Peirce, *Collected Papers*, C. Hartshorne과 P. Weiss 편, 제8권 (Cambridge, Mass., 1931–1958) ; E. Cassirer, *Die Philosophie der symbolischen Foremen*, 제3권 (Berlin, 1923–1929) ; C. W. Morris, *Signs, Language and Behavior* (Englewood Cliffs, N.J., 1944) ; L. Wittgenstein, *Philosophical Investigations* (Oxford, 1953) 등이 있다.

존재하지 않는다.……상징적 행동에 대한 과학의 결여와 그러한 과학의 필요성에 대한 사피어의 점잖은 질책은 35년 전보다 오늘날 훨씬 더 잘 들어맞는다."[21]

사회학자들이 이데올로기를 단지 고통에 대한 정교한 울부짖음 정도로 국한시킨 것은 그러한 이론의 부재, 특히 비유적 언어를 다루기 위한 분석틀의 부재에 기인한다. 은유, 유추, 모순, 애매모호성, 신소리, 역설, 과장법, 운율 등 소위 불완전하게 "문체"라고 부르는 모든 요소들이 어떻게 작용하는가에 대한 개념이 없고, 대부분의 경우 심지어 개인적 태도를 공적인 형태로 투사시킴에 있어서 이러한 방식들이 얼마나 중요한 것인지를 인식하지 못하기 때문에, 사회학자들은 보다 통찰력 있는 공식을 재구성할 수 있는 상징적 수단을 결여하고 있다. 예술은 인식의 "왜곡하는" 힘을 확립해왔으며 철학은 정서주의적인 의미이론의 타당성을 잠식해왔던 것과 마찬가지로, 사회과학자들은 전자를 거부하고 후자를 수용하고 있었다. 따라서 그들이 이데올로기적 주장의 의미를 읽어내는 문제를 그것을 문제로 인식하지 못함으로써 회피해왔다는 것은 놀라운 일이 아니다.[22]

내가 의미하는 바를 명확히 하기 위해서 하나의 예를 들려고 한다. 정치적 문제의 본질에 대해서 내가 여전히 가지고 있는 암묵적 관심에 대한 의심을 풀어주거나, 더 나아가서 시(詩)와 같은 문화의 보다 고상한 측면에 대한 분석을 위해서 발전된 개념이 보다 속된 수준에 적용될 때, 서로 상당한 질적 차이를 유지하면서도 사용될 수 있음을 제시하기에 이 실례 자체가 너무 평범한 것일 수도 있다. 서턴 등은 그들에게 이데올로기가 정의될 때 나타나는 인식론적 불충분성에 관하여 언급하면서, 이데올로기론자가

---

21) W. Percy, "The Symbolic Structure of Interpersonal Process", *Psychiatry* 24 (1961) : 39–52. 고딕체는 원문에서는 이탤릭체임. Sapir, "The Status of Linguistics as a Science", 초판(1929), D. Mandlebaum 편, *Selected Writings of Edward Sapir* (Berkeley and Los Angeles, 1949), pp. 160–166을 참조하라.

22) 비록 권력이 정치의 개요이며 실체라는 강박관념에 사로잡힌 점이 흠이기는 하지만, Lasswell의 글 "Style in the Language of Politics" (Lasswell 외, *Language of Politics*, pp. 20–39)는 이러한 비난에 대해서 어느 정도 예외라고 할 수 있다. 또한 앞으로의 논의에서 언어적 상징에 역점을 둔 것은 단지 단순화를 위한 것이며, 조형적, 연극적, 기타의 비언어적 고안물들 —— 수사적 가치가 있는 제복, 조명무대, 행진악대 등 —— 의 중요성을 부정하려는 의도는 아니라는 점을 밝혀두어야겠다.

"과도하게 단순화하는" 경향의 실례로서 조직 노동자들이 태프트-하틀리 법(Taft-Hartley Act : 미국에서 1947년 제정된 보수적 노동관계법. 조합가 입을 조건으로 하는 기업체의 위법화나 파업의 제한 등 노동조합의 힘과 활동을 강력히 억제하는 목적을 지녔다 /역주)을 "노예노동법"으로 명명한 일을 들고 있다.

　이데올로기는 그것이 지닌 단순성과 명확성이 해당 대상을 정당하게 다루는 데에 방해가 될 경우에도 단순명쾌해지려는 경향을 보인다. 이데올로기적인 그림에서는 명확한 선이 사용되며, 흑백이 뚜렷이 대비된다. 이데올로기론자들은 만화에서 쓰이는 방법처럼 과장하고 희화화한다. 반대로 사회현상에 대한 과학적 묘사는 희뿌옇고 분명치 않은 경향을 보인다. 최근의 노동 이데올로기에서 태프트-하틀리 법은 "노예 노동법"이 되어버렸다. 누구든지 냉정히 본다면 이 법이 이렇게·불릴 것이 아니라는 것을 인정할 것이다. 이 법을 조금이라도 객관적으로 평가하고자 한다면 그 안의 조항들을 하나하나 검토하지 않으면 안 될 것이다. 그렇게 평가한다면 어떠한 가치체계로 보더라도, 심지어 노동조합 자신의 가치체계로 보더라도 이것보다는 복합적인 결론에 이르게 될 것이다. 그러나 복합적인 평가는 이데올로기의 자질은 아니다. 이러한 판단들은 너무 복잡하고 너무 애매하다. 이데올로기는 노동자, 투표자, 입법자들을 모아 행동에 옮길 수 있도록 하기 위하여 그 법 전체를 하나의 상징 아래 범주화시키지 않으면 안 된다.[23]

　사회현상에 관한 일련의 이데올로기적 형식화가 동일한 현상에 대한 과학적 형식화에 비해서 필연적으로 "더 단순하다"는 것이 사실인지 아닌지에 대한 단순한 경험적인 질문은 차치하더라도, 이 논의에는 한편으로 조합 지도자들의 사고과정에 대해서 그리고 다른 한편으로 "노동자, 투표자, 입법자"의 사고과정에 대하여 기묘하게 경시하는 —— "극도의 단순화"라고 불리기도 하는 —— 관점이 내포되어 있다. 구호를 찍어서 퍼뜨리는 사람들 스스로가, 그 법이 정말로 미국 노동자들을 노예의 신분으로 격하시킨다고 (혹은 그럴 의도가 있다고) 다른 사람들이 믿을 것을, 혹은 구호를 의미 있게 받아들이는 일부 대중들이 반드시 그런 식으로 그 법을 받아들일 것을 확신하거나 기대했다고 믿기는 어렵다. 그러나 다른 사람들의 의식구조에 대한 이러한 단순화된 관점으로 인하여 사회학자들 앞에는 상징이라는 것

---

23) Sutton 외, *American Business Creed*, pp. 4-5.

이 가질 수 있는 효과에 관하여 충분하지 못한 두 가지 해석만이 놓이게 되었다. 그중 하나는 이익이론을 따른 것으로 상징이 무식한 사람을 속인다는 것이고, 다른 하나는 긴장이론을 따른 것으로 상징이 생각 없는 사람들을 선동한다는 것이다. 상징이 과학의 억제된 언어로는 포착할 수 없는 사회적 실체를 파악하고 형식화하여 알려주는 데에 그 능력을 발휘하여, 문자적 의미 이상으로 훨씬 더 복잡한 의미를 전달한다는 가능성은 전혀 고려조차 되지 않고 있다. "노예노동법"이란 결국 명칭이 아니라 하나의 비유인 것이다.

보다 엄밀히 말하면, 그것은 은유이거나 최소한 은유의 시도인 것이다. 비록 사회과학자들 중 이에 대한 문헌을 접해본 사람들은 거의 없겠지만, 은유 —— "언어가 비록 많지 않은 어휘를 가졌더라도 수백만 개의 사물을 포괄할 수 있는 힘" —— 에 관한 문헌은 매우 광범하고 오늘날 많은 호응을 받고 있다.[24] 물론 은유에는 한 차원의 의미의 부조화가 다른 차원의 의미의 합의를 낳는 의미의 충화현상이 존재한다. 퍼시가 지적하고 있듯이, 철학자(그는 과학자를 포함시켰을 수도 있다)를 매우 성가시게 했던 은유의 특징은 그것이 "틀렸다"는 데에 있었다. 즉 "은유는 어떤 것을 그것이 아닌 다른 것이라고 단언한다." 더구나 가장 잘 "틀렸을 때" 가장 효과적인 경향이 있다.[25] 은유의 힘은 그것이 단일한 개념틀 안에 상징적으로 밀어넣은 서로 조화되지 않는 여러 의미들의 상호 작용과 그것의 강요가 심리적 저항, 즉 그것을 받아들이는 사람에게 필연적으로 생기는 의미론적 긴장을 얼마만큼 성공적으로 극복하느냐의 정도에서 나온다. 제대로 작용되면 은유는 잘못된 동일화(예를 들면 공화당의 노동정책과 볼셰비키의 노동정책)를 적절한 유추로 변형시킬 수 있게 되며, 불발이 되면 단지 말장난에 불과한 것이 된다.

대부분의 사람들에게 "노예노동법"이라는 표현은 사실 불발에 그친 것이 었음이 (따라서 "노동자, 투표자, 입법자를 모아 행동에 옮기게 하는 상징"으로서 효과적 역할을 하지 못했던 것임이) 분명한 듯하며, 그것이 지닌 명백한 단순성보다는 바로 이 실패가 그것을 만화처럼 보이게 만든다. 보수적

---

24) 최근의 뛰어난 비평은 P. Henle 편, *Language, Thought and Culture* (Ann Arbor, 1958), pp. 173-195에서 찾아볼 수 있다. Langer, *Philosophy*, p. 117에서 인용.

25) W. Percy, "Metaphor as Mistake", *The Sewanee Review* 66 (1958) : 79-99.

의회가 조합가입을 조건으로 하는 기업체를 위법화하는 이미지와 시베리아 수용소의 이미지 간의 의미론적 긴장은 구호와 같은 초보적인 문체론적 방식에 의해서 단일한 개념으로 통합되기에는 —— 분명히 —— 너무나 엄청난 것이다. (아마도) 몇몇 열성자들을 제외하고는 이 유추는 믿어지지 않았으며, 잘못된 동일화는 잘못된 것으로 남았다. 그러나 아주 초보적인 차원에서조차 실패가 당연한 것은 아니다. 매우 순수한 논제인 셔먼의 "전쟁은 지옥이다"라는 말은 결코 사회과학적 명제는 아니지만, 서턴과 그의 동료들은 그것을 과장이나 만화로 여기지 않을 것이다.

그러나 이와 같은 두 가지 비유적 표현의 적절성에 대한 평가보다 더 중요한 것은 그들이 서로서로 부딪쳐 드러내고자 시도하는 의미들이 결국은 사회적인 근원을 지니고 있기 때문에, 그러한 시도의 성패는 거기에 사용되는 표현양식의 힘뿐만 아니라 긴장이론이 주목하는 종류의 요인들과 밀접한 관계가 있다는 사실이다. 냉전의 긴장이나 노동운동에 대한 두려움은 생존을 위한 치열한 경쟁으로 인해서 겨우 최근에 생긴 것이며 20년간 지배해 온 뉴딜 정책의 자유주의의 심각한 쇠퇴가 사회심리적 무대에 "노예노동"이라는 비유를 등장시켰고 —— 이것이 부적절한 유추로 판명되면서 —— 그 무대는 실패한 것이다. 1934년 「국방의 기초이론 및 그 강화방안(*Basic Theory of National Defense and Suggestions for Its Strengthening*)」이라는 소책자를 "전쟁은 창조의 아버지요, 문화의 어머니이다"라는 어디선가 들은 듯한 친숙한 은유로 시작했던 일본의 군국주의자들이 셔먼의 말에서 설득력을 발견하지 않았던 것은 분명하며, 셔먼 역시 그들의 말에 설득되지 않았을 것이다.[26] 일본의 군국주의자들은 현대 세계에 발판을 마련하려는 고대 국가의 제국주의 전쟁을 정력적으로 준비하고 있었으며, 셔먼은 내부의 증오로 분열된 미완(未完)의 국가에서 진절머리나는 내전을 수행하고 있었다. 그러므로 진리가 사회적, 심리적, 문화적 맥락에 따라서 변하는 것이 아니라, 진리를 파악하기 위해서 이런저런 효과적 시도를 할 때 구축되는 상징이 다른 것이다. 전쟁은 지옥이며 문화의 어머니가 아니라는 사실을 결국 일본인들도 발견하게 되었다 —— 비록 그들은 이 사실을 이보다 화려한 관

---

26) J. Crowley, "Japanese Army Factionalism in the Early 1930's", *The Journal of Asian Studies* 21(1958) : 309-326에서 인용.

용구로 표현할 것이 분명하지만.

지식사회학은 의미사회학으로 불려야 한다. 왜냐하면 사회적으로 결정되는 것은 개념의 본질이 아니라 개념의 전달수단이기 때문이다. 헨레는 다음과 같이 이야기하고 있다. 블랙 커피를 마시는 사회에서 "당신은 내 커피의 크림이오"라는 말로 여자를 칭찬한다면 이는 완전히 반대의 영향을 미치는 것이다. 그리고 만약 곰의 주요한 성질을 서투른 우악스러움보다 잡식성으로 간주하는 곳에서라면, 어떤 사람을 "늙은 곰"이라고 부르는 것은 그를 투박한 사람으로 본다는 뜻이 아니라, 다방면의 취향을 가진 사람으로 본다는 의미가 된다.[27] 또한 버크가 든 예를 인용하자면, 일본 사람들은 친한 친구의 죽음을 말하면서 웃기 때문에 이 경우, (말과 행동에 적절한/역자) 미국식의 의미론적 동격(언어 및 행동에서)은 "그가 웃었다"가 아니라, "그의 얼굴이 침울했다"가 되어야 하는 것이다. 왜냐하면 그렇게 표현해야 "일본의 사회관습을 서양의 사회관습으로 제대로 번역한 것이 되기" 때문이다.[28] 그리고 보다 이데올로기적인 영역으로 가까이 가보면, "행정 기능은 지도를 받는 사람들에게 어떤 사람이 우월하다는 인상을 준다"는 것을 우리가 받아들이고 있기 때문에 위원회의 의장직이라는 말은 우리가 그것에 부여하는 비유의 힘을 지니게 된다고 사피어는 지적했다. "만약 사람들이 행정 기능을 상징적 자동현상 정도로 느끼기 시작하게 되면, 위원회의 의장직은 무기력한 상징에 지나지 않게 되고, 그 상징에 내재된 것으로 느껴졌던 특정한 가치도 사라져버릴 것이다."[29] "노예노동법"도 다른 경우가 아니다. 만일 어떤 이유에서든 강제노동 수용소가 소련에 대해서 미국인이 가지는 이미지에 별 영향을 미치지 않게 된다면, 이는 바로 상징의 진실을 잃은 것이 아니라, 상징의 의미 —— 그 자체는 진실일 수도 허위일 수도 있는 —— 가 상실된 것이다. 마찬가지로 우리는 태프트-하틀리 법이 조직화된 노동에 치명적 위협이 된다는 주장도 다른 방식으로 재구성해야만 한다.

요약하자면, "노예노동법"과 같은 이데올로기적 상징과 이것이 등장하는 미국인들의 사회생활의 현실 사이에는 "왜곡", "선택성", "극도의 단순화"

---

27) Henle, *Language, Thought and Culture*, pp. 4–5.

28) K. Burke, *Counterstatement* (Chicago, 1957), p. 149.

29) Sapir, "Status of Linguistics", p. 568.

등과 같은 개념으로는 쉽게 파악할 수 없는 미묘한 상호 작용이 존재한다.[30] 형태의 의미론적 구조는 표면에 나타나는 것보다 훨씬 복잡할 뿐 아니라 그것의 구조 분석은 형태와 사회현실 사이의 다양한 관계들을 추적하게 한다. 그리하여 최종의 그림은 상이한 의미들의 집합 형태인데, 이 의미들이 상호 작용하여 최종적인 상징이 표현력과 수사력을 획득하는 것이다. 이러한 상호 작용 자체가 사회적 과정인데, 이것은 "머릿속에서" 일어나는 것이 아니라 "사람들이 서로 이야기하고, 사물에 이름을 붙이고, 단정을 내리고 어느 정도 서로를 이해하는" 공적인 세계에서 일어나는 것이다.[31] 상징행위에 대한 연구는 소집단이나 관료제, 또는 미국 여성의 역할 변화에 대한 연구에 못지 않는 사회학적 주제인데 다만 아직 개발이 덜 되었을 뿐이다.

V

이데올로기를 연구하는 대부분의 사람들이 질문하지 않는 것 —— 사회심리적 긴장이 상징의 형태로 "표출된다"라고 주장할 때 그것은 과연 정확히

---

30) 은유가 물론 이데올로기가 의거하여 이용하는 유일한 양식은 아니다. 환유(metonymy, "내가 줄 수 있는 것은 피와 땀과 눈물뿐이다"), 과장(hyperbole, "천년왕국"), 완곡어법(meiosis, "나는 돌아갈 것이다"), 제유(提喩, synechdoche, "월 스트리트"), 모순어법(oxymoron, "철의 장막"), 의인화(personification, "단검을 잡은 손이 그것을 이웃의 등에 찔러 넣었다") 그리고 고전적인 수사학자들이 힘들여 수집해서 주의 깊게 분류한 모든 형식들이 반복하여 이용되며, 또한 대조법(對照法, antithesis)이나 도치법(倒置法, inversion)이나 반복법(反復法, repetition)과 같은 통사적(通辭的) 장치들이나, 운(韻, rhyme)이나 운율(韻律, rhythm)이나 두운(頭韻, alliteration)과 같은 작시(作詩)의 장치들이나, 반어법(反語法, irony)이나 찬사(讚辭, eulogy)나 풍자(諷刺, sarcasm) 등의 문학적 장치들도 마찬가지로 사용되고 있다. 물론 모든 이데올로기적 표현이 비유적인 것도 아니다. 이데올로기적 표현의 많은 부분은 직접적인 단정으로 구성되어 있어서, 얼핏 보아 좀 이상하다는 것을 빼고는 걸맞는 과학적 진술들로부터 구분해내기 어렵다. "모든 현존 사회의 역사는 계급투쟁의 역사이다"; "유럽 도덕성의 총체는 대중에게 유익한 가치에 기반하고 있다" 등을 그 예로 들 수 있다. 단순히 구호를 외치는 단계를 넘어 발전된 문화체계로서의 이데올로기는 상호 관련된 의미 —— 그 의미를 형식화하는 의미론적 장치들에 의해서 상호 관련된 의미 —— 의 복잡한 구조로 구성되어 있으며, 이러한 구조로부터 고립된 은유의 두 가지 차원의 조직이라는 것은 단지 그 의미구조의 미약한 표현에 불과하다.

31) Percy, "Symbolic Structure."

무엇을 의미하는가 하는 문제 —— 은 우리를 정말 깊은 심연에 빠지게 만든
다. 적어도 근본적으로 사적인 활동이 아닌 공적인 활동으로서의 인간의 사고
의 본질에 대해서 다소 비전통적이고 명백히 역설적인 이론으로 빠지게 한다.[32]
여기서 이러한 이론을 자세히 검토하거나, 그것을 지지할 만한 증거들을 열
거할 수는 없다. 그러나 우리가 만일 상징과 의미과정이라는 붙잡기 어려운
세계로부터 보다 (분명히) 견고한 감정과 제도의 세계로 되돌아가는 방법을
찾으려고 한다면 그리고 문화, 인성, 사회체계의 해석방식을 상세히 추적해
보려고 한다면 최소한 이에 대한 일반적인 개요는 파악하고 있어야 한다.

　사고가 외부에 있다고 보는 이런 종류의 접근 —— 갤란터와 거스텐헤이
버를 따라서 우리가 "외재설(外在說)"이라고 부르는 것일지도 모른다——
을 정의하는 명제는 사고가 상징체계의 구성과 조작으로 구성된다는 것이
다. 이 상징체계는 물리적, 유기체적, 사회적, 심리적 체계 등 다른 체계의
구조의 모델로 채용되어, 이러한 다른 체계의 구조 —— 가능한 경우에는 이
체계들의 행동을 예측할 수 있게 되기도 하면서 —— 가 "이해된다."[33] 사고,
개념화, 형식화, 터득, 이해 또는 무엇이든 간에, 그것은 머릿속에서 망령처
럼 일어나는 것이 아니라 상징적 모델의 상태와 과정이 그것들을 둘러싸고
있는 세계의 상태와 과정과 결합되는 것이다.

　　상상적 사고는 주변 환경에 대한 이미지를 만드는 것일 뿐인데, 환경보다 모델이
　　더 빨리 작동하게 하고, 환경이 모델과 같이 움직일 것이라고 예측하는 것이다. 문제
　　해결의 첫걸음은 [환경]의 "관련된 특징"에 대한 모델이나 이미지를 구성하는 것으
　　로 시작된다. 이러한 모델들은 신체의 유기적 조직이나, 인간의 경우에는 종이나 연
　　필 등 인공물을 포함하는 많은 사물로부터 만들어질 수 있다. 일단 모델이 만들어지
　　면 모델은 다양한 가설적 조건과 제약하에서 조작될 수 있다. 이렇게 되면 유기체는
　　이러한 조작의 결과를 "관찰하고" 조작을 환경에 투사함으로써 예측이 가능해진다.
　　이 관점에 따르면 항공 기술자는 새로운 비행기 모델을 풍동 속에서 조작하는 동안
　　사고하는 셈이 되는 것이다. 자동차 운전사는 지도의 선을 따라서 손가락을 움직여나
　　갈 때 사고한다고 할 수 있는데, 이때 손가락은 자동차의 관련된 측면의 모델이 되는
　　것이고, 지도는 길의 모델이 되는 것이다. 이러한 종류의 외적 모델은 흔히 복잡한

---

32) G. Ryle, *The Concept of Mind* (New York, 1949).
33) E. Galanter와 M. Gerstenhaber, "On Thought : The Extrinsic Theory", *Psychol. Rev.* 63
　　(1956) : 218-227.

[환경]에 관해서 사고하는 경우에 사용된다. 암묵적 사고에 사용되는 이미지는 모델 형성을 위해서 사용되는 유기체의 물리-화학적 결과의 유용성에 의해서 좌우된다.[34]

물론 이러한 관점은 의식(意識)을 부정하는 것이 아니라, 오히려 의식을 규정한다. 퍼시의 주장대로 모든 의식적인 지가은 인식행위이다. 즉 어떤 물체(또는 사건, 행위, 감정)가 그것에 어울리는 상징이라는 배경 앞에 놓여 그것과 동일시되는 짝짓기인 것이다.

인간이 어떤 것을 의식하고 있다고 말하는 것만으로는 불충분하다. 인간은 어떤 것이 그 무엇이라는 것을 또한 의식하고 있다. 어떤 게슈탈트(Gestalt, 형태 : 지각의 대상을 형성하는 통일적 구조/역주)를 이해하는 것(닭이라도 인간과 마찬가지로 쟈스트로 착시[Jastrow effect : 착시의 하나. 같은 두 선형을 나란히 놓았을 경우 바깥쪽의 선형이 상대적으로 조그맣게 그리고 더 많이 굽은 것으로 보인다/역주]를 지각한다)과 그것을 상징적 매개에 의해서 파악하는 것 사이에는 차이가 있다. 나는 방을 둘러볼 때 내가 거의 힘을 안 들이고 일련의 대비(對比)를 하고 있음을 알고 있다. 즉 대상을 보고 그것이 무엇인지를 아는 것이다. 만약 내가 눈에 익지 않은 그 무엇인가를 보게 되면 나는 즉각적으로 대비의 한쪽이 없다는 것을 알게 된다. 나는 [그 물체가] 무엇이냐고 묻게 된다 —— 매우 신비로운 질문이다.[35]

빠져 있고 구해지는 것은 "눈에 익숙하지 않은 것"을 그 아래로 포함시켜 묶어서 그것을 익숙해지도록 하는 데에 사용될 수 있는 상징 모델이다.

일정한 거리에서 어떤 사물을 보고 그것이 무엇인지 알 수 없으면, 나는 그것을 다른 일련의 사물들로 생각하고 가까이 다가섬에 따라서 적합의 기준에 맞춰졌던 여타의 사물들이 하나둘씩 탈락된 후, 그 사물은 차츰 확실히 파악되는 것이다. 들판에 비친 햇빛을 나는 실제로 토끼라고 볼 수도 있다. 그것이 토끼일지도 모른다고 하는 추측의 영역을 훨씬 넘어 그렇게 보는 것이다. 아니, 지각된 형태는 그렇게 들어맞기 때문에, 토끼다움의 본질의 주형(鑄型)에 맞춰지는 것이다. 그러므로 그것이 토끼라고 맹세할 수도 있었다. 가까이 감에 따라서 햇빛이 비치는 방향이 달라지면서 토끼의

---

34) 같은 책. 나는 이 예리한 구절을 앞(p. 102)에서 이미 인용했는데, 최근에 진화론, 신경학, 문화인류학에서 이루어진 발견물들과 관련하여 사고에 대한 외재설을 정리하려는 시도였다.

35) W. Percy, "Symbol, Consciousness and Intersubjectivity", *Journal of Philosophy* 55 (1958) : 631-641. 고딕체는 원문에서는 이탤릭체임.

주형이 부정된다. 이제 토끼는 사라지고 나는 또 다른 주형을 만들게 된다. 이제 그것은 종이 봉지 혹은 또 다른 무엇이 된다. 그러나 가장 중요한 것은 최후의 "옳은" 인식도 잘못된 인식만큼이나 매개를 통한 이해라는 점이다. 이것 또한 또 하나의 주형, 짝짓기, 근사치라는 점이다. 그리고 그 인식이 맞다고 해도, 여러 지표에서 보아서 확증된 것이라고 할지라도, 이는 알아내는 것만큼 감추는 효과도 가진다는 것도 지적해 두자. 내가 이상한 새를 참새라고 인식할 때 나는 그 새를 적당한 형식화에 맞추어 처리하고자 한다. 참새일 뿐이라고.[36]

이러한 다양한 예에 대한 약간 주지주의적인 어조의 설명에도 불구하고, 사고의 외재설은 인간 지성의 감정적 측면으로까지 확장될 수 있다.[37] 지도는 단순한 물리적 위치를 "장소"로 변용시켜주는데, 숫자로 된 도로표시를 통해서 연결되고, 축척된 거리로 구분되어 우리가 있는 곳으로부터 가고자 하는 곳을 알려준다. 마찬가지로 예를 들면 홉킨스의 "펠릭스 랜달(Felix Randal)"(현대시에 큰 영향을 끼친 영국의 성직자 시인 홉킨스[1844-1889]가 1880년 제철공 펠릭스 랜달을 둘러싼 내용으로 쓴 소네트/역주)과 같은 시는 감정이 들어간 언어의 호소력에 의해서 요절이 가져다주는 감정적 충격의 상징 모델이 되며, 만일 우리가 그 시의 예리함으로부터 도로지도에서 받는 것과 같은 정도의 인상을 받는다면 그 모델은 물리적 감각을 감정과 자세로 변형시켜 우리로 하여금 그러한 비극에 대해서 "맹목적"이지 않고 "지성적"으로 대처할 수 있게끔 해준다. 미사나 순례, 코로보리춤(corroboree : 오스트레일리아 원주민의 춤/역주)과 같은 종교에서 핵심이 되는 의식들은 신성한 것에 대한 고유의 감정, 즉 경건한 정서의 상징 모델이며 (여기서는 언어보다는 행동의 형태로 나타난다), 이는 참가자들이 의례를 지속적으로 재현함으로써 생기는 경향을 보인다. 물론, "인식"이라고 불리는 대부분의 행위가 풍동 조작의 차원보다는 토끼를 확인하는 차원에 있는 것처럼, "표현"(이러한 이분법은 흔히 과장되고 대개는 잘못 해석되고 있다)이라고 불리는 것의 대부분은 고등 예술이나 정식 종교의례에서보다는 대중문화로부터 도출된 모델에 의해서 더 많이 전달된다. 그러나 중요한 것은 환경 내부의 대상, 사건, 구조, 과정에 대한 차별화처럼 "정서", "자세",

---

36) 같은 책. 허락하에 인용.
37) S. Langer, *Feeling and Form* (New York, 1953).

"감정" 등의 발전, 유지, 해소 등이 "우리가 들어갈 수 없는 의식의 흐름 속에서 발생하는 망령의 과정"이 아니라는 사실이다. 여기서도 또한 "우리는 인간이 오로지 공적으로 행동하는 모습을……묘사하고 있는 것이다."[38]

여타의 차이점이 무엇이든 간에 소위 인식적 상징과 표현적 상징 또는 상징체계는 적어도 한 가지 공통점이 있다. 이 둘 모두 생활을 패턴화시키는 정보의 외재적 자원이다. 즉 세계를 지각하고, 이해하고, 판단하고, 조작하는 초개인적 장치인 것이다. 문화 패턴 —— 종교적, 심리적, 미학적, 과학적, 이데올로기적 패턴 —— 은 "프로그램들"이다. 유전학적 체계가 유기적 과정을 조직해가면서 형판 같은 것을 제공하듯이, 이러한 프로그램들은 사회적, 심리적 과정을 조직해가면서 형판 또는 청사진을 제공한다.

이러한 상황을 고려해볼 때 우리는 심리학과 사회과학의 "환원론"에 대한 문제에 접근하는 조건을 규정할 수 있다. 우리가 잠정적으로 구분했던 차원[유기체, 인성, 사회체계, 문화]은 조직과 통제의 레벨들이라고 할 수 있다. 낮은 레벨들은 "조건"을 내세워서 자신들을 포함하는 구조를 "결정한다." 그것은 건물의 안정성이 건축자료의 속성에 의해서 좌우되는 것과 마찬가지의 의미이다. 그러나 재료의 물리적 속성이 건축의 "설계"를 결정하는 것은 아니다. 이것은 조직의 일종으로 또 다른 차원의 요인, 즉 조직요인에 의한다. 그리고 조직은 재료들 상호간의 관계를 통제하고, 그 재료들이 건물에 사용되어 그것에 의해서 특정 형(型)의 질서 있는 체계가 구성되는 방법을 통제한다 —— 이 일련의 차원에서 "아래쪽"을 봄으로써 우리는 언제나 조직의 상위 차원의 기능이 의존하고 있는 일련의 "조건들"을 조사하여 발견해낼 수 있다. 예를 들면 심리적 기능이 의존하고 있는 엄청나게 복잡한 생리학적 조건들이 존재한다. 이러한 조건들은 적절하게 이해하고 평가해보면 그 다음 상위 레벨의 조직적 체계의 과정들을 결정하는 실질적으로 중요한 요소들이다. 그러나 우리에게는 또한 일련의 차원에서 "위"를 올려다보는 시각도 가능하다. 이런 방향에서 우리가 보는 것은 "구조", 조직 패턴, 의미 패턴, "프로그램" 등이며, 그것들은 우리가 주의를 기울여온 차원의 체계에 있는 조직의 초점이 된다.[39]

---

38) Ryle, *Concept of Mind*, p. 51에서 인용.
39) T. Parsons, "An Approach to Psychological Theory in Terms of the Theory of Action", S. Koch 편, *Psychology : A Study of a Science* (New York, 1959) 제3권. 고딕체는 원문에서는 이탤릭체임. 다음과 비교해보라. "이러한 선택성을 설명하기 위해서는 효소의 구조가 유전자의 구조와 어떤 식으로든 관련되어 있다는 것을 가정할 필요가 있다. 이 생각을 논리적으로 확대시킴으로써 우리는 유전자가 효소분자의 표상 —— 소위 청사진——

이러한 상징적 형판이 필요한 이유는 여러 차례 언급했듯이 인간의 행동이 본질적으로 극히 가변적이기 때문이다. 유전자 프로그램 또는 모델――내재적 정보자원인――은 엄밀하지 않고 단지 광범하게만 통제하기 때문에, 이러한 인간의 행동이 효과적인 형태를 가지기 위해서 외재적 정보자원에 의해서 상당한 정도로 통제되어야 한다. 새는 풍동이 없이도 나는 법을 배우고, 하등동물의 죽음에 대한 반응은 대부분 본능적으로 그리고 생리적으로 생긴다.[40] 인간의 타고난 반응능력이 극히 일반적이고 산만하며 다양하다는 것은 인간의 행동이 취하는 특정의 패턴이 유전적 형판보다는 문화적 형판에 의해서 주로 결정된다는 것을 의미한다. 유전적 형판은 문화적인 형판에 의해서 정확한 일련의 행동들을 조직하고 전면적인 정신물리학적인 상황을 만든다. 도구를 만들고, 웃으며, 거짓말을 하는 동물인 인간 역시 불완전한――보다 더 정확히 말하면 자기완성적인――동물이다. 자기 실현의 실행자인 인간은 상징 모델을 구축하는 그의 일반적인 능력으로부터 자기를 규정하는 특정한 능력을 창출한다. 또는――결국 우리의 주제로 되돌아가는 것이 되겠지만――사회질서에 대한 도식적 이미지, 즉 이데올로기의 구축을 통해서 인간은 좋든 나쁘든 스스로를 정치적 동물로 만들어가는 것이다.

다양한 종류의 문화적 상징체계는 사회적, 심리적 과정을 조직화하는 형판으로서 외재적 정보자원이기 때문에 특별한 종류의 정보가 부족한 상황, 즉 행동이나 사고, 감정을 유도하는 제도화된 지표가 약하거나 결여된 상황

이라는 개념과 유전자의 기능은 효소구조에 관한 정보원으로 기능한다는 개념에 도달하게 된다. 효소――특수하고 독특한 순서로 배열된 수백 개의 아미노산 단위들로 구성된 거대한 단백질 분자――의 합성에 모델이나 일종의 명령이 필요하다는 것은 분명하다. 이런 명령들은 각 종마다 특징적으로 다르며 다음 세대로 자동적으로 전달된다. 그리고 이것은 불변하나 진화적 변화를 할 수도 있다. 이러한 기능을 수행할 수 있는, 지금까지 알려진 유일한 것이 바로 유전자이다. 모델이나 형판으로 작용함으로써 유전자가 정보를 전달한다고 믿을 만한 많은 근거들이 존재한다." N. H. Horowitz, "The Gene", *Scientific American*, 1956년 2월, p. 85.

40) 이 점은 동물 학습에 대한 최근 분석에 비추어볼 때 아마도 다소 지나치게 노골적으로 표현된 듯하다. 그러나 기본적인 주제――즉 하등동물에서 고등동물로 옮겨갈수록 내재적인(타고난) 매개변수에 의한 행동 통제는 일반적으로 보다 더 산만하고 덜 결정적인 경향이 있다――는 이미 확증된 바 있다. 앞의 제3장, pp. 93-100을 참조하라.

에서 결정적인 역할을 한다. 시(詩)와 도로지도가 사람들에게 필요한 경우는 감정적으로나 지형적으로 생소한 곳에서이다.

이데올로기에 있어서도 마찬가지이다. 에드먼드 버크가 말하는 "고대의 의견과 생활규칙(ancient opinions and rules of life)"의 황금유적에 확고히 내재된 정체(政體)에서 이데올로기의 역할은 명백히 주변적이다(이하의 인용은 버크의 「프랑스 혁명론(*Reflections on the Revolution in France*)」[1970]으로부터이다. "황금유적"이란 버크의 "고대"라는 용어를 받아들인 것이며, 전통적 정체를 고고학적으로 비유한 것이다/역자). 그것과 같은 극히 전통적인 정치체계에서 참가자들은 (버크의 또 다른 표현을 빌리면) 배우지 못한 감성의 인간처럼 행동한다. 그들은 그 판단이나 행동에서 성찰되지 않은 편견에 의해서 감정적으로, 지적으로 이끌리며, 그 때문에 그들은 "무엇을 결정해야 할 순간에 주저하거나, 회의를 가지거나, 당혹하여 우유부단해지는" 일이 없다. 그러나 버크가 고발하고 있던 혁명기의 프랑스에서 그리고 그가 아마도 국내 최고의 이데올로기론자로서 그 고발의 장으로 삼고 있던 동요하는 영국에서처럼, 그 고상한 의견들과 생활규칙들이 의문시되었으며, 그것을 강화하거나 그것을 대체할 체계적인 이데올로기적 형태에 대한 모색작업이 활발해졌다. 이데올로기의 기능은 정치를 의미 있는 것으로 전환시켜주는 권위적 개념, 즉 감각적으로 파악될 수 있는 설득력 있는 이미지를 제공함으로써, 자율적인 정치가 가능하게 해주는 것이다.[41] 정치체계가 기존 전통의 직접적인 지배로부터 스스로를 해방시킬 수 있을 때, 즉한편으로는 종교적, 철학적 규범의 직접적 세부지침으로부터 자유로워지고, 또 다른 한편으로 인습적 도덕률의 무분별한 교훈으로부터 자유로워지는 바로 그 시점에서 형식적 이데올로기는 비로소 그 모습을 드러내게 되며 뿌

---

41) 물론 특히 정치적인 이데올로기가 있듯이 도덕적인 경제적인, 심지어는 미적인 이데올로기도 있다. 그러나 사회적으로 두드러지는 이데올로기 중에서 정치적인 함의를 가지지 않는 이데올로기는 거의 없다고 할 수 있다. 그러므로 여기서 이 문제를 다소 협의의 시각에서 보아도 별 지장이 없을 것 같다. 어떤 경우든, 정치적인 이데올로기를 위한 논쟁은 비정치적인 이데올로기에도 같은 정도로 적용된다. 이 논문에서 전개하고 있는 것과 매우 유사한 입장에서 이루어진 도덕적인 이데올로기에 대한 분석을 보려면 A. L. Green, "The Ideology of Anti-Fluoridation Leaders", *The Journal of Social Issues* 17 (1961): 13-25를 참조하라.

리를 내릴 수 있게 된다.[42] 자율적인 정체가 분화하는 것은 곧 정치적 행위에 대한 하나의 독립적이고 독특한 문화적 모델이 분화하는 것을 의미한다. 왜냐하면 낡고 미분화(未分化)된 모델은 너무 포괄적이거나 너무 구체적이어서 그러한 정치체계가 요구하는 길잡이 역할에 적합하지 않기 때문이다. 그런 모델은 초월적 의미를 부과함으로써 정치적 행위를 구속하기도 하고, 습관적 판단에 의한 멍청한 현실주의에 동여매어 정치적 상상력을 억누르기도 한다. 한 사회의 가장 보편적인 문화적 정향(定向)도, 또는 가장 실제적이고 "실용적인" 지향도 모두 정치과정에 타당한 이미지를 부여하는 데에 충분치 못할 때 이데올로기는 사회정치적 의미와 태도의 원천으로서 결정적인 중요성을 지니기 시작한다.

어떤 면에서 이러한 진술은 이데올로기가 긴장에 대한 반응이라는 것을 다르게 표현한 것에 불과하다. 그러나 우리는 지금 사회적, 심리적 긴장뿐만 아니라 **문화적** 긴장도 포함시키고 있다. 이데올로기적 활동이 가장 직접적 계기가 되는 것은 일종의 방향감각의 상실, 즉 자신들이 그 안에 놓여 있는 공공적 권리와 의무의 세계가 이용 가능한 모델의 결여로 인해서 이해 불가능하게 되는 것이다. 분화된 정체(또는 그러한 정체 속에서 내부적 분화의 지속)의 발달은 심각한 사회적 분열과 심리적 긴장을 야기시킬 수도 있으며 흔히 그렇게 되어왔다. 그러나 그것과 더불어 나타나는 것은 정치질서에 대한 기존의 이미지가 부적절해져버리거나 평판이 나빠질 때의 개념적 혼란이다. 프랑스 혁명이 "진보"건 "반동"이건 간에 적어도 그 당시까지의 인류사에서 극단적인 이데올로기의 최고 양성소가 될 수 있었던 것은 이전의 어느 시대보다도 당시에 개인의 불안이나 사회적 불균형이 더 깊었으며 또한 만연되어 있었기 때문이 아니라 —— 충분히 깊었고 만연되어 있기는 했지만 —— 왕권신수설 같은 정치생활의 핵심적인 조직원리가 파괴되었기 때문이었다.[43] 사

---

42) Burke나 De Maistre의 이데올로기가 그랬던 것처럼, 이러한 이데올로기들이 관습의 재활성화나 종교적 헤게모니의 재부과를 요구한다는 사실도 부인할 수는 없다. 전통에 대한 신임이 의문시될 때에만 전통에 대한 논쟁이 제기된다. 이러한 호소가 성공하는 경우에만 소박한 전통주의로의 복귀가 아닌 이데올로기적 재전통화 —— 이 두 가지는 전혀 다른 문제이다 —— 를 가져온다. Mannheim, "Conservative Thought", *Essays on Sociology and Social Psychology* (New York, 1953) 중에서 특히 pp. 94-98을 참조하라.

43) 이 원리가 왕(루이 16세)보다 훨씬 앞서 파괴되었다는 점 역시 기억해둘 만하다. 즉 왕은

회심리적 긴장과 이 긴장을 이해할 만한 문화적 자원의 결여가 합류되어 서로를 악화시킬 때 체계적(정치적, 도덕적, 또는 경제적) 이데올로기의 등장 무대가 준비되는 것이다.

역으로 이데올로기가 시도하는 것은 이것이 없이는 이해하기 힘든 사회적 상황에 의미를 부여하여 그 상황에서 목적을 가지고 행동하는 것이 가능하도록 그 상황을 읽어내고자 하는 것이라면, 이데올로기가 고도의 비유적인 성격을 지닌다는 것 그리고 그것이 일단 받아들여졌을 때 격렬하게 방위된다는 사실이 함께 설명된다. 은유가 의미론적 범위를 넓힘으로써 표현하거나 최소한 문자로는 표현할 수 없었던 의미를 표현하는 것을 가능하게 하는 것처럼 이데올로기에서 문자가 가지는 의미의 충돌 —— 풍자, 과장, 과장된 대비 —— 은 낯선 고장으로의 여행과도 같은 정치생활의 변형에 따라서 나타난 수많은 "생소한 것들"에 대응하기 위한 참신한 상징들을 제공한다. 이데올로기가 어떤 종류의 것이건 간에 —— 의식되지 않는 공포의 투영, 배후에 감추어진 동기의 위장, 집단 결속력의 연대적 표현 ——, 분명히 이데올로기는 문제 있는 사회현실이 보여지는 지도이며, 집합의식의 창출을 위한 모체이다. 특정한 사례에서 지도는 정확한가, 의식은 믿을 만한가는 별개의 문제로, 그것에 대한 대답은 나치즘과 시오니즘에 대해서, 혹은 매카시의 민족주의와 처칠의 민족주의에 대해서, 혹은 인종 차별주의자와 그 반대론자에 대해서도 거의 동일할 수밖에 없다.

VI

이데올로기적 동요는, 물론, 현대 사회에서 광범하게 나타나지만, 아마도 오늘날 가장 눈에 띄는 것은 아시아와 아프리카의 신생국(혹은 재생국) 그

사실상 승계원리에 있어서의 의례적 희생물이었던 것이다. "[생-쥐스트]가 '피고[루이 16세가 그것으로 인해서 죽어야만 하는 원리를 결정한다는 것은 그에게 판결을 내리는 사회가 살아갈 원리를 결정하는 것이다'라고 외쳤을 때, 그는 왕을 죽일 사람은 철학자들임을 제시한 것이다. 왕은 사회계약이라는 이름하에 죽어야 했던 것이다." A. Camus, *The Rebel* (New York, 1958), p. 114.

리고 라틴 아메리카의 몇몇 나라일 것이다. 신앙과 계율에 의한 전통적 정치로부터 벗어나는 첫걸음이 바로 지금 떼어지고 있는 곳은, 공산국가이건 아니건 간에, 이런 나라들이기 때문이다. 독립의 쟁취, 기존 지배계급의 타파, 정통성의 대중화, 공적 행정의 합리화, 근대적 엘리트의 부상, 문자교육과 대중매체의 보급, 경험 없는 정부가 기존의 참가국들도 이해하지 못하는 불확실한 국제질서로 좋든 싫든 편입되어야 하는 것 등 모든 것이 광범한 방향 상실감을 야기시키고 있다. 이러한 상실감 속에서 기존의 권위와 의무, 혹은 공공 목적의 이미지는 전혀 부적절한 것처럼 보인다. 그렇기 때문에, 민족주의, 마르크스주의, 자유주의, 인민주의, 인종주의, 독재주의, 교회 만능주의, 또는 다양한 형태로 재구성된 전통주의(혹은 가장 흔한 것으로 이 중 몇몇의 무질서한 혼합체)의 어떠한 형태를 취하든 간에, 새로운 상징틀을 찾아서 정치적 문제를 형식화하고, 그것에 대해서 생각하고, 그것에 대응하려는 시도가 매우 치열한 것이다.

치열하다 —— 그러나 아직 형태가 결정되지 않았다. 대부분의 경우 신생국들은 여전히 이용 가능한 정치적 개념을 모색하고 있을 뿐, 이미 그것을 파악한 것은 아니다. 그리고 거의 모든 경우 또는 적어도 비공산주의 국가의 경우에, 그 결과는 불확실하다. 그것은 어떠한 역사적 과정의 결과가 불확실하다는 의미일 뿐만 아니라, 전체적인 향방에 대한 폭넓고도 일반적인 평가가 극히 어렵다는 면에서 불확실하다는 것이다. 지적으로도 모든 것은 유동적이다. 19세기 프랑스에서 라마르틴이 정치에 관해서 쓴 기발한 어구는 쓰러져가는 7월 왕조보다 요즈음의 신생국들에게 더 잘 적용될 것 같다.

이 시대는 혼란의 시대이다. 여론은 난무하고 정당은 뒤죽박죽이다. 새로운 사상의 언어는 아직 창조되지 않았다. 종교, 철학, 정치 속에서 스스로를 규정하는 것 이상으로 어려운 것은 없다. 사람들은 느끼고, 알고, 살아가며, 나름의 이유로 죽지만, 그러나 그것에 무엇이라고 이름을 붙일 수 없다. 사물과 사람을 분류하는 것이 이 시대의 커다란 문제가 되었다.……세상은 그 목록을 뒤죽박죽으로 만들어버리고 말았다.[44)]

이러한 관찰이 현재[1964] 세계에서 인도네시아만큼 정확히 들어맞는 곳

---

44) Alphonse de Lamartine, "Declaration of Principles", *Introduction to Contemporary Civilization in the West, A Source Book* (New York, 1946), 2 : 328–333.

264

도 없다. 거기서는 모든 정치과정이 이데올로기적 상징의 진창에 빠져 있으며, 각 상징이 인도네시아 공화국의 목록을 정리하여 고치고, 주장에 이름을 붙이고, 그 정체의 관점과 목적을 제시하려고 시도하고, 또 번번히 실패하고 있다. 인도네시아는 출발이 잘못된 나라이고 필사적인 수정을 시도하는 나라이다. 또한 이 나라는 열심히 다가가면 더욱 빨리 사라지는, 마치 신기루의 이미지와도 같은 정치질서를 필사적으로 모색하고 있다. 모든 이러한 좌절 속에서 유일한 구제구호는 "혁명은 아직 끝나지 않았다!"이다. 사실 정말 그렇다. 그러나 다만 아무도, 심지어는 안다고 소리 높이 외치는 사람들조차도 혁명을 어떻게 끝내야 하는지를 모르고 있기 때문에 이렇게 된 것이다.[45]

전통적 인도네시아에서 가장 발달한 통치개념은 4세기에서 15세기에 걸친 고전기 힌두교 국가에서 성립된 것으로, 국가가 이슬람화된 이후에 조금씩 개정되고 약화되어 존속해오다가 네덜란드 식민지 정부에 의해서 대대적으로 대체되거나 그 영향을 받게 되었다. 이 개념에서 가장 중요했던 것은 모범적 중앙의 이론이라고 불릴 수 있는 것인데, 이것은 수도(보다 더 정확하게는 왕궁)는 초자연적 질서의 소우주 —— "세계를 소규모화한……이미지" —— 이자 정치질서의 유형적 구현이다.[46] 수도는 단지 국가의 중핵이나 활력원이나 중심축이 아닌 국가 그 자체였다.

힌두교 국가 시기의 왕궁은 실질적으로 도시 전체로 이해되었다. 사방으로 둘러싸인 "천국의 도시"는 인도의 형이상학적 사상에 따라서 건립된 것으로, 이는 권력의 소재지 그 이상의 의미였다. 이는 실존의 본체론적 형태를 개관하는 모범이었던 것이다. 그 중심에는 신성왕(인도의 한 신격[神格]의 화신)이 있었으며, 그의 옥좌는 신의 성좌인 메루 산을 상징하고 있었다. 건물과 도로, 시의 성벽 그리고 심지어 그의 아내들과 부하들조차 의식절차

45) 여기에 계속되는 매우 도식적이고 권위가 있을 수밖에 없는 논의는 주로 나의 연구에 기초한 것으로 나 자신의 견해만을 반영하고 있다. 그러나 구체적인 자료는 Herbert Feith의 연구에 크게 의존했다. 특히 *The Decline of Constitutional Democracy in Indonesia* (New York, 1962)와 "Dynamics of Guided Democracy", R. McVey 편, *Indonesia* (New Haven, 1963), pp. 309-409를 참조하라. 나의 해석이 들어 있는 보다 넓은 문화 분석에 대해서는 C. Geertz의 *The Religion of Java* (New York, 1960)를 참조하라.

46) R. Heine-Geldern, "Conceptions of State and Kinship in Southeast Asia", *Far Eastern Quarterly* 2 (1942) : 15-30.

에서는 네 개의 신성한 바람의 방향에 따라서 사각형으로 배치되었다. 국왕 자신뿐 아니라 그의 의례도, 왕보(王寶)도, 법정(法廷)도, 왕궁도 전부 카리스마적인 의미를 띠고 있었다. 왕궁과 왕궁의 생활이 왕국의 본질이었으며, (종종 적절한 영적 지위를 얻기 위해서 황야에서 시련을 겪은 후) 왕궁을 장악한 사람이 제국 전체를 장악하여, 지위에 따른 카리스마를 획득했으며, 이제 더 이상 신성하지 않은 왕을 대체할 수 있었다.[47]

이렇듯이, 고대의 정치체제는 공고한 영토적 단위라기보다는 지배권을 둘러싸고 경쟁을 하면서 공통으로 중심 도시를 지향하는 촌락들의 느슨한 집합이라고 할 수 있다. 한 지역 안에서 혹은 때에 따라서 몇 개의 지역 사이에서의 패권의 달성은 단일 왕 아래서 광범한 영토를 관할하는 체계적인 행정조직에 달려 있기보다는 왕이 경쟁상대가 되는 수도를 칠 때 어느 정도로 효과적으로 공격력을 동원하고 사용할 수 있는가 하는 왕의 다양한 재능에 달려 있었고, 이러한 능력은 근본적으로 종교적인 —— 즉 신비적인—— 토대에서 연유하는 것으로 믿어졌다. 그 패턴은 영토의 수준에서는, 라디오 전파가 송신기를 통해서 퍼져나가듯이 도시국가의 수도 주위로 퍼지는 종교적, 군사적 권력의 몇몇 동심원으로 이루어져 있었다. 도시에 가까운 촌락일수록 그 촌락에 대한 궁정의 경제적, 문화적 영향력은 더욱 컸다. 반대로 궁정 —— 사제, 직인, 귀족과 국왕 —— 이 발달하면 할수록 우주질서의 축도로서의 권위, 군사력 그리고 외부로 확산되는 권력의 특성을 가지고 있는 동심원의 파급효과도 커져갔다. 영적 우월성과 정치적 탁월함은 융합되었다. 주술적 힘과 행정적 영향력이 일체가 되어 왕으로부터 그 아랫사람들에게로, 왕을 따르는 소궁정이 있으면 그것을 거쳐서 최종적으로는 영적으로나 정치적으로 힘없는 농민 대중에게로 흘러들었다. 그들의 관념은 정치조직의 복사적(複寫的) 관념으로, 거기서는 수도(首都)에서의 생활에 미시적으로 반영된 초자연적 질서의 영상이 지방으로 멀리 나아갈수록 점점 희미하게 반영되어 영원하고 초월적인 영역의 모사(模寫)가 지방으로 갈수록 덜 충실해지는 위계가 나타나게 된다. 이러한 체계 속에서 궁정의 행정적, 군사적, 의례적 조직은 실체적인 본보기를 제공함으로써 형상적으로 그를

---

47) 같은 책.

266

둘러싼 세계를 통치하게 된다.[48]

이슬람이 도래했을 때 힌두의 정치전통은 다소 약화되어 있었고, 특히 자바 해를 둘러싼 연안 무역왕국들의 경우가 더 그랬다. 이슬람의 상징과 사상이 첨가되고 혼합되었으며, 전통적 질서에 대해서 두려움이 적고 나양한 인종이 거주하던 도시는 이슬람 문화가 정착되었지만, 그럼에도 불구하고 궁정문화는 여전히 지속되었다. 19세기 중엽부터 20세기 초에 —— 특히 자바에서 —— 네덜란드의 행정통치가 꾸준히 확대됨으로써 전통은 더욱 위축되었다. 그러나 하위 관료층의 거의 전원이 인도네시아의 전통적 상층계급에서 충원되고 있었기 때문에, 그때까지도 전통은 초부락적 정치질서의 모체였다. 섭정 통치구 또는 지방관청은 정체의 중추였을 뿐 아니라 정체의 구현이기도 했으며, 이 정체에서는 대부분의 주민이 행위자라기보다 관객이었다.

공화국이 된 인도네시아의 새로운 엘리트가 혁명 후에 본 것은 이러한 전통이었다. 그렇다고 모범적 중앙의 이론이 인도네시아 역사 전체를 통하여 플라톤적 원형처럼 떠돌며 불변으로 존속한다는 말은 아니다. 왜냐하면 역사는 (사회 전체도 마찬가지로) 진보하고 발전하여, 일반적인 추이로 볼 때 궁극적으로 보다 더 관습적이고 덜 종교적인 것으로 되어가고 있기 때문이다. 그리고 또한 유럽 의회주의나 마르크스주의, 이슬람의 도덕주의 등과 같은 외국의 이념이 인도네시아의 정치사상에 중요한 역할을 하지 않았다고 이야기하는 것도 아니다. 왜냐하면 근대 인도네시아 민족주의는 새 부대에 담긴 묵은 술은 아니기 때문이다. 이는 다시 말하면 허세와 실세가 집중되어 있는 중심지로서 대중들로부터 찬미의 대상이 되면서 또한 경쟁자에게 군사적 타격을 가하는 정체의 고전적 이미지로부터 체계적으로 조직화된

---

48)　야와 땅[자바] 전체는 왕의 지배하에 있는 한 도시에 비교된다.
　　　사람들이 사는 수천[을 헤아리는] 집은 왕궁을 둘러싸는 왕의 신하들의 정원과 비교된다.
　　　온갖 이국(異國)의 섬들, 그에 비할 수 있는 것은 행복하고 평온한 전답(畑畓)들
　　　그리고 수풀이나 산은 정원의 모습, 그 모든 곳에 그는 불안한 느낌 없이 발은 디딘다.

　　14세기 궁정서사시 "Nagara-Kertagama"의 17편 3연. Th. Piegeaud, *Java in the 14th Century* (The Hague, 1960) 3 : 21에 영역(英譯)되어 있다. 나가라(nagara)라는 말은 자바에서는 아직도 "궁전", "수도", "국가", "나라", 또는 "정부"—— 때로는 심지어 "문명"——를 구별 없이 의미한다.

국가 공동체로 정체의 개념적 전이가, 이러한 여타의 변화와 영향에도 불구하고, 아직 완수되지 않았다는 뜻이다. 그러한 전이과정은 사실상 억제되어 왔으며 또 어느 정도는 오히려 후진하고 있었다고 볼 수 있다.

이러한 문화적 실패는 혁명 이후로 인도네시아 정치를 둘러싸고 있는 이데올로기의 소음이 더욱 고조되며 진정되는 기미가 없어 보인다는 사실에서 분명한 것이다. 고전적 전통의 비유적 연장을 통해서 근본적으로 이에 은유적 수정을 함으로써 새 공화정에 형태와 의미를 부여할 수 있는 새로운 상징틀을 구성하려고 한 가장 훌륭했던 시도가 바로 수카르노 대통령이 일본 점령의 종식에 즈음한 공식연설에서 처음 제시한 그 유명한 판챠실라 (Pantjasila)의 개념이다.[49] 인도적 전통의 숫자화된 가르침들 —— 세 가지의 보물, 네 가지의 장엄한 정서, 여덟 갈래의 길, 통치의 성공을 위한 스무 가지의 조건 등 —— 에 따라서 이루어진 이 개념은 독립 인도네시아의 "신성한" 이데올로기적 기초를 형성하기 위해서 고안된 다섯 가지(pantja)의 원칙(sila)으로 구성된 것이다. 모든 훌륭한 제도들이 그러하듯이 판챠실라도 간결하고, 모호하며, 나무랄 데 없이 고상한 것으로서, 다섯 가지 지침은 "민족주의", "인도주의", "민주주의", "사회복지" 그리고 (다원주의적) "일신교"였다. 결국 중세적인 틀에 태연하게 끼워넣은 이와 같은 근대적 개념은 고통 로종(gotong rojong : 문자적 해석은 "짐의 공동부담"이고, 상징적 의미는 "전체의 이익을 위한 전체의 희생")이라는 토착적 농민 개념과 명확하게 동일시되었다. 따라서 모범국가의 "대전통"과 현대 민족주의 원칙과 촌락의 "소전통"을 하나의 빛나는 이미지로 결합시켰다.[50]

이처럼 훌륭한 장치가 실패한 데에는 무수히 많은 복잡한 이유들이 있다. 그리고 그중 극히 적은 몇 개의 이유 —— 수카르노의 세속주의와 타협하기 힘든 이슬람식 정치질서 개념을 지닌 특정 분파 사람들의 힘 같은 —— 만이 문화적인 것들이다. 대우주-소우주의 비유와 인도네시아 사상의 전통적 절충주의에 따른 판챠실라는 무슬림과 기독교도, 신사계급과 농민계급, 민족주의자와 공산주의자, 상업집단과 농업집단, 자바인과 인도네시아 "외령(外

---

49) 판챠실라 연설은 G. Kahin의 *Nationalism and Revolution in Indonesia* (Ithaca, 1952), pp. 122-127에 나와 있다.

50) 큰 따옴표는 같은 책, p. 126의 판챠실라 연설에서 인용한 것이다.

領)", 이들 쌍방의 정치적 이익을 그 안에 포함하고자 하는 것이었다——
이들 다양한 경향들은 각각 이 판챠실라 원칙의 일부 측면을 강조하여, 행
정과 정당투쟁의 각 차원에서의 타협점을 찾아내고자 옛날의 모사(模寫) 패
턴을 현대의 헌법구조로 재구성하려는 것이었다. 이러한 구조에서 각각 판
챠실라의 한 부분 혹은 다른 부분을 강조하는 다양한 경향들은 행정과 정당
투쟁의 차원에서 적절한 생존양식을 모색할 것이다. 이러한 시도는 가끔 그
려진 것처럼 전적으로 비효과적이거나, 지적으로 어리숙한 것만은 아니었
다. 판챠실라 숭배(그것은 의례와 논평이 있는 문자 그대로의 숭배로 변했
다)는 의회제와 민주주의적 감정이 점진적이나마 건전한 형태로 지방과 국
가의 두 차원에서 형성되어가는 동안 얼마간 융통성 있는 이데올로기적 문
맥을 잠깐 동안 제공했다. 그러나 경제상황의 악화와 이전 종주국과의 절망
적일 정도의 병리적인 관계, (원칙상) 정부 타도를 기도하는 전체주의 정당
의 급속한 성장, 이슬람 원리주의의 부활, 대중의 지지를 받지 못한(혹은 지
지받을 의도조차 없었던) 선진 지식과 기술을 가진 지도자들, 대중의 지지
를 받을 만한(혹은 너무나 받으려고 하는) 사람들의 경제적 무지와 행정적
무능과 개인적인 취약성이 당파들간의 충돌을 야기시켜 판챠실라의 전체
패턴이 해체되었다. 1957년 헌법제정의회 당시의 판챠실라는 합의를 위한
용어에서 매도하기 위한 말로 변질되었다. 각 당파는 이 용어를 서로간의
합의를 위한 게임의 규칙으로 사용하기보다는 다른 당파와의 타협의 여지
가 없는 반대의사를 표현하기 위해서 더 많이 사용했다. 따라서 의회 이데
올로기의 다원성과 입헌 민주주의 모두가 한꺼번에 붕괴되고 말았다.[51]

이를 대체한 것은 과거의 모범적 중앙의 패턴과 매우 유사한 것이었다.
다만 오늘날에는 본능적인 종교와 관습의 토대를 지닌 것이라기보다는 자
의식이 강한 교조주의로 그리고 위계서열과 귀족의 영광을 갖추었다기보다
평등주의와 사회진보에 중점을 두는 특성으로 바뀌었을 뿐이다. 한편으로,
수카르노 대통령의 유명한 "지도에 의한 민주주의(guided democracy)"이

---

51) 의회의 의사록은 불행히도 아직 번역되지 않았지만, 신생국에서 찾아볼 수 있는 이데올로
기적 투쟁에 대한 가장 완전하고도 유익한 기록 가운데 하나이다. *Tentang Negara
Republik Indonesia Dalam Konstituante*, 제3권(출판지 미상[자카르타?], 출판년도 미상
[1958?])을 참조하라.

론과 1945년의 혁명적(즉 권위적) 헌법에 대한 재도입이 요청되는 가운데,
이데올로기가 동질화됨(이때 이단적 사조들 —— 그중에서도 특히 이슬람
현대주의와 민주사회주의 —— 은 단순히 정통성이 없는 것으로 억압되었
다)과 동시에 현란한 상징 조작이 가속화되었다. 친숙하지 않은 통치형태를
만들려던 노력이 실패로 돌아가 종래의 익숙한 통치형태에 새 기운을 불어
넣으려는 필사적인 노력이 앞의 동질화 작업과 병행되었다. 또 다른 한편으
로, 집행기관이나 관리기관으로서보다는 대통령제나 관료제로부터 정당과
언론에 이르기까지 정치적으로 의미 있는 모든 제도에 대하여 거부권을 가
지는 제한적 강제자로서의 군부의 정치적 역할을 증대시켜 전통적 그림의
남은 —— 위협적인 —— 반쪽을 메우게 되었다.

이전의 판챠실라와 마찬가지로, 수정된(혹은 재생된) 방안은 수카르노가
1959년 독립 기념일(8월 17일)에 즈음하여 행한 "우리 혁명의 재발견"이라
는 중요한 연설에서 제시되었다. 이 연설은 후에 최고자문회의로 알려진 측
근들에 의해서 만들어진 해설집을 첨부하여 "공화국 정치선언(Political
Manifesto of the Republic)"으로 공포되었다.

이렇게 해서 인도네시아 혁명의 기초, 목적 및 의무에 대한 교리문답이 실행되게
되었다. 이는 인도네시아 혁명의 사회적 힘, 그것의 성격 및 미래와 적 그리고 정치,
경제, 사회, 관념, 문화, 치안분야를 포괄하는 일반 계획에 관한 것이다. 1960년 초에
는 이 유명한 연설의 주요 메시지는 다섯 가지 이념 —— 1945년의 헌법, 인도네시아
의 사회주의, 지도에 의한 민주주의, 지도에 의한 경제, 인도네시아의 국민성 —— 으
로 구성되어 있으며, 이들의 첫 문자를 따서 우스데크(USDEK)라고 했다. "정치선
언(Political Manifesto)"이 "마니폴(Manipol)"이 됨으로써, 새로운 강령은 "마니폴-
우스데크(Manipol-USDEK)"로 알려지게 되었다.[52]

여론은 뒤죽박죽이었고, 정당은 난장판이었으며, 시대는 그야말로 혼란
그 자체였던 상태의 사람들로부터 마니폴-우스데크에 의한 정치질서의 이
미지는 이전의 판챠실라 때와 마찬가지로 즉각적인 반응을 얻게 되었다.

---

52) Feith, "Dynamics of Guided Democracy", p. 367. "Manipol-USDEKism"의 작용에 관
한 다소 강렬하나 생생한 서술은 W. Hanna, *Bung Karno's Indonesia* (New York, 1961)
에서 찾아볼 수 있다.

인도네시아에 가장 필요한 것은 올바른 마음과 올바른 정신 그리고 진정한 애국자적 헌신을 갖춘 사람이라는 견해는 많은 사람을 매료시켰다. "우리들 자신의 민족정신으로 되돌아가자"라는 말은 현대의 도전이 두려웠던 많은 사람들에게 매력적이었고, 당시의 정치적 지도력을 믿고 싶었지만 인도와 말레이시아만큼 빠르게 근대화하는 데에 실패했다는 것을 아는 많은 사람들에게도 매력적이었다. 그리고 인도네시아의 어떤 공동체 구성원에게는, 특히 [인도적 사고를 가진] 자바인들에게는 역사상 이 시기의 특별한 중요성과 임무를 설명하고 있는 마니폴-우스데크를 공들여 만들면서 대통령이 제시하는 여러 가지 복잡한 도식에 진실한 의미가 담겨 있었다. [그러나] 무엇보다도 마니폴-우스데크가 호소력을 가질 수 있었던 것은 사람들에게 페강간(pegangan) —— 꽉 잡을 수 있는 것 —— 을 주겠다고 약속한 간단한 사실 때문이다. 그들은 페강간의 내용보다는 무엇인가 목표의식이 부족함을 절실히 느끼고 있을 때 대통령이 무엇을 주겠다고 제의했다는 그 사실에 의해서 매혹당했다. 가치와 인식체계가 유동적이고 갈등 속에 빠져 있을 때, 사람들은 교조적이고 도식적인 정치선(政治善)이 형성되기를 간절히 바랐던 것이다.[53]

대통령과 그 측근들이 "신비의 창조와 재창조"에 거의 완전히 정신을 빼앗기고 있는 동안, 군부는 신비를 추구하다가 바라던 효과를 거두지 못할 경우나 경합적 지도자가 등장할 경우에 발생할 다양한 저항, 음모, 폭동, 반란 등을 진압하는 데에 그 관심을 집중시키고 있다.[54] 비록 군부는 행정 사무의 일부나 몰수된 네델란드 기업의 경영에 참여하기도 하며, 심지어는 (비[非]의회제의) 내각에 참여하기도 했지만, 훈련이나 내적 통합이 없어서인지 아니면 방향감각이 없어서인지는 몰라도 정부의 행정, 정책, 조직에 관한 일들을 상세하고 효율적으로 해내지 못했다. 그래서 이 과업들은 처음부터 수행되지도 않거나 아니면 매우 부적절하게 수행되거나 했다. 그리고 지역을 초월한 차원의 정체, 즉 국민국가는 전통적인 경계구역, 즉 수도인 자카르타로 점점 움츠러들어갔으며, 반독립적으로 종속된 몇몇 도시와 읍들은 중앙으로부터의 실력 행사의 압력의 위협에 못 이겨 최소한의 충성만을 바쳤다.

모범적 궁정의 정치를 되살리려는 이러한 시도가 오래 지속될 수 있을지

---

53) Feith, "Dynamics of Guided Democracy", pp. 367-368 참조. 페강(Pegang)은 문자 그대로 "붙잡다"를 의미하는데, 페강간은 "붙잡을 수 있는 무엇"을 의미한다.
54) 앞의 책.

는 의심스럽다. 왜냐하면 그것은 근대국가의 통치에 수반되는 기술적이고 행정적인 문제에 대한 대처능력을 결여하고 있는 까닭에 이미 대단히 압박 받고 있기 때문이다. 판챠실라 시대의 주저하는, 명백히 혼란되어 있으나 어색하게나마 기능은 하고 있던 의회정치로부터 후퇴하여 카리스마적 대통령 과 군부의 파수견 사이의 마니폴-우스데크에 의한 동맹관계로 이행하는 것 은 수카르노가 말한 "파멸의 나락"으로 인도네시아가 떨어지는 것을 막아 주기는커녕 오히려 그것을 가속화시키게 되었다. 그러나 이 이데올로기적 틀마저 와해된 다음에 (그렇게 될 것이 틀림없어 보인다) 무엇이 이를 계승 할 것인가, 혹은 인도네시아의 현대적 필요나 야망에 보다 적합한 정치질서 의 개념이 생긴다면 어디로부터 생길 것인가는 말할 수 없다.

인도네시아의 문제들은 순전히, 혹은 주로 이데올로기적인 것이 아니며, 이미 많은 인도네시아인이 생각하듯이 정치적 심경변화 이전에 사라질 것 도 아니다. 그 무질서는 보다 일반적인 것이며, 근대적 정체를 형성하기 위 한 개념틀을 창조해내는 데에 실패한 것은 많은 부분에 그 나라와 국민들이 겪고 있는 엄청난 사회적이고 심리적인 긴장을 반영하고 있는 것이다. 사태 는 단지 뒤죽박죽된 것처럼 보이는 것이 아니다 —— 이미 뒤죽박죽된 상태이 다. 그리고 그것을 제대로 정돈하기 위해서는 이론 이상의 것이 필요할 것이 다. 즉 행정기술, 전문지식, 개인의 용기와 결단, 끊임없는 인내와 관용, 막 대한 희생, 청렴결백한 공적 양심 그리고 (있을 것 같지 않지만) 물질적으로 아주 많은 행운이 필요하다. 아무리 고상한 이데올로기의 형식이 있다고 하 더라도 이러한 요소들을 대신할 수는 없다. 그리고 사실상 이것들이 없으면, 이데올로기는 인도네시아에서 그랬던 것처럼 실패를 감추는 연막이 되며, 절망을 유도하여 다른 곳을 향하게 하는 장치가 되며, 현실을 밝혀주기보다 는 은폐하는 가면이 된다. 심각한 인구문제, 극도의 민족적, 지리적, 종교적 다양성, 파산 직전의 경제, 인재의 부족, 민중들의 극심한 빈곤, 사회에 만연 된 화해하기 어려운 불만 등. 인도네시아의 이러한 사회문제들은, 이데올로 기의 수라장이 없었다고 해도, 사실상 해결될 수 없을 것 같다. 수카르노가 보았다고 주장한 지옥은 실제로 존재하고 있는 것이다.

그러나 그것과 동시에 인도네시아(혹은 내가 상상할 수 있는 어떤 신생국 이든)가 무엇인가 이데올로기의 안내 없이 그러한 문제의 숲을 헤쳐나간다는 것은 불가능한 것 같다.[55] 전문기술과 지식을 찾고자(혹은, 보다 중요하게, **사용하고자**) 하는 의지, 인내와 결의를 뒷받침할 정서적 탄력성, 희생과 청렴결백을 견디내기 위한 도덕적 힘은 어디로부터인가 와야 하며, 바람직한 사회현실의 이미지에 닻을 내린 공공 목적의 전망으로부터 와야 한다. 이 모든 자질들이 존재하지 않을지도 모른다. 현재의 복고주의적인 비합리주의와 고삐 풀린 환상으로의 타락은 계속될지도 모른다. 다음 단계의 이데올로기는 현단계의 이데올로기에 비해서 혁명이 표면적으로 추구하던 이상들로부터 더욱 멀리 떨어져 있을지도 모른다. 인도네시아는 버젓이 프랑스를 두고 말했던 것처럼, 다른 나라는 많은 것을 얻어가는 데에 정작 자신은 거의 얻는 것이 없는 일종의 정치적 실험의 장으로 남게 될지 모른다. 궁극적으로 도착하는 곳은 사악하게 전체주의적인 그리고 거칠게 열광적인 것이 될지도 모른다. 이 모든 것들은 분명 사실이다. 그러나 사건이 어느 방향으로 흘러가든, 그것을 결정하는 힘은 전적으로 사회적인 것이거나 심리적인 것이라고는 할 수 없으며, 오히려 일정한 부분은 문화적인 것, 즉 개념적인 것이다. 이러한 삼차원적 과정들을 분석하는 데에 적절한 이론틀을 만드는 것이 이데올로기에 대한 과학적 탐구가 해야 할 과업이다. 그것은 이제막 시작된 과업이다.

VII

　비판적이고 상상적인 작품은 자신이 태어난 상황이 제기한 문제에 대한 해답이기도 하다. 이때의 해답은 그냥 단순한 해답이 아니고 전략적이고 양식화된 해답인 것이다. 왜냐하면 우리는 "잘됐군"이라는 뉘앙스로 "예"라고 말할 수도 있으며, 혹은 "정말 안됐군!"이라는 뉘앙스로 "예"라고 말할 수도 있다. 따라서 나는 우선적 작업으로 "전략"과 "상황"을 구분함에 의해서……

---

55) 아프리카 신생국에서의 이데올로기의 역할을 분석한 것으로서, 우리가 한 분석과 유사한 선상에서 수행된 것은 다음을 참조하라. L. A. Fallers, "Ideology and Culture in Uganda Nationalism", *American Anthropologist* 63 (1961) : 677-686. 이데올로기를 철저하게 그리고 성공적으로 재건한 "청년" 국가에 대한 뛰어난 분석사례는 다음을 참조하라. B. Lewis, *The Emergence of Modern Turkey* (London, 1961), 특히 제10장.

비판적이거나 상상적인 성격의 작품들이……상황을 포위하기 위하여 다양
한 전략을 사용하는 것으로 생각해볼 것을 제한하고 싶다. 이러한 전략들은
먼저 상황을 측정하고, 상황의 구조와 눈에 띄는 특징들을 찾아내어 거기에
이름을 붙이는데, 그 특징들에 대하여 일정한 자세를 포함한 방식으로 이름
을 붙이는 것이다.

　이러한 관점은 결코 개인적이거나 역사적인 주관주의와 함께 하는 것은
아니다. 상황들은 실제로 존재하며, 그것들에 대처하기 위한 전략들은 공적
인 내용을 가지기 때문이다. 그리고 상황이 개인들간에 공통적이거나 역사적
시기끼리 서로 공통적이게 되면, 그때의 전략들은 보편적인 의미를 가지게
된다.

　――― 케네스 버크, 「문학 형식의 철학(*The Philosophy of Literary Form*)」

　과학과 이데올로기 모두가 이런 의미에서 비판적이고 상상적인 "작품"(상
징구조들)이기 때문에, 그들 사이의 분명한 차이나 상호 관계를 보다 더 객관
적으로 정립하기 위해서는 두 사고형태간의 인식론적이거나 가치론적인 차이
를 찾아내려고 집착하기보다는 오히려 양식적인 전략이라는 개념을 통하여
접근하는 것이 나을 것이다. 종교를 과학적으로 연구할 때 그 연구대상이 주
장하는 내용의 정당성과 같은 불필요한 질문으로부터 시작하지 않는 것과 마
찬가지로 이데올로기에 대한 과학적 연구도 그러한 질문으로부터 시작하지
않는다. 다른 역설과 마찬가지로, 만하임의 역설을 다루는 가장 좋은 방법은
항상 원점으로 되돌아가게 했던 잘 알려진 역설의 길로 빠져들지 않도록 연구
자의 이론적 접근법이 무엇인지를 체계적으로 제시함으로써 그것을 우회적으
로 회피하는 것이다.

　문화체계로서의 과학과 이데올로기의 경우, 그 차이는 상황을 포위하기 위
하여 그들이 각각 제시하는 상징적 전략이 무엇인가 하는 데에서 찾아져야 한
다. 과학은 상황구조를 이해관계가 없는 듯한 태도로 이름짓는다. 그 양식은
절제되고 경제적이고 매우 분석적인 것으로, 도덕 감정을 표현하는 데에 가장
효과적인 의미론적 방법은 회피하고 지적 명료함을 극대화하려고 한다. 그러
나 이데올로기는 상황 구조에 대해서 관여의 태도를 가지고 이름을 짓는다.
따라서 그 양식은 화려하고, 생동감 있고, 의도적으로 시사적인 것으로 과학
이 회피한 의미론적 방법을 통해서 도덕적 감정을 객관화함으로써, 사람들로

하여금 행위하도록 만든다. 그 둘은 모두 문제상황을 정의하는 데에 관심을 두고 있다는 점과, 필요한 정보의 결여를 느껴서 생긴 대응이라는 점에서 공통적이다. 그러나 이때 필요한 정보는 상황이 동일하더라도 서로 판이하게 다르다. 이데올로기론자는 열등한 사회과학자이지만, 사회과학자도 그에 못지 않게 열등한 이데올로기론자이다. 양자는 매우 상이한 종류의 작업을 하고 있는 것이며(혹은 최소한 그래야 한다), 따라서 한쪽의 활동을 다른 쪽의 목적에 비추어 평가하게 되면 얻는 것이 거의 없고 모호해지기만 한다.[56]

과학은 문화를 진단하고 비판하는 차원이지만, 이데올로기는 문화를 정당화하고 변명해주는 차원이다. 이데올로기는 문화의 신념과 가치의 양식들을 정립하거나 옹호하는 데에 적극적으로 관여하고 있는 부분이다.[57] 따라서 과학과 이데올로기가 특히 동일한 범주의 상황을 해석하려고 할 경우, 서로 자연스럽게 충돌할 것이라는 점은 분명하다. 그러나 그 충돌이 불가피하다는 생각이나 혹은 (사회)과학이 발견한 것이 이데올로기가 옹호하고 선전하는 신념이나 가치의 유효성을 침해한다는 식의 생각은 매우 의심스러운 가정이다. 동일한 상황에 대해서 비판적인 동시에 옹호적인 태도를 취한다는 것은 (그것이 종종 경험적 모순으로 나타난다고 할지라도) 개념의 내적 모순이 아니라, 일정한 지적 세련의 수준에 도달해 있다는 표식이다. 아마도 그럴 듯하게 꾸며낸 이야기인 것 같으나, "우리는 해변에서 싸울 것이다. 우리는 상륙지점에서 싸울 것이다. 우리는 들판과 거리에서 싸울 것이다. 우리는 산에서 싸울 것이다……"라는, 고립된 영국을 결집시키는 저 유명한 연설을 끝마친 처칠은 한 측근에게 "그리고 우리는 탄산수 병으로 적의 머리를 내리칠 것이다. 우리는 총이 없으니까"라고 속삭였다는 이야기가 있다.

---

56) 그러나 이것은 이 두 활동이 현실에서 동시에 진행되지 않으면 안 된다고 말하는 것과 완전히 같지는 않다. 예컨대, 새를 조류학적으로도 정확하게 그리는 동시에 미적으로도 아름답게 그리는 것이 왜 안 되는가 하는 것과 마찬가지이다. 물론 마르크스는 두 작업을 동시에 해낸 탁월한 사례이다. 이보다 최근에 과학적 분석과 이데올로기적 논의를 동시에 성공적으로 결합시킨 작품은 E. Shils, *The Torment of Secrecy* (New York, 1956)이다. 서로 다른 장르를 섞으려고 했던 이외의 대부분의 시도들은 그리 만족스러운 성공을 맛보지 못했다.

57) Fallers, "Ideology and Culture." 물론 옹호되는 신념과 가치의 패턴은 지배적 집단을 위한 것일 뿐 아니라 종속적 집단을 위한 것이기도 하다. 따라서 "변호"도 개혁을 위한 것일 수도 있고 혁명을 위한 것일 수도 있다.

이처럼 이데올로기에 사회적 수사(修辭)로서의 성격이 있다고 하더라도 그것은 이데올로기가 의거하는 사회적, 심리적 현실관이 그릇되었다는 증거라고 할 수 없으며, 혹은 믿어지는 것과 현재 또는 미래에 과학적으로 옳다고 정립되는 것 사이의 불일치에서 이데올로기가 그 설득력을 얻는 증거라고도 할 수 없다. 자폐적 환상의 향연에 빠져 이데올로기가 현실로부터 유리될 수도 있다는 사실 —— 혹은 자유스러운 과학에 의해서도 사회의 전체 구조에 탄탄하게 뿌리를 둔 경합적인 이데올로기들에 의해서도 비판받지 않을 경우 더욱 그렇게 되는 경향이 있다는 사실 —— 은 너무나 명백하다. 그러나 병리학적 증상은 정상적 기능이 무엇인지를 분명하게 밝히는 데에 있어서 매우 흥미로운 것일지 모르나(그러한 증상이 아무리 경험적으로 흔할지라도), 병리학이 이데올로기의 원형으로 다루어지는 것은 오해를 불러일으킨다. 다행히도 현실에서 그것이 보여질 필요는 없었으나, 영국인들이 정말로 해변이나 상륙지점, 거리 그리고 산에서 —— 그럴 필요가 있다면 탄산수 병으로 —— 싸웠을 것이라는 것은 정말로 있을 수 있는 일이다. 그것은 처칠이 자국민의 정서를 정확히 형식화하여 그것을 동떨어진 실현성 없는 사적인 감정들의 집합이 아닌 공적 소유물, 즉 사회적 사실로 만들어서 가동시켰기 때문이다. 심지어 도덕적으로 역겨운 이데올로기적 표현도 분명 국민이나 집단의 정서를 가장 정확하게 포착할 수 있다. 히틀러가 자국민의 악마와 같은 자기혐오를 성서를 끌어들여 주술적으로 타락한 유대인의 모습으로 표현했을 때, 그는 독일 국민의 의식을 왜곡시키고 있었던 것이 아니다. 그는 단지 그것을 객관화하고 있었을 뿐이다. 즉 만연된 개개인들의 노이로제를 강력한 사회적 힘으로 바꾸어놓았던 것이다.

그러나 과학과 이데올로기가 서로 상이한 작업임에도 불구하고, 그것들은 서로 무관한 것이 아니다. 이데올로기는 사회의 조건이나 향방과 관련해서 경험적 주장을 내놓는다. 그리고 과학(과학적 지식이 없을 때는 상식이)은 그것을 사정(查定)하는 일을 한다. 이데올로기에 대한 과학의 사회적 기능은 첫째는 이데올로기가 무엇이며, 그것은 어떻게 작용하는지 그리고 그것이 어떻게 생겼는지를 이해하는 것이며, 둘째는 그것을 비판하고 그리고 그것을 현실과 타협하도록(그러나 반드시 항복할 필요는 없다) 하는 일이다. 사회문제를 과학적으로 분석해온 전통이 생생히 살아 있다는 것은 이데올로기가 극단으로 흐르지 않도록 보장해주는 것으로 가장 효과가 큰 것 중의 하나이다. 왜냐하면 과학적 분석은 정치적 이념이 의존하고 존중해야 하는, 실증적 지식의 원천으로 비할 데 없이 신뢰할 수 있기 때문이다. 물론 과학적 분석만이 유일한 견제는 아니다. 앞서 언급했듯이, 사회에 다른 강력한 집단이 신봉하는 경쟁적인 이데올로기가 존재하는 것은 전체를 장악하려는 꿈을 그야말로 환상에 지나지 않는 것으로 간주하는 자유정치체제만큼 중요하며, 또한 관습적 기대를 지속적으로 좌절시키지도 않으며, 관습적 사고를 과격하게 무능한 것으로 매도하지도 않는 안정된 사회조건만큼이나 중요하다. 그러나 그 자신의 관점에 대해서 조용히 타협을 거부하는 과학적 분석은 아마도 최고의 불굴의 체제일 것이다.

제9장   혁명 이후 : 신생국에서의
민족주의의 운명

I

1945년부터 1968년 사이에 66개의 "나라들"—— 현실은 이와 같은 강조 표시를 필요로 한다 —— 이 식민지 지배로부터 정치적 독립을 획득했다. 복잡한 성격을 지닌 미국의 베트남 개입을 계산에 넣지 않는다면, 1962년 여름에 끝난 알제리의 승리가 국가 독립을 위한 마지막 큰 투쟁이 될 것이다. 아프리카의 포르투갈 식민지와 같이 아직도 분쟁이 지속되고 있는 지역도 있지만, 제3세계 민족이 서양 지배에 대항한 위대한 혁명은 본질적으로 끝났다. 정치적, 도덕적, 사회적으로 그 결과는 복잡하다. 그러나 공식적으로 콩고로부터 가이아나에 이르기까지 제국주의의 구역은 사라졌다.[1]

민중에 의한 통치, 급속한 경제성장, 사회적 평등, 문화적 쇄신, 국가적 위대성 그리고 무엇보다도 서양 지배의 종식 등 독립이 보장해줄 것 같았던 모든 것을 고려해본다면, 실제로는 그것의 도래가 용두사미와 같은 결과를 가져왔다는 것은 놀라운 일이 아니다. 이것은 아무것도 일어나지 않았다거나 새 시대가 도래하지 않았다는 의미가 아니다. 오히려 새 시대는 도래했으며, 이제는 그것을 단순히 상상하는 것만이 아니라 그 속에서 살아가야

---

1) "신생국"이라는 용어는 처음부터 애매한 말이지만 시간이 흐르고 국가의 역사가 오래 될 수록 훨씬 더 애매하게 된다. 나는 이 용어를 주로 제2차 세계대전 이후 독립한 국가들을 가리키는 데에 사용하고 있지만 나의 목적과 현실에 맞는 한, 공식적으로 그 이전에 독립한 중동 국가들과 같은 국가들이나, 나아가서는 엄격한 의미에서 식민지였던 적이 없는 에티오피아, 이란, 태국과 같은 국가들에 대해서도 주저없이 사용하겠다.

한다는 의미이며, 불가피하게도 그것은 맥이 빠지는 경험이라는 것이다.

이러한 어두운 분위기의 자취는 어디에서나 찾아볼 수 있다. 강력한 인물과 멋진 혁명 투쟁극에 대한 향수에서도, 정당정치, 의회주의, 관료주의, 군인과 상인, 지역 세도가 등 새로운 계급들에 대한 환멸에서도, 방향의 불확실과 이데올로기적 무력감 그리고 불특정 다수를 향한 폭력의 지속적 확산에서도 찾아볼 수 있다. 그리고 상황이 그들이 생각했던 것보다 훨씬 복잡하며, 식민지 지배의 단순한 반영물로서, 식민통치만 사라지면 모두 사라져버릴 것으로 생각했던 사회적, 경제적, 정치적 문제들이 결코 피상적인 원인에 의한 것이 아니라는 점을 점점 더 인식하게 되는 것에서도 나타난다. 철학적으로는 현실주의와 냉소주의, 신중함과 무관심, 성숙과 절망 사이에 커다란 차이가 있을지 모르지만, 사회학적으로는 이들은 항상 별 차이가 없는 것들이다. 그리고 대부분의 신생국에서는 현재 그 구분이 약해져서 거의 사라질 지경에 이르렀다.

물론 이러한 분위기는 단순한 것이 아니며, 이러한 분위기의 배경에는 식민지 이후의 사회생활의 현실이라는 것이 존재한다. 민족투쟁의 신성한 지도자들은 사라졌거나(간디, 네루, 수카르노, 은크루마, 무함마드 5세, 우 누, 진나, 벤 벨라, 케이타, 아지키웨, 나세르, 반다라나이케), 자신감이 더 적은 후계자나 덜 극적인 장군들에 의해서 대체되었거나, 또는 국가원수 정도로 약화되었다(케냐타, 니에레레, 부르기바, 리, 투레, 카스트로). 소수의 특출한 사람들에게 기대되던 천년왕국적인 정치적 희망은 이제 덜 뛰어난 많은 사람들에게로 확산되었을 뿐 아니라, 그 자체도 희미해져버리고 말았다. 다른 결점이 있음에도 불구하고 카리스마적인 지도자가 명백히 성취할 수 있었던 사회적 에너지의 집중이라는 것은 그러한 지도력이 사라짐으로써 분산되어버렸다. 지난 10년 동안 예언자적인 해방자들이 사라졌다는 것은 신생국의 역사에서 30년대와 40년대 그리고 50년대에 그들이 등장한 것만큼 극적인 것은 아닐지라도 그것에 비견할 만한 중요한 사건이다. 물론 여기저기에서 새로운 인물들이 수시로 등장할 것이며, 그중 몇몇은 세계에 심대한 영향을 끼칠지도 모른다. 그러나, 오늘날 이런 기미는 거의 보이지 않지만, 공산주의 봉기의 물결이 체 게바라의 암영을 떨치며 제3세계를 휩쓸지 않는 한, 반둥 회의의 빛나던 시절이 그랬던 것처럼 기라성 같은 혁명 영웅들이 조만간 다시 등장하지는 않을 것이다. 대부분의 신생국들은 이미 평범한 통치자들 아래에 있다.

지도자의 위엄이 줄어든 것과 더불어, 지도자를 둘러싸고 있으며, 많은 경우 지도력을 흡수하기도 하는 화이트칼라 계급―― 미국 사회학자들은 "신(新)중간계급(the new middle class)"이라고 부르며, 프랑스에서는 보다 직설적으로 "지배계급(la classe dirigeante)"이라고 부른다―― 이 공고히 형성되어왔다. 어디서든 마찬가지겠지만, 식민지 지배가 그것이 시작되던 시기에 마침 힘을 지니고 있던(혹은 그 요구에 따르고 있던) 사람들을 공무원이나 감독관들의 특권집단으로 변화시켰던 것처럼 독립은 왕왕 어느 지역에서든 당시 마침 힘을 지니고 있던(그 시대의 정신에 반응하고 있던) 사람들 중에서 규모가 보다 크기는 하지만 같은 종류의 집단을 만드는 경향이 있다. 어떤 경우에는 신구 엘리트 사이의 계급적 연속성이 크며, 어떤 경우에는 두 계급이 일치하지 않을 수도 있는데, 이는 혁명기와 혁명 직후의 주요한 내부적 정치투쟁에 의해서 결정된다. 그러나 순응하든지, 벼락출세를 하든지 간에, 한때 매우 개방된 것처럼 보였던 이동의 통로는 이제는 대부분의 사람들에게는 매우 폐쇄적인 것이 되었다. 정치적 지도력이 "정상적"으로 되었거나, 또는 그렇게 보이듯이, 계층체계 또한 그러하다.

사실은 사회 전체적으로 그러한 경향을 보인다. 전민족을 움직이게 만든 원동력으로서, 모든 곳에서 식민주의에 대한 저항을 야기시켰던 대중적이고 일치된 그리고 억누를 수 없는 운동의식은 전부 사라진 것은 아니지만 그 힘이 많이 약화되었다. 신생국 자체 내부에서나 신생국에 관한 학술서적에서도 "사회적 이동"에 관한 언급은 10년 전은 말할 것도 없고 5년 전보다도 훨씬 줄어들었으며, 있다고 해도 그 내용은 점점 공허해져가고 있다. 그리고 이것은 실제로 사회적 이동이 줄어들고 있기 때문이다. 변화는 계속되고 있다. 그러나 애초에 해방의 추진력이었던 커다란 기대가 만든 환상, 즉 이제 이 이상은 아무 일도 일어나지 않을 것이라는 막연한 환상 속에서도 변화는 사실 가속화되고 있는지도 모른다.[2] 그러나 "국가 전체"의 일반적인 전진운동은

2) 제3세계의 현재 사회조건이 어떻게 "토착민" 측과 외부 관찰자 모두가 변화를 인지하지 못하도록 하는가에 대한 일화적이기는 하지만 날카로운 논의를 보려면 A. Hirschman, "Underdevelopment, Obstacles to the Perception of Change, and Leadership", *Daedalus* 97

여러 분야의 복합적이고 불균형적이며 다방향적인 운동에 의해서 대체되었
는데, 이것은 진보라기보다는 조바심 나는 정체라는 느낌을 가지게 한다.

그러나 지도력이 약화되고 특권이 부활되었으며 운동이 저지되었음에도
불구하고, 모든 지역에서 독립운동의 기초가 되었던 강력한 정치적 정열의
힘은 약간의 손상만을 입은 채 남아 있다. 민족주의 —— 무정형이며, 초점
이 불확실하며, 모호한 것이기는 하지만 그럼에도 불구하고 매우 불붙기 쉬
운 —— 는 이제 다시 대부분의 신생국에서 지배적인, 나라에 따라서는 사실
상 유일한 집단적 정열이 되고 있다. 세계 혁명은 트로이 전쟁처럼 계획대
로 이루어지는 것이 아니며, 가난, 불평등, 착취, 미신, 권력정치 등은 잠시
동안만 횡행할 것이라는 것은 대부분의 민족들이 괴롭더라도 최소한 견디
며 살아갈 수 있는 이상이다. 그러나, 단지 주민이기보다 한 민족집단으로
세계에서 인정받고 존경받는 누군가로 취급되고 주목받고 싶다는 욕망은
한번 일어나면 만족되지 않는 한 달래지기 힘들다. 최소한, 그것은 어디에서
도 달래지지 않았다.

실질적으로 혁명 이후의 새로운 상황이 여러 방면에서 그것을 악화시켰
다. 신생국과 서양 사이의 힘의 불균형이 미치는 직접적 영향에 대해서 완
충역할을 하던 식민통치가 제거됨과 동시에, 신생국은 자기보다 훨씬 강하
고, 보다 더 숙련되고 안정된 국가에 대항하여 스스로를 영위해나가야 하는
햇병아리 상태로 남겨지게 되었다. 그런 상태에서 힘의 불균형은 식민주의
의 종식에 의해서도 바로 잡혀지지 않았을 뿐 아니라, 도리어 여러 면에서
증가해왔다는 것을 인식하게 됨으로써, 훨씬 더 심각하고 훨씬 더 일반적인
"외부장애물"에 대해서 민족감정이 집중되게 되었다. 이와 마찬가지로, 독
립국가로 세계질서에 편입됨으로써 —— 그 자신도 방금 생긴 —— 이웃 국
가의 동향이나 의도에도 민감하게 되었다. 이러한 것은 그러한 국가들이 독
립국이 아니라 식민 제국에 "속해" 있었을 때는 없었던 것이다. 그리고 내
부적으로는 유럽인에 의한 통치가 제거됨으로써 모든 신생국들이 가졌던
민족주의 내부에 또 다른 민족주의가 탄생했으며, 그것은 지방주의 또는 분

(1968): 925-937을 보라. 서양 학자들 —— 과 아마도 제3세계 지식인들 —— 이 신생국
의 현재의 변화 속도를 과소평가하는 (그리고 변화 방향을 오인하는) 경향에 관한 나 자신
의 논평을 보려면 "Myrdal's Mythology", *Encounter*, 1969년 6월, pp. 26-34를 참고하라.

리주의로 나타났다. 이것은 나이지리아, 인도, 말레이시아, 인도네시아, 파
키스탄 등의 경우에서 보듯이 혁명을 가능하게 했던 새로운 민족 정체성에
심각한 위협이 되었다.

국가 전체가 실망에 빠져 있는 중에 이러한 민족주의적 감정이 지속된다
는 것은 다양한 결과를 가져왔다. 버마처럼 불간섭 고립주의로 움츠러든 경
우가 있는가 하면, 알제리와 같이 신(新)전통주의가 득세한 경우도 있었다.
쿠데타 이전의 인도네시아처럼 지역적 제국주의로 방향을 전환하거나 파키
스탄의 경우처럼 인접한 적국에 대한 강박관념에 사로잡히기도 했으며, 나
이지리아와 같이 종족간의 내전으로 빠져들기도 했다. 당분간 갈등이 그다
지 심하지 않았던 곳에서는 이들 요소 중 몇몇에다가 약간의 위험에 대한
무관심이 합쳐져서 얼렁뚱땅 문제를 해결하려는 경향을 보였다. 혁명 이후
의 시대는 사회적, 경제적, 정치적 발전이 급속하게 대규모로 그리고 통합적
으로 이루어지는 시기로 기대되었다. 그러나 이제 그것은 활기 있는 집합 정
체성의 규정과 창조 그리고 공고화라는 혁명기와 혁명 직전의 중심 테마가 여
전히 지속되는 시기, 심지어 그것이 순조롭지 못한 시기임이 판명되었다.

이러한 과정에서 식민통치로부터의 공식적인 해방은 마지막 정점이 아니
라 하나의 단계였음이 드러났다. 그것은 중요하고도 필요한 단계이기는 하
지만, 그럼에도 불구하고 가장 궁극적인 단계는 아니다. 의학에서 표면적인
징후의 심각성이 곧바로 내면의 병리적 심각성을 의미하는 것이 아니듯이,
사회학에서도 대중적인 사건 드라마와 구조적 변화의 규모가 항상 일치하
는 것은 아니다. 몇몇 가장 위대한 혁명은 은연중에 일어난다.

민족주의의 네 단계

외부적 변화와 내부적 변형의 속도가 불일치하는 경향은 탈(脫)식민지화
의 일반적인 역사에서 흔히 볼 수 있다. 시대 구분 작업의 한계를 염두에 두
고 탈식민지화의 역사를 크게 네 개의 단계 —— 민족주의 운동이 형성되고
구체화되는 단계, 승리를 거두는 단계, 국가로 조직화되는 단계 그리고 (현
재는 이 단계에 해당하지만) 국가로 재편된 민족주의 운동이 다른 국가들과

의 관계 및 그것의 모체였던 무질서 사회와의 관계를 규정하고 그것을 안정화시키지 않으면 안 되는 단계 —— 로 나누어보면 이러한 부조화는 명백해진다. 전세계의 관심을 집중시키게 되는 가장 두드러진 변화는 두번째와 세번째 단계에서 발생한다. 그러나 사회진화의 일반적 형태와 방향을 바꾸면서, 보다 더 영향력이 광범한 변화는 덜 극적인 첫번째와 네번째 단계에서 발생했거나 현재 일어나고 있다.

첫번째 단계인 민족주의 형성기는 자아 정체성과 사회적 충성에 관한 수많은 문화적, 인종적, 지역적, 언어적 범주들과 대항하는 단계이다. 그리고 이러한 것들은 수세기 동안의 역사가 정치적 종족성 —— 근대적 용법에서는 바로 "민족성"—— 에 관해서 단순하고 추상적이며 신중하게 성립시킨 자의식적 개념으로 생성시킨 것이다. 전통사회에서는 개인들의 정체성이 주로 모래알과 같은 개개의 이미지에 의해서 이루어지던 것이, 산업국가에서는 보다 일반적이고 모호하면서도 강력한 집합 정체성이라는 개념에 의해서 도전받게 되었는데, 이것은 느슨한 의미의 공동 운명체라는 의식에 기초한 것으로서 산업국가의 특징적 경향이다. 따라서 이러한 도전을 제기한 민족주의적 지식인들은 정치적인 의미에서 뿐만 아니라, 문화적인, 심지어 인식론적인 의미의 혁명을 전개하고 있었던 것이다. 그들은 사람들이 사회적 현실을 경험하는 매개가 되는 상징적 틀을 변형시키고자 했다. 즉 삶이 사회적 현실로부터 만들어지는 것이 되도록 그 현실 그 자체를 변화시키고자 했던 것이다.

이것은 말하지 않아도 되는 것 —— 또는 반대의 사실이 그렇게 자주 선전되지 않았다면 말할 필요가 없는 것 —— 이기는 하지만, 자기 인식의 틀을 재구성하려는 이러한 노력은 매우 힘든 싸움이었고, 대부분의 경우 단지 시작에 불과했으며 모든 지역에서 여전히 혼란스럽고 불완전한 상태로 남아 있었다. 사실 독립운동이 대중을 열광시켜 이를 곧바로 외국지배에 대항하도록 이끄는 데에 성공한다는 것은 이러한 운동이 의존하고 있는 문화적 토대의 취약성과 한계성을 덮어두는 경향이 있었다. 왜냐하면, 그것은 반식민주의와 집단의 재정의를 동일시하도록 했기 때문이다. 이 둘 사이의 관련성이 매우 긴밀하고 복잡함에도 불구하고, 이 둘은 같은 것은 아니다. 타밀족, 카렌족, 브라만, 말레이인, 시크 교도, 이보족, 무슬림, 중국인, 나일 지방인,

뱅골인, 아샨티족 등은 그들이 인디언이나 버마인, 말라야인(오늘날의 말레이시아인을 말함. 1963년 말레이시아로 바뀌기 이전 말라야로 불렸음/역주), 가나인, 파키스탄인, 나이지리아인, 수단인이라는 관념보다는 그들은 영국인이 아니라는 것을 이해하기가 훨씬 더 쉽다는 것을 발견했던 것이다.

식민주의에 대한 대중의 공격(지역에 따라서 더 대규모적이고 더 폭력적이었던)이 증가함에 따라서 독립이 확인시켜줄 새로운 민족 정체성의 기초가 저절로 그리고 본질적으로 창출되는 듯이 보였다. 공동의 그리고 극히 특별한 정치적 목적 아래 대중이 뭉쳤다는 것은 식민주의자들만큼이나 민족주의자들을 놀라게 한 현상이었는데, 이것은 굳건한 결속력의 상징으로서 오래 지속될 것으로 믿어졌다. 순진하고 단순하게, 민족주의는 곧 자유에 대한 갈망(요구)을 의미하게 되었다. 간디, 진나, 파농, 수카르노, 상고르 등 민족자각에 대해서 뛰어난 모든 이론가들을 심취하게 만든 그들 자신과 사회 그리고 문화에 대해서 민족의 관점을 변형시킨다는 것은 이들 대부분에게는 자율정부를 획득한다는 것과 동일시되었다. 그래서 "우선 정치적 왕국을 찾아라"고 외쳤던 것이다. 민족주의자들은 국가를 세울 것이고, 국가는 민족을 만들 것이었다.

국가 건설의 과업은 힘든 것이어서, 이러한 환상을 가능하게 했고, 실제로 혁명의 도덕적 분위기 전체가 주권의 이양 이후에도 유지될 수 있게 했다. 이것이 실현 가능한지, 필요한지, 또는 과연 권장할 만한 것인지의 여부는 인도네시아와 가나와 같은 하나의 극단에서 말레이시아와 튀니지 같은 또 다른 극단에 이르기까지 매우 다양했다. 그러나 약간의 예외가 있긴 하지만 오늘날 모든 신생국은 자기 영토의 일반적인 통치권을 행사하는 국가를 조직했으며, 잘하든 못하든 간에 기능하게 되었다. 그리고 과두정당제, 대통령 독재, 군부독재, 신군주제 또는 극히 드물게 대의민주제 등 몇 개의 그럴 듯한 제도로 정부들이 형태를 잡아감에 따라서 이탈리아의 건국이 이탈리아 민족을 만드는 작업과 동의어가 될 수 없다는 사실을 외면하기 힘들게 되었다. 정치적 혁명이 이룩되고, 공고하지는 않아도 최소한 국가가 성립되었을 때, 우리는 누구이며 누가 모든 일들을 해왔던가라는 의문이 탈식민지 과정 말기와 독립 초기의 비교적 쉬운 대중주의로부터 재등장하게 되었던 것이다.

하나의 지역국가가 이제 꿈이 아닌 실제로 존재하게 되면서, 민족주의적 이념화 작업은 전면적으로 변화하게 되었다. 그 작업은 이제 더 이상 외국 지배의 정치질서로부터 대중의 소외를 자극한다든지 그 질서의 종식을 축하하고만 있는 것이 아니다. 국가의 행위와 내부적으로 관련될 수 있는 집합적 주체를 규정하거나 규정하려고 노력하는 것이며, 정부의 행위가 자연스럽게 흘러나올 수 있는 경험상의 "우리"를 창조하거나 그렇게 하려고 노력하는 작업이다. 따라서 "토착적 생활양식(The Indigenous Way of Life)"이나 "시대정신(The Spirit of the Age)"이라는 두 개의 추상적 구호의 내용과 상대적 중요성 그리고 이들의 적절한 관계에 대한 질문이 계속적으로 제기된다.

토착적 생활양식을 강조한다는 것은 새로운 정체성의 기초로서 지역적 관습이나 기존의 제도 그리고 공동의 경험 ── "전통", "문화", "국민성", 심지어 "인종" ── 을 중요시하는 것을 말한다. 이에 비해서 시대정신을 강조하게 되면 우리 시대 역사의 일반적 개요와 특히 그 시대의 전반적인 방향과 의미로 간주되는 것을 중요시한다. 이러한 두 개의 사조(굳이 이름을 붙이자면 "본질주의"와 "시대주의"라고 할 수 있는)가 나타나지 않는 신생국은 없으며, 그 두 개가 서로 완전히 얽혀 있지 않는 곳은 별로 없다. 그리고 이 둘 사이의 긴장이 공용어 채택으로부터 외교정책에 이르기까지 국민 생활의 모든 측면에 침투하지 않고 있는 곳은 탈식민지가 완전치 못한 소수의 나라들일 뿐이다.

사실 언어의 선택이라는 문제는 좋은 패러다임적인 예이다. 이 문제가 국가정책의 여러 가지 형태로 제기되지 않은 신생국은 상상할 수조차 없다.[3] 그것을 다루는 데에 있어서의 효율성뿐만 아니라 그것으로 인한 혼란의 정도 또한 매우 다양하게 나타난다. 그러나 매우 다양한 형태로 표출되고 있음에도 불구하고, "언어 문제"는 본질주의와 시대주의 사이의 딜레마를 분명히 표출시킨다.

언어 사용자에게 하나의 언어는, 모국어이거나 외국어인 동시에 국제적이거나 지역적인 것이다. 그것은 빌려온 것이거나 대대로 내려온 유산이며,

---

3) 이에 대한 일반적인 개관으로는 J. A. Fishman 외 편, *Language Problems of Developing Nations* (New York, 1968)를 참조하라.

통행증이거나 최후의 보루이다. 따라서 어떤 언어를 언제, 왜 사용하는가라는 질문은 곧 한 민족이 어느 정도까지 자신의 천부적 재능에 의해서 자신을 형성하며, 어느 정도까지 그 시대의 요구에 의해서 그것을 형성하는지에 대한 질문이라고 하겠다.

소박하든 과학적이든 간에 언어학적 관점에서 "언어 문제"를 접근하는 것은 이러한 사실을 어느 정도 모호하게 해왔다. 신생국의 안팎에서 벌어진 한 민족의 언어의 "적합성"에 관한 대부분의 논쟁은 적합성이란 언어의 본질적 특성에 의해서 결정된다는 주장이 주를 이루었다. 즉 복잡한 철학적, 과학적, 정치적 또는 도덕적 관념을 표현함에 있어서 그 언어의 문법적, 어휘적, "문화적" 자원이 적절한가라는 문제인 것이다. 그러나 정말로 결정적인 것은 "외국의" 또는 "문학적인" 언어를 통해서만 획득할 수 있는 사상의 흐름에 참여할 수 있는 능력과 비록 미숙하고 애매하더라도 모국어를 사용함으로써 얻게 되는 어떤 종류의 힘이 사상에 미치는 능력을 비교해본 상대적 중요성이다.

따라서 구체적으로 중동 국가에서 구어체의 아랍어에 비교하여 고전어의 지위가 어떠한가의 문제는 중요하지 않다. 사하라 지역에서는 "부족" 언어들 중에서 서양어가 "엘리트"의 위치를 차지한다든지, 인도와 필리핀에서는 지방어, 지역어, 국가어, 국제어 등으로 복잡한 층화가 이루어지며, 인도네시아에서는 제한된 세계의 의미를 가진 유럽 언어가 보다 더 큰 의미를 가진 다른 언어에 의해서 대체되는 것과 같은 것은 중요한 문제가 아닌 것이다. 기본적인 문제는 동일하다. 그것은 어떤 언어가 "발달되었다"거나 또는 "발달의 가능성이 있다"라는 문제가 아니라 어떤 언어가 심리적으로 보다 더 친근하며, 어떤 언어가 보다 더 폭넓은 근대 문화의 공동체로 나아갈 수 있느냐의 문제이다.

제3세계에서 언어 문제가 이토록 첨예하게 나타나는 것은 다소 모호한 전제이긴 하지만, 스와힐리어가 고정된 구문론이 부족하다거나 아랍어가 결합형을 만들 수 없기 때문 —— 어떻든 근거 없는 설[4] —— 이 아니다. 그것은

---

4) 첫번째 입장(받아들여지지 않고 공격받음)은 L. Harries, "Swahili in Modern East Africa", Fishman 외, *Language Problems*, p. 426을 참조하라. 두번째 입장(여기서 전개되고 있는 일반적인 입장을 따른 예리한 논의에서 받아들여짐)은 C. Gallagher, "North

신생국에서 압도적 다수를 차지하는 언어를 사용하는 압도적 다수의 사람들에게는 앞의 두 질문의 양 측면이 역으로 작용하는 경향이 있기 때문이다. 평범한 발화자의 관점에서는 사상과 감정의 자연스런 전달수단인 것(특히 아랍어, 힌두어, 암하르어, 크메르어, 자바어와 같이 종교적, 문학적, 예술적 전통이 발달한 언어의 경우)이 20세기 문명화의 주된 흐름의 관점에서 보면 확실한 사투리가 되어버린다. 그리고 그런 흐름에서는 완전한 표현수단인 것이 보통 사람들에게는 기껏해야 아주 조금 익숙한 민족의 약간 익숙한 언어일 뿐이다.[5]

이런 식으로 발생된 "언어 문제"는 단지 "민족성의 문제"일 뿐이다. 비록 어떤 곳에서는 그것으로부터 발생하는 갈등이 너무나 심각하여 그 관계가 역으로 보일 수도 있지만, 일반화시켜보면 "우리는 누구인가"라는 질문은 국가의 활동, 나아가서 국민의 시민생활에 가치와 의미를 부여하기 위해서 채택된 의미 있는 상징체계인 문화 패턴은 무엇인가라는 질문이 될 것이다. 지역의 전통으로부터 나온 상징 유형으로부터 성립시킨 민족주의자의 이데올로기 —— 즉 본질주의자 —— 는 사투리의 경우처럼 심리적으로는 친근하지만, 사회적으로는 격리되는 경향이 있다. 이에 비해서 현대 역사의 일반적 변화에 관련된 상징유형으로부터 생긴 이데올로기 —— 즉 시대주의자 —— 는 혼합어처럼 사회적으로는 덜 지역적이지만 심리적으로 강요된 경향이 있다.

그러나 완전히 순수한 본질주의이거나 시대주의인 이데올로기는 드물다. 모든 것은 혼합되어 있고 기껏해야 어느 쪽에 편중된 것을 주장할 수 있으

African Problems and Prospects : Language and Identity", *Language Problems*, p. 140을 참조하라. 물론 나의 입장은 기술적인 언어 문제가 신생국의 언어 문제와 관련이 없다는 것이 아니다. 단지 그런 문제들의 뿌리는 훨씬 더 깊으며 어휘의 확장, 어법의 표준화, 문자체계의 개선, 교육의 합리화가 그 자체로는 가치 있지만 중심적인 문제에는 손을 대지 못한다는 것이다.

5) 제3세계 일반에 비추어 라틴 아메리카는 아주 예외적이다. 그곳에서 —— 규칙을 증명하듯이 —— 언어 문제는 신생국 특유의 경우와 비교해서 훨씬 덜 두드러지며 교육과 소수 집단의 문제로 축소되는 경향이다(예를 들면, D. H. Burns, "Bilingual Education in the Andes of Peru", Fishman 외, *Language Problems*, pp. 403–413을 참조하라). 스페인어(또는 포르투갈어)가 근대 사상의 전달자로서 근대 사상에 접근하는 수단이라고 느끼기는 하지만, 실제로는 썩 훌륭한 수단이 되지 못하는 한계가 있다는 사실이 어느 정도까지 라틴 아메리카의 지적인 지방화(intellectual provincialization)에 기여하는지 —— 그러므로 전혀 깨닫지 못하고 있지만 언어 문제를 가지고 있다는 것 —— 는 흥미롭지만 별개의 문제이다.

며, 대부분의 경우 중도적 위치는 지키지 못한다. 네루의 "인도"의 이미지
는 말할 것도 없이 대단히 시대주의적인 것이었으며, 간디의 그것은 매우
본질주의적인 것이었다. 그러나 전자는 후자의 제자였으며, 후자는 전자의
후원자였다는 사실 —— 전자에서는 모든 인도인에게 그가 갈색 영국인이
아니라는 것을 확신시키지 못했고, 후자는 그가 중세 반동주의자가 아님을
확신시키지 못했다 —— 은 자아 발견을 위한 수단으로서의 양자의 관계가
미묘하고도 모순적인 관계임을 보여준다. 인도네시아, 가나, 알제리, 이집
트, 실론 등과 같은 보다 더 이데올로기화된 신생국은 매우 시대주의적이면
서도 동시에 매우 본질주의적인 경향이 있다. 반면 소말리아나 캄보디아와
같이 보다 순수한 본질주의적인 나라나 튀니지나 필리핀 같은 시대주의적
인 나라들은 차라리 예외라고 하겠다.

　시대의 조류를 따르는 것과 고유의 길을 유지하는 것 사이의 긴장으로 인해
서 신생국의 민족주의는 필사적으로 근대화를 추구하면서도 동시에 민족주의
의 실현으로 인하여 도덕적으로는 무규범 상태가 되는 특이한 모습을 보여준
다. 여기에는 확실히 비합리성이 존재한다. 그러나 그것은 집합적 혼란상태
그 이상의 것이다. 그것은 진행중에 있는 사회적 대변동이라고 하겠다.

본질주의와 시대주의

　그러므로 본질주의와 시대주의의 상호 작용은 일종의 문화적 변증법인
추상적 사고의 병참술이 아니라, 산업화처럼 구체적이고 전쟁처럼 명백한
역사적 과정이다. 문제들이 단순히 주의나 주장의 수준에서 논의되는 것이
아니라 —— 이런 측면이 비록 많다고 하더라도 —— 모든 신생국의 사회구
조가 겪고 있는 실질적인 전환의 수준에서 더욱 중요하게 논의된다. 이데올
로기적 변화는 사회의 진행과정과 병행하여 그것을 반영하거나 결정짓는
독자적인 사상의 흐름이 아니며, 그것은 사회의 진행과정의 한 단면이다.

　한편으로는 일관성과 연속성에 대한 희구(希求), 다른 한편에서는 역동적
변화와 동시대성에의 희구가 신생국의 사회에 가져다주는 충격은 극도로
불균형적이며 매우 미묘하다. 토착적 전통의 흡인력을 가장 강하게 느끼는

것은 그것과 밀접히 결부되어 있으며 오늘날에는 그것에 포위당해 있다고 도 할 수 있는 전통의 수호자들 —— 승려, 중국의 관리, 인도의 종교학자, 족장, 터키의 이슬람교 법전학자 등 —— 이다. 일반적으로(왼진히 성확한 용법은 아니지만) "서구"라는 말로 나타내어지는 것에 가장 강하게 끌리고 있는 것은 도시의 젊은이들, 카이로나 자카르타, 킨샤샤의 혼란에 빠져 있는 학생들이다. 그들은 각각 에너지, 이상주의, 성급함, 위협의 분위기를 나타 내는 샤브(shabb), 프무다(pemuda), 죄네스(jeunesse)와 같은 말들에 둘러싸 여 있다. 그러나 이런 너무나 명백한 극단 사이에 퍼져 있는 것은 무수한 대 중들이며, 본질주의와 시대주의 감각은 그들에게 앞으로의 전망에 대한 혼 란을 초래할 뿐이다. 왜냐하면 그것을 만든 것은 사회변동의 흐름이며, 그것 을 구분할 수 있는 것도 사회변동의 흐름뿐이기 때문이다.

하나의 역사적 이야기의 모습으로 압축된 이러한 혼란의 생성과 그것을 해결하려는 노력은 인도네시아와 모로코의 사례에서 잘 볼 수 있다. 이들을 선택하게 된 이유는 이 두 나라가 필자가 처음 접하게 된 경우이며, 제도적 변화와 문화적 재건 간의 상호 작용을 다룸에 있어서 자신이 잘 알고 있는 예를 일반적 견해로 대체하는 것이 가능한 정도가 제한되어 있기 때문이다. 그들의 경험은 모든 사회적 경험처럼 독특하다. 그러나 그것들은 서로 그렇 게 상이한 것이 아니며 전체 신생국의 경험과도 그렇게 다르지 않다. 부연 하면, 각각의 "특성"으로 부르고 싶어하는 것을 그들의 "운명"이라고 부르 고자 하는 것과 관련지우기 위해서 노력하는 국가들이, 각 국가가 직면한 문제의 근원적 개요를 그 사회의 특수성에 맞게 밝혀낼 수 없을 정도로 각 국가의 경험이 비슷하다는 것이다.

인도네시아에서 본질주의적 요소들은 현재만이 아니라 오래 전부터 매우 이질적인 것이었다. 이것은 여타의 모든 신생국에도 어느 정도 적용되는데, 왜냐하면 이것이 유기적으로 발전되어온 문화라기보다는 혼합된 정치적 틀 안으로 우연히 모여든 전통들의 모임인 경향이 있기 때문이다. 그러나 한때 인도와 중국, 오세아니아, 유럽 그리고 중동의 변방이었던 인도네시아에서 는 수세기 동안 문화적 다양성이 특히 크고 복잡했다. 오랜 전통을 가지는 모든 것은 그 주변부에서는 부끄러움을 모를 정도로 절충적이다.

1930년대까지만 해도, 인도, 중국, 이슬람, 기독교, 폴리네시아 등의 여러

전통요소들이 반쯤 통합된 상태로 있었는데, 이때는 대조적인, 심지어 반대
되는 생활양식과 세계관이 공존했으며, 긴장과 충돌이 전혀 없었던 것은 아
니지만 최소한 서로 작용 가능하고 각각의 질서를 지닌 상태였다. 이러한
생활양식은 19세기 중엽에 긴장의 징후를 보이기 시작했으나 실질적으로는
1912년 민족주의의 등장과 더불어 그것의 해체가 진행되었으며, 아직 완전
한 해체는 아니었지만 혁명기와 혁명 직후에 붕괴되었다. 왜냐하면 그 당시
에 지역성과 계급에 기초한 유사 전통주의들이 신인도네시아의 정수를 놓
고 경쟁을 시작했기 때문이다. 전에 언급한 일종의 "권력의 문화적 균형"이
라는 것은 특히 화합할 수 없는 성격의 이데올로기 전쟁이 되었다.

따라서, 비록 신생국에서는 보편적 현상이긴 하지만, 이러한 명백한 역설
적 상황하에서 국가 통일을 향한 움직임은 그들의 특수한 맥락에 의거하는
문화 유형을 그 맥락으로부터 떼어내어 그것을 일반적인 충성 대상으로까
지 확대시켜서 정치화시킴으로써 사회 안의 집단들간의 긴장을 심화시켰다.
민족주의 운동이 발전할수록 그것은 여러 갈래로 분해되었다. 혁명의 와중
에서 이러한 분파들은 정당이 되었으며, 각 정당들은 절충적 전통의 여러
상이한 측면들을 인도네시아 정체성의 유일하고도 진실된 토대라고 주장했
다. 마르크스주의자들은 농민생활의 대중성을 민족유산의 핵심으로 간주했
고, 지배계급인 기술자, 성직자, 관료들은 자바 귀족사회의 인도적인 유미주
의를, 보다 더 실질적인 상인과 지주들은 이슬람교를 그렇게 간주했다. 이데
올로기적 주장의 상이점들은 조화될 수 있지만, 농촌 인민주의, 문화적 엘리
트주의, 종교적 청교도주의는 조정될 수 없다.

각 파가 각각의 전통주의적 토대에 현대적 호소를 접목시키고자 함에 따
라서 이들 이데올로기적 견해의 차이는 상호 조정되기보다는 오히려 강화
되었다. 인민주의적 요소와 접합된 것이 공산주의이다. 농촌생활의 공동체
성, 사회적 평등주의 그리고 반교권주의에서 토착적인 급진적 전통을 발견
하고자 하는 인도네시아 공산당은 농민 본질주의, 특히 자바 농민의 본질주
의와 "대중의 등장"이라는 혁명적 시대주의 양자에게 있어서 주요한 대변
자가 되었다. 봉급생활자와 접목한 근대화론자들은 유럽이나 미국에서 볼
수 있는, 또는 그렇게 상상되는 산업사회를 주장했으며, 동양의 정신과 서양
의 추진력, 즉 "지혜"와 "기술"을 결합시키자고 제안했다. 이것은 소중한

가치의 기초가 되는 그 사회의 물질적 기초는 변형시키면서 그 가치는 어느 정도 유지하자는 주장이라고 하겠다. 그리고 신앙과 접목되는 것은 종교개혁만으로도 충분했는데, 종교개혁은 인간의 도덕적, 물질적, 지적 발전에 대해서 잃어버렸던 정당한 지도력을 재획득함으로써 이슬람 문명을 새롭게 하고자 하는 노력이다. 그러나 농민혁명이나 동양과 서양의 만남 그리고 이슬람 문화의 부활로 대변되는 이러한 것들 중 아무것도 일어나지 않았다. 일어난 것이라곤 1965년 대학살뿐이었는데, 이때 25만-75만 명 정도의 사람들이 목숨을 잃었다. 수카르노 정권이 서서히 고통스럽게 빠져든 대학살은 매우 복잡한 원인들의 결과이며, 그것을 단순히 이데올로기 폭발로 간주해버리는 것은 불합리하다. 경제적, 정치적, 심리적 또는 우연적 요인들이 그것을 발생시키는 데에 어떠한 역할을 했든지 간에, 그것은 인도네시아 민족주의 발달과정에서 명확히 드러나는 한 단계의 종말을 의미했다. "하나의 민족, 하나의 언어, 하나의 국가", "다수에서 하나로", "집합적 조화" 등 처음에 쉽사리 믿어지지 않았고, 오늘날에도 설득력 없는 통합의 구호는 전혀 인정받지 못했다. 뿐만 아니라 인도네시아 문화의 독특한 절충주의가 다양한 요소들을 억누르는 일반적 근대화론을 양산할 것이라는 이론도 결국 증명되지 않았다. 과거에 다양성을 지녔던 인도네시아는 현재에도 다양한 형태로 남을 수밖에 없는 것처럼 보인다.

모로코의 경우, 국가 통합의 주요 장애물은 문화적 이질성이 아니라 사회적 지방주의였다. 비교학적 관점에서 볼 때 전자는 그렇게 크지 않았으며, 후자는 극단적이었다. 전통적 모로코는 조직적 결합이 지극히 취약한 사회이며, 규모는 아주 큰 것에서 아주 작은 것까지, 결합기반은 종교적인 것에서 직업에 의한 것까지, 궁정에서 캠프에 이르기까지 다양한 수준에, 형성되는 것도 빠르고 해체되는 것도 빠른 많은 정치집단으로 이루어져 있었다. 사회질서가 지속되는 것은 그것을 구성하고 실현하는 배열이나 집단의 견고성에 있는 것이 아닌데, 왜냐하면 그것들의 견고성은 매우 일시적인 것이기 때문이었다. 그것보다 끊임없이 배열을 재구성하고 집단을 재조직함으로써 질서 자체를 계속 재형성해나가는 과정의 지속성에 의해서 사회질서가 유지되었다.

이때까지의 불안정한 사회에 중심이 있었다면 그것은 알라위 왕조였다.

그러나 이 왕조는 최전성기 때에도 정원에 갇힌 곰처럼 힘없는 존재에 지나지 않았다. 신하, 추장, 서기관, 재판관들이 되는 대로 뒤섞여 이루어진 가장 고전적인 형태의 세습적 관료제를 유지하고 있었기 때문에, 경쟁적인 권력의 중심 —— 그 수는 명목상 수백 개에 달하나, 각각의 지지기반은 아주 약간 차이가 날 뿐인 —— 들을 자기의 통제 아래 두기 위해서 끊임없이 투쟁했다. 17세기 군주제의 성립으로부터 1912년 종식에 이르기까지 이러한 투쟁에서 실패한 적이 없음에도 불구하고, 그것은 또한 매우 부분적인 승리에 불과했다. 완전한 무정부 상태도 아니고 완전한 정부수립 상태도 아닌 고유의 지방주의라는 현실을 모로코는 유지해왔던 것이다.

공식적으로는 단지 약 40여 년 동안 지속된 식민 지배는 처음에는 군주제를 무력화시키고 그것을 일종의 장식적인 무어인 정부로 전환시켰다. 그러나 의도와 결과는 다른 것이므로, 유럽인에 의한 지배는 궁극적으로 왕을 이전보다 훨씬 더 명확한 모로코 정치체계의 축으로 성립시키는 결과를 가져왔다. 비록 최초의 독립운동은 서양식 교육을 받은 지식인과 신전통주의의 이슬람 개혁파 사이의 야합적인 그리고 결국은 불안정한 것으로 드러난 연합에 의해서 수행되었지만, 1953년부터 1955년에 걸쳐 있었던 무함마드 5세의 체포, 추방 그리고 영광스런 복권 과정은 최종적으로 독립운동을 확고히 했으며, 그 과정에서 모로코에 싹은 텄으나 지속력을 결여한 국민의식의 중책에 왕을 위치시키게 되었다. 모로코는 다시 그 중심을 가지게 되었고, 부활했으며, 이데올로기화되고 훨씬 더 잘 조직되었다. 그러나 옛날의 지방주의 또한 회복되고 증가되었음이 곧바로 밝혀지게 되었다.

혁명 이후의 역사들은 비록 변화되었다고 하지만, 여전히 군주제를 그 사회의 실질적 제도로 유지하려는 왕과 그 신하들에 의해서 심각한 투쟁이 지속되고 있다는 사실을 보여준다. 그러한 사회에서는 토지와 친족 구조에서 종교와 국민성에 이르기까지 모든 것들이 본질적으로 상이하고 관련이 없는 지방 권력들로 정치생활을 분리시키려는 의도를 가지고 있다. 제일 먼저 이와 같은 모습을 보인 것이 독립 초기 몇 년 동안 신생국을 당황하게 만든 일련의 이른바 부족폭동이라는 것이었다. 이것은 외국의 자극을 받았고, 국내의 정치적 책략의 결과였으며, 문화적 억압에 대한 보복이었다. 이것은 결국 왕의 힘과 음모에 의해서 진압되었다. 그러나 그것은 식민지 지배라는 지옥으로부터 벗어난 뒤, 국가정신의 확실한 표현이자 근대화의 적절한 수단으로 자기 자신을 확립하지 않으면 안 되었던 고전적 군주제에 있어서 어떤 생활을 지향할 것인가라는 문제를 처음으로 그리고 근본적으로 제시한 것이었다.

새뮤얼 헌팅턴이 지적했듯이, 모든 신생국에서 전통적 군주제는 근대적인 군주제가 되어야 하거나, 최소한 그것과 유사한 것이 될 운명이었다.[6] 왕은 다만 군림할 뿐인 정치적 우상이자 문화적 골동품으로 남아 있을 수 있었다. 그러나 모로코의 왕들이 항상 그러했듯이 만약 그가 통치하기를 원한다면, 그는 자신을 당시의 사회생활에서 강력한 힘의 표상으로 만들어야 했다. 무함마드 5세 그리고 1961년부터는 그의 아들 하산 2세에게 있어서 이러한 힘이란 그 나라의 역사상 처음으로 사회 전체에 영향을 미칠 만큼 규모가 크고, 분명한 이해를 대변할 만큼 특징 있는, 서양식 교육을 받은 계급의 출현이었다. 두 군주의 스타일은 어느 정도 달랐지만 —— 하산은 근엄한 편이었고 무함마드는 자애로운 스타일이었다 —— 둘 다 신(新)중간계급, 중간 부문, 지도계급, 민족적 엘리트, 혹은 호칭이 무엇이던 간에 공무원, 장교, 경영자, 교육자, 기술자 그리고 평론가의 집단을 조직화하고 이들을 선도하려고 했다.

따라서 부족폭동을 진압했다는 것은 구질서의 종식이라기보다는 그것을 지배하려는 비효율적 전략의 종말을 의미했다. 1958년 이후 아직도 반(半)국가적인 모로코의 정치조직을 왕실이 보다 확고하게 장악하는 데에 핵심이라고 할 수 있는 것들이 등장했는데, 그것이 바로 합헌군주제의 성립이었다. 이 제도는 교육받은 엘리트들의 지지를 모을 수 있을 정도로 합헌적이

---

6) S. P. Huntington, "The Political Modernization of Traditional Monarchies", *Daedalus* 95 (1966), pp. 763-768과 Huntington의 또 다른 책 *Political Order in Changing Societies* (New Haven, 1968)를 참조하라. 그런데 내 생각에 Huntington의 일반적 분석은 전근대 유럽에서의 군주 대 귀족의 투쟁에 비유하는 경향이 너무 강해서 거기에 전적으로 동의하기 어렵다. 어쨌든 모로코를 보면, 진보적인 개혁을 위하여 "지방의 특권과 공동자치권 [그리고] 봉건적 권력"을 가진 족장들을 넘어서 대중에 호소하는, "중산층과는 거리가 먼" 집산주의 군주제의 이미지는 거의 사실과 반대되는 것처럼 보인다. 독립 후 모로코의 정치에 대한 보다 현실적인 견해를 보려면 J. Waterbury, *The Commander of the Faithful* (London, 1970)을 참조하라.

며, 실질적인 왕의 권력을 유지할 수 있을 정도로 군주제적인 것이었다. 영국식 군주제의 운명도, 이라크식 군주제의 운명도 원하지 않았던 무함마드 5세와 하산 2세는 이슬람과 이슬람주의 그리고 3세기에 걸친 알라위 왕조의 통치를 되새기면서 과거로부터 정당성을 획득할 수 있고, 합리주의와 통치주의 그리고 기술주의를 주장함으로써 현재로부터 권위를 획득할 수 있는 제도를 만들고자 했던 것이다.

일종의 정치적 혼합주의에 의해서 모로코를 왕정공화제라고 부를 수밖에 없는 체제로 변화시키려는 시도가 가해진 최초의 이 단계를 더 이상 언급할 필요는 없을 것이다. 다만 이 시기에 다음과 같은 사건들이 발생했다. 1958년에서 1959년 사이에 민족운동의 세속파와 종교파 그리고 전통파가 분리되었으며, 다수정당제가 형성되었다. 1963년 총선에서 왕 자신의 연합정당인 헌법제도 옹호전선(the Front of the Defense for Constitutional Institution)이 의회에서 다수를 차지하는 데에 실패했으며, 1965년에는 왕에 의해서 표면상 일시적인 의회활동이 정지되었다. 1968년에는 프랑스에서 국책(國策)에 대한 최대의 반대자 메디 벤 바르카를 삼류소설에서처럼 살해하는 사건이 있었다. 이상의 요점은 본질주의와 시대주의 간의 긴장이 인도네시아의 경우처럼 혁명 이후 모로코의 정치체계의 흥망과정에서 잘 보인다는 것이다. 그리고 아직도 극명하게 결말이 나지 않았으며, 결코 그렇게 되지 않기를 희망한다면, 에드워드 실즈가 "근대적 존재이고자 하는 의지(will to be modern)"라고 부른 것과 마치니가 "이름을 가지는 실존적 존재이고 싶은 욕구(need to exist and have a name)"라고 부른 것 사이의 관계가 점점 더 복잡해지듯이, 그것은 점점 더 통제 불가능한 방향으로 나아가고 있는 것이 될 것이다.[7] 그리고 비록 그 유형과 움직이는 속도는 당연히 다르더라도, 혁명이 성취되고, 그것의 존재 이유가 고찰되면서 전체는 아니더라도 최소한 대다수의 신생국에서 같은 과정이 일어나고 있는 것이다.

---

7) E. Shils, "Political Development in the New States", *Comparative Studies in Society and History* 2 (1960) : 265–292, 379–411.

문화의 개념

독일의 관념론과 마르크스의 유물론을 부정하기도 하고 수용하기도 하는 베버를 계승하고 있는 탈콧 파슨스가 그럴 듯한 대안을 제시하기까지, 미국의 사회과학에서 지배적인 문화의 개념은 문화는 학습된 행동이라는 것이었다. 이 개념은 "틀렸다"라고 하기는 어려우며 —— 그것만을 내세우는 개념은 "틀리지도", "맞지도" 않다 —— , 많은 경우에 일상적인 용도를 위해서는 받아들일 만했으며 현재도 그러하다. 그러나 오늘날 기술적인 수준을 넘어서 관심을 확대시키려는 모든 사람들에게 그것처럼 두루뭉실하고 경험론적인 개념으로는 강력한 이론적 분석력이 생성되기 어렵다는 것이 확실해졌다. 사회현상을 문화 패턴으로 재기술하고, 그러한 패턴은 세대를 거쳐 전승된다는 것에 주목함으로써 사회현상을 설명하려던 시대는 이미 과거가 되어버렸다. 문화를 행동을 학습하게 되는 양식의 종합으로 규정하면서, 인간집단의 행위양식을 그들 문화의 표현으로 해석하는 것은 아무런 정보도 제공하지 못하며, 이런 맹점이 그런 이론 자체의 몰락을 가져온 것이라고 파슨스는 강력하게 주장한다.

이러한 애매한 개념을 대체하며 베버뿐 아니라 비코에 이르는 사상의 계보를 따르고 있는 파슨스는 문화의 개념을 인간이 자신의 경험에 대해서 의미를 부여하게 되는 상징체계로 세련화시켰다. 인간이 만들고, 공유되며, 관습적이고, 질서지어진 그리고 학습되는 상징체계는 인간에게 다른 사람과 자신을 둘러싼 세계 그리고 자기 자신을 향한 태도를 정립하기 위한 의미 있는 틀을 제공한다. 상징체계는 사회적 상호 작용의 산물이며 동시에 그것을 결정하는 것이며, 상징체계와 사회생활의 과정과의 관계는 컴퓨터 조작에 대한 프로그램, 유기체 발생에 대한 염색체, 교량 건설에 대한 청사진, 교향곡 연주에 대한 악보, 혹은 보다 소박한 예를 든다면 케이크를 만들 때의 요리법과 같은 것이다 —— 이처럼 상징체계는 정보원(情報源)이며, 인간의 지속적인 행위 흐름에 형태와 방향, 특성, 특징을 제공한다.

그러나 외부적 과정에 대해서 어떤 형태를 제공하는 기존의 틀을 의미하는 이러한 비유는 보다 세련된 접근법의 이론적 중심 문제를 쉽게 간과하게 한다. 그것은 다름 아니라 지시를 하는 "의미 패턴"의 정형화와 사회생활의 구체적 과정 사이의 변증법적 논리를 어떻게 개념화할 것인가의 문제이다.

컴퓨터 프로그램은 이전의 컴퓨터 조작기술의 발달에 따른 산물이며, 특정의 염색체 배열은 계통 발생사의 산물이다. 또한 청사진은 이전의 교량 건설의 경험에서 나온 것이며, 악보는 연주의 발달에서 그리고 조리법은 오랜 기간의 시행착오를 거쳐서 완성된 것이라는 견해가 있는 것이다. 그러나 원칙적으로 사람들은 프로그램을 만들고, 염색체를 분리하고, 청사진은 제작하고, 악보를 인쇄하고, 조리법을 적어둘 수 있다는 사실, 즉 정보원을 과정으로부터 물리적으로 분리할 수 있다는 사실은 그들이 문화 패턴과 사회과정 간의 상호 작용에 대한 모델로서는 유용하지 못하다는 것을 말해준다. 문화 패턴과 사회과정의 관계에서는 음악이나 빵을 만드는 일과 같이 비교적 지적으로 다루어지는 영역을 제외하면 어떻게 그러한 분리가 상상 속에서나마 실제로 효과적으로 가능할 것인가라는 것이 문제가 된다. 따라서 파슨스식의 문화 개념의 효용성은 어느 정도까지 그러한 모델이 구성될 수 있을까에 달려 있다. 즉 상징체계의 발달과 사회과정의 역동성 간의 관계가 어느 정도까지 포착될 수 있으며, 인간 행동을 지시하는 인간이 만든 정보원으로서의 기술과 의례, 신화 그리고 친족 용어를 은유 이상으로 묘사할 수 있는가에 달려 있는 것이다.

이 문제가 바로 파슨스의 문화에 관한 저술에서 문제가 되고 있다. 그는 초기에는 문화를 심리적으로 인성에 통합되고 나아가서 사회체계에 제도화되어 있는, 화이트헤드가 말한 "외재물"로 간주했으며, 극히 최근에는 문화를 인공두뇌학의 "통제 기제"라는 개념으로 보고 있다. 그러나 그것은 이데올로기를 논하는 곳에서 가장 잘 드러난다. 왜냐하면 문화에 관한 모든 영역 중에서 상징구조와 집합행동 간의 관계가 가장 명백히 드러나면서도 가장 파악하기 힘든 것이 바로 이데올로기이기 때문이다.

파슨스에게 이데올로기는 단지 특별한 종류의 상징체계에 불과하다.

> (이데올로기는) 집단의 경험적 본질과 그 집단이 처한 상황을 해석하고, 그 상황으로 진행되어온 과정 그리고 집단 구성원이 지향하는 목표와 그 과정과의 관계를 해석함으로써, 가치 있는 집단통합을 이루고자 하는……집단 구성원이 공유한 신념체계이다.[8]

---

8) T. Parsons, *The Social System* (Glencoe, Ill., 1951), p. 349. 고딕체는 임의적인 것이다.

그러나 이러한 정의는 결코 통합될 수 없는 자기 해석 양식들을 혼합하여 포함하고 있으며, 이데올로기적 행위에 내재된 도덕적 긴장을 감춤으로써 이데올로기가 지닌 수많은 사회학적 역동성을 모호하게 하고 있다. 특히, 지금까지의 논의에서 분명해졌기를 희망하지만, 필자가 강조한 부분, 즉 "집단의 경험적 본질을 해석하고", "그 [집단이] 처한 상황을 [해석하는]" 것은 단지 "그리고"라는 말로 그들을 결합시킬 수 있을 정도로 사회적인 자기 규정의 실제처럼 조화로운 것이 아니다. 신생국의 민족주의는 매우 심각한, 때로는 도저히 화해할 수 없는 싸움을 벌이고 있다. 시대주의로 둘러싸인 세계사적 맥락의 개념에서 국가의 상황을 파악한다면 어떤 특정의 도덕적-정치적 세계가 나올 것이고, 내부의 본질주의라는 개념에 의해서 국가가 처한 상황을 진단해본다면, 완전히 다른 것이 나올 것이다. 그리고 가장 일반적인 접근법으로서 두 개를 결합시키는 것은 복잡한 문제를 더욱 혼란스럽게 만드는 것이 된다. 이런 이유 때문에 많은 신생국에서는 민족주의가 단순한 부산물이 아니라 사회변동의 본질인 것이며, 변동의 반영물이나 원인 또는 표현이나 추진력이 아니라 변동 그 자체인 것이다.

국가를 "현재의 상태까지 진행되어온 과정"의 부산물로 간주한다든지, 또는 "앞으로의 과정에 대한 토대"로 본다는 것은 간단히 말해서 전혀 다른 입장이다. 그러나 그 이상으로 그렇게 간주하는 것은 전혀 다른 관점에서 부모를, 전통적 권위자를, 관습과 전설을, 세속적 지식인을 그리고 다음 세대와 "시사적 사건"을, 또한 대중매체 등을 보는 것이다. 기본적으로 신생국의 민족주의에서 본질주의와 시대주의 간의 긴장은 지적인 정열간의 긴장이 아니라, 상충하는 문화적 의미를 가진 사회제도들간의 긴장이다. 신문 발행의 증가, 종교활동의 급증, 가족 응집력의 약화, 대학의 확장, 세습적 특권의 강화, 대중사회의 증식 등 그 반대의 경우도 마찬가지이지만, 그 자체가 집합행동의 "정보원"으로서의 민족주의의 성격과 내용을 결정짓는 과정의 한 요소들이다. 전문적인 이데올로기스트들에 의해서 선전된 조직적 "신념체계"는 이러한 과정을 의식적인 사고의 수준까지 끌어올려 의도적으로 그것을 통제하려는 노력을 반영한다.

그러나 의식이 정신의 전부가 아닌 것처럼, 민족주의적 이데올로기도 민족주의의 전부가 아니다. 민족주의의 이데올로기가 하고자 하는 것은 선택적이고 불완전하기는 하지만, 민족주의를 명료하게 표현하는 것이다. 민족주의적 이데올로기를 구성하는 이미지나 은유 그리고 수사학적 표현 등은 본질적으로 문화적 수단이다. 이러한 수단은 광범한 집합적 자기 재규정 과정의 어떤 측면을 명확히 하고, 본질주의자적 자존심이나 시대주의자적 희망에 특별한 상징적 형태를 부여하도록 고안되어 있다. 그것들이 강하게 느껴질 때 그것들은 묘사되고, 개발되며, 찬양되고, 사용될 수 있다. 이데올로기를 형성한다는 것은, 대개 성공보다는 실패가 더 많지만, 일반적인 분위기에 실질적인 힘을 부여하는 작업인 것이다.

현재까지는 명백한 실패로 나타난 인도네시아의 정치적 영역의 투쟁이나, 모호한 승리로 나타난 모로코 군주제의 불안정한 토대는 모두 이해할 수 없는 개념적 변화에 명확한 문화 패턴을 부여하려는 노력을 반영하는 것이다. 그것들은 또한 당연히 권력과 지위, 명예와 부, 명성 그리고 이른바 인생의 모든 "실질적" 보상을 얻기 위한 투쟁을 반영한다. 바로 이것을 반영하고 있기 때문에, 그것들이 사람들의 자아관과 행위양식을 변형시키고 강조하는 힘이 커지는 것이다.

사회변동을 형성하는 "의미 패턴"은 변동 그 자체의 과정으로부터 성장하여, 적절한 이데올로기로 정형화되거나 대중적 태도를 형성하며, 어느 정도 제한적이기는 하지만 그것을 이끌어나가게 된다. 인도네시아에서 문화적 다양성으로부터 이데올로기 투쟁을 거쳐 대중폭동에 이르는 과정이나, 모로코의 공화제의 가치를 독재의 현실과 혼합시킴으로써 사회적 지방주의를 지배하려는 시도들은 가장 어려운 정치적, 경제적, 계층적 현실임에 틀림없다. 진짜 피를 흘렸으며, 진짜 지하감옥이 세워진 반면, 진짜 고통은 줄어들었다. 그러나 그것은 또한 이러한 현실을 직시하고 파악하여 이해하게 하는 "국가"라는 개념을 보다 이해하기 쉽게 하려는, 국가가 되려고 하는 단위들의 노력의 기록임에 틀림없다.

그리고 일반적으로 신생국에서 이것은 사실이다. 식민지 지배에 대한 정치적 혁명의 커다란 흥분은 영감이 넘친 과거의 일로 잊혀지고, 생기 없는 현재의 초라하지만 격렬한 운동에 의해서 대체되어감에 따라서 베버의 유명한 "의미 문제"의 세속적 유사물은 점점 더 필사적이 되어간다. 사물은 "단지 존재하고 발생한다"는 것이 아니라, "의미를 가지고 있고 의미 때문에 존재한다"라는 것은 종교에서 뿐 아니라 정치에서도, 특히 신생국의 정치에서도 그렇다. "목적이 무엇일까", "용도는 무엇일까", "왜 계속 발생할까"라는 의문은 소모성 질환이나 절망, 영아사망과 같은 상황뿐 아니라 가난과 공무원 부정, 부족폭동과 같은 상황에서도 일어난다. 훌륭한 답을 얻을 수는 없지만 조금이라도 답을 얻을 수 있다면, 그것은 보존할 만한 유산이나 따를 만한 약속의 이미지로부터일 것이다. 이것들이 반드시 민족주의적 이미지를 가질 필요는 없지만, 마르크스주의자적인 것까지 포함하여 대부분이 민족주의적인 것은 사실이다.[9]

종교처럼 민족주의도 현대 세계에서 평판이 좋지 않으며, 또한 종교처럼 그것은 다소 그럴 만한 이유가 있다. 종교의 편협성과 민족주의의 증오는 역사상 어떤 두 힘보다도 인간성의 황폐를 가져왔으며, 앞으로도 분명히 더 가져올 것이다. 그러나 또한 종교와 마찬가지로 민족주의는 역사에서 가장 창조적인 변화의 추진력이 되어왔으며, 앞으로도 틀림없이 그렇게 될 것이다. 그때는 그것을 비난하는 데에 시간을 보내지 않을 것이며, 왜 그러한 형태를 취하게 되었고, 어떻게 하면 그것이 발생한 사회를 해체시키는 것을 방지할 것이며, 그것을 넘어 근대 문명의 전체 조직을 성립시킬 수 있을 것인가를 규명하는 데에 더 많은 시간을 보내게 될 것이다. 신생국에서 이데올로기는 끝난 것이 아니라 이제 시작이다. 그것은 지난 40년 동안의 극적인 사건들이 만든 자아 개념에 관한 초보적 변화가 뚜렷한 신조로서 대중의 각광을 받고 있기 때문이다. 그것을 이해하고, 다루고, 또는 최소한 그것을 이겨내기 위한 준비를 하는 데에 있어서, 파슨스의 문화이론은 적절히 수정만 가한다면 우리의 가장 강력한 지적 수단 중의 하나가 될 것이다.

---

9) 마르크스주의와 민족주의의 관계는 어려운 문제이기 때문에 개괄하는 것만으로도 하나의 논문이 될 것이다. 여기서는 다만 신생국에 관한 한 마르크스주의 운동은 그것이 공산주의 운동이든 아니든 간에 거의 모든 지역에서 운동의 목적과 사용 언어 모두가 지금까지 매우 민족주의적인 것이었고, 또 그 정도가 약해지고 있다는 징조도 별로 없다는 것을 말하고 싶다. 사실, 이슬람교 운동, 불교 운동, 힌두교 운동 등의 종교-정치 운동들도 마찬가지이다. 그러한 운동들 역시 원칙적으로는 지역과 관계없는 것이지만 사실은 지역화되는 경향이 있다.

제10장 통합을 위한 혁명 : 신생국에서의 원초적 정서와 시민정치

I

독립된 지 겨우 1년이 지난 1948년, 판디트 네루는 자기 자신이 항상 불안정한 입지에 놓여 있음을 알게 되었다. 왜냐하면 그는 야당 정치인으로서 개인적으로는 결코 좋아하지 않으면서도 [전략상] 오랫동안 지지해왔던 어떤 정책을 이제는 실천하지 않으면 안 되는 집권자의 입장에 서게 되었기 때문이다. 그는 파텔과 시타라마야와 함께 언어별 주재편성 위원회(the Linguistic Provinces Committee)에 임명된 것이다.

국민회의파는 처음부터 영국이 언어적 차이를 무시하고 "자의적" —— 즉 비언어적 —— 으로 만든 행정단위 체제를 유지하는 것은 분리를 통한 지배정책의 일환이라고 논박하면서 인도 내부에서 언어에 따라서 주(州)의 경계를 결정해야 한다는 원칙을 지지해왔다. 국민회의파는 1920년에는 실제로 대중적인 호소력을 확보하는 데에 더 유리했으므로 언어적 계통에 따라서 지방 지부를 편성했던 것이다. 그러나 분리를 요구하던 외침이 귓가에 남았던 네루는 언어위원회(Linguistic Committee)에서 겪은 경험으로 깊이 흔들렸고, 그를 신생국의 지도자 중에서 가장 두드러진 존재로 만든 특유한 솔직함으로, 다음과 같이 인정했다.

[이 심의는] 어떤 면에서 우리의 눈을 뜨게 해주는 것이었다. 수세기에 걸쳐 죽고 죽이는 투쟁을 일삼아온 편협한 충성심과 사소한 시기심과 무지에 뿌리를 둔 편견들로 이루어진 인도라는 현실에 직면해서 인도 국민회의가 60년 동안 해왔던 일들이 우리 앞에 버티고 서 있는 것이었다. 그리고 우리는 우리가 스케이트를 타고 있던 얼

300

음이 얼마나 얇은 것이었던가를 알고 공포에 질려 있었다. 이 나라에서 가장 유능한 인사 중 몇몇은 우리 앞에 나와 확신과 열성에 찬 태도로, 이 나라에서 언어는 문화, 인종, 역사, 개성 그리고 하위 국가를 의미하고 나타내는 것이라고 강조했다.[1]

그러나 공포에 질렸든 안질렸든 간에, 네루, 파텔, 시타라마야는 결국 안드라를 텔루구어를 사용하는 주(州)로 인정하라는 요구를 승인해야만 했고, 따라서 얇은 얼음판은 깨졌다. 10년이 못 되어서 인도는 언어에 따라서 거의 전반적으로 재편되었고, 국내외의 많은 관찰자들이 인도의 정치적 단일성이 "편협한 충성심과 사소한 시기심과 무지로 인한 편견으로" 대규모로 휩쓸려 들어가지 않고 살아남을 것인지에 대한 의구심을 떠들어대었다.[2]

그처럼 크게 놀라게 함으로써 네루의 눈을 뜨게 만든 문제는 언어 면에서 서술되고 있으나, 다른 여러 표현법을 쓰더라도 이와 동일한 문제가 거의 대부분의 신생국에서 나타나고 있음은 물론이다. 그것은 곧 다양하게 전개되는 범민족적 운동뿐만 아니라 "이중적", "복수적", "다중적" 사회에서, "모자이크적" 또는 "합성적" 사회구조, "민족"이 아닌 "국가"와 "국가"가 아닌 "민족", "부족주의", "지역주의" 그리고 "공동체주의" 등 실로 수없이 많은 용어로 열거될 수 있다.

인도의 공동체주의에 대해서 말할 때 우리는 종교적으로 서로 대조되는 차이를 언급하게 된다. 말라야(말레이시아의 1963년 이전의 이름 / 역주)에서 공동체 이념을 말할 때는 주로 인종적인 대립을 그리고 콩고에서는 부족적인 대립을 언급하게 된다. 그러나 공통의 구성요소에 의해서 집단을 분류하는 것은 단순히 우연적인 것은 아니다. 여기서 언급된 현상은 어떤 면에서는 유사하다. 인도네시아에서는 지역주의가 서로를 갈라놓게 만든 주된 주제였다면 모로코에서는 관습상의 차이가 서로를 갈라놓은 주제였다. 실론에서 소수민족인 타밀족은 종교, 언어, 인종, 지역 그리고 사회적 관습에 의

1) S. Harrison, "The Challenge to Indian Nationalism", *Foreign Affairs* 34 (1956년 4월) : 3 에서 인용.

2) 매우 부정적인 견해에 대해서는 S. Harrison, *India : The Most Dangerous Decades* (Princeton, N. J., 1960)를 참조하라. 이와 반대로 아주 긍정적인 인도인의 견해가 있다. 그는 "다언어 국가라는 이름하에 인도를 나누는 계획"은 "독소가 많지만" 민주주의의 길을 닦고 인종과 문화적 긴장을 제거하기 위해서는 필요한 것이라고 본다. 이에 대하여 B. R. Ambedkar, *Thoughts on Linguistic States* (Delhi, ca. 1955)를 참조할 것.

해서 신할리족이라는 다수민족과 분리된다. 이라크의 소수파인 시아파와 다수파인 순니파를 갈라놓는 것은 실질적으로는 이슬람교 내의 종파간의 차이일 뿐이다. 아프리카의 범민족운동들은 주로 인종에 기반하지만, 쿠르디스탄에서는 부족주의에 의해서 그리고 라오스와 샨 주(州) 그리고 타이에서는 언어에 의해서 서로가 분리된다. 그러나 이러한 모든 현상 역시 어떤 의미에서는 부분적인 것이다. 그것들은 제한된 의미에서 조사영역을 형성한다.

즉 그것은 명확히 규정할 수 있는 경우에 하나의 연구영역이 되는 것이다. "민족", "민족성" 그리고 "민족주의"라는 용어를 둘러싼 개념적인 애매성이 가지는 우리를 무기력하게 만드는 분위기는 광범하게 논의되어왔고, 공동체적 충성심과 정치적인 충성심 사이의 관계를 공격하는 데에 관련되어온 거의 모든 작업에서 광범하게 논의되었으며, 또한 철저하게 개탄되어 왔다.[3] 그러나 사람들이 흔히 선호하는 문제 해결의 처방이란 관련된 문제들의 다양한 측면을 모두 인정함으로써 정치적, 심리적, 문화적 그리고 인구학적 요소를 혼합하는 이론적인 절충주의를 채택하는 것이다. 그렇기 때문에 이러한 애매성을 실제로 줄이는 일은 그리 많이 실현되지 못했다. 그러므로 중동에 대한 최근의 심포지엄에서는 기존의 국민국가의 경계를 파괴하려는 아랍 연맹의 노력, 약간 임의적이고 우연하게 구획된 주권국가들을 통일하려는 수단 정부의 노력 그리고 이란으로부터 소련의(이 글이 쓰일 당시에는 아직 소비에트 연방이 존재했다 / 역주) 아제르바이잔 공화국에 합류시키고자 하는 아제린 터키인들의 운동 등이 어떤 구분도 없이 "민족주의"로 다루어졌던 것이다.[4] 이와 비슷한 총괄적인 개념을 분석한 콜먼은 나이지리아인들(또는 그들 중 일부)이 다섯 가지의 서로 다른 민족주의 —— "아프리카의", "나이지리아의", "지역의", "집단의", "문화적인" —— 를 동시에 전개하고 있는 것으로 본다.[5] 또한 에머슨은 국가를 "최종 단계의 공동

---

3) 예를 들면 K. Deutsch, *Nationalism and Social Communication* (New York, 1953), pp. 1-14 ; R. Emerson, *From Empire to Nation* (Cambridge, Mass., 1960) ; J. Coleman, *Nigeria : Background to Nationalism* (Berkeley, 1958), p. 419 이하 ; F. Hertz, *Nationalism in History and Politics* (New York, 1944), pp. 11-15를 참조하라.

4) W. Z. Laqueur 편, *The Middle East in Transition : Studies in Contemporary Histroy* (New York, 1958).

5) Coleman, *Nigeria*, pp. 425-426.

302

체 —— 즉 국가가 위기에 처할 경우 사람들의 충성심을 효과적으로 지휘함
으로써 그 내부의 여러 하위 공동체를 초월한 더욱 더 큰 사회 안의 민족을
잠재적으로 포함하는 가장 큰 공동체……"라고 정의하는 바, 이는 "국가"
나 "민족"이라는 용어가 지니는 모호성을 간단히 "충성"이라는 용어로 바
꾸는 데에 불과한 것이다. 즉 그렇게 함으로써 인도, 인도네시아, 또는 나
이지리아가 과연 민족국가인가라는 문제를 아직은 구체화되지 않은 장래
의 어떤 역사적 전환기에 밝혀질 것으로 남겨두는 것으로 생각된다.[6]

그러나 이러한 개념적 불투명성은 신생국의 국민들이 철저하게 상호 의
존적이면서도 각기 다른 그리고 종종 실제로 대립되기도 하는 두 가지 강력
한 동기에 의해서 활성화될 경우에는 불타서 없어져버릴 것이다. 두 가지
동기란 곧 자신들의 바람, 행동, 희망과 의견이 중요한 것으로 여겨지는 책
임 있는 권력의 대행자로 인정받고자 하는 욕구와, 효율적이고 역동적인 근
대 국가를 건설하려는 욕망이다. 첫번째 목적은 남으로부터 주목받는 대상
이 되는 것이다. 즉 그것은 정체성을 추구하는 것이며, "이 세상에서 어떤
존재가 되는" 것처럼 자아를 사회적으로 확인받음으로서 그 정체성의 의미
를 공인받으려는 주장이다.[7] 또 다른 목적은 실용적인 것으로서, 진보에 대
한 요구이다. 즉 생활수준의 향상, 보다 더 효과적인 정치질서, 더 많은 사회
정의 그리고 "단지 세계정치에서 보다 큰 영역에 참여하는" 것에만 머물지
않고, 이를 넘어서 "여러 국가간에 영향력을 행사하겠다"는 욕구이다.[8] 여
기서 다시 말하지만, 이 두 가지 동기는 서로 가장 밀접하게 관련되어 있다.
왜냐하면 진정한 근대 국가에서는 국민으로서의 권리에 대한 요구는 개인
의 중요성을 매우 널리 인정받고자 하는 것으로 점점 더 다가가고 있기 때
문이다. 또한 마치니가 이름을 가진 확실한 존재이고 싶다고 바라는 요구라
고 부른 것은 국제사회 안에서 권력의 중요한 중심으로부터 배제되는 데에
서 오는 굴욕감에 의해서 상당한 정도로 촉발되기 때문이다. 그러나 이 두
가지 동기는 동일한 것은 아니다. 이들은 각기 다른 원천에서 나왔고 다른

6) Emerson, *Empire to Nation*, pp. 95-96.
7) I. Berlin, *Two Concepts of Liberty* (New York, 1958), p. 42.
8) E. Shils, "Political Development in the New States", *Comparative Studies in Society and History* 2 (1960) : 265-292, 379-411.

압력에 반응한다. 사실 이들 사이의 긴장은 바로 신생국에서 민족적 진화를
이룩하는 중심적 추진력 중의 하나이며, 동시에 그러한 진화에 있어서 가장
큰 장애의 하나이기도 하다.

　이 긴장은 신생국에서 특히 심하고 고질적인 모습을 보인다. 이는 국민들
의 자아인식이 아주 심한 정도로 혈통, 인종, 언어, 지역, 종교, 또는 전통 등
의 총체적인 현실성에 구속되어 있기 때문인 동시에 금세기에 들어서 집단
적인 목적의 실현을 위한 적극적인 수단으로서 주권국의 중요성이 점차 강
력하게 증가하기 때문이다. 다민족 국가, 대체로 다언어 국가, 때에 따라서
는 다인종 국가인 신생국들은 그와 같은 "타고난" 다양성 속에 암묵적으로
포함되어 있는 직접적이고 구체적인, 또한 그들에게는 고유의 의미를 가지
는 분류-구별을 국가로서의 개성의 실질적 내용이라고 생각하는 경우가 많
다. 포괄적이면서 어쩌면 낯선 시민사회의 질서에 보편적으로 참여하기 위
하여 측정 가능하고 친숙한 자아정체성들을 포기한다는 것은 자율적인 개
인으로서의 정의(定意)를 상실할지도 모르는 모험을 하는 것이다. 왜냐하면
그것은 문화적으로 미분화된, 즉 획일적인 대중으로 흡수되어버리거나, 더
나쁘게는 그 질서에 자기들의 기질을 불어넣을 힘을 가진 다른 경쟁관계의
종족이나 인종이나 언어집단에 의한 지배를 초래할지도 모르기 때문이다.
그러나 동시에 그들이 그토록 강렬하게 열망하고 성취하려고 결심한 사회
개혁과 물질적인 진보의 가능성은 그들이 보다 합리적인 규모의 독립적이
고, 강력하면서도 잘 질서지어진 정치체제 안에 들어 있을 때에 더욱 비중
이 커진다는 사실을 그 사회의 가장 몽매한 사람을 제외한 모든 사람들이
어렴풋하게나마 ── 그리고 지도자들은 아주 절실하게 ── 인식하고 있다.
그래서 가시적이고 중요한 인물로서 인정받으려는 주장과, 근대화되고 역동
적이고자 하는 의지는 확산되는 경향을 가지게 되고, 신생국에서의 정치적
과정의 많은 부분은 그들을 계속 제휴된 상태로 두려는 한 영웅적인 노력을
중심으로 선회하고 있는 것이다.

II

여기에 관련된 문제의 성격을 더 정확하게 표현하자면 하나의 사회로서 신생국은 원초적 유대에 기반한 심각한 이탈에 비정상적으로 영향을 받기 쉽다는 것이다.[9] 원초적 유대란 사회적인 존재에게 "주어진" 것에서 유래하는 것 —— 더 정확하게는 문화가 불가피하게 그런 문제에 연루됨으로써 "주어진" 것 —— 을 뜻한다. 주로 일차적인 접촉과 혈연적 연관이지만, 이 것들을 넘어 특정한 언어, 혹은 심지어 방언을 말하고, 특정한 사회적 관습을 따르며, 특정한 종교 공동체에 태어났다는 사실에서 유래한 주어짐인 것이다. 이러한 혈연, 언어, 관습 등이 하나가 되는 것은 그 자체가 너무나 벅차서 말로 표현할 수 없으며 때로는 지나치게 강력하게 그들 스스로에게 강제성을 발휘하는 것으로 보인다. 사실상 누구나 자신의 친족과 이웃과 동료 신자들이라는 사실 그 자체 때문에 그들에게 얽매이게 되는 것이다. 그것은 사적인 애정, 실질적인 필요성, 공동의 이해관계, 또는 걸머진 의무의 결과일 뿐만이 아니라, 적어도 대부분은 그 유대 그 자체가 지니고 있는 무엇인가 설명할 수 없는 절대적 중요성 때문이기도 하다. 그러한 원초적 유대의 보편적인 장점과 그것들의 중요한 유형은 사람에 따라서, 사회에 따라서 그리고 때에 따라서 다르다. 그러나 실제로 모든 인간, 모든 사회, 거의 모든 시대에서 어떤 유대는 사회적인 상호 작용이라기보다 자연적인 —— 어떤 사람은 영적이라고 말하겠지만 —— 친화성에서부터 흘러나오는 듯하다.

근대 사회에서 그러한 유대를 정치적으로 우월한 수준으로 끌어올리는 것은 —— 이전부터 그런 일은 일어났었고 또 앞으로도 계속 일어나겠지만 —— 점점 더 병리적인 현상으로 개탄되어왔다. 민족적 단일성은 점점 혈연과 지역감정에의 호소에 의해서가 아니라, 크건 작건 간에 정부의 경찰력 동원과 이데올로기적 강요와 호소에 의해서 보완되면서 시민국가에 대한 모호하고 간헐적이며 일상적인 충성에 의해서 유지된다. 원초적 유대보다는 더 광범한 패턴의 사회통합이 실질적인 이익을 만들거나 허용한다는 사실

---

9) E. Shils, "Primordial, Personal, Sacred and Civil Ties", *British Journal of Sociology* 8 (1957) : 130–145.

을 점차 강하게 인식함과 동시에, 근대적 (혹은 반[半]근대적) 국가가 시민 사회의 정치적 공동체보다 원초적 공동체가 되려고 열심히 추구함으로써 자기 나라뿐만 아니라 다른 나라에도 대파멸을 야기시킨 경험은, 최종 단계 의 공동체에 대한 정의의 기초로서 인종, 언어, 종교와 같은 것을 주장하기 를 공적으로 꺼려하는 입장을 강화해왔다. 그러나 근대화 과정에 있는 사회 는 시민정치의 전통이 약하고 효율적인 복지행정을 위한 전문기관의 필요 성에 대한 이해가 충분하지 못하다. 이러한 사회에서 원초적 유대는, 네루가 발견했듯이, 반복적으로 그리고 경우에 따라서는 거의 지속적으로 자율적 정치단위의 구획짓기를 위한 아주 좋은 기반으로 널리 찬양된다. 그리고 진 정으로 합법적인 권위란 그런 원초적 애착이 내포하고 있다고 인식되는 생 태적인 구속력에서만 나온다는 이론은 솔직담백하게, 열정적으로 그리고 소 박하게 옹호된다.

왜 단일언어 국가는 안정되고 다언어 국가는 불안정한가 하는 이유는 아주 명백하 다. 국가란 구성원이 공유하는 동료의식에 기초하여 세워지는 것이다. 이 동료의식이 란 무엇인가? 간단히 말하자면 관련된 사람들이 서로 친척이라고 느끼게 만드는 하 나됨의 공동적인 정서라는 감정이다. 이 감정은 양면적인 감정이다. 한편으로는 그것 은 경제적 대립이나 사회계급에서 나오는 모든 차별들을 넘어설 정도로 사람들을 강 력하게 하나로 묶는 "동류의식(同類意識)"의 감정인 동시에 동류가 아닌 사람들을 자신들과 단절해버리는 감정이다. 즉 다른 집단에는 속하지 않으려는 바람이다. 이 동료의식은 안정되고 민주적인 국가의 기초이다.[10]

신생국이 당면하는 매우 심각하고 다루기 어려운 어떤 문제들보다도 더

---

10) Ambedkar, *Thoughts on Linguistic States*, p. 11. 캐나다, 스위스 그리고 (백인의) 남아프 리카와 같은 근대의 이중언어 국가들이 자기에 대한 반론의 예로서 인용될 것을 의식한 Ambedkar는 다음과 같이 덧붙인다. "인도의 특질은 캐나다, 스위스 그리고 남아프리카의 특질과는 전혀 다르다는 것을 잊어서는 안 된다. 인도의 특질은 분리하는 것이고 스위스, 남아프리카, 캐나다의 특질은 통일하는 것이다."[1972년에 와서 보면 이상의 각주와 "근 대" 국가에서 원초적 분리가 담당하는 역할이 쇠퇴한다는 나의 언급은, 좀 온건하게 표현 하자면, 이 글이 최초로 쓰인 1962년에 비하여 설득력이 떨어진다. 그러나 캐나다, 벨기 에, 얼스터(Ulster : 북아일랜드 지방/역주)에서의 사건들이 원초적 정의가 "신생국"의 현 상으로서 지배적이라는 논의의 정당성을 감소시킨다고 하더라도 이 논문에서 전개되는 일반적인 논쟁은 훨씬 더 적절하다]

불길하고 심각하게 위협적인 문제인 부족주의, 지방주의, 공동체주의 등으로 다양하게 불리는 문제를 낳는 것은 바로 이 원초적인 것과 시민적인 정서 사이의 직접적인 갈등의 결정체 —— 즉 "다른 어떤 집단에도 속하지 않으려는 염원" —— 인 것이다. 여기서 우리는 단순히 경쟁하는 충성심만이 아니라 동일한 통합의 수준에서의 동일한 일반적인 질서에 대해서 경쟁하는 충성심을 가지게 된다. 신생국에는 다른 국가에서와 마찬가지로 계급, 정당, 기업, 조합, 전문직, 기타 여러 가지와 연결된 많은 경쟁적인 충성심이 있다. 그러나 그러한 관계들로 형성된 집단들은 실질적으로 결코 국가가 되기 위한 후보로서 자립적이고 최고 차원의 사회적 단위로 될 수 있는 것으로 간주되지 않는다. 그들 사이의 갈등은 어느 정도 충분히 받아들여진 최종 단계의 공동체 안에서 정치적인 통합이 하나의 법칙으로서 문제시되지 않을 때만 발생한다. 갈등이 아무리 심각하더라도 그것들은 공동체의 존재를 적어도 고의적으로 위협하는 것은 아니다. 갈등은 정부 또는 정부 형태까지도 위협하지만, 기껏해야 아주 드물게 —— 그리고 보통 원초적 정서가 불어넣어졌을 때 —— 국가 자체를 그 기반에서 약화시키는 위협을 가한다. 왜냐하면 그들은 민족이 무엇인지, 국가가 관계되는 범위는 어디까지인지에 대한 대안적인 정의를 가지지 않기 때문이다. 경제적 불만, 계급적 불만 또는 지적인 불만 등은 혁명을 불러일으키지만, 인종, 언어, 또는 문화에 기반한 불만은 분리 독립, 영토회복주의, 또는 병합, 국경 다시 그리기, 영토에 대한 새로운 정의 등을 촉진하게 한다. 시민의 불만은 법적으로든 불법적으로든 간에 국가기구의 장악을 통하여 자연스러운 분출구를 찾게 된다. 이에 대해서 원초적 불만은 더욱 심각하며, 그렇게 쉽게 해결되지 않는다. 상황이 아주 엄중하면 원초적 불만은 그 만족을 위해서 수카르노나 네루 혹은 물라이 하산의 머리가 아니라 인도네시아나 인도 혹은 모로코의 머리를 요구하게 된다.

그처럼 불만이 실제로 무엇을 핵으로 구체적인 형태를 가지게 되는가는 다양하며, 어떠한 경우에도 대개는 때로 상호 모순되기도 하는 몇 가지가 동시에 포함되어 있다. 그러나 단순한 기술(記述)의 수준에서는 비교적 간단히 열거될 수 있다.[11]

11) 유사하나 다르게 인식되어 조직된 리스트로는 Emerson, *Empire to Nation*, 제6-8장을 참조하라.

가정(假定)된 혈연관계. 여기에서 정의하는 요소는 의사 친족관계이다. "의사"라고 하는 것은 이미 알려진 생물학적인 관계에 의해서 형성된 친족단위(확대가족, 종족 등)는 그 범주가 너무 작아서 최대한 전통에 얽매인 사람이라도 제한된 중요성 이상의 것을 가졌다고 간주할 수 없기 때문이며, 따라서 지시대상은 부족에서처럼 더 이상 추적할 수는 없으면서도 사회학적으로 실질적인 친족이라는 개념으로 기능하기 때문이다. 나이지리아, 콩고 그리고 사하라 사막 이남의 아프리카의 대부분은 이런 종류의 원초적 이념이 지배하는 것이 특징이다. 그러나 또한 쿠르드족, 발루치족, 파슈툰족 등 중동의 유목민 또는 반(半)유목민 그리고 인도의 나가족, 문다족, 산탈족 등의 부족 그리고 동남 아시아 대부분의 구릉지의 부족들에게서도 그러하다.

인종. 분명히 인종 역시 민족생물학적 이론을 포함한다는 점에서 가정된 친족관계와 유사하다. 그러나 완전히 똑같은 것은 아니다. 여기서 참고되는 사람들은 공통의 출계(出系)와 같은 매우 확정적인 감정보다는 표면적인 신체 유형상 —— 특히 물론 피부색, 얼굴형, 체격, 머리털 유형 등과 같은—— 의 특징이다. 사실 말라야 공동체에 관한 대부분의 문제는 두 개의 신체 유형상 매우 유사한 몽골 인종 사이에 이런 종류의 차이에 관한 관심에 초점을 두고 있다. "흑인됨(negritude)"은 명백히 그 주된 힘을, 완전히는 아니지만, 중요한 원초적 자질로서의 인종의 개념에서 얻고 있으며, 동남 아시아의 화교들이나 아프리카의 인도인과 레바논 사람들과 같이 사회에서 소외된 채 상업에 종사하는 소수민족도 이와 유사한 방식으로 구별된다.

언어. 충분히 설명된 이유로 —— 경우에 따라서는 그 이유가 보다 더 적절하게 설명되어야겠지만 —— 언어주의는 인도 지역에서 특히 심각한데, 말라야에서도 논란거리가 되어왔고 다른 곳에서도 산발적으로 문제시되어왔다. 그러나 언어는 때때로 민족을 규정짓는 갈등에서 중요한 본질적인 공식이 되었기 때문에, 언어주의가 언어적 다양성이 가져온 필연적인 결과가 아니라는 점을 강조해야 할 것이다. 혈족, 인종 그리고 아래에 나열될 다른 요소들처럼 언어의 차이는 그 자체에서 특별히 분열을 촉발하는 요소일 필요는 없다. 탕가니카(아프리카 남동부의 옛 나라 이름. 1964년 잔지바르와 합병하여 탄자니아가 됨/역주)의 대부분 지역, 이란(엄밀한 의미에서 신생국은 아니겠지만), 필리핀, 심지어 인도네시아에서도 언어적 다양성은 국가를 분열시키는 작용을 하지는 않았다. 이들 지역에서는 언어상의 커다란 혼란에도 불구하고 언어적 갈등은 하나의 사회적 문제로 보일 뿐, 어떤 이유에서인지 극단적인 형태의 문제로 진전되지는 않았다. 더 나아가서 원초적 갈등은 언어적 차이가 드러나지 않는 곳에서도 일어날 수 있다. 그러한 예는 레바논이나 인도네시아의 여러 갈래의 바탁어를 사용하는 부족들 사이에서 그리고 이보다는 정도가 덜하지만 나이지리아 북부지역의 풀라니족과 하우사족 사이에서 볼 수 있다.

지역. 이 요소는 거의 어디에나 있지만, 지역주의는 인위적이 아니라 자연 발생적으로 지리적 이질성이 강한 지역에서 특히 문젯거리가 되는 경향을 보인다. 남북으로 나뉘기 이전의 베트남의 통킹, 안남 그리고 코친은 기다란 장대 양쪽 끝에 매달린 두 개의 바구니와 같은데, 이들은 언어, 문화, 인종의 측면에서는 서로 공유하지만 순전히 지역적인 문제에 의해서 서로 대립적인 관계에 놓인 것이다. 동파키스탄과 서파키스탄(지금은 방글라데시와 파키스탄으로 분리되었다) 사이의 긴장은 언어와 문화적 차이가 개입된 것이지만, 그 나라의 영토가 서로 떨어져 있기 때문에 그런 긴장관계에 있다는 점에서 지리적인 요소가 가장 두드러지는 요소라고 하겠다. 또 하나의 예를 들면, 여러 섬으로 이루어진 인도네시아에서 자바와 그밖의 섬들 사이 그리고 산맥에 의해서 양분되는 말라야에서 동북부와 서부 해안 사이는 지역주의가 민족정치에서 중요한 원초적 갈등의 요소임을 보여주는 예들이다.

종교. 인도의 분할은 이런 종류의 원초적 유대가 작용한 아주 명백한 사례이다. 그러나 레바논이나, 버마의 기독교를 믿는 카렌족과 무슬림인 아라칸족, 인도네시아의 토바 바탁족, 암보족 및 미나하사족, 필리핀의 모로족, 인도 펀자브 지방의 쉬크 교도, 파키스탄의 아흐마디야 그리고 나이지리아의 하우사족 등은 바로 종교적 귀속감이 시민적 사회통합에 대한 생각을 약화시키거나 방해하는 힘으로 작용한다는 것을 잘 보여주는 또 다른 예가 될 것이다.

관습. 다시 말하건대, 관습상의 차이는 모든 지역에서 상당한 정도로 민족적 단일성을 깨뜨리는 기초를 형성하며, 지적으로 그리고(또는) 예술적으로 보다 세련된 집단이 대부분 야만적인 사람들 가운데에서 스스로를 "문명"
의 담당자인 양 여기고 그들 야만적인 대중에게 자기들을 모델로 삼을 것을
충고하는 경우에 이 관습상의 차이는 특히 두드러지게 나타난다. 이와 같은
예는 인도의 벵골 사람들, 인도네시아의 자바인들, 모로코의 아랍인(베르베
르인에 대항하는), 또 다른 "오래 된"신생국인 에티오피아의 암하라족 등
이다. 그러나 심지어 서로 격렬하게 대립하는 집단들이라도 보편적 생활양
식에는 별로 차이가 없다는 점을 지적해두는 것이 중요하다. 예를 들면 인
도의 힌두 교도인 구자라트 사람들과 마하라슈트라 사람들 사이에, 우간다
의 간다족과 요로족 사이에 그리고 인도네시아의 자바인과 순다인 사이에
는 서로 대립하고 있음에도 실제 생활양식에서는 사소한 차이만 있을 뿐이
다. 그리고 그 역도 성립한다. 즉 발리인들의 관습은 인도네시아에서 가장
특이한 것이기는 하지만, 그들은 지금까지 어떤 의미로든 원초적 불만을 보
이지 않고 지내왔다는 사실에서 주목할 만하다.

그러나 한 지역이나 다른 지역에서 정치화하려는 원초적 유대의 종류를
단순히 나열하는 것을 넘어서, 더 나아가서 여러 신생국에서 실제로 존재하
고 그 국가를 구성하는 요소가 되는 원초적 다양성과 갈등의 구체적인 패턴
을 분류하고 정리하는 시도가 필요하다.

정치에 관한 민족지에서 통상적으로 하는 것처럼 보이는 이러한 시도는
처음 볼 때보다는 훨씬 더 미묘한 작업인데, 왜냐하면 현 단계에서 시민국
가의 통합성에 대한 공동체주의적 도전은 공개적으로 억압되어온 바, 이를
식별해내야 할 뿐만 아니라 원초적 자기 동일화의 지속적인 구조 안에 은폐
되거나 잠재된 채 적절한 사회적 조건이 주어지면 명백히 정치적인 형태를
취할 준비가 되어 있는 그러한 도전의 정체를 밝혀내야 하기 때문이다. 말
라야에 사는 인도인 소수민족이 지금까지 국가에 매우 심각한 위협을 하지
않은 사실이 곧 세계의 고무 가격에 어떤 곤혹스러운 사태를 발생시키더라
도, 혹은 해외 인도인에 대한 간디 여사의 무간섭 정책이 화교에 대해서 마
오쩌둥이 취한 정책으로 대체된다고 하더라도 여전히 위협하지 않을 것임
을 의미하는 것은 아니다. 한 시기에 육군사관학교를 나온 정예(精銳)가 졸
업 후 행하는 실전훈련(實戰訓練)의 장을 제공하고 있던 모로족 문제는 현

재 필리핀에서는 겉으로는 조용하게 속으로만 진행되고 있지만, 앞으로 영원히 그렇게 미온적인 형태로 진행되지는 않을 것이다. 자유 타이 운동 (Free Thai Movement)은 지금은 죽은 것 같으나 타이의 외교정책에 변화가 오거나 혹은 파테트 라오(1975년 라오스에서 정권을 장악한 좌파지향적 민족단체/역주)가 라오스를 장악하는 데 성공한다면 부활할 수도 있을 것이다. 이라크의 쿠르드족은 수차례에 걸쳐서 완연하게 그 세력이 약해졌지만 끊임없이 불안을 조성하는 징후를 보이고 있다. 이와 같은 예들은 계속해서 열거할 수 있다. 원초적 요소에 기반한 정치적 결속체들은 대부분 신생국들의 심층에서 끈질긴 힘을 발휘하고 있지만 그렇다고 언제나 왕성하게 그리고 즉각적으로 뚜렷하게 표출되지는 않는다.

우선, 단일한 시민국가의 범위 안에서 어느 정도 전체적으로 작용하는 헌신(충성)과 국가의 경계를 넘어서 작동해야 할 충성 사이를 분류하는 문제를 위하여 유용한 분석적 구별이 이루어질 수 있다. 또는 달리 표현하여, 인종적, 부족적, 언어적 준거집단이 기존의 시민국가에 비해서 더 작은 경우와, 반대로 그것들이 국가보다 더 크거나 최소한 어떤 형태든 시민국가의 경계를 넘어서는 경우들을 대조적으로 놓고 볼 수 있다. 원초적 불만은 먼저 정치적 질식감에서 또 두번째는 정치적 분할에서 생기게 된다. 버마의 카렌족의 분리주의, 가나의 아샨티족이나 우간다의 간다족의 문제는 전자에 관한 예들이고, 범아랍주의, 대(大)소말리주의, 범아프리카주의는 후자의 예가 된다.

신생국의 대부분은 이 두 종류의 문제로 동시에 고통을 받고 있다. 먼저 대부분의 국가와 국가 사이에 걸쳐서 적용되는 원초적 운동은 ── 범(凡, pan-)을 표방한 운동이 최소한 그런 경향이 있는 것처럼 ── 완전히 독립된 나라들을 개입시키지 않고 오히려 여러 곳에 산재한 소수민족 집단들을 개입시킨다. 예로써 이란, 시리아, 터키 및 소련에 각각 흩어져 있는 쿠르드족들을 통일하여 국가로 만든 쿠르드 왕국 운동이 그것인데, 이런 운동은 아마도 어떤 시대든지 성공할 가능성이 거의 없는 정치운동이다. 콩고 공화국과 앙골라의 동맹을 통하여 추진했던 고(故) 카수뷔부 씨와 그의 콩고 앙골라 연합공화국의 아바코 운동도 이 부류에 든다. 드라비다 운동도 그것이 남인도에서 팔크 해협을 넘어 실론에까지 확산될 듯이 보이는 한에서 그러하다. 아직까지는 형태를 갖추지 않은 채 정서의 차원에 머물러 있는지 모르지만, 인도와 파키스탄에서 독립하여 통일되고 주권을 가진 뱅골 ─── 즉 대(大)방글라데시 ─── 을 만들기 위한 운동도 그러하다. 그리고 심지어 신생국들 가운데에도 국가적 영토와 민족적 정체성이 다를 때 그 국가 안에서 민족적 영토를 주장하는 몇몇 고전적인 유형의 문젯거리가 여기저기서 발견된다. 이에 관한 예로써 타이 남부에 사는 말레이인, 아프가니스탄과 파키스탄의 국경을 따라서 살아가고 있는 파슈토어를 쓰는 사람들 등이 있다. 그리고 정치적인 경계선이 사하라 사막 이남의 아프리카에서 더 확고하게 확립된다면 이처럼 다른 국가 안에서 민족 영토를 요구하는 일이 더욱 많아질 것이다. 이런 모든 경우에도 확립된 시민국가로부터 벗어나려는 욕구와 정치적으로 나뉜 원초적 공동체를 재결합하려는 바람 등이 있거나, 또는 발달할 수 있을 것이다.[12]

  두번째로, 국가와 국가 사이에서 그리고 국가의 내부에서 원초적 애착은 어느 한편으로도 치우치지 않게 잘 균형잡힌 공약의 복잡한 네트워크를 통해서 종종 서로를 ─── 대부분은 아슬아슬하게 ─── 비켜나간다. 말라야의 경우, 인종과 문화적 차이가 만드는 무서운 원심적인 경향에도 불구하고, 지금까지 최소한 단일국가에서 화교와 말레이인을 하나로 묶어온 가장 효과적인 결속력의 하나는 양쪽 집단 모두가 느끼게 되는 공포심이다. 즉 그들 사이의 연합이 와해되면 모두가 새로운 정치적 틀에서 소수민족으로 가라앉아버릴 것이 틀림없다는 데에 대한 공포인 것이다. 말레이인에게는 화교가 생각을 바꾸면 싱가포르나 중국에 흡수되어버릴지도 모른다는 두려움 그리고 화교의 입장에서 보면 말레이인들이 인도네시아에 병합되어버릴지도 모른다는 두려움이 있다. 이와 유사하게 실론에서도 타밀족과 신할리족은 모두 스스로를 소수민족으로 보고 있다. 즉 타밀족의 입장에서 보면 실론인의 70퍼센트가 신할리족이기 때문이고 신할리족의 입장에서 보면 실론에는 800만 명의 신할리족이 있을 뿐인 반면에 타밀족은 실론의 200만 명뿐

─────────────
12) 각 경우에서 그러한 욕구의 강력함, 우세함, 또는 현실은 또 다른 문제인데, 여기서 주장된 것은 없다. 말라야에 대한 동화를 선호하는 감정이 얼마나 타이 남부 말레이인들 사이에 존재하는지, 아바코 사상의 실제적인 세력 또는 마드라스의 드라비드 분리주의자들을 향한 실론의 타밀족의 태도는 경험적 연구거리이다.

아니라 남인도에 2,800만 명이 더 있기 때문이다. 모로코의 경우는 국내문제로 아랍인과 베르베르족의 대립, 다른 나라에까지 걸치는 문제로 나세르의 범아랍주의 파르티잔과 부르기바의 마그리브(북아프리카의 마그리브 지방) 재통합파 파르티잔들과의 대립이라는 두 가지에 관계되었다. 그리고 니세르는 죽기 전까지 신생국들 가운데에서 원초적 감정을 가장 잘 요리할 줄 아는 예술적 대가였는데, 그 자신은 반둥 대회를 주도한 강대국들 중에서 이집트가 주도권을 장악하도록 하기 위하여 범아랍주의, 범이슬람주의 그리고 범아프리카 정서 등을 가지고 마술을 부리는 것에 열중했다.

그러나 해당되는 귀속감이 국가의 경계를 넘어서든 아니든, 주요한 원초적 감정에 의한 투쟁의 대부분은 당분간 스스로의 내부에서 일어나고 있다. 원초적 감정에 관련된 문제에 초점을 맞추거나 최소한 이것에 의해서 자극됨으로써 일어난 여러 국제적 갈등이 신생국 사이에 존재하게 된다. 이스라엘과 그의 아랍 이웃들 사이의 적대적 관계와 카슈미르에 대한 인도와 파키스탄의 분쟁은 두말할 나위없이 가장 현저한 사례가 된다. 그러나 키프로스를 두고 벌이는 그리스와 터키라는 두 개의 오래 된 국가간의 분쟁 역시 또 하나의 사례가 된다. 또한 본질적으로 영토회복 문제에 소말리아와 에티오피아 간의 긴장사태는 그 세번째 예가 되며, 인도네시아 화교의 "이중 시민권" 문제에 대하여 베이징 정부를 상대하고 있는 인도네시아의 어려움은 그 네번째의 예가 된다. 이런 예는 무수히 많다. 신생국은 정치적으로 단결하기 때문에 그러한 분쟁은 더욱 자주 발생하고 더욱 심각하게 발전하기 마련이다. 그러나 현재의 시점에서는 아직 —— 이스라엘과 아랍의 대립과 간헐적으로 일어나는 카슈미르 문제를 제외하면 —— 대단한 정치문제가 된 적은 없으며, 원초적 유대의 차이는 대부분의 경우 직접적으로는 국내적 의미밖에 지니지 않는다. 이것은 물론 그 문제들이 국제적으로 중요한 함의가 없다는 것을 말하려는 것은 아니다.[13]

그러나 여러 신생국들 내부에서 발견되는 원초적 다양성의 구체적인 패

---

13) 물론 원초적 정서가 국가간에 미치는 중요성은 그것이 전체적으로 분열을 조장하는 힘을 가지고 있다는 데에 있는 것은 아니다. 범아프리카주의적 입장은 그것이 취약하고 잘못 정의되었을 수 있다고 하더라도 아프리카 주요 국가 지도자들의 대결을 위한 온건한 연대라는 유용한 맥락을 제공해왔다. 1954년 예구에서 열린 제6차 대위원회에서 보듯이, 버마

턴을 유형별로 구성하는 것은 매우 어렵다. 그것은 대부분의 경우 신뢰할 만한 상세한 정보가 없기 때문이다. 그럼에도 불구하고 전반적이고 단순히 경험에 의한 분류체계는 상당히 쉽게 만들어질 수 있으며, 그러한 분류는 분류하지 않을 경우의 혼란스러움을 벗어날 수 있는 거칠지만 간편한 안내 책자로 쓰일 수 있을 것이다. 또한 그것은 시민정치에서 원초적 정서가 담당하는 역할에 대해서 "다원주의", "부족주의", "지역주의", "공동체주의" 등의 사회학의 진부한 상투어로 할 수 있는 것 이상으로 보다 더 세밀하게 분석하는 것을 가능하게 해준다.

1. 보편적으로 볼 수 있는 비교적 단순한 형태는 지배적인, 반드시는 아니지만 보통 좀더 규모가 큰 집단과 강력한 만성적인 문제를 일으키는 하나의 소수민족이 대치하고 있는 형태인 것으로 보인다. 그리스인과 터키인으로 구성된 키프로스, 신할리족과 타밀족으로 구성된 실론, 요르단인과 팔레스타인인으로 이루어진 요르단 등이 그러한 예인데, 이중 마지막 경우는 지배 집단이 피지배 집단보다 숫자가 더 적다.

2. 첫번째 패턴과 어떤 면에서 유사하지만 더 복잡한 것으로서 하나의 중심적인 —— 종종 정치적인 의미뿐 아니라 지리적인 의미에서도 —— 집단과, 여러 개의 중간 정도 크기이고 최소한 어느 정도 대립하는 주변집단으로 구성되는 패턴이 있다. 인도네시아에서 자바인 대 외부 섬의 사람들(자바와 보르네오 이외의 섬들에 사는 사람들/역주), 버마에서 이라와디 계곡의 버마인 대 여러 구릉지의 부족과 고지대 계곡의 사람들, (엄밀히 말해서 신생국은 아니지만) 이란의 중앙평원의 페르시아인과 여러 부족, 대서양 연안의 평원지대의 아랍인들과 그들을 둘러싸고 있는 리프 산맥, 아틀라스 산맥, 소우스 산지의 여러 베르베르족들, 라오스의 메콩 강 유역의 라오족과

가 국제적인 불교주의를 강화하고 다시 재생시키려는 활기찬 (그리고 값비싼) 노력을 시도하는 것은 최소한 잠정적으로 버마를 실론, 타이, 라오스 그리고 캄보디아와 같은 다른 상좌부(theravada : 스리랑카, 버마, 타이, 라오스 등지에 퍼져 있는 불교의 주요 형태의 하나로, 부처의 가르침에 대한 해석에서 보수적, 정통적 경향을 띤다/역주) 불교국가들과 보다 더 효과적으로 연결하는 데에 기여했다. 그리고 모호하고 주로 인종적인 공동의 "말레이시아다움"의 감정은 말레이시아와 인도네시아 그리고 말레이시아와 필리핀, 심지어 보다 최근에는 인도네시아와 필리핀 사이의 관계에서 긍정적인 역할을 했다.

다른 부족 간의 관계들이 그 예이다. 적도(赤道) 아프리카에서 그런 패턴이 얼마나 발견될지는 확실하지 않다. 그러한 패턴의 구체적인 사례일지도 모르는 가나의 아샨티족의 경우, 중심집단의 세력은 최소한 잠정적으로는 깨진 것으로 보인다. 그리고 신생국인 우간다에서 산다속이 보다 교육을 많이 받고, 정치적으로 세련되었으며 또한 전체 인구의 5분의 1을 차지함에도 불구하고 우간다를 구성하는 다른 집단들에 대하여 지배적인 위치를 유지할지는 [또는 아마 지금은 다시 얻었을지는] 더 지켜보아야 할 일이다.

3. 세번째 패턴은 내적으로는 그다지 동질적이지 않은 유형으로, 이것은 두 개의 주요 집단이 거의 균형을 유지하고 있는 양극적인 형태이다. 예를 들면 말레이 반도의 말레이인과 화교인(보다 적은 수의 인도인 집단도 있지만), 또는 레바논의 기독교인과 무슬림(두 집단은 실제로 더 작은 분파의 집합이지만), 이라크의 수니파와 시아파들이 그 양극을 이루는 패턴의 예이다. 파키스탄의 두 지역은, 비록 서파키스탄 지역은 그 자체 내부적 동질성에서 훨씬 떨어지지만, 그 국가에 뚜렷이 양극적인 원초적 패턴을 낳게 했으며 이것은 현재 국가를 반으로 갈라지게 만들었다. 분할 이전의 베트남도—— 통킹 대 코친이라는 —— 이런 형태의 구성을 가졌는데 이 문제는 현재 강대국들의 도움으로 "해결되고" 있다. 그러나 나라가 재통일되면 그 문제는 다시 살아날지도 모른다. 출계집단(出系集團) 대립을 일으킬 만큼 인구가 많지 않은 리비아조차도 키레나이카 대 트리폴리타니아라는 형태로 다소 이 패턴의 대립이 보인다.

4. 다음으로, 몇몇의 커다란 집단으로부터 시작하여 여러 중간 크기의 집단을 거쳐서 많은 작은 집단에 이르기까지, (명백히 지배적인 집단도 없고 뚜렷이 구분되는 점도 없으면서) 중요도에서 집단들이 비교적 수평적으로 등급이 매겨지는 패턴이 있다. 인도, 필리핀, 나이지리아 그리고 케냐가 아마 그 예들이 될 것이다.

5. 마지막으로, 월러스틴이 이야기한, 다양한 소집단을 가진 단순히 민족적인 파편들이 있는데, 최소한 좀더 상세한 것들이 알려질 때까지는 아프리카의 많은 사회들을 이 나머지 범주에 넣지 않으면 안 된다.[14] 지극히 실험적인 레오폴드빌 정부가 내놓은 한 시안(試案)에 따르면, 콩고 공화국의 250여 개로 추정되는 부족적, 언어적 집단을 80개의 자치적인 부족지

구로 나누어 그것을 다시 열두 개의 연방주로 편성하는 것인데, 이것은 그러한 파편화의 정도와 이와 관련된 원초적 충성심의 복잡성이 어떠한 것인지를 보여준다.

　그러므로 개인적인 정체성이 집단적으로 확증되고 공적으로 표현되는 세계는 질서가 잡힌 세계이다. 원초적 자아정체성의 패턴과 기존의 신생국들의 내부분열은 유동적이거나, 일정한 형태를 갖추지 않거나, 무제한으로 가변적인 것이 아니라, 명확하게 구별될 수 있으며, 그 구별되는 방식 또한 체계적이다. 그리고 그 패턴이 달라지면 그것에 따라서 개인의 사회적 자기주장에 관한 문제의 성질도 달라진다. 또한 어느 경우든지 그 안에서 개인이 차지하는 위치에 따라서 달라진다. 주목될 만한 어떤 사람으로 확실히 인식될 수 있도록 하는 작업은 실론의 신할리족의 경우에서와 인도네시아의 자바인이나 말라야의 말레이인의 경우에서와는 다른 형태와 양상으로 나타난다. 왜냐하면 하나의 소수집단을 지배하는 중심 집단의 구성원이 된다는 것은 다수의 소수집단이나 다른 중심집단에 대립하여 우위에 서는 집단의 성원이 되는 것과는 상당히 다른 문제이기 때문이다. 그러나 키프로스에서는 터키인의 경우와 그리스인인 경우에 그리고 버마에서는 카렌족과 버마인에게, 나이지리아에서는 티브족과 하우사족에게 다른 형태와 양상으로 나타난다. 그 이유는 소수집단의 성원 자격이 개인을 위치시키는 것은 단일체계 내에서라도 주된 집단의 구성원 자격이 개인을 위치시키는 것과는 다르기 때문이다.[15] 많은 신생국에서 발견되는 "외국" 상인들로 이루어진 외부인 집단 —— 예를 들면 서아프리카의 레바논인들, 동아프리카의 인도인, 동남 아시아의 화교 그리고 이와는 좀 다르지만 남부 인도의 마르와르인 등은 인정받는 정체성의 유지라는 문제에 관한 한, 같은 사회 안에서 아무리 미약하고 중요하지 않더라도 같은 사회 내의 정착 농경민 집단과는

---

14) I. Wallerstein, "The Emergence of Two West African Nations : Ghana and the Ivory Coast" (Ph. D. thesis, Columbia University, 1959).

15) 인도네시아에 관한 이 문제에 대한 간략한 토론은 C. Geertz, "The Javanese Village", *Local, Ethnic and National Loyalties in Village Indonesia*, G. W. Skinner 편, Yale University, Southeast Asia Studies, Cultural Report Series, No. 8 (New Haven, 1959), pp. 34-41을 참조하라.

전혀 다른 사회적 세계에 살고 있다. 원초적 동맹과 대립의 네트워크는 조밀하고 복잡하며 또한 정밀하게 접합된 것이고 대부분의 경우 수세기에 걸친 점진적인 결정화(結晶化) 과정의 산물이다. 피폐한 식민정권이 남긴 빈약한 잔재로부터 얼마 전에 태어난, 우리에게는 아직 익숙하지 않은 시민국가는 이 섬세하게 짜이고 사랑스럽게 보존된 긍지와 의혹의 얽힘 위에 세워진 것으로, 어떻게 해서든지 근대 정치학의 구조 속으로 엮어지도록 궁리해야 하는 것이다.

III

그러나 원초적 정서를 시민적 질서로 환원하는 것은 정치적 근대화라는 것이 본래 그런 정서를 잠재우기보다는 오히려 일깨우는 면이 있다는 점에서 더 어려운 일로 간주된다. 식민지 정권에서 독립국으로 주권이 옮겨지는 것은 단순히 외국 세력에서 자국 세력으로 권력이 바뀌는 것 이상의 일이다. 즉 이는 전체적인 정치생활 패턴의 전환이며 신민에서 시민으로의 대변화인 것이다. 식민지 정부는 그것이 띠고 있는 이미지에서 전근대 유럽의 귀족정부와 같이 냉담하고 무반응적이다. 그들은 그들이 통치하는 사회의 바깥에 존재하며 전제적이고 불공평하고 비체계적으로 행동한다. 그러나 신생국의 정부는 과두체제이기는 하지만, 대중적이고 주의를 기울인다. 그들은 그들이 통치하는 사회 안에 자리잡고 있고 발달하게 될수록 보다 더 진보적이며, 더 연속적이고, 포괄적이고, 목적의식이 뚜렷한 태도로 행동한다. 코코아를 재배하는 아샨티족 농부나, 구자라트의 점원이나, 또는 말라야의 화교 주석 광부에게 나라가 정치적 독립을 성취한다는 것은 곧 개인이 정치적 지위를 성취하는 것이 된다. 그것은 아무리 그가 문화적으로 전통적이더라도 그리고 신생국의 실제 기능이 아무리 비효율적이고 시대착오적이라고 할지라도, 그것과 관계없이 그냥 주어지는 것이다. 그는 이제 가장 엄밀한 의미에서의 사적인 것을 제외한 모든 면에서 그의 생활에 관여하기 시작하는 자율적이면서 차등화된 정체의 중요한 부분이 된 것이다. 제2차 세계대전이 끝나기 직전, 인도네시아의 민족주의자인 샤리르는 "지금까지 정부가

하는 일로부터 가능한 멀리 소외된 채 지내왔던 사람들을 이제는 그 안으로 끌어들여야 한다"라고 씀으로써 그후 10년 정도에 걸쳐 실제로 인도에 일어났던 "혁명"의 성격을 정확하게 규정했다 ── "사람들을 정치적으로 의식화시켜야 하며, 그들의 정치적 관심은 촉진되고 유지되어야만 한다"는 것이었다.[16]

아직 기의 근대화되지 않은 일반 대중에게 근대적 정치의식을 가지도록 이처럼 무리하게 강요한다는 것은 실제로는 대중으로 하여금 정부가 하는 일에 강한 관심을 가지도록 자극하고, 나아가서 그 관심을 유지하도록 하게 되는 경향이 확실히 많다. 그러나 원초적 유대에 기초한 "집단적 동일감(同一感)"이 정당한 권위의 원천 ── "자치(自治)"의 "자(自)"의 의미 ── 으로 남아 있기 위해서, 그러한 관심의 대부분은 자신의 부족, 지역, 종파 등이 권력의 중심에 대해서 가지는 관계에 대한 강박적인 관심의 형태로 나타난다. 권력의 중심은 급격히 더 강해지는 반면, 식민지 시대에 그랬던 것처럼 원초적 유대의 그물로부터 쉽사리 뽑아낼 수도 없으며, 또한 "작은 공동체"의 일상적인 권위체계의 경우처럼 원초적 유대의 그물 안에 흡수되지도 않는다. 그러므로 여러 가지 가운데에서 지방주의, 공동체주의, 인종주의 등의 정서를 자극하는 것은 바로 주권시민국가를 형성하는 과정이다. 왜냐하면 이 과정이 경쟁을 벌일 어떤 새로운 가치 있는 상(賞)과 경쟁에 필요한 위협적인 새로운 세력을 사회에 도입하기 때문이다.[17] 민족주의자들이 선전하는 교의(敎義)에서는 그 반대이기는 하지만, 그럼에도 불구하고 인도네시아의 지역주의, 말라야의 인종주의, 인도의 언어주의, 또는 나이지리아의 부

---

16) S. Sjahrir, *Out of Exile* (New York, 1949), p. 215.

17) Talcott Parsons가 지적했듯이, 권력이란 사회적 목적을 위해서 사회자원을 동원하는 능력으로 정의하게 되면, 하나의 사회체계 내에 전체의 양이 "합계하면 제로가 되는"것이 아니라, 부(富)와 마찬가지로, 특정의(이 경우는 경제적이기보다 정치적인) 제도가 기능함으로써 생성되는 것이다. "The Distribution of Power in American Society", *World Politics* 10 (1957) : 123-143. 그러므로 전통적인 사회적 맥락 내의 근대국가의 성장은 단지 집합적으로 어떤 집단이나 개인의 소득을 다른 이들의 손실에 대결시키는 식으로 집단간의 권력의 고정된 양이 변화하거나 전이되는 것이 아니라, 권력 자체의 생산을 위한 새롭고 더 효율적인 도구의 개발과, 그것으로 인한 사회의 일반적인 정치력의 증가를 표현한다. 이것은 아무리 급진적이라고 하더라도 주어진 체계 내의 권력의 단순한 재분배보다 훨씬 더 순수하게 "혁명적인" 현상이다.

족주의는 정치적 차원에서 식민지의 분리를 통한 통치정책의 유산이 아니라, 오히려 독립되고 국내적으로 정착된 단호한 통일국가로 식민정권을 대체한 결과가 빚어낸 산물이다. 물론 그것들은 역사적으로 발전되어온 지역이나 언어 등의 차이에 기초하고 있는 것이며, 그중 일부는 식민지 지배가 강화하기는 하지만(약화시킨 경우도 있다), 오히려 새로운 국가조직, 새로운 국민으로의 지위를 창조하는, 바로 그 과정의 중요한 부분 등이다.

이런 점에서 실론을 가장 명료한 예로 들 수 있을 것이다. 실론은 신생국 대열에 가장 조용하게 진입한 나라 중의 하나였으나, 현재[1962]는 가장 시끄러운 소요(騷擾)를 보여주는 나라가 되었다. 실론의 독립은 거의 별다른 투쟁 없이, 사실 노력도 별로 하지 않고 얻은 것이다. 그러므로 대부분의 다른 신생국에서 보이는 쓰라린 감정으로 가득 찬 민족주의자들의 대중운동도 없었고 열변을 토하는 열성적인 영웅이나 지도자도 없었으며, 완고한 식민세력의 반대파도, 폭력도, 체포도 없었다. 즉 1947년의 주권이양은 보수적이고 온건하며 냉담한 영국인 공무원을 역시 영국에서 교육받은 보수적이고 온건하며 냉담한 상류계급의 실론 사람들로 대체하는 것에 불과했으므로 사실 혁명이라고 할 수 있는 것이 아니었다. 이 실론 사람들은, 적어도 보다 더 토착적인 사람들의 눈으로 본다면 "피부색을 제외하고는 모든 면에서 이전의 식민지 지배자를 꼭 닮은" 사람들이었다.[18] 진정한 의미에서의 혁명은 공식적인 독립 후 거의 10년이 지나서야 왔다. 따라서 "실론이 투쟁이나 유혈사태 없이 평화로운 협상의 길을 따라서 자유의 목표에 도달한 데에 심심한 만족을 느낀다"[19]는 영국 총독의 고별사의 구절은 좀 때 이른 것이었음이 증명되었다. 1956년에 발생한 타밀족과 신할리족 간의 격렬한 폭동은 100명 이상의 생명을 앗아갔고, 1958년에는 2,000여 명이나 되는 많은 생명을 앗아갔던 것이다.

70퍼센트가 신할리족이고 23퍼센트가 타밀족으로 이루어진 이 나라는 수 세기 동안 상당한 정도로 일어났던 집단간의 긴장상태로 특징지을 수

---

18) D. K. Rangenekar, "The Nationalist Revolution in Ceylon," *Pacific Affairs* 33 (1960) : 361-374.

19) M. Weiner, "The Politics of South Asia", G. Almond와 J. Coleman, *The Politics of the Developing Areas* (Princeton, N. J., 1960), pp. 153-246에서 인용.

있다.[20] 그러나 그런 긴장 관계는 주로 고(故) 반다라나이케가 1956년 신할리족의 문화, 종교 그리고 언어의 부흥이라는 갑자기 일어난 물결로 선거를 휩쓸어 수상직을 쟁취한 이래 서로 화해할 수 없고 포괄적이며 이데올로기적으로 선동된 대중 증오라는 독특한 근대적 형태를 가지게 되었다. 옥스퍼드에서 교육받았고, 어느 정도는 마르크스주의자이며, 시민에 관한 문제를 다루는 데에 있어서는 본질적으로 세속주의자인 반다라나이케는 신할리족의 원초적 정서에 공개적으로 그리고 얼핏 보면 좀 냉소적으로 호소함으로써 영어를 사용하는 (그리고 민족적으로도 순수한 실론인이라고는 할 수 없는 콜롬보의) 특권계급의 권위를 손상시켰다. 그가 약속한 것은 "신할리어를 국어(國語)로 하는" 언어정책, 불교와 불교 승려의 존중 그리고 서양 의복을 거부하고 신할리 농민의 전통적 "의장(衣裝)"을 입는 것 그리고 그것과 함께 타밀족에게만 "혜택이 집중되는" 것으로 여겨지는 정책을 근본적으로 개선한다는 것 등이었다.[21] 만일 무비판적인 그의 옹호자가 주장하듯이, 반다라나이케의 "궁극의 목적"이 "시대에 뒤떨어지고 지역주의적이며 인종주의적 정부"를 세우려는 것이 아니라, "민주주의를 안정시키고 국가를 네루식의 사회주의에 기반한 근대 복지국가로 바꾸려는 것이었다면",[22] 그가 곧 원초적 열망의 높아지고 있는 파고의 무기력한 희생자가 되어, 좌절뿐인 힘든 30개월 동안 정권을 잡은 이후에 동기 불명의 불교도에 의해서 살해당했다는 사실은 그만큼 더 역설적인 일이었다고 말할 수밖에 없다.

이처럼 확고하게 대중에 기반한 사회개혁적 정부를 지향했던 최초의 결정적인 운동은 국민통합을 고양한 것이 아니라 그 반대의 결과를 가져왔

---

20) 약 50퍼센트의 타밀족은 국적이 없는 "인도 타밀족", 즉 19세기에 영국의 차(茶) 농장에서 일하기 위해서 실론으로 이끌려온 사람들로, 지금은 인도로부터는 그들이 실론에 살고 있다는 이유로 인도 국적을 거부당하고 있으며, 실론으로부터는 그들이 인도에서 온 일시적 체류자라는 이유로 시민으로서 인정되지 않고 있다.

21) Rangenekar는 Bandaranaike가 기독교인으로 교육받아온 "정치적인 불교도"이기 때문에 민족운동의 주도권을 잡지 못할 것이라는 1954년 Ivor Jennings 경의 예측이 놀라울 정도로 실패한 것이라고 논평하면서 다음과 같이 예리하게 지적했다. 즉 "아시아적 배경에서는 서양의 교육을 받으면서 서양화되는 것을 거절하고 토착의 문화 및 문명을 지키는 정치가가 아무리 정력적이더라도 순수하게 토착적인 사람이 바랄 수 있는 것보다 훨씬 더 큰 영향력을 미친다." Rangenekar, "Nationalist Revolution in Ceylon."

22) 같은 책.

다 —— 즉 언어적, 인종적, 지역적 그리고 종교적 분파주의를 증대시키는 기이한 변증법이 생기게 되었는데, 그 실정(實情)에 대해서는 뤼긴스가 상세히 기술하고 있다.[23] 보통선거는 거의 거역하기 어려운 전통적인 충성심에 호소함으로써 민중의 환심을 사고자 하는 유혹을 일으켰고, 따라서 반다라나이케와 그의 추종자들은 선거 전에는 원초적 정서를 고양하고 선거가 끝난 후에는 이를 억제한다는 도박을 하고 그것이 가능할 것이라고 믿었으나 결국은 실패하고 말았다. 보건, 교육, 행정 등의 분야에 대한 반다라나이케 정부의 근대화 정책은 중요한 지방의 명사들 —— 승려, 힌두교 의사들, 마을의 교사, 지방관리 —— 의 지위를 위협했으며, 따라서 그들은 그때까지보다도 더욱 토착주의적이 되었으며, 정치적인 지지에 대한 대가로 공동체를 보증받기를 요구했다. 민족이 국가가 됨에 따라서 나라의 정체성의 내용을 만들기 위하여 공동의 문화적 전통을 추구하는 것은 오히려 잊어버렸던, 타밀족-신할리족 사이의 배반, 학살, 능욕, 전쟁으로 점철되었던 고대사를 다시 불러일으키게 만들었다. 서양식 교육을 받은 도시 엘리트들은 원초적 구별(민족이나 혈연 등의 일차적 요소에 의한 차이)에 구애되지 않고 이를 넘어서서 계급적 충성심과 학교의 동창관계를 더 중요시했다. 이들 엘리트들이 정치적 세력을 잃게 됨으로써 두 공동체를 우호적으로 연결시켰던 몇 안 되는 중요한 접촉점의 하나가 없어지게 되었다. 근본적인 경제의 변화가 가져온 가장 큰 혼란은 부지런하고 검소하고 진취적인 타밀족의 지위가 이들보다 덜 꼼꼼한 신할리족의 희생의 대가로 강화될 것이라는 공포감이 일어난 것이다. 공무원직에 대한 경쟁이 치열해진 것, 토착어 사용에 있어서 언론의 중요성이 증대된 것, 심지어 정부가 제도화한 토지개선 프로그램들까지도 —— 이런 것들은 인구분포를 변화시키고, 그 결과 국회 내에서의 두 집단의 세력분포를 바꿀 위험이 있기 때문에 —— 모두 이와 비슷하게 도발적인 방식으로 작용했다. 실론을 고민하게 만든 이 악화된 원초적 문제는 정치, 사회, 경제적 근대화를 저해하는, 단순한 역사적 잔재로 치부할 것이 아니었다. 그것은 근대화를 달성하고자 하는 가장 진지한 시도 —— 비록 비효율적일지라도 —— 의 직접적이고 즉각적인 반사인 것이다.

---

23) H. Wriggins, "Impediments to Unity in New Nations —— The Case of Ceylon"(미간행).

그리고 다양하게 표현되는 이 변증법은 신생국에서 일어나는 정치의 일반적인 특성이다. 인도네시아에서는 토착민들에 의해서 통일국가가 수립됨에 따라서 인구는 적지만 광물질이 풍부한 외부의 섬들이 무역수입의 많은 부분을 벌어들이고 인구가 조밀하고 자원이 없는 자바가 그 수입의 많은 부분을 소비한다는 도식이 생겼다. 그와 같은 사실이 이때처럼 분명히 드러난 것은 식민지 시기에는 결코 있을 수 없었던 일로, 이로 인해서 지역간의 질시가 생겼으며 마침내 무장봉기에 이를 정도로 심화되었다.[24] 가나에서는 상처받은 은크루마의 새로운 민족정부가 발전기금을 모으기 위해서 코코아 가격을 아샨티족 코코아 재배자들이 바라는 것보다 낮게 책정했을 때, 이에 타격을 받은 아샨티족 등의 자존심이 공연한 분리주의로 폭발했다.[25] 모로코에서는 독립투쟁에서 자신들이 쏟았던 실질적인 군사적 공헌에도 불구하고 정부로부터 학교, 직장, 개선된 통신시설 등의 부분에 있어서 더 많은 지원의 보상을 받지 못하여 화가 난 리프 산맥의 베르베르족들이 라바트의 관심을 얻기 위해서 부족의 자부심의 고전적인 패턴 —— 납세의 거부, 장터의 거부, 산악지역으로 들어가서 약탈생활을 하는 것들 —— 을 부활시켰다.[26] 요르단에서는, 압둘라가 시스-요르단 병합, 이스라엘과의 협상 그리고 군대의 근대화를 통해서 새로운 주권시민국가를 강화하고자 필사적으로 시도했으나, 그것은 민족적으로 모욕당한 범아랍주의의 팔레스타인인에 의한 그 자신의 암살을 불러왔다.[27] 심지어 그러한 불만이 공개적인 분열로까지 발

---

24) H. Fieth, "Indonesia", G. McT. Kahin 편, *Government and Politics of Southeast Asia* (Ithaca, N. Y., 1959), pp. 155–238 ; Kahin, G. McT. 편, *Major Governments of Asia* (Ithaca, N.Y., 1958), pp. 471–592. 이것은 지역적인 반목의 결정체가 파당 반역의 유일한 동인이었다거나 자바와 그 외부 섬들 사이의 대비가 상호 대립의 유일한 축이었다는 것을 말하려는 것이 아니다. 이 논문에서 인용된 모든 예들에서 자신의 바람, 행위, 희망 그리고 의견이 중요한 작용을 하는 책임 있는 행위자로서 인정받으려는 욕구는 부, 권력, 위세 등을 위한 더 익숙한 욕구와 서로 얽혀 있다. 단순한 원초적 결정론은 경제결정론보다 더 옹호할 수 있는 입장에 있는 것이 아니다.

25) D. Apter, *The Gold Coast in Transition* (Princeton, N.J., 1955), p. 68.

26) W. Lewis, "Feuding and Social Change in Morocco", *Journal of Conflict Resolution* 5 (1961) : 43–54.

27) R. Nolte, "The Arab Solidarity Agreement", American University Field Staff Letter, Southwest Asia Series, 1957.

전하지 않은 다른 신생국들에서도 정부의 권력을 쟁취하려는 투쟁의 발전은 거의 보편적으로 원초적 투쟁이라는 광범하고 모호한 형식을 통하여 발생했다. 정당과 국회 간의 일상적인 정치, 내각과 관료, 또는 군주와 군대의 일상적인 정치와 나란히 그리고 상호 작용을 하면서 상충하는 공적인 정체성과 인종주의에 따른 정치의 열망을 촉진하는 일종의 범정치학은 어디에나 존재한다.

더 나아가서 이 범정치적 전쟁은 특정한 전쟁터를 가지고 있는 것 같다. 정치적 전투의 관습적인 영역 바깥에 특정한 제도적인 맥락이 존재하는데, 범정치적 전투는 이 영역에 자리잡으려는 강한 성향을 가지고 있다. 물론 원초적 쟁점들은 때때로 의회에서의 논쟁, 각료의 고안, 사법적 결정 그리고 보다 더 자주 선거 캠페인에서 드러나지만, 이것들은 다른 종류의 사회적 쟁점들이 평범하게 혹은 최소한 그렇게 자주, 또는 그렇게 날카롭게 나타나지 않는 곳에서 더 순수하고, 더 명백하고 그리고 더 극심한 형태를 나타내는 일관된 경향을 보여준다.

이러한 것 중 가장 명백한 것의 하나가 학교제도이다. 특히 언어의 갈등은 학교의 위기의 형태로 진전되는 경향이 있다 —— 예를 들면, 말라야의 경우 화교 학교에서 중국어만이 아니라 말레이어를 어느 정도까지 가르칠 것인가의 문제를 둘러싸고 교원노조의 말레이인들과 화교 사이에 격심한 논쟁이 벌어졌다. 인도에서는 어느 언어로 수업할 것인가를 발단으로 영어파, 힌두어파, 그 이외의 토착언어 사용자들 사이에 삼면 게릴라 전쟁이 일어났다. 동파키스탄에서는 서파키스탄의 우르두어(Urdu : 파키스탄의 공용어의 하나. 힌두스탄어에서 파생된 언어로 무슬림 사이에서 쓰이며 페르시아 아랍 문자로 쓰인다/역주)를 강제로 사용하게 하는 정책을 저지하기 위해서 벵골어를 사용하는 대학생들이 유혈폭동을 일으켰다. 그러나 종교적 쟁점들 역시 아주 쉽게 교육적 맥락에 침투한다. 이슬람교 국가에서는 전통적인 코란 학교를 서양식 학교로 개혁하는 데에 대해서 끊임없이 문제가 제기되고 있다. 필리핀에서는 미국이 도입한 세속적 공립학교의 전통과 그런 학교에 종교교육을 증가시키려는 성직자들의 강인한 시도 사이에 충돌이 일어나고 있다. 그리고 마드라스에서는 드라비다 분리주의자들이 "교육은 정치적, 종교적, 또는 공동체적 편견으로부터 자유로워야 한다"고 자못 신

성한 목소리로 선언하는데, 그것은 사실은 「라마야나(Ramayana)」 서사시
와 같은 힌두어로 된 작품들을 강조해서는 안 된다"는 것을 의미하는 것이
다.[28] 심지어 학교제도도 지역간의 대립항쟁에 휘말리는 경우가 있다. 즉 인
도네시아에서는 지방사회의 불만의 출현이 지방의 고등교육이 경쟁적으로
급증하는 현상을 수반했는데, 이러한 고등교육 기관의 급증으로 마침내 자
격을 갖춘 교수가 심하게 부족했는 데에도 불구하고 오늘날 국가의 거의 모
든 주된 지역에 대학이 설립되기에 이르렀다. 이것은 과거에 대한 증오의
기념비이겠지만, 미래를 위한 요람이기도 하다. 그리고 이와 유사한 유형이
지금 나이지리아에서 일어나고 있다. 총파업이 계급투쟁의 전통적인 정치적
표현이고 쿠데타가 군국주의와 의회주의 사이의 싸움이라면, 학교제도의 위
기는 아마도 원초적 충성심의 고전적인 정치 혹은 초정치적인 표현으로 되
어가고 있다고 보겠다.

그외에도 유사 정치적 소용돌이의 중심이 되는 것은 많이 있지만, 그것에
대해서 이야기하고 있는 것들은 어느 것이든 상세히 분석하기보다는 약간
의 언급만 하고 스쳐지나가버린 것이 더 많다. 사회통계학이 그 예이다. 레
바논에서는 1932년 이래 센서스가 행해지지 않았는데, 그 이유는 센서스를
실시하게 되면 종교별 인구구성의 변화가 밝혀지게 될 것이며, 그렇게 되면
각 종파간의 이해의 균형을 교묘하게 조정하도록 고안된, 놀랍게도 복잡한
정치적 조작이 파괴되어버릴 것이 두려웠기 때문이다. 민족언어 문제를 가
진 인도에서는 힌두어 인구가 차지하는 비율 그 자체가 그 숫자를 세는 방
법에 따라서 달라지기 때문에 매우 심각한 논쟁거리가 되고 있다. 즉 힌두
어 광신자는 인도인의 반수가 "힌두어"(우르두어와 펀자브어를 포함)를 말
한다는 것을 증명하기 위해서 센서스의 인구수를 이용하는 반면, 반(反)힌
두어파는 문자 표기법의 차이와 같은 것도 문제 삼으며, 또 그 사람들이 어
느 종교에 소속되어 있는가 하는 것도 언어적으로 의미가 있는 것이라고 해·
서 힌두어 인구를 30퍼센트까지 낮추고 있다. 그 결과 1941년의 센서스로는
2,500만의 부족(部族) 인구가 있었으나 1951년의 센서스에는 170만밖에 없
는 것으로 나타난 이상한 일이 일어났다. 바이너가 "센서스 재규정에 의한

---

28) P. Talbot, "Raising a Cry for Secession", American University Field Staff Letter, South
   Asia Series, 1957.

종족말살"[29]이라고 아주 적절하게 이름을 붙인 것처럼 모로코에서는 베르베르족 인구구성에 관한 숫자가 전체 인구의 35-60퍼센트 사이에서 다양하게 기록된다. 민족주의 지도자들 중에는 베르베르족이라는 것은 순전히 프랑스 정부의 발명이라고 믿거나 사람들을 그렇게 믿게 하려는 사람들도 있다.[30] 민족 구성에 관한 행정계통의 통계는 진실이든 상상된 것이든, 실제적으로 어디서나 원초적 감정을 이용하려는 대중 선동가들이 선호하는 무기이며, 특히 그것은 지방관리들이 그들이 관리하는 대다수 주민들과 다른 집단의 사람일 경우에 효과적이다. 그리고 인도네시아에서는 지역갈등이 고조에 달하면서 한 주요 신문이 아무것도 모르는 척하면서 주별(州別) 수출 및 수입과 정부 경비를 나타내는 간단한 막대 그래프를 게재하려고 했으나 금지당했다.

그외에 지금까지 나타난 유사 정치적 쟁점의 장(場)으로 두드러지는 것들로는 의복(버마에서는 건국 기념일에 애국심을 고양시키기 위해서 랑군으로 수송되었던 수백 명의 변방의 부족들은 버마의 전통의복을 선물받고 주도면밀한 배려 속에 원래 지역으로 되돌려 보내졌다), 사료 편수(史料編修)(나이지리아에서는 편향된 부족사가 급격히 증가하기 시작하여 그렇지 않아도 매우 강력했던 원심적인 힘을 더욱 강화하여 나라를 황폐화시켰다) 그리고 공공의 권위를 지닌 공식표지(실론에서는 타밀족이 신할리 문자로 표시된 자동차 번호판을 사용하기를 거부했으며, 남부 인도에서는 힌두어로 된 철로 표지판을 페인트로 지워버렸다) 등이 있다.[31] 또한 부족연합, 카스트

---

29) M. Weiner, "Community Associations in Indian Politics"(미간행). 이와 반대과정인 "센서스 재규정에 의한 민족창조" 또한 발생하는데, 가봉의 수도인 리브르빌에서는 토골족과 다호메이족이 통계적으로 새로운 범주인 "포포족"으로 갑자기 바뀌어버렸으며, 북로디지아 구리 광산 지대의 한 읍에서는 헹가족, 통가족, 탐부카족 등이 "서로간의 합의"에 의해서 니아살랜더인 하나로 합쳐졌다. 이들 조작된 분류는 실제로 존재하는 "민족"의 모습을 지니게 된다. I. Wallerstein, "Ethnicity and National Integration in West Africa", *Cahiers d'études africaines* 3 (1960) : 129-139.

30) 35퍼센트의 수치는 N. Barbour 편, *A Survey of North West Africa* (New York, 1959), p. 79 ; 60퍼센트의 수치는 D. Rustow, "The Politics of the Near East", Almond와 Coleman, *Politics of Developing Areas*, pp. 369-453에서 발견할 수 있다.

31) 버마의 의복에 대해서는 H. Tinker, *The Union of Burma* (New York, 1957), p. 184를 참조하라. 나이지리아의 부족사에 대해서는 Coleman, *Nigeria*, pp. 327-328을 참조하라. 실

조직, 민족적 연대, 지역적 결사체 그리고 종교조직의 급격한 확대도 같은
것이다. 이들은 실제 모든 신생국에서 일어나는 도시화 과정을 수반하는 현
상으로 보이며, 그것으로 인해서 몇몇 국가에서는 대도시 —— 라오스, 베이
루트, 봄베이, 메단 같은 —— 가 공동체 전체의 긴장이 끓는 대형 솥이 되었
다.[32] 그러나, 자세한 내용은 제외하더라도, 중요한 점은 신생국에서는 행정
제도들이 형태를 갖추고 특정의 정책을 취하게 됨에 따라서 그 주위에 많은
원초적 불만의 소용돌이가 발생하며, 그 소용돌이는 스스로 강화된다는 사
실이며, 나아가 이 유사 정치적인 대혼란은 대부분이 정치적 발전의 과정
그 자체가 가져온 결과 —— 다시 한번 비유를 사용한다면 역류(逆流)——
라는 점이다. 공공 목적을 위하여 국가가 사회적 자원을 동원하게 되고 그
힘을 강화해나가게 되면 그때까지의 그러한 힘의 확장은 원초적 정서를 교
란시킨다. 왜냐하면 합법적 권위는 그런 정서가 가진 내재적인 도덕적 강제
의 확장에 지나지 않는다는 원칙을 인정한다면, 자신을 다른 부족, 다른 인
종 또는 다른 종교를 가진 사람들에 의해서 통치되도록 허용하는 것은 단지
억압일 뿐 아니라 열등화에 복종하는 것이기 때문이다. 그것은 곧 그들의
의견, 태도, 바람 등이 제대로 받아들여지지 않는 하위 수준의 존재로 떨어
짐으로써 도덕적 공동체로부터 배제되는 것이다. 이는 마치 아동, 순진한 사
람 그리고 정신 이상자들이 스스로를 성숙하고 지적이며 온전하다고 간주
하는 사람들 눈에는 충분히 고려되지 않는 것과 같다.

원초적 정서와 시민정치 사이의 이 긴장은 비록 조정될 수 있다고 하더라
도 완전히 해결될 수는 없다. 근본적으로 자신이 누구이고, 어느 집단에 확
실히 귀속되는가에 대한 개인의 생각을 형성하는 출생지, 언어, 혈통, 외모,
생활양식이라고 하는 "여건(與件)"의 힘은 인성의 기반 중에서도 이성적으
로는 설명되지 않는 것에 깊이 뿌리박고 있다. 그리고 이처럼 무반성적(無
反省的)인 집단의 자기 상(像)은 한번 확립되면 착실히 진행되는 국가의 정

론에서의 번호판 문제에 대해서는 Wriggins, "Ceylon's Time of Troubles, 1956–8", *Far
Eastern Survey* 28 (1959) : 33–38을 참조하라. 힌두어로 된 철로 표지판 문제에 대해서는
Weiner, "Community Associations"를 참조하라.

32) 근대화 과정의 사회에서 진행되는 도시화 과정에서 자발적 결사체의 역할에 대한 전반적
인 토론은 Wallerstein, "The Emergence of Two West African Nations", pp. 144–230을
참조하라.

치과정 속에 어느 정도 개입되는 것은 확실하며, 그것은 정치과정이라는 것이 그토록 넓은 범위에까지 관여하는 것이기 때문이다. 그러므로 신생국 —— 또는 그것의 지도자들 —— 이 원초적 유대에 관한 한 노력해야 하는 것은, 대부분의 경우 현실에서 행해져왔듯이, 그것을 하찮은 것으로 여기거나 그것의 실체를 부정함으로써 그것이 존재하지 않는 것으로 바랄 것이 아니라 그러한 유대감을 길들이는 것이다. 그들은 정부의 권위와 관련하여 그 원초적 유대감이 가지는 정당화의 힘을 없애고, 원초적 유대와 관련된 국가기구들을 중립화하고, 그 유대의 혼란으로부터 생기는 불만을 유사 정치적 형태가 아닌 정당한 정치적 형태로 나타낼 수 있도록, 원초적 유대와 시민사회의 질서체제를 화해시켜야 한다.

이러한 목표 또한 완전하게 달성될 수는 없으며, 적어도 지금까지는 달성된 적이 없다. 이는 심지어 "통일하는 데에 귀재"라고 여겨지는 암베드카르 씨의 캐나다와 스위스(이 경우 남아프리카는 언급하지 않는 편이 더 낫다)에서도 마찬가지이다. 그러나 이것은 상대적인 것으로, 신생국이 그것의 통합과 합법성에 대한 거리낌 없는 원초적 열광으로부터의 공격의 방향을 전환시키고자 하는 희망은 그러한 상대적인 성취의 가능성에 달려 있다. 산업화, 도시화, 계층구조의 재편 그리고 다른 다양한 사회적이고 문화적인 "혁명들"은 이들 신생국들이 숙명적으로 거쳐나가야 할 것으로 보이는 과정들이므로, 이와 함께 단일한 주권 아래 다양한 원초적 공동체를 끌어담는 것은 국민들의 정치적 역량을 그 극한(極限)까지 —— 때에 따라서는 물론 그 한계점을 넘어서까지 —— 끌어올릴 것을 약속하는 것이다.

IV

이 "통합을 위한 혁명"은 물론 이미 시작되었고, 더 완전한 통일을 창조하기 위한 방법과 수단에 대한 결사적인 추구는 어디서나 진행되고 있다. 그러나 그러한 추구는 단지 시작되었을 뿐 아직도 탐색중인 것으로, 만일 신생국들을 널리 비교하여 살펴보고자 한다면 일종의 혼란에 직면하게 된다. 그것은 외적으로 나타나는 형태의 다양성에도 불구하고 본질적으로는 공통의 문제, 즉 원초적 불만의 정치적 해결이라는 문제에 대해서 제도나 이데올로기의 측면에서 여러 가지 해답들이 있으며 일치된 모습을 그리고 있지 않기 때문이다.

오늘날 신생국들은 풋나기나 견습생 신분의 화가나 시인, 또는 작곡가처럼 자기들만의 알맞는 스타일, 매체에 의해서 드러난 곤란한 문제들에 대한 자기 나름의 특징적인 해결방식을 찾고 있다. 모방적이고, 일관성이 없고, 절충석이고, 기회적이며, 일시적 유행에 약하고, 잘못 정의되고, 불확실하기 때문에 미숙한 예술가를 학파와 전통에 따라서 확연하게 분류하는 것은 자신의 독특한 스타일과 정체성을 가진 성숙한 예술가를 분류하는 것보다 훨씬 어렵다는 역설적인 사실과 마찬가지로, 이들 신생국들을 고전적인 범주 혹은 새로이 만들어진 범주 중 하나에 넣어서 유형에 따라서 분류 정리하는 것은 매우 어렵다. 인도네시아, 인도, 나이지리아 그리고 나머지 나라들도 당장은 곤경에 빠져 있다. 그러나 이는 자신들을 곤경에서 구해내고 그것에 대해서 승리를 거둘 방법을 찾기 위한 부단한 실험을 하도록 압력을 넣으면서 그들에게 정치적 창조력을 촉진하는 주된 자극들 중 하나로서의 곤경이다. 그러나 창조력이 궁극적으로 모두 성공할 것이라고 말하는 것은 아니다. 프랑스에서 볼 수 있는 되다가 만 예술가처럼, 되다가 만 것 같은 국가도 있다. 그러나 끊임없는 정치적 쇄신, 경우에 따라서는 헌정(憲政)상의 쇄신이 계속 일어나도록 유지하고 신생국의 정치체계를 체계적으로 분류하려는 시도에 근본적으로(단지 미숙한 것이 아니라면) 잠정적인 성격을 부여하는 것은 다른 것이 아니라 바로 원초적 문제들의 뿌리깊음이다.

그러므로 언어적, 인종적 이질성 등에서 야기되는 문제들에 대처하기 위한 수단으로서 신생국에서 현재 등장하고 있는 다양한 정부구조들을 정리하고 분류하고자 한다면 먼저 현재 진행중인 실험의 모델형이 되는 그 수많은 구조들을 경험적으로 검토하는 일에서부터 시작해야 한다. 그러한 검토로부터 최소한 그들간의 변이의 범위가 어느 정도에 이르는가, 그러한 구조들이 형태를 갖추게 되는 사회적 장(場)은 일반적으로 어떠한 차원의 것인가가 밝혀질 수 있어야 한다. 또한 이러한 접근에서 유형화의 작업이란 겉으로 드러난 다종다양한 현상의 혼란 밑바닥에 깔려 있는 불변의 구조를 추출할 수 있는 이상형(理想型)을 고안하는 일이 아니라, 그런 변이가 일어나는 한계와 그것의 활동영역을 결정하는 일이다. 여기서 그런 범위, 차원, 한 계 그리고 영역에 대한 지각은 아마도 만화경식 방식으로 몇 개의 선택된 신생국에서 진행되는 일련의 "통합혁명"의 스냅 사진을 빨리 제시하는 것 에 의해서 가장 잘 전달될 수 있을 것이다. 그러한 사진에는 원초적 다양성 의 다양한 구체적 패턴과 이런 패턴에 대한 다양한 정치적 반응양식이 드러 나 있기 때문이다. 현재 —— 가상의 —— 의 통일을 향하여 나아가고 있는 분열되어 있는 국가들을 이처럼 초특급으로 조사하는 데는 인도네시아, 말 라야, 버마, 인도, 레바논, 모로코, 나이지리아가 문화적으로 서로 구별되고 지리적으로 분산되어 있음에도 적당한 대상이 되리라고 생각된다.[33]

---

33) 인도네시아[그리고 현재 —— 1972년 —— 의 모로코]는 부분적인 예외로 하고, 앞으로 전개될 모든 요약은 현지조사보다는 문헌에 기초한 것이기 때문에 자료의 완전한 문헌목 록은 이 논문에 다 포함시키기에 너무 길 것이다. 그러므로 아래에 크게 의존한 자료들만 을 목록에 싣는다. 논의된 나라들이 포함된 가장 전반적인 조사는 Almond와 Coleman, *Politics of Developing Areas*이며, 아시아에 대해서는 두 개의 이미 인용한 논문집, 즉 Kahin 편, *Governments and Politics of Southeast Asia* 및 *Major Governments of Asia*가 가장 유용했다. Emerson, *Empire to Nation* 또한 귀중한 비교자료를 제공한다.

인도네시아 : H. Feith, *The Wilopo Cabinet, 1952-1953* (Ithaca, N.Y., 1958) ; H. Feith, *The Indonesian Elections of 1955* (Ithaca, N.Y., 1952) ; G. Pauker, "The Role of Political Organization in Indonesia", *Far Eastern Survey* 27 (1958) : 129-142 ; G. W. Skinner, *Local, Ethnic, and National Loyalties in Village Indonesia.*

말라야 : M. Freedman, "The Growth of a Plural Society in Malaya", *Pacific Affairs* 33 (1960) : 158-167 ; N. Ginsburg와 C. F. Roberts, Jr., *Malaya* (Seattle, 1958) ; J. N. Parmer, "Malaya's First Year of Independence", *Far Eastern Survey* 27 (1958) : 161- 168 ; T. E. Smith, "The Malayan Elections of 1959", *Pacific Affairs* 33 (1960) : 38-47.

버마 : L. Bigelow, "The 1960 Elections in Burma", *Far Eastern Survey* 29 (1960) : 70- 74 ; G. Fairbairn, "Some Minority Problems in Burma", *Pacific Affairs* 30 (1957) : 299- 311 ; J. Silverstein, "Politics in the Shan State : The Question of the Secession from the Union of Burma", *The Journal of Asian Studies* 18 (1958):48-58 ; H. Tinker, *The Union of Burma.*

인도 : Ambedkar, *Thoughts on Linguistic States* ; S. Harrison, *India* ; R. L. Park와 I. Tinker 편, *Leadership and Political Institutions in India* (Princeton, N.J., 1959) ; *Report of The States Reorganization Commission* (New Delhi, 1955) ; M. Weiner, *Party Politics in India* (Princeton. N.J., 1957)

레바논 : V. Ayoub, "Political Structure of a Middle East Community : A Druze Vil- lage in Mount Lebanon" (Ph.D. thesis, Harvard University, 1955) ; P. Rondot, *Les Institutions politiques du Liban* (Paris, 1957) ; N. A. Ziadeh, *Syria and Lebanon* (London,

인도네시아

1957년이 시작될 때까지 자바와 외부 섬들 사이의 지역적 긴장은 혁명적 결속의 지속적인 필요성과 광범한 지역을 대표할 수 있는 다당제 체제 그리고 인도네시아를 양분하는 두 개의 최고통치권이 존재하는 드위-퉁갈(Dwi-Tunggal) —— 간단히 말해서 "이두(二頭) 지도체제" —— 이라는 제도적 장치의 세 가지 요소의 결합에 의해서 억제되어왔다. 이 양분된 인도네시아 통치권이란 곧 자바인인 수카르노와 수마트라인인 모하메드 하타라는 두 명의 베테랑 민족주의 지도자들이 공화국의 대통령과 부통령으로서 최고 직위를 나누어가진 것을 말한다. 그후 혁명적 결속이 퇴색하고 정당체제가 무너지고, 드위-퉁갈은 분리되었다. 1958년의 지역적 반란에 대한 효과적인 군사진압에도 불구하고 그리고 "1945년의 정신"의 화신으로서 자기 사람을 정부에 집중시키려는 수카르노의 격렬한 시도에도 불구하고 한번 잃어버린 정치적 균형은 복구되지 않았고, 이 새로운 국가는 통합 실패의 거의 고전적인 사례가 되었다. 근대성을 향한 모든 단계마다 지역적 불만은 증가했고 지역적 불만의 증가와 함께 정치적 무능력이 새롭게 드러나게 되

1957) ; N. A. Ziadeh, "The Lebanese Elections, 1960", *Middle East Journal* 14 (1960) : 367-381.

모로코 : D. Ashford, *Political Change in Morocco* (Princeton, N.J., 1961) ; N. Barbour 편, *A Survey of North West Africa* (New York, 1959) ; H. Favre, "Le Maroc A L'Epreuve de la Démocratisation" (미간행, 1958) ; J. Lacouture와 S. Lacouture, *Le Maroc A L'Epreuve* (Paris, 1958) ; W. Lewis, "Rural Administration in Morocco", *Middle East Journal* 14 (1960) : 45-54 ; W. Lewis, "Feuding and Social Change in Morocco", *The Journal of Conflict Resolution* 5 (1961) : 43-54

나이지리아 : J. Coleman, *Nigeria ; Report of the Commission Appointed to Enquire into the Fears of Minorities and the Means of Allaying Them* (London, 1958) ; H. Smythe와 M. Smythe, *The New Nigerian Elite* (Stanford, Calif., 1960).

요즈음 일어나고 있는 일들에 대해서는 미국 대학들의 현지 주재 스태프들의 편지들, 특히 인도네시아(W. Hanna), 말라야(W. Hanna), 인도(P. Talbot), 모로코(C. Gallagher) 그리고 나이지리아(R. Frodin)에 관한 것이 매우 유용하다는 것을 발견했다[10년 전에 앞의 목록이 쌓인 이후, 우리의 주제와 관련된 엄청난 수의 새로운 글들이 등장했다. 그러나 내가 아는 한 이 분야의 포괄적인 참고목록은 아직 존재하지 않는다].

었다. 그리고 정치적 무능력이 새롭게 드러남과 더불어서 정치적 원기는 상실되고 군사적 강압과 이데올로기적 부흥운동의 불안정한 합성물에 더욱 의존하게 되었다.

인도네시아의 생각 있는 사람들에게 자신들이 마지못해 만든 현대적 국가질서의 틀 안에서 자기들의 문제를 해결할 어떤 방법을 찾거나, 아니면 더욱 강하게 드러나는 원초적 불만과 유사 정치적 대립에 직면하거나의 어느 한 가지를 싫든 좋든 선택해야만 한다는 것이 피할 수 없는 명백한 사실로 드러난 것은 의회체제의 일반적인 윤곽이 드러난 1955년의 제1차 총선거에서였다. 선거는 공기를 정화할 것으로 기대되었으나 단지 공기를 휘저었을 뿐이었다. 총선은 정치적 중력의 중심을 드위-통갈에서 정당으로 이동시켰다. 선거를 통하여 공산당의 대중적인 세력이 구체적 모습을 가지게 되었는데, 공산당은 전체 투표의 16퍼센트를 얻었을 뿐 아니라, 자바에서는 거의 90퍼센트의 지지를 끌어냄으로써 지역적 대립과 이데올로기적 대립이 결합하게 되었다. 이 선거를 통해서 사회에서 보다 중요한 위치를 차지하는 권력의 중심세력 —— 군대, 화교, 특정한 외부 섬 지역의 수출상인 등—— 의 이익이 공식적인 정치체계 내에 충분히 대표되지 않는다는 사실이 극적으로 나타났다. 그리고 선거는 정치적 지도력의 기준을 혁명에 대한 공적으로부터 대중에 대한 호소력으로 이동시켰다. 결국 이 선거는 다음의 사실들을 동시에 요구하게 되었던 것이다. 즉 현재의 국내질서를 유지하고 발전시킬 것이라고 생각되는 대통령, 부통령, 의회 그리고 내각들 사이에 완전히 새로운 관계를 만들지 않으면 안 된다는 사실, 민주적인 다당정치라는 개념 자체에 반대하는 공격적이고 조직적인 전체주의 정당의 존재를 인정해야 한다는 사실, 1945-1949년 사이의 공통된 경험이 아닌 새로운 강력한 결속의 기반을 찾아내야 한다는 사실이다. 극도로 다루기 어려운 경제문제, 냉전체제의 국제적 환경 그리고 고위층 인사들 사이에 오랫동안 내재해온 수많은 개인적 원한과 보복 등으로 얽힌 판국에서 이런 복합적인 요구들이 충족된다는 것은 아마도 놀랄 만한 일일 것이다. 그러나 이에 필요한 정치적 재능이 주어진다면 이것이 충족될 수 없을 것이라고 믿을 이유는 없다.

어쨌든, 현실은 그렇게 되지 않았다. 1956년 말, 언제나 미묘했던 수카르노와 하타 사이의 관계가 너무 심각하게 되어, 결국 하타가 사임하기에 이르렀다. 이것은 본질적으로 자바를 제외한 외부 섬들의 많은 지도적인 군(軍), 재정, 정치, 종교집단에 관한 한 그들이 중앙정부로부터 받아왔던 정당성의 보장이 철회되는 사건이었다. 양두체제(兩頭體制)는 자바를 제외한 외부 섬 사람들로 하여금 인도네시아 공화국에서 숫적으로 훨씬 우세한 자바인들과 함께 공화국의 동반자로서 동등하고 완전한 자격을 인정받게 해주는 상징적이고 상당히 실질적인 보장 기제였으며, 자바인들이 인도네시아 전체를 좌지우지하는 것을 막는 준헌법적인 보장책이었던 것이다. 자바인으로서 신비적이면서 철저히 절충적인 수카르노와, 수마트라인으로서 청교도적이고 격식 없이 솔직한 행정가인 하타는 서로 정치적으로뿐 아니라 원초적인 면에서도 상호 보완적이었다. 수카르노는 포착하기 어려운 자바인이 가진 다양한 요소가 통합하여 이루어진 고급 문화를 대표하고 있었으며, 하타는 덜 미묘한 외부 섬 사람들의 이슬람 상업주의를 대표하고 있었다. 주요 정당들은 그것에 맞게 편성되어 있었다 —— 특히 공산당과 이슬람 정당 마슈미가 그랬는데, 전자(前者)는 마르크스주의 이데올로기와 자바의 전통적인 "민속종교"를 융합하고 있었으며, 후자(後者)는 그 득표의 반수 가까이를 자바 이외의 정통적 이슬람 지역에서 얻어 이슬람의 주요 대변인이 되어 있었다. 이러한 배경이 있었기 때문에, 부통령이 사임하고 1945년(즉 총선거 이전)의 "통제 민주주의" 체제로 돌아가자는 생각 아래 대통령이 인도네시아의 국가적 운명을 결정하는 유일한 축이 되려는 정치적 움직임을 시도하자, 공화국의 정치적 균형은 교란되었고 지역적 불평은 격렬하게 번져 나가기 시작했다.

　그후 발작적인 폭동사태 등이 정치적인 만병통치 처방에 대한 열광적인 추구와 서로 엇갈리며 발생했다. 무산된 쿠데타, 불발된 암살시도 그리고 실패로 끝난 반란이 놀랄 만큼 쏟아져나온 이데올로기 및 제도적인 실험에 의해서 강화되면서 잇달아 발생했다. 신(新)생활운동은 통제 민주주의 운동으로, 통제 민주주의 운동은 "1945년 헌법으로 돌아가자"라는 운동으로 이어졌다. 그러는 동안에 정부기구들 —— 국가평의회, 국가계획위원회, 헌법제정회의 등 —— 이 제멋대로 내버려진 정원의 잡초처럼 무성하게 생겼다. 그러나 그처럼 신경질적으로 고치고 다녀도, 또는 숨쉴 틈도 없이 구호를 내걸어도 그것들은 나라의 다양한 세력과 요구들을 수용할 경쟁력을 갖춘 어떤 형태도 만들지 못했다. 왜냐하면 그렇게 제멋대로 즉흥적으로 만든 것은 국가적 통합문제의 해결을 위한 현실적인 추구가 아니라, 당장 눈앞에 정치적 파국이 확대되고 있는 현실을 확인하고 그것을 은폐하기 위하여 필사적으로 치는 연막들이었기 때문이다. 잠시 동안은 새롭게 등장한 실질적인 양두체제가 채택되었다 —— 수카르노는 전보다 더욱 더 커진 목소리로 "통일을 위한 혁명정신"의 쇄신을 호소했고, 다른 한편으로 국방장관 겸 전(前) 군참모총장인 A. H. 나수티온 육군 중장(수마트라 출신의 중립파 군인)은 군을 통괄하고 있었으나, 그 역할은 준(準)행정적인 것에까지 퍼져 있었다. 그러나 그들의 실질적 영향력의 정도뿐만 아니라 이들 사이의 관계도 인도네시아의 정치 전반이 그런 것처럼 그 근원이 침식당한 채로 남아 있다.

"정치적 파국이 눈앞에 닥치고 있다는 데에 대한 커지는 불안"은 결국 너무나 정확했던 것으로 판명되었다. 수카르노 대통령의 광신적인 이데올로기주의는 1965년 9월 30일 밤, 대통령 경비대 대장이 쿠데타를 일으킬 때까지 계속 강화되었다. 여섯 명의 육군 장군이 살해되었으나(나수티온 장군은 가까스로 피신했다), 그 쿠데타는 또 다른 장군인 수하르토가 군대를 이끌고 반란군을 진압함으로써 실패로 끝났다. 쿠데타 진압에 이어 수 개월간 역사상 유례 없는 대중적인 만행이 저질러졌다. 즉 주로 자바와 발리 그리고 수마트라의 여러 곳에서 쿠데타의 배후세력이라고 간주된 인도네시아 공산당의 추종자로 의심되는 사람들이 희생되었다. 수십 만의 사람들이 학살당했지만 그것도 대개 같은 마을 사람들(물론 군대에 의한 처형도 있었으나)에 의해서 죽임을 당했으며 그리고 주로, 적어도 자바에서는, 앞에서 말한 것처럼 원초적 계열을 따라서(경건한 무슬림이 인도 혼합주의자를 죽이는 식으로) 학살이 있었다(반회교 행동도 특히 수마트라에서 약간 있었으나, 학살의 대부분은 자바인이 자바인을, 발리인이 발리인을 죽이는 식이었다). 수카르노는 갈수록 수하르토에 의해서 점점 국가 지도자의 위치를 빼앗기게 되었고 수하르토가 공식적으로 대통령직을 계승한 지 2년이 지난 1970년 6월에 사망했다. 그후 나라는 많은 민간전문가와 행정가의 보조를 받는 군부세력이 통치하게 되었다. 1971년 여름의 두번째 총선은 정부가 지원하고 통제하는 정당의 승리를 가져왔으며, 기존 정당들은 심각하게 약화되었다. 당분간 비록 원초적으로 정의된 집단, 즉 종교적, 지역적 그리고 민족적 집단 사이의 긴장이 공개적으로 표출되는 일은 거의 볼 수 없게 되었다. (최소한 나에게는) 이러한 상황이 오랫동안 그렇게 남아 있을 것 같지는 않다.

말라야

말라야의 경우 주목되는 것은 문자 그대로 다인종 사회로서 여러 다양한 집단들의 전면적 통합이 어느 정도까지 이루어질 수 있을 것인가, 그것도 국가구조라는 것에 의해서가 아니라 그것보다 훨씬 역사가 짧은 정치기구, 즉 정당조직이라는 것에 의해서 이루어질 수 있을 것인가 하는 것이다. 그것은 연립정당, 즉 통일 말레이 민족조직(UMNO : United Malays National Organization), 말라야 화교연합(MCA : Malayan Chinese Association) 그리고 그것보다는 덜 중요한 말라야 인도인 의회(MIC : Malayan Indian Congress)의 연합체인 3파동맹으로, 이에 의해서 원초적 갈등들이 비공식적으로 그리고 현실적으로 조정되고 있다. 또한 그 안에서 ── 오래된 나라이건 새로 건국된 나라이건 ── 어떤 나라가 직면했던 것만큼 강력한 원심적 경향들이 효과적으로 흡수되기도 하고, 편향되기도 하고, 그 안에 수용되기도 한다. 이 동맹은 1952년 테러리스트들에 의한 "비상사태"가 고조되고 있는 중에 말레이인과 화교들 (인도인은 어느 쪽으로 가담할지 갈피를 못 잡다가 1, 2년 후에 참여했다) 가운데에서 보수적이고 영국에서 교육받은 상류계급의 사람들에 의해서 만들어진 것으로, 신생국 정치의 전체 영역에서 불가능한 것을 성공적으로 실현한 가장 탁월한 실례 중의 하나이다. 그것은 비공동체적인 연립정당이었으나, 그것을 이루고 있는 하위 정당들은 노골적으로 분명하게 그리고 때에 따라서는 열광적으로 공동체적인 호소력을 가지는 것이었다. 뿐만 아니라 그 하위 정당들은 합스부르크가(家)의 신성 로마 제국을 덴마크나 오스트레일리아와 같은 것으로 보이게 할 정도의 원초적 의혹과 적대감의 맥락 안에 놓여 있었다. 겉으로만 보아서는 이러한 정당은 기능해서는 안 되는 것이다.

어쨌든 가장 중요한 질문은 이것이 계속 기능할 것인가 하는 것이다. 말라야는 1957년 중반 이후에야 겨우 독립했으나, 다행히 경제상황이 비교적 양호했으며, (공산당의 모반을 제외하고는) 주권의 이양도 순조롭게 진행되었고, 그 결과 영국인들도 계속 머무를 수 있었다. 그리고 보수적이기는 하지만 합리주의적이라고도 할 수 있는 과두체제는 대중들로 하여금 그들이 열망하는 바를 실천하기 위해서는 좌익정당, 즉 대부분의 신생국들에게 있어서 특징적인, 감정적으로 대중을 선동하는 그런 종류의 지도력보다는 과두체제가 더 적절한 수단이라는 점을 납득시킬 수 있었다. 이 연립정당은 그것과 어느 정도 유사한 실론의 통일국민당의 지배가 그랬던 것처럼 단지 폭풍 전의 평온에 지나지 않는 것일까? 아니면 인도네시아의 드위-퉁갈-다 당체제와 마찬가지로 사회적, 경제적 상황이 나빠지면 약화되고 해체되는 운명을 지닌 것일까? 한마디로 말하면 너무 잘되고 있어서 오래 지속될 수 없는 것일까?

전조(前兆)는 혼합되어 있다. 혁명 전에 실시했던 첫번째 총선에서 연립정당은 투표의 80퍼센트를 얻었고 연합입법의회의 52개 의석 중 51개를 석권함으로써 실질적으로 식민정권의 유일한 합법적 후계자가 되었다. 그러나 독립 후 처음 실시된 1959년 선거에서 연립정당은 더 단순하게 공동체적인 정당에게 상당한 기반을 빼앗겼고 그래서 지지율은 51퍼센트로 떨어지고 의석은 103개 중에서 73개를 차지하는 것으로 줄어들었다. 연립정당의 말레이파, 즉 UMNO는 이슬람의 신정일치 국가나 "말레이 주권의 복원", "대(大)인도네시아"라는 구호를 외치는 공동체 색이 매우 짙은 정당이 종교적이고, 농촌적이며 또한 매우 말레이적인 동북지역에서 예기치 못한 압승을 거둠에 따라서 그 세력이 약화되었다. 화교의 정당과 인도인의 정당은 주석과 고무가 풍부한 중서부 해안의 큰 도시들에서 마르크스주의 정당을 대패했다. 이 중서부 해안지대의 도시들에서는 많은 새로운 하층계급의 화교들과 인도인 유권자들이 독립 후 완화된 공민권법에 의하여 새로이 투표권을 얻었으나, 다른 곳에서처럼 그곳에서도 공산주의는 별 어려움 없이 원초적 충성심에 자신을 적응시켰던 것이다. 연방선거 두 달 전에 있었던 주(州)의회 선거에서 처음으로 명백히 드러났던 이러한 패배에 타격을 입은 연립정당은 사실 거의 분열의 지경에 이르게 되었다. UMNO의 패배는 MCA 안에서 보다 젊고 덜 보수적인 회원들로 하여금 연립정당의 이름으로, 말레이인들의 인종주의를 드러내놓고 비난하기 위하여 그리고 화교 학교에서의 언어문제에 관한 국가의 교육정책을 재고하기 위하여 더 많은 수의 화교 후보자를 내도록 압력을 행사하도록 충동했다. 이에 대하여 UMNO 안의 과격한 회원들은 같은 방법으로 반응했으며, 비록 양자간의 균열은 선거 전에는 급한 대로 얽어서 수습되었으나, MCA의 이들 젊은 지도자들은 물러나게 되었고, UMNO 쪽도 그들 가운데 원초적 "선동자들"을 추방했다.

인도네시아에서와 마찬가지로 총선의 실시는 잠재적인 원초적 쟁점들에 초점을 맞춤으로써 그것들이 민족주의적 수사(修辭)의 허울 뒤로 은폐되기보다 직접적으로 드러나게 만들었지만, 적어도 지금까지는 말레이시아가 인도네시아보다 이러한 일을 할 정치적 능력을 더 많이 지니고 있었던 것으로 보인다. 독립 직후의 시기에 비해서 연립정당의 절대적 지위는 흔들렸으며 결속도 어느 정도 약화되었지만, 그럼에도 여전히 충분한 힘을 지니고 있었으며, 격렬한 원초적 대립들을 그 틀 안에서 조정하고 그 대립들이 제멋대로 분출되어 유사 정치적 혼란을 초래하지 않도록 그 틀의 내부에 수용될 수 있는 효과적인 시민정치의 틀을 유지하고 있었다. 세 개의 하위 부분, 즉 하위 정당을 가진 이 포괄적인 국민정당이 국가를 거의 장악하게 되면서 군소정당들의 정치판에 의해서 이중 삼중으로 공격을 받게 된다. 즉 계급 지향의 정당들은 이 국민정당이 너무 공동체적이라고 비난하고, 공동체 지향의 정당들은 이를 오히려 충분히 공동체적이지 않다고 비난하며 그리고 이들 정당은 모두 국민정당이 "비민주주의적이고", "반동적"이라고 함께 공격하는 것이다. 이들 군소정당들 각각은 이 연립정당이 기능함에 따라서 그 내부에서 발생되는 정치적 긴장의 원천이 되는 문제점들을 공격하는 한편, 공개적으로 원초적 정서에 호소함으로써 연립정당의 여러 부분을 와해시키려고 시도한다. 이러한 패턴의 움직임이 점차 발전하고 결정화(結晶化)하려는 경향이 생기고 있다. 이처럼 힘의 기반을 위협하려고 하는 사방으로부터의 공격으로부터 벗어나 핵심적 중심으로 남아 있고자 하는 연립정당의 복잡한 내부작용 —— 즉 말레이인, 화교 그리고 인도인 지도자들 사이에 존재하는 그들 모두가 지극히 당연한 사실로서 그리고 상호 보완의 관계에서 한 배를 타고 있는 운명 공동체라는 정치적 인식 —— 자체가 말라야에서 진행되고 있는 통합을 위한 혁명의 본질이다.

1963년 말라야는 본래의 말라야(즉 말레이 반도), 싱가포르 그리고 북보르네오의 사라와크와 사바를 합쳐 말레이시아가 되었다. 연립정당은 계속 다수당으로 남아 있었으나, 주로 싱가포르를 배경으로 한 정당인 인민행동당은 반도의 화교들 사이에서 세력을 키워 MCA의 기반을 침식하고, 연립정당 및 화교와 말레이인 간에 형성되어왔던 정치적 균형관계를 위협했다. 1965년 8월, 이로 인한 정치적 긴장의 결과로 싱가포르는 연립체제를 떠나 독립을 하기에 이르렀다. 이 새로운 연립체제에 대한 인도네시아의 극심한 반대와 사바를 그 안에 포함시킨 것에 대한 필리핀의 반대는 새로운 정치적 단위를 형성하는 과정에 스트레스를 더해줄 뿐이었다. 1969년 5월 총선거에서 연립정당은 그나마 근소한 차이로 지켜왔던 다수당의 자리를 상실했다. 이는 주로 MCA가 화교의 지지(이들의 지지는 많은 부분이 본질적으로는 중국계의 민주행동당으로 옮겨갔다)를 얻는 데에 실패했기 때문이다. 또한 앞서 말한 이슬람 말레이 공동당이 표를 더 많이 얻게 된 사실도 중요한데, 그들은 전체 투표의 거의 4분의 1을 얻었던 것이다. 화교 공동체의 신뢰를 잃었다고 느낀 MCA는 연립정당에서 탈퇴했으며 이로 인하여 전반적인 위기가 초래되었다. 같은 달 후반에 야만적인 집단폭동이 수도인 콸라 룸푸르에서 발생해서, 약 150명의 사람들이 죽었는데, 그중 대부분은 아주 무자비하게 살해되었고 화교 사회와 말레이인 사회의 관계는 거의 완전히 단절되었다. 비상사태의 통치가 선포되었고, 곧 사태가 가라앉았다. UMNO와 연립정당을 창립 이래 이끌어왔던 테운쿠 아브둘 라만이 1970년 9월에 은퇴하고 그의 오랜 2인자이며 정권의 실세였던 툰 아브둘 라자크가 그를 이었다. 비상사태의 상태는 마침내 종식되었고, 의회 정부는 21개월 후인 1971년 2월에 회복되었다. 당분간 상황은 안정된 것 같았고 연립정당은 자신을 와해하려는 지방주의자들을 견제하면서 여전히 힘을 유지하고 있었다 (그러나 사라와크에서는 화교 공산 게릴라들의 반란이 계속되고 있었다). 다만 실제로 국가 전체로 볼 때는 건국 직후에 비해서 공동적인 합의에서 더 멀어져 있는 상태였다고 할 수 있겠다.

버마

버마의 사례는 말라야의 경우와 거의 정반대이다. 비록 인도네시아와 달리 포괄적 국민정당(반파시스트 인민자유연맹[AFPFL : Anti-Fascist People's Freedom League] 안의 우 누가 이끄는 "청렴파")이 [1962] 현재 형식

상 연방국가인 버마를, 미약해서 쓴맛밖에 다실 수 없는 야당을 누르면서
통치하게 되었지만, 그 권력은 주로 버마인들(즉 버마어를 말하는 사람들)
의 문화적 자존심에 대한 직접적인 호소에 기반을 두는 것이다. 반면에 독
립 후 처음 몇 년간 다면적 내전에서 나라를 지키는 것을 도왔던 소수민족
들은 정당체제에 의해서 사실상 만들어지는 버마인의 지배로부터 이론적으
로 그들을 보호하는 복잡하고 아주 독특한 헌법체계에 의해서 보살펴졌다.
여기서 정부는 그 자체가 상당한 정도까지 단 하나의 중심적인 원초적 집단
의 대리기관임이 명백하다. 따라서 인구의 3분의 1 이상이나 차지하는 주변
적 집단의 구성원들은 자연히 정부를 이질적인 것으로 보게 되는 경향을 가
지게 되었으며, 그들의 눈에는 정부가 합법성을 유지하는 데에 대한 아주
심각한 문제에 직면한 것으로 비쳐지게 되었다. 정부는 그 문제에 대해서
한편으로는 정교한 법적 제스처를 통해서 안심을 시키면서, 다른 한편으로
는 강압적 동화정책을 폄으로써 해결하려고 했다.

소수민족의 두려움을 경감하기 위한 헌법체계 —— [1962] 현재 —— 라는
것은, 간단하게 말하면, 지역적, 언어적, 문화적 경계선을 따라서 구별되며
서로 다른 공식적 힘을 지닌 여섯 개의 법적으로 불평등한 "주(州)"로 구성
되어 있었다. 어떤 주들은 분리독립의 권리를 —— 물론 명목상 —— 가지고
있었지만 다른 주들은 그렇지 않다. 각 주는 약간씩 서로 다른 선거제도를
가지고 있고 자체의 초등학교를 통제한다. 주정부의 구조적 정교화는 어떤
지역적 자율성도 가지지 못하는 친 구릉지대에서부터 전통적인 "봉건 영주
적" 족장들이 상당히 많은 전통적인 권리를 유지해올 수 있었던 샨 고원에
이르기까지 다양하다. 버마 본토는 결코 연방국을 구성하는 여러 주의 하나
로 여겨지지 않으면서 실질적으로는 연맹국 자체와 분리되어 인식될 수 없
는 존재이다. 영토의 경계선이 원초적 현실과 일치하는 정도는 다양한데, 카
렌족은 가장 고질적으로 불만족스러운 형편이고 작은 카야 주는 명백히 정
치적 편의에 의해서 고안된 "붉은 카렌족"이라는 것에 기초하고 있다. 이들
각 주에서 이원제(二院制)의 연방의회의 상원이 되는 민족원(Chamber of
Nationalities)의 의원단이 선출되는데, 민족원은 소수민족들의 권익보호에
비중을 둔다. 연방정부 안에서 민족원은 직접선거로 선출되는 하원인 대의
원(Chamber of Deputies)에 비하면 그 존재가 미약하다. 그러나 그것은 대

의원과 함께 주의회를 구성하는데, 이 주의회가 주를 통치하며 상원의원단은 각각의 지역에서 중요한 의미를 지니고 있다. 게다가 주의 우두머리(즉 주협의회의 회장)는 동시에 연방정부의 주 담당장관으로 임명되고 헌법개정에는 상하 양원의 3분의 2 이상의 동의가 요구되므로, 소수민족들은 정부와 그것을 통괄하는 하원의 힘에 대해서 적어도 형식적으로는 견제할 수 있게 된다. 그리고 마지막으로 대개 의례적 업무를 담당하는 연방국의 대통령직은 명백한 헌법적 규정에서라기보다는 비공식인 협정에 의하여 민족 집단들 가운데에서 서로 돌아가며 맡게 된다.

이런 정교하게 조작된 헌법적 구조 안에서 AFPFL의 격렬한 동화주의 정책이 시행되는 것은 연방과 그 구성요소들 간의 차이를 그것이 가장 정확하게 공식화되는 듯한 순간에 교묘히 모호하게 만들어버림에 의해서이다. 이런 "버마화"의 전통 또는 몇몇 소수민족들이 더 직설적으로 말하는 "AFPFL 제국주의"의 연원은 20세기 초에 불교 학생 클럽이 민족주의 운동을 시작한 그때로 거슬러 올라간다. 1930년대에 타킨당이 독립을 요구했으나, 그 독립국가는 버마어가 국어이며, 버마 의상이 국민의상이며, 교사, 지도자, 세속적 정부의 조언자로서의 불교승려(압도적으로 버마인)들의 전통적 역할이 다시 회복될 수 있는 그런 국가였다. 독립 이래 그리고 경건파인 타킨 누(버마 정치가 우 누의 본명 /역주)가 수상직에 취임한 이래 정부는 꾸준히 이러한 목적을 달성하는 방향으로 나아갔다. 이러한 목적은 1960년 불교의 국교화를 내세우는 우 누가 압도적으로 재선되자(버마 본토에서는 그가 이끄는 "청렴파 AFPFL"이 하원 의석의 거의 약 80퍼센트를 획득했다. 주들과 아직 영향력이 미치지 않은 아라칸 지역에서는 3분의 1정도를 얻는 데에 그쳤다), 훨씬 더 강력하게 주장되었으나, 그후 1년 반의 군통치 기간 중에는 눈에 띄게 완화되었다.

결국 버마에서는 원초적 이해관계에 대한 정치적 조정의 대부분을, 적어도 형태상으로는, 법적 차원에서 해결하려는 경향이 있었으며, 헌법 절대주의적으로 기묘하게 부자연스러운 자구(字句)들의 나열에 의해서 수행하고자 했다. 카렌족은 자기들 주의 공식적인 경계는 너무 한정되어서 그들이 식민정권 아래서 누렸던 특권의 상실을 보상할 수 없다고 확신하고 있었기 때문에 반란을 일으키게 되었다. 정부 연합군에 의하여 군사적인 패배를 당한 그들의 복종은 그 경계선을 그대로 받아들이는 것으로 법적으로 확정되고 상징화되었다. 또한 본보기적 징계로 여러 부수적인 법적 처벌이 가해졌다. 그 처벌들이란 분리주장권의 확실한 박탈, 의회 양원에서의 대표자의 감축 그리고 카렌에 카야 주를 합병시키는 이전의 결정을 취소하는 것이었다. 마찬가지로 아라칸족과 몬족의 원초적 불화 —— 주기적으로 공공연한 폭력적 충돌로 발전해온 —— 는 결국 아라칸 주와 몬 주의 설립 요구로 표현되었으며, 이에 대해서 우 누는, 항상 새로운 주가 성립되는 것을 반대해왔음에도 불구하고, 그들의 주장을 받아들일 수밖에 없게 되었다. 샨 주에서는 전통적인 수장들이 그들의 다양한 전통적인 권력을 포기하는 대가로 지불되는 보상의 규모와 종류에 대해서 국가와 벌이는 흥정에서 쓸 교섭무기로서 헌법으로 보장된 분리요구권과 그들의 주의 권리에 대한 주장이 모두 헌법에 명시되어 있음을 주장했다. 이런 식으로 논쟁은 계속되었다. 이처럼 버마의 헌법구조는 일관성이 없고 비정통적인 것으로, 언어 면에서는 아주 면밀하게 정확하지만 의미 면에서는 애매한 점이 너무 많아 "심지어 [버마인] 법률가도 버마가 실제로 연방국가인지 아니면 단일정부국가인가 알 수 없을"[34] 정도이다. 이러한 헌법구조가 결국 유일한 정당, 즉 버마 중심의 AFPFL 정권이 비(非)버마계 버마인들의 충성심을 최소한 확보하면서 실제로는 행정의 거의 모든 면에서 강력하게 동화주의적 정책을 추진하는 것을 허락하게 되는 것이다. 그러한 충성심은 10년 전에는 얻을 수 없는 것이었으며, 그들의 민족적 열정주의가 받아들여지지 않는다면 10년 후에도 역시 얻을 수 없을지도 모르는 것이었다.

1962년 3월 네 윈 장군은 군사 쿠데타를 통해서 정권을 탈취했으며 우 누는 투옥되고, 네 윈은 극단적인 쇄국정책을 실시했던 까닭에 현재 버마에서 무슨 일이 일어나고 있는지를 상세하게 알아내는 일이 어렵게 되었다. 확실한 것은 소수민족집단에 의한 무장반란은 이전처럼 계속되었고 정기적으로 볼 수 있는 국가적 사건으로 거의 제도화되었다. 1971년 1월 우 누는 (감옥에서 석방되어 있었는데) 반역적인 버마의 샨 주에 인접한 서부 타이에 "민족해방전선" 본부를 설립했다. 아직 이렇다 할 활동은 없지만 카렌족, 샨족 그리고 카친족 등의 반란은 더욱 가속되고

---

34) Fairbairn, "Some Minority Problems in Burma."

있는 듯하다(카렌족은 1969년 네 윈에 의해서 남부 버마의 한 "주"로 인정받았으나 "자율권"이 아주 제한되었다고 여기고 1971년 초에 네 윈을 제거하려는 목적으로 공격을 개시했다). 1971년 2월 카렌족, 몬족, 친족 그리고 샨족(의 반란분자)을 포함하는 통일민족해방전선이 결성되었다(자기들만의 독립군을 가진 카친족은 협조에는 동의했지만 합류하지는 않았다). 이처럼, 버마가 외부의 사람들에게 문을 닫고 있기 때문에 이 모든 것들이 현재 어떻게 되어 있는지 분명하게 말할 수는 없으나, 네 윈 치하에서 버마의 원초적 분열이라는 특징적 패턴은 변하지 않았을 뿐 아니라 오히려 지속적인 정치적 풍경으로 굳어졌다는 것은 명백하다.

인도

넓고 다양한 종교, 언어, 지역, 인종, 부족 그리고 카스트 제도들로 복잡하게 뒤얽힌 인도는 그 복잡미묘한 사회구조 및 문화구조의 불규칙성에 맞춰 다면적인 정치형태를 개발하고 있다. 비틀비틀 (E. M. 포스터가 점잖게 야유한 모습) 뒤늦게 들어와 여러 국가들 사이에 끼게 된 인도는 복잡하게 겹쳐져 있는 몇 가지의 원초적 대립으로 모든 영역에서 가로막혀 있다. 펀자브 주의 언어문제를 벗기면 시크 교도들의 종교적 자치주의를 발견하게 되고, 타밀 나두 주의 지역주의를 긁어내면 반(反)-브라만 인종대립을 발견하게 되며, 벵골 지역의 문화적 오만을 약간만 다른 각도에서 보면 대벵골 애국주의를 보게 된다. 원초적 불만문제에 대한 일반적이고 획일적인 정치적 해결은 그런 상황에서 가능한 것 같지 않고, 다만 다양하고 지역적으로 적합한 특별한 해결의 느슨한 집합만이 우연적이고 실용적으로 상호 연관되어 있을 뿐이다. 아삼 지역의 나가족의 부족차원에서의 저항에 적절한 정책은 안드라 지방의 소농지주들의 카스트에 기반한 불만에 일반화하여 적용될 수 없다. 중앙정부는 오리사 주의 토후(土侯)들에 대한 것과 같은 자세를 구자라트 주의 산업자본가들에게 그대로 취할 수 없다. 인도 문화의 중심지인 우타르 프라데시에서의 힌두 근본주의의 문제는 드라비다 지방의 마이소르에서는 오히려 다른 형태로 나타난다. 원초적 대립문제에 관한 한 인도의 국내정치는 각 경우에 한정된 일관성 없는 일련의 시도들로 이루어져 있다.

이러한 시도들이 이루어지는 주요한 제도적 기구는 물론 인도국민회의라는 정당이다. 말라야에서의 연립정당과 버마의 **AFPFL**처럼 국민회의는 신생국의 정부기구의 대부분을 점유하여 가장 중요한 집권세력이 된 포괄적 국민정당임에도 불구하고, 그것은 국민회의파 몇 개의 순수하게 원초적인 하부정당의 동맹도 아니고 다수 집단으로 동화시키려는 동화주의의 매개자도 아니었다. 이 두 가지 중 첫번째는 원초적 패턴의 다종다양성 —— 많은 서로 다른 집단들이 포함되어 있는 —— 으로 인해서 배제되었으며, 두번째는 이 패턴 안에 어떤 명백히 중심적인 집단이 존재하지 않음으로써 제외되었다. 그 결과 국민회의파는 북부 인도에 약간 치우친 특징을 제외하고는, 국가 차원에서는 종족적으로 중립이며, 확고하게 근대화를 추구하며, 다소 세계주의적인 것으로 되는 경향을 보인다. 이와 동시에 지방 차원에서 권력을 확보하기 위해서는 서로 분리되고, 그래서 상당한 정도로 상호 독립적이고 분파적인 정치기구들로 다양화된다. 그러므로 국민회의가 제시하는 이미지는 이중적이다. 즉 한편에는 광신적인 힌두 교도들과 외국인 혐오주의자인 타밀족에게 강연하고 있는 "자기 국가 앞에서 막연한 기대, 회의, 독단 그리고 자기 의심으로 가득 찬, 성찰적이고 교양 있는 근대적 지식인"으로서의 네루가 서 있다.[35] 다른 한편에는 자기 정당의 지배적 위상을 유지하기 위해서 다른 여러 가지 중에서 언어, 카스트, 문화 그리고 종교의 지역적 현실을 고의적으로 조작하는, 덜 사려 깊은 지역의 우두머리들 —— 마드라스의 카마라지 나다르, 봄베이의 샤반, 마하라슈트라의 아툴야 고시, 오리사의 파트나이크, 펀자브의 카이론 그리고 라자스탄의 수카디아 등 —— 의 집단이 서 있다.

1956년의 주 재편성 법안 —— 그 자체는, 이미 언급했듯이, 독립되기 수십 년 전에 국민회의 내부에서 시작된 과정의 절정인 바 —— 은 시민을 중심축으로 하는 원초적 테두리의 패턴을 공식적으로 제도화했다. 나라를 언어적으로 경계지어진 여러 하부단위로 나누는 것은 실제로는 유사 정치적 세력들을 지방의 맥락 안에 격리함으로써 그들의 관심을 국가적 문제들로

---

35) E. Shils, *The Intellectual Between Tradition and Modernity : The Indian Situation*, Comparative Studies in Society and History, Supplement 1 (The Hague, 1961), p. 95. [물론 지금은 그의 딸인 간디 여사가 거기에 서 있고 오히려 덜 기대되는 듯하지만, 그 패턴은 유지되고 있다.]

부터 단절시키고자 할 때 잘 쓰는 방법의 하나이다. 버마의 경우와 달리, 인도의 주들은 교육과 농업에서부터 세금과 공공위생에 이르기까지 모든 분야에서 실질적 권력을 지니고 있으며, 이 사실은 헌법에 명백히 —— 아마 너무 명백히 —— 기술되어 있다. 그래서 주의회와 주정부의 형성을 둘러싼 정치적 과정은 아주 중요하다. 인도의 국내 정치의 일상적 실체를 구성하는 심각한 직접적 충돌의 대부분이 발생하는 것은 바로 이 주의 차원에서이며, 또한 집단간의 이해관계의 조정이 조금이라도 효과가 있다면 그것도 역시 주의 차원에서이다.

그러므로 국민회의파는 1957년 선거에서는 1952년 선거 때 이상으로 다면적(多面的) 전쟁에 연루되어, 각 주에서 여러 다양한 종류의 선거 전투를 치루어야 하며, 또한 다양한 종류의 불만을 강조하는 다양한 종류의 반대자들 —— 케랄라, 벵골 그리고 안드라의 공산주의자, 펀자브, 우타르 프라데시와 마다야 프라데시 그리고 라자스탄의 공동체적 종교정당, 아삼과 비하르의 부족연맹, 마드라스, 마하라슈트라 그리고 구자라트에서의 종족-언어적 전선, 오리사, 비하르 그리고 라자스탄에 봉건군주체제를 재건하려는 사람들의 정당, 봄베이의 프라자 사회주의당 —— 에 대항하여 싸워야 함을 발견했다. 이 투쟁들이 모두 원초적 쟁점들에 의한 것은 아니지만 실질적으로 모든 것들, 심지어 좌익 "계급"당에 관련된 것들도 이들에 의해서 심각한 영향을 받은 것으로 보인다.[36] 어쨌든, 이러한 야당들 중 어느 것도 그들이 개발한 특정한 기질이 비교적으로 풍부하다고 증명된 몇몇 거점을 넘어서 확산될 수 없기 때문에, 유일한 참된 국민정당으로서 국민회의파는 투표의 과반수보다 적은 득표를 했음에도 불구하고 중앙과 각 주의 정부 —— 몇몇을 제외하고 —— 에 대한 압도적인 통제력을 유지할 수 있었다.

이와 같은 법원기구들의 복잡한 뒤범벅과 같은 데서 어떻게 외교정책의 실행을 위한 일종의 특별위원회로서, 혹은 포괄적인 사회 및 경제 계획위원

---

36) 케랄라 주의 공산당이 인도 각 주의 공산당 중에서 최초로 주정부를 장악하는 것이 가능했던 것은 무엇보다도 그들이 언어적 경계 내에서 계급집단을 정치적으로 그리고 전략적으로 조작함과 동시에 모든 케랄라의 지역적 애향심을 조작할 능력을 갖추고 있었다는 점으로 설명될 수 있다 —— Harrison, *India*, p. 193. 봄베이에서 공산주의자와 프라자 사회주의자들은 구자라트 전선에 대항하여 마하라슈트라 언어적 전선으로 결합했다.

회로서, 또는 전인도의 국가적 정체성의 상징적 표현으로 기능하는, 지적이
고 냉정하고 도덕적인 국민회의파의 중앙정부가 출현할 수 있었는가 하는
문제는 일종의 동방의 신비라고 해야 할 것이다. 대부분의 관찰자들은 별다
른 분석 없이 그 신비를 민족 영웅으로서의 네루가 지닌 카리스마적 힘이라
고 기록했다. 간디의 제자로서 간디의 뒤를 이었으며, 독립투쟁의 화신으로
서의 그의 위치는 그 자신의 세계주의적인 지성주의와 그의 백성의 대다수
가 가지는 지방적 지평선 사이의 격차를 메우는 것이다. 그리고 후계의 문
제 ── "네루 다음에는 누구인가?" ── 를 제기하는 것이 권력승계가 거의
언제나 초미의 불안거리인 다른 대부분의 신생국보다 인도에서 훨씬 더 근
본적으로 불안하게 여겨지게 되는 것은 네루가 지방의 우두머리들을 충성
하게 하고, 일치하게 하고, 이성적으로 야심이 없게 묶어두는 데에 그 누구
도 필적할 수 없는 탁월한 능력을 가졌다는 이유 때문만이 아니라, 아마도
방금 말한 이유, 즉 네루가 지니는 위치 때문이었을 것이다. 인도가 지금까
지 하나로 묶여온 것은, 암베드카르가 명백하게 말했듯이, 국민회의파의 기
율의 힘 덕분이다. "그러나 얼마나 오랫동안 이 국민회의파가 지속할 것인
가? 국민회의파가 판디트 네루이고 판디트 네루가 곧 국민회의파이다. 그러
나 판디트 네루는 죽지 않는가? 마음속으로 이런 질문을 해본 사람이라면
누구나 국민회의파가 해와 달이 있을 때까지 영원히 지속하지 않으리라는
것을 깨달을 것이다."[37] 버마에서 통합문제가 원초적 열정을 중앙에서 억
제하는 데에 있었다면 인도의 경우는 주변부에서 억제하는 데에 있는 것
같다.

승계문제를 둘러싼 공포는 앞에서 언급한 것이 쓰였을 때에는 충분히 사실적인
것이지만 근거가 없는 것으로 드러났다. 1964년 5월 네루의 죽음과 랄 바하두르
샤스트리의 짧은 기간의 통치 이후, "도제적" 승계 패턴은 네루의 딸이자 간디의
이름을 딴 인디라 간디 여사가 수상직을 계승함에 의해서 재확립되었다. 집권 초
기 단계에서 인디라 간디의 국민회의파는 지지기반을 잃었고, 주의 차원에서의 일
련의 격변들이 발생하여 결국 중앙정부가 여러 주를 직접적으로 통치하게 되었다.

---

37) Ambedkar, *Thoughts on Linguistic States*, p. 12. 물론 네루보다 화교들의 공격 ── 공동
    의 적 ── 이 한층 더 강력한 유대를 제공할는지도 모른다.

1969년 5월 무슬림인 자키르 후세인 대통령이 사망했다. 인도 내에서 힌두-무슬림간의 상호 이해와 유대가 위협받고, 간디 여사와 국민회의파의 전통적 우두머리들 사이의 대결이 촉발되었는데, 이 힘겨루기에서 간디 여사가 압도적으로 승리했다. 주의 수준에서 발생하는 계속적인 격변사태에 직면했음에도 불구하고 간디 여사는 1971년 3월의 총선에서 압도적인 승리를 거둠으로써 정부의 통제력에 대한 논쟁의 여지를 없애게 되었다. 지금까지 신생국에서 일어난 것들 중 아마도 가장 극적이며 또한 가장 명백하게 성공적인 원초적 분리주의의 표현이라고 할 수 있는 방글라데시 폭동이 그 해 후반에 발생했는데, 이에 인도가 개입했고, 인도는 이로 인하여 파키스탄과 전쟁을 하게 되었다. 전쟁은 오래 가지 않았으며 인도의 승리로 끝났다. 이런 모든 것과 함께 인도의 복합적인 원초적 집단을 계속 통제하려는 국민회의파의 능력은, 적어도 잠정적으로는, 확실히 증가해왔다. 그러나 그 문제가 끈질기게 지속되고 있음은 아삼 지방에서 계속되고 있는 나가족의 폭동으로부터 펀자브에서 계속되고 있는 시크 교도들의 봉기에 이르기까지 다양한 범주의 "사건들"에 의해서 명백히 증명된다. 방글라데시의 예는 진정으로 벵골뿐 아니라 다른 지역에서도 결국 인도가 지닌 양면성을 증명해주는 것일지도 모른다. 즉 금년(1972) 2월 드라비다 진보연맹은 남부 인도의 타밀족 자치주인 타밀 나두를 위한 캠페인을 시작하면서 방글라데시와 공공연히 비교하고, 간디 여사를 야히아 칸 장군처럼 행동한다고 비난했다. 그러므로 확실히 국민회의파의 중앙정부의 힘이 증가하여 일시적으로 인도의 원초주의에 대항하는 다면(多面) 전쟁이 어느 정도 누그러들었음에도 불구하고, 그것을 완전히 종식시키는 것과는 매우 거리가 먼 것이었다.

레바논

레바논은 아마도 —— 필립 히티가 지적했듯이 —— 옐로스톤 공원보다 별로 더 크지는 않지만, 훨씬 더 놀라운 곳이다. 국민은 거의 전부가 아랍어를 말하고 일반적으로 "레반트"라고 하는 기풍(ethos)을 공유하지만, 일곱 개의 주요 종파(宗派), 즉 이슬람교 계통(수니파, 시아파, 드루즈파), 기독교계(마론파, 그리스 정교, 그리스 가톨릭, 아르메니아 정교), 또한 많은 소수파(개신교, 유대 교도, 아르메니아 가톨릭 등)로 뚜렷하게 분할되어 있다. 이러한 신앙의 이질성은 인간 개개인의 자기 정체성을 규정하는 주된 공적인 틀이 되고 있을 뿐 아니라, 국가의 전체 구조에 직접적으로 엮여져 있다. 국회의원의 수는 법에 의해서 정해진 인구비율에 따라서 각 종파(宗派)에 엄밀히 배정되는데, 이는 독립 이후 치루어진 다섯 번의 선거에서 기본적으로 변화되지 않은 채 유지되었다. 최고집행기구는 단지 이분된 것이 아니라 삼분된 것으로서, 즉 나라의 대통령은 전통적으로 마론파, 수상은 수니파 그리고 국회의장은 시아파에서 하는 식이었다. 각료직은 종교를 바탕으로 하여 주의 깊게 분배되고, 유사한 균형이 장관들, 지방행정관 그리고 외교직에서 시작하여 일반직에 이르기까지 모든 공직에서 유지되었다. 사법제도도 마찬가지로 종교적 다양성에 의해서 매우 복잡하고, 법 자체와 법정도 모두 종교적 분파에 따라서 달라진다. 따라서 때때로 민사사건의 최종결정이 나라 안에서 내려지지 않는 경우도 있다. 아랍의 한 지방이면서 기독교도들의 근거지이고, 현대적 상업의 중추지역이면서 오스만 제국 시기의 수수경작 체제를 최후까지 유지하고 있는 곳이기도 한 레바논은 하나의 국가이면서 동시에 하나의 협약사회(協約社會)라고도 말할 수 있는 것이다.

이 협약사회가 지지하는 정치의 종류 역시 경이롭다. 정치적인 정당들은 형식상 존재하지만 아직은 주변적인 역할만 할 뿐이다. 그 대신 돈과 권력을 위한 투쟁이 강력한 지방 지도자들을 중심으로 이루어지는데, 이 지도자들은 대부분 중요한 부재지주(不在地主)이거나 자유보유지(自由保有地)에 살고 있는 유력한 대가족의 가장들이다. 각 파벌의 우두머리들에 대한 추종은 이데올로기적인 견지보다는 본질적으로 전통적인 관계에 의해서 이루어지는데, 이들 우두머리들은 각각 다른 지역의 대표적인 분파들 가운데에서 볼 수 있는 자기와 비슷한 파벌의 우두머리들과 연맹을 형성한다. 그렇게 해서 그들은 선거 캠페인에서 "아일랜드인 한 명, 유대인 한 명, 이탈리아인 한 명" 식으로 입장권을 고루 나누어주었던 태머니 홀(Tammany Hall : 뉴욕 시 민주당의 중앙위원회. 자선사업과 후원이라는 전형적인 보스 정치를 통해서 정치적 지배력을 행사했다/역주) 식의 표의 균형을 만드는 것이다.

이런 일이 진행되는 것은 선거인들이 한 선거구 안에 종교적 분파와 관계없이 그 지역의 전체 의석에 투표권을 행사하게 하는 선거방식에 의해서 더욱 조장된다. 그래서 수니파, 그리스 정교 그리고 드루즈파의 후보자가 출마한 지역에서 투표를 하는 마론파는 자신의 종교분파, 즉 마론파에서 나온 후보들 사이에서 선출하는 것이 아니라 수니파, 그리스 정교 그리고 드루즈 파 후보자들 사이에서 선택하는 것이다. 물론 그 반대방향으로 되기도 한다. 이제는 각 분파의 후보자들이 자기파 이외의 표를 얻기 위해서 다른 분파의 유력한 후보자와 제휴를 통해서 함께 후보자 명부를 구성하게 된다. 후보자 가 효과적인 제휴를 할 가능성은 그가 충성스러운 투표자를 끌어올 능력에 따르는 것이므로(그리고 일반적인 투표자들은 다른 분파의 후보자들에 대 해서 그들의 가치를 이성적으로 판단할 만큼 아는 바가 거의 없기 때문에), 결탁한 후보자들은 동반 당선되는 것이 보통이다. 이는 곧 어떤 의석을 놓 고 마론파는 마론파와, 수니파는 수니파와 경쟁한다고 하더라도 실제로 선 출되는 것은 한 개인이 아니라 제휴관계에 있는 이름들임을 의미한다. 선거 과정은 상이한 종파에 속한 특정의 지도자들을 결합시켜 다른 같은 형태의 지도자들의 제휴에 대항하도록 하며, 그럼으로써 정치적 유대는 종파들의 관계와 교차되는 경향을 보인다. 즉 다른 종파의 구성원들이 서로 손을 잡 음으로써 종파간의 제휴가 이루어지며, 반면 같은 종파의 구성원들은 종파 내의 여러 파벌로 분열된다.

이처럼 유력한 정치가 사이의 야합(과 대립)은 선거전술에만 국한되는 것 이 아니라 정치활동 전반으로 확대된다. 가장 유력한 지도자들 가운데에서 도 고위 공직을 둘러싸고 같은 원리가 작용한다. 예를 들면 자신이 대통령 이 될 수 있다고 여기는 마론파 지도자는 수상직을 목적으로 하는 수니파 지도자와 공직생활에서 제휴하려고 할 것이다. 이것은 둘 다 수니파의 지지 를 얻는 동시에 대통령직에 대한 일차적 경쟁자인 마론파가 효과적인 연맹 을 만드는 것을 방해하기 위해서이다. 이와 유사한 패턴이 체계를 통해서 정부의 모든 레벨과 분야에서 작용하고 있다.

그러한 연합이 이데올로기적으로보다 너무 기회주의적으로 이루어졌기 때문에 배신, 부패, 경쟁력 약화 그리고 배은망덕의 비난과 역비난의 폭풍 속에서 겉보기에 친한 동지들이 갑자기 떨어져나가고 불구대천의 적들이 한데 합치듯이 그 연합은 하룻밤 사이에 와해되어버리는 일이 흔하다. 이 패턴은 전통적 종교, 경제, 친족에 의해서 나누어진 집단의 구분에 기초하고 있지만, 근본적으로는 이와 같이 개인주의적이거나 이기주의적이라고 해도 좋은 것이며, 각각의 자칭 정치가들이 이 체제를 노련하게 조작함으로써 자신의 경력을 만들어나간다. 따라서 거물이 이끄는 후보자 명부에 오르기 위하여 매수(買收)가 행해지며, 표 자체도 매수된다(1960년 선거에서 유통된 돈의 총액은 300만 렙이나 되었다). 경쟁자를 중상(中傷)하고, 때로는 신체적인 공격을 가하기도 하며, 정실주의나 족벌주의 등은 당연한 일로 받아들여지며, 이권(利權)은 관직에 대한 정상적인 대가로 간주된다. 아유브가 묘사한 레바논 산맥의 드루즈파들은 "레바논에는 권리는 없고 다만 돈과 '뒷거래'만 있을 뿐이다"라고 말한다.[38]

그러나 이 모든 천박한 교활함으로부터, 아랍 세계에서 가장 민주적일 뿐 아니라 가장 번성한 국가가 출현했다. 게다가 그것은 —— 커다란 예외가 하나 있기는 하지만 —— 국가의 틀을 넘어선 두 개의 가장 근본적으로 대립되는 원초적 열망에서 나오는 강한 원심적 압력 아래에서 평형을 유지해올 수 있었던 나라이다. 그 두 개의 열망이란 유럽의 일부인 기독교도, 특히 마론파의 생각과 아랍의 일부인 무슬림, 특히 수니파의 생각이다. 이중 전자(前者)는 레바논을 아랍 국가들 가운데서 특수하고 독특한 존재로 보며 탁월함이 질투할 만큼 잘 보존된 "아름다운 모자이크"로 보는 고립주의자적 견해에서 주로 발견할 수 있다. 후자(後者)는 시리아와의 재통일을 요구하는 형식을 취한다. 그리고 레바논의 정치가 단지 개인적이고 전통적인 것을 벗어나서 일반적인 문제나 생각에 관련되게 되면, 대개 이 사실에 의해서 양극화된다.

균형 유지에 대한 하나의 두드러진 예외는 1958년의 레바논 내전과 미국의 개입이었으며, 이것의 대부분은 이런 비전형적인 이데올로기적 양극화에 의해서 촉진되었다. 한편에서는 샤문 대통령이 헌법을 위반하여 재임(再任)을 꾀한 것과 나세르주의의 증가 경향에 대항하여 기독교도의 세력을 증가시키기 위해서 레바논과 서양을 더욱 밀접하게 제휴시키고자 했던 것은 무슬림들이 항상 느끼고 있었던 기독교 지배에 대한 공포를 자극했다. 다른 한편, 이라크 혁명과 시리아의 친(親)카이로 전환에 의해서 자극된 범아랍 열광주의의 갑작스런 폭발은 마찬가지로 기독교도들에게 자신들이 무슬림들의 바다에 빠져 죽는 것이 아닐까 하는 공포를 일으켰다. 그러나 그러한

---

38) Ayoub, "Political Structure", p. 82.

위기 ── 그리고 미국 ── 는 지나갔다. 샤문은, 최소한 일시적으로는, "국 토를 분열시켰다"는 것으로 권위를 잃게 되었다. 범아랍주의 열풍도, 마찬 가지로 최소한 일시적으로는, 어떠한 일이 있더라도 레바논 국가의 통합은 보존되지 않으면 안 된다고 하는 생각이 심지어 수니파 내에서까지 새로워 졌다는 사실에 의해서 견제되었다. 국내질서는 급속히 회복되었고, 1960년 에는 대부분의 오랫동안 친숙한 얼굴들을 오랫동안 친숙한 연단으로 복귀 시키며 새로운 선거가 평화롭게 치러질 수 있었다.

그러므로 현재 만들어져 있는 레바논의 정치는 그것이 제대로 기능할 경우 에는 인물 중심적, 당파적, 편의주의적이며, 체계적으로 짜이지 않은 채인 것 이 틀림없다. 극도의 종교적 다양성을 지니고, 그 다양성이 국가의 전체 조직 에 침투됨으로서 이데올로기화된 정당정치가 조금이라도 증가하면 곧 범아랍 문제를 쟁점으로 하여 기독교도-무슬림의 불안정한 양극화가 나타나 정상적 정치과정에서 종파를 나누고 (다소 불안정한 상태로나마) 정부를 통일하는 종 파 횡단적 관계가 붕괴해버리는 경향으로 나아간다. 마키아벨리적 계산과 종 교적 관용은 레바논에서는 동전의 양면이 된다. 어쨌든 짧은 안목에서 보면 "금전과 '뒷거래'"의 대안은 국가의 해체일 가능성이 크다

아랍-이스라엘의 대립이 계속되고 있으며, 특히 팔레스타인 게릴라가 중요한 정치세력으로 이 지역에 출현했다는 뼈아픈 시련을 겪었음에도 불구하고, 레바논 인의 "아름다운 모자이크"는 손상되지 않은 채 남아 있다. 정말로 이 글에서 검토 한 모든 나라 가운데 레바논은 깊은 원초적 분열을 가장 잘 막은 나라이며, 또한 경제문제, 소규모의 좌우익 과격집단(다종파를 포함하는 대정당은 아직 형성되지 못했다)의 존재, 빈번한 민중폭동 등에 시달리면서도 레바논 정치체제는 제2차 세 계대전의 종전 이후 계속 기능해왔다. 팔레스타인 게릴라(그리고 이스라엘의 침 입)에 대해서 어떤 태도가 타당한가에 관한 견해의 차이는 내각의 붕괴, 확대된 정 부의 위기 그리고 중요한 종파집단 가운데 몇몇의 재연합을 가져왔다. 1970년 기 독교도의 지지를 받던 대통령은 그 직위가 본래 마론파에서 맡도록 암묵적으로 예 정되어 있었음에도 불구하고 무슬림들의 지원을 받는 후보자를 단 한 표의 차이로 물리치고 당선되었다. 그러나 내각수반은 무슬림이 계속 맡고 있었기 때문에 기존 정치구조는 지속되었고 팔레스타인 게릴라와 그들에 대한 레바논인 지지자들에

대립한 정부의 권위는 증가했는데, 특히 1970년 9월 요르단 군이 게릴라를 격퇴한 이후에 그러했다. 영원히 계속되는 것은 없는 법인데, 동부 지중해 연안에서는 특히 그러하다. 그러나 적어도 현재까지 레바논은 비록 극도의 원초적 다양성이 정치적 균형을 항상 위협하고 있다고는 말할 수 있겠으나, 그럼에도 불구하고 그 자체가 반드시 불가능한 것은 아니라는 점을 계속적으로 증명하고 있다.

모로코

중동 ── 나일 강에 자리잡은 이집트를 제외한 ── 의 전체 지역을 통틀어서, 쿤이 이야기했듯이, "길들여진 사람과 오만한 사람, 가정적인 사람과 독립적인 사람"이라는 사회적 대조가 오래 전부터 발견된다 ── 즉 생산적인 대도시의 정치권, 경제권, 문화권의 안에 사는 사람들과 꼭 그 권역의 밖은 아니지만 그 주변을 따라서 살면서 "청동기 시대가 시작된 이래 도시문명을 활기차게 하고 움직이게 유지해온 반역자의 공급원"이 되고 있는 사람들 사이의 대조이다.[39] 샤와 술탄의 중앙권력과 주변부족의 완강한 자유주의 사이에는 미묘한 균형이 존재했다(지금도 상당한 정도로 존재한다). 국가가 강력할 경우에 부족들은 국가에 불만이 있더라도 최소한 인정하고 무정부적 충동을 억제하지만, 국가가 약해지면 이를 무시하고 약탈하거나 심지어 ── 그들 중 한 부족이나 또는 다른 부족이 ── 국가를 전복시키고 도시의 대(大)전통의 계승자 및 수호자가 된다. 그러나 대부분의 경우 완벽하게 효과적인 전제정치나 단순한 부족적인 광포함이 지배하는 것은 아니었다. 오히려 중앙과 주변 사이에는 불안정한 정전(停戰)이 유지되고 있었으며, 양자는 "주고받는 형태의 느슨한 관계"로 맺어져 있었다. 그 가운데 "산지인과 유목민들은 자유롭게 도시로 오며, 요새는 방치되고 그리고 그들은 여행자나 상인이나 순례자들의 캐러밴을 일상적인 어려움 이상의 방해나 불편함 없이 [그들의 영역을] 여행하도록 허용한다."[40]

모로코에서는 항상 이러한 대비가 강했는데, 그 이유는 부분적으로는 영토의 많은 부분이 산이기 때문이었고, 7세기 이후 동방으로부터 아랍 문화

---

39) C. Coon, *Caravan* (London, 1952), p. 295.

40) 같은 책, pp. 264-265.

가 건너와 비교적 큰 인구집단을 형성하여 살고 있던 토착민인 베르베르족들을 점차 압도해갔기 때문에 그리고 부분적으로 이 나라가 이집트와 메소포타미아의 중동문명의 주요한 중심으로부터 상대적으로 상당히 떨어져 있었기 때문이었다.

이 지역의 복잡한 초기 역사를 제쳐두고 보면, 17세기 말에 아랍화된 이슬람 개혁주의자인 세리프 왕조가 성립했는데, 이 왕조는 이어서 이슬람 성법을 위해서 베르베르족의 관습법의 적용영역을 줄이고, 성인(聖人) 숭배와 그것에 따른 의례를 행하는 관습을 억압하고, 이슬람교에 묻어 있는 토착신앙의 찌꺼기를 정화하는 등의 노력을 통하여 블레드 알 마크젠(bled al makhzen) —— 즉 "정부의 땅" —— 과 블레드 아스 시바(bled as siba) —— 즉 "자존(自存)의 땅" —— 사이의 구별을 강화했다. 예언자("세리프"라는 말의 의미), 즉 무함마드의 직계자손임을 주장하는 이 왕조는 지금까지도 모로코를 통치하고 있는데, 대서양 연안의 평지에 사는 아랍화된 사람들뿐만이 아니라 리프 산맥과 아틀라스 산맥 일대에 사는 베르베르족의 성격을 더욱 강하게 지닌 사람들에 대해서도 정신적이고 세속적인 지배력을 주장하려고 했다. 그러나 이슬람교 지도자 이맘(Imām : 무슬림 공동체의 우두머리. 이 명칭은 코란에서 지도자와 아브라함을 가리키는 용어로, 이맘이라는 직책의 기원과 기준은 이슬람 사회의 여러 분파에 따라서 달리 해석되어왔다. 이 차이는 이슬람을 수니파와 시아파로 갈라지게 한 정치적, 종교적 기준이 되었다/역주)이라는 종교적 주장은 널리 받아들여졌지만 세속적인 지배권은 때에 따라서 제한적으로 받아들여졌는데, 특히 주변의 고지대에서 그러했다. 여기서 아마도 모로코 정치체계의 가장 현저한 것으로 여겨지는 특징이 생겼다. 즉 그것은 도시의 주민과 평지의 농민은 각료, 귀족, 군인, 지방장관, 관리, 경찰 그리고 징세원 등으로 이루어진 보다 발달된 세습 관료제(마크젠)의 독재적인 수장인 술탄에 종속되며 그외의 다른 부족민들은 "신도들의 주인"으로서의 술탄(즉 종교적 존재로서/역자)에게 종속될 뿐, 세속적인 정부나 그 대표들에게 종속되는 것은 아닌 것이다.

1912년 프랑스와 스페인의 보호령이 되기 이전에는 내부의 부패와 외부로부터의 침략이 함께 작용하여 술탄의 지위가 너무나 심각하게 약화되어

서, 산악지대뿐만 아니라 평지에 대해서도 효과적인 지배를 행사할 수 없었
다. 보호령이 된 후, 처음 10여 년 간 리오테 원수가 모로코 총독으로서 부
족들을 견제하면서 어느 정도 온정주의적인 방식으로 마크젠 관료제의 활
력을 회복시켰지만, 그가 떠난 후, 후임 총독은 소위 베르베르 정책을 시행
했다. 그것은 아랍인과 베르베르족 사이를 명확하게 구별짓고 후자를 마크
젠의 영향으로부터 완전히 분리시키는 것이었다. "베르베르족 엘리트"를
양성하기 위해서 고안된 특별한 베르베르 학교가 세워졌고 기독교 선교활
동이 왕성하게 전개되었다. 그리고 —— 이것이 가장 중요한데 —— 산악지
대의 부족들을 프랑스의 형법제도하에 두고 민사소송에서 부족들에게 관습
법의 법적 권한을 공식적으로 부여함으로써 이슬람 성법(이에 따른 이맘으
로서 술탄)이 누려왔던 상징적인 최고 권위가 약화되었다. 아랍화된 마을의
상류인사 중에서 이집트인으로서 아프가니스탄과 파리의 배경을 가진 개혁
자 아브두와 알-아프가니 그리고 특히 페스에 있는 오랜 역사의 카라윈 대
학을 중심으로 한 사람들에 의한 강렬한 이슬람 퓨리터니즘(청교도주의)의
대두와 동시에 나온 베르베르 정책과, 그것이 내포하고 있는 이슬람에 대한
위협은 유럽이 주도하는 이슬람의 세속화와 기독교화에 대항하여 이슬람
신앙을 수호하자는 기치 아래 민족주의의 성장을 자극했다. 그러므로——
오히려 심각하게 변경된 상황 아래서 —— 모로코의 민족운동은 또한 부족
중심주의적인 원심적 경향에 대항하여 일반적으로 중동부 도시문명의 통합
력을 강화하려는 고전적인 형태를 취했다.

술탄 무함마드 5세가 1953년 프랑스로 망명했다가 1955년 국민적 영웅으
로서 승리의 귀환을 함으로써 마크젠의 정치적이고 문화적인 부활이 강화
되었고, 독립을 달성한 후에는 "근대화하는 전제정치"라고 가장 적절히 묘
사된 신생국이 시작되었다.[41] 프랑스와 스페인이 떠난 후에 라바트 술탄국
은 다시 앞서 언급한 두 개의 기둥으로 된 체제로 되었다. 주요한 민족주의
정당인 이스티크랄은 진정한 의미의 의회를 위한 국민선거를 거치지 않았
기 때문에 독자적인 힘이 결여된 채 형식적으로는 근대화되었지만 본질적
으로는 여전히 세습적인 마크젠에 의해서 조종되었다. 평야지대의 도시와

---

41) 이 개념과 분석적 의미에 대해서는 D. Apter, *The Political Kingdom in Uganda*
　　(Princeton, N.J., 1961), pp. 20-28을 참조하라.

읍들(이 경우도 특히 페스 시 —— "이슬람의 신성한 도시……아랍 문화의
중심지……[그리고] 모로코의 진정한 수도인……"⁴²⁾)의 아랍화된 보수적 유
력자들에 의해서 주도되는 이 정당은 왕의 행정적 수족으로서, 왕이 임명하
는 정부협의회를 지배하는 "대신들의 집단"으로서, 정당으로 합리화한 행
정 관료제로서 그리고 복귀된(그리고 개혁된) 이슬람 사법체계로서 작용해
왔다. 그러나 부족사람들은 이스티크랄에 대하여 초기의 궁정관리들에 대해
서 가졌던 태도와 같이 기껏해야 미온적인, 아주 나쁘게는 적대적인 태도를
취했으며, 따라서 술탄과 부족들, 적어도 멀리 떨어진 주변 부족들과의 관계
는 본질적으로 개인적인 관계에 의해서 결정되었다. 왕에게 충성하면서 동
시에 그의 정부에는 저항적인 부족들은 독립 후에도 이전과 같았으므로 민
족적 통합에 대한 원초적 위협의 주된 원천이 되었다.

　1956년 이래 중앙과 지방의 위기적인 갈등은 계속 더욱 심화되고 급격히
닥쳐왔다. 술탄이 망명해 있는 동안, 부족들 사이에 형성된 비정규 군대——
소위 해방군 —— 들을 국왕군으로 흡수하는 일은 전면적인 충돌로 이어지
기 쉬운 아주 민감한 사안이었음이 판명되었다. 왕이 국왕군을 이스티크랄
의 영향권으로부터 확실하게 분리하여 궁정에 직속시키고 군부의 총사령관
인 그의 아들 물라이 하산 왕자의 지휘 아래에 둠으로서 비로소 긴장은 부
분적으로 진정되었다. 1956년 가을 중부 아틀라스 산맥의 베르베르족 추장
은 왕과 절친한 친구이자, 이스티크랄에 대해서는 쓰디쓴 감정을 가진 반대
자로서 내각에서 맡고 있던 내무대신의 직위를 사임하고 산악지대로 되돌
아가서 부족들에게 원초주의를 설파("모로코의 영광을 만든 것은 바로 부족
들이다")했다. 그는 모든 정치적 정당의 해산("부족을 완전히 무시하는 사
람들에게 책임을 맡기는 것은 국익에 반대된다")을 요구하며, 무함마드 5세
라는 인물을 중심으로 해서 국민들이 결집할 것("이 나라에는 약한 자도, 강
한 자도 있습니다. 그러나 같은 산과 같은 하늘 아래 모두 평등하게 왕의 앞
에 하나로 뭉쳐 있습니다"⁴³⁾)을 제창했다. 그의 이러한 노력은 명백히 국왕

42) Favre, "Le Maroc." [모로코에서 작업한 이후 나는 이제 이런 문제에 대해서 약간 다르게
　　정식화하려고 한다 : C. Geertz, *Islam Observed* : *Religious Development in Morocco and
　　Indonesia* (New Haven, 1968), 특히 제3장을 참조하라]
43) 이 문장은 Lahcen al-Youssi에서, 이후의 것은 Lacouture에서 나온 Addi ou Bihi, *Le
　　Maroc*, p. 90에서 인용.

의 충고에 의하여 곧 —— 최소한 공개적으로는 —— 중지되었다. 그러나 몇
달 후 한층 더 전통적인 베르베르족인 동남부의 타필렐트 주지사가 반란에
준하는 폭동을 일으키고 동시에 "우리를 살고 싶은 대로 살지 못하게 방해
하는 정당"에 복종하는 것을 거부하고 술탄에 대한 불멸의 절대적인 충성심
을 선언했다. 왕은 곧 평화리에 항복을 받아내었고 그를 왕궁 근처의 가택
에 연금했다. 그러나 1958년 말과 1959년 초의 간헐적인 봉기가 북부와 동
북부에서도 발생했고, 그 반란들은 또한 주로 왕의 개인적인 인기와 외교술,
군사력 그리고 종교적인 카리스마 등에 의하여 크게 번져나가지 못하고 진
압되었다.

 그러나 신생 모로코 국가는 전제적 면모만큼이나 동시에 근대화를 추구
하는 국가의 면모를 가지고 있었고, 후자의 근대화 과정은 앞으로 더욱 지
속될 것으로 보인다. 부족의 이러한 불안정한 상태는 단지 "미래와 국가에
대립하여 과거와 지방"을 표현하는 것이 아니라 전통적인 "자존의 땅"의
사람들이 미래와 국가로부터 자신의 존재를 확보하고 인정받으려는 관심을
말해주는 것이다.[44] 농촌의 열렬한 지지를 얻기 위한 수단으로서의 새로운
민족정당인 인민운동(Popular Movement)은 처음에는 은밀하게 시작했다
가 그 다음에는 —— 부족들의 불만을 다양하게 표출할 유사 정치적 기제가
붕괴함에 따라서 —— 공공연하게 발전했다. 이는 도시문화에 대한 단순한
적대감과 중앙정부의 권위에 대한 불굴의 저항으로서, 그것은 곧 근대 시민
정치체제 가운데에서 자기들이 이등 시민으로 분류될지도 모른다는 공포에
사로잡힌 주변부 사람들이 사태를 대체하려는 움직임을 보인, 보다 분명한
징후의 하나이다. 해방군의 전임 사령관인 아하르단의 지휘 아래 활동방
침 —— "이슬람 사회주의"와, 단지 모로코만을 위해서가 아니라 전체 마그
리브 지역을 위한 이맘으로서의 왕을 중심으로 한 새로운 결집 —— 은 지극
히 막연한 것이었으나, 이 새 정당은 이제 그 근대 시민정치체제에 겨우 한
발을 들여놓았을 뿐이다. 그러나 지방선거의 유보, 프롤레타리아 정당을 만
들기 위하여 이스티크랄에서 좌파의 분리, 무함마드 5세의 갑작스럽고 때
이른 죽음 그리고 인기도가 떨어지는 그 아들의 계승 등으로 점철되는 아주
심각한 정치적 변형들이 급격하고 지속적으로 발생함에 따라서 앞으로 진

---

44) 같은 책, p. 93.

행될 수년간의 군주제 정부의 미래에 불확실성의 구름을 던졌다. 그래서 이
신생국은 "우리는 자유를 잃기 위하여 독립을 쟁취한 것은 아니다"라는 아
하르단의 완고한 구호로 명쾌하게 요약되는 것처럼, 전통적인 시바 정서와
현대의 정치적 야심의 미묘한 혼란을 만족시키고 수용할 것을 요구하는 강
한 압력을 더욱더 많이 받고 있다는 사실을 발견하게 된다.[45]

비록 장기적인 안목으로 볼 때, 신생 모로코가 근대화하는 측면이 전제주의적
측면보다 더 지속적이지만, 지난 10년간 번영한 것은 전제주의적 측면이었다. 국
왕 하산 2세는 1965년 30명(공식집계)에서 수백 명에 이르는 (주로 정부군의 손에
의한) 사망자를 낸 카사블랑카의 폭동이 일어난 후에 헌법을 정지하고 의회를 해
산했다. 그리고는 왕이 직접 정부를 지휘하고 두 개의 주요 정당 —— 이슬람주의
의 이스티크랄과 사회주의 인민전국동맹(Union Nationale des Forces Popul-
aires) —— 과 주로 자기들의 선거구를 구성하고 있는 도시 아랍 민중의 영향력을
체계적으로 감소시켰다. 이 시기는 신전통주의가 상승하는 시기였는데, 이는 하산
왕이 베르베르족이 다수를 차지하는 다양한 종류의 지방 유력자와, 역시 대부분이
베르베르족으로 구성되는 군 장교단을 왕에 대한 직접적이고 개인적인 충성심으
로 묶어두려고 시도했기 때문이다. 1970년 왕이 새로운 헌법을 공포하고 총선을
공포했을 때 소위 예외적인 국가는 적어도 명목상으로는 종식되었다. 정당들은
(베르베르족이 지배적인 인민운동당을 제외하고는) 헌법이 충분히 민주주의적이
지 않고 선거 또한 충분히 자유롭게 치루어지지 않았음을 발견했으나, 그 전체로
서는 왕이 처음 10년간의 통치기간에 발달시킨 신전통주의적 정부의 국왕 중심적
체제를 제도화하고 합법화하려는 노력으로 간주했다. 그래서 선거가 치러지고 헌
법이 인정되었어도 —— 전반적으로 정직하다고는 할 수 없는 조건하에서 이루어
졌지만 ——, 궁정과 유력인사들 간의 타협으로 유지되는 정치 패턴은 유지되었
다. 이 패턴은 1970년 7월, 왕의 42번째 탄신일에 일어난 군사 쿠데타로 극적으로
와해되었다. 이 쿠데타에서 500여 명의 손님(대부분 외국인) 중 약 100명이 살해되
었다. 소령 한 명, 중령 다섯 명 그리고 장군 네 명이 사태 진압 직후 즉각 처형되
었고(지도자를 포함한 다른 사람들은 쿠데타 작전 중에 죽었다), 많은 다른 장교들
이 투옥되었다. 공격시 원초적 충성심이 어느 정도 작용했는지는 불명확했다(거의

---

45) Ashford, *Political Change*, p. 322에서 인용.

모든 지도자들은 베르베르족이었고, 이들 중 대부분은 리프 지방 출신이었으며, 대부분은 왕정 중심의 정책하에서 왕의 호의를 두드러지게 입었던 자들이었다). 그러나 그 반란이 있은 후(1972년 8월에 또 다른 반란이 일어났으나 역시 실패로 끝났다) 왕은 이제 "국민행동연합(National Action Bloc)"으로 합당(合黨)한 양대 정당이 대표한다고 주장하는 대도시의 아랍어를 사용하는 주민들이 자신의 지지기반임을 발견했을 뿐만 아니라 군대 내에 베르베르족의 역할을 중시하지 않는 쪽으로 입장을 바꾸게 되었다. 그러므로 블레드 알 마크젠과 블레드 아스 시바의 대립 현실이 어떠하든지 간에 (그리고 나는 이것을 유럽 학자들이 묘사하듯이 명쾌하거나 단순한 것으로 간주하지 않으려고 한다) "아랍"과 "베르베르" 사이의 차이 —— 부분적으로, 문화적이고, 언어적이고, 사회적이고, 일종의 민족정치적 신화이며, 집단의 차이를 인식하는 전통적이고 거의 본능적인 방법인 —— 는 모로코인의 국민생활에서 주요하고도 포착하기 어려운 요소로 남아 있다.

나이지리아

제2차 세계대전 이후 발달해온 나이지리아 정치의 두드러진 특징은 콜먼이 지적했듯이 "민족주의의 지역화"였다.[46] 다른 신생국에서는 대부분 독립 달성의 최종 단계가 되면 내부의 서로 다른 요소들은 하나로 모아져 식민 지배와의 대결을 향한 강한 단결이 생기며 독립 후 혁명적 동지애가 필연적으로 약화된 이후에야 차이가 표면화되는 데에 반해서, 나이지리아에서는 독립 전 마지막 10년 정도에 다양한 원초적 집단 사이의 긴장이 증가했다. 1946년 이후의 나이지리아의 해방투쟁은 외국의 지배에 대항하려는 면보다는 경계를 정하고 수도를 건설하고 권력을 분배함으로써 외국의 지배가 끝나기 전에 민족-지역적인 날카로운 대립을 약화시키거나 억압하고자 했던 면이 더욱 컸다. 즉 이 시기의 특징은 영국을 힘으로 내쫓으려고 하는 반란의 격화였다기보다는 영국이 떠나갈 수 있도록 요루바족, 이보족 그리고 하우사-풀라니족들 사이에 잠정협정을 성립시키기 위하여 라고스와 런던의 두 지역 모두에서 정력적인 교섭이 행해졌다는 것이다

최종적으로 만들어진 국가체제(240쪽에 달하는 정교한 인쇄물로 되어 있

---

46) Coleman, *Nigeria*, pp. 319-331.

음)는 철저하게 연방제적이며, 국가는 각각이 힘을 지닌 세 개의 지역——북부, (남)동부 그리고 (남)서부—— 으로 이루어졌으며, 각 지역은 각각 수도, 의회, 내각 그리고 상급 법원과 자체의 예산을 가지고 있다. 각 지역은 특정한 종족집단—— 하우사족, 이보족 그리고 요루바족——, 특정의 정당—— 북부인민회의(NPC : Northern People's Congress), 나이지리아 카메룬의 민족평의회(NCNC : National Council of Nigeria and the Cameroons), 및 행동집단(AG : Action Group) 그리고 특정의 정치가——, 알하지 시르 아마두 벨로, 소코토의 사르다우나("술탄"), 은남디 아지키웨 박사와 오바페미 아월로워 추장—— 에 의해서 지배되고 있었다. 이들 반독립적 세 지역의 위에 무엇인가 불안정하게 라고스의 연방정부가 놓여 있다. 이 연방정부에서 그러한 형태의 3인 게임에서 자연스레 예측하게 되는, 두 팀이 합쳐 한 팀에 대항하는 식의 정치가 발생한다. 또한 그러한 불안정한 정치과정으로부터, 결국에 가서는 체제의 중심에 있는 공백을 메우기 위한 권위적 지도력이 출현할 것이라고 생각된다.

그러나 그 지도력은 어떤 형태의 것이 될 것인가, 누가 그 역할을 맡게 될 것인가 그리고 그러한 스위스 시계 같은 정부기구가 작동하고 있는 중에 실제로 어떻게 해야 그 지도력이 등장할 수 있는가의 문제들은 모호한 채로 남아 있었다. 한편 전통적인 나이지리아의 부족사회들이 근대 나이지리아의 지역-언어적(그리고 무슬림이 많은 북부에서는 종교적인) 민중사회로 점차 재편됨에 따라서 원초적 자기 확인의 삼각형 패턴은 나라 전체에서 어느 정도 확립되었다. 그러나 국내의 종족적 골격으로 이 패턴의 중요성이 증가함에도 불구하고 그것에 의해서 충분히 다양하고 뿌리깊은 "(종족의) 종류에 대한 의식"이 소진되지 않았다. 왜냐하면 하우사족, 요루바족 그리고 이보족의 핵심적 지역 바깥에 다양한 종류의 소수 종족집단들이 보다 넓은 범주의 준민족적 단위로 동화되는 것에 저항하면서 존재하고 있었기 때문이다. 그리고 주된 종족집단 사이의 가장 중요한 선거경쟁이 발생한 것은 바로 이 주변지역, 즉 북부지역의 남측 반쪽, 서부의 동쪽 끝 그리고 동부의 남부 및 동부의 국경에서였다. 각 정당은 자신들의 경쟁자의 본거지에서 소수파의 원한을 이용함으로써 어느 정도 성공했다. 중앙에서는 세 갈래의 하위 민족적 집단간의 대립이 나타나고, 각 지역의 수도에서는 (점점 더) 일당-일종족제로 나타나는 것이 주변 지역에서는 지극히 복잡다양한 부족간의 동맹 및 적대적 네트워크를 표현하는 것이었다.[47] 그것은 중층구조를 가진 것으로, 자신이 살고 있는 지역에 대한 충성심은 대개 전통적인 모습으로 조직된 상태로 남아 있고, 주 단위의 충성심은 정당정치적 입장에서 조직되었고 그리고 국가적인 충성심은 겨우 조직되기 시작했을 뿐이었다.

민족주의의 지역화와 그 과정에서 이러한 정당체제와 국가구조가 만들어졌으며, 그 안에 600만 명에 가까운 하우사족에서 겨우 수백 명의 작은 부족에 이르기까지 수백에 달하는 원초적 집단이 비록 잠시 동안이기는 하지만 더욱 우호적으로 사는 것이 가능했다. 그러나 그 과정은 동시에 앞서 말한 바와 같이 국가정치의 심장부에 공백을 만들었으며 국가를 다소 지도자가 없는 상태로 방치했다.

그 결과 독립(1960년 10월) 후의 정치적인 관심은 라고스의 연방 수도로 옮겨갔으며, 정당과 지도자들은 이 상태를 개선하기 위한 각자의 운동을 개시할 출발점을 향하여 일제히 달려나갔다. 초기에는 경제정치적으로 더 발달한 동부와 서부가 더욱 전통적인 북부에 대해서 지배적인 동맹을 형성하고자 노력했으나, 후에 새로운 것에 금방 적응하는 공격적인 이보족의 지식인층과 무엇에든 신중하고 부유한 요루바족의 사업가들 사이에, —— 또한 변덕스러운 아지키웨 박사와 고고한 아월로워 추장 사이에 —— 적대관계가 생긴 후에 북부와 동부는 서부와 분리하여 동맹을 형성하고 서부는 고립되었다. 아지키웨는 동부의 수상직을 사임하고 총독이 되었다. 이 자리는 이론상으로는 단지 상징적인 지위였으나 아지키웨는 (그것을) 그 이상의 것으로

47) 전체적인 그림은 훨씬 복잡했다. 즉 세 개의 주요 집단 내에서도 부족에의 귀속의식이 그 보다 넓은 민족언어 단위에의 귀속의식에 완전히 자리를 양보해버리지만은 않을 것이기 때문에, 또 그러한 단위에 속하는 사람들이 모두 본래의 지역에 살고 있기 때문이었다. 다른 지역으로 나가거나 유출(流出)된 사람들은 때때로, 특히 읍에서는, 중요한 대립적 소수파를 형성하고 있기 때문이다. "고향 지역"을 떠나 있는 사람들의 귀속의식의 문제는 어느 신생국에서도 극도로 미묘한 것이다. 신생국에서는 행정지역의 구분에 원초적 의미를 부여함에 의해서 통합문제를 처리하고자 해왔기 때문이다. 그것은 네루가 반복하여 강조한 것으로, 예를 들면 마드라스에 사는 벵골인들은 주 수준에서는 마드라스 사람이지 벵골 사람은 아닌 까닭에 인도 국내의 다른 지역에 사는 민족집단이 가지고 있는 "민족의 고향"이라는 생각은 근절되어야 한다는 것이다. 이외에 이동성이 큰 집단(나이지리아에서는 이보족, 인도에서는 마르와리족 등)이 있다는 사실도 이 문제를 어렵게 만들고 있다.

만들고자 했다. 소코토의 사르다우나는 북부의 자신의 지역에 수상으로 남아 계속 맹주 노릇을 하고자, 선택한 자기를 대신해 연방 수상직을 맡은 사람으로 자기 하수의 중위인 알하지 시르 아부바카르 타파와 발레와 중위를 보냈다. 그리고 아월로워는 이 일련의 2대 1의 연합 게임의 최초의 낙오자가 되어 서부 수상의 자리를 물러나 연방의회의 야당 지도자가 되었다.

자리는 정해졌고 작전은 시작되었다. 연방의회는 서부의 소수민족 지역에 네번째 주인 "중서부"를 만들 것을 결정했다. 아월로워는 그때까지 명백히 우익적인 것에서 분명히 좌익적인 것으로 이데올로기적 입장을 바꾸어 조금은 보수적인 정부를 흔들고 반(反)신식민주의적인 조류를 타고자 했으며 그 과정에서 행동집단은 분열했다. 그리고 NCNC 내의 점점 더 수용적이 되어가는 늙은 주축들과 여전히 과격한 젊은 터키인들 사이에 긴장이 고조되었다.

그러나 이 모든 것은 쟁점들을 명확히 했다기보다 더욱 혼란시켰다. 즉 문제들을 단순화하기보다는 오히려 복잡하게 만든 것이다. 독립한 지(글을 쓰는 당시) 1년도 못 된 나이지리아는 이 글에서 논의한 신생국 중 가장 젊은 나라로, 이 나라의 본질적 성격과 장래를 고려해보기 위한 제대로 된 자료가 가장 부족하다. 국가체제를 만들던 독립 전의 열광적이었던 시기에 급하게 서둘러 얽어모아진 매우 다루기 힘든 정치제도라고 할 수 있는 것을 가지고 있으나, 포괄적 정당, 탁월한 정치가, 통합하는 종교전통이나 공통의 문화적 배경을 결여하고 있을 뿐 아니라, 거의 당연한 귀결로서 자유를 손에 넣은 이제부터 무엇을 할지 모르는 —— 혹은 그렇게 보이는 —— 상태에 있는 나이지리아는 신생국으로서도 매우 잠정적이며 공중에 떠 있는 듯한 성질을 가지고 있다.

나이지리아는 원래의 내 논문에서 사례로 검토된 전반적으로 잘못된 신생국들 중 가장 잘못된 나라였다. 때때로 상황은 가장 희망적인 동시에 가장 위험한 것으로 보인다. 희망적이라고 함은 탈식민지화의 일상적인 격동을 탈출했고, 경제적으로 경쟁력이 있을 정도로 넓고, 절제되고 잘 훈련되고 경험 있는 엘리트를 이어받았기 때문이다. 위험하다는 것은 원초적인 집단간의 긴장이 극히 크고 믿을 수 없을 정도로 복잡하기 때문이다. 위험하다는 감각은 예언적인 것으로 증명되었다.

1966년 1월 군사 쿠데타로 시르 아부바카르 타파와 발레와를 포함하여 많은 북부
의 정치 지도자들이 죽었고 이보족이 이끄는 군사정권이 확립되었다. 두번째 쿠데
타는 북부의 하우사족이 아닌 다른 소수부족 출신, 야쿠부 고원 대령의 주도로 일
어났는데, 북부의 하우사족 지역에 살고 있던 10만-30만 명에 이르는 이보족 사람
들을 학살하게 되었으며, 이때 북부의 여러 지역에 살고 있던 20만-150만 명 사이
의 이보족들은 그들의 원래 출신지인 동부로 피신했다. 1967년 5월 고원 대령은
비상통수권을 장악하여 이보족 이외의 동부인들의 권력을 증가시키고 이보족의
세력을 감소시킬 방안으로 동부를 세 개의 주로 분할하려고 했다. 이에 맞서서 이
보족은 비아프라 공화국을 만들어 반항했고, 그 결과 현대의 가장 비참한 전쟁이
일어났다(아마 200만 명 이상이 살해당했고 수없이 많은 사람들이 기아로 죽었
다). 거의 3년에 걸친 이 전쟁은 이제는 국가원수인 고원 장군이 지배하는 연방정
부에 의해서 진압되었다. 이 사건은 (비록 그 쿠데타와 내전의 원인은 강대국의 개
입에서 증명되듯이 "단지" 원초적 감정뿐만은 아니지만) 원초적 충성심과 상호 적
대감이 강하게 결합하면 어떤 결과를 가져오는지를 보여주는 가장 극적인 사례의
하나임에 틀림없다. 어쨌든 복잡하고 강한 집단간의 불신이 빚어내는 "임시적"이
고 "어정쩡한" 상태에서 겨우겨우 균형을 유지하는 이 나라의 정세는 (아직도) 변
함이 없다.

V

인도네시아의 원의 중심과 원둘레로 이루어진 지역주의와 이원적 지도체
제, 말레이의 단독 정당 내에서의 인종간의 동맹, 버마의 헌법적 준법주의로
포장된 공격적 동화정책, 인도에서의 인간에게 알려져 있는 모든 (그중 몇
몇은 힌두 교도에게만 알려져 있으나) 종류의 지방주의에 대항하는 다전선
의 전쟁을 치르는 각 지역에 기구를 가진 세계주의적인 중앙당, 레바논의
종교적 분파에 따라서 후보자 명부를 작성하고 선거에서 협력하는 제휴 또
는 야합, 모로코의 이중의 얼굴을 한 독재통치 그리고 나이지리아에서의 초
점 없이 벌이는 견제와 균형의 난투 이 모든 체제들은 각각 그 사회에서만
보이는 특유한 것일까? 정치적 질서를 추구하는 이러한 노력의 나열로부터

우리는 통합을 위한 혁명이 보편적인 과정이라는 주장을 위한 어떤 증거를 찾을 수 있을까?

이 글에서 검토된 사례들에서 적어도 하나의 공통된 발전의 경향을 볼 수 있을 것이다. 즉 독자적으로 정의되고 특정한 구도를 가진 전통적인 원초적 집단들이 보다 더 크고, 더욱 확산되는 단위로 집합하는 것이다. 이러한 더 크고, 더욱 확산되는 단위의 암묵적인 준거틀은 지방적인 것이 아니라 "국가"이다 —— 따라서 이는 사회 전체가 새로운 시민국가에 의해서 통합되는 것을 의미한다. 이렇게 하나의 큰 덩어리를 만드는 일을 진행하는 주된 원칙은 다양한데, 인도네시아에서는 지역, 말라야에서는 인종, 인도에서는 언어, 레바논에서는 종교, 모로코에서는 관습 그리고 나이지리아에서는 유사 친족관계이다. 미낭카바우족일 뿐 아니라 외부 섬의 사람들이며, 둘롱족이면서 동시에 그것보다 더 큰 카친족의 범주에 들며, 마론파인 동시에 기독교도가 되며, 에그바족보다는 요루바족이 되는 것 등은 국가간 또는 한 국가 안에서 다양하게 진행되지만, 어쨌든 그러한 과정은 보편적이다. 이는 지방의 맥락에서 문화적으로 다양한 집단들이 직접적이고 장기적으로 접촉함으로써 생성되는 원초적 유사성과 차이성에 대한 감정이 전체 민족사회의 틀 안에서 상호 작용하는 같은 종류의 유사한 사람들에게 적용됨으로써 보다 더 광의로 정의된 집단으로 되는 진보적인 확장과정이다. 이러한 확장과정은 프리드먼이 말라야에 대해서 아주 잘 묘사한 바와 같다.

말라야는 문화적으로 복합적인 사회였고 지금도 그렇다. 순전히 구조적인 시각에서 본다면 그 복합적인 특성은 역설적이게도 과거의 어떤 시대보다 오늘날 더 뚜렷하다. 초기 단계에서 민족주의와 정치적 독립은 범-말라야주의에 기반하여 과거에는 단순한 범주에 불과했던 종족적 집단을 (정치적으로/역주) 규정하게 되었다. 그렇게 되자, 말라야의 사회지도(social map)는 지역적 조건에 따라서 재배열된 문화적 정의에 의한 수많은 작은 단위들로 만들어지는 일종의 만화경이 되어버렸다. "말라야인"은 "화교"와 "인도인"과 서로 상종하지 않게 되었다. 몇몇 말라야인이 몇몇 화교와 몇몇 인도인들과 왕래했을 뿐이었다. 그러나 전국적인 차원에서 국가를 구성하는 구조적 실체가 바로 "말라야인", "화교" 그리고 "인도인"이라는 사실을 인식하게 됨에 따라서 그들은 서로 총체적인 상호 관계를 맺기 시작할 수 있었다.[48]

48) Freedman, "Plural Society in Malaya."

"상호 전면적 관계"를 가지는 전국적 규모의 "종족집단" 체계의 출현은 신생국에서 개개인의 정체성과 정치적인 통합성이 직접적으로 충돌하는 무대를 설정하게 한다. 인종, 언어, 또는 다른 원리들에 바탕을 둔 원초적 연대성을 일반화하고 확장함으로써 그 체제는 깊숙이 뿌리박은 "동류 여부를 따지는 의식"이 존속되도록 하며, 또한 그러한 의식을 마침 형성되고 있는 시민질서에 연결시킨다. 그래서 사람들은 자신의 존재와 중요성을 집단의 특성을 이루는 낯익은 상징을 통하여 공개적으로 인정받기를 계속 주장하게 되며, 이와 동시에 그들은 그 상징에 의해서 규정되는 "자연적인" 공동체와는 완전히 다른 풍토에 주조된 정치사회로 점차 이끌려 들어간다. 그러나 다른 한편, 이것은 또한 집단적 적대주의를 단순화하여 몰두하게 만들고 적대주의에 포괄적인 정치적 중요성을 부가함으로써 분리주의의 편을 들게 하고, 특히 국가의 경계를 넘는 "종족집단"을 확정시킴으로써 국제적인 논쟁을 일으킨다. 통합을 위한 혁명은 자민족 중심주의를 없앤 것이 아니라 단지 근대화시켰을 뿐이다.

그러나 근대화하는 자민족 중심주의는 국내에 발달한 정치적 제도들이 있으면 그것에 훨씬 쉽게 타협한다. 그런 제도의 효과적인 운영은 원초적 유대와 정체성의 규정을 국민으로서의 그것으로 대체할 필요는 없다. 모든 개연성 중에서 그런 대체는 오히려 아주 불가능한 것이다. 제도의 효과적 운영을 위하여 요구되는 것은 그 두 가지 유대 사이를 조정하는 것이다. 이 때의 조정이란 곧 정부의 통치가 개개의 정체성을 위한 문화적 틀을 심각하게 위협하지 않고 자유롭게 진행될 수 있게 하고, 일반 사회에 존재하는 "동류 여부를 따지는 의식"의 불연속성이 정치적인 기능을 근본적으로 왜곡하지 않도록 조정하는 것이다. 이 글에서 우리가 이해해온 것은 원초적 정서와 시민적 정서란 적어도 고전적 사회학에서 보이는 여러 종류의 이론적 이분법에서와 같이, 직접적인 혹은 진화의 단계로 암묵적으로 가정된 대립으로 배열될 수는 없는 것이다. 고전적 이분법이란 공동사회와 이익사회, 기계적 연대와 유기적 연대, 민속사회와 도시사회 등의 분류이지만, 이들의 발달사는 한쪽이 확대되면 다른 쪽이 없어지는 것과 같은 단순한 것은 아니다. 신생국에서 이들이 서로 간섭하는 두드러진 경향은 그 둘 사이의 자연발생적이고 도저히 제거할 수 없는 반감에서 유래하는 것이 아니라, 그 둘이 20

세기 중반의 불균형적인 세력에 반응하는 과정에서 각각에 내재한 상이한 변화의 패턴에서 발생하는 전위(轉位)에서 유래한다. 이 두 정서의 충돌은 전통적인 정치제도와 전통적인 자기 인식의 방식이 근대성을 향하여 각기 다른 길을 따라서 이동하면서 경험하는 대조적인 변환의 산물인 것이다.

자기 인식이라는 측면에 있어서 근대화 과정의 본질은 거의 연구되지 않았다. 보통은 그런 근대화 과정이 존재한다는 사실조차 인식되지 않는다. 이미 언급한 대로 좁은 경계로 범주화된 부족, 언어, 종교 등에 의한 집단들이 하나의 공통적인 사회의 틀이라는 맥락 안에서 보다 더 크고, 더 보편적인 종족집단으로 집합하는 것은 확실히 그 근대화 과정에서 가장 중요한 부분이다. 대부분의 산업사회에서도 보이듯이, 간단하고, 일관되고, 광범하게 정의된 종족구조는 전통주의의 분해되지 않은 최후의 잔여물이 아니라 오히려 근대성의 특징이다. 그러나 어떻게 원초적 친화체계의 재구성이 발생하고, 그 재구성의 단계가 무엇인지, 이를 촉진하거나 지체시키는 힘은 무엇인지, 이 과정에 따라서 퍼스낼리티의 구조는 어떻게 변했는가 등 이 모든 것은 거의 알려져 있지 않다. 종족변화에 대한 비교사회학(혹은 사회심리학)은 아직 책으로 쓰이지 않은 채로 남아 있다.

정치적인 측면에서 문제점이 인식되지 않는다고는 말할 수 없다. 왜냐하면 시민사회의 개념, 시민권의 속성과 이것을 뒷받침하는 분산된 사회적 정서의 개념이 아리스토텔레스 이래 정치학의 중심주제였기 때문이다. 그럼에도 불구하고 시민사회의 개념은 아직도 모호한 채로 남아 있다. 시민사회의 구성요건을 지적하는 것이 실제로 그것이 어떠한 것인지 서술하는 것보다 훨씬 쉽고, 분석하기보다는 감지하는 것이 훨씬 쉬울 것이다. 시민의식에는 무엇보다도 다른 것과 구분되고 특징적인 실체로서의 공민(公民)이라는 명확한 개념과 그것에 수반한 순수한 공적인 이익이라는 개념이 있어야 하며, 이 공적인 이익은 반드시 우월해야 할 필요는 없지만 사적인 이익과 집단적인 이익으로부터 벗어나야 하고 때로는 맞싸워서 지켜져야 하는 것이다. 신생국이나 다른 곳에서 시민정치의 형태변화에 대하여 이야기할 때 우리가 언급하는 것은 이런 공적 존재와 공적 이해가 지니는 의미의 변화, 그것의 성쇠, 공적인 것의 표현양식의 변화 등이다. 그러나 우리가 적어도 시민의 본질에 대한 일반적인 아이디어를 가지고 있고 그것이 산업사회의 상태에

서 구체화되는 일련의 형식을 가지고 있다고 하더라도 어떻게 현재의 패턴
이 현재의 그것으로 만들어졌는가 하는 과정에 대하여 알려진 것은 거의 없
다. 진실로 시민의 의미는 전통적인 국가에서는 없는 것으로 부정당하는 바,
내 생각으로 이러한 견해는 잘못된 것이다. 어쨌든 근대적 의미의 정치적
공동체가 전통적 공동체로부터 발생하는 단계들은 기껏해야 직감에 의해서
만 추적되어왔을 뿐이며, 따라서 시민이라고 하는 것의 근원과 특성은 여전
히 모호한 채로 남아 있다.

　신생국에서 사회적으로 공인된 개인적 정체성을 유지해야 할 필요성과
강력한 민족 공동체를 건설하려는 욕망 사이에 항상 긴장이 일어나는 이유
를 충분히 이해하기 위해서는 양자가 각자의 길을 가는 데 있어서 양자간의
관계가 어떠한 단계를 거치게 되는가를 더욱 상세히 추적하는 것이 필요하
다. 그리고 그러한 추적이 가장 쉽게 이루어지는 것은 그것들이 우리 눈앞
에 펼쳐지는 국가의 역사에서이다. 최소한 이 글에서 묘사된 신생국들을 특
징짓는 정부의 다양한 헌법적, 준헌법적, 혹은 단순히 특별한 실험들은 다른
무엇보다도, 원초적인 충성심과 시민적인 충성심이 함부로 충돌할 것 같은
조짐을 피할 정치 패턴을 정립하려는 시도를 대변한다. 종족의 차별화가 지
역적 하부단위, 정당, 관직, 행정상의 지도력, 또는 가장 흔하게는 이런 것들
이 여러 가지로 결합한 형태로서 정치적으로 표현되는지 아닌지는 모르지
만, 어디서나 국민의 자기 인식이 근대화하는 속도는 정치제도뿐만 아니라
경제제도, 계층구조 그리고 가족제도 등의 근대화와 보조를 맞추어 시도된
다는 공식을 발견할 수 있다. 우리는 통합을 위한 혁명을 관찰함으로써 이
를 이해할 수 있다. 앞일을 예측하고자 하는 학문적 욕심과는 맞지 않는, 단
지 일이 되어가는 데로 두고 보자는 정책처럼 보일지도 모른다. 그러나 최
소한 이런 정책은 오늘날 대개 그렇듯이 기다리면서도 보지 않는 것보다는
훨씬 바람직하고 더 과학적이다.

　어쨌든, 현재 진행중인 변화의 와중에서 균형 있는 처방전을 찾아내려는
신생국의 노력이 성공할 보증은 어느 나라에서도 찾을 수 없다. 다양한 원
초적 집단들을 화해시키려는 노력의 결과로서 정부가 고도의 정관주의(精
觀主義)를 택하는 것은 어디에서나 쉽게 찾아볼 수 있다. 그런 화해를 가져
오기 위해서 참아야 하는 단순한 편견은 흔히 우리를 불쾌하게 만든다. 그

러나 원초적 화해의 시민정치를 건설하려는 이런 시도들에 대한 대안이 있다면 그것은 발칸 반도에서 보는 소국들의 난립, 나치에 의한 지배민족의 광기, 또는 거대 국가들에 의한 민족적 주장의 강제적인 억압 중 어느 한 가지가 될 수밖에 없을 것이다. 그렇다고 해서 이러한 시도들을 무관심하게 혹은 경멸하면서 바라본다는 것이, 특히 자기들의 가장 골치 아픈 원초적 문제를 해결하는 데에 실패한 사회의 구성원들에게 과연 가능할 것인가?

제11장   의미의 정치

I

누구나 다 알지만 증명하는 방법을 생각할 수 없는 것 중의 하나는 한 국가의 정치가 그 문화의 디자인을 반영하고 있다는 것이다. 일견 그 명제는 명확하다 —— 프랑스 외에 어디에 프랑스 정치가 존재할 수 있는가? 그러나 단지 그렇게 진술한다는 것은 곧 의문을 제기하는 것이다. 1945년 이후, 인도네시아는 혁명, 의회 민주주의, 내전(內戰), 대통령 독재, 대량 학살 그리고 군정(軍政)을 겪어왔다. 그곳의 어디에 디자인이 있다고 할 수 있는가?

정치생활을 구성하는 사건의 흐름과 문화를 이루고 있는 신앙의 그물 사이에서 중간개념을 찾기는 어렵다. 한편으로는 모든 것이 음모와 불가사의의 혼란처럼 보이는 반면, 다른 한편으로는 안정된 판단으로 이루어진 거대한 기하학처럼 보인다. 그러한 무질서한 상태의 사건들을 그러한 질서정연한 감정에 결합시키는 것은 무엇인가의 문제는 아주 모호하며, 그것을 공식화하여 정리하는 문제는 더욱더 그렇다. 정치와 문화를 관련지으려고 시도할 때 무엇보다 필요한 것은 전자보다는 덜 답답한 견해이고, 후자보다는 덜 심미적인 견해이다.

「인도네시아의 문화와 정치(*Culture and Politics in Indonesia*)」를 구성하고 있는 여러 편의 논문에서 그러한 시각의 전환을 만드는 데에 필요한 이론적 재구성을 함에 있어서, 베니딕트 앤더슨과 타우픽 압둘라는 주로 문화적 측면에서, 다니엘 레브와 윌리엄 리들은 주로 정치적 측면에서, 사르토노는 양쪽 모두의 측면에서 어느 정도 균등하게 시도하고 있다.[1] 논의되고 있

는 주제가 법이든, 정당 조직이든, 또는 자바인들의 권력관(權力觀)이든, 미
낭카바우족의 변화에 대한 사고방식이든, 혹은 민족대립이든, 농촌의 급진
주의든 간에 그들이 하고자 하는 것은 같은 것이다. 즉 인도네시아의 정치
생활을, 그것이 아무리 제멋대로인 듯이 보일 때라도, 그것보다 상위 차원의
관심사에서 생긴 일련의 개념들 —— 이상(理想), 가설, 망상, 판단 —— 에
의해서 결정되는 것으로 봄으로써 이해 가능한 것으로 만들어보려는 것이
며, 그 관념들을 정신적이라고 하는 막연한 세계에 있는 것으로가 아니라
게릴라 투쟁이라는 구체적이고, 직접적인 것 안에 있는 것으로 봄으로써 그
러한 개념들에 현실성을 부여하고자 하는 것이다. 여기에서 문화라는 것은
의식이나 관습이 아니고 의미구조, 즉 그것을 통하여 사람들이 자신들의 경
험에 형태를 부여하는 것이다. 그리고 정치라는 것은 쿠데타나 헌법이 아니
라, 그러한 구조들이 공적으로 나타나는 주요한 장(場)의 하나이다. 문화와
구조를 이처럼 새롭게 봄으로써, 이 둘 사이의 관계를 밝히는 일이 비록 간
단한 일은 아닐지라도 실용적인 기획이 되는 것이다.

　이 기획이 대담하다고, 아니 무모하다고 하는 이유는 그것을 처리할 이
론적인 기틀이 거의 없기 때문이다. 전체 분야 —— 우리는 그것을 무엇이라
고 불러야 하는가? 주제 분석? —— 는 부정확의 윤리에 결합되어 있다. 특정
한 사회적 맥락에 나타나는 일반적인 문화 개념을 찾기 위한 대부분의 시도
는 주의를 환기시키는 것만으로, 일련의 구체적 관찰들을 제자리에 병렬하
는 것만으로, 수사적인 연상으로 보편적 요소를 찾아내는(또는 읽어내는)
것만으로 만족하고 있다. 명백한 논의는 거의 없다. 그것은 계획에 의한 것
이든 간과해서 놓친 것이든, 그러한 논의를 행할 수 있는 틀이 거의 존재하
지 않기 때문이다. 우리에게는 단지 암시적인 이야기들의 모음만이 남겨져
있을 뿐이며, 손댄 것은 많으나 어느 하나도 제대로 파악하지 못했다는 느
낌만 가지게 된다.[2]

---

1) 이 논문은 C. Holt 편, *Culture and Politics in Indonesia* (Ithaca, 1972)의 "발문"(pp. 319-
　336)으로 처음 실렸다.
2) 정치와 문화를 연관시키는 이와 같은 병렬적 접근법의 가장 강경한 실천자는 아마도
　Nathan Leites 일 것이다. 특히 그의 *A Study of Bolshevism* (Glencoe, Ill., 1953)과 *The
　Rules of the Game in Paris* (Chicago, 1969)를 참조하라.

따라서 이런 종류의 완전히 인상주의적 논의를 피하고자 하는 연구는 분석을 행함과 동시에 자신의 이론틀을 구축하지 않으면 안 된다. 그것이 [홀트가 편집한] 책의 저자들이 각기 다른 접근법을 택하고 있는 이유이다. 즉 그것은 리들이 집단 갈등에서, 앤더슨이 예술과 문학에서 출발하고 있는 이유이며, 레브의 수수께끼가 법제도의 정치화이고, 사르토노의 그것이 대중적 천년왕국설의 지속이며, 압둘라의 문제가 사회적 보수성과 이데올로기의 역동성의 융합인 이유이다. 여기에서 일관성은 주제나 논의가 아니라, 분석의 스타일 —— 분석의 목적과 그 목적의 수행에 따르는 방법론적 문제 —— 인 것이다.

이 문제들은 복수(複數)의 문제로, 정의, 증명, 인과관계, 대표성, 객관성, 척도, 의사 소통의 문제를 포함하고 있다. 하지만 근본적으로는 모두 한 문제로 귀착된다. 의미 —— 즉 사람들이 경험을 해석하기 위하여 사용하는 개념 구조 —— 의 분석틀을 어떻게 하는가의 문제이며, 그것은 충분히 설득력 있을 만큼 상세하고, 동시에 이론을 진전시킬 만큼 추상성을 지니지 않으면 안 된다. 이 둘은 똑같이 중요한 것이다. 다른 하나를 희생하고 그중 한 가지를 선택한다는 것은 곧 공허한 기술주의(記述主義)나 무의미한 일반론에 빠지는 것이다. 그러나 이 둘은, 적어도 표면적으로는 반대의 방향으로 나아가기도 한다. 상세하고자 하면 할수록 한 사례의 특수성에 매이게 되며, 반대로 세부적인 것을 생략하면 할수록 논의의 기초를 잃게 된다. 이 역설을 피하는 법 —— 혹은 더 정확하게, 결코 실제로 그것을 피할 수는 없기 때문에, 그것을 견제하는 법 —— 을 발견하는 것이 방법론적으로 주제 분석이 하고자 하는 것이다.

그리고 그것이 결과적으로 [홀트의] 책이 특정 문제에 대한 특정 사실을 밝히는 것을 넘어서 하고자 하는 것이다. 그 책에 실려 있는 원고는 어느 것이나 개개의 사례로부터 일반론을 끌어내고자 세부적인 것에 깊이 파고듦으로써 세부적인 것 이상의 무엇인가를 발견하고자 애쓰고 있다. 이를 성취하기 위하여 채택된 전략들 역시 매우 다양하지만, 특정 분야의 자료들을 가지고 그 이상의 것을 나타낼 수 있도록 만들려는 노력에서는 일치하고 있다. 무대는 인도네시아이다. 아직 야심을 포기하지 않을 만큼 충분히 멀리 있는 목적이기는 하지만, 그 목적은 사람들이 어떻게 자신들이 상상하는 정치를 가질 수 있게 되는가를 이해하는 것이다.

II

인도네시아는 그러한 연구를 수행하기에 아주 훌륭한 곳이다. 폴리네시아, 인도, 이슬람, 중국 그리고 유럽 문화의 영향을 받은 인도네시아는 아마도 세계의 어떤 다른 지역보다 일정 면적당 종교적 상징의 밀도가 높은 지역이며, 또한 수카르노(그가 천재의 전형이라고 생각되는 것은 다른 무엇보다도 잘못된 생각이다)라는, 그러한 상징들을 수집하여 신생 공화국의 범교리적 국가종교로 정리하고자 하는 강한 의욕뿐 아니라 그것을 할 수 있는 비상한 능력까지도 갖춘 사람이 있는 곳이다. 1921년에 궐기를 호소한 한 신문은 "사회주의, 공산주의, 비슈누 무르티의 화신"이라고 외치며, "제국주의에 의하여 지지되는, 그 노예인 자본주의를 폐지하라! 신은 그것을 성공시킬 힘을 이슬람에게 부여하신다"라고 썼다.[3] 수십 년 후, 수카르노는 "나는 카를 마르크스의 추종자이다.······나는 신앙이 깊은 사람이기도 하다. 나는 모든 사조(思潮)와 이데올로기가 내 안에서 만나도록 했다. 그것들을 섞고, 섞고, 또 섞어서 결국에는 지금의 수카르노가 된 것이다"[4]라고 말했다.

그러나, 다른 한편으로는, 바로 그와 같이 상징이 밀도 있게 그리고 다양하게 사용되고 있다는 사실이 인도네시아의 문화를 수사어구나 이미지의 소용돌이로 만들고 있으며, 그 안에 매몰되어버린 부주의한 연구자들도 적지 않다.[5] 너무도 많은 의미들이 주위에 산재하고 있으며, 정치적 사건들에 관한 논의를 다른 유사한 논의에 관련시켜서 논하는 것은 그 논의 자체가 매우 애매한 까닭에 거의 불가능한 일이다. 어떤 의미에서는, 정치적 활동에서 문화의 반영을 보는 것은 인도네시아에서는 매우 쉽다. 그러나 이 사실은 진정한 관계를 밝혀내는 것을 그만큼 더 어렵게 만든다. 이 은유의 정

---

3) *Utusan Hindia*에 나오는 말로, B. Dahm, *Sukarno and the Struggle for Indonesian Independence* (Ithaca, 1969), p. 39에서 인용.

4) L. Fischer, *The Story of Indonesia* (New York, 1959), p. 154에서 인용. 수카르노의 연설 중 유사한 내용의 언급에 대해서는 Dahm의 *Sukarno and the Struggle*, p. 200을 참조하라.

5) 한 예로, H. Luethy의 "Indonesia Confronted", *Encounter* 25 (1965) : 80–89 ; 26 (1966) : 75–83 및 "Are the Javanese Mad?"라는 나의 논평과 그것에 대한 Luethy의 "Reply", 같은 책, 1966년 8월, pp. 86–90을 참조하라.

원에서는 하나의 행위로부터 사고(思考)의 형태를 찾아내고자 하는 어떠한 가설(假說)도 대부분은 일정한 논리를 가지며, 진리도 포함하고 있는 가설을 발전시키는 것은 기회를 잡는 일이기보다는 유혹을 뿌리쳐야 하는 일이 된다.

뿌리쳐야 할 주된 유혹은 성급히 결론을 내고자 하는 것이며, 그것에 대항하기 위해서는, 하나에서 다른 것으로 연역적으로 이동해가는 것이 아니라 문화적 주제와 그것의 정치적 전개 간의 사회학적 연관성을 명백하게 밝혀내야 한다. 관념 —— 종교적 관념, 도덕적 관념, 실용적 관념, 미적 관념 —— 은 막스 베버가 지치지 않고 주장했던 것처럼 강력한 사회적 영향을 지닌 강력한 사회집단에 의해서 수행될 필요가 있다. 누군가에 의해서 숭배되고, 찬양되고, 방어되고, 강요되지 않으면 안 된다. 그러한 관념들은 사회 내에서 지적인 의미의 존재를 획득하기 위해서만이 아니라, 말하자면 물질적인 의미의 존재를 얻기 위해서도 제도화되어야만 한다. 지난 25년에 걸쳐서 인도네시아를 황폐화시켜온 이데올로기 항쟁은, 흔히 그래왔던 것처럼, 대립적인 심성(心性), 즉 자바의 "신비주의" 대 수마트라의 "실용주의", 인도적 "혼합주의" 대 이슬람의 "교조주의" 간의 충돌로 여겨질 것이 아니라, 국민 대다수가 충분히 그 기능을 받아들일 수 있는 국가의 제도적 구조를 만들고자 하는 투쟁의 실체로 여겨져야만 한다.

수십 만에 이르는 정치적 희생자의 존재가 국민 대다수가 받아들일 제도가 없었음을 입증하고 있으며, 그렇다고 해서 오늘날 그런 것이 만들어졌는지 역시 의문이다. 온갖 문화의 뒤범벅으로부터 기능할 수 있는 정치조직을 만든다는 것은 그 다양성을 흐려버리는 뒤죽박죽의 시민종교를 만드는 것 이상의 문제이다. 그것을 위해서는 대립하는 집단들이 안전하게 만족할 수 있는 정치제도를 확립하든가, 아니면 한 집단만을 남기고 다른 모든 집단들을 정치 무대로부터 배제할 필요가 있다. 인도네시아의 경우, 지금까지는 이 둘 중 어느 것도 지극히 제한적 상황을 제외하고는 성공하지 못했다고 할 수 있다. 이 나라는 입헌주의도, 전체주의도 할 수 없었다. 오히려 사회의 거의 모든 제도 —— 군대, 관료, 법원, 대학, 언론, 정당, 종교, 촌락 —— 는 목적도, 방향성도 없는 듯이 보이는 이데올로기적 열정의 거대한 조류에 휩쓸려왔다. 인도네시아에 대한 어떤 전체적 인상이 있다면, 그것은 되다가 만 상태의 국가라는 인상, 즉 국민성에 걸맞는 정치 형태를 찾아낼 수 없었던, 하나의 제도적 장치를 찾았는가 하면 곧 다른 것으로 눈을 돌리는, 위태롭게 비틀거리는 나라라는 인상이다.

물론 문제의 상당 부분은 이 나라가 단지 지리적인 면에서 뿐 아니라 다른 면에서도 군도적(群島的)이라는 데에 있다. 인도네시아의 전반적 특징이 있다면 그것은 이 나라가 내부적 대립과 모순으로 분열되어 있다는 것이다. 우선 지역적 차이(예를 들면 미낭카바우족의 수사적 논쟁의 선호와 자바인의 내성적인 회피의 성향)가 있다. 또한 동부 수마트라의 "끓는 냄비" 지역에서와 같이, 근린집단 사이에서조차 종교와 관습의 "종족적" 상위(相違)가 있다. 토착주의 운동에 나타나는 계급간의 대립이나 유효한 법체계를 구하는 투쟁에 드러나는 직업간의 대립이 존재한다. 그리고 인종적 소수집단(화교와 파푸아 뉴 기니인)이나 종교적 소수집단(기독교도와 힌두 교도), 지역적 소수집단(자카르타의 바타크족, 수라바야의 마두라족)이 있다. 민족주의자들의 "하나의 민족, 하나의 국가, 하나의 언어"라는 구호는 희망일 뿐, 현실을 나타내는 것은 아니다.

하지만 그 구호가 나타내는 희망이 반드시 말이 안 되는 것은 아니다. 유럽의 비교적 큰 나라들의 대부분은 그것보다 결코 덜하지 않은 문화적 이질성 위에 성립했다. 토스카나 사람과 시칠리아 사람이 한 나라 안에 함께 살수 있고 자신들을 자연스러운 동포라고 생각할 수 있다면, 자바인과 미낭카바우족도 그렇게 할 수 있을 것이다. 효과적인 정치 형태를 만들려는 인도네시아의 모색을 방해했던 것은 단순히 내부에 다양성이 존재한다는 사실이라기보다는, 사회의 모든 수준에서 그러한 다양성을 인정하고 받아들이기를 거부했다는 점이었다. 다양성은 식민지 시대의 비방이라고 부정되거나, 봉건시대의 유물이라고 개탄되거나, 적당한 혼합주의나 혼미스러운 역사 그리고 유토피아적 환상이라고 진실을 은폐해온 면이 있다. 그런 반면, 한편에서는 여러 집단들이 서로를 경쟁자로, 단지 정치적, 경제적 권력에 대한 경쟁자일 뿐 아니라 진실, 정의, 아름다움, 도덕성, 즉 현실의 존재양식 그 자체를 어떻게 정의할 것인가에 대한 권리를 둘러싼 경쟁자로 보아, 거의 공적 정치제도의 통제를 받지 않고 서로에게 분노를 표현하고 있다. 인도나 나이지리아의 경우처럼 문화적으로 다양한 나라가 아닌, 일본이나 이집트같이 문화적으로 단일한 나라인 듯이 행동함으로서, 인도네시아(더 정확히 말하면, 내 생각에, 인도네시아의 엘리트들)는 확립된 정치구조의 외부에서 무정부주의적인 의미의 정치를 만들 수 있었던 것이다.

이 의미의 정치는 무질서라고 하는 일반적 의미에서가 아니라 지배되지 않았다는 문자 그대로의 의미에서 무정부주의인 것이다. [홀트의] 책에 수록된 논문들이 내가 다른 곳에서 "현실을 위한 투쟁"이라고 부른 것을 각자 나름대로의 방법으로 제시하고 있는 것처럼, 세상일들의 밑바탕은 어떻고, 따라서 사람들은 어떻게 행동해야만 하는가에 관하여 특정의 개념을 가지도록 하고자 하는 노력들은, 아무리 지금까지는 그것을 효율적 제도로 실현시키는 것이 불가능했다고 할지라도, 단순히 열정과 편견의 혼돈에 지나지 않는 것은 아니다. 그것은 그 자체의 형상과 궤도 그리고 힘을 지니고 있는 것이다.

모든 국가의 정치적 과정은 국가를 통제하기 위하여 고안된 공적 제도들보다 더 폭넓고 더 깊은 것이다. 일반 국민들의 생활의 방향에 있어서 가장 큰 영향을 미치는 의사결정 중의 일부는 의회나 간부회의에서 일어나는 것이 아니다. 그것들은 뒤르켐이 "집합의식(collective conscience)" (혹은 "consciousness"; 프랑스어 conscience가 지니는 편리한 애매성을 영어는 가지고 있지 않다)이라고 부르는 비공식적 영역에서 일어난다. 그러나 인도네시아의 경우, 공적 생활의 패턴과 그것을 둘러싸고 있는 사람들의 대중적 감정의 틀이 서로로부터 크게 벗어나 있는 까닭에, 정부의 활동은, 중심에서는 중요할지 몰라도, 대부분의 경우는 핵심을 벗어나 있다. 그것은 단순한 관례의 준수일 뿐이며, 나라가 실제로 움직여가고 있는 장막 뒤에 가려진(거의 억압된이라고 말하고 싶을 정도의) 정치의 흐름으로로부터의 갑작스런 난입(亂入)으로 인해서 큰 소동이 일어나곤 한다.

공공생활 중 좀더 접근하기 쉬운 사건들, 즉 좁은 의미의 정치적 사실들은 이 흐름을 드러내보일 뿐 아니라 모호하게 만들기도 한다. 사건들은 물론 그 흐름을 반영하고 있기는 하지만, 그럴 경우에도 마치 꿈이 바람이나 이데올로기적 관심을 반영하듯이 완곡하게 그리고 간접적으로 반영한다. 그것을 식별하는 것은 인과관계를 밝히는 것보다는 여러 징후를 해석하는 것에 가깝다. 그러므로 [홀트의] 책의 논문들은 측정하거나 예측하기보다는 진단하고 평가하는 것이다. 정당체계의 분열은 민족적 자의식의 강화를 예시하며, 법의 약화는 분쟁의 해결에 다시 한번 타협의 방법이 취해지게 되었다는 사실을 나타낸다. 지방의 근대화론자들의 도덕적 곤혹의 뒤에는 부족의 역사에 대한 전통적 설명에 내포되어 있는 복잡성이 있다. 농촌에서의 반대운동의 격렬함 뒤에는 모든 변화를 천재지변적인 것으로 생각하는 사람들의 태도가 있다. 통제 민주주의라는 호들갑의 뒤에는 권위의 원천에 대한 낡은 생각이 있다. 일괄해서 보면 이들 정치해석의 시도들은 인도네시아의 혁명이라는 것이 실제로는 과연 무엇인가에 대한 어렴풋한 윤곽을 드러내주기 시작한다. 즉 그것은 국민의 의식과 유리되지 않은 현대 국가를 건설하려는 노력이며, 그 국가는 어떤 의미로든 국민들이 이해할 수 있는 국가이어야 하는 것이다. 수카르노가 옳았던 일들 중의 하나는, 물론 실제로 그는 무엇인가 다른 것을 생각했었기는 하지만, 그렇더라도 그것은 이 혁명이 아직 끝나지 않았다고 하는 사실이었다.

III

정당성이라는 고전적 문제 —— 어떻게 해서 일부의 사람들이 다른 사람들을 지배하는 권리를 인정받게 되는가 —— 는 오랜 기간 동안 식민지 지배를 받음으로써 규모는 전국적이지만 실체는 그렇지 못한 정치체제를 가진 나라에서는 특히 심각하다. 국가가 대권을 장악하고 국민으로부터 그것을 지키는 것 이상을 하기 위해서는, 그 행위가 그 국가를 자신들의 것이라고 여겨지게 하고 싶은 사람들, 즉 국민들에게 밀접히 연결되어 있는 것처럼 —— 한 걸음 더 나아가 좀더 확대하여 말한다면 바로 **그들**의 행위인 것처럼 —— 생각되지 않으면 안 된다. 이것은 단순한 합의의 문제가 아니다. 사람이 자신이 그것을 직접 수행했다는 것을 인정하기 위해서 자신의 행위를 가치 있는 것으로 여겨야 할 필요가 없는 것과 마찬가지로, 자신이 그 일부를 이루고 있다는 것을 알기 위해서 정부의 행위에 동의할 필요는 없다. 그것은 직접성의 문제이며, 국가가 "행하는"것을 친숙하고 이해 가능한, "우리"로부터 자연스럽게 출발하고 있는 것으로 경험하는 문제이다. 이를 위해서는 정부의 편에서 그리고 최선의 경우에는 그 국민의 편에서도, 약간의 심리학적 속임수가 항상 요구된다. 그러나 한 나라가 200여 년 이상 외국인에 의해서 통치되었을 경우에는, 통치자가 바뀐 후라도, 좀더 교묘한 속임수를 필요로 한다.

독립을 성취했을 당시 그처럼 엄청나게 생각되었던 정치적 과업들──외세(外勢) 지배의 종결, 지도체제의 창출, 경제발전의 도모, 국민적 통일감의 유지── 은 분명히 엄청난 과업들이었음이 밝혀졌으며, 독립을 성취했기 때문에 더욱 그렇게 드러났다. 그러나 그러한 과업들 외에 또 하나의 다른 과업이 추가되었다. 그것은 당시에 덜 분명하게 드러났을 뿐 아니라 오늘날에도 확실히 인식되지 않고 있는 것으로, 바로 근대 정부의 여러 제도들로부터 외국 냄새를 제거하는 것이다. 수카르노 정권하에서 성행했으나, 그 뒤를 이은 정권에서는 중지되지는 않았지만 뜸해졌던 상징-조작의 대부분은 국가와 사회 간의 문화적 간격을 없애기 위한 반(半)-의도적인 시도였다. 그 간격은 전부가 식민지 지배에 의해서 생긴 것은 아닐지라도 그것으로 인해서 크게 확대된 것이었다. 점점 성행해서, 60년대 초에는 거의 히스테리라고 할 정도로 고조되었던 구호, 운동, 기념비, 시위들은, 적어도 부분적으로는, 국가를 토착적인 것으로 보이게 하기 위하여 고안된 것들이었다. 그러나 그것은 본래 토착적인 것이 아니었기 때문에 불신과 혼란이 함께 휘몰아쳤으며, 그후의 파국을 맞아 수카르노는 그의 정권과 함께 파멸한 것이다.

그러나 식민지 지배라는 사태를 복잡하게 하는 요인이 없었다고 하더라도, 인도네시아와 같은 나라에서는 단지 공공생활의 전체 영역을 조정하는 특별한 장치라는 국가의 개념에 대응할 만한 것을 그 전통 안에서 찾을 수 없다는 점 한 가지 때문에라도, 그 나라의 전통에서는 현대 국가라는 것이 이질적인 것으로 보였을 것이다. 인도네시아에서만 그런 것은 아니겠지만, 전통적 지배라는 것은, 그것이 가능할 때는 그리고 그러한 경향이 있을 때는 전제적이고 독재적이며, 이기적이고 냉혹하며, 착취적이거나 무자비했을 것이다(비록 세실 B. 데밀[미국의 영화감독으로 그의 유명한 작품으로는 "십계"와 "왕 중 왕"이 있다. 많은 비평가들이 데밀의 영화는 예술성을 결여하고 있다고 혹평했지만 그는 자신이 독자적으로 개척한 장르인 서사물에서 눈부신 성공을 거두었다/역주]의 역사관의 영향 아래 그들의 그러한 성격이 흔히 과장되기는 했지만). 그러나 지배자 자신은 결코 자기를 전권 (全權)을 지닌 국가의 관리자 및 경영자로 생각하지 않았으며, 그의 신하들도 그렇게 생각하지 않았다. 대부분의 경우, 그들은 자신들의 지위를 선포하기 위하여, 특권을 지키기(혹은 가능하다면 그것을 확대하기) 위하여, 그들의 생활양식을 계속하기 위하여 통치했던 것이다. 그리고 그 직접적 관심의 범위 —— 보통 그 범위는 아주 좁다 —— 밖의 일에 미쳐서는, 제대로 된 정치적 관심이라기보다는 층위를 이루고 있는 여러 관심들의 반영으로서 단지 파생적 의미로 그렇게 행할 뿐이었다. 국가란 사람들의 이해관계를 정리하는 기능을 가지는 기구라는 생각은 그러한 상황에 무엇인가 기이한 관념으로 들어오게 된다.

일반 사람들의 반응에 관한 한, 그러한 기이성(奇異性)을 받아들이는 방법은 대체로 정해져 있다. 어느 정도의 호기심, 그 이상의 공포, 고조된 기대감 그리고 커다란 당혹감이 그것이다. 수카르노의 상징-조작은 그러한 혼란된 감정에 대한 반응으로서 실패한 것이었다. 그러나 [홀트의] 책에서 논의되고 있는 다양한 문제들은 그것과는 별개의 문제로, 그것처럼 날조된 문제도, 혹은 지나가는 문제도 아니다. 그 논문들을 통하여, 돌연히 한 활동가의 전망에 직면하여, 포괄적인 중앙정부 —— 드 주브넬이 "발전소 국가"라고 부른 것 —— 가 경영자가 아니라 주인에게 길들여진 사람들에게 의미하는 바가 무엇인가를 구체적으로, 상세하게 알 수 있다.[6]

그 직면이란 정의, 권력, 저항, 정통성, 정체성이라고 하는 용인된 개념들(물론 [홀트 책의/역자] 논문들이 분명하게 다루고 있지 않은 다른 많은 개념들도 포함하여)이 모두 오늘날의 세계에서 효과적인 민족국가로 존재하기 위하여 위험에 처하게 되었거나, 아니면 그렇게 보인다는 것을 의미하는 것이다. 이러한 개념적인 혼란 —— 가장 친숙했던 도덕적, 지적 인지(認知)의 틀이 의문시되었다는 것과 그것에 의해서 야기된 감정의 대변화 —— 은 신흥국가 정치의 문화론적 연구의 주요한 주제가 된다. 수카르노는 "이 나라가 필요로 하는 것은 케-업-투-데이트-언(ke-up-to-date-an, 금일성 [今日性])이다"라고, 그 특유의 영어와 인도네시아어의 합성어를 사용하여

---

6) B. de Jouvenel, *On Power* (Boston, 1962).

말했다. 그는 단지 그런 제스처를 했을 뿐, 이 나라에 그것을 준 것은 아니었으나, 그 제스처는 아주 촌구석에 사는 사람들을 제외한 모든 인도네시아 사람들에게 정부의 형태뿐 아니라 그 본질도 달라졌으며, 그 결과 무엇인가 심리적 조정이 이루어지지 않으면 안 된다고 확신시키기에 충분할 만큼 아주 생생한 것이었다.[7]

IV

이러한 종류의 심성의 사회적 변화는 기록하여 설명하기보다는 느끼는 것이 훨씬 쉽다. 그것은 그 변화의 드러남이 무척 주저주저하며, 불확실하고, 모순으로 가득 차 있기 때문이다. 낙후된 것이라고 비난받는 신앙, 관습, 이상, 제도의 어느 것에 대해서도 한 가지가, 그러나 대개 같은 것이 같은 사람들에 의해서 현대성의 정수로 찬양되며, 다른 한편으로 외국의 것이라고 공격받던 어떤 것들에 대해서도 한 가지, 역시 같은 한 가지가, 민족혼의 성스러운 표현으로 환호된다.

이러한 문제에서 "전통적"으로부터 "근대적"으로의 단순한 진보는 없다. 뒤틀리고, 간헐적이며, 불규칙한 이 움직임은 과거의 장점을 떨쳐버려야 하는 것만큼 자주 그 장점을 다시 회복하고자 하는 방향으로 나타난다. [홀트가 편집한 책에서/역주] 사르토노가 논한 농민들 중 어떤 사람들은 중세의 신화에서, 다른 사람들은 마르크스주의에서, 또 다른 사람들은 그 두 가지 모두에서 그들의 미래를 읽어낸다. 레브가 기록하고 있는 법률가들은 정의의 저울이라는 무감정의 공평성과 반얀 나무(banyan : 벵골 보리수의 이칭/역주)와 같은 보호적 온정주의 사이에서 동요한다. 압둘라가 현대 사상의 도전에 대한 사회의 반작용의 한 예로 그 경력을 조사했던 정치평론가는 "진정한 미낭카바우족의 아다트[adat : 관습]"를 부활시키자고 썼으며 동시에 "케마주안[kemadjuan : 진보]의 길"로 저돌적으로 나아가자고 쓰고 있

---

7) 이것은 Sukarno가 플로레스에서 유배생활을 할 때 이슬람 전통주의자를 공격하기 위해서 쓴 편지에서 인용한 것이다. *Surat-surat Dari Endeh*, 열한 번째 편지, 1936년 8월 18일, K. Goenadi와 H. M. Nasution 편, *Dibawah Bendera Revolusi* 1 (Djakarta, 1959) : 340.

다. 자바에서는 앤더슨이 "고전적-주술적" 권력이론과 "선진적-합리적" 권력이론이 병존하고 있음을 밝히고 있다. 수마트라에서는 리들이 지역주의와 민족주의와 국가주의가 보조를 맞추어 나아가고 있음을 밝히고 있다.

보통은 부정되지만 실은 부정할 수 없는 이 사실 —— 변화의 곡선이 어떤 것이든 그것은 매끈한 공식에 들어맞는 것은 아니다 —— 은 근대화가 토착적이고 쇠퇴하고 있는 것을 수입된 최신의 것으로 대체하는 일로 이루어진다는 전제로부터 출발하는 어떠한 분석도 불가능하게 한다. 인도네시아뿐만 아니라 제3세계 전체, 나아가 전세계에 걸쳐 사람들은 점점 더 두 개의 목표로 이끌려진다. 하나는 자기 자신으로 남아 있는 것이며, 다른 하나는 20세기에 보조를 맞추는 것, 아니면 앞서 나가는 것이다. 문화적 보수주의와 정치적 혁신주의의 긴장된 결합이 신생국의 민족주의의 중추에 있는데, 이 점에 있어서 인도네시아보다 더 극명한 곳은 없다. 압둘라가 미낭카바우족에 대해서 밝힌 바 —— 즉 오늘날의 세계에 적응해가기 위해서는 "근대화의 의미를 끊임없이 수정해가는 것이 필요하며, 그것에는 또한 전통 자체에 대한 새로운 태도와 근대화의 적절한 기반에 대한 [끊임없는] 추구가 필요했다" —— 는 각기 방식은 다르더라도 (홀트의 책 속의/역자) 모든 논문에서 이야기되고 있는 내용이다. 그 논문들이 보여주는 것은 어둠으로부터 빛으로의 단선적인 진보가 아니라 "우리들(농민, 법률가, 기독교도, 자바인, 인도네시아인……)"은 지금까지 어디에 있었고, 현재 어디에 있으며, 지금부터 어디로 가야하는가, 즉 집단의 역사, 성격, 발전 그리고 싸워서 극복해야만 하는 운명에 대한 이미지들이 끊임없이 재정립된다는 것이다.

인도네시아에서는 이처럼 앞과 뒤로 동시에 향하는 경향이 민족주의 운동의 초기부터 분명히 나타났으며, 그후 더욱 현저해졌다.[8] 어느 정도의 규

---

8) 여기서의 나의 언급은 단지 지나가는 비평에 그치고 있으나, 인도네시아 민족주의의 역사에 대해서는 다음을 참고하라. J. M. Pluvier, *Overzicht van de Ontwikkeling der Nationalistische Beweging in Indonesie in de Jaren 1930 tot 1942* (The Hague, 1953); A. K. Pringgodigdo, *Sedjarah Pergerakan Rakjat Indonesia* (Djakarta, 1950); D. M. G. Koch, *Om de Vrijheid* (Djakarta, 1950); Dahm, *Sukarno and the Struggle*; G. McT. Kahin, *Nationalism and Revolution in Indonesia* (Ithaca, 1952); H. Benda, *The Crescent and Rising Sun : Indonesian Islam under the Japanese Occupation, 1942-1945* (The Hague, 1958); W. F. Wertheim, *Indonesian Society in Transition* (The Hague, 1956).

모에 도달한 최초의 조직, 사레카트 이슬람(Sarekat Islam, 그 구성원의 수는 1912년 약 4,000명에서 1914년 약 40만 명으로 증가했다)은 환상적 신비주의자, 이슬람 순수주의자, 마르크스주의 급진주의자, 상업계급의 개혁파, 세습귀족, 메시아 신앙의 농민에게 동시에 똑같이 받아들여졌다. 정당으로 가장했던 이 운동은 1920년대에는 분열했으나, 그 분열은 혁명의 신화에서와 같이 "반동파"와 "진보파"로 나뉜 것이 아니라, 여러 가지의 파벌, 운동, 이데올로기, 클럽, 도당(徒黨) —— 인도네시아어로 알리란(aliran : 흐름)이라고 부르는 것 —— 으로 쪼개졌으며, 그 각각은 전통의 어느 한 요소를 근대성의 어느 한 형태와 결합시키고자 했다.

"개화된" 귀족들 —— 의사, 변호사, 선생, 공무원의 자녀 —— 은 일종의 의식적(儀式的) 심미주의와 선택받은 자의 의무로서의 대중 향상 프로그램의 융합을 통하여 "정신적인" 동양과 "역동적인" 서양의 결합을 시도했다. 농촌의 코란 교사들은 반기독교적 감정을 반식민주의적 감정으로 변화시키려고 했으며, 그들 자신들을 도시의 행동주의와 농촌의 신앙심 사이의 연결고리로 삼고자 했다. 이슬람 근대화주의자들도 일반 신자들의 신앙에 들어있는 이단적인 것들을 정화하는 동시에 진정으로 이슬람적인 사회 및 경제 개혁 프로그램을 개발하고자 시도했다. 좌익 혁명주의자들은 농촌의 집단주의와 정치적인 집단주의 그리고 농민의 불만과 계급투쟁을 동일시하고자 했다. 유럽인들과 아시아인들의 혼혈인들은 그들의 네델란드적 정체성과 인도네시아적 정체성을 융화시켜 다민족 국가로의 독립원리를 마련하고자 했다. 서양식 교육을 받은 지식층들은 민주적 사회주의를 위하여 토착적이고 반봉건적인 (그리고 어느 정도는 반(反)-자바적인) 자세를 이용하여 자신들을 인도네시아의 현실에 재연결시키고자 했다. 민족주의의 각성기(1912-1950)에는, 어느 곳을 보든지, 누군가가 새로운 관념과 친숙한 감정을 조화시킴으로써 다양한 형태의 진보가 실제보다 덜 혼란스럽게 보이도록 그리고 관습의 패턴들을 덜 무가치한 것으로 보이도록 하고자 했다.

인도네시아 문화의 다양성과 근대 정치사상의 다양성은 이처럼 서로 얽혀들어 하나의 이데올로기 상황을 만든다. 즉 한 수준에서는 지극히 일반화된 합의 —— 인도네시아는 하나가 되어 근대화의 정상으로 돌진해나가야 하며, 동시에 모두가 하나가 되어 전통 문화의 정수를 지켜야만 한다는

378

것 — 가 다른 수준에서는 어느 방향으로부터 그 근대화의 정상으로 돌진해나갈 것인가 그리고 전통문화의 정수는 무엇인가 하는 문제와 관련되어 점증하는 의견의 불일치로 저항받기 때문이다. 독립 이후에 엘리트와 활동적인 사람들이 그러한 노선에 따라서 분열함으로써 결국 사회는 몇 개의 상호 대립하는 동지집단으로 재분류되었다. 이들 집단에는 거대한 것, 아주 작은 것, 중간 크기의 것들이 있었으며, 그들은 인도네시아를 통합한다는 것뿐 아니라 인도네시아라는 것을 어떻게 이해할 것인가 하는 문제에도 관심을 가지고 있었다.

이런 식으로, 두 개의 이데올로기의 틀 사이에 마비되어 움직이지 않는 부조화가 자라나게 되었다. 하나는 그럴 것이라고 생각되는 발전소 국가의 공적 제도들이 구축되고 작동되는 틀이었으며, 다른 하나는 이것도 역시 그럴 것이라고 생각되는 민족국가의 전체적 정치 형태의 모양을 갖추게 되는 틀이었다. 그것은 통제 민주주의나 판챠실라나 나사콤 연합정권 등의 "섞이고, 섞이고, 섞인" 통합주의와 사람들의 감정 속에 들어 있는 "끓는 냄비"와 같은 구획화 사이의 부조화였다.[9] 이 대립은 단순히 중심과 주변의 대립, 즉 자바의 통합주의와 지방의 구획주의의 대립은 아니었다. 그러나 그것은 크게 다르지 않은 형태로 정치체제의 모든 수준에서 나타났다. 사르토노의 농민들이 그들의 작은 계획을 세우던 마을의 다방에서 시작하여, 앤더슨의 "장관님들"이 그들의 큰 계획을 세우던 메르데카 광장의 집무실에 이르기까지 정치생활은 기묘한 이중의 길을 걸어왔다. 그곳에서는 권력만이 아니라 권력 위의 권력, 즉 국가가 나아갈 방향뿐 아니라 심지어 단순히 공적인 존재 양식의 방향까지 규정하는 권리를 둘러싼 경쟁이 공통의 투쟁이라든

---

9) 16세기 중반까지의 공화국의 국가 이데올로기에 대해서는, H. Feith, "Dynamics of Guided Democracy", R. T. McVey 편, *Indonesia* (New Haven, 1963), pp. 309-409 ; 민중의 분열에 대해서는 R. R. Jay, *Religion and Politics in Rural Central Java*, Southeast Asia Studies, Cultural Reports Series no. 12 (New Haven, 1963) ; G. W. Skinner 편, *Local, Ethnic and National Loyalties in Village Indonesia*, Southeast Asia Studies, Cultural Report Series no. 8 (New Haven, 1959) ; R. W. Liddle, *Ethnicity, Party, and National Integration* (New Haven, 1970)을 참조하라. 이렇게 만들어진 다소 분열증적인 정치적 정황은 1957-1958년의 헌법회의에서의 논쟁에서도 감지될 수 있다 ; *Tentang Dasar Negara Republik Indonesia Dalam Konstituante*, 제3권[Djakarta(?), 1958(?)].

가 역사적 정체성, 동포애와 같은 말하기 좋은 문구들을 둘러싸고 진행되
었다.

1965년 10월 1일까지 인도네시아의 정치는 그렇게 나아갔던 것이다. 실
패한 쿠데타와 그후의 무자비한 여파 —— 3, 4개월 동안 25만 명의 사상자
를 낸 —— 는 50년의 정치적 변동이 만들고, 조장하고, 각색하고, 길러온 문
화적 혼란을 백일하에 드러내었다.[10] 민족주의 진영의 숙청은 다시 한번 당
시의 상황을 어둡게 했다. 사람들은 태양을 응시할 수 없는 것처럼 심연을
들여다볼 수도 없게 되었기 때문이다. 그러나 이제는, 비록 가려져 있지만,
심연은 존재하며 그들은 그 가장자리를 기어오르고 있다는 것을 모르는 인
도네시아 사람은 거의 없게 되었다. 이러한 의식의 변화는 머지않아 아직
형성되고 있는 현대적 심성을 향한 큰 일보가 될 것이다.

---

10) 사망률 추정은 John Hughes, *The End of Sukarno* (London, 1968), p. 189의 것이다. 추정
치는 5만에서 100만에 이르고 있지만, 실제는 아무도 모른다. 학살의 규모가 너무 컸기 때
문에 죽은 사람의 숫자를 논한다는 것이 미련해 보인다. 쿠데타, 학살 그리고 수하르토의
정권 획득에 관한 Hughes의 해설은, 비록 그다지 분석적이지는 못하지만, 다른 것들과 비
교해볼 때, 믿을 만하고 공평한 것으로 생각된다. 다른 관점에서 본 논의들에 대해서는 다
음을 참조하라. R. Shaplen, *Time Out of Hand* (New York, 1969) ; D. S. Lev, "Indonesia
1965 : The Year of the Coup", *Asian Survey* 6, no. 2 (1966) : 103-110 ; W. F. Wertheim,
"Indonesia Before and After the Untung Coup", *Pacific Affairs* 39 (1966) : 115-127 ; B.
Gunawan, *Kudeta : Staatsgreep in Djakarta* (Meppel, 1968) ; J. M. van der Kroef,
"Interpretations of the 1965 Indonesian Coup : A Review of the Literature", *Pacific
Affairs* 43, no. 4 (1970-1971) : 557-577 ; E. Utrecht, *Indonesie's Nieuwe Orde :
Ontbinding en Herkolonisatie* (Amsterdam, 1970) ; H. P. Jones, *Indonesia : The Possible
Dream* (New York, 1971) ; L. Rey, "Dossier on the Indonesian Drama", *New Left Re-
view* (1966) : 26-40 ; A. C. Brackman, *The Communist Collapse in Indonesia* (New York,
1969). 나의 견해로는 우익적인 것이든 좌익적인 것이든 혹은 중립적인 것이든 간에 이 쿠
데타에 관한 문헌들은 어느 것이나 수카르노와 그의 음모에 직접 관계된 사건에서 인도네
시아 공산당이 담당했던 역할에 대해서 지나친 관심을 가지고 있는 것으로 생각된다(그
것은 중요하지 않은 문제는 아니지만, 그 나라에 대해서보다는 그 순간을 이해하는 데에
더 중요한 것이다). 그 결과 인도네시아의 정치의식의 발달에서 쿠데타가 가지는 의미는
희생되었다.

380

V

사회과학자들이 원하는 것이 무엇이든 간에, 사회현상 중에는 그 영향이 직접적이고 근본적이며 심지어 결정적이기까지 하지만, 그 중요성은 그것이 일어난 한참 후까지 효과적으로 평가할 수 없는 것들이 있다. 그중의 하나가 대규모 내란의 발생인 것은 틀림없다. 제3세계는 그것이 형성된 이후 25년간 그런 수많은 내란에 부닥쳤다 —— 인도의 분할, 콩고의 폭동, 비아프라, 요르단. 그러나 그것들 중 어떤 것도 인도네시아에서만큼 파괴적인 것은 없었으며, 그것보다 더 평가하기 어려운 것도 없었다. 1965년 후반의 무시무시한 몇 개월간, 인도네시아를 연구하는 모든 학자들, 특히 국가의 성격을 밝히려는 학자들은 엄청난 국내의 비극이 그들의 연구대상을 크게 흔들어 놓았다는 것은 알지만, 그것의 결과가 무엇인지에 대해서는 모호한 수준 이상으로는 알지 못하는 불편한 상황에 처해 있다. 아무도 준비되지 않았던 일, 지금에도 그것에 대해서 무엇이라고 말해야 할지 모르는 어떤 일인가가 일어났다는 감지(感知)가 [홀트가 편집한 책의] 논문들을 괴롭히고 있으며, 그 때문에 그 논문들은 때때로 위기가 빠져버린 경쟁적인 놀이처럼 읽혀지고 있다. 그러나 그것으로는 아무 도움도 되지 않는다. 위기는 여전히 계속되고 있기 때문이다.[11]

물론 외면적 영향의 몇 가지는 분명하다. 세계 제3위의 규모라고 주장하는 인도네시아의 공산당은, 적어도 지금까지는, 파멸상태에 있다. 군정이 시행되었다. 수카르노는 처음에는 구금되었으며, 그후 자바 사람들이 할루스(halus)라고 부르는 구속된 상태의 참담한 대우 속에서 권력을 빼앗기고, 얼마 안 있어 사망했다. 말레이시아와의 "대립"은 끝났다. 경제사정은 현

---

11) 어느 누구도 대학살을 예측하지 못했다는 사실이 가끔 사회과학의 쓸모없음을 보여주는 한 예로 제시된다. 그러나 많은 연구들이 인도네시아 사회의 강한 긴장과 폭동 발생의 가능성을 강조했다. 뿐만 아니라, 농촌에서의 대학살이 일어났던 3개월 간에 25만 명 이상이 살해될 것이라는 등의 말을 하려고 했던 사람이 있었다면 그는 무엇인가 비뚤어진 마음을 가진 사람으로 생각되었을 것이 틀림없다. 혼란에 직면한 이성(理性)에 대해서 이 사실이 말해주는 것은 그리 간단한 것은 아니다. 그러나 그것이 말하고 있지 않은 것은 이성은 천리안이 아니라는 이유에서 무력하다는 것이다.

저히 나아졌다. 정치적 구금이 대대적으로 시행된 덕분에 독립 이후 거의 처음이라고 말할 수 있을 정도로 전국적으로 치안이 유지될 수 있게 되었다. 현재 "구(舊)질서"라고 불리고 있는 것의 타는 듯한 절망은 "신(新)질서"라고 하는 침묵의 절망으로 대체되었다. 그러나 문화에 관한 한 "무엇이 변했는가?"라는 질문은 여전히 곤혹스러운 것이다. 그토록 엄청났던 격변은, 특히 그 대부분이 농촌에서 농촌 주민들 사이에서 일어났기 때문에, 이 나라를 변하지 않은 상태로 두지 않았다는 것은 틀림없는 사실이나, 변화가 어느 정도로 진행되었는가 그리고 언제까지 계속될 것인가는 말할 수 없다. 인도네시아의 경우 사람들의 감정은 매우 강렬할지는 몰라도 천천히 변한다. "악어는 가라앉을 때는 빠르지만 떠오를 때는 느리다"라고 그들은 말한다. 인도네시아의 정치에 관한 저술들이나 인도네시아의 정치 그 자체나 모두 이 순간에는 그 악어가 떠오르는 것을 기다려야 하는 확신의 결여로 가득 차 있다.

그러나 지금까지 일어난 유사한 정치적 격동의 예를 살펴보면(현대 세계사를 볼 경우, 그러한 예들은 너무 간단히 발견된다), 그 결과 중 어떤 것들은 다른 것에 비해서 보다 보편적인 것처럼 보인다. 아마도 가장 보편적인 것은 신경쇠약, 미래의 가능성에 대한 기대감의 축소일 것이다. 미국이나 스페인 내전에서와 같은 내부의 대량 유혈은 흔히 우리가 일반적으로 정신적 상처와 연관시키는 일종의 숨막히는 공포 아래에 정치생활을 놓이게 한다. 즉 대부분 환상이지만, "다시 그 일이 일어날 것이다"라는 징후에 대한 강박관념, 대부분 상징적인 것이기는 하지만 그것이 일어나지 않도록 하기 위한 완벽한 예방장치의 마련 그리고 대부분 감정적인 것에 불과하지만 그 일은 어떻게 해서든 일어나고야 말 것이라는 움직일 수 없는 확신 —— 이 모든 것은 어쩌면 그것이 일어나고 그것을 극복할 수 있으면 하는 반(半)무의식적인 바람에 기초하고 있는지도 모른다. 개인과 마찬가지로 한 사회에 있어서도 내적인 재앙은, 특히 그것이 변화를 향한 진지한 노력의 과정에 일어났을 경우에는 알아채지 못할 정도로 습관적으로 그리고 근본적으로 고정적인 힘이 될 가능성이 있다.

이것은 일어난 일의 진상이 편리한 이야기들로 은폐되고, 열정은 어둠 속에서 타오르는 길밖에 없는 경우에는 특히 그렇다(그리고 여기서도 개개인

의 반응과의 유추 —— 공적인 재앙은 사적인 생활을 굴절시켜 반사되도록
하는 까닭에 완전한 유추는 아니지만 —— 가 계속된다). 그것들이 무시무시
하면 무시무시한 대로 일어났던 일들을 있는 그대로 받아들임에 의해서
1965년의 일련의 사건들은 인도네시아를 그러한 사건들이 일어날 수 있도
록 허용했던 많은 환상들로부터 해방시킬 수 있었다. 그러한 환상 중 가장
중요했던 것은 인도네시아인들이 일체가 되어 근대화의 길로 들어섰다는
것, 혹은 코란이나 변증법, 무언의 소리, 또는 실용적 이성에 의해서 인도되
더라도 그러한 전진은 가능하다고 믿는 환상이었다. 그러나 무엇인가 다른
이데올로기 합성을 꾸며냄으로써 그것을 받아들이기를 거부하면, 그 사건들
에 관한 반(半)억압된 기억이 언제까지나 남아 정치과정과 진실 탐구를 위
한 투쟁 사이의 간격을 끝없이 넓혀놓을 것이다. 인도네시아인들은 치르지
않았어도 좋았을 엄청난 대가를 치르고 이제야 비로소 그들간의 의견 불일
치, 감정적 양면성 그리고 방향성 상실의 정도가 얼마나 골이 깊은 것인가
를 자기 자신들에게 설득력 있게 제시하게 된 것으로 외부인들에게 보일지
도 모르겠다. 자기 자신들에 관한 그러한 폭로가 당사자들에게는 무서운 일
일 것임에 틀림없으나, 그러한 제시가 정말로 그들에게 설득력이 있었는지
여부는 별도의 문제이다. 사실상 그 문제는 역사의 중대한 기로에 있는 인
도네시아의 정치에 중심적 문제가 된다. [홀트의] 책의 논문들은 폭풍전야적
성격을 가진 것들인 만큼, 비록 해답을 제시하지는 못했다고 할지라도 최소
한 있을 법한 가능성을 제시하는 데에는 기여하고 있다.

　그러나 대학살의 파괴력이 아무리 컸든(혹은 그렇지 않았든 간에), 그것
에 의해서 나라가 움직여왔던 개념의 기반이, 만일 그것이 인도네시아의 사
회적, 경제적 구조의 현실에 깊이 뿌리내리고 있는 것이었다면, 근본적으로
변해버릴 수는 없으며, 실제로 그랬다. 자바는 여전히 심한 인구과잉이고,
지금까지 1차 산업의 수출이 외환의 주요 원천이며, 전과 마찬가지로 지금
도 인도네시아에는 많은 섬, 언어, 종교, 민족집단들이 존재한다(심지어 지
금은 이리안 자야가 첨가되었고, 몇 개가 더 늘어났다). 또한 여전히 도시들
은 일터가 없는 지식인들로, 읍(邑)들은 자본이 없는 상인들로 그리고 시골
마을들은 토지가 없는 농민들로 가득 차 있다.[12]

12) 외적인 변수들도 그다지 변하지 않았다는 사실을 지적해야만 할 것이다 —— 중국, 일본,

레브가 논한 변호사들, 압둘라가 논한 개혁가들, 리들이 논한 정치가들, 사르토노가 논한 농민들, 앤더슨이 논한 행정 담당자들은 지금 그들을 감시하고 있는 병사들과 마찬가지로 대학살 이전에 그들이 직면하고 있던 것과 같은 범위의 대안들과 편견의 내용을 지닌 같은 문제들에 직면해 있다. 그들의 마음의 상태는 다를지 모르나 —— 그것과 같은 공포를 경험한 후에 변하지 않았다는 것은 믿기 어렵다 ——, 그들을 둘러싸고 있는 사회와 그 사회에 기초를 제공하는 의미의 구조는 거의 동일하다. 정치의 문화적 해석은 실제의 정치적 사건들을 지적인 의미에서 견뎌낼 수 있을 만한 힘을 가지고 있지만, 어디까지 그렇게 할 수 있는가는 그 해석들이 지닌 내적 일관성이나 수사적인 그럴싸함 또는 미적 호소력에 의존하는 것이 아니라, 어느 정도 사회에 잘 기초하고 있는가에 좌우되는 것이다. 제대로 기초하고 있을 경우에는 어떤 일이 일어나든 그것은 그 해석들을 강화하지만, 그렇지 못할 때는 일어나는 일 모두가 그 해석들을 폭파시켜버린다.

이처럼 [홀트의 책에] 쓰여 있는 것들은 예언은 아니더라도 앞으로 검증될 수 있는 것들이다. 이 논문들의 가치 —— 그들의 발견에 대한 나의 해석에 저자들 자신이 동의할지 안 할지는 알 수 없으나 —— 는 긴 안목으로 보면, 그것들이 출발점으로 삼고 있는 사실에 부합되는가 아닌가 하는 것보다는, 비록 우리가 애초에 이 논문들에 주의를 기울이게 된 것은 그점 때문이기는 하지만, 인도네시아 정치의 앞으로의 진로를 밝혀주는가 아닌가의 여부에 달려 있을 것이다. 지난 10년간의 결과는 앞으로의 10년에 나타나기 때문에, 인도네시아 문화에 관하여 여기서 이야기된 것들이 맞는가 틀리는가, 인도네시아 문화에 일어날 일들이 그것들에 의해서 해석될 수 있을 것인가, 아니면 우리가 그렇다고 생각했던 것들을 배경으로 이해하기 위해서 헤매게 될 것인가는 이제부터 밝혀지기 시작할 것이다. 그러는 동안 우리는, 미국인들도 인도네시아인들도 지금은 반드시 그렇게 할 좋은 입장에 있는

미국, 소련은 이전과 거의 같았으며, 이 점은 교역관계에 있어서도 마찬가지이다. 만일 소위 외적 요인들이 내적 요인들을 위해서 [홀트의 책에서] 경시된 듯이 보인다면, 그것은 외적 요인들이 중요하지 않다고 생각되기 때문이 아니라, 그 외적 요인들이 특정의 지역 내에 무엇인가 영향을 끼치려면 우선 그 지역의 표현들을 가져야 하기 때문이다. 그런데 그러한 표현들을 추적하여 그 원천을 밝히고자 하는 시도는 이 논문과 같은 규모의 연구에서는 곧 손을 벗어나게 된다.

것은 아니라는 일종의 도덕적 주제넘음을 피하기 위해서, 아마도 주제분석의 창시자라고 불릴 만한 야코프 부르크하르트가 1860년에 민족을 평가한다는 일의 모호성에 대해서 말한 바를 떠올리며, 모든 사람들과 함께, 악어가 수면에 떠오르는 것을 기다릴 수밖에 없다.

서로 다른 민족간의 크고 작은 여러 가지의 차이를 지적할 수 있을지 모르지만, 그것들을 공평하게 평가한다는 것은 인간의 통찰력에는 주어지지 않은 것이다. 한 민족의 성격, 양심, 죄에 관련된 궁극적인 진리는 영원히 비밀로 남아 있다. 그것은 결점도 다시 나타날 때는 특성이 되기도 하며, 또한 때에 따라서는 미덕이 되기도 하는 측면을 지니고 있기 때문이다. 우리는 전체 국가들에 대한 일시적이고 광범한 비난에서 기쁨을 찾는 사람들을 그들이 좋을 대로 하도록 내버려두어야 한다. 유럽 사람들은 서로 나쁘게 대할 수 있으나, 다행스럽게도 서로를 심판할 수는 없다. 현대 세계의 모든 면에서 문명, 업적, 부를 엮어서 지니고 있는 위대한 국가는 그것의 옹호자와 비난자를 모두 무시할 수 있다. 그것은 이론가의 승인이 있건 없건 살아남는다.[13]

---

13) J. Burckhardt, *The Civilization of the Renaissance in Italy* (New York, 1954) ; orig. (1860), p. 318.

제12장 과거의 정치, 현재의 정치 : 신생국 연구와 인류학

I

막연히 사회과학이라고 통칭되는 학문 분과들이 최근에 공동으로 관심을 가지고 있는 주된 연구주제는 소위 제3세계, 아직도 형성과정에 있는 민족들과 민족 형성의 과정에서 진통을 겪고 있는 아시아, 아프리카 그리고 라틴 아메리카의 국가들에 대한 연구이다. 이 미로(迷路)와 같은 주제를 놓고, 인류학, 사회학, 정치학, 역사학, 경제학, 심리학들은 예언류와 같은 가장 오래 된 학문들과 마찬가지로 근본적으로 동일한 자료를 각각 취급해야만 하는 별로 익숙하지 못한 상황에 처하게 되었다.

이 새로운 상황에 대한 연구의 경험은 늘 즐거웠던 것은 아니다. 공동 관심사에 대한 토론은 흔히 전투장으로 변하기도 하며, 각 전문 영역의 경계선이 더욱 굳어지기도 한다. 마치 외국에 나가 있는 영국 사람들이 런던에 있을 때보다 더욱 영국적이 되고, 외국에 나가 있는 경제학자들이 M. I. T에 있을 때보다 더욱 경제학적이 되는 것과 마찬가지인 것이다. 물론 몇몇 열성파들은 자신들의 전문 영역을 포기해버리고, 결과적으로는 기묘하게 뒤죽박죽이 되어버리고 마는 일종의 알렉산드리아식 절충주의에 빠져 아주 기괴한 괴물을 만든다. 예컨대 그들은 프로이트, 마르크스, 마거릿 미드 등을 절충시켜 흉물스러운 괴물을 만든다.

그러나 동일한 자료를 연구한다는 것은 일반적으로 유익한 경험이었다. 지적 자기만족, 즉 자기 자신의 전문 영역(예를 들면 미국의 경기순환, 프랑스의 정당정치, 스웨덴에서의 계급변동, 아프리카 북부 부족사회들의 친족

체계)만을 지나치게 오랫동안 연구한 데에서 파생하는 특수한 개념과 방법론을 우월시하는 태도 등은 사회의 일반 과학에 대한 가장 심각한 적(敵)으로서, 이 지적 자기만족은 심각한, 나에게 말하라고 한다면 치명적인, 타격을 받았다. 지금껏 폐쇄된 사회라고 생각되던 것이 그 속에 살고 있는 사람들에게 더 이상 폐쇄적인 사회가 아닌 것과 마찬가지로 신생국을 연구하는 대부분의 학자들에게 그 폐쇄된 사회는 이제 완전히 개방되어버렸다. 그리하여 마침내는 가장 고립주의적인 성향을 가진 학자들까지도 자신들의 연구분야가 결코 특수하지도 않을 뿐더러, 이전에는 무시해버렸던 다른 특수한 분야의 학문들로부터 많은 도움을 받아야만 제대로 기능해나갈 수 있다는 사실을 자각하게 되었다. 어쨌든 개개인은 우리 모두가 속한 공동체의 일원이라는 사실을 자각한 것만 해도 하나의 확실한 진보라고 할 수 있겠다.

여러 분과의 학문들이 여러 방향으로부터 동일한 자료에 관심을 기울이고 있는 것 가운데 가장 두드러진 예로는 전통적 국가들의 구조와 기능에 대한 재조명을 들 수 있다. 과거 몇 년 동안 사회학자 프랭크 서턴의 표현대로 "현재 도처에서 찾아볼 수 있는 이행기의 사회를 이해할 수 있는 출발점"을 확보하기 위하여 산업화 이전 사회에 대한 일반 정치과학을 발전시켜야 할 필요성이 여러 연구분야에서 점증되고 있다[1]. 연구분야가 다양한 만큼 연구결과도 다양하다. 그러나 불과 10여 년 전에 서턴은, 반세기 전에 막스 베버가 「경제와 사회(Wirtschaft und Gesellschaft)」라는 책 속에 쓴 세습제에 관한 논문을 "유례가 없는 기념비적 논문"이라고 평가했는데, 이제는 더 이상 "유례가 없는 기념비적 저작"은 아니다. 물론 그 당시에는 베버의 그 논문이 그렇게 평가되었던 것도 당연하다. 하지만 오늘날 그 논문은 농민사회의 정부가 지닌 성격에 관한 여러 기념비적 저작들과 논의들 가운데 하나에 불과하다. 이들 농민사회는 원시적이라고 몰아붙이기에는 우리 자신들의 사회와 유사한 점을 너무 많이 가지고 있으며, 근대적이라고 평가하기에는 우리 자신들의 사회와 유사한 점이 너무 없는 사회이다.

간단히 말하면, 전통적 정치의 성격에 관한 연구는 지난 10여 년 동안 주로 네 가지 방향에서 진행되어왔다.

---

1) F. X. Sutton, "Representation and the Nature of Political Systems", *Comparative Studies in Society and History* 2 (1959) : 1–10.

첫번째는 이제는 관개농업으로 해석되는 아시아적 생산양식론의 부활이다. 마르크스의 이 해묵은 개념은 주로 카를 비트포겔에 의하여 재조명된, 아시아 생산양식의 결과물이라고 생각되는 완전한 전제국가의 개념이다. 비트포겔의 장황한 수사에 의하면 그 국가는 "완전한 공포, 완전한 복종, 완전한 고립"이다.[2]

두번째는 대부분 영국 출신이며 아프리카 연구자들인 사회인류학자들의 소위 분절적 국가론이다. 분절적 국가란 친족집단들과 친족 충성심이 중요한 역할을 하는 국가들이다. 이 분절적 국가의 연구자들은 비트포겔식의 단선적 견해를 정면으로 공박한다. 이 연구자들에 의하면 분절적 국가들은 반(半)독립적인 권력 중심들이 분산된 채 미묘한 균형을 취하고 있는 것으로 간주된다. 그리하여 이 국가들은 때로는 부족 신화와 공적 의례에 힘입어 발전하기도 하며, 때로는 씨족간의 시기심, 지역적인 경쟁 그리고 동료간의 음모에 빠져듦으로써 몰락의 길을 걷기도 하는 것이다.[3]

세번째는 비교 봉건주의라고 불릴 수 있는 것에 대한 새로운 관심을 들 수 있다. 이 문제는 봉건주의가 다소 비동질적이지만 유럽에만 존재했던 역사적 범주인가, 아니면 유사한 여러 형태를 가진 과학적 범주인가 하는 문제이다. 이 방면에서는 마르크 블로크의 업적이 독보적인 것이라는 데에는 반박의 여지가 없지만, 사회과학에 끼친 그의 영향력이 얼마나 심대한지는 심지어 그의 영향을 받은 수많은 사람들에 의해서도 온전히 가늠되기가 어렵다.[4] 그러나 이 방면의 관심도 크게 보면 베버의 전통을 이어받은 것이다. 이 방면의 관심은 고대 국가의 관료제의 역할을 연구한 아이젠슈타트와 같은 사회학자나 고대 제국의 상업활동에 대한 정치적 통제를 연구한 카를 폴라니와 같은 경제사학자에 의해서 고대, 즉 봉건주의 그 자체에 대한 관심을 넘어서 봉건제도를 정해져 있는 몇 가지의 가능한 제도 중 하나에 불과

---

2) K. Wittfogel, *Oriental Despotism* (New Haven, 1957).

3) 이런 생각의 대표적인 예로는 A. Southall, *Alur Society* (Cambridge, England, 1954)를 참조하라

4) R. Coulburn 편, *Feudalism in History* (Princeton, 1956)는 그런 연구들에 대한 유용한 논평을 제시하고 있다. M. Bloch에 대해서는 그의 *Feudal Society* (Chicago, 1961)를 참조하라.

한 사회에서 발견되는 권위구조로 보는 데까지 관심이 확대되었다.[5]

네번째로 선사시대 연구자들 —— 대부분 고고학자이지만, 동양학자, 민족학자도 포함하여 —— 이 고대 국가의 규모, 고대 국가의 발전단계들에 대해서 다시 조명하게 되었다. 마야, 테오티우아칸, 인더스, 앙코르, 마쟈파히트, 잉카, 메소포타미아, 이집트 —— 모두가 마력적인 이름들이다 —— 는 고든 차일드가 말한 "도시 혁명(Urban Revolution)"으로부터 태어나서 성장한 찬란한 청동기 시대의 야만상태라고 이해되기보다는, 그 국가들은 광범하고도 점진적인 발전의 주기를 가지고 있었고 그 주기들 중 몇몇은 서로 유사했고, 몇몇은 상이했던 것으로 오늘날 파악되고 있다. 다시 말해서 고대 국가들은 그러한 주기들의 어느 일정 단계, 때로는 아주 짧은 기간의 단계를 대표했을 뿐이다. 그리고 그 단계들은 아마 그들의 전설들이 이야기해주고 있는 것이나 그들의 건축 유물들이 첫눈에 주는 인상만큼 웅장하지도 않았을 것이며, 마르크스주의 이론가들, 심지어 수정 마르크스주의 이론가들이 상상하는 것보다도 훨씬 더 복합적으로 물질적 조건과 관계되었을 것이다.[6]

인류학자들은 농민사회에서의 정부의 성격을 밝히려는 이 네 갈래의 연구 모두에 깊숙이 관계되어 있다. 그리고 그것들 중 두 가지 —— 분절적 국가들에 대한 연구와 선사시대 국가들의 발전주기에 관한 연구 —— 는 전적으로 인류학의 연구주제였다. 비트포겔의 이론 역시 지대한 영향을 미쳤다. 인류학자들은 그의 이론을 티베트, 멕시코 계곡, 미국 남부의 푸에블로 인디언 그리고 아프리카의 특정 지역의 연구에 적용시켰다. 비교제도론적 접근은 앞서 말한 접근들만큼 시도되지는 않았다. 인류학자들이 베버의 연구업적에 압도되는 경향이 있었기 때문이기도 하다. 그렇지만 독일적이라는 베버의 깔끔한 연구방법은 부간다, 부소가, 풀라니, 에티오피아, 아샨티와 같은 보다 발전된 블랙 아프리카 국가들에 대한 최근 연구들 속에 명확히 나타나고 있다.

---

5) S. M. Eisenstadt, *The Political Systems of Empires* (New York, 1963) ; K. Polany, C. Arensberg와 H. Pearson 편, *Trade and Markets in Early Empires* (Glencoe, Ill., 1957).

6) 그러한 연구들을 개관하고 살펴보려면 R. Braidwood와 G. Willey, *Courses toward Urban Life* (New York, 1962)를 참조하라. R. M. Adams, *The Evolution of Urban Society* (New York/ Chicago, 1966)도 참조하라.

인류학자들은 앞과 같은 연구들을 수행함으로써, 내가 앞서 시사했듯이, 원하든 원하지 않든 그들 자신의 영역을 넘어서는 연구과제에 뛰어들게 되었다. 이리하여 자칭 사회학자도, 역사학자도, 정치학자도 아닌 인류학자로서 이 광범한 연구과제에 어떠한 기여를 할 수 있을 것인가 하는 예견치 못한 문제에 직면하게 된 것이다. 이 문제에 대한 가장 손쉬운 대응책은 최근 몇몇 사회학자들의 정교한 이론을 쓸모없게 만들어버리는 특수한 자료들을 제공하는 것이다. 어떤 학파들은 아직도 이러한 대응책을 선호하고 있다. 그러나 그러한 대응책만을 취한다는 것은 인류학을 악의에 찬 민족지의 수준으로 격하시켜버리는 것밖에 되지 않는다. 이러한 인류학은 어떤 문예비평이 그런 것처럼 지적 창조물을 비난할 수는 있어도 어떤 것을 창조할 수는 없으며 심지어 어떤 것을 이해할 수도 없는 악의에 찬 민족지이다.

내가 보기에, 서턴 교수의 원대한 이상인 "산업화 이전 사회에 대한 일반 비교정치학"은 지금까지 말한 것보다 더 많은 기여를 할 수 있다. "더 많은"이라는 말이 가리키는 바를 정확히 지적하기 위하여(여기에서는 나에게 허용된 지면이 한정되어 있기 때문에 이 점을 입증하지는 못한다는 점을 전제하겠다) 나는 순전히 인류학적이라고 할 수 있는 두 가지 작업을 하려고 한다. 즉 먼저 한 먼 나라의 기묘한 사례를 소개하고 보통처럼 고립된 사례만으로는 내릴 수 없는 결론을 사실과 방법에 관하여 이끌어내고자 한다.

II

그 먼 나라라는 곳은 바로 발리이다. 기묘한 사례라는 것은 19세기 내내 그곳에 존재했던 국가에 관한 것이다. 물론 그곳이 정식 명칭상 1750년부터 네덜란드령 동인도에 속해 있었지만, 1906년에 섬의 남부지역이 침략을 당한 뒤에야 비로소 발리는 실질적인 의미에서 네덜란드 제국의 일부분이 되었다. 어떤 의미로 보나, 어떤 점으로 보나, 19세기 내내 발리 국가는 토착적 구조를 가지고 있었다. 그리고 비록 다른 사회제도들과 마찬가지로 여러 세기를 거치는 동안 변화해왔지만 —— 네덜란드가 자바를 점령하고 있었다는 것이 적지 않은 영향을 끼쳤다 —— 발리 국가는 매우 점진적으로 그리고 부분적으로만 변해왔다.

실상 절대로 단순화시켜버릴 수 없는 성질의 것이기는 하지만, 어쨌든 나의 설명을 단순화시키기 위하여 나는 먼저 그 국가의 문화적 기반들을 논하겠다. 문화적 기반들은 대부분 종교적인 것들로서 신념들과 가치들이 바로 그것인데, 그것들은 그 국가에 활력을 불어넣어 나아가야 할 방향과 의미와 형식을 제공한다. 그리고 다음으로는 사회구조적 틀들과 정치적 기구들을 논하겠다. 그 국가는 간헐적으로 성공할 수밖에 없지만, 그러한 방향을 유지하고 그러한 형태를 갖추려고 시도한다는 점에서 나는 사회구조와 정치기구들을 논하겠다. 관념들과 제도들 간의 이러한 분리는, 나중에 판명이 되겠지만, 단지 실용적일 뿐만 아니라 나아가 나의 논의의 축을 이룰 것이다.

덧붙여 나는 그 국가의 문화적 기초와 관련지어 민족지적 현재의 입장에서 발리인들이 초(超)지역적 정치라는 것을 도대체 어떻게 생각하고 있는가를 간단히 세 가지로 나누어 소개하겠다. 이것들 중 첫번째를 나는 모범적 중심이라고 부르겠다. 두번째는 하락하는 지위라는 개념이며, 세번째는 정치라는 것을 표출적인 것으로 생각하는 관념이다. 원칙적 수단은 통치 기술이라기보다는 연극의 기예이다.

모범적 중심의 교리란 요컨대 주권의 속성과 기초에 관한 이론이다. 이 이론에 의하면 왕궁과 수도란 초자연적인 질서의 소우주 —— 로베르트 하이네-겔데른이 표현한 대로 "작은 규모로 축소시킨 우주 상(像)" —— 인 동시에 정치적 질서의 물질적 구현이다.[7] 왕궁과 수도는 단지 국가의 중심핵(核), 동력기관, 혹은 축에 머무르지 않는다. 그것은 국가 그 자체이다.

지배의 중심지와 지배 영토를 이렇게 기묘하게 등치시키는 것은 단순한 일과성의 은유를 넘어 일반적인 정치적 관념을 진술한 것으로 이해된다. 즉 궁정은 문명화된 존재의 모델과 본보기 그리고 무오류의 이미지를 제공함으로써 왕궁을 둘러싼 세계를 자기 자신의 우수함이 거칠게나마 복사된 존재로 만드는 것이다. 궁정의 의례생활 그리고 실제 궁정생활의 전반은 사회질서의 단순한 반영이 아니라 사회질서의 모범이 되는 것이다. 사제들의 선언과 같이, 왕궁이 반영하고 있는 것은 초자연적 질서, 즉 "신들의 영원한

---

7) R. Heine-Geldern, "Conceptions of State and Kingship in Southeast Asia", *Far Eastern Quarterly* 2 (1942) : 15-30.

인도적 세계"이다. 사람들은 그것에 기초하여 자신들의 지위에 따라서 생활
패턴을 추구해야 한다.[8]

지배의 정당화라는 중대한 문제, 요컨대 전통 시대의 발리에서 이러한 정
치적 형이상학을 실제적 권력분배과 일치시키는 것은 신화라는 수단에 의
해서 행해졌다. 그 신화는 식민 신화라고 말할 수 있는 것으로 다음과 같은
내용이다. 1343년 마자파히트 왕조의 거대한 동(東)자바 왕국의 군대는 겔
겔이라고 불리는 곳 근처에서 돼지의 머리를 가지고 있는 초자연적 괴물인
"발리의 왕"의 군대를 격파한 것으로 전해진다. 그리고 발리인들은 그 전대
미문의 사건으로부터 실제적으로 그들의 전체 문명이 그리고 심지어는 그
들 자신들까지도 (약간의 예외가 있기는 하지만, 그들이 자신들을 발리를
방어했던 원주민의 후손이 아니라, 자바에서 온 침략자들의 후손이라고 믿
고 있는 데에서 볼 수 있는 것처럼) 기원했다고 믿고 있다. 미국의 "건국의
아버지들(The Founding Fathers)"이란 신화와 같이 "마자파히트의 정복(The
Madjapahit Conquest)"이라는 신화는 지배와 종속의 실제 관계들을 설명
하고 정당화하는 데에 사용되는 기원설화가 된다.

이 전설이 정말 어느 정도로 역사적인 진실들을 반영하고 있는가 하는
문제는 차치하더라도(그리고 나는 사실 매우 다양한 판본이 있는 이 이야기
의 뼈대만 추려 소개했다), 그 전설은 그 이야기의 구체적 이미지들 속에 발
리인들이 그들의 정치적 발전에 대해서 가지고 있는 시각을 표현하고 있다.
발리인들의 견해로는 겔겔에 자바인의 왕궁을 건설한 것은(그 왕궁은 모범
적 중심들 가운데서도 가장 모범적인 마자파히트 왕궁 그 자체를 정확하고
상세하게 반영하도록 설계되었다) 권력의 중심 그 자체를 창조한 것에 그치
지 않고 —— 권력의 중심이란 그 이전에도 존재했었다 —— 문명의 기준을
창조한 것으로 이해된다. 마자파히트의 정복은 발리의 역사에서 하나의 분
수령을 이룬 사건으로 파악된다. 왜냐하면 그 정복은 동물적인 야만상태에
있던 고대의 발리와 새로운 발리, 즉 미적 우아함과 전례의 엄숙함으로 특
징지어지는 새로운 발리를 구분시켜주기 때문이다. 수도를 옮긴다는 것은
(그리고 자바의 귀족들이 마술 용구들을 지닌 채 이 새로운 수도로 이주해

---

8) J. L. Swellengrebel 외, *Bali : Life, Thought and Ritual* (The Hague/Bandung, 1960) 중
   J. L. Swellengrebel의 서문 참조.

온 것은) 한 문명을 이전하는 것이자 한 궁정을 창설하는 것이었다. 이 궁정은 성스러운 질서를 모방하여 인간 질서를 새롭게 창조해낸다.

그렇지만 이러한 반영작업과 질서화는 그 순수성과 영향력을 19세기까지 지속시키지는 못하고 시간이 지남에 따라서 퇴색되고 약화되었다고 생각된다. 앞에서 소개했던 전설들이 모두 "식민" 신화, 즉 보다 높은 문화를 가진 다른 나라의 이주를 그 모티브로 하는 신화임에도 불구하고 발리인들의 정치사관은 미국인들의 경우처럼 처음에는 다양했던 것이 통일되었다는 도식이 아니라, 반대로 처음에 통일되어 있던 것이 분해되며 다양해져간다는 것이다. 즉 이상적인 사회를 향한 줄기찬 진보가 아니라 과거에 가졌던 이상적 완벽성이 끊임없이 약화되어간다는 식의 견해인 것이다.

이러한 약화는 공간적으로도 시간적으로도 진행되었다고 생각된다. 부정확한 추측임에 틀림없지만, 겔겔 시대(대략 1300-1700년의 시기)에 발리는 단일 수도에 의해서 지배되었던 것으로 전해진다. 그러나 그 시대 이후 일련의 반란과 분열이 발생했고, 그 결과 왕가 내의 소수파들이 지방으로 도주하여 각각 새로운 왕국을 만들고 새로운 수도를 건설하여 그 지방의 새로운 지배자들이 되었다. 그리고 그러한 분열은 거의 무한정에 가까울 정도로 거듭되어 이차적인 수도가 건설된 지역에 다시 삼차적인 새로운 수도가 분열되어 건설되기도 했다.

상세한 것은 접어두고, 어쨌든 최종(즉 19세기) 상태는 자율권과 실질적 권력의 소유 정도에 따라서 왕국들이 마치 곡예사의 피라미드를 이루고 있는 것 같았다. 그 피라미드의 정점에는 대군주가 버티고 있었고 그 밑에는 발리의 주요 군주들이 그리고 다시 그들 밑에는 소군주들이 있었다. 그러한 위계는 피라미드 하부를 따라서 계속 이어진다. 모범적 중심들 중에서도 모범적 중심은 아직도 겔겔, 아니 그 지위를 이어받은 클룽쿵에 있었지만, 앞과 같이 권력이 분산되어감에 따라서 자연히 그 광휘가 약화되어갔다.

더욱이 온전히 자바로부터 수입되어 한 곳에 집중되어 있던 카리스마도 그러한 하위 권력의 중심으로 분산함에 따라서 그 중심 광휘는 약화되어간다. 전체적으로 보면 지위와 영적 권능이 전반적으로 쇠퇴한다. 그것은 지배계급의 중핵으로부터 멀리 떨어진 주변뿐만 아니라 거꾸로 주변부를 구성한 집단의 경우에는 지배계급의 중심부를 이탈하고, 중심부 그 자체도 마찬

가지이다. 한때는 단일하게 통합되어 있었던 발리 국가가 지닌 모범적 중심
으로서의 힘은 그 국가가 발전함에 따라서 주변에서 박약해지면서 중심부
에서도 약화되어갔다. 아니 적어도 발리 사람들은 그랬다고 생각하는 것이
다. 그리고 발리 사회의 구석구석에 실제로 스며 있는 그러한 생각은 내가
하락하는 지위라고 말하는 사고방식, 즉 서서히 꺼져가는 불이라고 말하는
역사관이다.

　　그러나 이러한 쇠퇴는 황금시대로부터의 불가피한 퇴보 또는 운명적 쇠
퇴라고도 생각되지 않았다. 발리인들에게 그 몰락은 역사가 우연히 걸어온
길이지, 필연적으로 걸어야 할 길은 아니다. 따라서 인간, 특히 영적, 정치적
지도자들은 그러한 현상을 역전시키려고 노력해서도 안 되고(그 사건들을
바로잡는다는 것이 불가능하기 때문에) 그것을 찬미하려고(그것은 이상으
로부터 계속 멀어져가는 것이므로 우스운 일이다) 해서도 안 된다. 오히려
그러한 쇠퇴를 무력화시키고, 겔겔과 마자파히트 사람들이 그 시대에 자신
의 삶을 동기지었던 문화적 규범을 가능한 한 힘차고 생생하게 그리고 직접
적으로 재현하도록 노력해야 한다. 그레고리 베이트슨이 지적한 대로 발리
인의 과거에 대한 관점은, 용어 자체의 의미대로 하자면, 결코 역사적이지
않다. 발리인들은 설명적 신화를 만들고 있지만, 그들이 과거를 탐구하는 것
은 현재의 존립 이유를 찾기 위한 것이 아니라 현재를 판단하는 기준을 찾
기 위한 것이다. 즉 본래 현재가 모방해서 따라가야 함에도 불구하고 불변
의 패턴을 찾는 것이다. 그렇지만 실제로는 사건, 무지, 방종, 무시 등으로
인하여 현재는 그 불변의 패턴을 따라가지 못한다.

　　과거의 한 시점에 처해 있던 상태를 기준으로 현재를 거의 미학적으로 교
정하기 위하여 군주들은 거대한 예식의 극적 장면이 주는 효과를 이용했다.
그들은 가장 저차원으로부터 가장 고차원에 이르기까지 그 각각의 수준마
다 더욱 참다운 모범적 중심을 확립시키기 위하여 끊임없이 노력했다. 물론
새로 확립된 모범적 중심은 그 광휘에 있어서 겔겔의 그것과 비교할 바가
못 되었지만(그러나 몇몇 야심가들은 겔겔의 수준에 이르기 위해서 노력하
기도 했다), 고전적 국가가 구현시켰고 그후의 역사가 퇴색시켜버린 문명의
찬란한 이미지를 재창조하거나, 그렇게 못 한다면 적어도 모방이라도 하려
고 줄기차게 시도해왔던 것이다.

발리 국가와 그 안에서 이루어지는 정치적 생활이 가지는 표출적 성격은 지금껏 알려진 모든 발리 역사 속에 분명히 드러난다. 그것은 전제정치(이 것은 권력이 집중되어야 하는데 발리의 정치체제와는 거리가 멀다)나 또는 발리가 실제로 무의식적으로, 심지어 주저하면서 추구한 조직적 정부를 목표로 하지 않았다. 그것보다는 극적인 볼거리, 의식을 지향했으며 그리고 발리 문화를 지배하는 강박관념, 즉 사회적 불평등과 지위에 대한 자부에 대한 관념을 공개적으로 극화시키는 것을 목표로 했다. 그것은 극장 국가였는데, 그 안에서 왕들과 왕자들은 흥행주들이고 사제들은 연출가들이며 농민 계급은 출연배우이자 무대 보조원이며 동시에 관객이었다. 거대한 화장(火葬) 예식들과 삭치(削齒) 의례, 사원의 봉헌의례들, 순례와 피의 희생, 수백, 수천에 달하는 군중 및 막대한 부(富)의 동원은 정치적 목적을 위한 수단이 아니라, 그 자체가 국가가 추구하는 목표가 되었다. 궁정의 의식주의(儀式主義)는 궁정의 정치를 움직여나가는 원동력이었다. 거대한 의례는 국가를 지탱해주기 위한 고안물이 아니었고, 오히려 국가 자체가 그러한 대의례의 수행을 위한 고안물이었다. 통치한다는 것은 연기한다는 것과 똑같았다. 의식은 단지 형식이 아니라 실질적 내용이었다. 의식의 화려한 행렬이 권력을 위해서 봉사했던 것이 아니라, 반대로 권력이 의식의 화려한 행렬을 위해서 봉사했다.

이제 사회적 틀에 관해서 말할 차례이다. 이 사회적 틀은 앞의 시도들을 뒷받침하도록 고안된 것이지만 실제로는 앞의 시도들을 약화시키는 기능을 했다. 이 사회적 틀을 설명할 때 나는 그것을 형체가 없는 그림자라고 말할 수밖에 없다. 왜냐하면 고전적 발리의 정치제도들은 그러한 제도들이 도달하고 가능할 수 있는 한, 가장 복잡해서 간신히 기능하고 있는 듯이 보이기 때문이다. 그러나 발리 국가를 하나의 구체적 권위구조로 간주할 때 가장 주의해야 할 것은 발리 국가가 권력의 집중화 경향 대신에 권력의 분산화 경향을 가지고 있다는 사실이다. 강한 정치적 충성을 획득하고 있는 정치적 엘리트들은 거의 없었고 오히려 배신당하기가 쉬웠다.

첫번째로, 이미 내가 지적했듯이, 엘리트 그 자체는 조직된 지배계급이 아니라 서로 격렬히 경쟁하는 권력자, 혹은 자칭 권력자의 단순한 집합에 지나지 않았다. 심지어 여러 왕궁을 형성하는 여러 왕가의 왕족들조차도 각각 통합된 단일집단으로 존재하지 않았고 자기 자신들의 이익을 위해서 끊임없이 상대편을 약화시키려는, 파벌들과 하위 가문들의 집합에 지나지 않았다.

두번째로, 가장 효과적으로 권력을 행사할 수 있다는 본래 의미에서의 정부는 지역적이었다. 마을들은 성문화된 규약들, 주민 회의, 군사력 등을 갖추고 있었을 뿐만 아니라 지역 문제에 궁정 세력이 개입하는 것에 효과적으로 저항했다. 관개시설은 시골길을 따라서 분포되어 있는 수백 개의 지역 공동체의 조직에 의해서 개별적으로, 지역적으로 소유되어 있었고, 이러한 체계는 관개시설의 관리를 위한 중앙집중적 관료제가 발전하는 것을 역시 효과적으로 저지했다. 지역 종족(宗族)들과 사원을 중심으로 한 집합 그리고 임의(任意) 집단들은 동등한 자율권을 가지고 있었으며 자신들의 권리를 지키기 위하여 서로간에 그리고 국가에 대하여 반목하고 있었다.

세번째로, 국가(즉 어느 특정 궁정)와 이 지역제도들의 복합체("마을"이라고 해도 좋지만) 간의 구조적 연계는 그 자체로서 다중적이며, 비정합적이었다. 귀족계급에 의하여 농민계급에게 부과된 세 가지 의무 —— 군사적-종교적 봉사, 소작료 그리고 세금 —— 는 통합적이지 않고 세 가지 종류의 서로 다른 연계들 사이에 배분되어 있었다. 그래서 한 사람이 군사적-종교적 봉사와 소작료와 세금을 각각 서로 다른 세 명의 군주에게 바치는 현상이 일어날 수 있었다. 심지어 그러한 연계들이 지역적으로 집중되어 있지 않았던 경우도 있어서, 서로 형제간일 수도 있는 이웃 두 사람이 서로 다른 군주에게 정치적 충성을 바치는 일도 가끔 일어날 수 있었다.

마법의 수풀 속으로 들어가버리기 전에 이상의 논의를 정리하면서 마지막으로 강조하고자 하는 것은, 발리에서의 초지역적 정치조직은 지역적으로 서로 명확하게 구분된 경계들을 단위로 하여 "외부와의 관계"에 참여하는 위계적으로 잘 조직된 국가들로 구성되어 있지 않았다는 점이다. 더구나 "관개"나 다른 방식에 의거하여 "단일기구 국가"를 이루어 절대적 전제를 강행하는 다른 국가들과 비교해볼 때, 이 국가에서는 전면적인 지배권이라는 것이 확정되어 있지 않았다. 발리의 국가는 매우 상이한 정치적 연계들이 확대되어나가는 형태로 구성되어 있었는데, 그 연계들은 크기와 밀도가 전략적 요충지에서 갑자기 커졌다가 그 지점을 지나면 다시 작아지기도 하면서 놀랄 만큼 복잡하게 전국토를 거미줄같이 얽어나가는 방식으로 뻗어나갔었다.

이 다양하고 유동적인 활동무대의 곳곳에서 일어나는 투쟁은 토지를 획득하기 위한 것이 아니라 사람들, 그들의 복종, 그들의 지지 그리고 그들의 개인적 충성심을 획득하기 위한 것이었다. 정치적 권력은 재산보다는 사람들에게 구현되어 있었고, 영토의 확대보다는 위세의 집적에 관계된 문제였다. 여러 소왕국들 사이의 불화는 경계선 문제 때문에 일어나는 일은 절대로 없었고, 서로의 지위라는 미묘한 문제를 둘러싸고 일어났다. 특히 국가의례나 전쟁(사실 똑같은 것이기는 하지만) 등에 특정의 사람들을 동원할 수 있는 권리를 둘러싸고 불화가 발생하곤 했다.

코른은 정치조직이 발리와 비슷한 남(南)셀레베스에서의 한 이야기를 소개하고 있는데, 그 이야기는 전통적인 위트를 사용하여 발리인들의 정치적 감각을 신랄하게 풍자한다.[9] 이 네덜란드인은 통상적 행정관리상의 이유로 두 소왕국 사이의 경계를 확실히 구획지어야겠다고 생각하고 관련 당사국의 군주들을 불러 그들의 실제 경계선이 어디인지를 질문했다. 양측은 A국의 경계가 늪지대를 볼 수 있는 가장 먼 지점이며 B국의 경계는 바다를 볼 수 있는 가장 먼 지점이라는 사실에 동의했다. 그렇다면 늪지대도 볼 수 없고 바다도 볼 수 없는 이 중간의 땅은 누구의 지배지역인가에 관하여 그들은 다투지 않았을까? 늙은 군주들 중의 한 명이 그 질문에 대답했다. "선생님, 우리는 이 시시한 언덕들 말고도 서로 다투어야 할 더 중요한 문제들이 많이 있답니다."

정리하자면, 19세기 발리의 정치에는 두 가지의 상반되는 힘이 팽팽하게 대립하여 존재했다고 간주할 수 있다. 즉 국가의례의 구심적인 힘과 국가구조의 원심적인 힘이 바로 그것들이다. 한편으로는 이 군주, 저 군주의 지도 아래 집단 의식을 거행함으로써 통일의 효과가 존재하고, 다른 한편으로는 본질적으로 분산적이고, 분절적인 성격의 정치에 있어서 분산, 분절되는 경향이 있었다. 구체적 사회제도와 권력의 형태는 수많은 독립적, 반독립적, 반반(半半) 독립적인 지배자들로 구성되어 분산, 분절되는 경향이 있었다.

전자, 즉 문화적 요소는 위쪽에서부터 아래쪽으로 그리고 안쪽에서부터

---

9) V. E. Korn, *Het Adatrecht Van Bali* (The Hague, 1932), P. 440.

바깥쪽으로 이동한다. 후자, 즉 정치적 요소는 아래쪽에서부터 위쪽으로 그리고 주변부에서 중심부로 이동한다. 그 결과 모범적 지도력이 발휘되어야 할 범위가 넓으면 넓을수록, 그것을 지탱하는 정치구조는 취약해지기가 쉬웠는데, 왜냐하면 그 모범적 지도력은 동맹, 음모, 감언, 허세 등에 더욱더 의존해야 했기 때문이다. 완벽하게 보이는 국가가 되어야 한다는 문화적 이상을 좇는 군주들은 보다 더 거창하고 찬란한 예식들을 거행하고 그것들을 거행할 수 있는 보다 더 찬란한 사원들과 궁전들을 건축하기 위하여, 사람과 물자를 동원할 수 있는 능력을 신장시키기 위하여 끊임없이 노력했다.

그렇게 하는 가운데 그들은, 특히 통합에의 압력이 강화될수록 자연스런 경향으로 점진적으로 분열해가는 형태의 정치조직에 직접적으로 대항했다. 그러나 원하든 원하지 않든 그들은 이러한 문화적 과대망상증과 사회조직의 다원성이라는 역설을 상대로 최후까지 투쟁했으며, 때로는 그러한 싸움에서 일시적으로 승리하기도 했다. 네덜란드의 포병부대라는 형태를 보여주었던 근대 세계가 그들을 정복하지 않았더라면, 의심할 바 없이 그들은 아직도 그 역설을 상대로 싸우고 있을 것이다.

III

자료만을 소개하는 것을 넘어서서 일반화를 시도해보겠다는 나의 약속을 지키기 위해서 나는 인류학이 농민사회의 일반 비교정치학에 기여할 수 있는 바를 결론적으로 두 가지로 정리하여 지적하겠다.

첫번째로, 전통적 국가들의 문화적 야심과 보통 아주 불완전한 것이기는 하지만 그 문화적 야심을 실현시킨 사회제도를 구분함으로써 우리들은 사회학적 사실주의라고 부르는 것을 향하여 다가갈 수 있다. 서턴 교수가 최근의 발전들을 이해하기 위한 "기점"이라고 부른 그 기점은 일종의 회고적인 이념형이나 하나의 모델을 말하는 것이 아니다. 모델이란 그 설계자가 현재 관심 있다고 선정한 현재의 특징을 설명하기 위해서 만들어진 것이다. 서턴 교수가 말하는 그 기점이란 그것보다는 특정 공간과 시간 속에서 뿌리내리고 있는 역사적 현실이다. 본래 현실이라는 것은 단지 책 속에서가 아니라, 역사적 실재로부터 생긴다.

두번째로, 우리는 사회학적 사실주의에 가까이 다가섬으로써 이 분야의 중심적 의문들 —— 즉 신생국의 정치가 걸어가는 길과 전통적 정치가 걸어 갔던 길은 서로 어떤 관계가 있는가라는 의문 말이다 —— 을 풀어볼 수 있다. 그럼으로써 우리는 다음과 같은 두 가지의 잘못된 (그리고 동시에 대중적인 인기를 끌고 있는) 오류를 피할 수 있게 될 것이다. 하나는 현재 국가들이 단지 그들의 과거의 포로에 불과하며, 조금은 현대적인 의상을 입기는 했지만 여전히 낡은 드라마를 재연하는 데에 불과하다는 주장이다. 다른 하나는 그 국가들이 과거로부터 완전히 절연되어 있고 그 자신 이외의 아무것에도 빚을 지지 않은 한 시대의 산물일 뿐이라는 주장이다.

실제로 발리가 내가 서술한 그대로라면 발리의 자료는 분명히 "전체주의적이며 무자비한 독재권력"이라는 비트포겔의 견해보다는 전통적 정치를 분절적 국가로 보는 견해를 더 잘 지지해준다. 발리의 전통적 정치 형태는 실현된 것이라기보다는 소망된 것으로서 웅장한 상징으로 장식된 불안정한 권력 피라미드를 이루고 있었다. 그러나 문제는 비트포겔이 (그는 그의 주장을 뒷받침하기 위하여 발리를 인용하는 우를 범했다) 우리에게 설득력 있는 이론을 제공했느냐의 여부에 있는 것이 아니다. 나는 개인적으로 그가 그러지 못했다고 생각하지만, 그렇다고 해서 그의 이론을 공박하기 위해서 발리의 예를 가지고 그의 중국 정치론을 반박하고 싶은 생각은 없다. 나는 단지, 전통적 정치의 실제적 모습에 대한 면밀한 민족지적 연구라면 반드시 그렇게 하듯이, 지배자들의 열망, 즉 그들을 어떤 지고(至高)의 목적으로 인도하는 이상과 관념들을 그 목적 수행의 수단인 사회제도와 구별할 것을 제안하는 것이다. 그럼으로써 현대 국가에서 뿐만이 아니라 전통 국가에서도 정치의 힘이 미칠 수 있는 범위와 그것이 힘을 미치고 있는 범위는 항상 일치하지는 않는다는 사실을 인식시켜주는 데에 인류학이 기여하는 것이다.

이렇게 말하면 "이스터 섬에서는 그렇지 않다"라는 식으로 말하는 인류학자처럼, 내가 마치 상투적으로 반대주장을 펴는 사람처럼 보일지 모른다. 실제로 나는 분절적 국가들에 관한 인류학자들의 연구업적이 발전사를 연구하는 고고학자들의 연구업적과 마찬가지로 전통적 정치의 이미지를 정확히 해명하는 데에 중요한 공헌을 했으며, 앞으로도 계속 도움을 줄 것이라

고 생각한다. 에번스-프리처드의 실루크족의 신성왕(神聖王)에 대한 연구
(그는 신성왕의 의례적 역할을 그의 정치적 역할로부터 분리시킴으로써 아
프리카의 한 전제권력을 취약하게 만든다)와 일단의 학자들이 행해오고 있
는 마야에 대한 연구(학자들은 그 사회의 찬란한 종교적 건축물과 그 건축
의 기반인 일상적인 화전농경[火田農耕] 공동체를 분리하여 생각함으로써
밀림 속에서 어떻게 그러한 찬란한 문화가 꽃피었는가라는 역설을 해결해
준다)가 진척될수록 그러한 국가들에서 행사되었던 권력의 출처, 권위의 성
격 그리고 통치의 기술 등에 관한 우리의 개념이 많이 수정될 수 있으리라
고 나는 생각한다.[10]

　그러나 과거의 정치와 현재의 정치라는 문제에 관한 한, 내가 두번째로
지적한 것은 더욱 중요한 의미를 가진다. 어떤 정치 형태 속의 행위자들을
통제하는 질서의 관념과 그 행위의 무대가 되는 제도적 맥락을 개념적으로
구분한다면 과거의 상태와 현재의 상태와의 관계가 어떠한 것인가에 대해
서 더 생산적으로 접근할 수 있다. 그럼으로써 우리는 "현재란 온전히 과거
의 유산일 따름이다", "과거라는 것은 단지 한 바구니의 잿더미일 뿐이다"
따위의 상투적 주장들을 불식할 수 있게 될 것이다. 더 구체적으로 말한다
면, 그러한 구분을 통해서 문화적 전통이 그것을 이어받은 현재의 국가에
대해서 미치고 있는 이념적 기여와 그러한 국가에 대해서 그것에 선행했던
정부체계들이 미치는 조직적 기여를 구별하기가 쉽게 된다. 그리고, 약간의
예외가 있기는 하지만, 대개의 경우 전자, 즉 이념적 기여가 후자보다 훨씬
더 중요하다는 것을 알 수 있게 된다. 구체적 정부구조로서의 오늘날의 가
나, 오늘날의 인도네시아, 심지어는 오늘날의 모로코는 그들 각각의 전통 국
가들, 즉 아샨티 연맹, 자바와 발리의 극장은 국가 형태나, 경호대나 소작농
들의 잡다한 집합으로 이루어진 마그리브 마크젠 등과 같은 제도들과 별로
관련이 없다. 그러나 정부와 정치에 대한 이러저러한 견해를 구체화시켜보

---

10) 실루크족에 관해서는, E. E. Evans-Pritchard, *The Divine Kingship of the Shilluk of the
Nilotic Sudan* (Oxford, 1948)을 참조하라. 마야에 관한 논의는 상당히 분산되어 있고 진
행중에 있다. 그러나 지금까지 행한 연구의 유용한 요약이 필요하다면 G. Willey,
"Mesoamerica", Braidwood와 Willey, *Courses toward Urban Life*, pp. 84-101을 참조
하라.

면 전통적 국가들과 과도기의 국가 사이의 거리는 제3세계 이데올로기를 말할 때 보통 쓰이는 말에서 연상되는 만큼 그렇게 멀지 않을 수도 있다.

전통적 국가를 지탱시켜주던 문화적 기구 —— 상세한 신화들, 정교한 의례들, 고도로 발달한 예의 —— 가 대부분의 제3세계 국가에서 그리고 의심할 바 없이 그 나머지 국가들에서조차도 해체되어감에 따라서, 그 자리에는 정치의 성격과 목적에 관한 보다 추상적이고, 보다 의도적이며, 용어의 공식적인 의미에 있어서 보다 합리적인 관념 형태들이 들어설 것이다. 나는 이러한 관념들을 용어의 본래 의미에서 이데올로기라고 부른다. 공식 헌법으로 성문화되든지, 새로운 정부의 형태 속에 각인되든지, 아니면 범세계적 신념으로 부풀려지든지(종종 그렇지만 그 세 가지 모두일 수도 있다), 이러한 관념들은 이전 시대의 덜 세련되고 전(前)이데올로기적인 관념들을 대체하겠지만, 그럼에도 불구하고 그것들과 유사한 역할을 할 것이다. 다시 말하면, 그것들은 정치적 행위에 대한 지침과, 그 정치적 행위를 이해하기 위한 이미지와, 그 정치적 행위를 설명해주는 이론과, 그 정치적 행위를 판단할 수 있게 해주는 기준을 제공한다. 이렇게 과거에 만들어지고 전래된 태도와 관습이었던 것을 자각하고 보다 더 명시적 차원으로 끌어올리는 것은 우리가 걱정 반 희망 반으로 "국가 건설"이라고 부르게 된 것의 중요한 특징 가운데 하나이다.

그러나 이렇게 말한다고 해서 제3세계 국가들을 움직여나가는 이데올로기적 틀이 단지 과거의 관념과 이상들을 새롭게 번역한 것에 지나지 않는다는 것은 아니다. 제3세계 국가의 정치적 엘리트들은 확실히 비전통적인 원천으로부터 많은 것을 배워왔다. 수카르노가 일본인들의 행위양식을 유심히 관찰한 것은 훗날 그의 경력에서 가장 두드러진 경험이었다. 은크루마는 그의 후계자들이 그토록 노골적으로 비난했던 글들을 읽었을 것임을 쉽사리 상상할 수 있다. 인도나 알제리의 정계 인물들을 보면 해럴드 라스키나 장-폴 사르트르가 그들의 의식 형성에 많은 영향을 끼쳤음을 알 수 있다.

어느 특정 제3세계 국가의 정치가(문민정치가든 군인 출신이든)가 자신들이 하고 있는 일에 대해서 어떤 생각을 가지고 있는가를 판별하기 어려워지는 것은 보다 더 식별 가능한 현재의 음성들이, 낯설지만 아직도 고집 센 과거의 음성들과 뒤섞여 있기 때문이다. 한순간 그들은 비할 바 없는 자코

뱅당의 과격정치가처럼 보이는가 하면 다음 순간에는 고색창연한 원령(怨靈)에 씌운 듯이 보이기도 한다. 때때로 그들은 이 지구상 어느 곳에서도 유례를 찾아볼 수 없는 독창적인 정치적 고안물들을 개발해냄으로써 마치 독학을 한 메디슨이나 제퍼슨 같은 사람들같이 보이는가 하면, 곧이어 그들은 유럽의 파시즘을 우스꽝스럽게 모방하여 무솔리니를 흉내내며 우쭐거리기도 한다. 그들은 한때 고상한 목적과 희망에 가득 차 나아가야 할 방향에 대해서 확실한 지각을 가진 신념가처럼 행동하다가도, 다음번에는 혼란과 공포 그리고 끝없는 자기 증오에 휩싸인 필사적인 기회주의자가 되기도 한다.

이러한 수많은 모순들의 어느 한 측면만을 강조하거나, 아니면 정치가란 모순을 가지고 있으며 그처럼 복잡한 존재라고 쉽게 말해버리는 것만으로는 좋은 해결책이 될 수 없을 것이다. 지금 우리가 듣고 있는 것이 도대체 무엇인지를 정확히 알기 위하여, 또한 비록 정확하고 상세하지는 못하더라도 이데올로기적 분위기를 파악하고 평가할 수 있기 위하여, 뒤섞여진 음성들은 구분되어야 한다.

그러한 노력을 하는 과정에서 과거의 정치가 현재의 정치에 어떠한 이데올로기적 기여를 했는지를 정확히 평가한다는 것 —— 특히 발리의 경우 모범적 지도력, 쇠퇴하는 카리스마의 힘, 연극학적 정치 등을 예로 들 수 있다——은 필수적인 요소이다. 그리고 이러한 요소를 제공하는 데에는, 결론적으로 말하건대, 인류학이 제격이다. 적어도 태평양의 한 섬에서 일어났던 일이 이 세계에서 유일한 것은 아니라는 사실을 잊지 않도록 자각하고 있으면 말이다.

제5부

제13장   지적인 야만인 :
클로드 레비-스트로스의 저서에 관하여

요즘은 때때로 내가 인류학에 관심을 가지게 된 것은, 물론 이를 의식한 것은 아니지만, 인류학에서 다루는 문명들과 내 자신의 사고과정이 구조적으로 유사하기 때문이 아니었나 생각해본다. 나의 지능은 신석기 시대의 인간의 지능과 같다.
—— 클로드 레비-스트로스, 「슬픈 열대(*Tristes Tropiques*)」

I

결국 야만인이란 어떤 사람인가? —— 그들이 고결한지, 야만적인지, 심지어 여러분이나 나와 같은지. 그들도 우리가 하듯이 논리적으로 추론을 하는지, 아니면 광적인 신비주의에 빠져 있는지. 아니면 우리가 탐욕으로 잃어버린 보다 고결한 형태의 진리를 소유하고 있는 존재인지. 그들의 관습은, 식인풍습에서 모계제도까지, 우리의 것보다 더 좋지도 나쁘지도 않은 단순한 선택일 뿐인지, 혹은 이제는 시대가 지나버린 과거의 우리 문화와 비교해볼 때 그 조야한 선구자들인지, 아니면 단순히 스쳐 지나가는 것이며 재미삼아 수집해볼 뿐인 낯설고 불가해하며 이국적인 어떤 것인지. 그들이 속박되어 있고 우리가 자유로운지, 아니면 우리가 속박되어 있고 그들이 자유로운지 —— 에 대한 논쟁을 시작한 지 3세기 후인 지금까지도 우리는 여전히 이것을 알지 못한다. 전문적으로 다른 문화를 연구하는 인류학자에게 그 문제는 항상 따라다니는 것이다. 연구대상과 인류학자와의 개인적 관계는 불가피하게도 아마 어떤 다른 과학자보다도 훨씬 미심쩍은 것이다. 인류학자가 생각하는 야만인이 무엇인지를 알게 되면 여러분은 그의 작업이 어떤 것인지를 이해할 수 있는 열쇠를 가지게 된다. 인류학자가 그 자신을 무엇이라고 생각하는지를 알거나 알려고 노력함으로써, 여러분은 그가 연구하고 있는 부족에 관해서 그가 어떤 종류의 것을 말하려고 하는지를 대략적으로 알게 될 것이다. 모든 민족지학은 부분적으로는 철학이며, 그 나머지는 태반이 자기 고백이다.

콜레주 드 프랑스의 사회인류학 교수로서, 똑같이 외딴 민족을 연구했음에도 다른 학자보다도 일반의 관심을 더 많이 받고 있는 레비-스트로스의 경우, 그의 민족지로부터 그의 사고들을 잘 파악해내는 것은 아주 어렵다. 반면, 어떤 인류학자도 개인적 목표에 따라서, 개인적 비전을 가지고, 나아가 개인적 구원을 위해서 자신의 일을 추구한다는 사실을 그보다 더 강조한 인류학자는 없었다.

나는 지식의 은혜를 입고 있으며 또한 그것만큼 인류로부터도 은혜를 입고 있다. 역사, 정치, 사회경제적 세계, 물리적 세계, 심지어 하늘 등 모든 것들이 동심원을 그리며 나를 둘러싸고 있다. 그리고 만약 그것들 각각이 내 존재의 일부인 것을 인정한다면, 그것들로부터 벗어난다는 것은 오직 생각으로만 가능할 뿐이다. 물 속에 떨어져 파문을 일으키는 조약돌처럼, 그 깊이를 재려고 한다면 나 자신을 그 물 속에 던져야 한다.

한편, 어떤 인류학자도 그보다 더 강력하게 민족지학을 실증과학이라고 주장하지 못했다.

인문학의 궁극적인 목표는 인간을 구성하는 것이 아니라, 인간을 해체하는 것이다. 민족지학의 비판적 중요성은 여러 단계들을 포함한 일련의 과정 중 첫 단계를 나타낸다는 데에 있다. 민족지적 분석은 사회의 경험적 다양성을 넘어서 불변하는 어떤 것에 도달하고자 한다.……이 첫 단계의 작업은 자연과학 —— 문화를 자연으로 재통합하고, 따라서 일반적으로 말하면 삶을 물리-화학적 상태로 재통합하는 것 ——에 의지하고 있는……다른 작업들에게 길을 열어준다.……그러므로 왜 내가 모든 탐구의 원리를 민족지학에서 발견하는지를 이해할 수 있을 것이다.

레비-스트로스의 저서에서, 인류학의 두 측면 —— 세계를 향하여 다가가는 길과 경험적 사실들 사이에 존재하는 법칙적인 관계들을 드러내는 방법 —— 은 둘 사이의 충돌과 충돌에서 발생하는 내적인 스트레스를 피하기 위해서 서로 떼어놓기보다는(인류학자들 사이에서는 이것이 보다 더 일반적인 경향이다) 직접적으로 충돌하도록 서로 마주 보게 되어 있다. 이것은 그의 작품의 영향력과 일반적 호소력을 설명해준다. 그의 작품은 대담성과 꾸밈없는 솔직함을 가지고 있다. 그러나 그의 작품은 다음과 같은 보다 직업 내적인 의혹을 제기하게 한다. 즉 고급 학문으로 제시되는 것이 실제로는 형이상학적 지위를 방어하고 이데올로기적인 주장을 펼치거나 도덕적인 변명을 제공하려는 교묘하고도 다소 우회적인 시도일지도 모른다는 것이다.

아마도 이것처럼 잘못된 시각은 없을 것이다. 그러나 마르크스가 그랬듯이, 삶에 대한 태도가 삶을 단순히 기술하는 것으로 간주되지 않으려면 이것을 명심해야 한다. 모든 사람은 그 자신의 목적에 따라서 그 자신의 야만인을 창조할 권리가 있다. 아마도 모든 사람이 그럴 것이다. 그러나 그런 식으로 만들어진 야만인이 오스트레일리아 원주민이나 아프리카 부족민 또는 브라질의 인디언과 일치한다고 주장하는 것은 완전히 별개의 문제이다.

레비-스트로스에게 연구대상과의 만남이 무엇을 의미했는지, 즉 야만인과의 조우가 그에게 개인적으로 어떤 의미가 있었는지를 발견하기는 매우 쉽다. 왜냐하면 한 작품 속에서 그는 그것들을 웅변적으로 기록했기 때문이다. 비록 그것이 위대한 인류학 저서와는 거리가 멀지라도 그리고 특별히 훌륭한 것도 아닐지라도, 그것은 확실히 인류학자가 쓴 가장 멋진 저서 중의 하나이다. 「슬픈 열대」가 바로 그것이다.[1] 그것은 전형적인 영웅 모험담의 형태를 하고 있다. 자신이 태어나고 자랐기 때문에 친숙하지만, 사람을 망쳐버리거나 불확실한 방법으로 위협을 가하기도 하는 고향(르브룅 대통령하의 프랑스 지방 고등학교에서 철학을 가르쳤던 일)으로부터의 갑작스런 출발, 또 다른 미지의 세계, 즉 경이로운 것, 모험, 발견들로 가득 찬 마법의 나라(카두베오족, 보로로족, 남비크와라족, 투피-카와이브족이 살고 있는 브라질의 삼림)로의 여로 그리고 현실에 대한 보다 깊어진 지식과 뒤에 남았던 모험심이 적은 사람들에게 배운 것을 전하려는 의무감을 가지고 포기하고 지친 상태로 하게 되는 일상생활로의 복귀("야만인이여 안녕, 여행이여 안녕")가 쓰여 있다. 그 책은 자서전이자 여행자의 이야기, 철학적 논문, 민족지적 보고서, 식민지의 역사 그리고 예언적 신화 등이 뒤섞인 복합체이다.

---

1) *Tristes Tropiques* (Paris, 1955). 이 작품은 John Russell (New York, 1964)이 몇 장을 빼고 영어로 번역했다.

결국 나에게 이야기를 들려주었던 사람들, 내가 읽었던 철학자들, 내가 연구했던 사회들 그리고 서양인들이 자부하고 있는 바로 그 과학에서 무엇을 배웠던 것인가? 만약 그것들의 끝과 끝을 연결시켜본다면, 기껏해야 보리수 아래에서 [붓다가] 했던 명상들 중 한두 개의 단편적인 가르침에 불과할 뿐이다.

선상 여행은 평범한 서막이었다. 그는 20년 후에 그것을 회상하면서 당시의 자신을 고전적 항해자(신대륙 발견 당시의 항해자들을 말함 /역주)들에 비유한다. 그들은 사람들의 손이 닿지 않은 미지의 세계, "1만-2만 년 동안 '역사'라는 것이 일으키는 동요가 없었던" 에덴의 동산을 향해서 항해했다. 그는 초기 항해자들(그리고 이들을 뒤따라서 나타난 식민지 지배자들)이 탐욕과 문화적 오만 그리고 진보에 대한 강렬한 열망을 가지고 파괴했던 망가진 세계를 여행하고 있었다. 지상의 동산에는 잔해물을 제외하고 아무것도 남아 있지 않았다. 그곳의 자연은 변형되었고, "영원한 이상향에서 역사적인 곳으로 변했고, 형이상학적인 곳에서 사회적인 곳으로 되었다." 과거에 여행자는 여정 끝에서 그 자신의 것과는 근본적으로 다른 그런 문명들을 발견했다. 지금 그는 버려진 과거의 유물들로 이곳저곳을 치장한, 자기 문명의 모방물을 발견한다. 리우 데 자네이루에서 실망한 것은 놀라운 일이 아니다. 비율들이 모두 불균형적이었던 것이다. 슈거 로프 산은 너무 작고, 만은 잘못된 곳에 위치해 있으며, 열대의 달은 판자촌과 방갈로를 비추기에는 너무 밝았다. 그는 뒤늦은 콜럼버스로 도착하여 "열대는 이국적인 정서로 가득 찬 곳이라기보다 시대에 뒤떨어진 곳이다"라는 무미건조한 발견을 한 것이다.

배에서 내려 깊숙한 곳으로의 여행이 시작된다. 이야기는 보다 더 복잡해지고 점점 더 환상적이 되고, 전적으로 예견치 못한 곳에 도착한다. 파리 고등 사범학교의 교장 선생님이 그에게 말했듯이, 상 파울루의 변두리에는 어떤 인디언도 존재하지 않았다. 1918년에는 상 파울루 주 전체의 3분의 2가 인디언들만 사는 "탐험되지 않은 지역"으로 지도상에 표시되어 있었는데, 1935년에는 한 명의 인디언도 남아 있지 않았다. 1935년 레비-스트로스는 "기본적인 표현만을 제한적으로 가지고 있는 인간 사회"를 탐구하기 위해서 그곳에 있는 새로운 대학에 사회학 교수로 부임했다. 가장 가까운 곳은 수백 마일 떨어진 인디언 보호지역이었다. 그러나 그들조차도 만족스러운 것은 아니었다. 진정한 인디언이나 진정한 야만인이란 없다. "그들은 20세기 후반기에 보다 널리 확산되기 시작한 사회적 곤경의 완벽한 예이다. 그들은 '이전에는 야만인'이었다. 말하자면 문명이 그들에게 그렇게 되도록 갑작스럽게 강요했던 것이다. 그리고 그들이 더 이상 '사회적 위험인물'이 아니라는 것이 밝혀지자마자, 문명은 그들에게 더 이상 관심을 가지지 않았다." 그럼에도 불구하고 그 만남은, 모든 입문식이 그렇듯이, 교훈적이었다. 왜냐하면 "인류학의 모든 초심자들이 공통적으로 장래의 체험에 대해서 생각하고 그리는 독창성 있고 시적인 생각"의 어리석음으로부터 그를 깨우쳐, 후에 다루게 되는 덜 "오염된" 인디언을 보다 더 객관성을 가지고 직면할 수 있도록 해주었기 때문이다.

좀더 숲속 깊숙이 들어갈수록 외부와 접촉한 경험이 적어서 더 좋은 자료를 제공할 만한 네 부족이 있었다. 중부 파라과이에 있는 카두베오족은 몸에 새긴 문신으로 그를 대단히 흥미롭게 했다. 정교한 문양을 가진 그 문신 속에서 그는 당시 대체로 쇠퇴해버린 그들의 원초적인 사회조직에 대한 정형화된 표상을 볼 수 있으리라고 생각했다. 숲속 깊숙이 살고 있는 보로로족은 훨씬 더 외부와의 접촉이 없었다. 그 부족의 수는 질병과 착취에 의해서 현격하게 감소되어왔다. 그러나 그들은 여전히 옛 마을의 형태를 유지하면서 살았고, 그들의 친족체계와 종교를 유지하기 위해서 애썼다. 더 깊은 곳에 사는 순진한 남비크와라족은 매우 단순해서, 그들의 정치조직 —— 한시적인 추장이 이끄는 작고 지속적으로 재형성되는 유목민 집단 —— 속에서 루소의 사회계약론을 지지하는 무엇인가를 발견할 수 있었다. 그리고 마지막으로 볼리비아의 국경 근처 "크루소 지방"에는 투피-카와이브족이 있었다. 그들은 오염되지 않았을 뿐 아니라, 학자들의 꿈대로, 이제껏 연구된 적도 없었다.

인류학자에게 있어서 어느 원주민 사회에 들어가는 첫 백인이 된다는 기대보다 더욱 흥분되는 일은 없다.……나는 나의 여행에서 이전의 여행가들의 경험을 다시 되살려내고자 했다. 동시에 그 경험을 통하여 근대사상의 그 결정적 순간을 직면하려고 했던 것이다……그 순간이란 자신이 완전하고 완결되어 있으며, 자족적이라고 생각해왔던 한 인류가 갑자기 반(反)계시라고도 할 수 있을 정도로 그들만이 인류가 아니며, 그들은 보다 큰 전체의 일부를 이루고 있고, 그들이 자기자신을 알기 위해서는 먼저 거울을 통하여 자신이라고 생각할 수 없는 모습을 보아야만 한다는 사실을 깨닫게 되었던 순간이었다. 그 거울의 오랫동안 잊혀졌던 한 파편이 나 한 사람을 위하여 그 최초의 그리고 마지막의 반사를 보여주고자 하고 있었다.

그런 큰 기대를 가졌던 만큼 이들 최후의 야만인은 미개에 관한 순수한 전망을 제공하지 못했으며 그들을 지적으로 이해한나는 것은 그의 인지를 넘어선 불가능한 일임이 커다란 실망과 함께 명백해졌다. 그는 문자 그대로 그들과 의사 소통을 할 수 없었다.

나는 "미개성"을 아주 끝까지 추구해보고 싶었다. 확실히 나의 바람은 나 이전의 어떤 백인도 보지 못했으며 어느 누구도 다시 보지 못하게 될 이 순박한 사람들에 의해서 만족되었어야 하지 않았는가? 나의 여행은 내 목적을 달성하고 있었다. 마침내 나는 "나의" 야만인들과 마주쳤다. 그러나 그들은 너무나도 야만적이었다.······그들은 모두 그들의 관습과 신념을 나에게 기꺼이 가르쳐주려고 했다. 그러나 나는 그들의 언어를 전혀 알지 못했다. 나는 거울 속에 비친 이미지처럼 나에게 가까이 있던 그들을 접촉할 수 있었지만, 이해할 수는 없었다. 나는 보상과 벌을 동시에 하나로 받았다. 인간이 항상 인간인 것은 아니라는 믿음에 나의 실수이자 내 직업의 실수가 가로 놓여 있었던 것이 아니었던가? 그들 중 몇몇은 우리의 흥미와 관심을 받을 만했다. 왜냐하면 그들의 매너에는 우리를 놀라게 할 어떤 것이 있었기 때문이다.······그런 사람들을 알거나 추측하게 되는 순간 그들에 대한 낯설음은 저 멀리 사라지고, 자신의 마을에 편안히 머물렀을지도 모른다. 혹은 현재의 경우처럼 그들에 대한 낯설음이 그대로 남아 있다면 나에게 좋을 것이 없었다. 왜냐하면 그것에 대한 분석조차 시작할 수 없었기 때문이다. 이 양 극단 사이에서 우리 [인류학자들이] 살아가는 구실을 제공하는 절충적인 경우는 무엇인가? 결국 우리가 독자들의 마음에 일으키는 흥분에 가장 기만당할 사람이 누구인가? 만약 우리의 언급들을 이해할 수 있는 것으로 만들려면 어느 정도 거리를 두도록 해야 한다. 그리고 그 언급들도 도중에 잘라버려야 한다. 왜냐하면 그 언급들이 놀라게 만드는 사람들은 문제가 되는 관습을 교육의 문제라고 보기 때문이다. 그렇다면 우리에 대한 믿음 때문에 독자들이 기만당하는 것인가? 아니면 우리의 허영심에 구실을 제공하는 잔류물들을 완전히 해결하기 전에는 만족할 권리조차 없는 우리 자신이 기만당하는 것인가?

그 탐구의 끝에서 기다리고 있는 것은 드러남이 아니고 수수께끼였다. 인류학자는 두 가지 운명에 처해 있는 듯하다. 하나는 자신의 문화가 이미 그들의 문화를 더럽혀, "오물, 인류의 얼굴에 던져진 **우리의 오물**"로 뒤덮어버렸다는 바로 그 이유로 이해가 가능해진 사람들 사이를 여행하는 것이다.

다른 하나는 그다지 오염되지 않았지만, 바로 그 이유 때문에 이해하는 것
이 거의 불가능한 사람들 사이를 여행하는 것이다. 그는 둘 중 하나이다. 엄
청난 낯설음이 자신의 삶과 그들의 삶을 갈라놓는 진짜 야만인들(어떤 경우
에도 거의 남아 있지 않다) 사이를 떠도는 사람이거나, 혹은 "사라져버린 실
재를 찾아서 분주하게 움직이는" 회상적 여행가이다. "회상적 여행가란 공
간의 고고학자, 즉 여기저기의 파편 조각의 도움으로 이국적 문화를 재구성
하려고 헛된 노력을 하는 고고학자이다." 거울 속의 사람들과 마주한 그는
그들을 만질 수는 있으나 파악할 수는 없다. 그리고 "서양 문명의 발전에 의
해서 부서져서" 반쯤 파괴된 인간과 직면해서, 레비-스트로스는 그 자신을
전설 속의 인디언에 비유한다. 그 인디언은 세상 끝까지 가보았으며, 그곳에
서 사람들과 사물들에 관해서 질문을 했다가 대답에 실망한다. "나는 이중
적인 병약함의 희생양이다. 내가 보는 것은 나에게 상처를 주며 내가 보지
못한 것이 나를 자책하게 했다."

그렇다고 인류학자는 절망해야만 하는가? 우리는 결코 야만인들을 알 수
없는가? 알 수 있다. 왜냐하면 그들의 세계로 접근하는 데에는 개인적으로
뛰어드는 것과는 다른 길이 있기 때문이다 —— 즉 아직도 채집 가능한(아니
면 이미 채집된) 파편들로부터 사회에 대한 이론적 구조를 형성하는 것이
다. 비록 실제 관찰할 수 있는 그 어떤 것과도 조응하지 않을지라도 인간 존
재의 기본 토대를 이해하도록 우리를 도와줄 것이다. 그리고 이것이 가능한
것은 원시인과 그들의 사회가 표면적으로 낯설음에도 불구하고 더 깊은 수
준, 심리적 수준에서 그들은 결코 이방인이 아니기 때문이다. 인간의 마음은
근본적으로 어디에서나 동일하다. 따라서 특정의 야만인의 부족에게 접근하
여, 그들의 세계에 들어가고자 시도하는 것으로는 이룰 수 없었던 것을 한
걸음 물러서 사고(思考)에 대한 일반적, 폐쇄적, 추상적, 형식적 과학의 발
달에 의해서 지성의 보편적 문법을 발전시킴으로써 성취할 수 있게 된다.
야만인의 생활의 요새를 직접 습격하여, 그들의 정신생활 속에 현상학적으
로 파고들어가는 것(이것은 완전히 불가능한 일이다)에 의해서만 타당한 인
류학이 쓰이는 것은 아니다. 그것은 오물에 뒤덮인 "고고학적" 유물로부터
생활 형태를 지적으로 복원하여, 그 표면 밑의 깊숙한 곳으로부터 그것에
생명을 주고 그것에 형태를 주는 개념체계를 재구성함으로써 가능하다.

412

오지로의 여행이 할 수 없었던 것을 구조언어학, 의사소통 이론, 정보과학, 수리논리학에 몰입함으로써 해낼 수 있다. 「슬픈 열대」의 실망한 낭만주의로부터 나와 레비-스트로스의 또 하나의 대표작 「야생의 사고」(1962)[2]의 의기양양한 과학주의로 들어가보자.

II

「야생의 사고」는 실제 「슬픈 열대」에서 카두베오족과 그들의 문신의 사회학적 의미에 대해서 처음 밝힌 생각에서 시작된다. 그 생각이란 한 민족의 관습들의 총체는 항상 정돈된 전체, 하나의 체계를 형성한다는 것이다. 이러한 체제들의 수는 한정되어 있다. 개개인의 인간처럼 인간 사회도 결코 전체가 한꺼번에 창조되지 않는다. 단지 이전에 사용했던 사고의 레퍼토리에서 요소들을 선택할 뿐이다. 축적된 주제들은 다른 형태로 끝없이 배열되고 다시 배열된다. 즉 천재성이 주어진다면 재구성이 가능한 심층적 사고구조의 다양한 표현들이다. 민족지학자의 일은 가능한 한 표층 패턴을 잘 기술하고, 표층 패턴을 가능하게 하는 심층구조를 재구성하며, 그렇게 재구성된 구조들을 분석적 틀 —— 마치 멘델레예프의 주기율표처럼 —— 로 분류한다. 그후에 "우리가 해야 할 일로 남아 있는 것은 [특정] 사회들이 실제로 채택하고 있는 그런 [구조들을] 인지하는 것이다." 표면적으로 볼 때 인류학은 관습, 신념, 제도들을 연구하는 것으로만 보인다. 그러나 근본적으로 그것은 사고에 대한 연구이다.

「야생의 사고」에서 이러한 지배적 생각 —— 즉 야만인들이 사용하는 개념적 도구들의 세계는 닫혀 있으며 그는 어떤 문화 형태를 만들던 그것을

2) (완전한 것은 아니지만) 영어 번역본으로 *The Savage Mind*가 있다(London, 1966). 그러나 그것은 Russell이 훌륭하게 번역한 *Tristes Tropiques*와는 달리 아주 형편이 없다. 그런 이유로 해서 그것을 인용하기보다는 대부분 내가 직접 영어로 번역했다. 레비-스트로스의 에세이를 엮어놓은 *Anthropologie Structurale*(그가 최근 작품 속에서 다루는 많은 주제들은 여기서 처음 나왔다)은 *Structural Anthropology* (New York, 1963)로 번역되었다. 그리고 *Le Pensée Sauvage*를 예비한 것이라고 할 수 있는, 그의 *Le Totémisme Aujourd'hui* (Paris, 1962)는 *Totemism* (Boston, 1963)으로 번역되었다.

만들기 위해서는 그 개념적 도구의 세계를 활용해야 한다는 생각 —— 은 그
모습을 달리하여 레비-스트로스가 "구체의 과학"이라고 부르는 것으로 다
시 나타난다. 야만인들은 실제에 대한 모델, 자연세계, 자아, 신화에 대한 모
델을 만든다. 그러나 그들은 현대 과학자들처럼 추상적 명제들을 공식적인
이론틀로 통합하거나 일반화된 개념체계의 설명적 힘을 위해서 인지된 구
체물의 생생함을 희생하는 것이 아니라, 인지된 구체물들을 즉각적으로 이
해할 수 있는 전체로 정돈한다. 구체의 과학은 직접적으로 감각된 실재들을
배열한다 —— 캥거루와 타조의 명백한 차이, 강물의 조수, 간만, 태양의 이
동, 달 모양의 변화. 그것들은 말하자면 실재의 기본 질서를 표상하는 구조
적 모델이 된다. "야생적 사고는 상상의 세계를 통해서 이해 영역을 넓혀간
다. 이 사고가 심적 구조물들을 만들면, 그것들이 실제 세계와 유사한 만큼
세계의 이해가 가능해진다."

　이런 비정통의 과학("우리가 '원시적[primitive]'이라기보다 '원초적[pri-
mary]'이라고 부르고 싶은")은 유한성의 철학을 실천하는 것이다. 개념 세
계의 요소들은 미리 만들어져 주어진다. 그리고 사고한다는 것은 그 요소들
을 다루는 것이다. 야생적 사고의 논리는 양(量), 양식, 색깔은 변하지 않으
면서 다양한 패턴들로 분화될 수 있는 만화경과 같이 작용한다. 이런 식으
로 만들 수 있는 패턴들의 수는 만약 그 만화경의 장면들이 충분히 많고 다
양할수록 클 것이다. 하지만 무한한 것은 아니다. 그 패턴들은 서로 마주 보
는 장면들의 배열에 따라서 구성된다(다시 말해서 그것들은 독립된 개별적
특성의 반영이라기보다는 그 장면들 사이의 관계함수이다). 그리고 변형 가
능한 범위는 만화경의 구조, 즉 그 작용을 지배하는 내적 법칙에 의해서 엄
격하게 결정된다. 이것은 또한 야생적 사고에서도 그러하다. 우화적이고 기
하학적으로 그것은 "심리적, 역사적 과정으로부터 남겨진 잡동사니들을 가
지고" 일관된 구조를 건설한다.

　이 잡동사니들, 만화경의 여러 장면들은 신화, 의례, 주술, 경험적 지식으
로부터 그려진 이미지들을 말한다(정확하게 처음 그것이 어떻게 존재하게
되었는가 하는 것은 레비-스트로스가 명백히 설명하지 않는 것 중의 하나
이다. 그는 그것들은 단지 모호하게 "사건들의 유물……한 개인이나 사회
의 역사에 남아 있는 화석"이라고만 언급하고 있다). 그런 이미지들은 불가

피하게 더 큰 구조, 즉 신화, 의식, 민속적 분류방식 등에 구현되어 있다. 왜 냐하면 만화경에서처럼 우리는 (그것이 아무리 이그러지거나 불규칙하더라 도) 항상 어떤 패턴으로 나누어진 장면을 통해서 보기 때문이다. 그러나 만 화경에서처럼 그 이미지들은 이러한 구조들로부터 분리되어 유사한 종류의 다른 구조들로 배열될 수 있다. "신화적 세계는 만들어졌다가 다시 분해되 며, 새로운 세계는 그 조각들로부터 다시 만들어진 것처럼 보인다"라는 프 란츠 보아스의 말을 인용하면서 레비-스트로스는 사고에 대한 이런 순열식 의 관점을 일반적인 야생적 사고에까지 일반화시킨다. 그것은 결국 사회적 이고 물리적인 세상의 객관적 (정확한 것이라고 할 수 없지만) 분석들을 정 형화하고 의사 소통하게 해주는 상징적 구조들을 생산하기 위해서, 구체적 인 이미지들 —— 토템 동물, 신성한 색깔, 바람의 방향, 태양의 신들 혹은 무엇이든지 —— 을 조작하는 문제이다.

토테미즘을 다루어보자. 오랫동안 자율적이고 통합적인 제도이며 한두 가지의 기계적 이론 —— 진화론, 기능주의, 정신분석학, 공리주의 —— 으로 설명될 수 있는 일종의 원시적 자연숭배로서 간주되어온 토테미즘은 레비-스트로스에게는 단지 특별한 이미지들로부터 개념틀을 건설한다는 보편적 성향의 특별한 사례에 지나지 않는다.

토테미즘에는 자연적인 것과 문화적인 것이라는 두 계열 사이의 논리적 인 평행선이 (아주 무의식적으로) 가정되어 있다. 평행선의 한쪽 위에 있는 용어들 사이의 차이들의 질서는 다른 쪽 위에 있는 용어들 사이의 차이의 질서와 동형적이다. 가장 간단한 예로 다른 종(種)의 동물들 —— 곰, 독수 리, 거북 등 —— 사이의 명백한 형질적 차이들은 사회집단들간의(A 씨족, B 씨족, C 씨족 등) 사회적 차이에 대응된다. 중요한 것은 곰, 독수리, 거북과 같은 것들의 특성들이 아니라 —— 여우, 토끼, 까마귀 또한 마찬가지 로 —— 이미지들 사이에 드러나는 감각적인 대조이다. 이것을 통해서 야만 인은 자기 씨족체제의 구조를 자신과 다른 사람에게 지적으로 표현하고자 하는 것이다. 그가 자기 씨족은 곰으로부터 내려왔고 그 이웃의 씨족은 독 수리로부터 내려왔다고 말할 때 그는 무식한 생물학적 지식을 가지고 설명 하고 있는 것이 아니다. 그는 구체적인 비유로 자기 씨족과 이웃 씨족 사이 의 관계는 곰과 독수리의 관계와 유사하다고 말하고 있는 것이다. 하나하나

고려해보면 토템적 신념들은 자의적이다. "역사"는 그것들을 형성해놓았고 그 역사는 궁극적으로 그것들을 파괴하고 그들의 역할을 변형시키고 그것들을 다른 것들로 대체할지도 모른다. 그러나 질서정연한 틀로 볼 때 그들은 일관적이다. 왜냐하면 그들은 유사하게 질서잡힌 또 다른 종류의 틀인 혼인관계로 결합된 외혼적 부계씨족을 상징적으로 표현할 수 있기 때문이다. 그리고 이 점은 일반적으로 보인다. 상징적 구조와 이것이 가리키는 것, 즉 그 의미의 기초 사이의 관계는 감정적이거나 역사적이거나 기능적인 것이 아니며, 형식의 일치를 추구한다는 점에서 근본적으로 "논리적"이다. 야생의 사고는 냉철한 이성이다. 그러므로 인류학은 음악, 수학처럼 "몇몇 진정한 천직(天職)들 중의 하나"이다.

혹은 인류학은 언어학과 유사하다. 왜냐하면 언어 또한 의미론적 관점에서 그 구성단위들——음소, 형태소, 단어——을 보면 자의적인 것이기 때문이다. 왜 프랑스인은 어떤 동물을 "시앵(chien)"이라고 부르고 영국인들은 그것을 "도그(dog)"라고 부르는가, 혹은 왜 영어에서는 복수를 만들 때 "s"를 붙이고 말레이지아어에서는 어간(語幹)을 반복하는가는 언어학자들 —— 구조언어학자 —— 이 역사적으로 다루는 것 이외에는 다루더라도 얻을 것이 없는 것으로 간주되는 그런 종류의 질문들이다. 언어는 문법과 구문법의 규칙에 의한 발화(發話) —— 명제를 표현하는 일련의 말들—— 로 질서를 가지게 될 때 의미가 나타나고 의사 소통이 가능하다. 그리고 언어에서도 역시 이 기본 질서, 즉 구체적 단위들이 소리를 말로 바꾸는 것과 같은 그런 일을 하는 형태들의 원(原)체계는 무의식적인 것이다. 언어학자가 나타난 표현으로부터 재구성하는 것은 심층구조이다. 우리는 민족학 논문을 읽음으로써 우리 문화의 범주를 의식할 수 있듯이 언어학 논문을 읽음으로써 문법의 범주를 의식하게 된다. 그러나 말하기와 행동하기는 동시적으로 이루어지며 그 모두는 심층으로부터 나온 것이다. 마지막으로 가장 중요한 것은 언어학 연구 —— 그리고 그것과 함께 정보이론과 분류의 논리 —— 또한 그 기본 단위와 그 구성요소를 그들의 공통 속성이 아닌 그들의 차이점, 즉 그것들을 서로 대조시킴으로써 정의한다. 이항대립 —— 이 말은 컴퓨터 공학이 현대 과학의 공통어로 만들어버린 플러스와 마이너스 사이의 변증법적 간격을 말한다 —— 은 언어에서와 마찬가지로 야생적 사고에서도 그 기초를 이룬다. 이것이 의사소통 체계라는 심층구조의 다양한 것들을 만든다.

이러한 시각에서 보면 모든 것이 가능해진다. 토템적 분류의 논리뿐 아니라 모든 분류체계들 —— 식물 분류, 개인 이름, 신성한 지역, 우주론, 오마하족의 헤어스타일, 오스트레일리아 원주민들의 울림판의 디자인의 주제들 —— 이 원리적으로는 밝혀질 수 있다. 왜냐하면 그것들은 항상 두 쌍의 근본적인 대립 개념을 따라서 진행되기 때문이다. 고저, 좌우, 평화와 전쟁 등 이런 근본적인 대립은 구체적인 이미지들, 명백한 개념들 속에 표현되어 있으며, "이 대립을 넘어선다는 것은 본질적인 이유에서 무용한 동시에 불가능하다." 나아가서 일단 몇몇 체계 혹은 구조들이 결정되면 그들은 서로 관련을 맺을 수 있다. 말하자면 그들 둘을 포함하는 더욱더 일반적이고 보다 더 심층적인 구조로 환원될 수 있는 것이다. 그것들은 논리적 조작—— 전도, 전환, 대체 등 모든 종류의 체계적인 순열 —— 에 의해서 상대편으로부터 상호적으로 도출될 수 있다. 그것은 마치 영어문장을 모스 부호의 점과 선으로 바꾸거나 수학적 표현을 모든 기호로 바꾸는 것과 같다. 우리는 심지어 사회적 실재의 다양한 수준들 —— 결혼에서 여성의 교환, 교역에서 선물의 교환, 의례에서 상징의 교환 —— 사이에서 이 다양한 제도들의 논리적 구조가 의사소통 체계로 고려될 때 유사하다는 것을 보여줄 수 있다.

"사회-논리"에 관한 이 에세이들 중 몇몇은 토테미즘의 분석과 마찬가지로 그들의 한도 내에서 설득력이 있으며 계몽적이다(이러한 믿음들이 가지고 있을 법한 형이상학적인 내용이나 정서적인 분위기에는 힘써 관심을 기울이지 않은 만큼, 실제로 그리 설득력있거나 계몽적이지는 않다). 그렇지만 토테미즘과 카스트 제도가 (매우 단순한 변형에 의해서) 동일한 일반적 기본 구조의 다양한 표현으로 환원될 수 있다는 점을 보여주는 노력과 같은 것들은 엄정한 설득력을 지닌 것은 아니지만 적어도 흥미있는 것이기는 하다. 그리고 또 다른 것들, 가령 말, 개, 새, 소들이 명명되는 다양한 방식은 전도된 대칭관계에 의해서 관통되는 상보적인 이미지들의 일관된 3차원 체계를 형성한다는 것을 보여주는 시도처럼 서투른 흉내일 뿐이다. 그것들은 심지어 정신분석학자조차도 얼굴을 붉힐 정도로 억지로 갖다 붙인 "심층해석"의 사례들이다. 그것은 매우 교묘한 발상이다. 만일 사라져버린 그리고 사라져가고 있는 사회들의 잔해들로부터 "영원하고 보편적인" 사회 모델을 만들 수 있다고 하면 —— 그렇게 만들어진 사회 모델은 시간, 장소, 환경, 어느 것도 반영하지 않으며, 단지 "정신구조(그리고 이것을 넘어서 아마도 두뇌구조)의 직접적 표현"(이것은 「토테미즘(Totemism)」에서 인용한 것임) 만을 반영하고 있는 모델이다 —— 아마도 그것이 그러한 모델을 만드는 방법일지도 모르겠다.

III

왜냐하면 레비-스트로스가 스스로를 위해 만든 것은 문화의 부비트랩 같은 것이기 때문이다. 그것은 역사를 무의미하게 만들고 감성을 지성의 그림자로 강등시키며, 특정 밀림에서 사는 특정 미개인이 가진 특별한 정신을 우리 모두에게 내재하는 '야생의 사고'로 바꾸어버린다. 그것은 그에게 브라질 여행에서 직면했던 난관 —— 물리적 근접성과 지적 거리감 —— 을 아마도 그가 항상 진정으로 원했던 것 —— 지적 근접성과 물리적 거리 —— 으로 해결하게 해주었다. "나는 그 당시[1934] 시작된 형이상학적 경향에 반대했다"라고 그는 「슬픈 열대」에 썼다. 그는 사변적인 철학에 대한 그의 불만족스러움을 나타내면서 인류학으로의 전환을 설명하고 있다.

현상학이 경험과 실재 사이의 연속성을 기초적인 원리로 요구하는 한 나는 그것을 받아들일 수 없었다. 하나가 다른 것을 포함하고 설명한다는 것에 나는 상당히 동의했다. 하지만……둘에는 연속성이 전혀 없고, 실재에 도달하기 위해서 우리는 먼저 경험과 인연을 끊어야 한다고 배웠다. 비록 나중에 가서 감정이 전혀 작용하지 않는 객관적인 틀에 경험을 재통합하게 될지라도 말이다.

실존주의에서 만족을 발견하려는 사고에 관해서 말하자면, 그것은 주관성의 환상에 탐닉하고 있었기 때문에 나에게는 진정한 사고와는 정반대인 것으로 생각되었다. 사적인 선입견을 철학적 문제의 지위에까지 격상시키는 것은 위험스러울 뿐만 아니라, 강의의 한 부분으로는 용인할 수 있어도, 만약 그것이 철학자들로 하여금 그가 해야 할 일을 하지 않도록 한다면 극도로 위험하다. 그의 임무(그는 과학이 매우 발달하여 철학으로부터 그 이론을 인계받을 때까지 이 임무를 유지해야 한다)는 자기 자신과의 관계 속에서가 아니라 존재 그 자체와의 관계 속에서 존재를 이해하는 것이다.

「야생의 사고」에서의 고급 과학과 「슬픈 열대」에서의 영웅적 탐험은 근본적으로 서로의 "가장 단순한 변형"일 뿐이다. 그 둘은 동일한 심층구조, 즉 프랑스 계몽주의의 보편적 합리주의의 다양한 표현들인 것이다. 구조언어학, 정보이론, 분류논리, 인공두뇌학, 게임 이론, 그외 다른 고급 이론들에 대한 강조에도 불구하고 레비-스트로스의 진짜 스승은 소쉬르도, 섀넌도, 불도, 바이너도, 폰 노이만도 아니고(극적 효과를 위해서 주문을 외워 불러낸 마르크스도, 붓다도 아니고) 루소였다.

　　루소는 우리의 스승이자 우리의 형제이다.…… 왜냐하면 인류학자의 입장에 내재하는 모순에서 벗어날 수 있는 유일한 방법이 그에게 있기 때문이다. 그 방법이란 루소가 「인간 불평등 기원론(*Discours sur l'Origine de l'inégalité parmi les hommes*)」이 남긴 폐허로부터 「사회계약론(*Du Contrat social ou prinicipes du droit politique*)」(이에 대해서는 「에밀(*Emile*)」이 그 비밀을 밝혀주었다)의 풍부한 설계도로 넘어가도록 해주었던 그 지적 절차를 우리 자신이 재구성하는 것이다. 그는 바로 우리에게 모든 존재하는 질서를 파괴한 후에도 여전히 그것을 대신할 새로운 질서를 세울 수 있게 해주는 원리들을 발견하는 것이 어떻게 가능한가를 보여준다.

　루소처럼 레비-스트로스가 탐구한 것은 결국 사람들이 아니라(그는 이것에 그리 관심을 두지 않는다), 사람 그 자체이다. 그는 이것에 사로잡혔다. 「슬픈 열대」에서처럼 「야생의 사고」에서도 그가 추구한 것은 연꽃 속의 보석이다. "흔들리지 않는 인간 사회의 기초"란 실제로는 전혀 사회적인 것이 아니며 심리적인 것이다. 즉 그것은 이성적이고 보편적이며, 따라서 영원하고, 그래서 (프랑스 도덕주의의 위대한 전통 속에 있는) 덕스러운 정신이다.

　루소("모든 철학자들 가운데에서 인류학자에 가장 가까운")는 인류학적 여행가 —— 너무 늦게 야만상태를 발견했거나 너무 빨리 그것의 진가를 인정했던 —— 의 역설이 마침내 풀릴 수 있는 방법을 입증했다. 우리는 그가 했던 것처럼(레비-스트로스가 아마도 가장 필요로 하지 않는 다른 **표현**을 제시한다면) 인식론적 감정이입이라고도 불릴 수 있는 것을 사용함으로써 야생의 정신을 관통하는 능력을 발전시켜야만 한다. 우리의 세계와 우리의 연구대상인 (소멸했으며, 알기 어렵고 혹은 누더기가 된) 사람들의 세계와의 연계는 개인적인 만남 —— 그것이 발생하는 한 그들과 우리 모두에게 해롭다 —— 에 있는 것이 아니다. 그것은 일종의 경험적 독심술에 있다. 그리고 "다른 곳으로부터 취해지거나 단순히 상상된 사고의 양상들을 [자기 자신에게] 시도해본" 루소는 ("모든 인간의 마음은 실제의 경험의 장소이며, 아무리 먼 곳의 사람들이라도 그 마음속에 일어나는 것을 탐구할 수 있음" 을 보여주기 위해서) 그 방법을 처음으로 시도한 사람이었다. 우리는 단순한 내적 성찰이나 관찰을 통해서가 아니라, 그들이 생각하는 방식대로 그들의 자료를 사용하여 생각함으로써 야만인들의 사고를 이해해야 한다. 우리에게 필요한 것은 지나칠 정도로 세부 묘사에 치중한 민족지가 아니라 신석기 시대의 지능이다.

레비-스트로스에게 이 가정 —— 야만인들은 그들 문화의 파편을 가지고 그들의 사고과정을 재현함으로써만 이해될 수 있다 —— 으로부터 나오는 철학적 결론들은 결국 루소의 도덕주의를 기술적으로 재포장한 이본을 뜻한다.

야생적("거칠고", "길들여지지 않은") 사고의 방식들은 인간 심성에서 원초적이다. 그것들은 우리 모두가 공통적으로 가지고 있다. 현대 과학과 학문의 문명화된("온순한", "길들여진") 사고 패턴들은 우리 사회의 특화된 산물들이다. 이차적이고 파생적이며, 비록 쓸모없는 것은 아닐지라도 인위적인 것이다. 이러한 원초적 사유방식(인간의 사회생활의 기초들)은 "야생 팬지꽃" ——「야생의 사고」라는 서명이 된 번역 불가능한 동음이의(同音異義)의 말장난(불어에서는 둘 다 la pensée sauvage/역주) —— 와 같이 "길들여지지 않은" 것이지만, 본질적으로 지적, 합리적, 논리적이며, 감정적, 본능적, 신비적 것이 아니다. 인간에게 가장 좋은 —— 그러나 어떤 의미에서 완벽하지 않은 —— 시대는 신석기 시대(즉 농경 발생 이후이며, 도시 발생 이전의 시대)였다. 루소는(흔히 생각되는 것과는 반대로 미개인 지상주의자는 아니었다) 이를 원시사회(société naissante)라고 불렀다. 바로 그때 이 심성이 가장 전성기를 이루어서 그 "구체의 과학"으로부터 문명의 기술들 —— 농업, 동물 사육, 토기, 옷감 짜기, 음식의 보존과 준비 등 —— 을 생산했으며, 이것들은 지금도 여전히 우리 존재에게 토대를 제공하기 때문이다.

만일 인간이 "미개상태의 게으름과 우리 자신의 위기에 고무된 탐험활동 사이의 이 중간지점"에 계속 머물렀다면 보다 더 좋았을 것이다 —— 그러나 기계문명의 지칠 줄 모르는 야심과 자만 그리고 이기주의를 위해서 우리는 그것을 포기했다. 사회개혁의 과업은 우리를 다시 그 중간상태로 돌리는 데에 있으며, 그것은 우리를 신석기 시대로 되돌리는 것이 아니라 당시의 그들의 성취물과 그들의 사회적 은총의 유산들을 우리에게 제시함으로써 이루어진다. 이를 통해서 이상이 보다 충분히 실현될 수 있는 ── 그리고 이기심과 보편적 동정심이 균형을 이루는 ── 합리적인 미래로 우리를 이 끌고 갈 것이다. 이러한 개혁에 적당한 원동력이 되는 것이 ("「야생의 사고」의 모든 원리를 정당화하고, 그것들을 합당한 위치에 복귀시켜주는") 과학적으로 풍부해진 인류학인 것이다. 인간다움에로의 진보 ── 루소가 완전성이라고 불렀던 지적 능력의 점진적인 전개 ── 는 미숙한 과학으로 무장된 문화적 편견에 의하여 파괴되었다. 성숙한 과학으로 무장한 문화적 보편주의가 다시 한번 흥기할 것이다.

만일 [인류가] 지금까지 오직 한 가지 일 ── 인간이 살 수 있는 사회를 건설하는 것 ── 에만 집중해왔다면 우리의 먼 조상이 의존했던 그 힘의 근원 또한 우리에게도 존재한다. 모든 것들은 아직 우리 손 안에 있으며, 우리는 원하면 어느 때든 그것들을 사용할 수 있다. 무엇이 이루어졌건, 심지어 나쁘게 이루어졌을지라도 모두 다시 시작될 수 있다. "맹목적 미신이 우리의 앞이나 뒤에 가져다두었던 그 황금시대는 바로 우리 안에 있다."[라고 루소는 쓰고 있다] 인류의 형제애가 하나의 구체적 의지를 획득하게 되는 것은 가장 가난한 부족 속에서 우리 자신의 모습을 확인할 때이며 그리고 그 부족이 다른 수많은 부족들과 더불어 우리에게 교훈이 되는 경험을 제공할 때이다.

IV

그러나 (후커의 표현을 사용하면) "인간의 영속적이고 일반적인 목소리"에 대한 고전적 믿음을 이와 같이 근대화된 형태로 주장하는 것보다 더욱 흥미로운 것은 최고의 이성을 "지적인 야만인"의 모습으로 복권시키고자 하는 이러한 시도가 현대 세계에서 어떤 운명을 겪을 것인가 하는 것이다. 아무리 그것이 상징논리, 행렬 대수학, 혹은 구조언어학에 둘러싸였을지라도 우리는 ── 1762년 이후에 발생한 모든 사건들 이후에도 ── 지성의 주권을 믿을 수 있을 것인가?

기득권, 유아 감정, 동물적 욕망의 혼돈들을 밝혀냄으로써 인간 의식의 심층을 한 세기 반 동안 탐구한 후, 이제 모든 것을 똑같이 비추고 있는 자연의 지혜의 순수한 빛을 발견하는 탐구가 나타나고 있다. 그것은 일부에게는 안도감을 준다고는 할 수 없을지라도 환영받을 것은 분명하다. 그러나 그러한 시도가 인류학적 기초로부터 시작되었어야 한다는 것은 명백히 놀랄 만한 일이라고 생각된다. 왜냐하면 인류학자는 —— 레비-스트로스 자신이 한때 그랬듯이 —— 항상 도서관과 강의실로부터 벗어나 "조사지"로 나가도록 유혹받고 있기 때문이다. 도서관과 강의실에서는 인간의 마음이 결코 공평무사한 것이 아니라는 점을 생각하기 어렵지만, 반대로 조사지에서는 그것을 잊는 것이 불가능하다. 비록 밖에는 더 이상 "진짜 야만인"이 많지 않을지라도, 인간에 대한 모든 설명(이러한 설명은 인간을 이성의 변하지 않는 진리 —— 즉 "마음의 구조"로부터 유래하는 "원초적 논리" ——를 소유하고 있는 존재로 본다)을 단순히 묘한 학문적 호기심의 산물에 불과한 것으로 만들 수 있는 생생하게 독특한 사람들이 있다.

레비-스트로스가 「슬픈 열대」의 낭만적 열정을 「야생의 사고」에서 초근대적 주지주의로 변화시킬 수 있었다는 것은 분명히 놀라운 업적이다. 그러나 묻지 않을 수 없는 의문들은 여전히 남아 있다. 이 변화는 과학인가, 연금술인가? 개인적 실망으로부터 일반 이론을 도출해낸 "그 매우 간단한 변형"은 진정한 것인가, 하나의 손재주에 의한 것인가? 정신과 정신을 갈라놓는 것처럼 보이는 그 벽이 표층구조에 불과하다는 것을 보여줌으로써 진정으로 그 벽을 허무는 것인가? 혹은 그 장벽들에 직면했을 때 그것들은 허물지 못했기 때문에 요구된 교묘하게 위장된 탈출인가? 레비-스트로스는 「야생의 사고」에서 확고하게 주장하고 있듯이, 모든 미래의 인류학에 대한 서문을 쓰고 있는 것인가? 혹은 그는 보호지역에 내던져진 뿌리뽑힌 신석기시대의 지식인처럼 원시적 신념(이것의 도덕적 아름다움은 여전히 명백하지만, 그것에 대한 신뢰와 관심은 이미 오래 전에 사라졌다)을 되살리려는 무익한 노력 속에서 전통의 파편들을 조합해보고 있는 것인가?

제14장 발리에서의 사람, 시간 그리고 행동

사고의 사회적 성격

인간의 사고는 전적으로 사회적인 것이다. 기원도 사회적이고, 그 기능과 형태 그리고 그것의 적용도 사회적이다. 기본적으로, 사고하는 것은 공적인 행위이다 —— 그것이 본래 행해지는 곳은 저택, 시장 그리고 마을의 광장이다. 내가 여기서 다루고자 하는 것은 이런 사실이 문화를 인류학적으로 분석할 때 가지는 의미이다. 이는 광범하고, 미묘하며 충분히 이해가 되어 있지 않은 상태이다.

나는 일견 매우 특수하고 심지어 어느 정도는 비밀스럽기까지 한 조사를 통해서 이 의미의 일부를 끌어내보고 싶다. 발리인들이 규정하고 인식하며 개개인에게 반응하는 —— 즉 그것에 대해서 생각하는 —— 측면에서 문화장치들을 연구하는 것이다. 그러나 이러한 조사는 오직 기술적(記述的) 의미에서만 특별하고 비밀스럽다. 사실로서의 사실은 민족지학의 경계를 벗어나서는 직접적인 흥미를 지니기 어렵다. 그래서 나는 그것을 가능한 한 간략하게 요약하려고 한다. 그러나 일반 이론적 목표 —— 즉 인간의 사고작용이 본질적으로 사회적 행위라는 명제로부터 문화를 분석할 때 필요한 것을 결정하는 목적 —— 를 배경으로 할 때 발리의 자료는 특별한 중요성을 지니게 된다.

이 영역에 있어서의 발리인의 관념은 대단히 잘 발달되어 있다. 뿐만 아니라, 그것들은 서양의 관점에서 보면 매우 이상한 것으로, 우리들(서양인/역주)이 우리들 자신에게 너무나 익숙한 틀로 인간과 유사 인간을 확인하고, 분류하고, 취급하려고 할 때는 보이지 않던 문화적 개념화의 몇 가지 상이한 질서들 사이에 있는 일반적 관계성을 조명해준다. 특히 그 관계는 사람들이 자신과 타자를 인식하는 방법, 그들이 시간을 경험하는 방법과 집단 생활의 정서적 성격 사이의 불분명한 관련을 지적하고 있다 —— 더욱이 이 관계는 발리 사회를 이해하는 데에 뿐만 아니라 인간 사회를 일반적으로 이해하는 데도 중요성을 가지고 있다.

문화의 연구

최근의 사회과학에서 대부분의 이론화는 문화와 사회구조라는 두 개의 중요한 분석적 개념을 구별하고 구체화시키는 시도로 향해져 있었다.[1] 이러한 노력의 추진력은 헤겔적인, 혹은 마르크스적인 형태의 환원주의에 굴복하지 않고 사회과정 속의 관념화 요인을 설명해내고자 하는 바람에서 비롯되었다. 관념, 개념, 가치관과 표현 형태들을 사회조직에 의해서 역사의 단단한 표면 위에 던져진 그림자로 보거나 혹은 그것의 진보를 단지 내적인 변증법인 역사정신으로 간주하지 않으면 안 되는 것을 피하기 위해서는, 그것들을 독립적이지만 자기 충족적이지는 않은 힘으로, 특정한 사회적 맥락들 내에서만 작용하여 영향력을 행사하는 것으로 간주할 필요가 있다. 관념, 개념, 가치관 등은 특정한 사회적 맥락에 적응하고, 사회적 맥락에 의해서 자극되며, 사회적 맥락에 대하여 크고 작은 영향을 준다. 마르크 블로크는 「역사가의 직업(The Historian's Craft)」이라는 소책자에서 다음과 같이 기

1) 가장 체계적이고 광범한 논의들은 T. Parsons와 E. Shils 편, *Toward a General Theory of Action* (Cambridge, Mass., 1959)과 T. Parsons, *The Social System* (Glencoe, Ill., 1951)에 나타나 있다. 인류학 내에서, 그들 모두가 합의한 바는 아니지만 더욱 주목할 만한 논의들은 다음에 포함되어 있다 : S. F. Nadel, *Theory of Social Structure* (Glencoe, Ill., 1957) ; E. Leach, *Political Systems of Highland Burma* (Cambridge, Mass., 1954) ; E. E. Evans-Pritchard, *Social Anthropology* (Glencoe, Ill., 1951) ; R. Redfield, *The Primitive World and Its Transformations* (Ithaca, 1953) ; C. Lévi-Strauss, "Social Structure", *Structural Anthropology* (New York, 1963), pp. 277-323 ; R. Firth, *Elements of Social Organization* (New York, 1951) ; M. Singer, "Culture", *International Encyclopedia of the Social Sciences*, 제3권 (New York, 1968), p. 527.

424

술하고 있다. "르네상스 시대 유럽의 거상들, 즉 의류와 향신료를 파는 사람, 구리, 수은 혹은 명반(明礬)의 독점상인, 왕과 황제의 은행가들을 그들이 가진 상품만 알면 이해할 수 있을 것으로 기대하는가? 홀바인이 그들의 초상화를 그렸고, 그들이 에라스무스나 루터를 읽었다는 것을 잊어서는 안된다. 중세 봉신(封臣)들의 영주에 대한 태도를 이해하기 위해서는 그들의 신에 대한 태도에 관해서도 이해해야만 한다." 사회활동의 조직, 그것의 제도적 형태, 그것을 움직이는 관념들의 체계가 함께 이해되지 않으면 안 된다. 마찬가지로 그것들간의 관계의 성격도 이해되어야 한다. 마찬가지로 사회구조와 문화의 두 개념을 확실히 하려는 시도는 바로 이 이해를 목표로 하고 있다.

그러나 이러한 이분적 전개에 있어서 문화적 측면이 더 다루기 어렵고 더 뒤져 있다는 것에 대해서는 의심할 여지가 없다. 그 특성상, 관념이라고 하는 것은 관념이 지시하는 개개인과 집단 사이의 정치, 경제, 사회적 관계에 비해서 과학적으로 처리하기가 훨씬 더 힘들다. 더욱이 우리가 다루고자 하는 관념이 루터나 에라스무스의 명백한 교의나 홀바인의 섬세한 그림이 아니라, 보통 사람들의 일상생활에서의 통상적 활동을 인도해주는, 형태가 완전히 갖추어지지 않았으며, 당연시되고, 무심히 체계화된 개념일 때 더욱 어렵다. 과학적인 문화연구가 뒤떨어져 대부분 단순한 기술주의(記述主義)에 빠져 있는 것은 연구대상 자체가 포착하기 어려운 것에 주로 기인한다. 어떤 과학에서든지 발생하는 최초의 문제 —— 분석 가능한 형상으로 연구대상을 결정하는 것 —— 가 해결하기 매우 어렵다는 것이 여기에서 입증되어왔다.

다른 사회적 행위들이 일어나는 것과 같은 공적 세계에서 일어나는, 기본적으로 사회적 행위로서의 사고의 개념이 극히 건설적인 역할을 할 수 있는 것은 바로 이 점에서이다. 사고는 길버트 라일이 머리에 있는 비밀의 동굴이라고 불렀던 그곳에 위치한 신비로운 과정에서 태어난 것이 아니고, 경험을 통해서 의미를 각인한 상징의 과정(의례와 도구 ; 조각된 우상과 물웅덩이 ; 제스처, 얼룩무늬, 이미지, 소리)으로 구성되어 있다는 관점은 문화의 연구를 다른 것과 마찬가지로 실증적인 과학으로 만든다.[2] 사고의 물질적인

2) G. Ryle, *The Concept of Mind* (New York, 1949). 나는 이 책의 제3장 76-77쪽에서 "사고의 부수적(附隨的) 이론"에 의해서 제기한, 여기에서는 그냥 지나친 몇 가지 철학적인 문제

전달수단인 상징이 포함하고 있는 의미는 흔히 어렵고, 모호하고, 변동이 심하며, 선회한다. 그러나 원칙적으로 그런 의미도 —— 특별히 그런 의미를 지각하고 있는 사람들이 조금만 협조한다면 —— 수소 원자의 무게나 부신의 기능처럼 체계적인 실증적 조사를 통하여 발견할 수 있다. 사람들이 살아가면서 발생하는 사건들을 이해하게 되는 것은 문화 패턴, 질서 있는 일군의 중요한 상징을 통해서이다. 그러므로 그러한 패턴의 전체 집합체로서의 문화의 연구는 바로 개인과 개인의 집단이 원래는 애매모호한 세계 가운데에서 자신의 위치를 잡아가는 장치를 연구하는 것이다.

어떤 특정한 사회에서도, 일반적으로 수용되고 자주 사용되는 문화 패턴의 수는 매우 많다. 그래서 그중 가장 중요한 것만을 분류하고 그들 상호간에 있을 수 있는 관계만을 추적한다고 해도 어마어마한 분석작업이다. 그러나 그 작업내용 중 특정 패턴이나 특정 패턴간의 관계는 여러 사회에서 되풀이되어 나타나므로 다소 경감된다. 이는 패턴에 의해서 위치를 잡는 것이 인간의 속성이라는 단순한 이유 때문이다. 이 문제는 인간 존재 일반에 관한 문제이므로 보편적이지만, 그 문제의 해결방법은 인간이 하는 일인 만큼 다양하다. 이러한 고유한 해결책들의 상황에 따른 이해를 통해서 그리고 내 생각에는 오직 그 방법으로만 기저(基底)의 문제 —— 그 문제에 대한 해결방법은 많은 것 중의 한 가지이다 —— 의 성격을 진정으로 이해할 수 있다. 여기서도 학문의 많은 분야에서처럼, 과학의 장대한 추상에 이르는 길은 복잡해서, 풀기 어려운 개개 사실의 덤불을 구비구비 헤쳐나가는 것이다.

이렇게 광범한 위치설정을 행함에 있어서 필요한 사항 중 하나는, 물론 인간 개개인에 대한 특성짓기이다. 인간은 아무 꾸밈없이 있는 그대로 지각되는 것이 아니라, 특정 범주의 개인을 특정한 범주의 대표자로서 인식하도록 도처에서 상징적인 구조를 발전시켜왔다. 어떤 경우에서도, 필연적으로 그런 구조들은 다수 존재한다. 그중 어떤 것들, 예를 들면 친족 용어 같은 것은 자기 중심적이다. 즉 그것들은 개인의 지위를 특정한 사회적 행위자와의 관계로 정의한다. 다른 것들은 사회의 어떤 부분 체계 혹은 측면에 기초

를 다루었다. 여기서는 다만 이러한 이론이 그것의 방법론적 형태나 인식론적 형태에 있어서 행동주의를 포함하고 있지 않다는 것을 재차 강조할 필요가 있다. 생각하는 자는 집단이 아니라 개인이라는 잔인한 사실을 문제로 논쟁하는 것 같은 의론도 포함하지 않고 있다.

하고 있고, 개개의 행위자와의 관계에 의해서 변하는 것은 아니다. 즉 귀족의 계급, 연령집단의 지위, 직업의 종류와 같은 것들이다. 개인의 이름이나 별명과 같은 것들은 비공식이고 사적인 것이다. 관직명과 카스트 명칭 같은 공식적이고 표준화된 것도 있다. 어떤 사회의 구성원도 활동하고 있는 일상의 세계, 즉 그들의 당연한 사회행위의 장(場)은 아무 속성도 없고, 얼굴이 없는 사람들이 사는 곳이 아니고, 뚜렷한 특징을 가지고 적절하게 이름 붙여진 구체적 부류의 특정의 누군가가 살고 있는 곳이다. 그리고 이러한 부류를 규정하는 상징체계는 자연적으로 주어진 것이 아니고 역사적으로 구성되며, 사회적으로 유지되고 개인에게 적용되는 것이다.

그러나 문화의 분석작업을 개개인의 사회적 성격에 관한 이러한 패턴의 연구로만 축소시켰을지라도, 이는 엄청난 작업량에서 단지 조금 감소한 것에 불과하다. 아직도 그 일을 수행할 완벽한 이론적 틀이 존재하지 않기 때문이다. 사회학이나 사회인류학에서 소위 구조분석이라고 불리는 방법은 인간 범주의 특별한 체계를 갖춘 사회에 대해서 기능적 의미를 찾아낼 수 있고 때로는 이 체계가 특정한 사회과정의 영향을 받을 때 어떻게 변화하는가를 예측할 수 있다. 단, 이것은 이 체계 —— 범주들, 그들의 의미, 그들의 논리적 관계 —— 를 이미 알고 있을 때에만 해당된다. 사회-심리학에서 퍼스낼리티 이론은 그런 체계의 형성과 실천의 기초가 되는 동기의 역학을 밝혀낼 수 있고, 이 동기의 역학이 범주의 체계들을 실제로 적용하고 있는 사람들의 성격구조에 대해서 가지는 효과를 측정할 수 있다. 이것도 그러한 체계가 어떤 의미에서 이미 알려져 있을 때만 가능하며, 또한 개인이 자신과 타인을 어떻게 파악할 것인가를 어느 정도 알고 있을 때만 가능하다. 여기서 필요한 것은 이미 알고 있다고 여겨지는 것, 즉 개개인을 인식하는 상징형태에 포함되어 있는 개념구조가 실제로 무언인가를 발견하기 위한 단지 문학적이거나 인상주의적 방법이 아니라 오히려 체계적인 방법이다. 우리가 원하고 있지만 아직 가지고 있지 못한 것은, 특정한 시점에 특정한 사회를 대표하는 성원에 의해서 파악되는 경험(여기서는 개개인의 경험)의 의미 있는 구조를 기술하고 분석하는 진보된 방법으로, 그것은 한마디로 하면 문화의 과학적 현상학이다.

선행자, 동시대인, 동료 그리고 후계자

그렇지만 드물고 다소 추상적이기는 하지만 그와 같이 개념화된 문화 분석의 몇몇 시도들이 있었으며, 우리는 이런 실험의 성과로부터 우리의 보다 초점이 맞추어진 연구에 무엇인가 유효한 지침을 끌어낼 수 있다. 이런 연구 중에서도 보다 흥미를 가지게 하는 것으로 철학자이자 사회학자인 알프레트 슈츠의 연구가 있다. 그의 업적은 한편으로는 셸러, 베버 그리고 후설로부터의 영향과, 다른 한편으로는 제임스, 미드, 듀이로부터의 영향을 융합시키려는 시도로 대표되는데, 상당히 장대하지만 실패한 것은 아니다.[3] 슈츠는 자신이 인간의 경험에 있어서 "최고의 실재"——사람들이 직면하고, 그 가운데서 행동하며, 그것을 통해서 살아가고 있는 일상생활의 세계——로 간주했던 것의 의미구조를 밝혀내려고 항상 노력하면서 많은 주제를 다루었는데, 특정한 사회과정을 광범하게, 혹은 체계적으로 다룬 것은 거의 없다. 우리의 당면 목표를 두고 볼 때, 사변적 사회현상학에서의 그의 한 시도가 특별히 유익한 출발점을 제공한다. 즉 "같은 인간"이라는 전반적인 개념을 "선행자", "동시대인", "동료", "후계자"로 분류한 것이다. 개개인을 이와 같은 분류에 의해서 파악하는 발리인의 일단의 문화 패턴을 관찰함으로써, 매우 시사적인 방법으로 개인의 본성에 관한 개념, 시간의 질서에 관한 개념, 행위의 형태에 관한 개념 사이의 관계——이 관계가 문화 패턴 속에 암시되어 있는데——를 밝힐 수 있다.

그러한 구별 자체는 난해하지는 않지만, 그들이 정의한 부류들이 서로 겹치고 교차하고 있다는 사실이 분석적 범주에 필요한 엄밀성으로 기술하기 어렵게 한다. "동료"란 실제로 만나는 개개인이며, 일상생활 가운데에서 어디에선가 서로 우연히 마주치는 사람들이다. 따라서 그들은 일상적이고 피상적인 것에 불과하지만, 시간뿐만 아니라 공간도 공유한다. 그들은 적어도 조금씩은 "서로의 생활사(生活史)에 포함되어 있다." 그들은 자아, 주체, 자신으로서 직접적이고 개인적으로 상호 작용하면서, 적어도 단시간이나마 같이 늙어간

---

3) 이 분야에 있어서 Schutz의 연구를 개괄적으로 살펴보고 싶으면, M. Natanson 편, *The Problem of Social Reality*, Collected Papers, 1 (The Hague, 1962)를 참조하라.

다. 부부가 서로 이혼할 때까지, 또는 친구들이 사이가 틀어지기 전까지의 경우와 마찬가지로, 사랑이 지속되는 한 연인들은 동료라고 할 수 있다. 교향악단의 단원이나 운동경기의 선수들, 기차에서 잡담하고 있는 낯선 사람들, 시장에서 값을 깎으려고 실랑이하는 사람들, 또는 한 마을의 거주민들도 동료이다. 즉 직접적으로 얼굴을 맞대는 관계를 가진 사람들 모두가 동료라고 할 수 있다. 그러나 단순히 산발적으로 우연히 만난 사람들보다는 다소 지속적이고 내구성 있는 목적을 가지고 그런 관계를 가지는 사람들이 이 범주의 중심을 형성한다. 그밖의 사람들은 "동시대인"이라는 두번째 부류로 넘어간다.

동시대인은 시간은 공유하지만, 공간은 공유하지 않는 사람들이다. 그들은 (거의) 역사의 동시대를 살아가면서, 흔히 상당히 희박하나마, 서로 사회적 관계를 가지는 사람들이다. 그러나 적어도 통상적으로는 만나지 않는다. 그들은 직접적인 사회적 상호 작용에 의해서 연결되는 것이 아니라 서로의 전형적인 행동양식에 대해서 상징적으로 구성된 (즉 문화적인) 전제에 의해서 연결된다. 게다가 이 동료와 동시대인에 관련된 일반화의 수준은 정도의 문제이다. 동료의 관계에 포함된 연인으로부터 우연히 아는 사람 —— 물론 문화적으로 규제되는 관계이다 —— 에 이르기까지 사회적 연결고리가 전혀 모르는 익명의 관계로 표준화의 관계로, 그리고 대치될 수 있는 관계로 끝날 때까지 계속된다.

멀리 떨어져 있는 나의 친구 A에 대해서 생각해보면, 나의 동료로서 A에 대한 나의 과거 경험에 기초를 두고 그의 인성 및 행동의 이상적인 형태를 그려본다. 편지를 우체통에 집어넣으며, 집배원이라고 불리는 잘 모르는 사람이 그가 하던 대로, 내가 잘 알지는 못하지만, 내 편지를 적당한 시간 안에 수취인에게 전해줄 것이라는 것을 예상한다. 프랑스인이나 독일인을 만나본 적은 없지만, "왜 프랑스가 독일의 재무장을 두려워하는지에 대해서는" 이해를 한다. 영문법의 규칙을 따르기 위해서, 나는 [내 글에서] 동시대의 영어를 구사하는 동시대인 —— 그가 이해할 수 있도록 조정의 작업을 해야만 하므로 —— 과 같은 사회적으로 인정된 행위 패턴을 따른다. 그리고 끝으로 모든 물건이나 도구도 그것을 만든 익명의 동시대인에 관계된다. 그것들은 다른 익명의 동시대인에 의해서 전형적인 목적을 위해서 전형적인 방법으로 사용되기 위하여 만들어진 것이다. 이것들은 단지 몇 개의 예(例)일 뿐이다. 하지만 그들은 관련된 익명성을 증가시키는 정도에 따라서, 그것으로서 타인과 그 자신의 행위를 파악하기 위해서 필요한 구조로 배열된 것이다.[4]

---

4) 같은 책, pp. 17-18. 괄호가 추가되고, 단락짓기가 달라졌다.

마지막으로, "선행자"와 "후계자"는 심지어는 시간도 공유하지 않는, 원래 상호 작용하지 않는 개인들이다. 그리고 그런 대로 그들은 상호 작용하는 것이 가능하며 또한 실제로 상호 작용하고 있는 동료와 동시대인과 달리 하나의 부류를 형성한다. 하지만, 어떤 특정한 행위자의 관점에서, 그들은 거의 같은 의미를 가지고 있지 않다. 이미 살았던 선행자는 알려질 수 있고, 혹은 좀더 정확히 말해서 그들에 대하여 알 수 있다. 이런 경우의 특성상 그 역은 비록 성립하지 않을지라도, 그들이 수행했던 행위들은 그들을 선행자로 만든 사람들(즉 그들의 후계자)의 삶에 영향을 미칠 수 있다. 반면, 후계자는 도달하지 못할 미래의 아직 태어나지 않은 사람들이므로, 알려질 수 없고, 혹은 그들에 대해서도 알 수 없다. 그리고 그들의 삶이 그들을 후계자로 만든 사람들(즉 그들의 선행자)의 업적에 의해서 영향을 받을 수는 있을지라도, 그 역은 역시 성립하지 않는다.[5]

하지만 실증적 연구를 위해서는, 이러한 구분을 덜 엄격하게 하여 동시대인으로부터 동료를 구분하는 것처럼 그 구분이 상대적이며 매일의 경험에서 명확하게 드러나지는 않는다는 것을 강조하는 것이 더 유익하다. 몇 가지 예외를 제외하고, 우리보다 더 나이가 많은 동료들이나 동시대인들은 갑자기 과거로 사라져버리는 것이 아니라 나이를 먹고 죽는 동안 서서히 선행자가 되어간다. 우리는 선조의 견습생 노릇을 하는 동안, 자식들이 부모의 만년의 생활에 영향을 미치듯이, 선행자가 되어가고 있는 사람에게 영향을 미치기도 한다. 그리고 우리보다 더 나이가 적은 동료나 동시대인은 점점 자라서 우리의 후계자가 되고, 따라서 우리들 중에서 오래 산 사람은 누가 우리를 대신할지 아는 경우가 많고, 때로는 그의 성장방향에 대해서 어느

---

5) 한편으로는 "조상 숭배", 다른 한편으로는 "영혼신앙"이 존재하는 곳에서, 후계자는 (의례에 의해서) 그들의 선행자들과 상호 작용이 가능한 것으로, 선행자는 (영적으로) 그들의 후계자들과 상호 작용하는 것으로 간주될 것이다. 하지만 그런 경우에, 상호 작용이 진행되는 동안 관련된 "인간들"은 현상학적으로 선행자와 후계자가 아니라 동시대인 혹은 심지어 동료이다. 여기서 그리고 다음에 올 모든 논의에서 특성들은 외부의, 제삼자의, 관찰자의 관점이 아니라 행위자의 관점으로부터 형성된다는 것을 분명하게 명심해야 한다. 사회과학에서 연구한 행위자 지향적(가끔 "주관적"으로 잘못 불리는) 관점에 대해서는 T. Parsons, *The Structure of Social Action* (Glencoe, Ill., 1937), 특히 막스 베버의 방법론적 저술에 대한 장을 참조하라.

정도 영향을 끼치는 특권도 가지게 된다. "동료", "동시대인", "선행자" 그
리고 "후계자"는 개인이 서로 분류학적인 목적으로 명확히 틀을 지어 정리
된 상태로서가 아니라, 개인이 자신과 타인 사이에서 얻게 될 일반적이며
전체적으로는 명확하지 않은, 사실상의 관계로서 가장 잘 이해된다.

그러나 다시, 이러한 관계는 있는 그대로 인식되는 것이 아니라, 문화적
으로 그 관계를 구성한 매개를 통해서만 파악된다. 그리고 문화적으로 구성
되어 있으므로, 그들의 상세한 성격은 문화 패턴의 목록이 다른 것처럼 사
회마다 다르다. 동일한 사회에서도, 상황에 따라서 달라진다. 다수의 문화
패턴 중 몇 개가 상황에 비추어 적용이 적절하다고 여겨지기 때문이다. 또
비슷한 상황에서도 행위자 고유의 습관, 기호 그리고 해석이 존재하기 때문
에 행위자마다 다르게도 나타난다. 최소한 유아기를 넘어서면, 인간 생활에
서 특히 중요한 순수한 사회경험이라는 것은 없다. 모든 것들은 함축적인
중요성을 가진 것으로 변질된다. 사회집단, 도덕적 의무, 정치제도, 혹은 생
태학적 조건과 마찬가지로 동료도 그들을 객관화시키는 매체인 의미 있는
상징의 화면을 통해서만 이해된다. 따라서 그런 화면은 그들의 "실제의" 성
질에 관해서 중립적인 것이 아니다. 동료, 동시대인, 선행자 그리고 후계자
는 자연히 태어나는 것만큼 많이 만들어지는 것이다.[6]

발리인들의 인간-규정에 관한 질서들

발리에는[7] 한 인간을 고유한 개인으로 구별하기 위해서 적용하는 명칭에

---

6) 동료-동시대인-선행자-후계자의 구성은 환경-현대-선대-후대의 구성 —— 앞의 것이
이것에서 끌어낸 구성이지만 —— 과는 최소한 몇 가지 시각에서 결정적으로 다르다. 왜냐
하면 환경-현대-선대-후대의 구성에는 후설류의 "선험적 주관성"의 명백한 해석의 문제
는 없고, 베버류의 사회심리학적으로 발전했고 역사적으로 전달되는 "이해의 형식"이 문
제로 등장하기 때문이다. 다소 분명하지는 않지만, 이러한 대조에 대한 확장된 논의를 위해
서는 M. Merleau-Ponty, "Phenomenology and the Science of Man", *The Primacy of
Perception* (Evanston, 1964), pp. 43-55를 참조하라.
7) 다음으로 이어지는 논의에서, 나는 발리인의 경험을 엄격하게 조직적으로 배열하고 그것
들을 실재 존재하는 것보다 훨씬 더 등질적인 구조의, 보다 더 지속적인 존재로 제시하고
자 할 것이다. 특히 단언적인 진술들은 긍정적이건 부정적이건("모든 발리인들은……",

여섯 종류가 있다. 이를 전술한 일반적인 개념적 배경을 기초로 살펴보고자
한다. (1) 개인 이름, (2) 출생순서 이름, (3) 친족 명칭, (4) 테크노님
(teknonyms), (5) 지위 명칭(발리에 관한 문헌에서는 보통 "카스트 이름"이
라고 불렸다) 그리고 (6) 공적 명칭 —— 족장이나 지배자, 사제 그리고 신에
의해서 만들어진 유사한 직업적 칭호가 포함된다. 이런 다양한 명칭들은 대
개가 동시에 전부 사용되는 것이 아니라, 상황에 따라서, 때로는 개인에 따
라서 선택적으로 사용된다. 이 여섯 가지 명칭은 지금까지 쓰인 모든 종류
의 명칭을 가리키는 것이 아니다. 그러나 이 여섯 가지만이 일반적으로 알
려져 있고, 규칙적으로 사용되는 것들이다. 그리고 각각의 명칭이 단순히 유
효한 표식의 집합이 아니라 명확한 용어체계로 구성되어 있기 때문에, 나는
그것을 "인간-규정의 상징적 질서"라고 할 것이며, 그것을 먼저 순차적으
로 고려한 후, 다소 일관성 있는 집합체로서 고찰하려고 한다.

개인 이름

개인 이름에 의해서 규정된 상징적 질서는 형태적으로 가장 간단하고 사회
적으로 중요성이 가장 희박하므로 기술하기가 제일 간단하다. 모든 발리인은
개인 이름을 가지고 있지만, 자신이나 타인을 언급하거나 누군가를 부를 때도
거의 이 명칭을 사용하지 않는다(부모님을 포함한 선조 누군가를 개인 이름으
로 부르는 것은 사실 무엄한 것이다). 아이들은 좀더 자주 개인 이름으로 언급
되고 때로는 그 이름으로 불리기도 한다. 따라서 이 이름은 때때로 "아이의"
이름 또는 "작은" 이름이라고 불린다. 이 이름은 생후 105일째에 의례에 의해
서 명명되며 평생동안 변하지 않은 채로 지속된다. 일반적으로, 개인 이름은

"어떤 발리인들도……아니다") "내가 알고 있는 바로는……"이라는 의미가 함축되어 읽
혀야 한다. 그러므로 때로는 "이상(異常)"으로 여겨지는 예외는 짓밟히는 경우도 있을 것
이다. 여기서 민족지적으로 요약된 몇몇 자료에 대한 충분한 설명들은 H. Geertz와 C.
Geertz, "Teknonymy in Bali : Parenthood, Age-Grading, and Genealogical Amnesia",
Journal of the Royal Anthropological Institute 94 (제2부) (1964) : 94-108 ; C. Geertz,
"Tihingan : A Balinese Village", *Bijdragen tot de taal-, Land-en volkenkunde*, 120 (1964) :
1-33 ; C. Geertz, "Form and Variation in Balinese Village Structure", *American Anthro-
pologist* 61 (1959) : 991-1012 에서 살펴볼 수 있다.

좀처럼 듣기 어렵고 거의 공적인 역할을 하지 않는다.

그러나, 이렇게 사회적으로 중요하지 못함에도 불구하고, 개인 이름의 체계는 몇 가지 특성이 있기 때문에 좀 애매한 의미에서지만 발리인들의 인간관을 이해하는 데에 상당히 중요하다. 첫째로, 개인 이름은 적어도 평민(전체 인구의 약 90퍼센트 정도) 사이에서는 임의의 무의미한 음절들로 만들어진다. 개인 이름은 "평범한" 혹은 "비범한" 누군가 —— 조상, 부모의 친구, 유명인사 —— 의 이름을 따라서 붙인 사람의 이름에서처럼 제2의 의미를 부여하는 기존의 이름들로부터 선택되는 것이 아니며, 또한 어떤 친족관계를 나타내는 집단이나 지역의 행운이라던가 적절함이라던가 하는 제2의 의미를 부여하는 기존의 이름들 중에서 선택되지도 않는다.[8] 둘째로, 동일한 공동체—— 다시 말해서, 정치적으로 통합되어 있고 밀집된 취락(聚落) —— 안에서 개인 이름이 중복되지 않도록 신중히 피한다. 반자르(bandjar) 또는 "마을"이라고 불리는 취락은 순수한 가족의 영역을 벗어나서는 일차적 대면관계를 가진 집단이며, 어떤 면에서는 가족의 영역 내에서보다 더욱 친밀하다. 내혼율이 상당히 높고, 항상 통합되어 있는 마을은 발리인의 동료의 세계이다. 그리고 마을 내에서 모든 사람들은 사회적 수준에서는 뚜렷하지 않으나 적어도 완전히 고유한 문화적 정체성을 소유하고 있다. 셋째로, 개인 이름은 한 낱말로 되어 있으며, 따라서 가족 내의 관계, 혹은 어떤 집단의 귀속관계를 나타내지 않는다. 그리고 마지막으로, (아주 드문, 어떤 경우에나 부분적인, 예외를 제외하고) 별명이라는 것은 존재하지 않고, 귀족들간의 "사자의 심장을 가진 리처드"나 "지독한 이반"과 같은 종류의 통칭도 존재하지 않는다. 심지어는 아이들에게 이름을 줄여 붙이는 애칭이나, 연인, 배우자 등을 위한 애칭도 존재하지 않는다.

---

8) 평민의 개인 이름은 그 자체로는 의미가 없는 단순한 발명품인 반면, 상류층의 개인 이름은 흔히 산스크리트 원전으로부터 자주 따온 것이며, 무엇인가를 "의미한다." 보통 "고결한 전사"라든가 "용기 있는 학자"처럼 보다 과장된 것이다. 그러나 이러한 의미는 표시적인 것이라기보다는 장식적인 것이다. 그리고 대부분의 경우에 그 이름이 의미하는 것이 무엇인지는 (그것이 의미를 지닌다는 단순한 사실에 반해서) 정확하게 알려져 있지 않다. 농민의 의미 없는 이름과 상류층의 허황된 과장 사이의 이러한 대조는 문화적으로 의미가 없는 것이 아니라, 주로 개인적 본성의 영역이 아닌 사회적 불평등에 대한 표현과 인식의 영역에서 의미가 있다.

따라서 개인 이름의 체계에 의해서 표시된 인간-규정의 상징적 질서가 발리인을 서로 구별하게 하고 사회관계를 체계화하는 데에 역할을 한다고 해도 그것은 본질적으로 잉여적인 것이다. 즉 개인 이름이란 그 사람에게 붙여진 사회적으로 훨씬 더 부각되는 문화적 명칭들이 제거되었을 때에 그 사람에게 남는 것이다. 실제로 종교상의 의미로 개인 이름을 직접 사용하는 것을 기피하는 관습이 보여주듯이, 개인 이름은 대단히 사적인 것이다. 정말로, 인생의 말로에서 어떤 사람이 죽어서 화장을 한 후에 영적인 존재가 되기 일보 직전, 오직 그(또는 몇몇의 그와 같은 연배의 친구들)만이 그의 개인 이름을 알고 있으며, 죽음과 함께 이 이름도 소멸하는 것이다. 일상의 밝은 세계에서는, 문화적으로 이루어진 개인의 순수하게 개인적인 부분은 직접 접하는 동료로 구성된 공동체의 상황에서, 전적으로 자신만의 것으로 엄격하게 숨겨져 있다. 그와 함께 더 개성적이며, 단지 개인의 생활사에 관련되는 것으로 그의 존재의 지나가버리는 면(우리들의 보다 자기 본위의 틀에서는 그의 "인성"이라고 부르는 것)은 감추어지고, 보다 전형적이고 대단히 관례적이므로 지속적인 것들이 우선되는 것이다.

출생순서 이름

그러한 표준화된 명칭 중에서 가장 기본적인 것은 출생과 동시에 첫째, 둘째, 셋째, 넷째……인가에 따라서 형제자매의 일원으로서 자동적으로 받는 것으로, 심지어는 사산의 경우에도 부여된다. 지역에 따라서, 혹은 지위집단에 따라서 채용방식에는 차이가 있으나, 가장 보편적인 체계는 첫째 아이에게 와얀(Wayan), 둘째에게는 니요만(Njoman), 셋째에게는 마데(Made, 또는 능가[Nengah]), 그리고 넷째에게는 크투트(Ktut)라는 이름을 붙이며, 그 다음 아이부터는 이 순환을 반복하여 다섯째 아이는 와얀, 여섯째는 니요만이 된다.

이 출생순서 이름은 마을 안에서 어린이들과 아직 아이가 없는 젊은 남녀를 부르거나 지칭할 때 가장 자주 사용된다. 상대를 부를 때, 대개 개인 이름을 덧붙이지 않고 "와얀, 꽹이 좀 줄래" 등과 같이 간단하게 사용된다. 지칭할 경우에 출생순서에 개인 이름이 보충적으로 사용될 때가 있는데, 특히 그 마을에 수많은 와얀이나 니요만이 있어서 누구인지를 구별할 다른 어떤 방법이 없을 경우이다. 예를 들면, "아니, 와얀 루그루그 말고 와얀 케피그" 등이다. 부모가 자식을 부를 때 그리고 아직 자식이 없는 형제자매가 서로를 부를 때, 개인 이름이나 친족 명칭보다는 거의 예외없이 이 출생순서 이름을 사용한다. 그러나 자식이 있는 사람에게는 가족 내에서든 밖에서든 이 이름이 절대 사용되지 않고 테크노님이 사용된다. 따라서 **문화적으로 말하면**, 자식 없이 성인이 된 발리인(소수)은 아이의 단계에 있는 것이다 —— 상징적으로는 아이로 간주된다. 일반적으로 이 사실은 본인에게 대단히 수치스러운 일이고, 동료에게도 매우 당혹스러운 일이다. 그래서 동료들은 될 수 있으면 이들을 부르지 않으려고 한다.[9)]

따라서 사람을 규정짓는 데에 있어서 출생순서 체계가 나타내는 것은 개개인의 이름이 서서히 변화한다(혹은 근본적으로 변하지 않으며 겉으로만 변한다)는 사실을 나타내주고 있다. 그것은 사람을 네 개의 전혀 의미 없는 호칭에 따라서 구분하는데, 이러한 호칭은 진정한 의미에서의 서열을 정하는 것은 아니다(공동체의 모든 와얀 또는 크투트에게 어떤 개념적이거나 사회적인 의미를 부여하고 있지는 않기 때문에). 그것은 또한 (와얀이 니요만이나 크투트와 다른 공동의 심리적 또는 정신적 특징을 가진다는 관념은 없기 때문에) 그러한 순서 이름을 가진 개개인의 구체적인 특징을 표현하지도 않는다. 그 자체로서는 어떠한 문자상의 의미도 가지고 있지 않은(숫자도 아니고, 숫자로부터 유추되어온 것도 아닌) 이 출생순서 이름은 실생활에서 어떤 실제적이고 믿을 만한 방식으로 형제자매의 위치나 서열을 나타내지 못한다.[10)] 와얀은 첫째일 뿐만 아니라 다섯째(또는 아홉째)도 될 수 있다. 그리고 전통적인 농업인구의 구조 —— 엄청난 다산(多産) 그리고 유아기와 아

---

9) 물론, 그런 사람들이 (심리학적은 물론이고) 사회학적 용어로 아이로서의 역할을 한다는 것을 말하는 것은 아니다. 왜냐하면 그들은 동료들에게 불완전하기는 하지만 어른으로서 받아들여지기 때문이다. 그러나 아이를 가지는 데에 실패하는 것은 상당한 지역적 권력 혹은 위세를 열망하는 자에게는 분명한 핸디캡이다. 나는 마을회합에서 중요한 비중을 차지하는 사람으로 혹은 그로 인해서 사회적으로 주변적 위치에 처해 있지 않은 사람으로 아이가 없는 사람을 알았던 적이 없다.

10) 단순히 어원학의 관점에서 보면, 이들 이름은 어떤 막연한 의미를 가지고 있다. 왜냐하면 그것들은 "주도적인", "중간의", "그 다음의"를 지시하는 더 이상 쓰이지 않는 어근(語根)에 유래하고 있기 때문이다. 그러나 이러한 빈약한 의미들은 일상어로서는 쓰이지 않고, 쓰인다고 해도 거의 의미가 알려져 있지 않다.

동기의 높은 사산율과 사망률 —— 하에서는 마데나 크투트가 실질적으로 일련의 많은 형제자매 중에서 첫째가 될 수도 있고 와얀이 막내가 될 수도 있다. 그러한 명칭들이 자식을 낳은 모든 부부에게 암시하고 있는 것은, 출생이란 와얀, 니요만, 마데, 크투트, 또다시 와얀으로 시작하는 순환계승이 이루어져 끊이지 않고 무한히 네 단계를 되풀이한다는 것이다. 육체로서의 인간은 하루살이처럼 오고간다(태어나고 죽는다/역자). 그러나 사회적으로는, 그러한 자리들을 잇기 위해서 새로운 와얀과 크투트가 신들(왜냐하면 아기들 또한 신에 거의 가까운 존재이므로)의 시간을 초월한 세계로부터 나타난 것처럼, 등장인물은 영원히 남는 것이다.

친족 명칭

공식적으로, 발리인의 친족 용어는 형태 면에서는 매우 간단하다. 전문적으로는 "하와이형(形)"이나 "세대형"으로 알려져 있다. 이런 종류의 체계에서는, 개인은 주로 그 자신의 세대와의 관계에 의해서 친척들을 분류한다. 다시 말해서, 형제자매들, 이부모(異父母)의 형제자매들 그리고 사촌들(그리고 그들의 배우자의 형제자매 등)은 똑같은 용어로 분류된다. 모든 양쪽의 삼촌들과 숙모들은 용어상으로는 어머니 및 아버지와 함께 분류되며, 모든 형제, 자매, 사촌 등의 모든 아이들(즉 각종 조카들)은 자신의 자녀들과 동일시된다. 아래로는 손자, 증손자 등의 세대로, 위로는 조부, 증조부 등의 세대로 이어진다. 행위자에게 있어서, 전체적인 형태는 친족들로 이루어진 몇 개의 층으로 된 케이크의 모양이 된다. 각각의 층은 서로 다른 세대의 친족들로 구성된다 —— 행위자의 부모나 자식들, 그의 조부모와 손주 등의 층으로 되어 있으며, 출발점이 되는 그 자신의 층은 케이크의 정확히 중앙에 위치하게 된다.[11]

이런 종류의 체계에서, 발리에서 그것의 활용에서 가장 중요한 (그리고 다소 독특한) 사실은 그런 체계가 포함하고 있는 용어들은 호칭으로서는 거

---

11) 사실, 발리인의 명칭체계는(아마도 다른 어떤 체계도) 순전히 세대적인 것은 아니다. 그러나 여기서의 의도는 그것의 정확한 구조가 아니라 단지 그 체계의 일반적 형식을 전달하는 것이다. 충분한 용어학적인 체계를 위해서는 H. Geertz와 G. Geertz, "Teknonymy in Bali"를 참조하라.

의 사용되지 않으며, 특정의 친족을 언급할 때만 (지칭으로서만/역주) 쓰인다는 것이며, 그것도 자주 쓰이지는 않는다는 것이다. 즉 희소한 예외를 제외하고는, 실제적으로 자신의 아버지(또는 삼촌)를 "아버지"라고 부르지 않으며, 자신의 아이(또는 조카나 조카딸)를 "아이"라고 부르지 않고, 자신의 형제(또는 사촌)를 "형제"라고 부르지 않는다. 계보상으로 손아래에 해당하는 친척에게는 호칭은 존재하지조차 않는다. 손윗사람에 대한 호칭은 존재하지만, 개인 이름으로 부르는 것이 실례인 것처럼 친족 명칭으로 부르는 것도 실례인 것처럼 느낀다. 사실상, 지칭으로서의 친족 명칭이 쓰이는 것도 반드시 특정한 친족관계에 대한 정보를 전달하는 것이 특별히 필요할 때뿐이며, 일반적인 방법으로 그 사람이 누구인가를 나타내기 위해서는 거의 쓰이지 않는다.

친족 명칭이 공식적으로 쓰이는 것은 어떤 질문에 대해서 대답할 때 친족관계의 사용이 적절하다고 느껴지는 관점에서, 이미 발생한 어떤 사건을 묘사하는 경우, 또는 일어날 것으로 예상되는 경우뿐이다("당신은 레그레그 아버지의 삭치 의례에 갈 것입니까?" "예, 그는 저의 '형제'입니다"). 이처럼 가족 내의 호칭과 지칭은 일반적으로 마을 내에서와 마찬가지로(혹은 훨씬 더) 친밀한 것은 아니며, 친족의 유대를 표현해주는 것도 아니다. 아이가 사람들을 바르게 부르는 것이 가능할 만큼 성장하면 (아이에 따라서 다르지만, 예를 들면 여섯 살 때) 아이는 그의 어머니와 아버지를 부모를 알고 있는 사람이라면 누구든지 사용하는 것과 동일한 용어 —— 테크노님, 지위집단의 명칭, 혹은 공식적인 명칭 —— 로 부른다. 그리고 본인은 부모에 의해서 와얀, 크투트 등으로 불린다. 그리고 부모에 대하여 말할 때는, 부모가 듣고 있을 때나 그렇지 않을 때나 한 가지로 가족 외에서 사용되고 있는 이 잘 쓰이는 용어를 사용할 것이다.

요약하면, 발리인들의 친족 명칭 체계는 대면적(對面的) 관계의 명칭으로서가 아니라 주로 분류를 위한 명칭으로, 사회적 상호 작용에서의 상대방으로서가 아니라 사회적 상황의 영역들을 점하고 있는 사람으로서 개인을 규정짓는다. 그것은 특정한 사람들이 위치할 수 있는 문화 지도(map)로서 거의 완전하게 가능하며, 다른 종류의 사람들이 풍경의 일부처럼 이 지도에 들어 있을 수는 없다. 물론, 일단 그러한 결정이 내려지고 구조에서의 한 사람의 위치가 확정되면, 적절한 개인간의 행동에 대한 개념들이 이어진다. 그러나 중요한 점은, 구체적인 행위에서 친족 명칭은 거의 배타적으로, 행동을 위해서가 아니라 확인을 위하여 사용되며, 행동의 패턴에 대해서는 다른 상징수단이 지배적이라는 것이다.[12] 친족관계와 연관된 사회적 규범은 존재하기는 하지만, 종교나 정치 그리고 가장 기본적으로 사회계층에 연결되어 있는 문화적으로 더 잘 무장되어 있는 규범에 의해서 습관적으로 무시된다. 심지어 친족집단 자체(가족, 세대[世帶], 종족)의 내부에 있어서도 그러하다.

친족 명칭이 순간순간의 사회생활의 흐름을 형성하는 데에 다소 이차적 역할밖에 담당하고 있지 않음에도 불구하고, 그 체계는 개인 이름의 체계와 같이 발리인의 인간관에 비록 간접적일지라도 중요하게 기여한다. 왜냐하면, 중요한 상징들의 체계로서 개념의 구조를 형성하여, 개개인은 이 구조를 통해서 다른 사람은 물론이고, 자기 자신을 이해하는 것이다. 개념의 구조는 이와는 달리 형성되고 다양하게 적용된 인간-규정의 질서에 포함된 구조와 뚜렷하게 조화를 이룬다. 여기서 또한 주요한 요소는 형태의 반복을 통해서 시간을 부동화시키는 것이다.

이러한 반복은 발리의 친족 용어의 한 측면으로 달성되는 까닭에 이에 대해서 언급하지 않을 수 없다. 행위자 자신의 세대로부터 위로 3대, 아래로 3대에 있어서의 명칭은 서로 완전히 대응하고 있다. 다시 말해서, "증조부"와 "증손자"를 위한 용어는 쿰피(kumpi)로 동일하다. 그 두 세대 그리고 그두 세대를 구성하고 있는 개인들은 문화적으로 동일시된다. 상징적으로, 한인간은 그가 살아 있는 인간으로서 상호 영향을 미칠 것 같은, 위쪽으로 가장 먼 선조와, 아래쪽으로 가장 먼 후손과 동등하게 여겨진다.

실제로 이런 상하 대응하는 용어는 네 세대, 심지어는 그 이상까지 계속된다. 그러나 사람의 생명이 자신의 고조부(혹은 고손)의 인생과 겹쳐지는 경우는 극히 드문 까닭에 이 위아래의 명칭의 연결은 오로지 이론적인 중요성만 지니고 있을 뿐이며, 대부분의 사람들은 이렇게 관련된 명칭에 대해서

---

12) 이와 유사한 것으로 친족 용어들의 "정렬하는" 측면과 "역할을 표시하는" 측면의 차이점에 관해서는 D. Schneider와 G. Homans, "Kinship Terminology and the American Kinship System", *American Anthropologist* 57 (1955) : 1195-1208을 참조하라.

알지도 못한다. 우리(서양 사람들/역주)의 인생 70년에서처럼 (발리 사람들에게는/역주) 4세대의 깊이(행위자 자신의 세대와 위로 3세대 혹은 아래로 3세대)가 이룰 수 있는 이상(理想), 그 이미지로 여겨지는 것이다. 이 4세대의 깊이와 관련하여 쿰피(증조부)-쿰피(증손)의 명칭은 감정이입적인 문화적 중요성을 지닌다.

이런 점은 죽음에 관계된 의례에 의해서 더욱 강조된다. 어떤 사람의 장례식에서, 그의 손아래인 모든 친척들은 상여 앞에서 그리고 후대는 묘(墓)의 옆에서, 힌두식으로 양손을 이마 앞에 모으고 떠나지 못하고 있는 그의 영혼에 경의를 표해야만 한다. 그러나 장례식의 신성한 중심이 되는, 이 거의 절대적인 의무는 그의 "손자"의 세대에 해당하는 손아래 3대째 세대의 친족까지에서 끝난다. 고인이 증손자에게 쿰피인 것처럼 "증손자"도 그의 쿰피이다. 따라서 발리인들은 증손자는 고인보다 실제로 젊은 것이 아니라 "같은 나이"라고 말한다. 따라서 증손자들은 고인의 영혼에 대해서 경의를 나타낼 것을 요구받지 않을 뿐 아니라, 그렇게 하는 것이 오히려 분명하게 금지되어 있다. 사람은 오직 신이나 신과 같은 손윗사람에게만 기도를 할 뿐, 그의 동년배나 손아랫사람에게는 하지 않는다.[13]

이와 같이 발리인들의 친족 용어는 일정한 행위자의 입장에서 볼 때 인간을 세대의 층들로 분류할 뿐만 아니라 이들 층을 연속적인 평면으로 만든다. 그 연속적인 평면은 "가장 낮은 사람"을 "가장 높은 사람"에 연결시킨다. 그러므로 그것을 몇 개인가의 층으로 이루어져 있는 케이크와 같은 형태로 생각하기보다는 "자기 자신", "부모", "조부모", "쿰피", "손자" 그리고 "자식"으로 불리는 여섯 개의 가로줄 무늬를 표시한 원통의 이미지로 생각하는 것이 아마 더욱 정확할 것이다.[14] 언뜻 보기에는, 세대의 끊임없는 연속을

---

13) 같은 이유로 고인과 동일한 세대에 속하는 노인도 기도하지 않는다.

14) 쿰피 단계를 넘어서서 계속되는 명칭은 이러한 견해에 반대되는 논의인 것처럼 보이나, 사실은 그것을 지지한다. 왜냐하면, 아주 드문 경우이지만, 어떤 사람이 ("실제로" 혹은 "분류학상으로") 고손(Kelab)을 보고 죽었을 때 그의 고손은 기도할 만한 충분한 나이가 되었다고 하더라도 역시 그렇게 하는 것이 금지된다. 그러나 여기서는 그가 고인과 "동년"이기 때문이 아니라, 그가 "(한 세대) 더 위이기" 때문이다 —— 예를 들면, 고인의 "아버지"와 같아지는 경우이다. 마찬가지로, 고손 켈랍을 볼 정도로 충분히 오래 산 사람은 그 고손이 유아기를 지나서 죽게 되면 그 아이의 무덤 앞에서 혼자서 참배를 한다. 왜

강조함으로써 상당히 통시적인 구성인 것처럼 보이나, 사실은 그런 연속의 본질적인 비실재성 —— 어쨌든 그런 것은 중요할 것이 없다는 것 —— 에 대한 단언이다. 연속성의 감각, 즉 시간을 통해서 일련의 방계친이 다음에서 다음으로 이어져간다는 감각은 환상이다. 이 환상은 대부분이라고는 할 수 없어도 많은 명칭체계에서처럼 사람들이 나이를 먹고 죽어가면서 그 사람과 그의 친척 간의 직접적 상호 작용이 변해가는 성격을 형성하는 듯한 것으로 명칭체계를 받아들이는 데에서 생긴다. 누군가 발리인이 하듯이, 사람들이 가진 가족관계에서 가능한 여러 형태를 상식적인 분류체계로, 친족을 자연집단으로 명칭체계를 분류해보았을 때, 원통 위의 가로줄 무늬가 나타내왔던 것은 살아 있는 인간의 장유(長幼)의 순서에 관한 계보적인 질서라는 것이 분명해진다. 이들 명칭은 반복되지 않는 역사과정에서의 연속적인 세대의 존재를 나타내는 것이 아니고, 공존하는 세대들 사이의 정신적인 (그래서 마찬가지로 구조적인) 관계성을 묘사하는 것이다.

테크노님

개인 이름이 군사기밀처럼 취급되고, 출생순서 이름은 주로 아이들과 사춘기의 젊은이들에게 적용되는 것이고, 친족 명칭은 기껏해야 산발적으로 그리고 단지 부차적인 열거를 목적으로 인용된다면, 대부분의 발리인들은 서로 어떻게 부르고 언급하는가? 대부분의 농민들은 테크노님에 의해서라고 대답할 것이다.[15]

부부의 첫번째 아이에게 이름이 지어지면, 사람들은 그 부모를 레그레그, 풀라 —— 혹은 그 이름이 무엇이건 그것을 따라서 —— 의 "아버지"및 "어

나하면 그 아이는 그보다 (한 세대) 위이기 때문이다. 원칙적으로 이 패턴은 더 먼 친척들에게도 적용된다. 그러나 그때는 발리인들이 죽은 자나 아직 안 태어난 자에게는 친족 명칭을 사용하지 않기 때문에, 문제는 "그런 일이 없어서 하고 있지는 않지만 만일 그런 일이 있다면 우리는 그들을 그렇게 부르고 그렇게 대할 것입니다"라는 말에서처럼 완전히 이론적인 것이 된다.

15) 인칭대명사는 또 다른 가능성이다. 이것은 개인을 규정하기 위한 또 다른 상징적 질서로 간주될 것이다. 그러나 이것은 표현이 어색해지는 것을 무릅쓰더라도 가능한 한 사용되지 않는 경향이 있다.

머니"로 부르거나 언급하기 시작한다. 이 부부는 첫번째 손자가 태어날 때까지 계속해서 이렇게 불린다(자기 자신에 대해서도 그렇게 말한다). 손자가 태어나면 수다, 릴리르, 그외 손주의 이름이 무엇이건 간에 "……의 할아버지"와 "……의 할머니"로 불리고 언급되게 된다. 만일 그들이 증손이 생길 때까지 산다면 마찬가지로 호칭이 바뀐다.[16] 이와 같이, 쿰피에서 쿰피로 이르는 "자연의" 네 세대의 기간에 한 개인을 알려주는 용어는 세 차례 변화를 겪는데, 처음엔 그 자신이, 다음엔 그의 아이 중 적어도 한 명이, 마지막으로 그의 손자 중 적어도 한 명이 자손을 출산할 때에 이러한 변화가 발생한다.

대부분의 사람들은 아니라도 많은 사람들은 그처럼 오래 살지도 못하고, 자손의 풍요를 누리지도 못한다. 또한 광범하고 다양한 여러 요소들이 개입하여, 이 단순화된 도식을 복잡하게 만드는 것도 사실이다. 그러나 그런 세세한 사항들은 논외로 하고, 우리의 관심은 이곳에 문화적으로 아주 특별하게 발전되고, 사회적으로 특별한 영향력을 행사하는 테크노님의 체계가 있다는 점에 있다. 이러한 점은 발리인들 그 자신이나 동료들에 대한 개인적 인식에 어떤 영향을 미치는가?

그것의 첫번째 영향은 부부를 한 쌍으로 인식하게 된다는 것인데, 우리 사회(서양 사회 / 역주)의 신부가 남편의 성을 가지게 되는 것과 같다. 단 이것을 초래하는 것은 결혼의 행위가 아니고 출산의 행위이다. 상징적으로 부부간의 고리는 그 부부의 자식, 손자, 혹은 증손에 대한 공통의 관계에 의해서 표현된다. 그것은 처의 남편의 가족(결혼은 내혼제인 경우가 매우 많기 때문에 그렇지 않더라도 처가 속해 있는 가족)에로의 통합에 의해서 표현되

---

16) 자손의 개인 이름을 테크노님의 일부분으로 사용하는 것은 그런 이름들의 공적인 유통이 결여되어 있다는 이전의 나의 진술과 전혀 상충되지 않는다. 여기에서의 "이름"이라는 것은 테크노님을 가진 인간에 관한 명칭의 한 부분을 말한다. 이름의 시조가 되는 아이의 이름은 (내가 말할 수 있는 한) 독립적으로 어떠한 상징적인 가치를 전혀 지니지 못한 채, 전적으로 참조의 측면에서만 사용된다. 만일 그 아이가 아직 유년기임에도 불구하고 죽는다고 하더라도 일반적으로 그 테크노님은 변하지 않고 유지된다. 이름의 시조가 되는 아이는 그의 부모에게 말할 때나 부모를 부를 때에 자신의 이름을 포함하고 있는 테크노님을 매우 자신 있게 사용한다. 그의 이름이 그의 부모나 조부, 증조부의 테크노님에 차용되기 때문에 다른 형제들과 다르다거나, 어떤 특권을 가진다는 개념은 전혀 없다. 좋아하는 이름이나 혹은 더 능력 있는 후손의 이름을 포함하고자 테크노님을 바꾸는 일 등은 없다.

는 것은 아니다.

이 한 쌍의 남편과 아내 ―― 혹은, 좀더 정확하게, 아버지-어머니 ―― 는 경제적, 정치적 그리고 정신적으로 상당한 중요성을 가지고 있다. 실제로 이 것은 사회를 구성하는 기초가 된다. 독신남자는 마을회의에 참여할 수 없는 데, 그 의석은 결혼한 부부에게만 허용된다. 그리고 또한 아주 적은 예외를 제외하고는, 자식을 가진 자만이 거기서 비중 있는 영향력을 행사한다(실제 로 어떤 마을에서는 자식을 낳을 때까지 의석을 가지지 못하는 경우도 있 다). 출계집단, 임의(任意) 단체, 수리 조합, 사원의 신도집단 등에서도 마찬 가지이다. 실제로 종교적 활동에서 농사에 이르기까지, 모든 사회적 활동에 부부 단위로 참가하여 남자는 특정한 업무를 수행하고 여자는 보조적 업무 를 수행한다. 테크노니미는 자식 중 한 명의 이름을 자신의 이름에 붙이는 것 을 통하여 부부를 결합시킨다. 그리고 이것에 의해서 지역사회에서의 결혼한 부부 단위의 중요성과 출산에 대한 엄청난 가치의 양자 모두를 강조한다.[17]

이러한 가치관은 테크노님의 광범한 사용이 가져오는 제2의 문화적 영 향에서도 더욱 분명하게 드러난다. 이것은 개개인을 더 나은 호칭이 없으 므로 일단 생식계층이라고도 할 수 있는 어떤 것으로 분류한다. 누구의 관 점에서 보든지, 마을 사람들은 와얀, 마데 등으로 불리는 자식이 없는 사 람과, "……의 아버지(어머니)"로 불리는 자식이 있는 사람, "……의 할아 버지(할머니)"로 불리는 손자가 있는 사람으로 구분된다. 이 서열에는 사 회적 위계의 일반적 이미지가 결부되어 있다. 자식이 없는 사람들은 의존 적 소수로, "……의 아버지"들은 공동체의 삶을 주도해나가는 활동적 시민 으로, "……의 할아버지"들은 뒤에서 현명한 조언을 던지는 존경받는 사람 들로, "……의 증조 할아버지"들은 이미 반은 신들의 세계로 돌아간 노쇠한 부양가족으로 인식된다. 어떤 경우에라도, 너무 도식적인 듯한 이 틀을 실제 로 적용 가능한 사회적 위계를 만들 것 같은 형태로 현실에 맞도록 조정하 는 데에 여러 장치들이 동원된다. 이러한 조정을 통하여 실제로 사회적 계

---

17) 이것은 또한 여기서 논의해온 개인을 규정하는 모든 체계를 관통하는 또 다른 주제를 강 조하는데, 이것은 대부분의 사회적 역할과 관련하여 실제로 상호 교환될 수 있는 성(性) 의 차이를 최소화시키는 것이다. 이 주제에 관한 흥미 있는 논의에 관해서는 J. Belo, *Rangda and Barong* (Locust Valley, N. Y., 1949)을 참조하라.

442

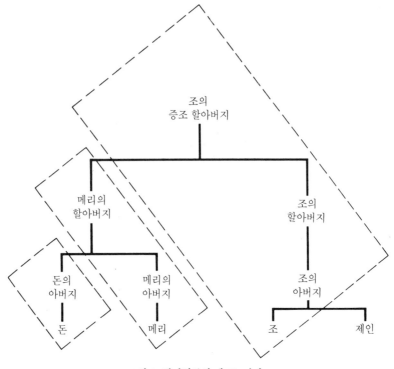

그림 1. 발리인들의 테크노미니

주 : 메리는 돈보다, 조는 메리, 제인 그리고 돈보다 나이가 많다. 그들이 누구의 후손이면서 또한 선조가 되는 것은 물론 제외하고, 다른 사람들과의 상대적 나이를 따지는 것은 테크노미니와 관련해서는 무관하다.

층이 실제로 만들어지며, 결과적으로 자식이 있느냐라는 "생식적 지위"는 그 자신과 다른 사람들의 시각 모두에서 사회적 정체성의 주요 요소가 된다. 발리에서 인생의 단계는 생물학적인 노쇠의 과정이 아닌 사회적 재생의 과정으로 파악되고, 생물학적으로 나이를 먹어가는 과정에는 문화적 관심이 주어지지 않는다.

그러므로 중요한 것은 단순한 재생산 능력, 즉 한 사람이 얼마나 많은 아이들을 출산하는가 하는 문제가 아니다. 열 명의 아이를 출산한 사람이 다섯 명의 아이를 가진 사람보다 더 영예로운 것은 아니며, 단 한 명의 자식이 있는 부부도 그 자식이 또 다시 단 한 명의 자식이라도 출산하게 되면 그 부부의 지위는 다섯 명이나 열 명의 자녀를 둔 부부보다 우세해진다. 중요한 것은 생식의 연속성인데, 이는 사회가 그 자신을 지금과 같이 유지하는 능력을 보존하는 것이다. 이것이 테크노니미의 제3의 효과인데, 생식의 연대적 지속의 특질이 가장 명확하게 드러나는 요소이다.

발리인들의 테크노니미가 그러한 연대를 표현하는 방식은 모델 다이어그램(그림 1)과 같이 나타낼 수 있다. 이해하기 쉽도록, 남자의 테크노님만을 나타냈으며, 준거가 되는 세대에 대해서는 영어 이름을 사용했다. 또한 테크노님의 사용이 명조(名祖: 이름의 유래가 되는 인물 / 역주)의 자손들의 계보적 서열(혹은 성별)이 아니라, 그들의 절대연령을 반영한다는 사실을 강조하도록 그림을 배열했다.

그림 1에서 보이듯이, 테크노니미는 단지 생식상의 지위뿐만 아니라 2대, 3대, 4대(매우 드물게는 5대까지도)에 이르는 생식상의 지위의 계속을 나타낸다. 어떤 특정의 연속체가 선택될지는 매우 우연적인데, 메리가 조보다 먼저 태어났거나, 혹은 돈이 메리보다 먼저 태어났더라면, 전체 배열은 달라졌을 것이다. 개인이 불릴 이름이 정해지면 그때부터 상징적 인식의 대상이 되는 특정한 부모와 자식의 고리가 생긴다. 이것은 우연의 문제로 필연적인 것은 아니라고 해도 그런 고리가 주목되는 것은 발리인들간의 개인적 정체성에 관한 중요한 요소를 강조한다. 각 개인은 그들의 조상(그것은 죽은 자에게 덮여지는 문화적 베일로 인하여 알려져 있지도 않다)이 누구인가로 인식되는 것이 아니라, 오히려 그가 누구의 부모(조부모, 증조 부모)인가로 인식되는 것이다. 개인은 세계의 많은 사회에서처럼, 누군가를 낳은 사람, 즉 다소 먼 곳에 있는, 그 사람의 계보의 위대한 창시자인 듯한 사람에 의해서 파악되는 것이 아니다. 인간은 그가 출산한 자에 의해서 파악된다. 즉 인간은 특정의 개인, 그것도 누군가의 자식, 손주, 증손이라는 대부분의 경우 아직 살아 있고, 아직 덜 자란 인간에 의해서, 즉 특정한 생식의 고리에 의해서 그 관계를 찾을 수 있는 인간에 의해서 규정된다.[18] "조의 증조 할아버지", "조의 할아버지", "조의 아버지"를 묶어주는 고리는, 어떤 의미에서는 조를 낳는 일에 그들이 함께 협력했다는 것이다 —— 즉 일반적으로는 발리

---

18) 이런 의미에서, 출생순서 이름은 좀더 세련된 분석에서는, "제로의 테크노님"으로 정의될 수 있으며, 이러한 상징적 질서에 포함될 수 있다. 와얀, 니요만 등으로 불리는 사람은 아무도 출산하지 못한 사람이며, 어떤 후손도 (어쨌든 아직까지는) 없는 이들이다.

인들 전체의, 특별히 그 마을의 사회적 신진대사를 유지하는 일에 협력했다
는 것이다. 여기에서 시간적 과정을 찬미하는 것으로 보이는 것은, 사실 물
리학의 용어를 빌리자면, 그레고리 베이트슨이 적절히 사용한 "안정된 상황
(steady state)"의 유지에 대한 축하인 것이다.[19] 이런 테크노님 제도하에서,
전체 인구는 사회의 재생을 담당하고 있는 인구의 하위 집단(곧 부모가 될
집단)과의 관계로서, 혹은 그 하위 집단이 표시하는 것에 의해서 분류된다.
이런 측면에서, 증조 할아버지라는 인간의 상태 중 가장 연로한 상태마저도
불멸의 현재를 이루는 하나의 요소로서 인식된다.

지위 칭호

이론적으로, 발리에 있는 모든 (혹은 거의 모든) 사람들은 하나 혹은 그
이상의 칭호를 가지고 있다. 예를 들면, 이다 바구스(Ida Bagus), 구스티
(Gusti), 파세크(Pasek), 다우(Dauh) 등이다. 이 칭호들은 개인을 발리의 지
위 사다리의 특정한 지위에 위치시킨다. 그리고 각 칭호는 문화적인 우열의
정도를 표현하고 이에 따라서 사람들은 서로에게 혹은 다른 사람에게 존경
을 표한다. 이렇게 모든 발리인들은 상하로 계급이 있는 일련의 카스트로
분류된다. 사실, 카스트라는 용어로 이 체계를 분석하려고 시도했던 많은 학
자들이 발견했듯이, 발리인들의 카스트 제도는 훨씬 더 복잡하다.

몇몇 하위 계급에 속한 마을 사람들(또는 그들의 부모들)은 자신의 칭호
가 무엇인지 "잊어버렸다"고 주장할 뿐 아니라, 장소에 따라서, 때로는 정
보 제공자에 따라서도 칭호의 서열에 현저한 모순이 드러난다. 그 뿐 아니
라 칭호가 세습적임에도 불구하고, 칭호를 바꿀 방법이 있다. 이것들은 매일
일어나는 이 제도와 관련된 아주 사소한(재미없지는 않지만) 일들일 뿐이

---

19) G. Bateson, "Bali : The Value System of a Steady State", M. Fortes 편, *Social Structure :
Studies Presented to Radcliffe-Brown (New York, 1963), pp. 35-53. 베이트슨은, 약간
빗나가긴 했지만, 발리인의 사고의 시간을 억제하는 특색을 최초로 지적한 사람이며, 나
의 관심의 초점이 더 명확해진 것도 그의 일반적 관점에서 많은 자극을 받았다. "An Old
Temple and a New Myth", *Djawa* (Jogjakarta) 17 (1937) : 219-307을 참조하라[이는 현
재 J. Belo 편, *Traditional Balinese Culture* (New York, 1970), pp. 384-402 ; 111-136에
전재되었다.]

다. 중요한 것은 지위 칭호가 집단에 붙여지는 것이 아니라 개인에게만 붙여
진다는 것이다.[20] 발리에서 지위는, 적어도 칭호에 의해서 결정되는 이러한
지위는 개인적인 속성이다. 그것은 어떠한 사회구조적 요인에 지배되지 않
는다. 물론, 이것은 아주 중요한 실제적인 결과를 가져오고, 이 결과들은 친
족집단에서부터 정부조직에 이르는 다양하고 넓은 사회적 배열에 의해서
일어나고, 또한 그것을 통해서 표현된다. 그러나 데와(Dewa), 풀로사리
(Pulosari), 프링(Pring), 마스파단(Maspadan) 등이 되기 위해서는 기본적으
로 이들 칭호를 가질 수 있는 상속된 권리뿐만 아니라 사람들이 이 칭호와
관련된 경의를 그에게 보인다는 증거가 있어야 한다. 그것은 어떤 특정한
역할을 한다든가, 특정한 집단에 속한다든가, 아니면 어떤 특정한 경제적,
정치적, 종교적 지위을 차지한다는 것을 의미하지 않는다.

　지위 칭호 체계는 순수한 위신의 체계이다. 당신에게 어떤 사람의 칭호가
주어지고 또 그 사람에게 당신의 칭호가 알려진다면, 이것은 그 사람과 맺
고 있는 다른 사회적 관계가 무엇인가와는 상관없고, 인간으로서 그를 어떻
게 생각하는가와도 상관이 없다. 모든 공적인 생활에서 실제적으로 당신은
그 사람에게 어떤 대접을 해야할지, 그 사람은 당신에게 어떤 태도를 취할지
정확히 알 수 있다. 발리인들의 예절은 아주 발달되어 일상생활의 거의 모든
영역에서 사회적 행동의 형식을 엄격히 통제한다. 말하는 스타일, 태도, 옷,
식사, 결혼, 가옥의 건축양식, 매장지, 화장(火葬) 방식 등이 모두 관례적인 엄
격한 규칙에 의해서 패턴화되어 있다. 이 규칙은 사회적으로 우아하게 하려는
열정보다는 영향력 있는 초자연적 고려에서 유래되어 발전해온 것이다.

　지위 칭호 체계와 그것이 표현하는 예절체계에 구체화된 인간의 불평등
한 구분은 도덕적이거나 경제적이거나 정치적이지 않고 종교적이다. 이러한
구분은 신성의 질서를 일상의 상호 작용에 반영한 것으로, 이 질서를 기초
로 의례의 형태가 형성되는 것으로 생각된다. 한 사람의 칭호는 그의 부나

20) 발리에 얼마나 많은 칭호가 있는지(아마도 100개가 넘을 것이다)는 밝혀진 적이 없고, 또
　 각각의 칭호에 속한 개인이 몇 명이나 되는지도 알려져 있지 않다. 왜냐하면, 이것에 대한
　 조사가 한 번도 이루어진 적이 없기 때문이다. 내가 집중적으로 연구한 발리 남동부의 네
　 부락에는 총 32개의 서로 다른 칭호가 있었다. 그리고 한 칭호에 속한 사람들의 수는 최고
　 약 250명, 최소 한 명이었고, 중위수는 50-60명이었다. C. Geertz의 "Tihingan : A
　 Balinese Village"를 참조하라.

권력, 도덕적 평판 등을 나타내지 않고 다만 그의 영적인 자질을 보여준다. 그래서 그의 칭호와 세속적인 지위 사이의 불일치는 엄청나게 클 수도 있다. 발리에서 가장 위대한 활동가 중 어떤 사람은 아주 무례하게 대접받기도 하고, 아주 정중히 대접받는 사람도 실제로는 전혀 존경받지 않는 사람일 수도 있다. 칭호가 사람에게 명예를 가져오는 것이 아니라 사람이 칭호에 명예를 가져온다는 마키아벨리의 말보다 더 발리인들의 정신과 동떨어진 것을 생각해내기란 어려운 일일 것이다.

발리인들에 따르면, 모든 칭호는 신으로부터 주어진 것이다. 각각의 칭호는 마치 무슨 신성한 상속물처럼 아버지에게서 아들로 —— 항상 불변이라고는 할 수 없으나 —— 내려왔다. 칭호들 사이에 존재하는 명예의 차이는 각 칭호를 가지기를 희망해왔던 사람들이 어느 정도로 각 칭호가 요구하는 정신적인 약정 수준을 준수하느냐에 의해서 결정된다. 어떠한 칭호를 가지기 위해서는, 적어도 암시적이라도, 그 칭호가 요구하는 신성한 수준의 행동을 만족시키거나 그것에 근접해야 한다. 그러나 모든 사람이 같은 정도로 이것을 할 수는 없다. 그 결과 각 칭호 사이의 수준과 그 칭호를 가진 사람의 수준에 차이가 생긴다. 사회적인 지위와 다른 문화적인 지위는, 여기서 다시 한번 신성함과의 거리를 반영하는 것이다.

사실 모든 칭호는 그것과 관련한 신화적인 사건을 가지고 있다. 이 사건들은 그 성격이 아주 구체적이고 칭호를 가진 한두 명이 정신적으로 의미가 있는 중요한 실수를 한 사건도 포함하고 있다. 이러한 잘못 —— 이것을 죄라고 할 수는 없다 —— 은 그 칭호의 가치하강의 정도, 즉 초월적인 상태에서 전락한 정도를 정해주어서 적어도 일반적으로 전체의 명예 척도에서 그 칭호가 차지하는 위치가 결정된 것으로 여겨진다. 어느 특정한 지리적인 이동, (신화적이기는 하지만) 다른 칭호간의 결혼, 전쟁에서의 패배, 문상 예법의 위반, 의례상의 과실(過失) 등과 같은 것들이 칭호제도를 어느 정도 타락시켰다. 낮은 칭호에서는 강하의 정도가 컸으며, 높은 칭호에서는 강하의 정도가 작았다.

그러나 고르지 않은 칭호의 저하는 겉모습과는 달리 본질상 도덕적이거나 역사적인 현상은 아니었다. 도덕적이지 않은 이유는 타락을 일으켰다고 여겨지는 사건들이 다른 지역에 기인하는 이상, 발리에서는 보통 도덕적으로 부정적인 판단이 내려질 만한 것이 없다. 반면에 정말로 도덕적인 오류(잔인함, 배신, 부정직, 방탕)가 있는 행위는 그 평판의 소유자가 그 장면에서 사라질 때 함께 사라져서 계속 남게 되는 칭호에는 영향을 주지 않기 때문이다. 역사적이지 않은 이유는 전술한 사건들이 옛날에 서로 관련 없는 사건으로 일어나서, 현재 상태의 원인으로서가 아니라, 그 사건들의 성질을 설명하는 것으로 상기되기 때문이다. 칭호의 가치를 떨어뜨린 사건에서 중요한 점은 그것이 과거에 일어났다든가, 아니면 하여간 그런 사건이 있었다는 것조차도 아니고, 그것이 칭호의 가치를 떨으뜨리고 있다는 점이다. 그것은 현존하는 상태를 초래한 과정에 관한 표현이 아니고, 그것에 관한 도덕적 판단도 아니다(발리인은 이들 두 지적인 시도의 어느 것에도 전혀 관심을 보이지 않는다). 이것은 인간 사회의 형태와 그 성격을 불완전한 —— 몇 가지 점에서 더욱 불완전한 —— 것으로 밖에 표현할 수 없는 신성의 형태 사이의 관계 아래에 놓여 있는 이미지들이다.

그러나 칭호체계의 자율성에 대해서 말했지만, 우주적인 패턴과 사회 형태 사이에 그러한 관계가 존재하는 것으로 생각된다면, 어떻게 정확히 이해될 수 있을까? 칭호체계는 종교적인 개념으로서 인간 개개인 사이의 정신적인 가치에서 선천적인 차이가 난다는 이론에 기초를 두고 있다. 그렇다면 그것은 외부에서 사회를 볼 때 권력, 영향력, 재산, 명성 등의 사회적 분업에 내재하는 "실재의 세계"라고도 불릴 수 있는 것들과 어떻게 연결되어 있는가? 요컨대 사회적 지배의 실제적 질서는 그 질서와는 완전히 독립되어 있는 위신의 서열체계에 어떻게 맞추어지는가? 즉 사회통제의 체계와 위신의 서열체계 사이에 사실상 존재하는 느슨하고 일반적인 상관관계를 설명하고 그것을 뒷받침하기 위해서 사회 통제체계는 그것으로부터 완전히 독립적인 위신의 서열체계와 어떻게 조화하고 있는가? 그 대답은 다음과 같다. 아주 교묘하게, 그것은 아주 교묘하게 일종의 햇 트릭(hat trick : 크리켓에서 투수가 계속하여 타자를 아웃시키는 것을 말함/역주), 손의 속임수와 같은 것을 인도에서 수입하여 이 지역 주민의 취향에 맞춘 문화제도 —— 바르나 체계(바르나는 산스크리트로 '색깔'을 의미하며, 소위 카스트 제도를 말하는 것이다/역주) —— 로 연출함으로써 가능했다. 바르나 체계를 통하여, 발리인은 무질서한 지위의 집합체에 그로부터 자연히 발생한 것으로 여겨지는

448

단순한 형태를 부여한다. 이 단순한 형태는 사실은 본래의 상태에 자의적으로 부과된 것이다.

인도에서처럼, 바르나 체계도 크게 네 범주——브라마나, 샤트리아, 웨시아 및 수드라——로 이루어지며, 이 순서로 위신의 등급이 매겨진다. 앞의 세 범주(발리어로 트리왕사[Triwangsa]라고 하는데, 그 뜻은 "삼민[三民]"이다)는 네번째의 평민에 대하여 정신적으로 귀족계급을 구성한다. 그러나 바르나 체계는 그 자체 신분을 구분짓기 위한 문화적 고안이 아니라 칭호체계에 의해서 이미 구별된 신분들을 서로 관련짓기 위한 것이다. 바르나 체계는 칭호체계 속에 숨어 있는, 글자 그대로 무수한 미묘한 차이를 깨끗이 (어떤 관점으로는 너무 깨끗하게) 정리 및 구별하는데, 양을 염소로부터 구별하고 그 구분된 양 중에서 다시 1등급 양과 2등급 양을 구별하고, 2등급 양을 다시 3등급 양으로부터 구별한다.[21] 발리인들은 서로를 샤트리아나 수드라로 인식하지 않고, 데와 혹은 케분 투부(Kebun Tubuh)로 본다. 그러므로 샤트리아와 수드라의 구분은 일반적으로 그리고 사회조직의 목적으로 단지 대비의 질서를 표현할 때만 사용한다. 이 대비의 질서는 데와는 샤트리아와, 케분 투부는 수드라와 동일시한다. 바르나 체계 속의 여러 범주는 사람에게 적용되는 것이 아니라 그 사람이 가지고 있는 칭호에 적용되고, 이것은 위신체계의 구조를 형성한다. 한편, 칭호는 개인에게 부여된 명칭으로 그 사람을 그 구조 속에 배치한다. 바르나 체계에 의한 칭호의 분류가 그 사회에서의 권력, 부, 존경의 실제적인 분포——즉 사회계층의 체계——와 일치해야 그 사회가 질서가 잡혀 있는 것이다. 이 경우 개인은 그 지위에 합당한 위치를 점유함으로써 그의 정신적인 가치와 사회적인 지위가 일치하는 것이다.

칭호와 바르나의 기능에서의 차이는 이들과 관련된 상징 형태들이 실제로 어떻게 사용되는지를 보면 명확히 알 수 있다. 예외가 있긴 하지만, 트리

---

21) 바르나 범주들은 또 다시 나누어져 있다. 이것은 상위(上位)의 사람들의 경우 현저한데, 이는 세 계급——상(우타마[utama]), 중(마디아[madia]), 하(니스타[nista])——으로 나누어져 있다. 전체 범주의 여러 칭호도 각각 세분되어 있다. 발리의 사회계층 체계—— 그 형태는 인도적인 것도 있고 폴리네시아적인 것도 있다——를 여기서 충분히 분석할 수는 없다.

왕사 귀족계급에게는 테크노님이 사용되지 않고, 각 개인의 칭호가 주된 호칭이나 명칭으로 사용된다. 귀족들은 서로를 (브라마나나 샤트리아, 바이샤로 부르지 않고) 이다 바구스, 니야칸(Njakan), 또는 구시(Gusi) 등으로 부르거나, 이러한 칭호로 그 사람에 대해서 언급한다. 때때로 보다 더 명확히 구분하기 위해서 이 칭호에다가 출생순서 이름을 붙이기도 한다. 예를 들면, 이다 바구스 마데(Ida Bagus Made), 니야칸 니요만(Njakan Njoman) 등으로 부른다. 수드라 사이에서는 그를 언급할 때만 칭호를 사용하고, 그 사람을 직접 부를 때는 절대 쓰지 않는다. 그리고 칭호는 주로 다른 마을의 사람들에 대해서 언급하는 명칭으로 사용된다. 다른 마을 사람의 테크노님은 모를 경우가 태반이고, 만약 테크노님을 안다고 해도, 이렇게 부르는 것은 같은 마을 사람이 아닌 낯선 사람에게 사용하기에는 어조상 지나치게 친근한 표현이 된다. 같은 마을에서, 수드라의 칭호의 명칭은 그 사람의 위신 지위에 관한 정보가 필요한 경우에만 사용된다(예를 들면, "조의 아버지는 케디산(Kedisan)이므로 우리 판데(Pande)보다 '더 낮다'" 등과 같이 쓰인다). 이 경우, 호칭은 물론 테크노님이 사용된다. 테크노님을 쓰지 않는 다른 마을의 사람들 사이에는 아주 친한 친구를 제외하면 가장 많이 쓰이는 호칭은 제로(Djero)이다. 이 단어는 문자 그대로 해석하면 "내부", "내부인"이라는 뜻인데, 트리왕사의 성원(成員)들은 "외부"(쟈바[Djaba])인 수드라에 대해서 "내부"로 여겨진다. 그러나 이 경우 제로를 사용하는 의미는 "나는 당신이 비록 귀족이 아니지만 당신을 정중히 대하기 위해서, 귀족인 것처럼 부릅니다(만약 그가 실제로 귀족이었다면 그에 합당한 칭호를 불렀을 것이다). 그러므로 당신도 나를 그렇게 대해주길 바랍니다"라는 뜻을 담고 있다. 바르나 용어들은 트리왕사 및 수드라 모두 일반적으로 전체의 위신계층을 개념화할 때만 사용한다. 이러한 필요성은 한 마을의 범위를 넘어서는 정치적, 종교적, 계층적 문제와 관련하여 일어난다. 예를 들면, "클룽쿵의 왕은 샤트리아인데 타바나의 왕은 바이샤이다." 혹은 "사누르에는 부유한 브라마나가 많이 살아서 그곳 수드라들은 마을의 문제에 대해서 발언권이 주어지지 않는다" 등과 같은 문제가 발생할 경우이다.

그래서 바르나 체계는 두 가지 기능을 한다. 그 하나는 개별적이고 임의적인 듯한 위신의 구분인 칭호를 힌두교나 발리화된 힌두교 정신과 연결시

켜, 이것들을 하나의 종합적인 세계관에 뿌리내리도록 하는 것이다. 그리고
다른 하나는 이 세계관이 사회조직에 대해서 가지는 의미, 즉 칭호의 의미
를 해석한다. 칭호제도 속에 내재된 위신의 차별은 실제 사회에서의 부와
권력, 존경의 분포를 반영해야 하며, 그것과 완전히 일치되어야 한다. 이러
한 일치가 실제로 이루어지고 있는 수준은 기껏해야 중간 정도이다. 앞의
규칙에 대한 예외가 아무리 많더라도 —— 엄청난 권력을 가진 수드라, 소작
농으로 일을 하는 샤트리아, 존경받지도, 존경받을 만하지 않는 브라마
나 ——, 발리인들이 인간의 조건을 계몽해준다고 받아들이는 것은 규칙이
지 이러한 예외가 아니다. 바르나 체계는 우주론적 관념의 총체적인 체계의
관점으로 사회생활을 볼 수 있게 하기 위한 방법으로 칭호라는 제도를 필요
로 한다. 우주론적 관념에서는 인간 재능의 다양성이나 역사과정의 작업은
영원불멸인 만큼 개인의 속성과는 무관한 표준화된 지위 범주의 체계에서
의 인간의 위치와 비교해보면 피상적 현상일 뿐이다.

공적 칭호

이 마지막 인간-규정의 상징질서는 표면적으로는 우리들 자신이 개개인
을 확인하고 특징지을 때 우리가 사용하는 방법 중에서도 두드러진 한 가지
를 가장 많이 상기시킨다.[22] 우리는 너무나 자주 사람들이 가진 직업 범주의
막을 통해서 그 사람들을 본다 —— 그 일을 하는 사람으로서가 아니라 집배
원, 트럭 운전사, 정치인 또는 세일즈맨이라는 자질이 그 사람의 신체에 융
합된 것으로 본다. 사회적 역할은 개인의 정체성이 인식되는 상징적인 매개
물로서 작용한다. 즉 그 사람이 하는 일이 바로 그가 된다.

그런데 우리 사회와 비슷한 것은 외견만이다. 사회적 역할과 개인의 정체
성 사이의 관계에 대한 발리인의 견해는 자아가 무엇으로 구성되어 있는지
에 대한 서로 다른 관념 속에 들어 있으며, 또한 세상이 무엇으로 구성되어

---

22) 여기서 우리는 또 다른 체계, 즉 성을 구분하는 말과 관계된 것(여성에게는 Ni를, 남성에
　　게는 I를 쓰는 것)에 대해서 언급해야 한다. 일상생활에서, 이러한 칭호는 단지 개인 이름
　　(이들 대부분은 중성이다)에 붙거나, 개인 이름과 출생순서 이름에 붙는다. 더욱이 그것도
　　아주 드물게 사용할 뿐이다. 결과적으로, 이 Ni나 I는 개인을 규정하는 관점으로 볼 때,
　　그 중요성은 부수적인 것이다. 그러므로 이를 특별히 다루어 고려하지 않아도 될 것 같다.

있는지에 대한 서로 다른 종교적, 철학적 개념을 배경으로 한다. 그것은 더욱이 그것을 표현하기 위한 일련의 서로 다른 문화적 장치 —— 공적인 칭호 —— 에 의해서 표현된다. 이 발리인의 견해는 우리가 직업이라고 부르며, 발리인들이 링기(linggih) —— 즉 "자리", "장소", "지위" —— 라고 부르는 것이 나타내는 의미에 매우 특이한 성격을 부여한다.

이 "자리"의 개념은 사고와 관습에서 사회의 공적인 영역과 사적인 영역이 아주 분명히 구분되어 있는 데에 기인한다. 발리인들의 삶에서 공적인 영역과 사적인 영역의 경계는 개념적으로 뿐만 아니라 제도적으로도 분명하게 그어져 있다. 작은 마을에서 궁정에 이르는 모든 수준에서, 일반의 관심사는 개인적이고 가족사적인 일로부터 아주 분명히 구별되고 주의 깊게 분리되어 있어 다른 아주 많은 사회들에서처럼 상호 침투하도록 되어 있지 않다. 발리인의, 실체로서의 공적인 것에 관한 감각은 공공의 이익과 목적을 포함하는 것으로 매우 발달되어 있다. 어떤 수준에서도 이 공공의 이익과 목적에 관한 특별한 책임감을 가진다는 사실은 그 정도의 책임을 지지 않는 동료들의 경우와는 구별되어야 하며, 공적 칭호가 이 특수한 지위인 것이다.

동시에, 비록 발리인들이 사회의 공적인 영역을 경계가 있고 자율적인 것으로 여기더라도, 그들은 그것을 이음새 없는 전체, 혹은 심지어 완전한 전체를 구성하는 것으로 보지는 않는다. 그들은 오히려 공적 영역을, 수많은 개별적이고 불연속적이며, 때로는 경쟁적인 영역으로 이루어지며, 또한 그 각 영역이 자기 충족적이며 자기 만족적이고 서로의 권리를 시기하기도 하는 각각 나름의 조직원리에 기반을 둔 것으로 본다. 이것들 가운데 가장 두드러진 영역은 자치적인 정치 공동체로서의 마을, 자율적인 종교집단으로서의 지역의 사원, 신도집단, 자율적 농업 공동체로서의 관개조합들이며, 그 위에는 귀족과 최고 사제직을 중심으로 하는, 지역의 —— 즉 마을을 넘어서는 —— 통치와 숭배의 조직이 있다.

이러한 다양한 공적인 영역 혹은 부문을 묘사하기 위해서는 발리의 사회구조에 대한 광범한 분석을 필요로 하며, 그것은 여기서는 부적절하다.[23] 여기서 말해둘 요점은, 공적 영역과 관련되어 있는 책임 있는 관리 —— 집사

---

23) 이러한 방면의 논문으로는 C. Geertz, "Form and Variation in Balinese Village Structure"를 참조하라.

가 더 적합한 단어일 것 같다 ── 가 있다는 점이며, 그들은 특정의 칭호를 가진다. 예를 들면 클리안(Klian), 푸르브클(Perbekel), 페카세(Pekaseh), 페망쿠(Pemangku), 아낙 아궁(Anak Agung), 챠코르다(Tjakorda), 데와 아궁(Dewa Agung), 프단다(Pedanda) 등으로, 그 종류는 아마 50가지가 넘을 것이다. 이렇게 공직을 맡는 사람들(전체 인구 중에서 아주 적은 비율)은 이러한 공식적인 칭호로 불리고 언급된다 ── 때로는 이 칭호에 출생순서 이름, 지위 칭호, 혹은 수드라의 경우에는 2차적인 구분을 위해서 테크노님을 붙이기도 한다.[24] 수드라 계층의 경우에는 여러 "촌장"과 "민간 사제", 트리왕사 계층에서는 "왕", "토후", "군주", "고위 사제" 등 공직을 맡은 자들은 단지 그 역할을 가지고 있는 것이 아니다. 그들은 그 자신들뿐만 아니라 다른 사람의 눈에도 맡은 역할에 완전히 빠져든다. 그들은 진정한 공인(公人)으로 본인의 다른 면 ── 개인의 성격, 출생순위 이름, 친족관계, 자녀의 유무 그리고 위신의 지위 ── 은 적어도 상징적으로는 부차적인 문제이다. 우리는 개인의 정체성의 중심으로서 심리적인 특징에 초점을 맞추어 그들이 자신의 역할을 수행하기 위해서 자기 자신을 희생했다고 말할 것이고, 반면 사회적 지위에 초점을 두는 그들은 사회적 역할이 곧 그들 자아의 핵심이라고 말할 것이다.

공적인 칭호가 가지는 역할은 지위 칭호의 체계와 그것이 바르나의 범주로 조직되는 것과 밀접히 관련되어 있다. 그리고 이 연관은 "정신적 자격의 교의"라고 불리는 것에 영향을 받는다. 이 교의에 따르면, 정치적이고 종교적인 "자리" 중 한 지방의 범위를 넘어서는 ── 즉 지역적으로 혹은 발리 전체에 걸쳐 ── 중요성을 가지는 것은 단지 트리왕사(귀족)만이 맡을 수 있고, 반면 한 마을 내의 것은 수드라가 맡도록 되어 있다. 상층부에서는 교의가 엄격하다. 예를 들면, 샤트리아 계층에 속한 칭호를 가진 사람만이 왕이나 대토후가 될 수 있고, 바이샤나 샤트리아만이 군주나 소(小)토후가 될

---

24) 칭호에 표현되는 역할에 관련되어 있는 지명은 아마 이차적인 구분으로 쓰이는 것이 더 보편적이다. 예를 들면, "클리안 파우(Klian Pau)"의 경우 "파우"는 마을 이름이고, 클리안은 촌장의 의미로 클리안 파우는 파우 촌장의 의미이다. "아낙 아궁 칼레란(Anak Agung Kaleran)"의 경우는 칼레란이라는 말은 "북" 혹은 "북쪽"의 의미이지만, 토후(土侯)의 궁전 이름(과 그 장소)을 가리킨다.

수 있으며, 오직 브라마나만이 고위 사제가 될 수 있다. 하위 직책에 대해서는 덜 엄격하지만, 부락의 촌장, 관개조합장, 민간 사제는 반드시 수드라가 맡아야 하며, 트리왕사가 자신의 자리를 지켜야 한다는 생각은 매우 강하다. 그러나 트리왕사, 수드라 그 어느 경우에도, 이론상으로는 바르나 범주의 지위 칭호를 가진 대부분의 사람이나 공적 칭호에 붙어 있는 집사 역할을 담당할 자격이 있는 사람들이 엄청나게 많지만, 실제로 그들 모두가 그 역할을 맡고 있거나 맡을 가능성이 있는 것은 아니다. 트리왕사 계층에서는 공직은 주로 세습되며 심지어 장자에게 상속되기도 한다. 또한 "권력을 가진" 몇 안 되는 이들과 그렇지 않은 많은 상층부 인사 사이는 엄격하게 구분되어 있다. 수드라 계층의 경우에는, 공직을 맡는 것은 아주 흔히 선거를 통해서 이루어진다. 그러나 이 경우에도 복무의 기회는 여전히 제한되어 있다. 어떤 사람이 어떤 종류의 관직을 맡을 수 있느냐는 위세 지위에 의해서 결정되지만, 그 사람이 그 역할을 실제로 맡느냐 못 맡느냐 하는 것은 또 다른 문제이다.

그러나 정신적 자격의 교의가 만드는 위신 지위와 공직 사이의 일반적인 상관관계로 인하여, 사회 내에서의 정치적 권위의 질서와 종교적인 권위의 질서는 사회적 질서는 형이상학적 질서를 잘 반영하지 못하며, 또한 그것을 분명하게 반영해야만 한다는 일반적 관념에 결합되어 있다. 더욱이 개인의 정체성은 연령, 성별, 재능, 기질 혹은 성취 등 단지 인간적인 것이며, 따라서 피상적인 것들 —— 즉 인생사적으로 결정될 것이 아니라, 일반적인 정신적 서열 —— 즉 유형적(類型的)으로 규정되어야 한다는 것이다. 인간을 규정하는 다른 모든 상징적 질서처럼, 공적인 칭호로부터 발생한 질서도 상이한 사회적 맥락들에 관한 기초적 전제에서 나온 것이다. 그 전제란 (우리의 표현으로) 문제가 되는 것은 한 인간이 인간으로서 어떤 존재인가가 아니라, 변하지 않을 뿐만 아니라 초인간적인 까닭에 변할 수 없는 일련의 문화적 범주의 어디에 적합한가이다.

그리고, 여기서 또한, 이러한 범주들은 신성에까지 올라간다(혹은 신성에서 내려온다). 그리고 이 문화적 범주들은 개인의 특성을 잠재우기도 하고, 시간을 무(無)로 만드는 힘을 가지고 있기도 한다. 인간에 의해서 만들어진 상위 수준의 공적인 칭호는 점차 신에 의해서 만들어진 것과 섞여, 정점에서는 그것과 동일한 수준에 이를 뿐만 아니라, 신의 수준에서는 문자 그대로 신 개개인의 본성은 하나도 남지 않고 칭호 그 자체만 남을 것이다. 모든 신과 여신들은 데와(Dewa, 여성형은 데위[Dewi])나, 더 높은 서열에 있는 신인 베타라(Betara, 여성형은 베타리[Betari]로 불리고 언급된다. 거의 드문 경우이지만, 이러한 일반적인 명칭 뒤에 이 명칭을 보다 분명히 하는 것들이 붙기도 한다. 예를 들면, 베타라 구루(Betara Guru), 데위 스리(Dewi Sri) 등이 그것이다. 그러나 이렇게 구체적으로 이름이 붙여진 신이라고 할지라도, 그런 특징적인 성격을 소유하고 있다고 여겨지지는 않는다. 말하자면, 그들은 단지 다산, 권력, 지식, 죽음 등의 우주적인 중요성을 가지는 어떤 문제들을 조정하는 데에 행정적인 책임이 있는 것으로 여겨진다. 대부분의 경우, 발리인들은 그들이 여러 다양한 신전(항상 남신과 여신 한 쌍이 있다)에 모신 신들 중에서 어느 신이 어느 신인지 모를 뿐만 아니라 알려고 하지도 않는다. 그들은 신을 부를 때, "어떠어떠한 신전의 신(여신)"이라고 불러 신전의 이름에 의해서 신을 구분한다. 고대 그리스인이나 로마인과는 달리, 평균적인 발리인들은 어떤 신이 무엇을 하는지 자세히 알려고 하지 않을 뿐만 아니라 그 동기, 신의 성격, 이력 등에는 관심이 없다. 그들은 연장자나 지위가 위인 사람들과 관계된 일을 대할 때처럼 신중하고 예의바르게 신을 대한다.[25]

간단히 말해서 신들의 세계는 단지 또 다른 공적인 영역일 뿐이다. 이것은 모든 다른 영역을 초월하고, 다른 많은 영역이 가능한 한 그들 자신 속에 구현하려고 하는 민족정신(에토스)으로 가득 차 있다. 이 영역에 대한 관심은 정치적이거나 경제적인, 또는 의례적인(즉 인간적인) 것이 아니라 우주

---

25) 전승된 문헌들 중 몇몇은 그 내용이 상당히 긴 것으로 어떤 신의 활동에 대한 이야기를 담고 있는 것들이 있으며, 그 이야기들의 일부분이 알려져 있다. 이들 신화들은 내가 지금 성격을 규정하려고 노력하고 있는 인간 본성에 관한 유형화된 시각과 시간에 대한 정적인 시각, 상호 작용의 의식화(儀式化)된 스타일을 반영한다. 그 뿐 아니라, 신적 존재에 대해서 이야기하고 생각하는 데 대한 사양하듯이 소극적인 태도는, 그 설화는 발리인들이, "세계"를 이해하고 "세계"에 적응하려는 노력에는 아주 조금밖에 관계되지 않는다는 사실을 의미한다. 그리스인과 발리인의 차이는 신들에 대한 그들의 태도에 있다. 그리스인에게 제우스와 다른 신들의 개인적인 행동들은 이와 아주 유사한 인간의 행동들을 드러내주는 것으로 여겨졌다. 그래서 신들에 대한 이야기는 철학적인 중요성을 가지고 있었다. 발리인들에게, 베타라 구루와 그외 여러 신들의 사생활은 전적으로 사적인 것이고, 신을 말장난거리로 삼는 것은 무례하고 —— 심지어는 신의 높은 위치에 대한 건방진 행동이다.

적인 수준에 놓여 있다. 그리고 그것을 돌보는 것은 형상이 없는 사람이다. 그는 또한 유한존재인 인간의 일반적인 특징이 두드러지지 않는 사람이다. 거의 얼굴이 없고 완전히 관례화되어 있으며, 변하지 않는 신상(神像)이며, 공적인 칭호에 의해서만 알려진 이름 없는 신이 해마다 섬 전체에 있는 수천 개의 사원축제 때 나타난다. 이 불변의 신상들은 발리인의 인간관의 순수한 표현을 포함하고 있다. 그 신상들 앞에 (좀더 정확히 표현하면, 그때 그 속에 내재하는 신들에게) 무릎을 꿇을 때, 발리인들은 단지 신성한 능력을 인정하는 것만이 아니다. 그들은 또한 자신의 근저에 있다고 생각하는 것들의 이미지를 마주 대하는 것이다. 그것은 역사적 시간의 단순한 물질적 측면인 살아 있는 생물학적, 심리학적, 사회학적 부수물이 시야에서 모호해져버리는 듯한 이미지이다.

힘의 문화적 삼각형

사람들이 시간의 흐름을 알게 되거나, 혹은 시간의 흐름을 스스로 아는 방법은 여러 가지가 있다 ―― 즉 계절의 변화나 달의 변화, 식물의 성장과정 등을 표시함에 의해서 시간의 흐름을 안다. 또한 의례, 농업, 가사노동 등의 정기적인 주기에 의한 방법, 특정한 활동의 준비나 계획, 이미 행해진 활동의 기억이나 평가에 의한 방법, 족보의 보존, 전설 전하기, 예언 행하기 등에 의한 방법이 있다. 그러나 무엇보다 가장 중요한 방법은 자기 자신이나 주위 사람들이 생물학적으로 나이를 먹어가는 과정을 인식함에 의한 것, 즉 구체적 개개인의 출생, 성숙, 쇠약, 사망을 인식함에 의한 것이다. 따라서 이런 과정을 어떻게 보는가하는 견해는 인간이 시간을 경험하는 방법에 큰 영향을 미친다. 인간이 무엇인가에 대한 관념과 역사의 구조에 대한 그들의 관념 사이에는 끊을 수 없는 내적인 연결이 있다.

그렇다면, 내가 강조한 것처럼, 발리인의 개인의 본성에 관한 관념이 표현된 문화적 패턴에서 가장 현저한 점은 발리인들이 친구, 친척, 이웃, 이방인, 연장자와 젊은이, 손윗사람과 손아랫사람, 남자와 여자, 족장, 왕, 사제, 신, 심지어는 죽은 사람이나 아직 태어나지 않은 사람까지 포함하는 거의 모든 사람을 정형화된 동시대인으로서, 추상적인 익명의 동료로서 묘사하는 점이다. 인격을 규정짓는 모든 상징적인 질서는 숨겨진 개인 이름으로부터 과시되는 칭호까지, 우연히 동시대에 살게 되어 서로 연결된 개인간의 관계 속에 함축되어 있는 표준화, 이상화, 보편화의 의미를 강조하고 강화시키는 역할을 한다. 또 서로의 생활사에 긴밀하게 연관되어 있는 동료 사이에 잠재하거나 혹은 서로 만난 적이 없는 유언자와 상속자 사이인 선행자와 후계자 사이에 함축되어 있는 표준화, 이상화, 보편화의 의미를 약하게 하고 숨기는 역할을 한다. 물론 발리의 사람들은 직접적으로, 때론 깊게 서로의 인생에 관여되어 있다. 예를 들면, 그들은 그들 세계가 그들 전에 등장했던 사람들의 행위에 의해서 만들어졌다고 느끼며, 자신들의 행위를 그들 뒤에 올 사람들의 세계를 형성하도록 방향짓는다. 그러나 문화적으로 중요시되고 상징적으로 강조되는 것은 이러한 개개인으로서의 존재의 근접성이나 개성, 특정한 일회성이 역사적 사건에 주는 영향력이 아니라 그들의 사회적 위치, 지속되고, 사실은 영구적인 형이상학적 질서이다.[26] 인격 관념에 대한 발리인의 눈에 띄는 역설은 —— 우리의 용어로 표현하면 —— 인간을 비인격화하고 있다는 것이다.

이런 식으로, 발리인들은 시간의 감각에 관하여 가장 중요한 원천 중 세 가지를 버릴 수는 없지만 무디게 하고 있다. 그 첫번째는 동료(또 자신이 동료와 함께)가 끊임없이 소멸하는 것을 느끼는 것, 두번째는 살아 있는 사람들의 종결되지 않은 삶에 얹혀진 죽은 사람들의 종결된 삶의 무게의 무거움에 대한 인지 그리고 마지막으로 행하고 있는 행위가 아직 태어나지 않은 사람에게 끼칠 잠재적인 영향력의 인식이다.

---

26) 고정된 것으로 생각되는 것은 전체의 질서이지, 그 안에 있는 개인의 위치가 아니다. 개인의 위치는 움직이는 것이다. 어떤 축에 있는 것이 다른 축에 있는 것보다 더 움직이는 것이다(예를 들면 출생순서의 축에 있어서는 전혀 움직이지 않는다). 그러나 요점은 이 움직임이 우리가 시간적으로 간주하는 것에 의해서 파악되는 것이 아니라는 점이다. 적어도 일차적인 파악은 그렇다. 즉 "누구의 아버지"가 "누구의 할아버지"가 될 때 이 변화는 나이를 먹어간다고 하기보다 사회적(여기서는 우주적과 마찬가지) 동료의 변화로 받아들여진다. 이것은 특정한 불변의 속성, 공간을 향하여 방향을 잡는 움직임이다. 또한 인격을 정의하는 몇몇 상징적 질서들 안에서 동료는 기원에 기초를 두고 있으므로 개인의 위치는 절대적 성격으로 생각되지 않는다. 그밖의 다른 곳에서와 마찬가지로 발리에서 어떤 사람의 형제는 다른 사람의 삼촌인 것이다.

　동료들은 만나면 직접적 현재, 즉 일반적인 "지금"에 마주 보며 상대방을 파악한다. 이렇게 현재는 대면적인 상호 활동의 계속되는 흐름 속에서 스치고 지나가며, 그들은 이를 통해서 현재의 잡기 어려움과 덧없음을 경험하게 된다. "[동료의 관계에서] 각 사람에게 타인의 신체, 제스처, 걸음걸이, 표정 등이 단순히 바깥 세계의 물건이나 사건으로서가 아닌 그들의 인상학적 의미에서, 다른 사람의 생각을 [표현하는 것]으로서 즉시 관찰될 수 있다…… 각 사람은 파트너가 꾸려가는 인생에 참여하고 타인의 생각이 형성되어 가는 데 따라서 그의 생각을 생생한 현재에서 파악하는 것이 가능하다. 따라서 그들은 이렇게 계획, 희망, 근심 등 미래의 예상을 함께 나눈다.…… [그들은] 상호적으로 서로의 생활사(生活史)에 관여되어 있으며 같이 나이가 들어간다.……"[27] 물리적으로 떨어져 있는 선행자와 후계자에 대해서 본다면, 그들은 서로를 기원과 결과에 의해서 서로 인지(認知)한다. 그렇게 함으로서 그들은 사건 고유의 역사적 전후관계, 표준적, 초인간적 시간 —— 시계나 달력으로 흐름이 측정될 수 있는 종류의 시간 —— 을 경험한다.[28]

　이 세 가지의 경험 —— 현재의 동료와의 친밀함이 생기고 사라지는 경험, 선행자에 대한 상기가 환기시키는 유일무이한 경험, 후계자에 대한 기대가 환기시키는 형성 가능한 미래의 경험 —— 을 **문화적으로** 축약하여, 순수한 동시대인, 진정한 동시대인들의 익명화된 만남에서 생기는 순수한 동시성의 감각을 강조하는 속에서 발리인들은 또다시 두번째 역설을 만들고 시간 관념의 비시간화가 그들의 인격 관념의 비인격화에 연결되어 있다.

분류적 역법과 점으로서의 시간

　발리인들의 역법(曆法)의 관념 —— 그들의 시간의 단위를 구분하는 문화장치 —— 은 이 점을 분명히 반영하고 있다. 왜냐하면 그들은 시간의 경과를 측정하는 습관은 별로 없고 또 스쳐 지나가는 순간의 독특함과 돌이킬 수 없음을 강조하는 습관도 없다. 그들은 주로 인간의 경험 속에 시간이 존재를 나타내는 여러 질적인 양상들을 표시하고 분류하기 위해서 이를 사용해왔다. 발리

---

27) Schutz, *The Problem of Social Reality*, pp. 16–17, [ ] 안은 덧붙인 것.
28) 같은 책, pp, 221–222.

의 달력(후에 나오겠지만 두 가지가 있다)이 시간을 분절된 단위로 나눈 것은 그것을 통하여 시간을 계산하고 합산하기 위해서가 아니고, 시간을 기술하기 위해서, 즉 그들의 다양한 사회적, 지적, 종교적 의미를 설명하기 위해서이다.[29]

발리인들이 사용하는 두 개의 역법 중 하나는 음-양력이며, 다른 하나는 날짜 이름으로 구성된 독립된 여러 주기의 상호 관련을 중심으로 만들어진 것으로 나는 이것을 "순열적" 역법이라고 부르겠다. 순열적 역법은 단연 가장 중요하다. 그것은 이름이 있는 날들의 열 개의 다른 주기들로 이루어진다. 이러한 주기들은 각각 길이가 다양하다. 가장 긴 주기는 10일로 이루어지며, 일정한 순서로 계속되어 10일째가 끝나면 제1일째로 돌아가 다시 그 주기가 시작한다. 이와 비슷하게, 각각 9일, 8일, 7일, 6일, 5일, 4일, 3일, 2일로 되는 주기들이 있으며, 심지어 —— 시간에 대한 "동시화(同時化)" 관점의 기본인 —— 1일의 주기도 있다. 각 주기에 속해 있는 날들의 이름들 또한 다르며, 주기들은 전부 함께 진행된다. 다시 말해서, 어떤 날도, 최소한 이론상으로는, 열 종류의 주기 중 어느 하나의 날에 해당하며, 그것은 열 개의 다른 날짜 이름을 가지게 된다. 그러나 열 개의 주기들 중에서 다섯 개, 여섯 개, 일곱 개의 날짜 이름으로 구성된 것들만이 중요한 문화적 의미를 가진다. 다만 세 개의 날짜 이름으로 구성된 주기는 시장(市場)의 주(週)를 결정하는 데 사용되며, 앞에서 언급한 개인 이름 짓기 의식과 같은 작은 의례날을 결정하는 데 한 요소가 된다.

---

29) 뒤이을 논의의 서문으로서 그리고 앞의 논의에 부가해서 다음을 주목할 필요가 있다. 발리인들은 서로서로 동료의 관계를 맺고 있으며 선조와 후손 사이의 물적 관계를 가지고 있는 것처럼 그들은 "진정한" 의미에서의 역법의 관념 —— 그레고리력에 근접할 뿐 아니라 연속적 시간에 관한 힌두적 관념인 소위 사카(Caka) 체제의 절대적 날에 대한 관념 —— 도 가지고 있다. 그러나 이것은 1958년경에는 평범한 일상생활의 과정에서는 강조되지 않고 있으며 부차적인 중요성만을 가지고 있다. 제한된 맥락에서, 특정 목적을 위하여, 특정 사람들에 의하여, 아주 가끔씩만 적용되는 서로 상이한 패턴들이다. 발리 문화의 완전한 분석은 —— 그런 것이 가능한 한 —— 이것들도 설명해야만 한다. 그리고 어떤 관점에서 보면 연속적 시간의 관념은 이론적으로 무의미하지 않다. 어쨌든, 여기서나 다른 곳에서나 같은 불완전한 문화 분석을 통하여 내가 말하고 싶은 것은 발리인들이, 헝가리인들이 그렇다고 생각되듯이, 우리와는 완전히 다른 별에서 온 존재라는 것이 아니다. 내가 말하고 싶은 것은 사회적으로 매우 중요한 어떤 문제들과 관련하여 그들은 최소한 잠시 동안이라도 우리와는 확연히 다르게 생각한다는 점이다.

이제, 이 세 개 —— 5일 주기, 6일 주기, 7일 주기 —— 의 주된 주기들이
상호 작용하게 되면, 이 세 개의 항에 의하여 동시에 지정된 날(즉 이 세 개
의 주기에서 나온 이름들이 특별히 조합되어 만들어진 날짜)이 5, 6, 7의 공
배수인 210일마다 한 번씩 나타날 것이다. 5일 주기와 7일 주기의 유사한
상호 작용에서도 이항적으로 일정한 날을 지정하게 되며 그것은 35일마다
돌아온다. 6일 주기와 7일 주기의 이항적 지정은 42일마다 그리고 5일 주기
와 6일 주기의 이항적 지정은 30일마다 나타난다. 이렇게 생긴 네 개의 주기
성, 말하자면 초(超)주기는 모여서 하나의 결합체를 만드는데, 이 결합체는
(그 자체로서 주기는 아니다) 사회적으로 중요할 뿐만 아니라 어떤 식으로든 현
실의 구조 그 자체를 반영하고 있다.

이와 같은 바퀴 안에 바퀴가 들어 있는 듯한 구성에서 시간이라는 것을
30, 35, 42 혹은 210단위("날들")의 질서 있는 집합으로 보는 것이며, 각각
의 단위는 그 삼항적 또는 이항적인 명칭에 의해서 드러나는 모종의 특별한
질적 의미를 지닌다. 이것은 우리가 13일의 금요일을 불길한 것으로 생각하
는 것과 같다. 42일 주기 속의 어떤 날을 알기 위해서는 —— 그래서 그것의
실리적인 또한(혹은) 종교적인 의미를 평가하기 위해서는 —— 6일 주기 속
에 있는 그 날의 위치, 그 날의 이름(예를 들면, 아리앙[Ariang])과 7일 주기
에 있는 그 날(예를 들면 보다[Boda])을 알 필요가 있다. 그 날이 보다-아리
앙이면 사람들은 그것에 따라서 행동할 것을 결정하는 것이다. 또한 35일
주기의 어떤 날을 알기 위해서는, 5일 주기에서의 그 날의 위치와 이름(예컨
대, 클리온[Klion])과 7일 주기에서의 그 날의 위치와 이름을 알지 않으면
안 된다. 예를 들면 보다-클리온이 겹치는 날은 라이난(rainan)이라고도 하
는데, 사람들은 신을 "먹이기" 위해서 여러 군데에서 작은 제사를 올려야
한다. 210일 주기에서는 세 개의 '주(週)'에 걸치는 독특한 지정이 필요하며,
예를 들면 보다-아리앙-클리온이 겹치는 날은 갈룽간(Galungan)이라고 하
는, 발리에서 가장 중요한 휴일에 해당한다.[30]

---

30) 7일 주기('주(週)'라고도 할 수 있다/역주)를 30개 짜맞춘 것(우쿠[uku])은 210일 초주기
를 구성한다. 이것의 매일에는 전부 다른 이름이 붙어 있고, 이것은 또 5일 주기, 7일 주기
와도 함께 사용되므로 6일 주기를 사용할 필요가 없다. 그러나 이는 단지 표기상의 문제
로서 30일 주기와 42일 주기가 불분명해지더라도 그 결과는 완전히 동일하다. 발리인들이
역법과 관련된 결정을 하고 그것들의 의미를 평가하기 위하여 만든 장치들 —— 도

자세한 것은 접어두더라도, 여기서 분명한 것은 이런 종류의 역법의 시간 측정의 성격은 본질적으로 지속적이라기보다는 점(点)을 중요시하는 점이다. 즉 이런 종류의 역법은 시간의 속도나, 특정 사건 발생 이후에 지난 시간의 양, 혹은 특정 계획을 완결하기 위해서 남아 있는 시간의 양 등을 측정하는 데에는 사용되지 않는다(사용될 수 있을지라도 그것을 위해서는 매우 어색하게 그리고 부수적인 방책을 가지고서야 가능하다). 오히려 그것은 분절된 그리고 자기 충족적인 시간의 조각들 —— "날들" —— 을 구분하고 분류하는 데에 적용되고 사용된다. 그러한 주기와 초주기는 무한하고, 고정되어 있지도 않으며, 셀 수도 없으며 그리고 그 주기의 내적구조는 그 자체로는 무의미하기 때문에 정점(climax)도 없다. 그들은 축적되지도 않고, 무언가를 만들지도 않고, 소비되지도 않는다. 그들은 당신에게 몇 시인지를 알려주지 않는다. 그것들은 그것이 어떤 종류의 시간인지를 알려준다.[31]

표, 목록, 수량화, 기억법 —— 은 복잡한 동시에 다양하다. 그리고 섬의 개인, 부락, 지역에 따라서 기술과 해석상의 차이가 보인다. 발리에서 인쇄된 달력(여전히 그다지 보편화되지 않은 혁신)은 우쿠를 금방 알아볼 수 있게 만들어져 있다. 각 10일 주기(결코 변하지 않는 하나를 포함하여) 속에 있는 날, 음-양력에서의 날과 달, 그레고리력 그리고 이슬람력에서의 날과 달과 해 그리고 중국 달력에서의 해(年)의 이름을 보여줄 뿐 아니라 크리스마스부터 갈룽간까지 이 다양한 체제들이 규정하는 모든 중요한 휴일을 기록해두었다. 발리인들의 역법에 대한 관념과 사회종교적인 의미를 보다 풍부하게 논의한 글은 다음과 같다. R. Goris "Holiday and Holy Days", J. L. Swellengrebel 편, *Bali* (The Hague, 1960), pp. 115-129 (그의 글 안의 인용 문헌 포함).

31) 보다 정확히, 발리인이 정의하는 **날들**은 어떤 종류의 시간인지를 말해준다. 주기들과 초주기들은 그것들이 주기들이기 때문에 비록 순환할지라도, 우리가 주목하고 중요성을 부여해야 할 것은 이 사실이 아니다. 30일, 35일, 42일 그리고 210일로 된 주기들과 그것들에 의하여 나누어지는 기간들은 그런 식으로 인식되지 않으며, 설령 그렇다고 하더라도 매우 주변적으로만 그런 식으로 인식된다. 또한 그것들을 산출하는 것은 기본적인 기간, 주기 자체의 간격도 주목되지 않는다. 이 사실은 때때로 전자를 "달"과 "해"로 부르고 후자를 "주"로 부르기 때문에 모호해지기도 했다. 실제로 중요한 것은 "날"이다(이것은 강조해도 지나치지 않다). 그리고 시간에 대한 발리인들의 관념은 연속적이지도 주기적이지도 않다. 오히려 그것은 분절적이다. 개별적인 날들 속에는 짧은 범위의 눈금이, 그다지 균일하지 않은 시간의 측정이 연속적으로 존재한다. 예컨대 다음과 같은 경우이다. 하루 중 다양한 지점(아침, 낮, 저녁 등)을 징을 쳐서 알린다. 개인의 공헌이 공평하게 필요한 공동노동을 알릴 때는 일종의 물시계가 사용된다. 그러나 심지어 이런 것도 거의 중요하지 않다. 발리의 역법의 구조에 비하면, 발리인들의 시계에 관한 관념이나 장치는 거의 발달되지 않았다.

순열적 역법의 사용은 사실상 발리인의 삶의 모든 면에까지 영향을 미치고 있다. 그 첫번째는 그것은 (하나의 예외를 제외하고) 모든 축일을 결정한다. 축일은 지역사회의 축제를 행하는 날로, 고리스는 전부 약 32개의 축일을 열거했다.[32] 평균적으로, 7일에 하루의 축일이 있는 것이 된다. 그러나 이러한 축일들은 같은 간격으로 규칙적으로 결정되는 것은 아니다. 만약 우리가 임의로 라디테-퉁글레-파잉(Radité-Tungleh-Paing)을 "1"로 시작한다면 축일들은 다음의 숫자로 표시된 날로 나타난다. 1, 2, 3, 4, 14, 15, 24, 49, 51, 68, 69, 71, 72, 73, 74, 77, 78, 79, 81, 83, 84, 85, 109, 119, 125, 154, 183, 189, 193, 196, 205, 210이다.[33] 크고 작은 축제들이 이처럼 불규칙한 간격으로 행해진다는 사실에서, 시간-즉 날들 —— 이 이 "찬"날과 "빈"날의 두 가지 일반적인 종류로 크게 구분되어 인식된다는 것을 알 수 있다. 다시 말해서, 중요한 어떤 것이 발생하는 날과 아무것도 일어나지 않거나, 혹은 그리 많지 않은 일이 발생하는 날로 구분되는데, 전자는 종종 "시간" 혹은 "시점"이라고 불리고, 후자는 "구멍"이라고 불린다. 달력의 나머지 모든 적용 사례들은 단지 이러한 일반적 인식을 강화시키고 정련시켜줄 뿐이다.

이러한 적용 사례들 중에 가장 중요한 것은 사원의 축일을 결정하는 것이

---

32) Goris, "Holidays and Holy Days", p. 121. 물론 이 축일들 모두가 중요한 것은 아니다. 그것들 중 많은 부분은 단지 가족 안에서만 그리고 매우 일상적으로 치루어질 뿐이다. 축일을 축일로 만드는 것은 그것들이 모든 발리인들에게 동일하다는 점이며, 이 점이 다른 종류의 축의(祝儀)와는 다른 것이다.

33) 같은 책. 물론 그 주기들이 작용한 결과 나타나는 하위 리듬들이 존재한다. 그래서 35일마다 축일이 된다. 왜냐하면 그것은 5일로 구성된 주기와 7일로 구성된 주기들이 상호 작용하여 결정된 것이기 때문이다. 이런 것은 나날의 단순한 연속으로는 나올 수 없다. 물론 여기저기 몇 개의 집합이 있기는 하다. 고리스는 라디테-퉁글레-파잉(라디테는 7일 주기의 첫날, 퉁글레는 6일 주기의 첫날, 파잉은 5일 주기의 둘째 날이며, 이들이 겹쳐지는 날이 라디테-퉁글레-파잉이다/역주)의 날을 "발리의 순열적 해(年)의 첫날"로 간주한다(이처럼 이들 날을 각각의 주기의 첫번째 날로 본다). 그러나 비록 이를 뒷받침할 만한 자료들이 존재할지라도(혹은 존재하지 않을지라도. 고리스는 이것을 말하지 않는다) 나는 발리인들이 사실상 그것을 그런 식으로 본다는 어떤 증거도 발견할 수 없다. 사실상 만일 시간적 이정표가 될 만한 날이 있다고 하면 그것은 갈룽간일 것이다(앞의 계산에 따르면 74라는 숫자). 그러나 심지어 이런 생각조차도 분명한 것은 아니다. 다른 축일들과 마찬가지로, 갈룽간은 단지 되는 것이다. 발리인들의 역법을 서양적인 시간의 흐름이라는 측면에서 소개하는 것은 현상학적으로는 필연적으로 오해로 이끄는 것이다.

다. 비록 스웰렌그레벨이 발리에는 2만 개 이상의 사원이 있다고 추정했지만, 어느 누구도 발리에 얼마나 많은 사원이 있는지를 알지 못한다.[34] 이러한 모든 사원들 —— 가족 사원, 출계집단 사원, 농업관계 사원, 사자(死者)의 사원, 부락 사원, 임의집단의 사원, "카스트" 사원, 주(州)의 사원 등 —— 은 오달란(odalan)이라고 불리는 축일을 가지고 있다. 오달란이라는 용어는 일반적으로 창립 기념일이나, 더 나쁘게는 기념일 등으로 잘못 번역되는데, 문자상으로는 "나옴", "출현", "나타남" —— 즉 그 사원이 건립된 날을 의미하는 것이 아니라 그것이 (건립된 후 항상) "작동하는" 날의 의미이며 또한 신들이 그 속에서 살기 위해서 하늘로부터 내려온 날을 의미한다. 오달란과 오달란의 사이에는, 사원은 조용하고 신들이 없으며 비어 있다. 그 사이는 각 사원의 사제가 약간의 공물을 올리는 외에 사원에서는 아무 일도 발생하지 않는다.

대다수의 사원들에서, 오달란은 순열적 역법에 따라서 결정된다(나머지 사원에서는 음양력에 의해서 결정되나, 후술할 바와 같이 이 역법도 시간 인식의 방법에 관한 한 순열적 역법과 같은 성격을 가지고 있다). 오달란의 날은 5일, 6일, 7일의 각 주기의 조합에 의해서 정해져 있다. 이것이 의미하는 것은 사원의 축하의식 —— 믿을 수 없을 만큼 공들인 것부터 눈에 띄지 않을 정도로 단순한 것까지 —— 이 빈번히 열린다는 것이다. 단 여기에도 많은 축제가 열리는 날이 있으며, 본질적으로 초자연적 이유에서 아무것도 행해지지 않는 날도 있다.[35]

따라서 발리인들의 생활은 이처럼 누구나 축하하는 빈번한 축일로 불규칙적으로 중단될 뿐만이 아니라, 주로 출생에 의해서 결정되는 사원의 성원

---

34) Swellengrebel, *Bali*, p. 12 이 사원들은 크기도 모두 제각각이며 그 중요성의 정도도 서로 다르다. 그리고 Swellengrebel에 의하면, 발리에 관한 종교 사정국에 의하면, 1953년경 전체 섬에 4,661개에 달하는(지나치게 정확하다) "크고 중요한" 사원들이 있다고 한다. 발리의 면적은 미국의 델라웨어 주의 크기 정도인 2,170평방마일이라는 사실을 기억해야 할 것이다.

35) 최고조의 오달란(그 대부분은 단 하루라기보다는 마지막 3일이다)을 묘사한 것은 다음을 참조하라. J. Belo, *Balinese Temple Festival* (Locust Valley, N. Y., 1953). 더욱이 오달란의 날의 계산은 6일 주기가 5일 및 7일 주기들과 결합해서가 아니라 오히려 우쿠의 사용에 의해서 가장 흔히 행해진다. 주 30)을 참조하라.

들인 사람들만으로 행해지는 더욱 빈번한 축일에 의해서도 중단된다. 대부분의 발리인들은 여섯 개 혹은 그 이상의 사원에 소속되어 있기 때문에, 빈번한 축제는 열광적이라고까지는 말하지 않더라도 상당이 바쁜 의례생활 (지나치게 활동적인 것과 정적인 것이 불규칙적으로 번갈아 일어나지만)을 영위하게 한다.

이러한 보다 종교적인 축일과 사원 축제 외에도 순열적 역법은 일상생활의 더욱 세속적인 것들도 포함하고 있다.[36] 집의 건축, 사업 개시, 이사, 여행, 추수, 닭싸움의 쇠발톱을 가는 것, 인형극, (옛날에는) 전쟁 개시나 휴전 협정에 좋은 날들과 나쁜 날들이 있다. 한 사람이 태어난 날짜는, 다시 말해서 우리의 입장에서의 생일이 아니라, 당신이 발리인에게 생일이 언제냐고 물었을 때, 그의 대답은 "9일의 목요일"에 상응하는 것일 텐데, 이는 그의 나이를 짐작하는 데에는 별 도움이 되지 않는다. 그 사람에게 있어서는 오달란이 되는데, 이것은 그의 운명을 좌우하는, 좀더 정확히 말해서 그의 운명을 나타내는 것으로 여겨진다.[37] 이 날에 태어난 사람은 자살을 할 것 같고, 저 날은 도둑이 된다거나, 이 날은 부자가 되고, 저 날은 가난뱅이가 된다. 또 이 날은 좋을 것이라거나, 오래 살 것이라거나, 행복할 것이고, 저 날은 병약하다거나, 단명이라거나, 불행하다. 기질이나 타고난 능력도 이와 비슷하게 평가된다. 병에 대한 진단이나 처방도 역법의 규제요인과 복잡하게 뒤엉켜 있다. 역법의 규제요인은 병의 징후, 치료약에 초자연적으로 연결된 날짜와도 관련이 있을 뿐 아니라 환자와 치료자 모두의 오달란과 관련이 있으며, 그가 아프기 시작한 날짜와도 관련이 있다. 결혼이 성사되기 전에 그들의 결합이 길조인지 보기 위해서 개개인의 오달란이 비교되며, 만약 길조

---

36) 또한 다양한 이름 ── 신, 정령, 자연물(나무, 새, 짐승), 덕, 악덕(사람, 증오,……) ── 을 가지고 있는 날과 관련된 다양한 형이상학적 개념들이 존재한다. 그리고 이것들은 그것이 "왜" 현재와 같은 성격을 가지게 되었는가를 설명해준다. 그러나 이것들을 여기서 추구할 필요는 없다. 텍스트에 기술된 "점"의 운용처럼 여기에서도 이론들과 해석들은 덜 규준화되어 있으며 계산도 5일, 6일, 7일 주기들에 한정되지도 않는다. 오히려 다른 것들의 다양한 치환으로까지 확대된다. 결국 이것은 가능성이 사실상 무한하다는 점을 가리킨다.

37) 개인들과 관련하여 적용되는 용어는 오달란보다는 종종 오토난(otonan)이다. 그러나 어조는 동일하다. 즉 "나타남", "출현", "나옴" 등의 의미를 지닌다.

가 아니라면 —— 거의 언제나 그런 것처럼, 적어도 결혼 쌍방이 진지하다 면 —— 그 결혼은 파기될 것이다. 사람을 매장하기 위한 시간, 화장(火葬)을 위한 시간, 결혼을 위한 시간, 이혼을 위한 시간, —— 히브리의 관용구에서 발리의 관용구로 옮기자면 —— 산꼭대기에 오르면 좋은 시간, 시장에 있으 면 좋은 시간, 사회생활에서 물러나는 시간, 생활에 참여하는 시간이 정해져 있다. 마을회의, 관개조합, 임의집단 등의 모임은 모두 순열적 역법에 의한 (매우 드물게 음-양력의) 용어로 정해진다. 그리고 집에서 조용히 앉아 있 는 그리고 문제로부터 벗어나기 위해서 노력하는 시간도 앞과 같다.

음-양력은, 다른 방식에 기초를 두고 만들어졌지만, 실질적으로는 순열적 역법과 같은 점적 방식의 시간의 개념으로 구체화된다. 음-양력의 주된 특 색과 어떤 목적을 위해서는 장점이 되는 것은 이 역법이 다소 고정되어 있 어서 계절에 따라서 변하지 않는다는 점이다.

이런 역법은 새로운 달에서 다음 달까지를 1개월로 하는 열두 개의 월 (月)로 구성되어 있다.[38] 그리고 나서 이 달들은 다시 두 종류의 날(또한 번 호를 붙인)들로 나뉜다. 태음일(tithi)과 태양일(diwasa)이 그것이다. 한 달 에는 항상 30개의 태음일이 있지만, 태음년과 태양년 사이에 불일치가 있다 는 점을 인정한다면, 간혹 한 달에 30일이나 29일의 태양일이 있게 된다. 후 자의 경우 이틀간의 태음일은 하루의 태양일로 간주된다 —— 다시 말해서 하루의 태음일은 건너뛰는 것이다. 이것은 63일마다 발생한다. 그러나 이 계산이 천문학적으로 매우 정확할지라도, 실제로 그것을 결정하는 것은 천 문학적 관찰과 이론이 아니다(발리인들은 그것에 대한 흥미는 물론, 이를 위한 문화적 장치도 가지고 있지 않다). 그것은 순환적 역법을 통하여 결정 된다. 이 계산은 물론 원래는 천문학적으로 이루어졌다. 그러나 그 역법은 힌두인들에 의하여 이루어진 것을 발리인들이 아주 까마득한 과거에 수입한 것이다. 발리인들에게 이중적인 태음일 —— 하루에 이틀을 포함한 날 —— 은 단지 순열적 역법 속에 존재하는 여러 주기와 초주기들이 함께 어긋물려 작용함으로써 만들어진 보다 특별한 하루일 뿐이다. 이는 처음부터 연역적

---

38) 마지막 두 달의 이름 —— 산스크리트에서 빌어온 —— 은 엄밀히 말해서 나머지 열 개 의 달처럼 수를 나타내는 것은 아니다. 그러나 발리인들의 인식에 의하면 그것들은 열한 번째와 열두번째를 "의미한다."

으로 결정되어 있는 지식일 뿐, 후에 귀납적으로 끌어낸 지식은 아니다.

이러한 수정에도 불구하고 진정한 태양년으로부터 9일에서 11일이 여전히 어긋난다. 그리고 이것은 30개월마다 한 번씩 건너뛰는 달에 의해서 보상된다(이러한 작업은 본래 힌두인들의 천문학적 관찰과 계산의 결과이지만 여기서는 단지 기계적인 것이다). 음-양력이 천문학적인 것으로 보이고, 그래서 자연적인 시간과정이나 천상의 시계를 관찰하여 나온 것처럼 보인다는 사실에도 불구하고, 그것은 역법의 용도가 아닌 기원에 관심을 기울임으로써 생긴 일종의 환상일 뿐이다. 그 용도는 그것이 애써 보조를 맞춰 좇아가려고 하는 순열적 역법이 그렇듯이 하늘에 대한 관찰과는 무관하다. 순열적 역법과 마찬가지로 음-양력은 자동적이고 특수하고 근본적으로 계량적인 것이 아니라, 분류학적 체계이다. 그래서 그것은 당신에게 오늘이 무슨 날(어떤 종류의 날)인지를 말해주지만, 달의 모습은 말해주지 않는다. 달을 보면서 이것을 역법을 결정하는 요인이 아니라 그것을 반영하는 것으로 경험한다. "진정으로 실재하는" 것은 그 날의 이름, 혹은 이 경우 (두 위치의) 번호로서 초경험적인 분류체계의 날들 속에서의 위치이지, 천문현상을 반영하는 것은 아니다.[39]

실제로 음-양력은 순열적 역법과 동일한 방식으로, 동일한 종류의 대상에 사용된다. 그것이 (다소 느슨한) 규칙을 가지고 있다는 사실은 그것을 농업과 관련된 맥락에서 보다 더 유용한 것으로 만든다. 그래서 모내기, 제초, 수확과 같은 것은 보통 음-양력에 의하여 행해지며, 농업이나 풍요와 상징적으로 관계를 맺고 있는 몇몇 사원들은 음-양력에 의해서 신을 영접하며 의식을 치룬다. 이는 그러한 영접이 210일보다는 355일(건너뛰는 해에는 385일)마다 치루어진다는 것을 의미한다. 그렇지 않으면 그 패턴은 변하지 않는다.

---

39) 사실상, 인도에서 들여온 다른 것들과 마찬가지로, 그들은 년수를 숫자로 센다. 그러나 년수를 세는 것은 사제들에게 한하고, 특별히 안다는 자만감을 가지게 하는 문화의 장식 정도이다. 사실상 역법의 실제 사용에는 어떤 역할도 하지 않는다. 그리고 음-양력의 날은 해가 안 붙어 있다. 해는 아주 드문 예외를 제외하고는 알지도 못하고 관심도 없다. 고대의 문헌이나 비문들은 때때로 해를 가리키기도 한다. 그러나 일상생활에서 발리인은 결코 우리가 사용하는 그런 의미에서 "날짜"를 꼽아 세지 않는다. 예외로, 어떤 사건 —— 화산, 전쟁 등 —— 이 "내가 어릴 때", "네덜란드인들이 여기에 있을 때", 혹은 발리인의 어느 시절, "마자파히트 시절에" 발생했다와 같은 말은 할 것이다.

이밖에 뉴피(Njepi : "조용하게 하다")라는 음-양력에 의한 중요한 축일이 있다. 이것은 서양의 학자들에 의하여 종종 "발리인들의 새해"라고 불리는데, 달력의 첫번째(즉 첫 달)가 아닌 열번째 달의 초기에 있으므로 새로운 시작이나 봉헌에 대한 관심은 아니고 악귀에 대한 두려움이나 자신의 감정을 조용히 잠재우는 데에 대한 관심의 표현이다. 뉴피는 섬뜩한 정적으로 이루어져 있다. 아무도 거리로 나가지 않으며, 모든 일이 정지되며, 모든 불이 꺼지며, 그동안 집에서는 일체의 대화도 이루어지지 않는다. 비록 초승달과 보름달이 된 날들이 어떤 특정한 특징(초승달은 흉조, 보름달은 길조)을 가지고 있다고 보지만, 음-양력 체제는 "운세를 점칠" 목적으로는 그다지 사용되지 않는다. 일반적으로, 음-양력은 순열적 역법을 대체하는 것이라기보다는 그것을 보완해주는 것이다. 자연조건이 주기적으로 변한다는 사실이 최소한 인정되어야 하는 맥락에서는 찼다, 비었다와 같은 "시간적으로 한정되지 않는" 분류를 적용하는 것이 가능해진다.

의례, 무대공포 그리고 절정의 부재

개개인의 익명화와 시간의 고정화는 이 점에서 동일한 문화과정의 두 측면이다. 이 문화적 과정이란 발리의 일상생활에서 같은 인간들을 동시대 사람으로 인식하며, 동료, 후계자, 선행자로 인식하는 것을 상징적으로 억제하는 것이다. 인간을 정의하는 다양한 상징적 질서들이 재능과 성향(이미 두텁게 형성된 정체성이나 정형화된 자아 바로 뒤에 존재하는 것으로서 우리가 인성이라고 부르는 것)의 변화 패턴의 생물학적, 심리학적 그리고 역사학적 토대를 숨기듯이, 마찬가지로 역법 혹은 역법의 적용은 시간의 흐름을 분리된, 무차원적인, 움직임 없는 분자로 나눔으로써 불가피하게 그러한 토대들과 패턴이 암시하는 분리된 나날과 증발된 해(年)를 느끼지 못하게 만든다. 순수한 동시대인은 그들이 살아야 할 절대적인 현재가 필요하다. 절대적인 현재는 동시대화된 사람들에 의해서만 삶의 장소가 될 수 있다. 그러나 이 동일한 과정에는 세번째 측면이 있다. 그것은 이 과정을 보완적인 한 쌍의 관계에서 서로를 강화해주는 문화적 힘의 삼각형 관계로 바꿔준다. 그 세번째 측면이 바로 사회적 교제의 의식화(儀式化)이다.

매일같이 접촉하는 사람들과 서로 (상대적인) 익명성을 유지하기 위해서, 혹은 일대일 관계에서 불가피하게 따라나오는 서로간의 친밀성을 약화시키기 위하여 —— 한마디로 동료를 동시대인화하기 위해서 —— 그들과의 관계를 상당한 정도로 공식화(公式化)하는 것이 필요하다. 즉 매일 만나는 사람들이 누구인지 알 정도로 가깝지만 포용할 정도로 친하지는 않은 사회학적으로 중간 정도의 거리를 두고 만날 필요가 있다. 그들은 반은 타인, 반은 친구로 만나는 것이다. 발리인들의 일상생활의 많은 의식성은 —— 그 범위 (혹은 강도)에 응하여 대인관계는 복잡한 관습이나 의례의 체계에 의해서 통제되고 있다 —— 이러한 인간 조건의 보다 인간적인 측면 —— 개성, 자발성, 소멸 가능성, 감정에 좌우됨, 상처받기 쉬움 —— 에 대해서 애써 눈을 감으려고 하는 그들의 일관된 노력과도 논리적으로 관련된다. 이 노력은 그 반대의 경우와 마찬가지로, 오직 매우 부분적으로만 성공한다. 그리고 발리인들이 사회적 상호 작용을 의례화하는 정도는 그들이 사람들과의 관계를 익명성으로 유지하거나 시간을 비유동적인 것으로 보려는 노력보다 더 완전하지 못하다. 그러나 성공에 대한 바람의 강도 혹은 그것에 대한 집착의 정도는 의식화의 정도를 설명해주고 있다. 또한 그것은 발리에서 매너는 단순히 실천적인 의미에서의 관례가 아니라 깊은 영적인 관심의 표현이라는 사실도 설명해준다. 순수하고 단순한 외형의 격식을 차린 예의는 그 속에 규범적 가치를 지니고 있다. 우리가 그런 정중함을 위선적인 것은 아니라도 격식 차림으로 여기거나 웃기는 것으로 간주하면, 우리는 그 규범적 가치를 더 이상 음미할 수 없다. 왜냐하면 발리는 제인 오스틴만큼이나 우리로부터 멀리 떨어져 있기 때문이다.

그러한 음미가 보다 어려워지기도 하는데, 그 이유는 열심히 사회생활을 하는 것 속에는 우리가 예상치 못한 독특한 무엇, 즉 스타일적인 뉘앙스가 존재하기 때문이다. 스타일과 뉘앙스(둘 다 스며드는 것이라면)는 스스로 경험하지 못한 사람에게 전달하기가 매우 어려운 것이다. 아마도 "유희적 연극성"이 그것을 가장 잘 표현한 것일지 모른다. 만일 유희라는 것이 가벼운 것이 아니라 장중한 무엇을 말하며, 연극이 자발적인 것이 아니라 강요된 것이라고 하면 말이다. 발리인들의 사회적 관계는 엄숙한 게임인 동시에 연습된 드라마라고 할 수 있다.

이것은 사실상 그들의 사회적 삶의 초상화이자 조형물인 그들의 의례적이고 (그것과 동일한 것으로서의) 예술적인 생활에서 가장 잘 나타난다. 일상의 상호 관계는 매우 의례적이고 종교적 활동은 대단히 일상적이어서 한쪽이 끝나는 위치와 다른 쪽이 시작하는 위치를 말하기 어렵다. 그리고 이 모두는 단지 발리의 가장 유명한 문화적 속성 —— 예술적 천재성 —— 의 표현일 뿐이다. 정성을 다한 사원 의례의 화려한 행렬, 장대한 음악극, 곡예적인 무용, 과장된 그림자놀이, 반복되는 말과 변명하는 제스처, 이 모든 것은 그것의 일부분들이다. 에티켓은 일종의 춤이며, 춤은 일종의 의례이며 그리고 신(神)의 숭배는 에티켓의 한 형태이다. 예술, 종교 그리고 예의, 이 모든 것들은 외형적이고 공들인 사물의 외형을 높이 존중한다. 그들은 형식을 높이 존중한다. 그리고 이러한 형식들 —— 그들이 "놀이"라고 부르는 것 —— 을 끊임없이 정비하는 것은 발리인들의 생활을 의례적인 모습을 띠게 만든다.

발리인들의 관계가 매너로 이루어져 있다는 것, 즉 의례, 기능 그리고 예의로 융합되어 있다는 것은 결과적으로 그들의 사회성의 가장 근본적이고 독특한 특징인 심미주의를 인식하게 만든다. 사회적 행위들, 모든 사회적 행위들은 먼저 무엇보다도 기쁨을 주는 것이 목적이다 —— 신을 기쁘게 하는 것, 관중을 기쁘게 하는 것, 다른 사람을 기쁘게 하는 것, 자신을 기쁘게 하는 것 등. 그러나 이때의 기쁨은 아름다움이 주는 기쁨이지 덕(德)이 주는 기쁨은 아니다. 사원에 제물을 바치거나 가믈란 콘서트를 하는 것과 같이 예의를 따르는 행위는 미적 행위이며, 그래서 그것들은 청렴함(우리가 청렴함이라고 부르는 것)이 아니라 감수성을 보여주며, 또한 보여주려고 한다.

이제 이 모든 것들 —— 즉 일상적 생활이 현저하게 의례적이라는 것, 이 의례성은 진지하고 성심을 다한 그리고 공적인 "놀이"의 형식을 취한다는 것, 종교, 예술 그리고 에티켓은 사물을 애써 동일한 것으로 만들어 장식하는 전체적인 문화적 도취가 다양하게 표출된 것에 불과하다는 것 그리고 여기서 도덕성은 결과적으로 그 근본에 있어서 심미적이라는 것 —— 로부터 발리인들의 생활의 정서적 측면의 가장 현저한(그리고 가장 많이 지적되는) 두 가지의 특징을 보다 더 정확하게 이해할 수 있게 된다. 그중 하나는 사람들 관계에서 흔히 "수치"라고 (그릇되게) 불려왔던 그 감정을 중요시하는 것이며, 또 하나는 명확한 완성으로 나아가는 종교적, 예술적, 정치적, 경제적인 집단행위의 실패, 즉(예리하게) 그 "절정의 결여"라고 불려왔던 점이다.[40] 이들 중 첫번째는 인간에 관한 관념으로 직접 돌아가며, 두번째는 마찬가지로 직접적으로 시간의 관념으로 돌아간다. 이렇게 해서 우리의 비유적 의미의 삼각형의 정점은 발리인의 행동양식을 그것의 활동범위로서의 이념적 환경에 연결시켜주는 것이다.

"수치"라는 개념은 그것의 도덕적, 정서적 사촌이라고 할 수 있는 "죄"와 더불어 문헌에서 많이 논의되어왔다. 그러면서 그 전체의 문화는 때때로 "수치의 문화"라고 불리기도 했는데, 그 이유는 이러한 문화 속에는 "명예", "평판"과 같은 것에 대한 강렬한 관심이 현저했고, 그 과정에서 "죄의 문화"에 현저한 것으로 생각되는 "죄", "내적 가치"와 같은 것에 대한 관심이 결여되었기 때문이다.[41] 그러한 보편적 범주화의 유용성이나 그것과 관련된 비교심리학적인 동태의 복잡한 문제와는 별도로, 그러한 연구에서 "수치심"이라는 용어의 가장 일반적인 영어에서의 의미 —— "죄의식" —— 를 지워버리고, "책임질 무엇인가를 저질렀다는 사실이나 그것에 대한 느낌"과 같이 죄책감에서 완전히 분리시키는 것은 어려운 일이다. 보통 그 둘은 다음과 같이 서로 대조되고 비교되어왔다. 즉 "수치심"은 (비록 사실상 전적으로 그러한 것은 아니지만) 잘못이 공식적으로 폭로된 상황에 적용되며, "죄책감"은 (마찬가지로 전적인 것은 아니지만) 잘못이 공식적으로 폭로되지 않은 상황에 적용되었다. 수치는 죄가 폭로되었을 때 따라나오는 불명예감이나 수치감이며, 죄는 아직 발견되지 않은 잘못에 따르는 비밀의 악행(惡行)의 감정이다. 이처럼 수치와 죄는 우리들의 윤리적, 심리적 용어에서는 결코 완전히 같지는 않으나, 양자는 모두 같은 종류의 말이며, 수치는 죄의 표면에 있으며, 죄는 수치의 내면에 있다고 하는 관계이다.

그러나 발리에서 "수치감", 혹은 레크(lek)라고 번역된 용어는, 폭로되었

---

40) 발리 문화의 "수치"를 다룬 주제로서 다음을 참조하라. M. Covarrubias, *The Island of Bali* (New York, 1956) ; "absence of climax", G. Bateson과 M. Mead, *Balinese Character* (New York, 1942).

41) 이에 대한 포괄적이고 엄밀한 검토는 다음을 참조하라. G. Piers와 M. Singer, *Shame and Guilt* (Springfield, Ill., 1953).

건 그렇지 않건, 밝혀졌건 숨겨졌건, 단순히 상상한 것이건 실제로 수행된 것이건 간에, 어떤 형태의 잘못과도 관계가 없다. 발리인들이 죄책감도 수치심도 느끼지 못하며, 양심이나 자존심도 없으며, 나아가 시간이 흐르는 사실이나 인간은 독특한 존재리는 사실을 모른다고 말하는 것은 아니다. 여기서 말하는 것은 죄책감도 수치심도 그들 상호간의 행위를 규제하는 감정이 못 된다는 것, 따라서 그러한 규제의 주축이자 문화적으로 가장 강력히 강조되는 레크는 "수치감"으로 번역되어서는 안 되며, 오히려 연극적 비유를 따라서 "무대공포"로 번역되어야 한다는 사실이다. 발리인들의 일상의 만남을 통제하는 감정은 잘못을 저질렀다는 느낌도 아니며 발각되지 않은 잘못으로부터 따라나오는 창피감(발리인들은 이것을 아주 가벼운 정도로 느끼며, 아주 빨리 잊어버린다)도 아니다. 그것은, 반대로, 사회적 상관관계의 예상(과 실제)에 직면하여 가지게 되는, 어떤 경우에는 거의 마비상태가 되기도 하지만, 다소 분산되고 보통 온화한, 만성적인 가장 낮은 단계의 불안감이다.[42]

보다 심층적 원인이 무엇이든 간에, 무대공포는 기술이나 자기 통제의 능력이 없어서 혹은 단순히 우연한 이유로 해서 어떤 심미적 환상이 계속 유지될 수 없을 것이라는 두려움 때문에 생긴다. 배우는 자신의 배역을 통해서 연극을 하고 배역은 배우에게 용해된다. 심미적 거리가 무너지면, 관중들(그리고 배우)은 햄릿을 보지 못하고 그 대신에 모두에게 불편하게도 덴마크 왕자로 잘못 배역을 맡은 존 스미스의 서투른 실수를 보게 된다. 발리의 경우, 비록 그 드라마가 다소 볼품없기는 해도 이와 동일하게 말할 수 있다. 그들이 대개의 경우에 조금 또는 가끔 크게 두려워하는 것은 공적 행위로서의 에티켓을 제대로 수행하지 못할 것이라는 점, 그 결과 에티켓이 유지하고 있는 사회적 거리가 무너질 것이라는 점, 그러면 개인의 인격이 무너져

---

42) 다시, 여기서 나의 관심은 문화적 현상학이지 심리학적 동태가 아니다. 이를 증명하거나 반박할 증거가 있다고 생각하지는 않지만, 발리인들의 "무대공포증"이 어떤 종류의 무의식적인 죄책감과 관련될 가능성은 물론 있다. 단지 내가 계속해서 말하고자 하는 것은 레크를 영어에서 흔히 의미하는 "죄책감"이나 "수치심"으로 번역하는 것은 잘못이라는 점 그리고 우리가 사용하는 "무대공포증" —— *Webster*에 의하면 "관객 앞에 나타나기 전의 조바심" —— 이라는 단어가 오히려 발리인들이 레크에 대해서 말할 때 그들이 실제로 말하고자 한 것을 보다 더 잘 (여전히 불완전하지만) 나타낸다는 점이다.

그의 표준화된 공적 정체성이 와해될 것이라는 점들이다. 흔히 그러하듯이 이러한 일이 발생할 경우 우리가 말한 삼각형은 무너진다. 의례는 사라지고, 시간이 잠깐 사이에 고통스러울 정도로 강렬하게 느껴지며 그리고 우연히 서로의 프라이버시를 침해한 것처럼 서로 당황하여 동료 사이가 소원해진다. 레크는 그러한 상호간의 재앙이 항상 존재한다는 것에 대한 인식인 동시에, 무대공포가 그렇듯이 그것을 피하게 만드는 일종의 힘이다. 사회적 교제를 매우 좁은 레일 위를 걷도록 만드는 것은 그러면 안 되는 것에 대한 두려움이다 —— 매우 공들인 예절은 더욱 그러할 것이다. 발리인들의 인격 개념이 대인접촉에서 개인화의 경향을 가지지 않도록 만드는 것은 다른 무엇보다도 바로 이 레크이다.

발리인들의 사회적 행위의 또 한 가지 현저한 특징인 "절정의 결여"는 매우 독특하고 기이한 것이어서 구체적인 사건을 보다 광범하게 기술해야만 제대로 이해할 수 있다. 그것은 다음과 같은 사실과 관련된다. 즉 사회적 행위들은 명확한 정상을 향하여 집결되지도 않으며 그렇게 허용되지도 않는다. 싸움은 있다가도 없어지고 때로는 계속 존재하기도 하지만, 그것들은 좀처럼 막바지까지 이르지 않는다. 문젯거리는 최종 결정을 위하여 첨예하게 논의되지 않는다. 상황이 좋아지면 해결될 것이라거나 혹은 문제 자체가 사라져버릴 것이라는 희망 속에서 오히려 그 문제들은 무더지고 완화된다. 일상생활은 어떤 것이 발생하거나 그렇지 않기도 하는 —— 의도가 실현되거나 혹은 그렇지 않기도 하는, 과업이 성취되거나 그렇지 않기도 하는—— 자기 충족적이고 단편적인 만남들로 구성되어 있다. 어떤 일이 잘 되지 않을 때 —— 의도가 좌절되고 과업은 성취되지 않았을 때 —— 다른 시기에 처음부터 다시 노력할 수도 있고 단지 포기해버릴 수도 있다. 미적인 연기가 시작되고, 계속 진행되며(사람이 계속해서 보는 일은 없고, 일어서서 가버리거나, 다시 돌아오거나, 잡담하거나, 잠깐 잠들거나, 그러다가 다시 자신을 잊어버리고 몰두하거나 하면서 매우 오랫동안 계속되어) 그리고는 멈춘다. 그것들은 퍼레이드처럼 중심이 없으며, 야외의 축제행렬처럼 방향도 없다. 의식은 종종, 사원의 축제에서와 같이 주로 준비하고 청소하는 것으로 구성된 것처럼 보인다. 의식의 핵심부분인 제단에 강림하는 신에게 절하는 일은 그 의미가 의도적으로 약화되어, 결국은 물리적으로는 매우 가깝지만 사회적으로는 매우 먼 거리를 유지하고 있는 이름 모를 고인의 추모이며, 주저하는 대면(對面)인 듯이 때때로 생각될 정도이다. 서로 환대하고 안녕을 고하고 음식을 시식하고 뒷맛을 보고하는 것이 전부이며, 그와 더불어 신성한 인물들과의 매우 의례적인 만남이 있을 뿐이다. 랑다-바롱과 같이 극적으로 매우 고양된 의식에서조차도 마찬가지이다. 거기에서 공포에 질린 마녀와 바보 같은 용의 싸움은 어떤 해결도 없이 끝난다. 즉 그것은 모든 것을 있는 그대로 내버려두는 신비적, 형이상학적 그리고 도덕적 무승부 상태로 끝나며, 그래서 그것을 보는 사람 —— 어쨌든 외국인 관찰자 —— 은 결정적인 무엇인가가 일어날 것 같은데 아무것도 일어나지 않았다는 느낌을 가지게 된다.[43]

요약하면, 사건들은 마치 축일과도 같이 발생한다. 그것들은 나타나고, 사라지고 그리고 다시 나타난다(각각은 독립된, 자기 충족적인 것으로서 사물의 정해진 질서가 독특하게 표출된 것이다). 사회적 행위들은 각각 개별적인 연기로서 어떤 목적을 함께 지향하지도 않으며, 함께 모여 어떤 대단원을 향하여 나아가지도 않는다. 시간이 점인 것처럼, 생활도 점으로 되어 있다. 하루하루의 날들처럼 질서가 없는 것이 아니고, 일정한 질의 질서로 정돈된다. 발리인들의 사회생활에는 절정이란 없다. 왜냐하면 그것은 유동 없이 고정된 현재, 즉 방향 없는 지금 현재 발생하는 것이기 때문이다. 혹은 그와 마찬가지로, 발리인들의 시간에는 움직임이 없다. 왜냐하면 사회생활에 절정이 없기 때문이다. 그 둘은 서로를 함의하고 있다. 또한 그 둘은 모여서 발리인들의 개인을 보는 관점을 함의하며, 그 반대도 마찬가지이다. 동료에 대한 인식, 역사에 대한 경험 그리고 집단 생활의 성격 —— 때때로 민족정신으로 불리기도 하는 것 —— 은 서로 얽혀서 하나의 분명한 논리를 형성한다. 그러나 이때 논리는 삼단논법적인 것이 아니라 사회적인 것이다.

---

43) 랑다-바롱의 싸움에 대한 묘사는 J. Belo, *Rangda and Barong*을 참조하라. 그러한 분위기를 탁월하게 나타낸 것은 G. Bateson과 M. Mead, *Balinese Character*를 참조하라. 또한 이 책의 pp. 143-148을 참조하라.

문화의 통합, 갈등, 변화

"논리"라는 단어는 추론의 형식적 원리를 의미할 뿐만 아니라 사실과 사건들 사이의 합리적 연결도 함께 의미하는데, 이러한 의미에서의 논리라는 단어는 그리 믿을 만한 것이 못 된다. 그리고 문화를 분석하는 데에 있어서는 더욱 그러하다. 우리는 의미 있는 형태들을 다룰 때, 형태간의 관계를 이미 잠재된 것으로 보고 서로 내적 관계(혹은 무관계)를 가졌다는 판단에 사로잡힌다. 그래서 우리는 흔히 다음과 같이 말한다. 문화의 통합은 의미의 조화이고, 문화의 변화는 의미의 불안정성이며 그리고 문화의 갈등은 의미의 부적합이며, 이때의 조화, 불안정성 혹은 부적합은, 흔히 단맛이 설탕의 속성이며 깨지기 쉬움이 유리의 속성이라고 말하는 그런 방식으로, 의미 그 자체의 속성이다.

그러나 우리가 이러한 속성들을 단맛이나 깨지기 쉬움과 같은 속성처럼 다루려고 하면, 그것들은 우리가 기대하는 그런 의미에서 "논리적으로" 작용하지 않는다. 조화, 불안정성, 혹은 부적합이라는 구성요소들을 보면, 이들이 속성인 어떤 것의 안에서는 찾아지지 않는다. 우리는 상징적 형태들의 의미를 그것들의 조화로운 내용, 그것들의 안정성의 정도, 혹은 그것들의 부적합의 지표 등을 밝히기 위한 문화적 탐구를 통해서는 알아낼 수 없다. 우리는 단지 문제의 그 형태들이 사실상 서로 공존하고 있는지 아니면 변하고 있는지 혹은 어떤 식으로든 서로를 간섭하고 있는지 등을 볼 수 있을 뿐이다. 이것은 설탕을 맛보아서 그것이 달콤한지 아는 것 혹은 유리를 떨어뜨려서 그것이 깨어지는지를 보는 것과 마찬가지이다. 그래서 이것은 설탕의 화학적 성분이나 유리의 물리적 구조를 탐구하는 것과는 다르다. 왜냐하면 의미라는 것은 사물, 행위, 과정 등에 내재된 것이 아니라, 뒤르켐과 베버 그리고 많은 사람들이 강조했듯이, 그것들에 부과된 것이기 때문이다. 따라서 그 속성들에 대한 설명은 그 의미를 부여하는 사회에서 살고 있는 사람 속에서 찾아야 한다. 사고에 대한 연구는, 조셉 레벤슨의 말대로, 사고하는 인간에 대한 연구이다.[44] 그리고 그들이 행위를 하는 곳은 그들만의 어떤 특정

44) J. Levenson, *Modern China and Its Confucian Past* (Garden City, 1964), p. 212. 그밖의

한 장소가 아니라 공공의 장소 — 사회적 세계 — 이기 때문에, 문화의 통합, 문화의 변화, 혹은 문화의 갈등의 본질은 바로 거기에서 찾아져야 한다. 즉 상징의 안내를 따라서 사람들이 지각하고, 느끼고, 생각하고, 판단하고, 행동할 때의 개개인과 그 집단의 경험 속에서 구해져야만 한다.

그러나 이렇게 말한다고 해서 심리주의(心理主義)에 굴복하겠다는 것은 아니다. 심리주의는 논리주의(論理主義)와 마찬가지로 문화를 분석하는 데에 있어서 또 다른 커다란 방해물이다. 왜냐하면, 인간의 경험 — 사건들을 겪으면서 실제로 살아가는 일 — 은 단순한 지각이 아니라, 가장 즉각적인 감각에서부터 가장 심사숙고한 판단에 이르기까지, 해석된 지각이며 또한 파악된 지각이다. 신체 외에는 잠재적으로만 인간인 신생아를 제외하고, 인간 존재에게 모든 경험은 형성된 경험이며, 따라서 그것의 형성을 가능하게 하는 상징적 형태들이 그것의 내적 구조를 결정하게 된다(망막의 분자기하학으로부터 심리학적 성숙의 내적 단계에 이르기까지 다양하게 분포된 다른 여러 요인들과 서로 결합하여 결정한다). 문화조직의 "논리"를 피타고라스적인 "의미의 영역"에서 발견하려는 희망을 버린다고 해서 그 논리를 발견하기 위한 희망 전부를 버리는 것은 아니다. 그것은 우리로 하여금 상징들에게 생명을 부여하는 것, 즉 그것들의 용도에 관심을 돌리도록 하는 것이다.[45]

사람을 정의하는 발리인들의 상징적 구조(이름, 친족 명칭, 테크노님, 칭호)가 시간과 관련된 그들의 상징적 구조들(순열적 역법 같은 것들)과 연결되는 것 그리고 이 둘이 서로간의 행위를 규정하는 상징적 구조들(예술, 의례, 예절 등)과 연결되는 것은, 이 구조들 각각이 그것을 사용하는 사람들에

다른 곳에서와 마찬가지로, 여기서 나는 "사고"라는 용어를 단지 심사숙고적인 반성만이 아니라 지적인 활동이라면 무엇이든지 해당되는 것으로 보며 그리고 "의미"라는 용어를 단지 추상적인 "관념"만이 아니라 의미 전체를 지시하는 것으로 본다. 이것은 아마도 다소 임의적이며 다소 부정확할 것이다. 그러나 이러한 대상에 들어가는 것들이 같은 종류가 아닌 때에도 일반적인 대상에 대해서 말하기 위해서는 일반적인 용어들이 필요하다.

45) "모든 기호는 그 자체로는 죽은 것이나 다름 없다. 그것에 생명을 주는 것은 무엇인가? —— 사용 속에서만 그것은 살아 있다. 생명이 그 속에 부여된 것인가? —— 아니면 그것의 활용이 생명을 주는 것인가?" L. Wittgenstein, *Philosophical Investigations* (New York, 1953), p. 128e. 고딕체는 원문에서는 이탤릭체임.

게 영향력을 미치며 그 영향력이 상호 작용하기 때문이다. 이런 식으로 발
리인의 경험의 영향은 서로에게 작용하여 서로를 강화시킨다. 동료들을 "동
시대화하는" 경향은 생물학적으로 나이를 먹는다는 느낌을 무디게 한다. 생
물학적으로 나이를 먹는다는 느낌이 무디어지면 그것은 또한 시간이 흐른
다는 느낌의 주된 요인의 하나를 없애버린다. 시간이 흐른다는 느낌이 무디
어지면 그것은 대인관계에서 발생하는 사건에 삽화적 성격을 부여한다. 의
식화된 상호 작용은 다른 사람들을 표준화하여 보게 만든다. 다른 사람을
표준화된 관점에서 보게 되면 "정지상태"의 사회개념을 가지게 한다. 사회
를 정지상태의 것으로 보게 되면 시간에 대하여 분류학적으로 생각하게 된
다. 이런 식으로 계속된다. 처음에 시간의 개념을 가지고 시작해서 어느 방
향으로 나아가든 동일한 원 주위를 돌 수 있다. 그 원은 비록 연속된 것이긴
하지만 완전히 폐쇄된 것은 아니다. 왜냐하면 이러한 경험의 양상들은 그
어느 것도 문화적 강조로서 일종의 주도적인 경향 이상이 아니기 때문이다.
그리고 억압된 부분도 인간 존재의 일반 조건에 뿌리를 두고 어느 정도 문
화적으로 표현되고 있으므로, 사실상 서로 상반된 것들이 공존하면서 서로
대립하고 있기 때문이다. 그렇기는 해도 역시 그것들이 주도적인 것임에는
틀림없다. 그들은 서로를 강화한다. 그리고 그것은 지속하고 있다. 영속적이
지만 완전한 것은 아닌 이와 같은 상태에 대해서 "문화의 통합"이라는 개
념 —— 베버가 "의미연관(意味連關, sinnzusammenhang)"이라고 불렀던
개념 —— 을 바르게 적용할 수 있는 것이다.

이렇게 볼 때 문화의 통합은 더 이상 인간의 일상생활로부터 격리된, 그
래서 그 자신만의 논리적 세상을 가지고 있는 독자적인 현상으로 간주되어
서는 안 된다. 그러나 아마 그것보다도 중요한 것은 그것이 모든 것을 포함
한, 전체에 완전히 스며든, 무한정한 그런 것으로 간주되어서는 안 된다는
점이다. 우선, 첫째로 전술했듯이 주요한 패턴에 대항하는 패턴이 이차적인
것으로 존재하지만, 그럼에도 불구하고 중요한 주제는 우리가 아는 한 어떤
문화에도 존재한다. 보통의 완전히 비헤겔적인 방식으로, 문화 자체를 부정
하는 요소는 크건 작건 간에 그 문화 안에 존재한다. 따라서 예컨대 발리인
들의 경우, 우리는 그들의 마녀 신앙(혹은 현상학적으로 말해서 마녀 경험)
을 발리인의 인격에 관한 신앙이 전도된 것으로 연구하며, 또한 그들의 신

들린 행동을 그들의 예의범절이 전도된 것으로 검토해본다는 사실은 이 점에서 대단히 시사적이며 또한 현재의 분석에도 그 깊이와 다양성을 부여할 것이다. 우리가 앞서 받아들인 문화적 특징들 —— "조화"를 중시하는 푸에블로 인디언 사이에서도 의심과 당파성의 요소가 보인다거나 호전적인 콰키우틀족에게서 "상냥한 측면"이 보이는 것 —— 에 대하여 보다 유명한 비판들이 있는데, 근본적으로 이 비판들은 그러한 주제들의 존재나 중요성과 관련된 것이다.[46]

그러나 이런 종류의 자연스러운 반론을 넘어서 거기에는 또한 모종의 핵심적인 주제들 자체끼리도 연결되지 않고 끊어진 부분이 있다. 모든 것이 그밖의 다른 모든 것에 똑같은 방향을 지향하면서 연결되어 있는 것이 아니다. 모든 것이 그밖의 다른 모든 것과 즉각적으로 조화를 이루거나 대립하지는 않는다. 적어도 보편적이고 일차적인 상호 관련은 경험적으로 입증되어야지, 흔히 그러하듯이 자명하게 가정(假定)되어서는 안 된다.

문화의 비연속성과 그것으로부터 생기는 (심지어 매우 안정된 사회에서조차도) 사회의 해체는, 문화의 통합과 마찬가지로, 사실적으로 존재하고 있다. 문화는 천의무봉(天衣無縫)이라는 생각이 아직까지도 인류학에 널리 만연되어 있는데, 이러한 생각은 문화는 여러 조각과 편린들이 모인 것이라는 보다 고전적인 생각(이 고전적 생각은 1930년대 초반 말리노프스키 혁명 이후에 앞의 생각으로 대체되었다)과 마찬가지로 하나의 미증명의 전제에 기초를 둔 오류에 지나지 않는다. 체제는 체제가 되기 위해서 매우 폐쇄적으로 그 내용물끼리 연결될 필요는 없다. 그것들은 좀더 밀도 있게 연결될 수도 있으며 보다 더 엉성하게 연결될 수도 있지만, 그것들이 얼마나 바르게 통합되어 있는가 하는 것은 어디까지나 경험적 문제이다. 다양한 변수들의 관계에서처럼, 경험의 양상들 사이의 관계를 주장하기 위해서는 단순히 그 관계를 상정할 것이 아니라 오히려 그 관계를 발견해야 한다(그리고 그것을.

---

46) Li An-che, "Zuñi: Some Observations and Queries", *American Anthropologist* 39 (1937): 62–76; H. Codere, "The Amiable Side of Kwakiutl life", *American Anthropologist* 58 (1956): 334–351. 두 개의 대립되는 패턴 혹은 서로 독립된 패턴들 중에서 어느 것이 사실상 우선적인 것인가 하는 것은 물론 경험적인 문제이다. 그러나 만일 여기서 "우선적인 것"이 의미하는 것을 조금만 더 생각해본다면, 해결할 수 없는 문제는 아니라는 점을 알 수 있다.

발견하는 방법을 발견할 필요가 있다). 복잡한 (모든 문화가 그러하듯이) 동시에 완전히 상호 연결된 체제는 사실상 제대로 기능을 발휘할 수 없다는 식의 생각이 있는데, 이러한 생각을 믿게 만드는 여러 이유들이 존재하는 것을 보면, 문화 분석의 문제는 상호 관련을 찾아내는 것 이상으로 그 독립성을 찾아내는 문제이기도 하다. 즉 다리를 연결하는 것 이상으로 그 간극을 찾아내는 문제이기도 하다.[47] 만일 그림으로 비유할 수밖에 없다면, 문화 조직은 거미줄도 아니며 그렇다고 모래더미도 아니다. 그것은 차라리 낙지와도 같다. 즉 그 촉수는 대개 분리되어 있으며 그 신경계통은 각각의 다리나 머리로 볼 수 있는 것과도 불충분하게만 연결되어 있다. 그럼에도 불구하고 돌아다닐 수 있으며, 자신을 생명력 있는 어느 정도 어색한 존재로, 당분간만이라도, 유지해가는 것이 가능하다.

이 논문에서 지금까지 제시한 사람, 시간 그리고 행위 개념들 간의 밀접하고 직접적인 상호 의존성은 비록 그것의 특정 형태인 발리에 어느 정도 독특한 점이 있을지라도, 그것은 내가 주장했듯이 단지 일반적인 현상일 뿐이다. 왜냐하면 그러한 상호 관계는 인간 경험이 조직되는 방식 속에 고유하게 내재되어 있고, 인간생활을 영위하는 조건의 필연적인 결과이기 때문이다. 그러나 그것은 수많은 그리고 알려지지 않은 그러한 일반적 상호 관계들 중 하나에 지나지 않는다. 그리고 그것은 그 수많은 것들 중 어느 것에는 다소 직접적으로 연결되어 있고, 다른 것에는 단지 매우 간접적으로만 연결되어 있으며, 또 어떤 것에는 어떤 목적으로도 연결되어 있지 않다.

그러므로 문화 분석은 "문화의 기본적 복합체"에 대한 영웅적이고 "전체

---

47) "축적에 적응하기 위해서는 어떤 변수에서……다른 변수들로……넘어가는 통로가 있어서는 안 된다고 했다.……생리학 문헌에서 종종 암시된 관점, 즉 만일 사방으로 충분히 연결되기만 한다면 모든 것이 잘 될 것이라는 생각은……아주 그릇된 것이다." W. R. Ashby, *Design For a Brain*, 개정 제2판 (New York, 1960), p. 155. 물론 여기서 말하는 연결은 직접적 연결이다 —— 즉 Ashby가 "일차적 연관"이라고 부른 것이다. 체제 속에서 다른 변수들과 아무런 관계도 없는 변수들은 그것이 무엇이든지 간에 그것의 일부가 될 수 없다. 이와 관련된 일군의 이론적 문제들에 대한 논의는 Ashby의 pp. 171–183, 205–218을 참조하라. 문화의 비연속성은 사회체제의 효과적 기능과 양립할 수 있을 뿐만 아니라, 심지어 그러한 기능을 지지하기까지 한다는 식의 논의는 다음을 참조하라. J. W. Fernandez, "Symbolic Consensus in a Fang Reformative Cult", *American Anthropologist* 67 (1965) : 902–929.

적인" 공격이어서는 안 되며, 그렇다고 해서 보다 좁은 의미의 복합체가 다만 연역적으로 보이도록 "질서들의 질서"를 추구하는 것이어서도 안 된다. 오히려 그것은 의미 있는 상징들과 그것의 단편들 그리고 그 단편의 단편들 —— 지각, 감정 그리고 이해의 물질적 매체 —— 을 찾아내고, 그것들이 형성되기 위한 논리적 전제로서의 인간 경험의 기본 규칙들을 진술하는 것이어야 한다. 활용할 수 있는 문화이론에 도달하기 위해서는 직접적으로 관찰할 수 있는 사고의 양상으로부터 먼저 그것들의 통합성을 찾아내고 그리고 나서 보다 더 다양하고 보다 더 느슨한, 그럼에도 불구하고 "낙지"와 같이 질서를 갖춘 시스템을 찾아내야 한다. 즉 부분적 통합, 부분적 부조화 그리고 부분적 독립성 등의 일군의 집합을 찾아내야 한다.

문화의 움직임 또한 낙지의 그것과 같다 —— 부분들이 동시에 부드럽게 조화를 맞추어 움직이거나 전체가 한꺼번에 집단적 움직임을 나타내는 것이 아니라, 이때는 이것이, 저때는 저것이 따로따로 움직이다가 그것이 쌓여서 일정한 방향으로 변화한다는 것이다. 낙지나 오징어와 같은 두족류(頭足類) 이야기는 놔두고라도, 이제 그러면 모든 문화에서 진보를 향한 일차적 움직임이 어디에서 나타나며, 그것들이 어떻게 그리고 어느 정도 문화체계의 중심에 퍼지게 될 것인가 하는 것은 우리들의 지식의 현단계에서는 완전히 예측 불가능한 것은 아니더라도 예측하기 매우 어렵다. 그러나 만일 그러한 움직임이 문화체계 중에서도 대체로 서로가 밀접하게 연결되어 사회적으로 중요한 어떤 부분에서 일어날 경우, 그것의 추진력은 매우 큰 것이 될 것이라는 예측은 그리 틀린 것은 아닐 것이다.

발리인들의 인간관, 시간 경험, 혹은 예절관념 등을 효과적으로 공략할 수 있는 무엇인가가 발달한다면, 그것은 발리 문화의 보다 커다란 부분을 바꾸어놓을 수 있는 잠재력을 가지고 있는 셈이다. 이것들은 그러한 혁명적 발달이 나타날 수 있는 유일한 부분은 아니지만(발리인들에게 있어서 위신 관념이나 그것의 토대를 공격하는 것은 분명 그 세 가지에 대한 공격과 마찬가지로 매우 강력한 것이다), 분명 가장 중요한 것들에 속하는 것들이다. 만일 발리인들이 서로를 보다 덜 익명적으로 보거나, 시간을 보다 역동적으로 생각하거나, 사회적 상호 작용을 보다 비형식적인 것으로 운영한다면, 아주 많은 것 —— 전부는 아니지만 매우 큰 부분 —— 이 발리인의 생활에서 변화할 것이다. 그것 중 어느 하나의 변화는 직접적으로 다른 것의 변화를 암시하고, 그 세 가지는 모두, 다른 방식으로 그리고 다른 맥락에서, 발리인들의 생활을 유지하는 데에 결정적인 역할을 수행하고 있기 때문이다.

그러한 문화적 변화들은 이론상으로는 발리 사회의 밖이 아닌 안에서 올 수 있다. 그러나 발리가 현재 발전 중인 한 국가 —— 이 국가에서 중심적인 위치를 차지하는 것은 발리가 아닌 다른 곳, 즉 자바와 수마트라와 같은 큰 도시이다 —— 의 일부분임을 고려한다면, 그 변화가 바깥에서 올 가능성이 매우 크다고 할 수 있다.

인간적인, 매우 인간적인 지도자의 출현(사실뿐만 아니라 겉보기에도)은 인도네시아 역사에서 거의 최초라고 할 수 있는데, 그것은 발리인들의 전통적인 인간관념에 일종의 도전이 될 만한 어떤 것을 암시하고 있다. 발리인들의 눈에 수카르노는 독특하고 생기있으며 매우 정감이 가는 사람일 뿐만 아니라, 말하자면 공인(公人)으로서 나이가 들어가고 있는 인물이다. 발리인은 직접 개인적으로 수카르노와 접하지는 않겠지만, 수카르노는 현상학적으로 볼 때 그들과 동시대인이라기보다는 그들의 동료라고 할 수 있다. 발리에서 뿐만 아니라 인도네시아 전체에 걸친 이러한 긴밀한 관계의 수립에 비할 데 없이 성공했다는 사실은 그가 민중을 장악했던 원인이며, 그것은 또한 민중에 대한 그의 매력의 근원이기도 하다. 모든 카리스마적인 인물들이 그러했듯이, 그가 발휘하는 힘의 많은 부분은 그가 전통적인 문화의 범주에 속하는 인물이 아니라 오히려 자신의 독특성을 강조하면서 그것을 타파했다는 사실에서 온다. 우리는 같은 것을 그 정도로 현저하지는 않지만 신인도네시아의 수카르노보다 못한 지도자들로부터(민중이 직접 **접하는**) 소(小)수카르노에 이르는 지도자들 —— 지금 발리에 나타나기 시작하고 있다 —— 에 대해서도 말할 수 있다.[48] 부르크하르트에 의하면, 개인주의는 르

---

48) 인도네시아 공화국의 초기 몇 년간 중앙정부에서 중요한 역할을 한 유일한 발리인—— 이 사람은 잠시 외무장관직을 맡았다 —— 은 전통적 발리 왕국의 하나인 기아냐르의 샤트리아 계급의 최고 왕자였다. 그가 매우 발리적인, 아낙 아궁 그데 아궁(Anak Agung Gde Agung)이라는 이름을 가졌다는 사실은 시사하는 바가 있을 것이다. "아낙 아궁"이란 기아냐르 왕국의 지배층의 일원이 가지는 공적 칭호이며, 그데는 출생순위 이름이다 (와얀에 상당하는 트리왕사). "그데"와 "아궁"은 함께 "커다란"을 의미하며, "아낙"은 인간의 뜻인 까닭에 이 이름은 "커다란, 커다란, 커다란 남자"라는 것이 된다. 수카르노의

네상스 시대의 왕자들에 의하여 단지 그들의 강한 성격만으로 이탈리아까지 전해진 것인데(그들은 그것과 더불어 근대의 서양 정신도 함께 가져갔다), 이제 그것은 인도네시아의 새로운 대중적 왕자들에 의하여 발리에까지도 영향을 미치고 있다.

이와 유사하게, 민족국가가 새롭게 시도하고 있는 연속된 위기의 정치, 즉 사건들을 정점으로부터 멀어지게 하기보다는 그 정점까지 몰고 가려는 정열은 발리인들의 시간관념에도 동일한 종류의 도전을 제기하는 것 같다. 이러한 정치가 모든 신생국가의 민족주의에 보이는 역사적 골격 —— 본래의 위대성, 외국의 압력, 널리 퍼져 있는 알력, 희생, 자아의 해방, 절박한 근대화 —— 속에 점점 더 위치지어짐에 따라서, 현재 일어나고 있는 것과 여태까지 일어났던 것 그리고 앞으로 일어날 것의 관계에 대한 생각들도 전체적으로 바뀌게 된다.

그리고 마지막으로, 도시생활과 그것을 지배하는 범인도네시아 문화에 의하여 새롭게 제시된 격식을 차리지 않는 성격 —— 청년과 청년문화의 중요성이 증대하고 그것에 따른 세대간의 사회적 거리가 좁아지며 심지어 때로는 거꾸로 되기도 하는 것, 동료 혁명가들간의 감상적인 우애, 마르크스주의자건 아니건 간에 정치 이데올로기에 있어서의 대중적 평등주의 —— 은 발리인의 삼각형에서 세번째이자 마지막 측면인 그들의 에토스 혹은 행동양식에도 유사한 위협이 되고 있다.

이 모든 것은 단지 사변일 뿐이라는 것을 인정한다(독립 후 15년간의 사건들을 고려하면, 비록 전혀 근거 없는 사변은 아닐지라도). 그리고 언제, 어떻게, 얼마나 빨리 그리고 어떤 순서로 인간과 시간과 행위에 대한 발리인의 생각이 변할 것인가 하는 것은, 비록 전반적인 수준에서는 모르지만, 대체로 세부적인 상황에서는 충분히 예견할 수 있다. 그러나 그것들이 변해가고 있기 때문에 —— 변화는 분명한 것 같으며 사실상 그것은 이미 시작되었다[49] —— 여기서 우리가 제시한 분석, 즉 문화를 역동적인 힘으로 그리고 사

총애를 잃기 전까지 그는 사실상 그러한 존재였다. 보다 최근에 발리의 정치 지도자들은 수카르노식으로 보다 개인화된 자신의 이름을 사용하며, 그에 따라서 "봉건적으로" 혹은 "구식으로" 지위나 출생순서, 테크노님 따위의 것에 의한 이름들은 사용하지 않고 있다.

49) 이것은 1965년 초에 쓰였다. 그 해가 지나고 실제로 발생한 극적인 변화에 대해서는 pp. 332-333과 제11장을 참조하라.

고를 다른 공적 현상과 같은 의미에서의 공적 현상으로 분석하는 것은 우리로 하여금 변화의 윤곽, 동태 그리고 보다 중요한 것으로서, 그것의 사회적 의미들을 발견할 수 있도록 도움을 주는 것이다. 이러한 분석은 이와는 다른 형태와 다른 결과에 대해서도, 다른 곳에서도 유용하게 사용될 수 있을 것이다.

제15장 심층 놀이 : 발리의 닭싸움에
관한 기록들

급습

  1958년 4월 초, 아내와 나는 말라리아에 걸려 기가 꺾인 상태에서, 인류학자로서 연구를 하기 위해서 발리의 한 마을에 도착했다. 인구 약 500명의 상대적으로 외진 곳에 위치한 이 작은 마을은 그 자체가 하나의 세계를 이루고 있었다. 우리는 침입자, 그것도 직업적인 침입자였다. 마을 사람들은 아직 자신들 삶의 일부가 아닌 사람들을 대할 때 쓰는 상투적인 방법, 즉 마치 우리가 그곳에 존재하지 않는 양 우리들을 대했다. 그들에게 있어서 그리고 어느 정도는 우리 자신에게 있어서도, 우리는 사람이 아니거나 유령이거나, 아니면 눈에 보이지 않는 사람이었다.

  우리는 그 마을에 있는 네 개의 주요 파벌 중 하나에 속하는 한 대가족이 살고 있는 구역으로 이사해 들어갔다. 이 일은 우리가 도착하기 전에 그 지방정부를 통해서 주선해둔 것이었다. 하지만 집주인과 그의 사촌이자 처남인 촌장을 제외하고는 모두가 그 발리인 특유의 방식으로 우리를 무시했다. 우리가 불안한 심정으로 무엇인가 찾아서 그리고 어떻게 하면 주민들의 마음을 살까 궁리하며 마을을 돌아다닐 때면, 마을 사람들의 시선은 마치 우리가 그곳에 없는 것처럼 우리를 관통해서 우리 뒤편에 있는 돌이나 나무를 응시하곤 했다. 마치 그것들은 우리와 달리 실체가 있는 것이라는 듯이. 우리에게 인사를 하는 사람은 거의 없었다. 그러나 반면 못마땅한 얼굴을 하거나 언짢은 말을 하는 사람도 없었다. 혹시 누군가 못마땅한 얼굴을 하거나 언짢은 말이라도 건넸다면 우리로서는 인사를 받는 것만큼이나 반가웠을 터였다. 우리가 누군가에게 접근하려고 하면(이런 일은 당시 우리가 처한 분위기에서는 절대 해서는 안 되는 일이다), 그 사람은 슬쩍 그러나 아주 단호하게 도망쳤다. 만일 그 상대가 앉아 있거나 벽에 기대어 있는 상태여서 도망치는 것이 여의치 않아 우리에게 잡힌 경우라면, 그는 전혀 아무 말도 하지 않거나 겨우 "예"를 중얼거렸는데, 발리인들에게 있어서 "예"라는 대답은 아무것도 말하지 않는 것이나 마찬가지이다. 이런 무관심은 물론 학습된 것이다. 마을 사람들은 우리의 모든 움직임을 지켜보고 있었고, 우리가 누구이고 또 우리가 무엇을 하고자 하는가에 대해서 상당히 정확하고도 많은 정보를 가지고 있었다. 그러나 그들은 마치 우리가 존재하지 않는 것처럼 행동했고, 사실 이러한 그들의 행동이 우리에게 말해주는 것처럼 우리는 존재하지 않았거나, 적어도 아직은 존재하지 않고 있었다.

이런 양상은 발리에서는 아주 일반적이다. 내가 현재까지 방문한 적이 있는 인도네시아의 다른 지역이나 보다 최근에 방문했던 모로코의 경우, 낯선 마을에 처음 들어가게 되면 사람들은 사방팔방으로부터 쏟아져나와 나를 아주 가까이에서 면밀히 관찰하고 종종 모든 것을 탐색하고 있는 듯한 느낌까지도 주었다. 그러나 발리의 마을에서는, 적어도 관광지에서 떨어져 있는 마을에서는, 아무 일도 일어나지 않는다. 외부에서 들어온 사람이 마치 현실에서 유리된 것 같은 모호한 느낌으로 마을을 떠돌아다녀도 마을 사람들은 (전혀 무관심하게) 절구질을 하고, 수다를 떨고, 제물을 바치고, 허공을 응시하기도 하고, 바구니를 나르며 변함없이 자신들의 일을 계속한다. 이것은 개인적인 차원에서도 마찬가지이다. 당신이 처음으로 어떤 발리인을 만나게 되면 그는 당신과는 전혀 아무런 관계도 없다는 듯한 태도를 취한다. 그레고리 베이트슨과 마거릿 미드가 사용한 유명한 표현을 빌려 말하자면, 그는 "그곳에 있지 않다."[1] 그러다가 하루, 1주일, 혹은 한 달이 지나면서(어떤 사람에게는 이 마술 같은 순간이 결코 오지 않을 수도 있다) 그는, 내가 아직까지 정확히 파악해내지 못한 어떤 연유로 인해서, 당신이 현존하는 인간이다라고 결정하게 된다. 그러면 그는 따뜻하고, 명랑하고, 감성적이고, 친절한, 그럼에도 불구하고 발리인인 이상 여전히 지극히 절제된 사람으로 변한다.

---

1) G. Bateson과 M. Mead, *Balinese Character : A Photographic Analysis* (New York, 1942), p. 68.

이렇게 해서 당신은 어떤 도덕적인, 혹은 형이상학적인 보이지 않는 선을 넘게 되는 것이다. 비록 당신은 여전히 발리인으로 간주되지는 않겠지만(그렇게 되기 위해선 발리인으로 태어나지 않으면 안 된다), 적어도 당신은 이제 구름이나 한줄기 바람이 아닌, 적어도 하나의 인간으로 여겨지게 된다. 이렇게 되면 당신이 그들과 맺고 있는 관계 전체가 극적으로 변하게 된다. 대개의 경우 부드럽고 아주 애정에 찬 관계로 —— 즉 절제되어 있으면서도 유쾌하고, 매너를 갖추면서도 온화함이 가득한 관계로 —— 변하게 된다.

아내와 나는 아직 한줄기 바람 같은 단계에 있었는데, 이런 상태는 상당히 좌절감을 주는 것으로서 당신 자신마저도 당신이 실제로 존재하는지 아닌지를 의심하는 상태에 이르게 된다. 새 학교를 건설하기 위한 돈을 모금하려고 아주 큰 닭싸움이 마을광장에서 개최된 것은 그 무렵, 즉 우리가 마을에 도착하고 10여 일이 지난 후였다.

현재, 공화국 체제하의 발리에서는(그들이 네덜란드의 지배를 받고 있었을 때처럼) 아주 특별한 경우를 제외하고는 닭싸움을 하는 것은 불법이다. 그것은 과격한 민족주의가 흔히 가장하는 청교도주의적 주장 때문이었다. 자신들은 별로 청교도주의적이지 못한 엘리트들은 가난하고 무식한 농민들이 도박으로 돈을 모두 날리는 것을 걱정하고, 외국인들이 어떻게 생각할지를 우려하고 그리고 국가 건설에 투입되어야 할 시간을 낭비하는 것을 우려한다. 그래서 그들은 닭싸움을 "원시적", "후진적인", "진보에 위배되는" 것으로 간주하고, 일반적으로 야심 있는 국민에게 어울리지 않는 것이라고 생각한다. 그래서 다른 창피스러운 것들 —— 아편 흡입, 구걸, 혹은 드러낸 가슴 —— 과 마찬가지로 체계적인 계획도 세우지 않은 채, 그저 금지시키려고 한다.

금주법(禁酒法) 시대의 음주나 오늘날 마리화나를 피우는 것과 마찬가지로, 닭싸움은 "발리인들의 생활양식"의 일부인 관계로 물론 여전히 계속되고 있으며, 그것도 굉장한 빈도로 행해지고 있다. 그리고 금주나 마리화나의 경우에서와 마찬가지로, 경찰관들(적어도 1958년에는 거의 모두가 자바인으로, 발리인은 없었다)은 때때로 닭싸움 현장을 급습해서, 싸움닭과 쇠발톱을 몰수하고, 몇몇 사람에게 벌금을 징수한다. 때로는 심지어 몇 사람을 본보기로 하루 종일 열대의 태양 아래 세워두는 벌을 주기도 한다. 이런 벌을 받는 사람들 중 가끔은, 아주 가끔이지만, 사망하는 경우도 있는데 그럼에도 불구하고 이런 본보기는 사람들에게 별 교육적 효과를 가지지 못한다.

결과적으로 닭싸움은 대개 마을의 한적한 장소에서 반(半)비밀상태로 열리게 된다. 이런 이유로 닭싸움은 약간은 침체되는 경향이 있기도 했는데, 발리인들은 그점을 전혀 개의치 않는다. 그러나 이번 닭싸움의 경우, 아마도 정부가 자금지원을 할 수 없는 학교 건설을 위해서 모금을 할 목적이었기 때문에, 아마도 최근에는 경찰의 단속이 뜸했던 이유로 그리고 내가 나중에 듣게 된 이야기들로부터 추론해보건대 아마도 필요한 뇌물을 이미 주었기 때문에, 마을 사람들은 법의 주목을 끄는 일없이 마을의 중앙광장에서 대규모의 열광적인 군중을 모을 수 있는 기회라고 생각했던 것 같다.

그들의 생각은 잘못되었다. 아직 여전히 투명한 존재였던 나와 내 아내를 포함해서 수백 명의 사람들이 링을 둘러싸고 한 몸이 되어, 문자 그대로 초유기체가 되어 있던 세번째 시합의 중간 무렵, 기관총으로 무장한 경찰로 꽉 찬 트럭 한 대가 들이닥쳤다. 군중으로부터 "경찰이다! 경찰!"이라고 외치는 비명소리가 들렸고, 경찰들은 트럭에서 뛰어내려 링 가운데에 포진했다. 실제로 사람들을 쏠 생각으로 그러지는 않았을지라도, 그들은 영화에 나오는 갱스터들같이 총을 마구 휘둘러댔다. 그 초유기체는 그 구성요소들이 사방으로 흩어지면서 순식간에 붕괴되었다. 사람들은 길을 달려 내려가 담을 넘어 쏜살같이 사라지거나, 플랫폼 아래로 기어들거나, 커튼 뒤로 몸을 숨기거나, 코코넛 나무로 기어올라가 모습을 감추었다. 손가락을 자를 정도로, 혹은 발에 구멍을 뚫을 수 있을 정도로 날카로운 쇠발톱으로 무장한 싸움닭들은 거칠게 사방으로 뛰어다니고 있었다. 한마디로 아수라장이었다.

인류학의 대원칙인 "로마에 있을 땐 (로마인들처럼 하라/역자)"에 따라서 아내와 나는, 다른 모든 사람들보다는 약간 덜 즉각적이었지만, 우리가 해야 할 일은 마찬가지로 그 자리에서 도망치는 것이라고 깨달았다. 우리는 마을의 큰 길을 따라서 우리가 살고 있던 쪽과는 반대쪽인 북쪽으로 도망쳤는데, 그것은 우리가 닭싸움을 구경할 때 그쪽 편에 서 있었기 때문이었다. 한 절반쯤 길을 달려갔을 때 우리 앞을 달려가던 또 다른 한 도망자가 갑자기 어떤 집(알고 보니 그의 집이었다)으로 들어가버렸다. 우리 앞에는 이제 논과 펼쳐진 들판 그리고 높이 솟은 화산밖에 없다는 것을 깨닫고 우리도 그를 따라서 들어갔다. 우리 셋이 마당으로 뛰어들어가자 전에도 이런 종류의 일을 겪었음에 틀림없는 그의 아내가 순식간에 테이블과 테이블 보, 의자 세 개 그리고 찻잔 세 개를 꺼냈고, 우리 셋은 특별히 분명한 의사 소통을 하지 않고도 각자 자리에 앉아서 차를 마시며 평정을 찾으려고 애썼다.

잠시 후 경찰 한 명이 촌장을 찾으면서 마당으로 거드름을 피우면서 걸어들어왔다(촌장은 닭싸움 현장에 있었을 뿐만 아니라 그것을 주선하기까지 했었다. 경찰 트럭이 들이닥치자 그는 강가로 달려가 사롱를 벗어던지고 강으로 뛰어들어갔다. 그래서 마침내 경찰이 그가 있는 곳을 찾아냈을 때 그는 머리 위로 물을 끼얹었으며 앉아서 그 모든 사건이 돌아가고 있던 때에 자신은 목욕을 하고 있었고 그 사건에 대해선 전혀 아는 것이 없노라고 말했다. 경찰은 그의 말을 믿지 않았고 그에게 벌금 300루피아를 부과했다. 이 벌금은 마을 사람들이 공동으로 모금을 해서 지불했다). 마당에서 "백인"인 나와 아내를 발견하자 그 경관은 고전 희극의 등장인물들이 지을 법한 깜짝 놀란 얼굴을 했다. 다시 목소리를 낼 수 있게끔 되자 그는 우리에게 도대체 거기서 무엇을 하고 있는 것이냐고 물었다. 겨우 5분 전부터 우리의 호스트가 된 셈인 그 집주인은 즉시 우리를 변호하며 나섰다. 그는 우리가 누구인지에 대해서 열심히 설명을 했는데, 그 설명이 얼마나 상세하고 정확하던지, 이번에는 1주일 이상을 촌장과 집주인말고는 살아 있는 사람하고 거의 이야기할 기회가 없었던 우리 부부가 놀라자빠질 판이었다. 우리 부부는 거기에 있을 완벽한 권리가 있다고, 그 집주인은 거들먹거리는 자바인 경찰의 눈을 똑바로 쳐다보며 말했다. 우리는 미국의 교수로, 이미 정부로부터 허가를 받았고, 그곳에는 문화를 연구하러 와 있으며, 미국인들에게 발리에 대해서 알려줄 책을 쓸 계획이라고 말했다. 덧붙여 우리 모두는 오후 내내 그곳에서 차를 마시며 문화에 대해서 이야기를 하고 있었고, 닭싸움에 관해서는 전혀 아는 바가 없노라고 했다. 촌장도 하루 종일 본 적이 없는데 아마 읍내에 나갔을지도 모르겠다고 했다. 그 경찰은 뭐가 뭔지 전혀 모르겠다는 얼굴로 그 자리를 떴다. 그리고 잠시 후 우리는, 역시 좀 어떨떨한 기분이었지만 무사했고, 교도소에 가지 않게 된 것에 안도하면서 그 집을 나왔다.

다음날 아침, 세상은 우리들에게 완전히 바뀌어 있었다. 우리들은 이제 더 이상 비(非)가시적인 존재가 아니었을 뿐만 아니라 모든 주목, 따뜻함과 관심 그리고 특히 즐거움과 흥미의 대상이 되어 있었다. 모든 마을 사람들은 우리도 다른 사람들과 똑같이 도망쳤었다는 것을 알고 있었다. 그들은 우리에게 그 사건에 대해서 부드럽고 애정어린 투로 그러나 상당히 집요하게 묻고 또 물었다(나는 그 이야기를 아주 상세하게 그날 내내 50번이나 되풀이해야 했다). 그들은 우리에게, "왜 당신들은 그냥 현장에 서 있다가 경찰들에게 당신들이 누구인지 얘기하지 않았나요?", "왜 당신들은 그저 구경만 하고, 내기에는 참가하지 않았다고 말하지 않았나요?", "그 조그마한 권총이 정말 그렇게 무서웠어요?" 등의 질문을 퍼부었다. 운동신경이 발달한 그들은 목숨을 걸고 도망칠 때도(혹은 그로부터 8년 후 정말로 생명을 걸게 되었을 때도) 세상에서 가장 침착한 사람들이었으며, 우리들이 도망칠 때 보여준 그 품위 없는 모습과 그들의 주장에 의하면 완전히 무서움에 질려 있었다는 우리의 얼굴 모습에 대해서 몇 번이고 이야기하며 흉내를 내며 즐거워했다. 그러나 모두가 특히 기뻐하고 또 놀라워했던 것은 우리가 그저 "문서를 꺼내 들고" (그들은 우리가 그것을 가지고 있는 것까지 알고 있었다) 우리의 "특별 방문자의 지위"를 과시하지 않고, 그 대신 이제는 한 마을의 동료가 된 셈인 그들과의 연대를 보여주었다는 점이었다(우리가 실제 보여준 것은 비겁함이었지만 그것 역시 연대감을 보여주는 것이었다). 심지어는 고령의 근엄한 그리고 이미 반쯤은 하늘에 가 있는 것 같은 타입의 브라마나 사제까지도 우리를 자신의 정원으로 불러 무슨 일이 있었는가를 물었다. 닭싸움이 암흑가와 관계가 있기 때문에 브라마나 사제는 멀리서라도 닭싸움과는 관계를 맺으면 안 되고, 또한 다른 발리인들마저도 가까이 가기를 어려워하는 사람이었는데, 우리들이 관여된 그 황당한 이야기를 듣고는 즐겁게 킬킬거리며 웃었다.

발리에서는 놀림을 받는다는 것은 곧 받아들여졌음을 의미한다. 그것은 우리와 그 마을과의 관계에 있어서 하나의 전환점이었으며, 그것을 계기로 우리는 말 그대로 "안"의 구성원이 되었다. 마을 전체가 우리에게 열리게 되었는데, 아마도 그 어떤 경로로도 이 사건 이상으로 더 확실하게 그리고 더 빨리 우리가 마을에 받아들여지게 하지는 못했을 것이다(아마 그 일이 없었더라면 그 브라마나 사제를 만나지도 못했을 것이고, 그때 우연히 잠깐 우리의 호스트 역할을 했던 사람은 나의 가장 훌륭한 정보 제공자 중의 하나가 되었다). 경찰의 급습을 당해서 체포되거나 혹은 거의 체포될 뻔한 경험을 하는 것은 인류학적 현지조사 중에 확보해야만 하는 그 신비한 친화관계(親和關係)를 형성하는 방법으로 일반화시켜 말할 수는 없을지도 모른다. 하지만 그것은 나에게 있어서는 매우 좋은 방법이었다. 그 사건은 통상 외부인이 들어오기에 매우 어려운 사회에 갑작스럽게 그리고 흔치 않게 완전히 내가 받아들여질 수 있게 만들었다. 이 사건을 계기로 나는 소위 "농민의 심성"의 한 측면을 내부적 관점에서 즉각적으로 파악할 수 있게 되었는데, 이는 연구대상인 주민들과 하나가 되어 무장한 관리들로부터 정신없이 도망쳐본, 운좋은 경험이 없는 인류학자들이 흔히 확보하기가 꽤나 어려운 것이다. 그리고 아마도 가장 중요한 것으로는(왜냐하면 다른 것들이야 다른 경로를 통해서 얻을 수 있었을지 모르기에) 내가 그 내적인 특징들을 알고 싶어했던 감정적 발산, 지위를 둘러싸고 진행되는 싸움들 그리고 그 사회에 있어서 핵심적 의미를 지니는 철학적 드라마 등을 아주 일찌감치 만날 수 있게 만들었다. 내가 그 마을을 떠날 때쯤해서는 나는 마술, 관개, 카스트, 혹은 결혼 등에 대해서 조사한 것만큼이나 많은 시간을 닭싸움에 관해서 조사하는 데에 사용했던 것이다.

수탉과 인간에 대해서

발리는 주로 그곳이 발리라는 이유 때문에 연구가 매우 잘된 곳이라고 할 수 있다. 발리의 신화, 예술, 의례, 사회조직, 양육방식, 법의 체계, 심지어 신들림의 스타일 등에 대해서 제인 벨로가 "발리인의 기질(The Balinese Temper)"이라고 부른 것처럼 파악하기 어려운 측면까지 미시적 방법으로 면밀히 조사되었다.[2] 그러나 닭싸움은 몇몇 간단한 언급을 제외하고는 거의 주목을 받지 못했다. 하지만 닭싸움은 발리인들이 전력을 다해서 열정적으로 매달리는 대중적인 행사로, 앞에서 언급한 보다 더 주목받아온 현상들만

---

2) J. Belo, "The Balinese Temper", *Traditional Balinese Culture*, J. Belo 편 (New York, 1970) (원래는 1935년에 출판되었다), pp. 85-110.

큼이나 발리인들이 "정말로 어떤 사람들인지"를 밝혀주는 데에 중요하다.[3] 미국적 특징의 많은 부분이 야구장에, 골프장에, 육상경기장에, 혹은 포커판에 나타나듯이 발리에 관한 많은 것들이 닭싸움장에 드러난다. 왜냐하면 거기서 싸우는 것은 표면적으로만 수탉일 뿐, 실제로는 인간이기 때문이다.

얼마간이나마 발리에서 산 사람들은 누구나, 발리 사람들이 가지는 수탉에 대한 깊은 심리적 일체감에 대해서 의심하지 않는다. 여기서의 수탉이 가지는 이중적 의미는 의도적이다. 그 이중적 의미는, 영국에서와 거의 마찬가지로 발리에서도, 심지어 진부한 농담이나 긴장감 도는 (곡해한) 익살 그리고 창의력 없는 음담패설을 떠벌릴 때조차도 작용한다. 베이트슨과 미드는 심지어 다음과 같이 주장하기까지 했다. 발리인들은 몸을 분리되어 독립적으로 살아 있는 부분들의 집합으로 보는데, 여기서 수탉은 분리 가능한, 자력으로 움직일 수 있는 페니스로서 그리고 그 자체의 생명력을 가지는 정력적인 생식기로 간주된다.[4] 내가 이러한 호기심을 자아내는 개념을 증명할 수 있거나 불식시킬 수 있는 무의식적 자료를 가지고 있지는 않지만, 수탉이 전적으로 남성적 상징들이라는 사실은 의심할 여지가 없으며, 이것은 물이 아래로 흐르는 사실처럼 발리인들에게는 분명한 것이다.

일상의 격언들 중 남성적 측면에 대한 것들은 수탉의 이미지로 가득 차 있다. 사붕(Sabung), 즉 수탉에 해당하는 단어(이것은 922년부터 비문에 나타난다)는 "영웅", "전사", "챔피언", "다재다능한 사람", "정치 후보자", "독신남", "멋쟁이", "바람둥이 남자" 혹은 "터프 가이"를 의미하는 것으

---

3) 닭싸움에 관한 가장 좋은 논문은 Bateson과 Mead, *Balinese Character*, pp. 24-25, 140을 다시 참조하라. 그러나 그것은 너무 일반적이고 요약된 것이다.

4) 같은 책, pp. 25-26. 여성이 완전히 제외된 남성만을 위한 공적인 활동이라는 점에서 닭싸움은 발리 문화에서 색다른 것이다. 성에 따른 구분은 발리의 문화에서는 지극히 경미하다. 공식적이건, 비공식적이건 대부분의 활동은 남자와 여자가 함께 동등한 입장에서 참석한다. 종교로부터 정치, 경제, 친족, 옷 입는 것에 이르기까지, 발리는 상당히 "남녀차별이 없는" 사회이다. 그리고 이 사실은 발리의 관습과 상징 모두에 분명하게 표현된다. 심지어 여자가 사실상 많은 역할을 하지 않는 맥락(음악, 그림, 특정의 농경활동들)에서조차도 여자들의 부재는, 이 경우에도 상대적 의미에서의 부재가 되겠지만, 사회적으로 강요되었다기보다는 단순한 사실의 문제이다. 이러한 일반적 유형에 비추어볼 때 전적으로 남자에 관한, 남자에 의한 그리고 남자를 위한(여자, 적어도 발리 여자들은 닭싸움을 보지도 않는다) 닭싸움은 가장 두드러진 예외이다.

490

로 은유되어왔다. 자신의 지위를 넘어선 행동을 하는 거만한 남자는 마치 크고 멋있는 꼬리가 있는 것처럼 뽐내며 걷는 꼬리 없는 닭에 비유된다. 불가능한 상황에서 벗어나려고 최후의 무리한 노력을 하는 절망적인 남자는 자명한 파멸로 그 자신을 이끌어 상대와 마지막 라운드를 하는 죽어가는 닭에 비유된다. 과다한 약속에 비해서 베푸는 것은 적으며 그것마저도 주기를 꺼리는 인색한 남자는 자기 꼬리를 아껴 상대에게 뛰어들지만 실제 싸우지는 않는 닭으로 비유된다. 새로운 직장에서 좋은 첫인상을 남기려고 안달하는 사람이나 이성에 대해서 여전히 수줍어하는 결혼 적령기의 젊은 남자는 "처음으로 갇힌 싸움닭"으로 불린다.[5] 법정재판, 전쟁, 정치적 경쟁, 상속을 둘러싼 분쟁 그리고 거리에서 행해지는 싸움들은 모두 닭싸움으로 비유된다.[6] 심지어는 그 섬의 모양새에 근거해서 발리 섬조차도 덩치만 클 뿐, 힘도 없고 또 모양새도 엉망인 자바에 대항해서 영원히 도전적인 자세를 취하고 있는 작지만 자부심 강한 닭, 목을 길게 뻗고, 등을 꼿꼿이 세우고, 꼬리를 바싹 세우고 균형을 유지하고 있는 닭에 비유되곤 한다.[7]

그러나 닭에 대해서 사람들이 가지는 친밀감은 은유적인 것 이상이다. 발리 남자, 아무튼 발리 남자들의 상당수는 그들이 좋아하는 닭을 돌보고, 먹이고, 대화하고, 그것들을 서로서로 겨루게 해보거나, 단지 황홀한 감탄과 자기도취가 복합된 시선으로 그것들을 바라보면서 엄청나게 많은 시간을 보낸다. 회의(會議)용 오두막에서 별로 하는 일없이 웅크리고 있거나, 길에서 엉덩이를 내리고 어깨를 앞으로 하고 무릎을 세우고 앉아 있는 한 무리

5) C. Hooykaas, *The Lay of the Java Prana* (London, 1958), p. 39. 그 시에는 결혼에 대해서 망설이는 신랑에 관한 한 연(聯, no. 17)이 있다. 발리의 우리아 신화에 나오는 주인공인 Jaya Prana는 600명의 여자하인 중 가장 아름다운 여인을 그에게 제공했던 왕에게 대답한다. "나의 왕, 나의 주인이여／간청컨대 나를 가게 내버려두세요／그런 것들에는 아직은 마음이 없어요／우리에 갇힌 싸움닭처럼／정말로 나는 고무되어 있어요／나는 혼자예요／아직 마음이 움직이지 않아요."
6) 이것에 대한 것은 V. E. Korn, *Het Adatrecht van Bali*, 제2판 (The Hague, 1932), 내기 (toh) 항을 참조하라.
7) 실제로 자바와 발리의 분리는 열광적인 닭싸움 도박꾼인 발리의 문화적 영웅(두 사트리아 카스트의 조상)에 대항해서 그 자신을 보호하려고 했던 강력한 자바의 종교적 인물의 행동에서 기인한 결과라는 전설이 있다. C. Hooykaas, *Agama Tirtha* (Amsterdam, 1964), p. 184 참조.

의 발리 남자들을 보게 된다면, 그들 중 반 이상이 그의 손에 수탉을 가지고 있는 것을 발견하게 될 것이다. 그들은 넓적다리 사이에 수탉을 끼우고 다리힘을 길러주기 위해서 위아래로 가볍게 뛰게 한다든지, 관능적인 손길로 깃털을 쓸어 올려주고, 독이 오르게 이웃 수탉에게 싸움을 붙이고, 다시 허리쪽으로 후퇴시켜 흥분을 가라앉게 하곤 한다. 때로는 다른 사람이 가지고 있는 닭의 촉감을 느껴보기 위해서 타인의 닭을 가지고 한동안 이런 식으로 시간을 보내기도 하는데, 이럴 때는 대개가 자신이 자리를 바꿔 그 닭의 뒤로 가서 앉지 통상적으로 동물을 다룰 때처럼 닭을 들어서 옮기는 식으로는 하지 않는다.

사람들이 살고 있는 높게 담이 쳐진 집 마당에서, 싸움닭은 가는 나뭇가지로 엮어 만든 우리 안에서 사육되며 최적 조건을 유지하기 위해서 햇볕과 그늘 사이로 위치가 자주 옮겨진다. 그것들은 특별한 음식을 먹는데, 개인적인 이론에 따라서 다소 다양하지만, 대부분 옥수수이다. 그러나 단순히 인간이 먹으려고 할 때보다 훨씬 더 많은 주의를 기울여 불순물을 체로 걸러낸 다음 한알한알 먹인다. 투지를 길러주기 위해서 부리쪽과 항문에 빨간 고추를 채운다. 의약용 허브, 꽃, 양파를 넣어 준비해두었던 미지근한 물로 목욕을 시키는데, 상을 탄 수탉의 경우 어린아이를 목욕시키는 것만큼이나 자주 목욕을 시킨다. 볏을 짧게 베어주고, 깃털은 잘 빗어주고, 쇠발톱을 다듬고 다리를 마사지해주고, 다이아몬드 상인의 집중력으로 세심하게 어디 미비한 곳이 없는지를 살핀다. 닭에게 정열을 가지고 있는 남자, 문자 그대로 열성가는 생의 대부분을 닭과 함께 보내고, 비록 전적으로 닭에게 이끌리지는 않지만 정열을 가진 압도적인 다수의 사람들조차도, 외부인뿐만 아니라 그들 자신에게조차 과도하게 보일 만큼, 상당한 시간을 닭과 함께 보낸다. 발리인의 기준에 의하면 지극히 평범한 열정가인 우리의 집주인은 그가 또다른 닭우리를 옮기거나 목욕을 시키고, 먹이를 주면서 "나는 닭에 미쳤어요"라고 한탄하곤 했다. "우리는 모두 닭에 미쳤어요."

그러나 이 광기에는 비교적 덜 가시적인 차원도 포함되어 있다. 왜냐하면 살펴본 대로 수탉이 그 소유자 자신을 상징적으로 표현하는 것, 혹은 이솝의 표현을 빌리자면 자기도취적인 남성 자아의 확대된 발현물인 것이 사실이지만, 동시에 수탉은 발리인들이 미학적으로, 도덕적으로 그리고 형이상

학적으로 인간의 지위와 정반대라고 간주하는 것, 즉 동물성의 표현, 그것도
아주 직접적인 표현이기 때문이다.

동물 같다고 여겨지는 행동에 대한 발리인들의 혐오는 엄청난 것이다. 그
때문에 아이들은 기어다닐 수 없다. 근친상간은 비록 합당한 일로 인정되지
는 않는 행위지만, 그래도 수간(獸姦)보다는 훨씬 경미한 범죄이다(수간에
해당하는 적절한 처벌은 물에 빠뜨려 죽이는 것이다. 근친상간에 대해서는
동물같이 살도록 강요한다).[8] 조각, 춤, 의례, 신화에서 보이는 대부분의 악
마는 현실의, 혹은 상상 속에 존재하는 동물의 형태로 표현된다. 사춘기에
행해지는 중요한 의식에는 그들의 치아가 동물의 이빨같이 보이지 않도록
치아를 줄로 가는 것이 포함되어 있다. 배설뿐만 아니라 먹는 것도 동물성
과 연결되어 있기 때문에 혐오스럽고 역겨운 행위로 여겨져서 빠르고 비밀
스럽게 행해야만 한다. 심지어 넘어지거나 서투른 동작을 하는 것도 동물성
과의 관계성 때문에 나쁜 것으로 여겨진다. 닭과 그들에게 특별히 정서적인
의미를 가지지 않는 황소, 오리 같은 약간의 가축을 제외하고는 발리인들은
동물을 기피하고 수백 마리의 개를 냉담할 뿐만 아니라 겁날 정도로 잔인하
게 다룬다. 자신을 닭과 동일시하는 것에 의해서 발리의 남성들은 이상적인
자아와 자신의 페니스를 동일시하는 것뿐만 아니라, 나아가서 그가 가장 무
서워하고, 혐오하고, 동시에 매료당하는 존재인 "암흑의 힘"과도 동일시하
게 되는 것이다.

닭 혹은 닭싸움이 이런 "어둠의 힘"과 관련되어 있는 점, 즉 발리인들이
상당히 주의를 기울여 그들의 삶을 건설하고 그곳의 거주자로 살고 있는 작
고 깨끗한 공간에 침입하려고 계속해서 위협하는 동물적인 악마의 힘과의
관계는 상당히 명백하다. 어떤 닭싸움이든지 우선적으로는 피의 제물을 바
치는 것을 의미한다. 적절한 낭송, 헌물과 함께 식인적인 굶주림을 진정시키
기 위해서 악마에게 제공되는 피의 헌물인 것이다. 이것이 행해지고 나서야
비로소 사원에서 축제가 시작된다(만약 빠뜨리면 누군가가 반드시 신이 들

---

8) 근친상간한 두 사람은 목에 돼지 멍에를 매고 돼지 여물통으로 기어가서, 거기서 입으로
음식을 먹도록 강요당한다. 이것에 대해서는 J. Belo, "Customs Pertaining to Twins in
Bali", J. Belo 편, *Traditional Balinese Culture*, p. 49를 참조하라. 동물성을 혐오하는 것에
대한 일반적 논의로는 Bateson과 Mead, *Balinese Character*, p. 22를 참조하라.

려서 화난 영혼의 목소리로 빠뜨린 것을 즉시 제대로 하라고 명령한다). 질병, 작물실패, 화산폭발과 같은 자연적인 재앙에 대한 집단적인 반응은 거의 항상 그것들을 포함한다. 그리고 발리의 유명한 휴일인 "침묵의 날(Njepi)"에는 지옥에서 순간적으로 빠져나와 갑작스럽게 쇄도하는 악마와의 접촉을 피하기 위해서 모든 사람들이 하루 종일 침묵하며 앉아서 움직이지 않는데, 그 전날에는 그 섬에 있는 거의 모든 마을에서 상당히 큰 규모의 닭싸움(이 경우에는 법적인)이 진행된다.

닭싸움에서는 인간과 짐승, 선과 악, 에고와 이드, 고무된 남성성이 발휘하는 창조적인 힘과 제어되지 않은 동물성의 파괴적인 힘이 혐오, 잔인성, 폭력 그리고 죽음의 유혈 드라마 속으로 녹아든다. 항상 정해진 규칙대로 닭싸움에서 이긴 닭의 주인이 진 닭을 집에 가져가 먹게 되어 있는데, 이때 그 승리자의 기분이란 사회적 당혹감과 정신적 만족 그리고 미적인 혐오감과 식인적인 쾌락 등이 혼재해 있는 것도 무리가 아니다. 혹은 중요한 싸움에서 진 남자는 때때로 가족 사원으로 가서 사원을 부수고, 신을 욕하며 형이상학적인 (그리고 사회적인) 자살을 시도한다. 혹은 천국과 지옥을 비유할 때 천국은 이긴 닭을 소유한 사람의 기분에 그리고 지옥은 진 닭을 소유한 사람의 기분에 비교하는 것도 놀랄 만한 일이 아니다.

싸움

닭싸움(tetadjen ; sabungan)은 사방 약 1.5미터의 링에서 열린다. 대체로 늦은 오후쯤 시작해서 해질 때까지 서너 시간 동안 계속된다. 하나의 프로그램은 대략 아홉 개 내지 열 개의 독립된 시합(sehet)으로 구성된다. 각각의 시합은 그 전반적인 형식에 있어서 다른 시합과 정확하게 동일하다. 주된 시합이 있는 것도 아니며, 독립적인 각 경기들 사이에 연관성이 존재하지도 않는다. 또한 시합의 형식에는 변화가 없으며, 각 시합은 완전히 그때그때의 상황에 따라서 계획된다. 한 경기가 끝나면 그것으로 그것에 따른 분위기는 정리된다 —— 즉 내기돈이 지불되며, 욕할 것은 욕하고, 죽은 닭의 몸통을 가져간다. 그리고는 일고여덟 명, 심지어는 열두 명의 남자들이 닭을 가지고 원 안으로 미끄러지듯이 달려들어와서 자신의 닭에 걸맞는 상대를 찾는다. 이 과정은 적어도 10분, 혹은 훨씬 더 오래 걸리는 경우도 흔히 있는데, 위압적이고 부정(不正)하며 심지어는 남을 속이는 방법도 동원된다. 직접 참가하지 않은 사람들은 별로 관심이 없는 것처럼 행동한다. 당혹스럽지만 이 과정에 관련된 사람들은 마치 아무일도 일어나고 있지 않은 척한다.

한 시합이 결정되면 다른 사람들은 그들이 입장할 때와 똑같은 무관심으로 가장한 채 퇴장하고, 선택된 수탉들은 쇠발톱(tadji)을 붙이는데, 이 쇠발톱은 면도날처럼 날카롭고 강철 검처럼 뽀족하며 길이는 10-13센티미터 정도이다. 이 일은 대부분의 마을에서 여섯 명 정도의 소수의 남자만이 정확하게 할 줄 아는 정교한 일이다. 쇠발톱을 붙여주는 사람이 쇠발톱을 제공하는데, 만일 자신이 도와준 수탉이 이기게 되면 닭 주인은 그 사람에게 경기에 진 닭의 쇠발톱이 끼워진 다리를 상으로 준다. 쇠발톱은 쇠발톱 발과 수탉 다리를 긴 끈으로 둘러 묶어서 고정시킨다. 쇠발톱을 끼우는 방법은 나중에 이야기하게 될 몇 가지 이유로 경우에 따라서 변하고, 또 매우 신중한 일이 된다. 쇠발톱에 관한 전승지식은 굉장히 많다(쇠발톱은 일식 및 월식이나, 달빛이 어두컴컴한 밤에만 갈아야 하고 여자들이 보지 못하도록 보관해야 하는 것 등이 그것이다). 그리고 쇠발톱은 사용할 때나 그렇지 않을 때나 꽤 애써 공을 들이고 관능적인 손길로 다루는데, 이는 발리인들이 의식에 쓰이는 물건을 다룰 때 일반적으로 취하는 태도이다.

쇠발톱이 부착되면 닭들은 다루는 사람(주인일 수도 있고 주인이 아닌 경우도 있음)에 의해서 서로 마주보는 상태로 링 중앙에 세워진다.[9] 작은 구멍

---

9) 별로 중요하지 않고 소규모 내기를 건 시합을 제외하고(시합의 "중요성"에 관한 문제는 아래 참조), 쇠발톱을 고정시키는 것은 대개 주인보다는 다른 누군가가 한다. 주인이 직접 쇠발톱을 다는 일을 하느냐 않느냐는 그가 그것을 하는 데에 얼마나 숙련되었는가에 따라서 정해지는데, 누가 다느냐 하는 고려는 그 시합이 얼마나 중요한가에 따라서도 정해진다. 쇠발톱을 고정하는 사람과 닭을 다루는 사람이 주인이 아닌 다른 누군가가 될 때에는, 그들은 거의 항상 상당히 가까운 친척(남동생이나 사촌)이거나 매우 친한 친구이다. 그들은 이와 같이 거의 그 닭주인 자신의 확대된 자아인 셈이다. 그 사실은 세 사람 모두가 "나는" 그렇게 싸웠다고 말하면서 그 닭을 "나의 것"이라고 말하는 것으로써 증명된다. 또한 주인-다루는 사람-쇠발톱 고정시키는 사람의 3자관계는 비록 개개인이 몇 개의 시합에 참석하고 흔히 주어진 것 내에서 역할을 바꿀지라도 상당히 고정적인 경향이 있다.

을 뚫은 코코넛을 물이 가득 찬 물통에 담아 놓아두면 코코넛이 가라앉는 데에 약 21초가 걸린다. 이 시간을 테젱(tejeng)이라고 하는데, 그 시간의 시작과 끝에 징을 울려 알 수 있도록 한다. 21초 동안에는 다루는 사람(pen-gangkeb)은 자신의 닭을 만지는 것이 허용되지 않는다. 때때로 발생하는 경우처럼, 이 시간 동안 닭이 싸움을 하지 않으면, 닭을 쳐들기도 하고 깃털을 부풀리기도 하며 닭을 끌어당기기기도 하고 자극시키기도 한다. 또 다른 경우에는 닭을 힐책하기도 하며, 링 중앙으로 다시 들여보내 같은 과정을 다시 시작한다. 때때로 닭이 전혀 싸우려고 하지 않거나 한 마리가 도망치는 경우에는 등나무로 만든 우리 속에 두 마리를 함께 가둔다. 그렇게 하면 대개 그들은 싸우게 된다.

대부분의 시합에서는 닭들이 곧 서로에게 날아들어 날개를 치고, 머리로 밀치며, 다리로 차는 등 동물적인 분노를 표출하는데, 이것은 거의 추상적인 플라톤의 증오의 개념이라고 할 정도로 순수하고 절대적이며 아름답기까지 하다. 몇 초 걸리지 않아 어느 한쪽 닭이 쇠발톱으로 심한 일격을 가해 상대방을 쇠발톱으로 찍기 때문이다. 그러면 일격을 가한 쪽의 다루는 사람은 즉시 자신의 닭을 집어 올려서 반격을 받지 않도록 한다. 만약 다루는 사람이 이렇게 하지 않으면 두 마리 닭이 서로를 갈기갈기 마구 잘라내어 양쪽 모두 죽음으로써 시합이 끝날 것이다. 이런 일이 종종 발생하는데, 특히 공격자의 쇠발톱이 상대방의 몸통에 박혀 빠지지 않을 경우인데, 이렇게 되면 공격자는 꼼짝없이 상처입은 상대방으로부터 벗어날 수 없게 된다.

닭이 다루는 사람의 손에 있는 동안 코코넛은 세 번 가라앉고 뒤이어 일격을 가했던 닭은 그가 건장하다는 사실(이 사실은 코코넛이 가라앉는 동안 링 주변을 천천히 걸어다니는 것으로 표현된다)을 보이기 위해서 땅에 내려놓여야 한다. 그런 다음 코코넛이 두 번 더 가라앉으면 싸움을 다시 시작해야 한다.

2분이 조금 넘는 이 시간 동안 상처입은 닭을 다루는 사람은 마치 정신없이 얻어 맞은 권투선수의 트레이너처럼 승리를 위한 마지막 필사적인 시도를 할 수 있게끔 닭이 최상의 상태를 유지하도록 정신없이 노력한다. 그는 닭의 부리를 불어주고, 자기 입에다가 닭머리를 집어넣고, 닭을 빨아주고 불어주며 깃털을 부풀려준다. 또한 상처에 여러 가지 약을 발라주는데 이것은 닭 내부의 어딘가에 숨어 있을지도 모르는 마지막 남은 정신력이라도 일깨우기 위해서 그가 할 수 있는 모든 노력을 하는 것이다. 닭을 싸움장에 다시 내려놓아야 할 때쯤이면 그의 온 몸은 닭의 피로 뒤범벅이 되며, 권투시합에서처럼 훌륭한 닭 다루는 사람은 금메달감의 가치가 있다. 실제로 닭을 다루는 사람 중 일부는 죽은 닭을 걷게 만들기도 하며, 적어도 다음 라운드나 마지막 라운드까지 싸움을 계속하게 만든다.

최종 시합에서는(혹시 그런 시합이 일어나면 말이다. 때로 상처입은 닭은 다루는 사람의 손에서 바로 죽거나, 다시 땅에 놓이는 즉시 죽는다), 대개 처음에 상처를 입힌 닭이 허약해진 상대를 죽이게 된다. 그러나 이것은 결코 필연적인 결과는 아니다. 왜냐하면 닭이 걸을 수 있으면 싸울 수도 있고, 싸울 수 있다면 죽일 수도 있기 때문이다. 중요한 것은 어떤 닭이 먼저 숨을 거두느냐에 달려 있다. 만일 상처입은 닭이 일격을 가하고 상대방 닭의 숨이 끊어질 때까지 비틀거린다면, 그 닭 자신도 잠시 후에 쓰러져 죽는다고 할지라도 그 닭은 공식적인 승자가 된다.

이런 모든 멜로드라마 —— 링 주변에 빽빽이 모인 관중들은 거의 침묵으로 주시하고 있는데, 닭이 움직이는 것에 맞추어 자신의 몸을 움직이기도 하고, 말없이 손동작으로만 챔피언 닭을 응원하기도 하고, 어깨를 들썩거리고, 머리를 돌리기도 한다. 때로는 살인적인 쇠발톱을 가진 닭이 링 한쪽으로 질주해오면 일거에 뒤로 물러나기도 하고(너무 열심히 구경하던 구경꾼들 중 시력을 잃거나 손가락이 잘리는 사람도 가끔 생긴다고 한다) 다른 쪽을 보기 위해서 다시 앞쪽으로 쏠리기도 한다 —— 와 관련해서는 굉장히 정밀하고, 매우 상세하게 정해진 방대한 규칙이 존재한다.

닭과 닭싸움에 관련된 전승규범과 함께 이러한 규칙들은 야자수 잎에 쓰여져(lontar ; rontal) 그 마을들의 일반 법률 및 문화적인 전통의 일부로 세대에서 세대로 이어져 내려왔다. 시합을 할 때 심판(saja komong ; djuru kembar) —— 코코넛을 관리하는 사람 —— 은 규칙의 적용을 책임지고 있는데, 그의 권한은 절대적이다. 나는 낙심한 패자조차 어떤 문제에 대해서 심판의 판정에 이의를 제기하는 것을 결코 본 적이 없으며, 심지어는 어느 한쪽에 치우친 불공정한 판정에 대해서 그것을 문제삼아 비공식적으로라도 심판에게 불평하는 것을 들어본 적이 없다. 누구보다도 신뢰를 얻고 있고

마음이 확고하며 지식이 풍부한 사람만이 심판을 볼 수가 있으며, 그렇기에
사람들은 자신의 닭을 가져와 심판의 관리하에 싸우게 한다. 매우 드문 경
우지만 간혹 발생하는 속임수를 고발하는 것도 심판에게 한다. 또한 흔한
일은 아니지만 두 마리의 닭 모두가 싸움에서 거의 동시에 죽었을 경우 어
느 닭이 먼저 죽었는지를 결정하는 것도 심판이다. 심판은 판사나 왕, 사제,
경찰 등에 비유되는데, 사실상 이들의 역할 모두를 하고 있는 셈으로, 그의
확실한 지휘 아래에서 닭싸움의 동물적 열정은 법칙을 준수하며 진행된다.
나는 발리에서 본 많은 닭싸움에서 (닭싸움) 규칙에 대해서 논쟁하는 것을
한번도 보지 못했다. 정말이지 나는 닭들끼리의 싸움 이외에 어떤 다른 공
공연한 논쟁도 보지 못했다.

   자연의 사실로서는 속박되지 않는 격정이며, 문화적 사실로서는 완성된
형식인 이 닭싸움은 살펴본 대로 서로 교차하는 이중적인 의미를 지닌 하나
의 사회학적 실체이기도 하다. 닭싸움은 집단이라고 부르기에는 뼈대가 충
분하지 않고 군중이라고 부르기에는 어느 정도 갖추어진 그 어떤 것을 지칭
하기 위해서 어빙 고프먼이 표현한 "초점이 있는 모임"이라고 할 수 있다.
그것은 하나의 공통된 활동에 빠져 있고 그 활동으로 인해서 서로 연결되어
있는 일련의 사람들을 의미한다.[10] 그런 모임은 모였다가 다시 해산한다. 그
참가자는 변한다. 초점이 되는 활동은 불연속적인 것이다. 그것은 영속하는
연속적 과정이 아니라 반복되는 불연속적 과정이다. 모임의 형식은 모임을
만든 상황에서 생기며, 고프먼이 이야기한 바와 같이, 그 상황이란 모임이
일어나는 장면이다. 그러나 그것은 하나의 형식, 그것도 명료한 형식이다.
왜냐하면 상황이나 장면이 배심회의, 외과수술, 반대성명집회, 연좌 데모,
닭싸움 등과 같이 문화적 관심 —— 닭싸움에서는, 앞으로 살필 바와 같이,
지위경쟁의 축전 —— 에 의해서 만들어지기 때문이다. 이 관심은 모임의 초
점을 명료하게 할 뿐 아니라 연기자를 모으고, 무대배경을 정돈하여, 실제로
장면이 연출되도록 한다.

   고전기(古典期, 1908년 네덜란드 침략 이전을 말한다)에 대중들의 도덕성
을 개선하려는 관료가 전혀 없었을 때, 닭싸움은 분명히 사회적인 행사였다.

---

10) E. Goffman, *Encounters : Two Studies in the Sociology of Interaction* (Indianapolis,
1961), pp. 9-10.

중요한 시합에 닭을 참가시키는 것은 성인 남자에게는 반드시 수행해야 하는 사회적 의무였다. 보통 장날에 열렸던 시합에 매겨지는 세금은 공적인 수입의 중요한 원천이었다. 그것을 후원하는 것은 왕자들의 공적 책무였다. 닭싸움의 싸움장(wantilan)은 발리인들이 시민생활을 하는 데에 중요한 다른 장소들, 즉 집회소, 오래 된 사원, 시장, 신호탑 그리고 뱅골 보리수 등과 함께 마을의 한가운데 위치했다. 오늘날은, 몇몇 특별한 경우를 예외하고는, 새로운 공중도덕에 의해서 사회생활의 흥분과 유혈 스포츠의 흥분이 결합되는 것이 불가능해졌지만, 이전 정도로 직접적으로 표현되지는 않는다고 하더라도 이 양자간의 결합은 여전히 굉장히 밀접하게 존재한다. 이 점을 분명히 드러내기 위해서는 닭싸움의 한 측면에 주목할 필요가 있는데, 이제 닭싸움을 둘러싼 다른 모든 측면들은 이것을 축으로 해서 회전하고 있는 것처럼 보일 정도이다. 그 측면은 이제까지의 논의에서 내가 애써 무시해온 것인데, 그것은 다름 아니라 도박을 말한다.

내기돈 걸기

발리 사람들은 복잡화시킬 수 있는 모든 것을 복잡화시키며 단순한 방식을 택하지 않는데, 닭싸움에서의 내기돈 걸기도 예외는 아니다.

우선, 내기(toh)[11]에는 두 종류가 있다. 당사자들간에 중앙에서 하는 한 축의 내기가 있고(toh ketengah), 링 둘레에서 구경꾼들간에 벌어지는 수많은 주변 내기들이 있다(toh kesasi). 전자는 대개 규모가 크고 후자는 대개 규모가 작다. 전자는 닭 주인의 주변에 모여든 내기꾼들의 결탁을 포함한 집단

---

11) 문자 그대로 돌에 있는 반점이나 금과 같이 지워지지 않는 얼룩이나 표시를 의미하는 이 단어는 또한 법정사건에서의 보증금으로, 저당물로, 차용금에 제공되는 담보물로, 법적이거나 의례적인 상황에서 누군가 다른 사람을 위한 대리인으로, 사업 거래를 개진하기 위한 담보물로, 그 소유권을 둘러싸고 분쟁중인 토지에 세워두는 표지판으로 그리고 아내의 정부로부터 뭔가를 받거나 아니면 아내를 그 정부에게 보내야 하는 부정한 아내를 둔 남편의 상황을 지칭할 때도 사용된다. Korn, *Het Adatrecht van Bali* ; Th. Pigeaud, *Javaans-Nederlands Handwoordenboek* (Groningen, 1938). H. H. Juynboll, *Oudjavaansche-Nederlandsche Woordenlijst* (Leiden, 1923) 참조.

적인 내기이며, 후자는 개인적인 일대일의 내기이다. 전자는 마치 공모자들처럼 링 중앙에 모여든 일단의 내기꾼들과 심판 사이에서 신중하고 매우 조용하며 은밀하게 이루어진다. 반면 후자는 링 모서리 주변의 흥분된 군중들에 의해 충동적인 외침, 공개적인 돈걸기,공개적인 승낙을 동반하며 이루어지는 내기이다. 가장 흥미로운 것은, 차차 분명하게 보게 되겠지만, 전자에서는 늘 예외없이 양쪽이 같은 액수의 돈을 내기에 거는 데에 비해서 후자에서는 결코 그렇지 않다는 것이다. 중앙에서 이루어지는 내기에서는 공평하게 돈이 걸리지만 외곽에서 이루어지는 내기에서는 불공평하게 돈이 걸린다.

중앙에서 이루어지는 내기는 규칙이 그물망처럼 짜인 공식적인 내기인데, 이것은 감독과 공식 증인을 심판으로 세우고 닭 주인들간에 행해진다.[12] 이 내기는, 언급했듯이, 대부분 규모가 큰데, 닭 주인 혼자서 내기를 거는 것이 아니라 다섯 명, 많게는 일고여덟 명의 동료── 친척, 같은 마을 사람들, 이웃들, 친한 친구 ── 와 함께 내기를 건다. 닭 주인이 특별히 부유한 사람이 아닌 경우에는 내기돈을 제일 많이 내는 사람이 아닐 수도 있다. 그러나 사기에 관계하고 있지 않다는 것을 보이기 위해서도 어느 정도는 부담하지 않으면 안 된다.

중앙에서 이루어지는 내기에 관련된, 내가 가지고 있는 정확하고 믿을만한 자료 가운데 57개 시합은 그 내기돈의 범위가 15-500링기트이다. 평균은 85링기트이며 전체적인 분포는 세 그룹으로 나뉜다. 소규모 시합(20-50링기트)은 전체의 약 45퍼센트에 해당한다. 중간 규모의 시합(50-90링기트)은 약 25퍼센트, 대규모 시합(100-250링기트)은 약 20퍼센트를 차지했는데, 여기서 너무 작은 시합과 너무 큰 시합은 모두 뺐다. 벽돌공, 평범한 농장 일꾼, 시장의 짐꾼과 같은 육체 노동자들의 정상적인 하루 임금이 약 3링기트인 사회에서 그리고 내가 연구한 바로 그 지역에서는 평균적으로 이틀 반에 한 번씩 시합이 열린다는 것을 고려하면, 비록 그 내기가 개인적인

---

12) 중앙에서 이루어지는 내기는 실제로 싸움을 하기 전에 두 편이 모두 선불로 현금을 내야만 한다. 심판은 내기에 건 돈을 가지고 있다가 승부가 난 후에 그것을 승자에게 준다. 이것은, 게임이 끝난 후 패자가 돈을 지불할 경우, 그때 승자와 패자가 느낄 지독한 당혹감을 피하기 위해서 제시된 방안이다. 승자의 수입액의 약 10퍼센트는 심판과 그 싸움의 후원자의 몫으로 떼어둔다.

내기가 아니라 공동으로 출자된 내기일지라도, 그것은 분명히 심각한 도박이다.

그러나 주변에서 이루어지는 내기는 전혀 다른 종류이다. 중앙의 엄숙하고 법에 의한 협정작업과는 달리 마치 장외시장(場外市場)에서의 증권거래와 같은 내기가 이루어진다. 모두에게 잘 알려진, 이미 사전에 정해진 내기 액수의 차이로서의 내기 걸기 원리가 사용된다. 그것은 내기 액수가 적은 쪽의 10 대 9에서 높은 쪽의 2 대 1까지의 일련의 수의 연속, 즉 10-9, 9-8, 8-7, 7-6, 6-5, 5-4, 4-3, 3-2, 2-1로 구성되어 있다. 질 것 같은 닭(ngai)에 돈을 걸고자 하는 사람은(이길 것 같은 닭[kebut]과 질 것 같은 닭이 어떻게 정해지는가는 일단 제쳐놓고서) 이중 낮은 쪽의 숫자를 외쳐서 자신이 받고자 하는 유리한 조건의 정도를 표시한다. 예를 들면 그가 가살(gasal), "5"라고 외칠 경우, 그는 5 대 4의 조건으로(그의 입장에서 보면 4 대 5의 비율로 내기돈을 걸면서) 질 것 같은 닭에 내기를 걸고자 하는 것이다. 만일 그가 "4"를 외치면 이번에는 4 대 3의 조건으로 (그는 "3"을 내기에 내놓는다), 만일 "9"를 외쳤다면 9 대 8의 조건으로 질 것 같은 닭에게 내기를 걸고 싶다는 의사표시가 되는 것이다. 이길 것 같은 우승후보에 내기를 걸고자 하는 사람은 상대방에게 주는 유리한 조건이 그가 만족할 만큼 낮다고 생각할 경우 그 닭의 색깔, 예컨대 "갈색", "점박이" 등을 외쳐 자신의 의사를 표시한다.[13]

---

13) 닭에 관한 상당히 정교한 분류(완전한 목록은 아니지만 20종류 이상을 수집했다)는 색깔에만 기초한 것이 아니라 일련의 독립적이고 상호 작용하는 차원들에 기초하고 있다. 그것은 색깔 이외에도 크기, 골격의 굵기, 깃털, 성질을 포함한다(하지만 혈통과는 관계가 없다. 발리인들은 의미가 있을 정도의 닭의 품종개량은 하지 않으며, 또한 내가 알고 있는 한 지금까지 그런 경우는 없다. 아실[asil], 혹은 밀림 닭은 닭싸움을 하는 곳이면 어디서나 찾아볼 수 있는 기본적인 싸움닭의 종인데 원래는 남아시아산이다. 그리고 그것은 대부분의 발리 시장의 닭을 파는 곳에서는 4-5링기트에서 15링기트 혹은 그 이상을 지불하면 좋은 것을 살 수 있다). 색깔이라는 요소는 닭을 분류하는 데에 흔히 사용되는 것이다. 다른 유형의 두 마리 닭이 같은 색깔을 가졌을 때는 또 다른 차원의 특징("큰 반점이 있는" 대 "작은 반점이 있는" 등)이 두번째 표시로 추가된다. 닭들에 대한 이러한 유형의 분류는 다양한 우주적 관념들로 장식된다. 이 다양한 우주적 관념들은 시합을 만들도록 도와주는데, 예를 들면 당신의 작고, 고집 센, 하얀 바탕에 갈색 반점이 있는 닭이 복잡한 발리 달력에 나와 있는 어떤 날에 평평한 깃털과 가는 다리를 가지고 링의 동쪽에서 싸우고, 크

유리한 조건을 받는 사람(질 것 같은 닭에 내기를 거는 사람)과 그것을 주
는 사람(이길 것 같은 닭에 내기를 거는 사람)의 외침이 군중들을 압도해감
에 따라서 그들은 대개 자신의 상대가 될 만한 사람을 찾아 시선을 교환하
게 되는데, 경우에 따라서는 링을 완전히 가로질러 이런 관계가 형성되기도
한다. 유리한 조건을 받는 사람은 가능하면 그것을 높게 하고자 하고, 주는
사람은 가능하면 낮게 하고자 하면서 자신들의 의사를 외친다.[14] 요구하는
입장에 있는 유리한 조건을 받는 사람은 실제로 어느 정도의 유리한 조건을
받고자 하는지를 얼굴 앞에 손가락으로 숫자를 표시해서 흔들면서 나타내
고, 요구당하는 쪽인 유리한 조건을 주는 쪽이 같은 식으로 대답을 하면 내
기가 성립하게 된다. 만일 그렇치 못한 경우 양자는 시선을 돌리고 다른 상
대를 찾기 시작한다.

중앙에서 이루어지는 내기가 성립되고 그 규모가 알려진 후에 주변에서
이루어지는 내기가 정해지게 된다. 질 것 같은 닭에 내기를 거는 사람은 자
기가 요구하는 유리한 조건을 줄 상대를 찾아 소리치고, 반대로 이길 것 같
은 닭에 걸고자 하나 제시된 유리한 조건이 마음에 들지 않는 사람도 마찬
가지로 열광적으로 닭의 색을 외치며 자신도 꼭 내기를 하고 싶은데 좀더
유리한 조건이 낮은 쪽을 찾고 있음을 표시한다. 이런 외침들이 교차하면서
주변에서 이루어지는 내기의 현장은 점차 분위기가 고조되어간다. 유리한
조건을 외치는 것은 어느 순간이 되면 외치는 사람들이 모두 같은 숫자를

___

고 신중한 검정 닭이 술이 달린 깃털과 강한 다리를 가지고 다른 날에 북쪽에서 싸우는 등
이 그것이다. 이것 모두는 다시 야자수 잎에 기록되고, 끝없이 발리인들(동일한 체계를 가
지고 있지 않은)에 의해서 논의된다. 그리고 이 닭 분류의 전면적인 구성요소에 의한 상징
분석은 닭싸움의 묘사에 대한 부록자료로서도, 그 자체로서도 매우 가치 있는 것이다. 그
러나 이에 관한 나의 자료는 광범하고 다양할지라도 여기서 그런 분석을 시도할 정도로
완전하고 체계적이지는 못한 것 같다. 발리의 우주론적 관념의 보다 일반적인 사실에 관
해서는 Belo 편, *Traditional Balinese Culture*와 J. L. Swellengrebel 편, *Bali : Studies in
Life, Thought, and Ritual* (The Hague, 1960)을 참조하라.
14) 민족지적 완벽을 기하기 위해서, 이길 것 같은 닭을 지지하는 남자는 그의 닭이 이기거나
혹은 내기를 아주 단축시키는 무승부가 되면(나는 정확한 사례는 가지고 있지 않다. 하지
만 무승부는 열다섯 시합 혹은 스무 시합마다 한 번씩은 발생하는 것 같다), 이길 수 있는
그런 내기를 만들 수도 있음을 지적해두어야겠다. 그는 이런 의사를 닭의 형태보다는 "무
승부(sapih)"라고 소리침으로써 표현한다. 하지만 그런 내기는 사실상 거의 없다.

부르게 된다는 점에서 매우 비슷한 양상을 보이는데, 항상 높은 조건, 예컨 대 5 대 4나 4 대 3쯤에서 시작해서 점차 낮은 조건으로 바뀌어간다. 일단 "5"라고 불렀으나 "갈색"이라는 응답밖에 들리지 않을 경우 그 사람은 "6" 을 외치기 시작한다. 그러면 다른 사람들도 일제히 "6"을 외치게 된다. 혹은 자신들이 제시한 굉장히 좋은 조건이 먹히지 않는다고 생각하는 사람은 내 기에서 물러난다. 이런 식으로 숫자가 바뀌어도 여전히 내기 상대가 별로 나타나지 않을 경우 같은 과정이 반복되어 "7"을 외치는 식으로 되는데, 그 런 과정을 통해서 궁극적으로 "9" 혹은 "10"까지 가기도 한다. 이렇게까지 되는 경우는 매우 드물고 대개가 규모가 큰 시합의 경우이다. 때때로 누가 봐도 명백할 정도로 실력차가 매우 큰 닭끼리의 시합이 열리게 될 경우 이 런 식으로 숫자가 올라가지 않을 수 있다. 아니 오히려 숫자가 내려가서 4대 3, 혹은 3대 2 그리고 매우 드문 경우이지만 2대 1까지 내려가기도 한다. 이 렇게 숫자가 내려가면 내기의 수도 줄어들게 되고 반대로 숫자가 올라가면 내기의 수가 증가하게 된다. 그러나 일반적으로는 이것보다 낮은 폭으로 내 기의 비율이 상하 이동을 하게 되고, 그리하여 내기의 압도적 다수는 4 대 3 부터 8 대 7의 범위에서 정해진다.[15]

다루는 사람이 닭을 링에 내놓아야 할 순간이 가까워지면 적어도 중앙에

---

15) 내기의 움직임의 정확한 역할은 가장 흥미있고 가장 복잡한 것의 하나로, 열광적인 상태 가 되면 닭싸움 중에서 가장 연구하기 어려운 측면이다. 그것을 제대로 파악하려면 영화 의 기록담당자들 외에도 다양한 관찰자들이 필요할 것이다. 체계적 분석이 아니라 그저 현장에서 받게 되는 인상만으로도 —— 이것은 이 복잡한 과정에 갇힌 외로운 민족지학 자가 할 수 있는 유일한 접근법이 되겠지만 —— 특정의 사람들이 어느 것이 이길 것 같 은 닭인지를 정하는 데에 있어서 의견을 주도한다는 것이 명백하게 보인다. 즉 그것은 가 장 먼저 특정한 닭의 유형을 외치는 사람들인데 이것에 의해서 내기 만들기의 전과정이 시작되는 것이다. 동시에 유리한 조건이 어느 수준에서 정해지는가도 그들의 주도하에서 이루어진다. 차후에 살펴보겠지만 그 "어피니언 리더들"은 숙달된 닭싸움꾼이자 신뢰받 는 촌민들이다. 이 사람들이 외치는 내용이 바뀌게 되면 다른 사람들도 따라서 바꾼다. 이 들이 내기를 성사시키기 시작하면 —— 비록 언제나 보다 높은, 혹은 보다 낮은 유리한 조건을 제시하며 내기 상대를 찾아 헤매는 다급한 내기꾼들이 남기 마련이지만 —— 다 른 사람들도 각자 내기를 성사시키고 판 전체의 움직임이 점차 가라앉게 된다. 그렇지만 이 모든 과정에 대한 보다 더 상세한 분석은 아직 이루어지지 않은 상태이기 때문에 유감 스럽게도 그런 분석이 별로 나올 것 같지도 않다. 그런 분석을 해내려면 개개인의 행동에 대한 정확한 관찰을 할 줄 아는 의사결정에 관한 이론가가 필요할 것이다.

서 이루어지는 내기의 규모가 큰 시합에서는 외치는 소리가 거의 미친 듯한 양상을 띠게 된다. 아직 내기를 성사시키지 못한 사람들이 어떻게든 그들이 제시하는 가격을 받아들여줄 최후의 상대를 찾고자 필사적이 되기 때문이다(중앙에서 이루어지는 내기의 규모가 작으면 그 반대의 경우가 일어난다. 내기 거는 액수가 올라가면서 사람들이 흥미를 잃게 되면, 내기는 사라지고 고요함이 주위를 둘러싼다). 큰 내기가 있는 잘 만들어진 시합 ── 발리인들은 이런 종류의 시합을 "진짜 닭싸움"이라고 여긴다 ── 에서 군중들의 모습은 손을 흔들고, 소리지르고, 밀고, 기어올라가는 사람들로 이루어진 완전한 카오스 상태가 된다. 그러다가 갑작스럽게 조용해진다. 마치 누군가가 갑작스레 그 흐름을 전환시킨 것처럼 되는데, 이때는 바로 시합종이 울리고 닭들이 놓이고, 시합이 시작되는 순간이다.

시합이 끝나면 15초에서 5분 사이에 도처에서 **모든 판돈은 즉시 지불된다**. 최소한 내기 상대에게는 약식 차용증서라는 것이 절대적으로 없다. 물론 내기를 제안하거나 받아들이기 전에 친구에게 돈을 빌릴 수는 있다. 그러나 내기를 제안하고 받아들이기 위해서는 반드시 수중에 돈이 있어야만 한다. 그리고 만일 당신이 지면, 당신은 그 자리에서 다음 시합이 시작되기 전에 그것을 틀림없이 지불해야 한다. 이것은 철저한 규칙이며, 심판의 결정에 대해서 논쟁하는 것을 들어보지 못한 것처럼 도박빚을 안 갚는 내기도 들어본 적이 없다. 아마도 흥분한 닭싸움의 군중들 틈에서 그런 행동의 결과는 속이는 사람들에 대해서 때때로 보고되는 바와 같이 엄중하고 즉각적이기 때문일 것이다.

어쨌든 이 균형 잡힌 중앙의 내기와 불균형적인 주변의 내기 간의 공식적 비대칭은 내기, 즉 닭싸움을 보다 넓은 발리 문화의 세계에 관련되는 것으로 보는 견해에 중요한 분석과제를 제시한다. 그것은 또한 그 과제를 해결하는 실마리와 닭싸움과 발리 문화와의 관련을 보여주는 방법도 제시하고 있다.

이 점과 관련해서 먼저 지적해야 할 점은 중앙에서 이루어지는 내기가 높으면 높을수록 시합은 사실상 비등하게 전개되기 쉽다는 사실이다. 합리적으로 간단하게 생각하면 그것은 추측이 가능하다. 만약에 당신이 닭에게 15 링기트를 걸었다면, 비록 당신의 닭이 다소 승산이 없을지라도 같은 액수의 내기에 쉽게 따를지 모른다. 하지만 당신이 만약 500링기트를 건다면, 당신은 그렇게 하는 것을 아주 상당히 싫어할 것이다. 이와 같이, 대규모 내기가 있는, 물론 더 좋은 닭들이 싸우게 되는 시합에서는 크기, 일반적인 상태, 호전성 등에 관해서 인간적으로 가능한 한 공평하게 닭들이 시합할 수 있도록 엄청난 주의를 기울인다. 닭들에게 쇠발톱을 부착하는 상이한 방식들이 흔히 이것을 확실하게 하는 데에 이용된다. 만일 어떤 닭이 더 강한 것 같다면, 그의 쇠발톱을 다소 불리한 구도에 위치시키는 것에 동의를 할 것이다 —— 일종의 불이익 주기인데, 쇠발톱을 고정시키는 사람은 이것에 매우 숙련되어 있다. 또한 능숙한 닭 다루는 사람들을 고용해서 가능한 정확하게 그것들을 시합하도록 하는 것에 더 많은 주의가 취해질 것이다.

간단히 말해서, 대규모 내기가 있는 시합에서는 일반적으로 시합을 50 대 50의 비율로 하려는 압력이 대단하고, 의식적으로 그렇게 느껴진다. 중간 시합에서 그 압박은 다소 덜하고, 소규모 시합에서는 거의 없다. 심지어 15링기트(5일 일한 삯)를 건 경우라도 분명하게 불리한 상황에서 판돈이 같은 내기를 하고 싶어하는 사람은 아무도 없을 것이기 때문에 적어도 거의 동등하게 하려는 노력이 항상 취해진다. 내가 가진 통계만으로는 이 점은 분명해진다. 내가 본 57회의 시합에서는, 이길 것으로 예상되었던 닭이 33회 이겼고, 질 것으로 예상되었던 닭은 24회 이겨서 1.4 대 1의 비율로 나타났다. 하지만 중앙에서 이루어지는 내기의 내기돈 60링기트를 기준으로 이 수치를 두 그룹으로 나눈다면 내기의 규모가 60링기트 이상인 경우에는 그 비율이 1.1 대 1(이길 것이 예상되던 닭이 12회 이기고, 질 것이 예상되던 닭이 11회 이김)이 되고, 60링기트 이하인 시합에서는 그 비율이 1.6 대 1(각각 21회와 13회 승리)이 된다. 보다 극단적인 경우를 취해서 예를 들면 중앙의 내기돈이 100링기트를 넘는 매우 큰 시합의 경우는 그 비율이 1 대 1(각각 7회 승리), 40링기트 이하일 경우는 1.9 대 1(각각 19회와 10회 승리)이 된다.[16]

---

16) 이항식의 변이만을 가정하면서, 60링기트와 그것보다 아래의 경우에서 50 대 50의 기대로부터 벗어나는 것은 1.38의 표준편차 혹은 100에 8의 오차가 있다. 40링기트 이하의 경우에는 1.65의 표준편차 혹은 100에 5의 오차가 있다. 이런 오차들은 비록 실질적으로 존재할지라도 매우 극단적이지 않으며 바로 이 사실은 심지어 더 작은 시합에서도 닭을 동등하게 싸움시키는 경향이 지속된다는 점을 가리킨다. 그것은 그들의 제거가 아니라 동등함을 향한 압력의 상대적인 경감의 문제이다. 내기가 큰 경기가 동전 던지기의 문제에 지나

그런데 이 명제 —— 중앙에서 이루어지는 내기의 값이 더 높을수록 닭싸움은 더 정확하게 50 대 50의 비율이 된다 —— 로부터 두 가지 것이 다소 즉각적으로 도출된다. (1) 중앙에서 이루어지는 내기가 더 높을수록 주변에서 이루어지는 내기에서는 내기 액수의 차이가 적은 쪽으로 내기가 성립하게 되며, 중앙에서 이루어지는 내기가 낮아지면 그 반대이다. (2) 중앙에서 이루어지는 내기가 더 높을수록 주변에서 이루어지는 내기의 양이 커지고, 중앙에서 이루어지는 내기가 낮아지면 반대가 된다.

양쪽의 경우 모두에서 논리는 유사하다. 시합이 대등하게 되면 될수록 내기 액수의 차이는 매력을 잃게 된다. 따라서 받아들이는 사람이 있는 한 차이는 적어지게 된다. 그러한 사실은 그 문제에 대한 발리인들 자신의 분석으로부터 그리고 내가 수집할 수 있었던 좀더 체계적인 관찰로부터 분명해진다. 주변에서 이루어지는 내기에 대한 정확하고 완전한 기록을 만들기가 어렵기 때문에, 이 논의는 숫자상의 형식을 갖추기는 힘들다. 내가 가진 모든 사례를 통해서 볼 때 유리한 조건을 주는 쪽과 그것을 받는 쪽이 동의하게 되는 지점, 즉 대부분의 내기(대개 전체의 3분의 2에서 4분의 3에 해당한다)가 성사되는 지점을 보면 규모가 큰 중앙에서 이루어지는 내기의 경우에는 규모가 적은 내기에 비해서 유리한 조건이 3, 4단계 낮은 선에서 성사되었고, 중간 규모의 내기의 경우에는 그 중간쯤에서 결정되었다. 그 경계선이 어디인지는 물론 정확하지 않지만, 일반적인 패턴은 상당히 일관되게 나타난다. 주변에서 이루어지는 내기가 얼마나 대등한 내기가 되느냐는 직접적으로 중앙에서 이루어지는 내기의 크기에 비례한다. 왜냐하면 중앙에서 이루어지는 내기의 크기는 직접적으로 닭들이 얼마나 대등한 수준에서 시합하느냐에 따라서 정해지기 때문이다. 내기의 규모에 관해서는 대규모로 중앙에서 이루어지는 내기의 시합에서 가장 큰데, 왜냐하면 그런 시합들은 예측하기 어려워서 더욱 "재미있을"뿐만 아니라, 더욱 결정적으로 내기에 돈, 명예 등이 걸린다는 데에 있어서 더욱 "흥미있는"것으로 간주되기 때문이다.[17]

지 않는다는 것은 물론 매우 놀라운 일이다. 그리고 이것은 발리인들은 시합이라는 것이 어떤 것인지를 아주 잘 알고 있다는 것을 보여준다.

17) 소규모 내기에서 내기를 거는 것이 감소하는 것(물론 그것은 자연스러운 것이다. 사람들

발리인들은 가능한 한 중앙에서 이루어지는 내기의 규모를 크게 해서 재미있는, 혹은 다른 말로 "심층적인" 시합을 만들려고 한다. 그래서 시합에 참가하는 닭은 가능한 비슷비슷하게 훌륭해서 시합결과를 가능한 한 예측할 수 없게 만든다. 그런데 이런 시도가 늘 성공하는 것은 아니다. 거의 반 정도의 시합은 상대적으로 시시하고 재미가 없는, 나의 용어로 표현하면 "얕은" 것들이다. 그러나 대부분의 화가, 시인 그리고 극작가들이 매우 평범하다는 사실이 그들의 예술적 노력이 심오함을 지향하고 또 종종 그것에 가까워진다는 것을 반박할 수 없듯이, 그 사실은 더 이상 내 해석의 반박이 되지 못한다. 예술적인 기술의 이미지는 정말로 정확하다. 중앙에서 이루어지는 내기는 "재미있고", "심층적인" 시합을 도출하기 위한 하나의 수단이며 장치일 뿐, 왜 경기가 재미있게 느껴지고 매력이 있는지, 혹은 그 경기의 심오함의 본질적 이유, 적어도 주요 이유는 되지 못한다. 발리인들이 왜 정말로 무엇보다도 몰입할 정도로 시합이 재미있다고 느끼는지에 대한 질문——실제로, 발리인들은 격렬하게 몰두하고 있다 —— 은 우리를 형식의 문제로부터 한층 더 광범한 사회학적, 사회심리학적 문제로, 또한 시합에 있어서 "깊이"가 의미하는 것이 무엇인지에 대해서 보다 덜 순수하게 경제학적인 관념의 방향으로 우리를 이끌어간다.[18]

이 소규모 시합이 재미없다고 하는 이유들 가운데 하나는 그것에 내기를 덜 건다는 것이다. 그리고 큰 시합에서는 이와 반대이다)은 서로 관련 있는 세 가지 방식으로 발생한다. 첫째, 사람들이 친구와 커피 한 잔을 마시거나 잡담을 하며 자리를 벗어남으로써 간단하게 관심을 철회하는 것이다. 둘째, 발리인들은 수학적으로 내기 차액을 줄이는 것이 아니라, 정해진 내기 차액에 따라서 직접적으로 내기를 한다. 그런 까닭에 9-8 내기에서는 한 사람은 9링기트를 걸고, 다른 사람은 8링기트를 걸며, 5-4 내기에서는 한 사람은 5링기트를, 다른 사람은 4링기트를 건다. 링기트이건 어떤 통화(通貨) 단위이건 예를 들면 10-9의 내기에는 2-1의 내기보다도 6.3배의 내기돈이 지불되는 까닭에 작은 시합에서는 내기의 액수는 높은 쪽으로 결정되는 것이다. 셋째, 내기는 한 손가락으로 행해지는 경우가 많으며, 둘 혹은 세 손가락, 또는 몇몇의 큰 시합에서처럼 넷 또는 다섯 손가락으로 행해지지는 않는다(손가락은 문제의 내기 액수차의 절대수를 나타내는 것이 아니라 배수를 나타낸다. 6-5의 경우의 두 손가락은 12링기트의 우승후보에 대해서 10링기트를 패자에게 건다는 것을 의미하며, 세 손가락은 8-7의 경우 21 대 24를 나타낸다).

18) 닭싸움에는 내기 이외의 또 다른 경제적 측면들이 있다. 즉 닭싸움과 밀접한 관계에 있는 지역의 시장체계로, 닭싸움의 동기나 기능에 관해서는 이차적이기는 하지만 중요성이 없는 것은 아니다. 때때로 닭싸움은 아주 먼 지역으로부터 오기를 원하는 사람까지, 누구에

불놀이

"심층 놀이"라는 벤담의 개념은 그의 「입법의 원리(The Theory of Legi-slation)」에서 나타난다.[19] 이것은 공리주의적 입장에서 볼 경우, 내기돈이 지나치게 많아 그것에 참여하는 것 자체가 비합리적인 놀이를 말한다. 만일 1,000파운드(혹은 링기트)의 재산을 가진 남자가 500파운드를 대등한 내기에 건다면, 그가 이길 파운드의 한계 효용성은 분명히 그가 질 파운드의 한계 비효용성보다 적다. 진짜 심층 놀이의 경우 이것은 두 편 모두에 해당된다. 그들은 둘 다 그들의 최초의 기대에 배반당한 형국이다. 즐거움을 위해서 내기를 시작한 것이지만, 결국 전체적으로 고려해볼 때 참석자들을 최종적인 기쁨보다는 최종적인 고통을 야기할 관계로 들어선 것이다. 그러므로 벤담의 결론은 심층 놀이는 첫번째 원리로부터 볼 때 부도덕한 것이므로, 그에게는 하나의 전형적인 단계로서, 법적으로 금해져야만 한다는 것이었다.

그러나 도덕적 문제보다 더욱 흥미로운 것은, 적어도 여기서의 우리의 관심상 보다 더 흥미로운 점은 벤담의 분석이 가지는 설득력에도 불구하고 사

게나 열려 있는 행사이지만, 실제에 있어서는 그 90퍼센트, 아마도 95퍼센트 이상은 지역적 성격이 강한 행사이다. 그리고 이런 지역성은 마을 혹은 심지어 행정상의 지역이 아니라 지방의 시장체제에 의해서 규정된다. 발리는 친숙한 "태양계"의 순환에 따라서 3일장이 선다. 비록 시장 그 자체는 고도로 발달된 것이 아니며, 마을 광장에 조그마한 아침장이 설 뿐이며, 이 주기적으로 열리는 시장에 모여드는 사람들의 범위도 아주 작은 지역으로 기껏해야 10-20마일 사방에 드는 7, 8개 인근촌락(오늘날의 발리에서는 5,000에서 1만 명이나 1만5,000명의 인구를 의미함)이 포함된다. 그렇지만 닭싸움 구경꾼들의 중핵은 바로 그 시장에 모이는 사람들로부터 오는 사람이다. 많은 시합은 사실상 소규모 지역의 상인들의 소규모 연합에 의해서 조직되고 후원된다. 이것은 상인들뿐 아니라 모든 발리 사람들이 매우 강하게 지니고 있는 다음의 전제에 기초하고 있다. 즉 닭싸움은 "집에서 돈을 끌어내어 유통시킨다"는 것이며, 따라서 교역에 좋은 것이라는 것이다. 다만 우연히 열리는 각종의 도박장(후술함)이나 다양한 물건을 파는 노점들이 주위에 서며, 조그마한 축제의 성격까지 띠게 된다. 닭싸움과 시장, 시장상인들과의 관련은 오래 된 것으로 이 관련은 다른 사실들과 함께 비문에 쓰여 있다[R. Goris, Prasasti Bali, 제2권 (Bandung, 1954)]. 수세기 동안 발리의 시골에서 행해진 교역에는 닭이 수반되었다. 그리고 그 닭싸움은 그 섬의 통화 보급의 중요한 매개수단 중의 하나였다.

19) 그 어구(語句)는 Hildreth 역, International Library of Psychology (1931), p. 106 참조. L. L. Fuller, The Morality of Law (New Haven, 1964), p. 6 이하 참조.

람들은 실제로 그런 놀이를 하는데, 그것도 정열적으로 그리고 자주, 심지어
는 법적 처벌까지 받으면서 한다는 것이다. 벤담과, 그와 같은 생각을 하는
사람들(요즘은 주로 법률가, 경제학자 그리고 몇몇 정신과 의사)은 그런 사
람들이 비합리적이라고 생각한다 —— 그들은 중독자, 물신 숭배자, 어린아
이, 바보, 야만인들로서, 간단히 말해서 보호조치가 취해져야 하는 사람이라
고 설명한다. 그러나 그들이 그것을 상당히 많은 말로 공식화하지는 않았을
지라도 발리인들에게만은 그런 놀이에서 돈은 실제의 효용이나 기대되어지
는 효용의 척도라기보다는 그것이 인식되거나 함축된 도덕적 중요성의 상
징이라는 사실이다.

사실상, 적은 액수의 돈이 포함되는 얕은 게임에서는 현금의 증감은 곧
효용성과 비효용성, 일상적인 의미의 기쁨과 슬픔, 행복과 불행에 좀더 가까
운 동의어라고 할 수 있다. 내기돈의 액수가 큰 심층적 경기에서는 물질적
인 것보다 더 중요한 것들, 즉 위신, 명예, 위엄, 존경심 등 —— 한마디로 지
위라고 할 수 있는 것들 —— 이 내기에 걸려 있다.[20] 이것들은 상징적으로만
걸려 있을 뿐 실제로 닭싸움 결과에 따라서 지위의 변동이 일어나지는 않는
다(파멸한 노름 중독자 몇몇의 경우를 제외하고). 그것은 단지 그 순간 인정
받거나 모욕당하는 것에 불과하다. 그러나 발리인들에게는 (닭싸움의 승리
를 통해서) 넌지시 상대방에게 모욕감을 주는 일보다 더한 즐거움은 없다.
또한 이를 통해서 모욕을 당하는 것보다 더 고통스러운 것은 없다. 특히 이
러한 점을 잘 알고 있는 양쪽을 다 아는 사람들이 지켜보고 있을 때는 더욱
그러하며, 이런 식의 평가를 담게 되는 닭싸움 드라마는 정말로 심층적이라
고 할 수 있다.

여기서 즉시 강조되지 않으면 안 되는 것은, 이런 사실이 돈이 중요하지
않다거나, 발리인들에게 15링기트를 잃는 것도 500링기트를 잃는 것도 같은

---

20) 물론 벤담에게서조차도, 효용성은 보통 화폐상의 손실과 이익의 개념으로만 한정되지는
않는다. 그리고 여기에서 나도 신중을 기하여, 다른 사람들에게와 마찬가지로 발리인들에
게도 효용(쾌락, 행복……)은 단지 부(富)에만 일치하는 것은 아니라고 말하는 것이 좋을
지 모르겠다. 그러나 그런 용어적 문제들은 어떤 경우든지 본질적인 점에 비해서는 부차
적인 것이다. 다시 말해서 닭싸움은 룰렛(roulette : 적색과 흑색으로 번갈아 색별된 0에서
36까지의 숫자의 구멍으로 두른 막자사발 모양의 회전반에 공을 던져 어느 구멍 또는 어
느 색에 멎는가를 겨루는 도박/역주)이 아니다.

일이라고 하는 사실을 의미하는 것은 아니다라는 사실이다. 그런 결론들은
터무니없는 이야기들이다. 왜냐하면 결코 비물질주의 사회라고 할 수 없는
이 사회에서는 돈이 매우 중요하기 때문이며, 돈이 중요한 만큼 사람들이 돈
을 많이 걸면 걸수록 자부심이나 침착성, 마음의 평정, 사내다움 등 다른 많
은 것들이 일시적이기는 하지만 사람들의 앞에서 공개적으로 위험에 빠지
게 되는 것이다. 심층적인 닭싸움 시합에서는 닭 주인과 그의 동업자들 그
리고 우리가 살펴볼, 덜 중요하지만 여전히 현실적으로 주변의 내기 거는
사람들에 이르기까지 자신들의 지위에 돈을 거는 것이다.

대부분 더 높은 수준의 내기에서는 지는 것의 손실이 너무 크며, 그런 내
기에 참가하는 것은 닭을 통하여 암시적이고 은유적으로 공적인 자아를 사
람들의 눈앞에 내놓는 것이 되기 때문이다. 공리주의자에게는 이런 점이 그
런 행위가 가지는 비합리성을 증가시키는 것으로만 비치겠지만, 발리인들에
게는 바로 그점으로 인해서 닭싸움이 더욱 큰 의미를 가지게 된다. 그리고
(벤담보다 베버의 견해를 따라서) 삶에 의미를 부여하는 것은 인간 존재성
의 주요 목적인 동시에 우선적인 조건이기 때문에 의미를 획득하는 것은 경
제적 비용을 보상하고 남는다.[21] 실제로, 큰 시합은 대등한 내기돈의 성격을
가지기 때문에, 규칙적으로 참가하는 사람들 사이의 물질적 재산에는 큰 변
화가 거의 나타나지 않는다. 왜냐하면 장기적으로 보면 이런 내기의 승패는
거의 비슷해지기 때문이다. 실제로, 좀더 순수한 중독자 타입의 내기꾼을 찾
을 수 있는 것은 보다 규모가 작은 얕은 시합에서인데, 이들은 —— 주로 돈
때문에 내기에 참가하는데 —— 사회적 지위상의 "실질적인" 변화, 대개는
하향 변화를 겪는다. 이런 종류의 사람들, 즉 무모한 도박꾼들은 대개 "진짜

---

21) M. Weber, *The Sociology of Religion* (Boston, 1963). 물론 돈의 깊은 의미에 특별히 발리
    적인 면은 없다. 이것은 보스톤의 노동자계급 지구(地區)에 사는 소년들에 관한 화이트의
    기술(記述)이 보여주는 바와 같다. "도박은 코르네르빌 사람들의 삶에 있어서 중요한 역
    할을 한다. 거리의 부랑자들이 하는 게임이 무엇이든지 간에, 그들은 거의 항상 결과에 내
    기를 한다. 내기가 전혀 없을 때, 그 게임은 진짜 대결로 간주되지 않는다. 이것은 재정적
    인 요소가 없어서는 안 될 것이라는 것을 의미하는 것이 아니다. 나는 사람들이 내기에서
    승리의 영광은 돈보다 훨씬 더 중요하다고 말하는 것을 자주 들었다. 거리의 부랑자들은
    돈을 내기에 걸고 경기(競技)하는 것을 진짜의 기능에 대한 테스트라고 보며, 만일 한 남
    자가 돈이 있을 때 내기를 잘 하지 못한다면 그는 좋은 경쟁자로 여겨지지 않을 것이다."
    W. F. Whyte, *Street Corner Society*, 제2판 (Chicago, 1955), p. 140.

닭싸움꾼"들에 의해서 그 스포츠를 제대로 이해하지 못한 바보나 닭싸움의 핵심을 모르는 속물이라고 비난받는다. 이러한 중독자들은 닭싸움을 진정으로 이해한 진짜 열성가들에게는 약간의 돈을 얻을 수 있는 봉으로 여겨진다 —— 그들의 탐욕스러움을 이용하여 잘못 짝지워진 닭에 비합리적인 내기를 걸도록 꾀면 그들은 쉽게 걸려들기 때문이다. 그들 대부분은 실제로 상당히 짧은 시간 내에 자멸해버린다. 하지만 항상 내기를 하기 위해서 그들의 땅을 저당 잡히고, 그들의 옷을 파는 이런 사람이 주변에 한둘은 꼭 있게 된다.[22]

심층적인 내기일수록 "지위 도박"이고 표층적인 내기일수록 "돈 도박"이 되는 상관관계는 일반적인 것이다. 이들 내기에 참가하는 내기꾼들 사이에는 사회적, 도덕적 위계관계가 존재한다. 앞서 언급한 것처럼 대부분의 닭싸움장 주변에서는 도박장을 열고 있는 사람들에 의해서 운영되는, 예측할 수 없고 전적으로 우연에 맡겨진 게임들(룰렛, 주사위 던지기, 동전 돌리기, 깍지 속의 콩 알아맞추기 등)이 벌어진다. 여성이나 아이들, 청소년들, 닭싸움을 하지 않는(혹은 아직 할 수 없는) 사람들 —— 아주 가난한 사람, 사회적으로 경멸되는 사람, 특이체질의 사람 —— 만이 푼돈을 걸고 이런 내기를 한다. 닭싸움을 하는 남자들은 이들에게 접근하는 것조차 부끄럽게 생각한다. 이런 푼돈 내기를 하는 사람들 위에, 비록 직접 닭싸움에 참가하지 않지만 그 주변에서 행해지고 있는 작은 시합에 내기를 거는 사람들이 있다. 그 위에는 소규모 시합, 때로 중간 규모 시합에 참가하나, 대규모 시합에 낄 정도의 지위는 지니지 못한 사람들이 있다. 마지막으로는 그 지역사회의 실질

---

22) 이 광기가 때때로 불러일으킬 수 있는 극단 —— 그리고 사실상 미친 것으로 간주된다 —— 은 발리인들의 민담인 이 투훙 쿠닝(I Tuhung Kuning)에 설명되어 있다. 한 도박꾼이 너무 정열적인 나머지, 여행을 떠나면서 그의 임신한 아내에게 사내아이가 태어나면 키우지만, 여자아이가 태어나면 그의 싸움닭에게 그 아이를 고기로 먹이라고 명령한다. 그 엄마는 딸아이를 낳지만, 닭에게 그 아이를 주기보다는 그것들에게 큰 쥐를 주고 아이와 함께 숨는다. 남편이 돌아오자, 싸움닭은 울어대며 그에게 그 속임수를 알린다. 그는 화가 나서 그 아이를 죽이기로 마음먹는다. 여신은 하늘에서 내려와서 그 소녀를 하늘로 데려간다. 닭들은 그들에게 주어진 음식으로 말미암아 죽고, 주인은 제정신을 찾는다. 신은 그 소녀를 아버지에게 돌려보내고, 그 사람은 아내와 다시 결합한다. 이 이야기는 "Geel Komkommertje", J. Hooykaas-van Leeuwen Boomkamp, *Sprookjes en Verhalen van Bali* (The Hague, 1956), pp. 19-25에서 인용한 것이다.

적인 성원으로서 지역사회의 생활을 좌지우지하는 확고한 사람들이 있는데,
이들은 큰 시합에 참가하고, 그 주위에서 내기를 한다. 초점 있는 모임의 초
점을 구성하는 이 남자들은 마치 그들이 그 사회를 지배하고 규정하는 것처
럼 이 스포츠도 지배하고 규정한다. 발리 남자들이 존경심을 품은 어조로
"진정한 닭싸움꾼", "베바토(bebatoh : 내기하는 사람)", 또는 쥬루 쿠룽
(djuru kurung : 우리를 가진 사람)이라고 말할 때 의미하는 것은 바로 이런
종류의 사람이며, 콩깎지 게임의 정신을 완전히 다른 부적절한 맥락의 닭싸
움에 끌어들이는 극단적 도박꾼("포테[potét], 이것은 도둑, 신에게 버림받
은 사람이라는 이차적 의미를 가진다)이나 탐내듯이 서성거리는 사람들을
의미하는 것은 아니다. 그런 사람들에게 있어서 닭싸움에 임하는 것은 바보
스럽고 기계적인 슬롯 머신보다는 차라리 결투에 비유될 만한 종류의 것이
다(비록 발리인들의 실용적인 공상의 재능에 의해서 닭싸움의 유형은 단지
비유적으로만 인간적이지만).

　발리인들의 닭싸움을 심층적으로 만드는 것은 따라서 돈 그 자체가 아니
라 돈이 초래하는 그 이상의 것이다. 즉 닭싸움 속으로 투영되고 전이되는
발리인들의 지위가 닭싸움을 심층적으로 만드는 것이다. 그것은 심리학적으
로 말하면 이상적/악마적 그리고 조금은 자기도취적인 남성적 자아에 대한
이솝적인 표현이며, 사회학적으로 말하면 통제되고, 침묵되어지고, 의례적
으로 표현되지만 그럼에도 불구하고 강하게 느껴지는 일상생활의 맥락에서
상이한 자아들간의 상호 작용에 의해서 생기는 복잡한 긴장의 장을 이솝적
으로 표현한 것이다. 닭은 주인의 인격의 대리인이며 그의 마음을 비추는
동물적인 거울이라고 말할 수 있다. 그러나 닭싸움 자체는 사회적 기반의
모형이며, 닭싸움 후원자들이 소속되어 있으며, 서로 교차하며, 중복되고,
고도로 통합되어 있는 집단들 ── 마을, 친족집단, 관계조합, 사원을 중심
으로 한 모임, "카스트" 등 ── 의 체계인 사회적 기반모형인 것이다.[23] 또

23) 발리 지방의 사회구조에 관한 더 충분한 설명을 위해서는 C. Geertz, "Form and Vari-
ation in Balinese Village Structure", *American Anthropologist* 61 (1959) : pp. 94–108 ;
"Tihingan, A Balinese Village", R. M. Koentjaraningrat, *Villages in Indonesia* (Ithaca,
1967), pp. 210–243 ; V, E. Korn, *De Dorpsrepubliek tnganan Pagringsingan* (Santpoort,
Netherlands, 1933).

한 위신과, 위신을 확인하고 지키고 찬양하고 정당화시킬 필요성, 혹은 단지 위신에 만족해야 하는 필요성(발리에서의 사회계층은 생득적인 것이기 때문에 위신을 가지려고 할 필요는 없다)은 아마도 이 사회의 핵심적인 추진력이라고 할 수 있고, 닭싸움에 있어서도 —— 움직이는 페니스, 피의 제물, 금전적 내기를 제외하고는 —— 위신이 그 추진력이 된다고 할 수 있을 것이다. 오락과 스포츠를 가장한 닭싸움은 어빙 고프먼의 또 다른 표현을 빌리면 "지위를 둘러싼 유혈극"인 셈이다.[24]

이것을 분명하게 하는 가장 쉬운 방식 그리고 적어도 그것을 어느 정도 논증하기 위한 가장 쉬운 방법은 내가 그들의 닭싸움을 가장 가까이에서 관찰할 수 있었던 마을의 경우를 인용하는 것이다 —— 그 마을이란 다름 아니라 앞에서 언급한 급습이 있었고 또 내 통계자료를 수집한 그 마을을 말한다.

발리의 남동부의 클룽쿵 지역에 있는 티힝간은 모든 발리 마을과 같이 동맹과 반목의 미로로 복잡하게 조직되었다. 그러나 다른 많은 마을들과는 달리 이 마을에서 두 종류의 통합된 집단이 특히 두드러졌으며, 이 두 집단은 지위집단이기도 하다. 따라서 이 두 집단에 초점을 맞춰 고찰하는 것은 이 마을 전체에 대해서 많은 것을 보여줄 수 있을 것이다.

첫번째로, 그 마을은 서로 계속해서 경쟁하고 마을에서 주요한 분파들을 형성하는 네 개의 대규모 부계집단, 부분적으로 내혼제적인 출계집단에 의해서 지배되고 있다. 어떨 때는 이 네 집단이 두 개씩 연합해서 서로 대립할 때도 있고, 또 어떨 때는 두 개의 큰 집단과 나머지 작은 두 집단에 기타 다른 외부의 주민들이 결합되어 대립하기도 한다. 그리고 각 집단 내부에 여러 수준의 하위 파벌이 존재하기도 한다. 때때로, 그들은 각기 독립적으로 행동한다. 그리고 두번째로 마을이라는 단위가 있는데, 이들은 거의 전적으로 내혼제의 마을로, 이 마을들은 닭싸움을 할 경우 그 닭싸움 구역(앞에서 살펴본 것처럼 시장의 범위가 된다) 안의 다른 모든 마을과 대립하게 되는데, 기타 마을을 초월한 정치적이고 사회적인 사안과 관련해서는 이들 이웃 마을 중 몇 개와 연합을 하거나 또 다른 몇 개와는 대립관계를 형성하기도 한다. 이상이 정확한 상황묘사가 되겠지만, 발리의 어느 마을에서나 마찬가

24) Goffman, *Encounters*, p. 78.

지로 각 마을은 각각 독특한 특징들을 가지고 있다. 그러나 다양한 기준에 의해서 고도로 통합되어 있으나 여러 종류의 기반에 기초하고 있는 집단들 간의 지위경쟁의 단계적 위계(따라서 집단성원간의 위계)라는 일반 양식은 발리 어디에서나 보편적인 유형이라고 할 수 있다.

그렇다면 닭싸움, 특별히 심층적인 닭싸움은 근본적으로 지위관계들을 극화한 것이라는 일반 명제를 논증하기 위해서 다음의 사실들을 고찰해보 도록 하자. 구체적인 증거, 실례들, 진술들 그리고 그것에 기반해서 만들어 진 숫자 등, 이 명제를 증명할 자료는 매우 많지만 여기서는 민족지적 기술 이 길어지는 것을 피하기 위해서 단순화시킨 사실만을 제시하기로 한다.

1. 어떤 남자든지 그 자신이 속한 친족집단의 한 구성원이 소유한 닭에 대 항해서는 절대 내기를 걸지 않는다. 그는 언제나 친족의 닭 쪽에 내기를 걸 어야 할 의무를 느끼며, 친족관계가 가까울수록, 더 심층적인 시합일수록 대 개 그 의무감이 더 클 것이다. 만일 그가 그것이 이기지 못할 것이라고 확신 한다면, 특히 재종(육촌)의 닭일 뿐이거나 싸움이 표층적인 것이라면 그는 아예 내기를 하지 않을 것이다. 하지만 대체로 그는 그것을 지지해야만 한 다고 느낄 것이다. 그리고 심층적인 경기에서는 거의 항상 그렇게 한다. 그 래서 특히 두드러지게 "5"나 "반점이 있는"이라고 큰 소리로 외치는 사람 들 중 대다수는 닭에 대한 평가나, 확률이론, 심지어 불로소득에 대한 기대 가 아니라 친족에 대한 그들의 동맹을 표현하고 있는 것이다.

2. 이 원리는 논리적으로 확장된다. 만일 당신의 친족집단이 관계하고 있 지 않다면 자신의 집단과 연결되어 있지 않은 친족집단에 대항하며, 자신의 집단과 동맹관계에 있는 친족집단 쪽을 마찬가지로 지지할 것이다. 같은 사 실이 마을 안의 발리 특유의 동맹의 그물망을 관통하고 있다.

3. 또한 전체로서의 그 마을에 대해서도 마찬가지이다. 만일 외부의 닭이 당신 마을의 어떤 닭과 싸운다면, 당신은 당신 지역의 닭을 지지하게 된다. 상당히 드문 일이지만, 당신이 속한 닭싸움 지역 외부에서 온 닭이 그 지역 안의 닭과 싸우게 된다면, 당신은 또한 "우리 닭"을 지지하게 된다.

4. 멀리서 온 닭들은 거의 항상 훌륭한 것들이다. 왜냐하면 그 남자는 그

닭이 좋은 닭이 아니라면 감히 가져오려고 하지 않기 때문이다. 더 멀리서 온 닭일수록 더욱 그렇다. 그의 동료들은 물론 그를 지지할 의무가 있다. 그리고 훨씬 더 대규모의 법적인 닭싸움들이 벌어질 때면(법정 공휴일 등) 그 마을 사람들은 소유권에 관계없이 마을에서 가장 좋은 닭이라고 여겨지는 것을 가지고 와서 그것을 지지한다. 그들은 거의 확실하게 그것에 내기를 걸어야만 하고, 구두쇠 마을이 아니라는 것을 보여주기 위해서 큰 내기를 만들어야만 한다. 실제로, 그런 "출장시합"은 자주 열리는 것은 아니지만, 항상 열리는 "집안 시합"이 마을 파벌들을 통합시키기보다는 반목하고 악화되기만 하는 마을 구성원들 사이의 분열을 개선하는 경향이 있다.

5. 거의 모든 시합은 사회학적으로 관련되어 있다. 당신은 두 마리의 외부 사람의 닭이 서로 싸우는 것이나, 두 마리의 특정 집단의 지지를 받지 않는 닭이 싸우는 것이나, 혹은 서로 명확하게 관련되어 있지 않은 집단의 지지를 받아 싸우는 것을 거의 보지 못할 것이다. 당신이 그런 것을 봤다면, 그것은 매우 얕은 시합이며, 내기는 매우 느리게 행해지고 전부가 지루하며, 직접적으로 관계된 사람과 한두 명의 중독된 노름꾼을 제외하고 아무도 흥미를 가지지 않는 시합이다.

6. 마찬가지로 당신은 같은 집단에 속한 닭 두 마리가 싸우는 것은 거의 보지 못할 것이다. 심지어 같은 하위 분파에서는 더욱더 그럴 것이다. 그리고 실제로 같은 하위-하위 분파(대부분의 경우, 하나의 확대된 가족일 것이다)로부터는 결코 있을 수 없는 일이다. 마찬가지로 마을 외부의 싸움에서 마을의 두 구성원이 서로 싸우는 것은 거의 없을 것이다. 비록 그들이 집안 시합에서는 매우 열광적으로 싸우는 최악의 라이벌일지라도.

7. 개인적인 수준에서, 푸이크[puik]라고 부르는 제도화된 적대적인 관계에 연루된 사람들은 서로 말을 하지도 않고 그밖에 서로 어떤 관계도 가지려 들지 않는다(이 형식적 절연의 원인은 부인 납치, 상속분쟁, 정치적 견해의 차이 등 여러 가지가 있다). 그들은 때때로 거의 미친 듯이 엄청나게 많은 돈을 거는데, 이것은 상대방의 남성성, 즉 그의 지위의 원천적인 근거를 직접적으로 공격하는 것이다.

8. 가장 얕은 경기를 제외한 모든 중앙에서 이루어지는 내기에서 연합관계는 **항상** 구조적 동맹자들에 의해서 성립된다 ── "외부 돈"은 전혀 포함

되지 않는다. 물론 "외부"라는 것은 맥락에 따라서 달라지지만, 중요한 내기에는 외부 돈이 전혀 섞이지 않도록 한다. 그 원리가 지켜지지 않는다면, 내기가 성립되지 않는다. 이와 같이 중앙에서 이루어지는 내기, 특별히 심층적인 경기는 사회적 적대감에 대한 가장 직접적이고 공공연한 표현이다. 그리고 그런 이유로 해서 중앙에서 이루어지는 내기와 중앙의 닭싸움 붙이기에는 항상 불편함, 은밀함, 당혹감의 분위기가 지배하게 된다.

9. 돈을 빌리는 것 —— 당신이 내기를 위해서 빌리지만, 내기 **중**에는 빌릴 리 없는 —— 에 관한 규칙도 비슷한 고려에서 나온 것이다(그리고 발리인들은 이것을 상당히 의식하고 있다). 당신은 당신의 적으로부터 **경제적** 은택을 결코 받지 않는다. 보다 짧은 시간에 상당히 많이 지게 되는 도박빚은 구조적으로 말한다면, 돈은 항상 친구에게서 빌려야 하며 적에게 빌리는 일은 없다.

10. 닭 두 마리가 구조적으로 관련이 없거나 **당신**에 관한 한 중립적일 때, 당신은 친척이나 친구에게 그가 어느 쪽에 내기를 걸 것인지를 묻지 않아도 된다. 왜냐하면 만일 당신이 그가 어느 쪽에 내기를 걸 것인지를 알고, 당신이 아는지를 그가 안다면 그리고 당신이 다른 쪽에 건다면, 그것은 긴장감을 느끼게 할 것이다. 이 규칙은 분명하고 엄격하다. 상당히 정교하고, 심지어는 보다 인공적인 주의가 이것을 깨지 않도록 해야 한다. 최소한 당신은 그가 무엇을 할 것인지를 그리고 당신이 무엇을 할 것인지를 눈치채지 못한 척해야만 한다.

11. 이런 관계를 위반해서 내기를 거는 것을 표현하는 특별한 단어가 있는데, 그 단어는 또한 "죄송합니다(mpura)"라는 의미를 가지기도 한다. 비록 그 중앙에서 이루어지는 내기의 규모가 작고, 또 그런 식의 내기를 너무 자주 하지 않는다면 괜찮겠지만, 일반적으로 이런 내기를 거는 것은 바람직하지 않은 일로 간주된다. 특히 규모가 커질수록 그리고 그런 식의 내기가 잦아지면 그것은 곧 당사자의 사회적 분열을 의미하게 될 수도 있다.

12. 사실상, 제도화된 적대관계인 푸이크는 종종 심층적인 싸움에서 그런 "죄송합니다" 내기로 불에 상징적인 기름을 붓는 결과가 되면서 공식적으로 시작된다(비록 그 진짜 원인들은 항상 다른 데에 있다고 할지라도). 마찬가지로 그런 적대관계가 끝나고 정상적인 관계가 회복되는 것도 종종 서로 적대관

516

계에 있는 사람들이 상대방의 닭을 지지하는 것에 의해서 표현되기도 한다(이 경우도 물론 이 내기 자체가 실제로 관계를 회복시킨 것은 아니지만).

13. 귀속되어 있는 관계가 복잡하게 얽혀 있는 상황 —— 발리처럼 고도로 복잡하게 구성된 사회에서는 종종 이런 경우가 생기게 되는데 —— 에서는 내기를 거는 사람이 자기가 비슷한 강도로 귀속의식을 느끼는 몇 개의 집단에 대해서 어느 쪽을 지지해야 할지 고민하게 되는데, 이런 경우 그 사람은 커피 등을 마신다는 핑계로 현장을 벗어나서 어느 한쪽에 내기를 걸어야 하는 것을 피한다. 이것은 비슷한 상황에 처한 미국인 투표자들의 행동방식을 연상시키는 행동이다.[25]

14. 중앙에서 이루어지는 내기, 특별히 심층적인 시합에 관련된 사람들은 거의 항상 그들 집단 —— 친족, 마을 등의 집단 —— 을 이끄는 지도자이다. 게다가, (이 사람들을 포함해서) 주변에서 이루어지는 내기를 하는 사람들은 이미 언급했듯이 그 마을의 인정받은 시민들 —— 확실한 시민들 —— 이다. 닭싸움은 일상생활에서도 위세의 정치에 참여하고 있는 사람들을 위한 것이지, 젊은이, 여자, 하층민들을 위한 것은 아니다.

15. 돈이 관련되는 한, 분명하게 표현된 태도는 그것은 부수적인 문제라는 것이다. 내가 말했듯이, 그것이 전혀 중요하지 않다는 것은 아니다. 발리인들은 다른 사람들과 마찬가지로 몇 주의 수입을 잃는 것을 기뻐하지 않는다. 하지만 그들은 닭싸움의 금전적인 측면에 관해서는 단지 돈이 맴도는, 진지한 닭싸움꾼들로 구성된 상당히 잘 정의된 집단들 사이에서 돈이 순환하는 그런 의미에서 자기 균형적인 것으로 본다. 실제로 중요한 승리와 손실은 주로 다른 견지에서 보이고, 내기에 대한 일반적인 태도는 크게 이기는 것에 대한 어떤 소망이 아니라 상습적으로 경마에 돈을 거는 사람들이 하는 기도와 같은 종류의 것이다. "오! 하느님, 제발 득실이 없게 해주세요." 그러나 위세의 측면에서는 당신은 득실이 없기를 원하는 것이 아니라 일거에 완전히 이기기를 원한다. (줄곧 사람들에 의해서 계속되는) 이야기는 당신이 얼마나 많은 돈을 땄느냐가 아니라 당신의 닭이 쳐부순, 어떠어떠한 사람의, 어떠어떠한 닭에 대항한 시합에 관한 것이다. 사실상 사람들은 심지

---

25) B. R. Berelson, P. F. Lazersfeld와 W. N. McPhee, *Voting : A Study of Opinion Formation in a Presidential Campaign* (Chicago, 1954).

어 큰 내기에서조차도 얼마나 많은 돈을 땄는지는 별로 오랫동안 기억하지 못해도 판로의 가장 좋은 닭과 싸운 일은 몇 년 동안이라도 기억한다.

16. 당신은 단순한 충성심말고도 다른 이유 때문에라도 당신 집단의 닭에 내기를 걸어야만 한다. 왜냐하면 당신이 그렇게 하지 않는다면, 사람들은 대개 이렇게 말할 것이다. "뭐야. 너무 잘나서 우리 같은 사람들과는 상대하지 않겠다는 건가? 그는 자바와 덴파사르[수도]로 내기를 하러 가야만 하는 그런 중요한 사람이란 말야?" 따라서 거기에는 당신이 지역적으로 중요하다는 것을 보여주기 위해서 뿐만 아니라, 다른 사람 모두가 라이벌로서 부족하다고 무시할 정도로 당신이 중요하지 않다는 점을 보여주기 위해서도 내기를 걸어야 하는 압력이 있다. 마찬가지로 고향 팀 사람들은 외부 닭에 대항해서 내기를 해야만 한다. 그렇지 않으면 그 외부 사람들은 그들을 오만하고 무례할 뿐만 아니라 입장료만 챙기고 실제로 닭싸움에 관심이 없다고 비난할 것이다(이것은 심각한 비난이다).

17. 마지막으로, 발리의 농부 자신들은 이 모든 것을 잘 알고 있고 그리고 적어도 민족지 작성자에게 그것의 대부분을 내가 사용한 것과 같은 용어로 이야기할 수 있다. 그 주제에 대해서 내가 함께 이야기를 나눠본 거의 모든 발리인들은 닭싸움은 화상을 입지 않을 뿐 불놀이와 똑같은 것이라고 말한다. 당신은 닭싸움을 통해서 마을과 친족집단 간의 경쟁의식이나 적대감을 자극하게 되지만 그것은 어디까지나 "놀이"이다. 개인간에 그리고 집단간에 공격성이 표현되고, 위험하고 위급한 상황이 전개되지만(이런 일은 일상생활에서는 거의 일어나지 않는다) 완전한 공격성이 표현되는 것은 아니다. 결국 그것은 "단지 닭싸움일 뿐"이기 때문이다.

이러한 종류의 관찰들은 좀더 발전될 수 있다. 하지만 일반적인 요점은 적어도 잘 묘사되었다. 그리고 지금까지 한 전체적인 논의는 다음과 같이 유용하게 공식적인 도식으로 요약될 수 있다.

시합이 더욱더……
  1. 비슷한 지위의 사람들끼리(그리고 [혹은] 개인적인 적들 사이에)
  2. 높은 지위에 있는 개인들 사이에서 이루어질수록
  시합은 더 심층적이 된다.

시합이 더욱 심층적으로 될수록……

1. 닭과 인간의 동일시가 더욱 밀접해진다(혹은 더욱 정확하게 말하면, 시합이 심층적일수록 그 사람은 가장 친밀하게 닭과 동일시되어 더욱 최선을 다할 것이다).
2. 더욱 좋은 닭이 참가하고, 좀더 정확하게 그것들이 시합을 할 것이다.
3. 열중하는 감정이 더욱 커질 것이고 사람들은 시합에 더욱더 몰입하게 된다.
4. 중앙과 주변에서 개개인이 내기를 하는 것이 더 높아지고, 주변에서 내기를 거는 데에 유리한 조건이 더 낮은 수준에서 정해지게 된다. 그리고 전체적으로 내기를 거는 것이 더욱 많아질 것이다.
5. 게임의 "경제적" 관점은 약화되고 "지위적" 관점은 더해질 것이며, 게임을 하는 시민들은 "더욱 공고하게" 될 것이다.[26]

시합이 얕아질수록 반대의 논의가 적용되어서 동전 돌리기와 주사위 던지기에서 극에 달하게 된다. 심층 시합에서는, 비록 실질적으로 상한선이 있을 수밖에 없지만, 절대적인 상한선이 없고 옛날에 군주와 왕자 사이에 벌어졌던 대단한 결전 등에 관련된 전설 같은 이야기들이 많이 존재한다(닭싸움에 대해서는 항상 평민의 관심만큼이나 엘리트의 많은 관심이 있어왔기 때문이다). 이런 전설 같은 이야기를 통해서 전해지는 시합들은 오늘날 발리에서는 그 누구도 재현할 수 없을 정도로 매우 심층적인 시합들이다.

실제로, 발리의 대단한 문화적 영웅의 하나도, 닭싸움에 대한 열정에 따라서 "닭싸움꾼"이라고 불렸던 왕자가 있었다. 그는 우연히 이웃의 왕자와 함께 상당히 심층적인 닭싸움을 보러 간 적이 있는데, 이때 그의 가족 전체 —— 아버지, 남자형제, 부인, 여자형제 —— 가 평민 찬탈자에게 살해당했다. 그렇게 해서 혼자 목숨을 건진 그는 돌아와서 그 건방진 놈을 죽이고, 왕권을 다시 찾고, 발리의 높은 전통을 재구성하고, 가장 강력하고 영광스러우며 번영한 국가를 세웠다. 발리인들이 닭싸움을 통해서 보게 되는 모든

---

26) 이것은 형식적 패러다임인 까닭에, 닭싸움의 인과구조가 아니라 논리구조를 보여주고자 한다. 이들 고려사항들 중 어느 것이 어느 것을 이끌어내며, 어떤 순서에 의해서 그렇게 되는지, 혹은 어떤 매커니즘에 의한 것인지는 또 다른 분석과제이다. 이 주제에 대해서 나는 일반론 안에서 어느 정도 밝혀보고자 시도했다.

것들 —— 즉 그들 자신, 그들의 사회질서, 추상적인 증오, 남성성, 악마의 힘 등 —— 에 덧붙여서, 그들은 또한 지위 가치의 원형, 거만하고 단호하며 명예심에 미친 진짜 불을 가지고 논 사트리아 왕자를 본다.[27]

27) Hooykaas-van Leeuwen Boomkamp의 또 다른 민간설화("De Gast", *Sprookjes en Verhalen van Bali*, pp. 172-180)에는 관대하고, 신앙심이 깊고, 걱정이 없는 한 남자가 나오는데, 그 남자는 낮은 카스트인 수드라에 속했고 또한 숙련된 닭싸움꾼이었다. 그 남자는 그의 소양에도 불구하고 돈이 바닥나고 마지막 닭만 남을 때까지 싸움을 했지만 계속해서 진다. 그러나 그는 절망하지 않았다 —— 그는 말한다. "나는 보이지 않는 세상에 내기를 걸고 있는 것이다"
　착하고 열심히 일하는 그의 아내는 그가 닭싸움을 얼마만큼 좋아하는지를 알고 있기 때문에 그에게 그녀의 마지막 "비상금"을 주었고 가서 내기를 하라고 한다. 그러나 계속해서 운이 따르지 않았기 때문에 불안에 가득 차서, 그는 그의 닭을 집에 두고 주변에서 이루어지는 내기만을 한다. 그는 곧 동전 한두 개만을 제외하고 모두를 잃게 되었고, 요깃거리를 사기 위해서 음식 판매대로 간다. 그리고 거기에서 그는 늙고, 악취가 나고, 식욕을 잃게 할 정도인 지팡이에 몸을 의지한 늙은 거지를 만난다. 노인은 먹을 것을 달라고 했고 주인공은 마지막 남은 동전으로 먹을 것을 사서 노인에게 주었다. 노인은 주인공에게 하룻밤 재워줄 것을 부탁했고, 주인공은 기쁘게 그를 초대했다. 그러나 그의 집에는 먹을 것이 전혀 없었기 때문에 주인공은 아내에게 저녁식사를 위해서 마지막 닭을 죽이라고 말한다. 노인이 그 사실을 알아채고 주인공에게 산에 있는 자신의 오두막에 닭이 세 마리 있다고 말하고 주인공에게 시합을 위해서 그것들 중 한 마리를 가지라고 말한다. 그는 또한 주인공의 아들을 하인으로 데려가고 싶다고 했고, 아들이 동의하여 데려가게 된다.
　노인은 시바 신이었고, 또한 주인공은 알지 못했지만, 하늘의 큰 궁전에 살았다. 조만간에 주인공은 그의 아들을 만나 약속했던 닭을 가지러 가기로 결심한다. 그는 세 마리 닭 중에서 한 마리를 고르라는 말을 들었다. 첫번째 닭이 자랑했다. "나는 적수를 열다섯 마리나 넘어뜨렸어요." 두번째 닭이 자랑했다. "나는 적수 스물다섯 마리를 넘어뜨렸어요." 세번째 닭이 자랑했다. "나는 왕을 넘어뜨렸어요." 주인공은 "저것, 세번째 닭으로 하겠어요"라고 말하고, 그것을 가지고 지상으로 돌아왔다.
　그가 닭싸움장에 도착했을 때, 입장료를 내라고 요청받았으나, 그는 "나는 돈이 없어요"라고 대답한다. "내 닭이 이긴 후에 지불하죠." 그는 결코 이긴 적이 없는 사람이라고 알려져 있었으나, 왕은 그를 입장시킨다. 그 왕은 거기서 싸우고 있었고, 그 주인공을 싫어해서 그가 져서 갚을 수 없게 되면 그를 노예로 삼고자 했기 때문이다. 일이 확실히 이렇게 돌아가도록 하기 위해서 왕은 주인공의 닭에 대항해서 그의 가장 좋은 닭을 싸우게 한다. 닭들이 땅 위에 놓이자, 주인공의 닭은 도망친다. 거만한 왕을 비롯하여 군중들이 웃음을 터뜨렸다. 주인공의 닭은 왕에게로 날아올라 왕의 목에 쇠발톱을 찔러 왕을 죽여버린다. 주인공은 도망친다. 그의 집은 왕의 군대에 의해서 포위된다. 닭은 인도 전설의 위대한 신화의 새인 가루다로 변하고, 주인공과 그의 아내를 하늘로 안전하게 데려온다.
　사람들은 이것을 보고, 주인공을 왕으로, 그의 아내를 여왕으로 삼았고, 그들은 집이 있는 땅으로 되돌아온다. 시바가 놓아준 그의 아들은 나중에 돌아오고 왕이 되었던 주인공

닭털, 피, 군중 그리고 돈

"시란 아무일도 일으키지 않는다"라고 오든은 예이츠에 대한 비가에서 읊었다. "시는 말의 계곡 속에서 살아남는다……무엇인가가 일어나는 것은 입을 통해서이다." 이 의미에서는, 닭싸움 역시 아무것도 발생시키지 못한 다. 사람들은 우화적으로 서로에게 창피를 주거나, 창피를 당하거나 하면서, 매일매일 승리했을 때는 조용히 기쁨을 느끼고, 패배했을 때는 공개적으로 약간의 타격을 받는다. 그러나 이것을 통해서 정말로 지위가 달라지는 사람은 아무 도 없다. 닭싸움에서 이겨도 지위의 사다리를 올라가는 것은 아니며, 진다고 해서 내려가는 것도 아니다.[28] 단지 할 수 있는 것은 즐기고 느끼거나 고통 을 맛보고 인내하는 것뿐이다. 미적으로 장식된 사다리를 따라서 일어나는 강렬하고 일시적인 이동, 아니면 거울 속의 허상 속에서 일어나는 지위의 큰 변화에 수반되는 복잡한 감정을 경험할 뿐이다.

다른 예술형식 —— 그것이야말로 결국 우리가 취급하는 것이다 —— 과 마찬가지로 닭싸움도 실질적인 결과가 배제되거나 약화된 채 순전히 외형 상의 행동과 사물을 통해서 현실의 경험을 보여줌으로써 평범한 일상의 경 험을 이해할 수 있도록 해주는데, 이런 수준에서는 행동과 사물의 의미가 훨씬 더 분명해지고 정확하게 파악된다. 닭싸움이 "정말로 현실성을 지니는 것은" 단지 닭에게 뿐이다 —— 닭싸움은 어떤 사람을 죽이지도, 제거하지 도, 지위를 낮추지도, 사람들 사이의 위계적인 관계를 변경시키지도, 또 그 위계를 재구성하지도 않는다. 그리고 어떤 의미 있는 정도로 수입을 재분배

은 은자의 생활을 할 것을 알린다("나는 더 이상 닭싸움을 하지 않는다. 나는 보이지 않는 세계에 내기를 걸었고 이겼기 때문이다"). 그는 암자로 들어가고 그의 아들은 왕이 된다.

28) 도박 중독자는 단지 더 가난하게 되고 개인적으로 불명예스러움을 당하긴 하지만 그것으 로 인해서 사회적 지위가 더 낮아지는 것은 아니다(왜냐하면 그들의 지위는 다른 모든 사 람들과 마찬가지로 세습되는 것이기 때문이다). 내가 관찰한 바 있는 그 닭싸움 영역 안에 서 가장 두드러진 도박 중독자는 실제로 매우 높은 카스트인 사트리아였다. 그는 자기 소 유의 땅의 상당한 부분을 닭싸움에 쓰려고 팔았다. 비록 누구나 사적으로는 그를 바보와 나쁜 사람으로 여길지라도, 공식적으로 그는 자신의 지위 때문에 경의와 정중함으로 다루 어진다. 발리에서 사적인 명성과 공적 지위가 서로 별개의 문제인 것에 관해서는 제14장 을 참조하라.

하지도 않는다. 다양한 기질과 관습을 지닌 사람들에게 닭싸움이 주는 것은 「리어왕(King Lear)」과 「죄와 벌(Prestupleniye i nakazaniye)」의 효과이다. 닭싸움은 죽음, 남자다움, 분노, 자긍심, 손실, 자선, 기회 등의 주제를 울타리를 친 구조 속에 몰아놓고, 이들의 중요한 본질 가운데 특별한 측면들을 부각시키는 방법을 써서 이 주제들을 나타낸다. 닭싸움은 이들 주제 위에 어떤 구조물을 세워서, 그들이 처한 역사적 입장에 의해서 그 구조물을 이해할 수 있는 사람들에게 그 주제들을 의미 있는 것 —— 가시적이고, 손으로 만져서 알 수 있고, 파악 가능한 것 —— 으로, 즉 이념적 의미에서 "현실의" 것으로 만들어준다. 이미지나 허구(虛構), 모형, 은유로서 닭싸움은 하나의 표현수단에 불과하다. 그것의 기능은 사회적인 정열을 완화시키거나 격양시키기 위함이 아니다(물론 불놀이라는 측면에서는 이 두 가지 기능을 어느 정도 수행하지만). 그것보다는 오히려 닭털, 피, 군중, 돈을 통해서 사회적 정열을 표출하는 것이다.

최근에는 회화나 저작물, 음악, 연극 등을 통해서 확증 가능하다고 생각되지 않는 성질을 우리는 어떻게 인식하는가 하는 문제가 미학이론의 하나의 핵심적인 주제로 등장하고 있다.[29] 예술가의 감정은 어디까지나 예술가의 것이고 감상자의 감정은 어디까지나 감상자의 것이기 때문에 이중 어떤 것으로도 한 그림에 표현된 동요와 다른 그림에 표현된 평온함을 설명하지 못한다. 우리는 일련의 소리를 듣고는 위대함, 재치, 절망, 풍부함 등을 느끼고, 돌 벽돌에서 경쾌함, 에너지, 폭력, 유동성 등을 느낀다. 사람들은 소설에는 힘이, 건물에는 웅변이, 연극에는 계기가, 발레에는 평안함이 있다고들 말한다. 이런 기묘한 형용사의 영역 안에서는 닭싸움이, 적어도 완성된 경우에 한해서는 "불안하다"고 말한다고 해도 이상할 것이 못 된다. 단지 잠시전에 닭싸움이 어떤 실제적 결과도 야기하지 못한다고 했기 때문에 다소 이상하게 들릴지 모르겠다.

닭싸움이 불안한 것은 다음 세 가지 속성이 결합된 데에서 기인한다. 즉

---

29) 네 개의 다소 상이하게 다룬 논문을 참조하라. S. Langer, *Feeling and Form* (New York, 1953) ; R. Wollheim, *Art and Its Objects* (New York, 1968) ; N. Goodman, *Languages of Art* (Indianapolis, 1968) ; M. Merleau-Ponty, "The Eye and the Mind," *The Primacy of Perception* (Evanston, Ill., 1964), pp. 159-190.

석에서 연출되는 드라마적 형태성, 은유적인 내용성, 사회적 맥락의 세 가지 속성이다. 사회적인 기반에 대한 하나의 문화적 형상으로서의 닭싸움은 동물적인 증오가 급격하게 솟구치는 점, 상징적인 자아들간의 모의싸움이라는 점, 가장된 지위간의 경쟁이라는 점인데, 닭싸움이 가지는 미학적 힘은 이런 다양한 현실을 통합해서 표현하는 데에 있다. 닭싸움이 불안한 이유는 물질적인 효과를 가지고 있기 때문이 아니라 자긍심을 자신에게, 자신을 닭에게, 닭을 파괴에 연결시킴으로서 평소에는 눈에 잘 보이지 않는 발리인들 경험의 한 측면을 상상으로 현실화시킨다는 것이다. 닭싸움을 그것을 벌이는 사람과 관중들의 삶 속에 존재하는 무엇인가 불안한 측면, 혹은 바로 자신들의 모습을 표현하는 것이라고 해석하게 되면, 날개를 치고 다리로 차는 그 자체는 공허하고 별 새로울 것 없는 구경거리가 심각한 의미를 지니게 되는 것이다.

하나의 드라마 형식으로서의 닭싸움은 그것이 거기에 존재할 필요가 없다는 것을 인식해야만 명확하게 드러나는 특징을 나타낸다. 그것은 근본적으로 원자화된 구조이다.[30] 각 시합은 그 자체가 하나의 세계, 형식의 분자적 파열이다. 시합을 성사시키는 것, 내기, 시합, 시합의 결과 —— 완전한 승리와 완전한 패배 ——, 급하고 난처한 돈의 주고받음이 그것이다. 시합의 패자가 위로받는 일은 없다. 사람들은 그로부터 떨어져나가고, 그를 힐끔힐끔 쳐다보고 그를 내버려둔다. 그는 자신이 존재하지 않는 상태로 일시적으로 전락하지만, 곧 얼굴을 들고 마치 아무 일도 없었다는 듯이 복잡한 군중

---

30) 영국의 닭싸움(그 스포츠는 영국에서는 1840년에 금지당했다)은 이 점이 결여되어 있고 그런 까닭에 상당히 상이한 형식을 형성한 것 같다. 대부분의 영국식 시합은 "주된 것"이 있다. 그것은 미리 합의된 수의 닭들이 두 팀으로 나뉘어 한 마리씩 차례로 싸운다. 점수가 매겨지고 내기는 개별 시합과 전체 시합에 대해서 모두 열린다. 또한 잉글랜드와 유럽대륙에서는 "큰 닭싸움"이라는 것도 행해졌는데 그것은 많은 닭들을 일거에 풀어놓고 싸우게 한 뒤 최후에 남는 닭이 승자가 되는 방식이다. 웨일스 지방에서는 웨일스 메인이라고 불리는 시합도 있는데, 오늘날 테니스 경기의 토너먼트 방식을 따라서 승자만이 계속해서 진출하는 형태를 택했다. 하나의 장르로서 닭싸움은, 예컨대 라틴 희극만큼 그 구성양식상의 유연성이 있는 것은 아니지만, 그렇다고 해서 그것이 전혀 없는 것은 아니다. 좀 더 일반적인 닭싸움에 관해서는 A. Ruport, *The Art of Cockfighting* (New York, 1949); G. R. Scott, *History of Cockfighting* (London, 1957); L. Fitz-Barnard, *Fighting Sports* (London, 1921)를 참조하라.

속으로 합류한다. 또한 승자도 축하를 받는 일이 없으며 시합이 다시 거론되는 일도 없다. 일단 시합이 끝나면 관중들은 모든 주의를 다음 시합으로 돌리며 지난 시합을 회고하지 않는다. 시합에서의 쓰라린 경험들은 물론 당사자들에게는 남아 있다. 우리들이 잘 공연된 감동적인 연극을 보고 나서 극장을 떠날 때 기억이 남아 있는 것과 마찬가지로, 심층적인 시합을 구경한 관객 몇몇도 시합의 경험을 지니고 있음은 의심할 여지가 없다. 그러나 그것은 곧 흐릿해져서 대부분 희미한 빛과 추상적인 몸서리의 도식적인 기억으로만 남는다. 어떤 표현양식도 그 표현양식 자체가 창조해낸 현재 속에서만 존재하는 것이다. 그 현재라고 하는 것도 일련의 섬광에, 명암이 있는 서로 분리된 미적 입자로 분산되어 있다. 닭싸움이 말하고자 하는 것이 무엇이든, 그것은 순간의 활동 속에서만이다.

하지만 이미 장황하게 주장했던 것처럼 발리인들은 일순간의 활동 속에서 산다.[31] 발리인들이 영위하고 인식하는 그들의 삶이란 하나의 흐름, 즉 과거로부터 시작해서 현재를 거쳐 미래로 향하는 하나의 방향성 있는 움직임이라기보다는 의미와 공허함 사이의 진동이며, "어떤 일"(즉 무엇인가 중요한 어떤 일)이 발생하고 있는 짧은 기간과 "아무것"(즉 전혀 어떤 것)도 일어나지 않는 짧은 기간들이 율동적으로 교차하는 것으로 인식된다. 그들 자신의 표현을 빌리면 "찬" 시간과 "빈" 시간들, 혹은 "접속"과 "구멍" 사이가 교차하는 것이다. 닭싸움은 단순히 일상생활에서 개체들이 우연히 만나는 것에서부터 사원에 축하를 드리기 위해서 신들을 만나는 날까지의 모든 다른 경우에서와 마찬가지로 발리적인 것이다. 닭싸움은 발리인의 사회생활에서 보이는 단절성을 모방하는 것도 아니고, 그것을 묘사하는 것도 아니고, 심지어 그것을 표현하는 것도 아니다. 그것은 주의 깊게 만들어진 사회생활의 한 표본이다.[32]

시간적인 방향성이 부족하다는 점에서 닭싸움 구조는 일반적인 사회생활의 한 정형처럼 보이나, 갑작스럽고 머리 대 머리(또는 쇠발톱 대 쇠발톱)로 이루어지는 공격성이라는 점에서는 다른 사회생활과는 모순되거나 상반되

---

31) 이 책의 pp. 457–466 참조.
32) 상징을 언급하는 양식으로서 "묘사", "표상", "예시" 그리고 "표현"(그리고 그것 모두에 대해서 "모방"은 부적절함) 사이를 구별할 필요성에 대해서는 Goodman, *Languages of Art*, pp. 61–110, 45–91, 225–241을 참조하라.

거나 심지어 사회생활을 파괴하는 것처럼 보인다. 보통 일을 처리하는 과정
에서 발리인들은 강박적이라고 할 정도로 공공연한 갈등을 기피한다. 모호
하고, 주의 깊으며, 억제되어 있고, 통제된 직접적 방식을 피하고, 시치미 떼
는 데에 달인인 발리인들은 —— 자신들은 알루스(alus), "세련되고", "부드
러운"으로 표현한다 —— 도망칠 수 있는 일에 대해서 부딪히지 않으며, 피
할 수 있는 일에 대해서는 저항하지 않는다. 그러나 닭싸움에서 그들은 스
스로 본능적인 잔혹함을 광적으로 폭발시켜내는 거칠고 살인적인 사람으로
자신들을 묘사한다. 대부분의 발리인이 가장 원치 않는 삶의 강한 표출(글
로스터[섹스피어의 비극 「리어 왕」의 등장인물로 리어 왕의 신하/역주]가
장님이 되는 것에 대해서 프라이가 사용한 언어를 빌려 말한다면)이 삶의
실례의 맥락에서 실제로 체험된다.[33] 그 맥락은 그 표출이 직접 묘사가 아니
더라도 단순한 공상 이상이라는 사실을 보여주기 위해서 바로 그곳에 불
안 —— 시합의 불안으로, 시합을 충분히 즐기고 있는 듯이 보이는 보호자들
의 불안은 아니다(적어도 반드시 그들의 불안은 아니다) —— 이 생기는 것
이다. 닭싸움 링에서 잔혹하게 죽이는 것은 사람들 사이에 실제로 일어나는
어떤 일에 관한 묘사가 아니며, 더욱 나쁜 일은 특정의 시점에서 볼 때 사람
들간에 일어나고 있는 것으로 상상되는 것의 묘사인 것이다.[34]

---

33) N. Frye, *The Educated Imagination* (Bloomington, Ind., 1964), p. 99.

34) 발리에는 또 다른 두 종류의 가치와 그것의 부정(否定)이 있다. 그것은 한편으로 분리된
시간성, 다른 한편으로 억제받지 않는 공격성이다. 발리인들이 라메(ramé)라고 부르는 것
과 팔링(paling)이라고 부르는 것이 바로 그것인데, 이로 인해서 닭싸움은 한편으로는 사
회생활과 연속선상에 있는 것으로 보이고, 다른 한편으로는 그것에 대한 완전한 부정으로
여겨진다. 라메는 붐비고 시끄럽고 활동적인 것을 의미하고 사람들이 굉장히 열망하는 사
회적 상태이다. 붐비는 시장, 대중 축제, 번화한 거리는 모두 라메이다. 물론 극단적으로는
닭싸움도 포함된다. 라메는 "가득 찬" 시간에 발생하는 것이다(그것의 반대는 세피[sepi],
"조용한"이고 "텅빈" 시간에 발생한다). 팔링은 사회적 혼란이고, 게으름, 조직되지 않음,
방향 상실, 사회적 공간좌표에 있어서 자신의 위치가 분명하지 않을 때 얻게 되는 혼돈된
느낌이다. 발리인들은 이런 상태를 굉장히 싫어하며 큰 불안을 느낀다. 발리인들은 공간
적인 방향 설정, 균형, 예의범절, 계층 관계성 등을 정확하게 유지하는 것을 질서잡힌 삶
(krama)의 핵심적인 것으로 간주하며, 닭싸움이 예시하는 것과 같은 위치가 뒤섞이는 혼
란상태(paling)를 질서잡힌 삶의 가장 심각한 적, 혹은 모순으로 간주한다. 라메에 관해서
는 Bateson과 Mead, *Balinese Character*, pp. 3, 64 ; 팔링에 관해서는 같은 책, p. 11 그리
고 Belo 편, *Traditional Balinese Culture*, p. 90 이하를 참조하라.

물론 그 특정의 시점(視點)이란 사회계층의 시점이다. 앞서 살펴본 것처럼 닭싸움이 가장 효과적으로 설명해주는 것은 지위관계로, 닭싸움이 지위관계에 대해서 말하는 것은 삶과 죽음의 문제이다. 위신이라는 것이 심각하게 중요한 문제라는 사실은 발리에서 보게 되는 모든 것 —— 마을, 가정, 경제, 국가 —— 에서 분명히 드러난다. 폴리네시아의 칭호의 위계와 힌두의 카스트가 기묘하게 융합된 자긍심의 위계서열이라고도 할 수 있는 것으로 이 사회의 도덕적인 근간을 이루고 있다. 그러나 계층서열에 존재하는 감정이 그 자연스런 모습을 드러내는 것은 오로지 닭싸움에서만이다. 닭싸움 이외의 장소에서는 예의의 베일 중에, 완곡함과 의례의 두터운 구름 속에, 제스처와 암시 속에 둘러싸여 있으며, 그것은 동물의 가면이라는, 인간의 감정을 숨기기보다는 오히려 그것을 훨씬 더 효과적으로 보여주는 지극히 얇은 가장(假裝)으로만 나타난다. 질투도 평정만큼이나, 시기심도 우아함만큼이나, 폭력성도 매력만큼이나 발리를 이루는 한 부분이다. 그러나 닭싸움이 없었다면 발리인들은 그런 것들을 그렇게 잘 이해하지 못했을 것이고, 아마도 그런 이유로 발리인들은 닭싸움을 그렇게 높이 평가하는 것일 것이다.

모든 표현양식은 (그것이 작용하는 경우라면) 어떤 사물에 관습적으로 부여된 특성을 관습적이지 않은 방식으로 다른 사물에 부여하는 것, 그리하여 의미의 맥락을 혼란시켜 그 사물이 마치 실제로 그런 특성을 가지고 있는 것처럼 보이게 만드는 것을 통해서 작용한다. 스티븐스[1879-1955, 미국의 시인/역주]의 표현처럼 바람을 절름발이라고 부르는 것, 쇤베르크가 한 것처럼 음색을 고정시키고 통제하는 것 그리고 우리들에게 보다 친숙한 사례를 들자면 호가스가 한 것처럼 미술비평가를 게으른 곰으로 묘사하는 것 등은 모두 기존의 개념적 선을 교차시키는 것이다. 이런 과정을 통해서 사물과 그 사물이 지닌 속성간의 기존 관계가 뒤집히고, 현상들 —— 예를 들면 가을 날씨, 멜로디의 형태, 혹은 문화비평 —— 은 통상 다른 것들을 의미하는 것들에 의해서 포장된다.[35] 이와 비슷하게 수탉간의 충돌을 지위의 구별

---

35) Stevens가 언급한 것은 그의 "The Motive for Metaphor"에서 인용된 것이다("당신은 가을에 나무 아래 있는 것을 좋아한다./모든 것들이 반쯤 죽었기 때문이다./바람은 낙엽 사이를 절름발이같이 움직인다./그리고 의미 없는 말들을 반복한다")[*The Collected Poems of Wallace Stevens*, Alfred A. Knopf, Inc와 Faber and Faber Ltd의 허락하에 인용했음]. Schoenberg에 관한 언급은 *Five Orchestral Pieces* (Opus 16) 세번째 곡에 관한 것이다. H.

과 연결시키는 것은 사람들로 하여금 닭싸움에서 지위의 구별을 지각하게 하는 것인데, 이러한 지각의 전이는 하나의 묘사인 동시에 판단이기도 하다(논리적으로는 물론 이 지각상의 전이가 반대방향으로 일어날 수도 있지만, 발리인들도 우리들처럼 닭보다는 인간을 이해하는 데에 더 관심이 많다).

일상생활로부터 닭싸움을 분리해내고, 일상적인 일들의 영역으로부터 그것을 끌어올리고, 보다 폭넓은 중요성을 닭싸움에 부여하는 것은 기능주의 사회학이 주장할 법한 이유, 즉 닭싸움이 지위상의 구별을 보다 강화시키기 때문이 아니다(모든 행동 하나하나가 지위상의 구별을 드러내는 사회에서는 이런 강화작업은 불필요하다). 그것은 차라리 인간을 고정된 위계적 서열 속에 분류시키고 고정시켜서, 전반적인 공동생활을 그 분류의 축을 중심으로 조직하는 모든 문제에 대한 메타-사회적인 해석을 제공한다. 그것도 기능이라고 명명하기를 원한다면, 이는 해석학적 기능인 것이다. 닭싸움은 발리인의 경험을 발리인이 읽는 것이며, 자신의 이야기를 스스로에게 말하는 것이다.

어떤 것에 대해서 무엇인가 말한다는 것

그 문제를 이런 방식으로 제시하는 것은 은유적인 측면에 초점을 맞추는 것이 된다. 왜냐하면 그것은 문화유형의 분석을 유기체의 해부, 증세진단, 코드 해석, 혹은 질서화 등 —— 현대 인류학의 주된 유추법 —— 의 노력으로부터 문학 텍스트를 통찰하는 부류의 노력으로 바꾸는 것이다. 만일 누군가가 닭싸움, 혹은 집단적으로 유지되는 어떤 다른 상징구조를 택해서 "어

H. Drager, "The Concept of 'Tonal Body'", S. Langer 편, *Reflections on Art* (New York, 1961), p. 174에서 인용했음. Hogarth와 이 전체 문제에 관해서는 E. H. Gombrich, "The Use of Art for the Study of Symbols", J. Hogg 편, *Psychology and the Visual Arts* (Baltimore, 1969), pp. 149-170. 이러한 종류의 의미론적 비법에 대한 좀더 유용한 용어는 "은유적 전환"이고, 그것에 관한 좋은 기술적 논의들은 M. Black, *Models and Metaphors* (Ithaca, N.Y., 1962), p. 25 이하에서 볼 수 있다. Goodman, *Language as Art*, p. 44 이하 ; W. Percy, "Metaphor as Mistake", *Sewanee Review* 66 (1958) : 78-99.

떤 것에 대해서 무엇인가 이야기하는"(아리스토텔레스의 유명한 어구) 수단
으로 분석하고자 한다면, 그 사람은 사회적 기계론의 문제보다는 사회적 의
미론의 문제에 직면하게 된다.[36] 왜냐하면 닭싸움을 장려하거나 평가하는
것이 아니라 사회학적 원리들을 구성해내는 것에 관심이 있는 인류학자에
게 문제는 문화를 일종의 텍스트의 집합으로 조사하는 것으로부터 그런 원
리들에 대해서 무엇을 배우는가 하는 것이 된다.

텍스트 개념으로 쓰인 자료를 넘어선 것 그리고 심지어 말로 된 자료를
넘어선 것으로 확장시키는 것은 은유적인 것이기는 하지만 물론 새로운 것
은 아니다. 스피노자를 정점으로 하는 중세의 자연해석의 전통은 자연을 성
서로 읽는 것을 시도했으며, 니체는 가치체계를 권력을 향한 의지의 해석으
로 다루고자 했으며(마르크스는 소유관계의 해석으로 다루고자 했다) 그리
고 프로이트는 드러난 꿈의 불가해한 텍스트를 잠재적인 것이 명백히 드러
나 있는 텍스트로 대체하고자 노력했다. 이들은 모두 똑같이 추천할 만한
것은 아닐지라도 선례를 제공한다.[37] 하지만 이런 발상들은 이론적으로는
아직 발달되지 못한 채 남겨져 있다. 그리고 인류학이 관련되는 한, 문화유
형들이 텍스트로서, 사회적 자료로부터 만들어진 상상의 작품으로서 다루어
질 수 있다는 좀더 심오한 추론은 아직 체계적으로 개발되지 않았다.[38]

우리의 사례에서 닭싸움을 하나의 텍스트로 다루는 것은 그것의 한 특질
(나의 견해로는 그것의 중심적 특질)을 드러내는 것이다. 흔히 제시되는 또
다른 분석적 대안, 즉 닭싸움을 하나의 의식이나 오락으로 다루는 것은 닭
싸움이 가지는 이 특질, 즉 인지적 목적을 위해서 감정을 사용하는 측면을

---

36) 그 인용은 *Organon, On Inerpretation*의 두번째 책에서 나온 것이다. 그것에 대한 논의 그
   리고 "텍스트의 개념을……경전이나 저작물의 개념으로부터" 자유롭게 만들어서 일반적
   인 해석학을 구조화하는 것에 대한 전체적인 논의는 P. Ricoeur, *Freud and Philosophy*
   (New Haven, 1970), p. 20 이하를 참조하라.

37) 같은 책.

38) 레비-스트로스의 "구조주의"는 예외인 것처럼 보일지 모르지만 그것은 외견상으로만 그러
   하다. 왜냐하면 그는 신화, 토템 의식, 결혼규칙 등을 해석해내야 할 텍스트로 간주하기보다
   는 풀어야 할 암호로 여겼는데, 이 두 가지가 같은 것은 아니다. 그는 상징적 형식들이 구체
   적인 상황에서 지각을 조직하기 위해서 어떻게 기능하는지의 견지에서 이해하려고 하지 않
   았다. 그는 상징의 형식들을 그들의 내부구조라는 측면에서만 이해하려고 했다. *independent
   de tout sujet, de tout objet, et de toute contexte.* 이 책의 제13장을 참조하라.

모호하게 만드는 경향이 있다. 닭싸움이 말하고 있는 것은 감정의 어휘——위험의 스릴, 손실의 절망, 승리의 기쁨——를 사용하여 말해진다. 그러나 그것이 말하는 것은 단순히 위험이 흥분이라거나 패배는 우울하다거나, 혹은 승리는 만족스러운 것이라는 식의 진부한 말의 반복이 아니라, 이처럼 보이는 감정들에 의해서 사회가 건설되고, 개인들이 서로 연결된다는 것이다. 닭싸움에 참석하고 그들 안에 참여한다는 것은 발리인들에게 일종의 감정적인 교육이다. 그가 거기서 배우는 것은 그들 문화의 에토스와 그의 사적인 감수성(혹은, 아뭏든 그것들의 어떤 측면들)이 집합적인 텍스트로서 해독되었을 때 어떤 모습을 띠는가이다. 또한 문화의 특질과 개인적 감성은 매우 유사하여 하나의 텍스트의 상징기호 안에서도 충분히 나타내질 수 있다는 사실, 더욱이 —— 이것이 불안의 요소이다 —— 이 표현이 행해지는 텍스트는 상대를 용서 없이 갈기갈기 쪼아버리려고 달려드는 닭으로 구성된다는 것이다.

격언에도 있듯이 모든 사람들은 그들 자신의 폭력의 형식을 사랑한다. 닭싸움은 폭력 형식의 외관, 활용, 힘, 매력에 있어서 바로 발리인 자신들의 폭력의 형식을 반영한다. 닭싸움은 발리인의 경험의 거의 모든 측면과 관련을 맺음으로써, 동물의 야만성, 남성 나르시시즘, 적수와의 도박, 지위경쟁, 대중적 흥분, 피의 희생과 같은 주제들을 서로 연결시킨다. 그것들이 서로 연결되는 것은 분노와 분노에 대한 공포가 포함된다는 점에서이다. 그리하여 닭싸움은 여러 종류의 주제를 포함하는 동시에 그것들을 활동시키는 일련의 규칙들과 서로 연결되어 그 주제들의 내적 관계의 현실이 이해될 수 있는 하나의 상징적 구조를 만드는 것이다. 노스롭 프라이를 다시 인용해보면, 우리들은 왕위를 얻었지만 대신 영혼을 잃은 사람이 어떤 느낌을 경험하는가를 배우기 위해서 맥베스를 보러 간다면, 보통 냉정하고, 초연하고, 거의 씌운 듯이 자기에 몰입해 있는, 일종의 도덕적 독립체라고까지 할 수 있는 인간이 공격받고, 고통받고, 도전받고, 모욕당하고, 그 결과 분노가 극에 달하고, 완전히 승리하거나 완전히 패배하게 될 때 무엇을 느끼는가를 알기 위해서 닭싸움장에 간다. 프라이의 전문은 다시 아리스토텔레스를 (해석학보다는 시학 쪽이지만) 연상시키는데, 여기서 인용해볼 가치가 있다.

그러나 아리스토텔레스도 말했듯이 시인은 [역사가와 반대로] 결코 어떤 실제적인
진술들, 어떤 특정의 구체적인 진술들을 하지 않는다. 시인의 일이란 당신에게 무엇
이 발생했는가가 아니라 발생하는가를 말하는 것이다. 무엇이 실제로 발생했는가가
아니라, 어떤 일이 항상 발생하는가이다. 그는 당신에게 전형적이고 반복되는 사건,
혹은 아리스토텔레스가 보편적 사건이라고 부른 것을 말해준다. 당신은 스코틀랜드
의 역사를 배우기 위해서 맥베스를 보러 가지는 않는다. 당신은 한 남자가 그의 왕국
을 얻었으나 그의 영혼을 잃은 후에 무엇을 느끼는가를 배우기 위해서 그것을 본다.
당신은 디킨스의 작품에 나오는 미코버[「데이비드 카퍼필드(*David Copperfield*)」의
등장인물. 어차피 좋은 일이 있을 것이라고 기다리고 바라는 낙천적인 하숙집 주인/
역주]와 같은 인물을 만났을 때 사람 중에 미코버를 쏙 뺀 인물이 있었음에 틀림없다
고는 생각하지 않는다. 당신은 자신을 포함해서 당신이 아는 거의 모든 사람들에서
약간의 미코버가 있다고 느낀다. 인간의 삶에 대한 우리의 인상이라는 것은 대개 그
때그때 개별적으로 얻어진 것이고 대부분의 우리들에게 있어서는 어떤 조직된 상태
로 존재하지는 않는다. 그러나 우리는 문학을 통해서 항상 이런 모든 인상들이 갑자
기 서로 연결되고 초점이 맞춰져 있는 것 같은 느낌을 받는다. 이것은 전형적인 혹은
보편적인 인간 사건으로 아리스토텔레스가 이야기하는 것의 일부이다.[39]

매일의 생활로부터, "단지 게임"으로 떼어내어져 "게임 그 이상"의 의미
로 다시 생활로 결합시켜진 닭싸움은 일상생활의 여러 경험의 제시에 초점을
맞추고 있다. 그런 면에서 닭싸움은 전형적이거나 보편적인 사건이라기보다
는 하나의 표본적인 인간 사건이라고 불릴 만한 것을 만든다 —— 다시 말해
서, 현재 실제로 무엇이 일어나고 있는가를 보여주기보다는, 만일 실제와는
다르게 삶이 예술이고, 맥베스나 「데이비드 카퍼필드」와 같이 다양한 느낌의
양식에 의해서 인생이 자유롭게 형태지어진다면, 대체 어떤 종류의 일이 이
세상에 일어날 것인가 하는 것을 보여주는 사건을 닭싸움이 만드는 것이다.

반복적으로 행해지는 과정을 통해서 닭싸움은 발리인들이 자신의 주관성
이라는 차원에 직면할 수 있도록 해준다. 그것은 「맥베스(*Macbeth*)」를 거
듭 읽는 것을 통해서 우리가 우리 자신의 주관성을 마주 대하게 되는 것과
마찬가지이다. 열심히 지켜보는 닭 주인의 입장으로, 혹은 그저 내기꾼으로
(왜냐하면 닭싸움은 하나의 순수한 관람 스포츠로서는 크로케나 개들의 경
주처럼 그리 재미있는 것은 아니다) 닭싸움을 거듭거듭 보는 것을 통해서

---

39) Frye, *The Educated Imagination*, pp. 63-64.

발리인들은 닭싸움 자체와 친숙해지고, 또 그것이 그들에게 말해주는 것들에 친숙해지게 된다. 그것은 현악 4중주를 열심히 집중해서 듣는 사람이나 정물화를 몰입해서 감상하는 사람이 자기 자신의 주관성으로 열린 길을 찾게 되는 것과 마찬가지이다.[40]

그러나―― 이것은 거짓의 감정과 우연적인 행동과 더불어 미학을 괴롭히는 또 다른 역설이기도 한데 ―― 이 주관성은 이런 식으로 질서지어지고 조직화되지 않으면 존재하지 않기 때문에 예술의 형식은 그것들이 단지 표현하고자 하는 주관성 그 자체를 만드는 것을 계속하지 않으면 안 된다. 4중주, 정물화 그리고 닭싸움은 기존의 감성을 비슷하게 재현하는 단순한 반영이 아니다. 그들은 그런 감수성을 능동적으로 창조해내고 유지시킨다. 만일 우리가 우리 자신을 미코버의 한 사람이라고 간주한다면, 그것은 디킨스를 너무 많이 읽은 것이다(만일 우리가 우리 자신을 환상 같은 것은 가지지 않는 현실주의자로 본다면, 그것은 디킨스를 너무 조금 읽은 것이다). 그리고 발리인들과 닭과 닭싸움에 대해서도 비슷한 이야기를 할 수 있다. 예술이 사회생활에서 예술로서의 역할을 하는 것은 그들이 가진 물질적 효과를 통해서라기보다는 이런 식으로 그들이 빛을 투사하여 경험에 일정한 채색을 하는 것을 통해서이다.[41]

---

40) 유럽인들에게 있어서 ―― "보다", "지키다" 등 ―― 시각에 대한 "자연적"인 용어는 여기서는 오해를 불러일으키기 쉽다. 왜냐하면 이전에 언급했던 것과 마찬가지로, 발리인들은(아마도 시합 중의 닭은 사실 물체의 움직임뿐 닭 자체를 보는 것은 어렵다는 사실 때문에 더욱 그렇겠지만) 그들의 눈을 가지고 하는 것만큼이나 손발, 머리 그리고 몸통을 움직이면서 시합의 진행을 따른다는 사실은 그 시합에 대한 개인들의 경험의 상당 부분이 시각적인 것이라기보다는 운동감각적이라는 것을 의미하기 때문이다. 상징적 행위를 "태도의 춤추기"[The Philosophy of Literary Form, 개정판 (New York, 1957), p. 9]라고 한 Kenneth Burke의 정의에 대해서 하나의 예를 든다면 닭싸움이 그것이다. 발리인들의 삶에서의 운동감각적 인식이 가지는 엄청난 역할에 관해서는 Bateson과 Mead, Balinese Character, pp. 84-88 ; 심미적인 인식이 지니는 활동적인 본성에 대한 일반적 논의로는 Goodman, Language of Art, pp. 241-244를 참조하라.

41) 기독교와 토테미즘을 동일선상에서 취급한 초기 인류학자들의 시도가 일부 신학자들을 거슬리게 만들었던 것과 마찬가지로, 서양의 위대한 업적과 동양의 비천함을 연결시키는 것은 특정 미학자들을 분명 거슬리게 만들 것이다. 그러나 존재론적 문제는 종교사회학에서 문제 삼지 않는(문제 삼지 않아야 한다) 것과 마찬가지로 가치판단의 문제는 예술사회학에서는 논외로 한다(논외로 해야 한다). 어쨌든 예술이라는 개념을 확장시키고자 하는

따라서 발리인들은 닭싸움에서 자신의 기질과 동시에 그가 속한 사회의 기질을 형성하고 또 발견한다. 혹은, 좀더 정확하게 말하자면, 그 기질의 특정 측면을 형성하고 발견한다. 발리에는 닭싸움 외에도 지위의 서열과 자존심에 대해서 주석을 제공하는 다른 문화적 텍스트가 상당히 많이 존재할 뿐만 아니라, 계층화와 경쟁 외에도 이러한 주석이 행해지는 중요한 삶의 영역도 상당히 많이 존재한다. 브라마나 사제의 임명식, 호흡의 통제, 부동(不動)의 자세, 존재의 심연에 대한 무아의 정신집중 등은 발리인들에게는 닭싸움과는 상당히 다르지만 동시에 동일하게 진실인 사회적 위계의 속성 —— 그 신비한 초월성에의 도달 —— 을 표현한다. 그것은 동물들의 활동에 따르는 감정적 성격 안에서가 아니라 신적 심성의 평온함 속에서, 불안정이 아니라 평온함을 표현한다. 또한 노래, 춤, 축사, 선물을 준비하여 방문하는 신을 영접하기 위해서 그 지역의 인구 전체를 동원하는 마을 사원의 축제는 그들간의 지위상의 불평등성에 반해서 마을 주민들간의 영적인 단일함을 주장하고 친목과 신뢰의 분위기를 부여한다.[42] 스페인에서의 투우와 마찬가지로 닭싸움은 발리의 생활을 밝혀주는 유일한 열쇠는 아니다. 발리의 삶에 대해서 닭싸움이 말해주는 것들이 다른 문화적 진술에 의한 똑같이 유려한 말들에 의해서 도전받지 않거나 수정되지 않는 것은 아니다. 그러나 이 점은 라신과 몰리에르가 동시대인이었다는 사실이나, 국화꽃을 아름답게 장식하는 사람들이 또한 칼을 무자비하게 휘두르는 사람들이라는 사실과 비교해서 결코 더 놀랄 만한 점은 아니다.[43]

―――――――――

시도는 기타 다른 중요한 사회적 개념들 —— 결혼, 종교, 법, 합리성 —— 을 확장시키고자 하는 인류학 일반에서 행해지는 음모의 일부일 뿐이다. 또한 이것은 특정 예술작품은 사회학적 분석을 초월하는 것이라고 주장하는 미학이론에 대한 위협일 수는 있겠지만, 특정한 시가 다른 시보다 훌륭하다는 신념 —— 이것에 관해서 Robert Graves는 케임브리지 대학교 졸업시험에서 질책받았다고 주장하고 있다 —— 에 대한 위협은 아니다.

42) 사제 임명식에 대해서는 V. E. Korn, "The Consecration of the Priest", Swellengrebel 편, *Bali : Studies*, pp. 131–154를 참조하라. (다소 과장된) 마을의 종교적 모임에 대해서는 R. Goris, "The Religious Character of the Balinese Village", 같은 책, pp. 79–100을 참조하라.

43) 닭싸움이 발리에 대해서 말해주는 것이 전적으로 말이 안 된다거나, 닭싸움이 발리인들의 일반적인 삶에 대해서 표현하는 불안이라는 것이 전혀 불합리한 소리가 아니었다는 것은 1965년 12월, 2주 동안 벌어졌던 사실에 의해서 증명되었다. 자카르타에서 일어난 실패한

사람들의 문화는 일련의 텍스트들의 집합이며, 인류학자들은 이 텍스트들을 소유하고 있는 사람들의 어깨너머로 그 텍스트들의 의미를 파악하고자 애쓴다. 이런 작업에는 수많은 어려움이 따른다. 방법론적인 함정도 있고 도덕적 혼동과 혼란도 겪게 된다. 또한 이런 방식이 상징적 형식을 사회학적으로 분석하는 유일한 방법은 아니다. 기능주의도 살아 있고 심리주의 역시 살아 있다. 그러나 상징적 형식을 "어떤 것에 대해서 무엇을 말하는 것" 그리고 무엇인가를 누군가에게 말하는 것으로 다루는 것은 적어도 그것을 설명할 수 있다고 주장하는 단순화된 공식보다도 그 실질적 내용에 보다 더 주목하는 분석방법으로 가는 길을 열어주는 것이라고 말할 수 있다.

잘 알려져 있는, 정독(精讀)의 연습과 같이 문화형태의 총목록의 어디서부터든지 출발이 가능하며, 어디서든지 멈추는 것이 가능하다. 내가 이 글에서 시도한 것처럼 어느 정도 경계가 분명한 하나의 단일한 문화형식을 선택해서 그 내부를 치밀하게 분석할 수도 있을 것이고, 아니면 보다 더 넓은 차원에서의 유사성과 차이점을 탐구하기 위해서 여러 형식들을 분석할 수도 있다. 혹은 각기 상이한 문화에 속한 형식들간의 비교를 통해서 그 상호간의 특색을 밝혀낼 수도 있을 것이다. 그러나 어떤 수준의 분석을 하게 되건 간에 그리고 그 분석이 얼마나 복잡한 것이건 간에 가장 중요한 원칙은 하나이다. 즉 삶에 있어서와 마찬가지로 사회들도 그들 자신의 해석을 그 안에 가지고 있다. 단지 어떻게 그 해석에 접근할 수 있는가를 배우기만 하면 되는 것이다.

쿠데타에 따른 폭동 동안(약 200만의 인구 중에서) 4만-8만 명의 발리인들이 죽었는데 대부분은 서로서로 죽였다는 사실 —— 인도네시아 최악의 참사 —— 에서 입증된다[J. Hughes, *Indonesian Upheaval* (New York, 1967), pp. 173-183]. 물론 Hughes의 수치는 다소 임시적 통계에 의한 예측이다. 하지만 심하게 틀린 수치는 아니다. 물론 이것은 닭싸움에 의해서 살상이 초래되었다거나, 닭싸움에 근거해서 그 참사를 예상할 수 있었다거나, 그것이 닭 대신에 사람들이 대신 참가해서 싸운 일종의 확대된 닭싸움이었다고 말하는 것은 아니다. 그런 이야기는 완전히 넌센스가 될 것이다. 내가 말하고자 하는 것은 발리의 문화를 고찰할 때, 단지 발리의 춤과 그림자 연극, 조각 그리고 발리의 소녀들을 통해서만 보지 않고 —— 발리인 자신이 하는 것처럼 —— 닭싸움을 통해서 보게 된다면 앞에 언급한 대참사 같은 것이 여전히 놀라운 것이긴 하지만 그럼에도 불구하고 자연의 법칙에 그다지 모순되게 보이지는 않게 될 것이라는 점이다. Gloucester가 발견해낸 하나의 진실한 삶 이상으로, 사람들은 때로는 자신들이 가장 원치 않는 방식으로 삶을 살아가는 것이다.

원문 출전

"The Impact of the Concept of Culture on the Concept of Man", J. Platt 편, *New Views of the Nature of Man* (Chicago : University of Chicago Press, 1966), pp. 93-118. The University of Chicago Press 및 ⓒ 1966 by The University of Chicago의 허락하에 전재함.

"The Growth of Culture and the Evolution of Mind", J. Scher 편, *Theories of the Mind*, pp. 713-740에서 Macmillan Publishing Co., Inc.의 허락하에 전재함. Copyright ⓒ The Free Press of Glencoe, a Division of The Macmillan Company, 1962.

"Religion as a Cultural System", M. Banton 편, *Anthropological Approaches to the Study of Religion* (London : Tavistock Publications Ltd., 1966), pp. 1-46. 허락하에 전재함.

"Ethos, World View and the Analysis of Sacred Symbols." Copyright ⓒ 1957 by The Antioch Review, Inc. *The Antioch Review,* Vol. 17, No. 4에 처음 발표됨 ; 편집자의 허락하에 전재함.

"Ritual and Social Change : A Javanese Example", *American Anthropologist* 61 (1959) : 991-1012. 허락하에 전재함.

"'Internal Conversion' in Contemporary Bali", J. Bastin과 R. Roolvink 편, *Malayan and Indonesian Studies presented to Sir Richard Winstedt* (Oxford : Oxford University Press, 1964), pp. 282-302. The Clarendon Press, Oxford, England의 허락하에 전재함.

"Ideology as a Cultural System", D. Apter 편, *Ideology and Discontent*, pp. 47-56에서 Macmillan Publishing Co., Inc.의 허락하에 전재함. Copyright ⓒ 1964 by The Free Press of Glencoe, a Division of The Macmillan Company.

"After the Revolution : The Fate of Nationalism in the New States", Bernard

534

인명, 부족명, 지명 색인